Anthologie de la littérature française

I

Anthologie
de la littérature française

Tome I Nouvelle édition revue et augmentée

DES ORIGINES A LA FIN DU DIX–HUITIÈME SIÈCLE

TEXTES CHOISIS, COMMENTÉS ET ANNOTÉS

PAR HENRI CLOUARD ET ROBERT LEGGEWIE

NEW YORK · OXFORD UNIVERSITY PRESS · 1975

LONDON TORONTO

UN LIVRE DE MORCEAUX choisis peut se concevoir selon deux types opposés:
ou bien il s'ouvre au plus grand nombre possible d'auteurs, ce qui excitera au premier
abord la curiosité, mais oblige à se contenter de textes courts et n'attachera donc
pas sérieusement l'esprit; ou bien il choisit un nombre assez restreint d'auteurs,
mais les plus représentatifs, et il a ainsi la place d'en reproduire de longs morceaux,
des ensembles importants, capables de donner l'idée exacte d'un art, d'une psy-
chologie, d'une pensée.

C'est selon le second de ces types que le présent ouvrage a été conçu. Ainsi sommes-
nous persuadés qu'il contribuera à former l'esprit des jeunes gens, tout en leur
procurant une connaissance approfondie de la littérature à laquelle il est consacré.

Nous avons mis tous nos soins à présenter les extraits avec clarté, à préciser leur
position dans l'ouvrage dont ils sont détachés, enfin à sauvegarder tout leur intérêt,
à leur faire dégager toute leur signification, à leur permettre de rayonner de toute
leur beauté. Nous n'avons pas craint de reproduire des œuvres entières.

En tête de la partie consacrée au Moyen Âge, puis en tête des parties consacrées
à chacun des siècles suivants, on trouvera des notices générales qui situent la littéra-
ture dans la société et en indiquent les principales directions, en sorte que la suite
de ces notices équivaudra à un précis d'histoire littéraire. Ensuite chaque auteur a
sa notice particulière qui résume sa vie et donne une idée de ses ouvrages. Ainsi
les époques de la littérature française se reflètent dans nos pages avec leur courants
de pensée, de sentiment et d'expression, avec leurs grandes figures individuelles,
avec un aperçu de leurs œuvres essentielles.

Les notes qu'on lira au bas des pages ont été rédigées de manière à former un
véritable enseignement du français; elles expliquent les gallicismes, les tours familiers,
les expressions populaires. En outre, des notes historiques et des notes littéraires
dispenseront les élèves de recourir aux dictionnaires. Ils disposeront ici de tout ce
qui leur sera nécessaire.

Les illustrations que nous avons choisies sont pour la plupart des illustrations
d'atmosphère. Elles évoquent les cadres, les ambiances, les aspects de vie générale
dans lesquels s'est developpée la littérature française au cours des âges. D'autres
illustrations reproduisent des portraits d'écrivains ou se rapportent à une œuvre.

La première édition de ce livre avait paru en 1960. Aujourd'hui nous effrons à
nos collègues et aux étudiants des collèges et des universités une nouvelle édition
revue et augmentée.

De la première édition nous avons gardé presque tous les textes. Et si nous avons

éliminé Agrippa d'Aubigné, Heredia, Gérard de Nerval, Anatole France, Cocteau et François Mauriac, par contre nous avons ajouté des pages importantes à Rabelais, Montaigne, Chateaubriand, Diderot et mis à jour le vingtième siècle avec l'addition de Saint-John Perse, Anouilh, Ionesco, Robbe-Grillet et Butor. Enfin, nous donnons *Candide* en entier, alors que cette œuvre paraissait avec coupures dans la première édition.

Nous avons éliminé les *Sujets de devoir* ainsi que les *Bibliographies d'ouvrages critiques*. Certains des livres cités n'ont plus qu'un intérêt secondaire aujourd'hui et avec la parution annuelle de livres nouveaux ces listes sont vite périmées.

Puisse cette nouvelle édition qui se présente ainsi revue et augmentée, au public des universités américaines, répondre à ses besoins et à ses vœux, faire de son étude un plaisir et vraiment l'introduire dans la vie française.

Je ne veux pas manquer de remercier ici tous ceux qui nous ont aidés.

Pour le choix des nouveaux extraits nous avons été guidés par tous ceux qui ont bien voulu nous écrire. Ils sont trop nombreux pour que je puisse les citer, mais je leur adresse mes plus sincères remerciements et j'espère qu'ils retrouveront ici leurs textes préférés.

Je tiens aussi à exprimer ma sincère et profonde gratitude à la maison Oxford. Tout d'abord à notre éditeur, John Wright, qui est responsable de cette nouvelle édition; à Joyce Berry qui en a obtenu les illustrations; à Stephanie Golden qui en a vérifié et revu le texte.

Enfin, je tiens à rendre hommage ici à Henri Clouard qui nous a quittés au moment où nous terminions cette nouvelle édition. Ami dévoué, collaborateur fidèle, critique éminent, Henri Clouard avait, par-dessus tout, la qualité que l'on admire le plus chez un homme cultivé, la modestie. Sa mort est une perte pour les Lettres françaises et pour tous ceux qui l'ont connu et aimé.

<div align="right">R. L.</div>

Pomona College
Claremont, California
Novembre 1974

Table des Matières

LE MOYEN ÂGE

LE SEIZIÈME SIÈCLE

LE DIX-SEPTIÈME SIÈCLE

LE DIX–HUITIÈME SIÈCLE

TABLE DES ILLUSTRATIONS

Le Moyen Âge

LE MOYEN AGE

800	1000	1100	1200	1300	1400	1500

DATES HISTORIQUES

778: Défaite de CHARLEMAGNE à Roncevaux
800: Couronnement de CHARLEMAGNE
1066: Conquête normande
1095–99: Première Croisade
1180–1223: PHILIPPE AUGUSTE
1200: Naissance des universités
1226–70: Règne de SAINT LOUIS
1285–1314: PHILIPPE IV LE BEL
1337–1453: Guerre de Cent Ans
1364–80: CHARLES V
1420: Traité de Troyes
1429–31: JEANNE D'ARC
1461–83: LOUIS XI
1494: Première campagne d'Italie

DATES LITTÉRAIRES

842: *Serments de Strasbourg*
1080: *La Chanson de Roland*
1150: Naissance des romans courtois, de la littérature bourgeoise, des fabliaux
1165: *Tristan et Yseult*
1165–90: CHRÉTIEN DE TROYES: œuvres romanesques
1174–1205: *Le Roman de Renart*
1175: *Le Jeu d'Adam*
1180: *Les Lais* de Marie de France
1200?: *Aucassin et Nicolette*
1207–13: VILLEHARDOUIN: *La Conquête de Constantinople*
1225–40: *Le Roman de la Rose* I par GUILLAUME DE LORRIS
1275–80: *Le Roman de la Rose* II par JEAN DE MEUNG
1280: Mort de RUTEBEUF
1309: JOINVILLE: *Vie de saint Louis*
1350: Mystères
1364–1430: CHRISTINE DE PISAN
1370–1400: *Chroniques* de FROISSART
1394–1465: CHARLES D'ORLÉANS
1400: Moralités, soties, farces
1431–63?: VILLON
1450: GRÉBAN: *Mystère de la Passion*
1461: *Grand Testament* de VILLON
1464: *La Farce de Maître Pathelin*
1488–1501: *Mémoires* de COMMYNES

I. Vue générale

L'HISTOIRE désigne sous le nom de Moyen Âge les siècles qui se sont écoulés entre les « temps anciens » et les « temps modernes », c'est-à-dire entre la chute de l'Empire romain d'Occident en 476 et celle de l'Empire d'Orient en 1453 sous les coups des Turcs.

La culture classique, écrasée en Europe occidentale par les invasions barbares, devait reprendre vie au contact des hommes de lettres et de sciences que la conquête turque chassa de Constantinople et qui trouvèrent en Italie une seconde patrie. Dans l'intervalle, c'est au IXᵉ siècle seulement, en France comme en Allemagne et en Angleterre, qu'après une longue période de grossière barbarie un monde s'est reconstruit, une civilisation originale s'est reformée: la civilisation romane, le monde féodal.

Au IXᵉ siècle, l'Empire franc de Charlemagne se démembrait, et l'anarchie guerrière a achevé de faire ce qu'elle avait déjà commencé vers la fin du règne impérial, c'est-à-dire qu'elle a rassemblé les populations autour d'hommes puissants, capables de les protéger moyennant leur soumission corps et biens. Ces protecteurs furent les seigneurs, dont certains étaient suzerains et d'autres vassaux; ceux-ci soumis à ceux-là, tous soumis au roi, suzerain suprême.

Tous ces seigneurs, barons, comtes, et ducs, font dans nos mémoires un bruit énorme, avec leurs armures, leurs épées, leurs massues, leurs chevaux caparaçonnés. Ils vivaient dans les tristes donjons des châteaux forts dont se hérissa le pays. Ils n'en faisaient abaisser le pont-levis au-dessus des fossés que pour s'élancer à la chasse ou à la guerre dans un tumulte d'hommes d'armes, laissant leurs femmes occupées à filer avec quelques servantes dans de sombres salles.

La féodalité, comme toute institution humaine, a comporté du mal et du bien. D'une part, elle a entretenu un perpétuel état de guerre entre suzerains et entre grands vassaux, ne cessant ainsi de morceler le sol et de diviser le pouvoir. Mais d'autre part, elle unissait suzerain et vassal par un lien que consacrait un engagement de protection et que sanctifiait un serment de fidélité: par conséquent, lien d'honneur. L'honneur a été un des grands principes de la société féodale.

Cette société a engendré en France une littérature d'abord larvaire, qui a consisté surtout en *Vies* de saints, puis au XIᵉ siècle la grande littérature épique des *Chansons de geste,* exaltée à la fois par l'idéal de force qu'avait laissé en héritage le temps glorieux de Charlemagne et par l'enthousiasme tout nouveau des Croisades en Terre Sainte. Les épopées ont gravité autour des châteaux forts, des champs de bataille, et aussi des églises et des abbayes, puisque les premières

croisades se sont engagées dans un prodigieux mouvement de foi chrétienne et de joie mystique.

Car le second principe dominant du Moyen Âge a été l'obéissance à la voix du Christ et de son Église. A quelles violences inimaginables se serait sans doute emporté le monde féodal, si l'Église n'avait pas usé, pour le tempérer, de ses moyens, la peur de l'enfer et l'espoir du paradis! Grâce à eux et à une habile propagande, elle lui a imposé les contraintes de l'idéal chrétien les plus utiles pour une société encore grossière.

L'Église chrétienne a moralisé le régime féodal en imprimant son sceau à l'institution militaire de la chevalerie, en ajoutant des obligations religieuses aux règles de l'honneur; elle l'a peu à peu dompté en soutenant contre lui la royauté. Elle a fait en effet de Hugues Capet et de ses successeurs des maîtres de droit divin, élevés par là au sommet de la chevalerie. Plus tard, elle devait aider Philippe Auguste à faire rayonner le prestige de sa cour, saint Louis à réaliser sa volonté de paix et de justice.

Aussi son monde de *clercs* a-t-il tenu un rôle considérable: abbés, évêques, moines, prêtres formaient une société dans la société. Et quels témoignages de son importance sont venus jusqu'à nous! Nous admirons encore les œuvres antiques copiées dans les monastères, sauvées ainsi de la destruction, enluminées par surcroît, flambant de pourpre et d'or.

Le XIIe siècle fut le grand siècle de l'architecture. L'architecture en effet y brille en avance sur tous les autres arts. Et le « blanc manteau » d'églises et de cathédrales dont parle le moine Glaber, ces « maisons de Dieu » qui rivalisèrent avec les châteaux, c'est vraiment l'ardeur spirituelle des populations exhortée par l'Église qui a permis aux architectes et aux artisans de les construire. Les gens du peuple s'attelaient « par milliers », dit un chroniqueur, à des chariots remplis de pierres, de chaux et de bois, guidés et entraînés par des prêtres, et ils priaient et chantaient des cantiques sur les chantiers. Mais la littérature s'y montre elle aussi en transformation et en progrès.

Pour le public que formaient les seigneurs dans leurs châteaux et les foules dans les foires ou aux étapes des pèlerinages, il ne pouvait s'agir que d'une littérature orale. Des poètes appelés *trouvères* l'inventaient et les jongleurs la récitaient ou la chantaient en s'accompagnant d'une vielle. Ils allaient de château en château et le seigneur les payait d'un cheval, d'un vêtement, d'un repas. On préparait pour les soirées qu'ils organisaient la grande salle, ornée de tapis et de nattes, meublée de bancs, de sièges mobiles, d'une grande table et des chaires des maîtres. Des bougies de cire brûlaient sur les bras de fer scellés aux côtés de la cheminée et dans les flambeaux de la table, tandis que le vaste foyer jetait de larges lueurs et qu'au dehors, au haut du donjon, un guetteur veillait.

Mais le temps vint de la littérature écrite et des lectures à la place des récitations, dans la « chambre des dames » ou bien, à la belle saison, dans une loge de feuillée au fond des vergers. Ce changement se fit au cœur du XIIe siècle.

Une révolution s'accomplissait dans les mœurs; elles s'adoucissaient par lassi-

tude de la brutalité, par l'effet des goûts qu'avaient rapportés d'Orient les Croisés et des libertés qu'en leur absence les femmes avaient acquises, enfin sous l'influence des régions du Midi, affinées et même amollies au contact des coutumes italiennes et dans un climat enchanteur. Aliénor d'Aquitaine, petite fille de Guillaume IX, comte de Poitiers, le plus ancien des poètes méridionaux appelés *troubadours,* en épousant le roi de France, Louis VII, et sa fille Marie en épousant le comte de Champagne, apportèrent dans les capitales au nord de la Loire des habitudes de fine conversation, de fêtes galantes, de loisir et de poésie qui donnèrent le plus beau rôle à la femme jusque-là tenue en sujétion, et qui firent d'elle une *dame,* une souveraine, la présidente des cérémonies, des jeux, des tournois. Ainsi la chevalerie féodale continuait, mais se métamorphosait en chevalerie de cour, en chevalerie courtoise.

De telles mutations devaient se traduire dans la littérature, d'abord par les romans dits « antiques », qui, sous les noms d'Alexandre, d'Énée, de César, peignaient des chevaliers français, et ensuite dans des romans plus intéressants, les romans dits « bretons ». Du génie celtique des bardes de Grande-Bretagne était née une conception de l'amour tendre, rêveur, profond, amour de l'âme escorté de féeries, de mystères et de fatalités, amours d'hommes dévoués jusqu'à la mort et de femmes traitées en reines par leurs amants. Cette conception a fait l'attrait des *lais* de Marie de France, des romans se rapportant au Tristan et à l'Yseult qui devaient inspirer sept cents ans plus tard les sublimités wagnériennes, enfin des romans qui avaient pour héros le roi Arthur et ses chevaliers de la Table Ronde. Telles sont les fictions éperdument romanesques que Chrétien de Troyes a adaptées en les édulcorant pour plaire à son public de cour champenoise et de cour angevine, qui dans le même temps s'enchantait des chansons d'amour plus ou moins inspirées du lyrisme d'Aquitaine.

On pense bien que cette littérature courtoise de romans et de poésie lyrique évoque une réalité moins affinée qu'elle, mais qu'elle a contribué à affiner. Le roman courtois a d'ailleurs évolué du XIIe au XIIIe siècles. Il a abouti, d'une part à des idylles du genre de *Aucassin et Nicolette,* d'autre part aux romans mystiques du type *Lancelot* où l'âme cherche son bonheur non plus dans l'amour, même platonique, mais en Dieu.

Le XIIe siècle a vu se produire d'autres nouveautés encore. Parallèlement à la société des écclésiastiques et des nobles vivait la société des villes, formée autour des marchands. Ces marchands allaient à l'étranger, par terre et par mer, chercher la laine, les peaux, les épices. Ils fournissaient les vins, les pierreries, l'or, vendaient aux chevaliers des chevaux, allaient dans les grandes foires planter leurs tentes et arborer leurs enseignes. Ils se bâtissaient de riches maisons, ouvraient de jolies boutiques. Grâce à eux, les villes s'affranchirent, obtinrent l'autonomie; elles choisirent parmi eux leurs échevins. Comment n'auraient-ils pas eu une connaissance pratique de la vie, un esprit positif? Et comment n'auraient-ils pas inspiré et aimé une littérature réaliste, toute contraire à celle de la société aristocratique?

D'autant plus qu'une basse société se trouvait en rapport avec eux: vilains ou roturiers, paysans aux récoltes piétinées, ouvriers astreints à la corvée et qui ont construit avec leur sueur gratuite maints châteaux, maintes fortifications, sans parler des mendiants, des chômeurs, des estropiés, tous gens portant bâtons. Cette classe-là n'avait pas le moyen de s'exprimer, mais des bourgeois lui ont prêté leur plume.

Au théâtre notamment, et c'est une autre nouveauté du XIIe siècle. Le théâtre français est né du culte religieux. En effet, dès le Xe siècle, aux grandes fêtes, les prêtres coupaient l'office par des scènes de l'Évangile dialoguées. C'est le XIIe siècle qui vit ces sortes de drames liturgiques passer du latin au roman, quitter l'autel pour le parvis, se muer en représentations laïques. Le théâtre à sujets profanes aussi bien que religieux allait connaître une étonnante prospérité dans la suite, aux XIIIe, XIVe et XVe siècles. Mais au XIIIe siècle, le réalisme bourgeois et populaire s'est glissé jusque dans le théâtre religieux, tandis que, par la comédie, il installait sur les planches l'esprit des fabliaux.

Les *fabliaux*, le *Roman de Renart*, le théâtre d'Adam de la Halle composent l'essentiel de la littérature bourgeoise, littérature d'esprit gaulois, c'est-à-dire de verve railleuse, de plaisanterie libre, de mots osés. Il ne faut pas oublier d'y joindre une pléiade de poètes lyriques dont le plus remarquable est Rutebeuf.

Cette littérature bourgeoise et de pente populaire peut apparaître assez légitimement comme une littérature de classe, malgré sa part de vérité humaine, et bien que s'y mêle encore la foi. On comprend très bien qu'un état d'esprit de révolte et de protestation ait fini par se former: les premières «branches» du *Roman de Renart,* qui sont du XIIe siècle, n'étaient que malicieuses, celles du siècle suivant sont âprement satiriques. En ce XIIIe siècle d'ailleurs, un grand poète satirique et moralisant, Jean de Meung, a pris position à quarante ans de distance, dans la seconde partie du *Roman de la Rose,* contre la première partie de l'œuvre, dans laquelle Guillaume de Lorris avait rassemblé le suprême bouquet doctrinal et didactique de la mentalité courtoise.

Un dernier trait de la bourgeoisie et de sa littérature éclate chez Jean de Meung: le goût et la fierté du savoir. Les villes s'énorgueillissaient de leurs magistrats, de leurs médecins, de leurs hommes de science. Et si l'Église se chargeait depuis longtemps des écoles, c'est dans la classe bourgeoise que les universités prenaient leurs professeurs et leurs étudiants. L'université de Paris est devenue au XIIIe siècle le cerveau de la chrétienté. On y venait de tous les pays, saint Thomas d'Aquin s'y est illustré, le grand docteur qui a doté le Moyen Âge de sa philosophie et que le roi saint Louis recevait à sa table.

Le XIIIe siècle mérite peut-être d'être admiré comme le plus grand des siècles français. La pensée, l'art, la littérature, et jusqu'au confort de la vie y brillaient d'un incomparable éclat. Hommes et femmes étaient avides d'étoffes rares, de belles fourrures, de riches tapisseries, de joaillerie, et les plaisirs de l'esprit faisaient partie du luxe. Les seigneurs s'offraient volontiers un trouvère à demeure, qu'on appelait *ménestrel;* et certains de ces seigneurs étaient instruits, à l'égal des

bourgeois évolués. Au reste, les divers publics tendaient à se mêler. Les nobles et les riches lisaient les romans de Renart et les fabliaux, les bourgeois se plaisaient à la littérature courtoise.

Il fallut, pour briser ce merveilleux essor, les désastres de la guerre de Cent Ans (1337–1453), les luttes intérieures du royaume, tous ces malheurs qui devaient arracher à un grand témoin, Alain Chartier, dans son *Quadrilogue invectif*, une plainte d'autant plus éloquente qu'il s'en dégageait, malgré tout, la certitude d'un relèvement. Et le relèvement a eu lieu, en politique avec des rois comme Charles VII et Louis XI, en littérature avec les poètes du XVe siècle, avec le génie de Villon, avec la somptueuse grandeur des *Mystères* et le rire de la grande comédie.

On aura remarqué que presque toute la littérature du Moyen Âge se compose d'œuvres en vers. Une exception importante est à considérer: les *Chroniques,* c'est-à-dire les Annales historiques et les Mémoires, œuvres de prose, écrites en latin jusqu'au XIIe siècle, ensuite en roman. On compte de nombreux chroniqueurs, parmi lesquels quatre grands, dont chaque siècle, du XIIe au XVe, a le sien. Le dernier, Commynes (XVe siècle), est le fondateur de l'histoire moderne et ouvre un âge nouveau avec des savants de plus en plus versés dans la connaissance des Anciens, annonciateur comme eux de l'humanisme qui devait être au XVIe siècle l'âme de la Renaissance.

II. *Les Premiers Textes*

LA LITTÉRATURE RÉCITÉE et la littérature écrite du Moyen Âge ont employé une langue qui s'appelle *langue romane* ou roman.[1]

Le roman fut tout d'abord la langue très populaire issue avec altérations nombreuses du mauvais latin que parlaient la soldatesque et les gens de commerce et qui avait remplacé le celtique sous la domination romaine. Les *Serments de Strasbourg* en donnent une idée.

[1] Nous allons donner deux courts exemples de langue romane: d'abord le texte roman des *Serments de Strasbourg* et, plus loin, un groupe de vers de la *Chanson de Roland*, texte et traduction.

Dans la suite, quand nous arriverons au XVe siècle, nous donnerons également le texte et la traduction des poèmes de Charles d'Orléans et de Villon et nous expliquerons pourquoi.

A part ces exceptions, tous nos textes du Moyen Âge ont été traduits par nous en français moderne, en un français maintenu aussi près que possible de la naïveté originale, mais que nous avons voulu très clair afin d'encourager nos jeunes lecteurs à lire une littérature vraiment trop délaissée.

Aux X[e] et XI[e] siècles, le roman s'écarta de plus en plus du latin à force de laisser tomber en parlant les syllabes atones: c'est de ce roman-là que se sont servi les clercs dans leurs Vies de saints, afin de se faire comprendre d'un vaste public qui ignorait le latin écrit.

Ensuite le roman n'a cessé de se rapprocher de la langue qui allait s'appeler le français et dans laquelle s'est épanouie la langue d'oïl, et spécialement le dialecte de l'Ile-de-France. Car le roman s'était différencié en d'assez nombreux dialectes, et ceux-ci se répartissaient en deux grands groupes, les dialectes d'oïl parlé au nord de la Loire, les dialectes d'oc parlés au sud.[2] Ces derniers cédèrent la place aux premiers, du moins en littérature, après que la guerre des Albigeois eut détruit la civilisation du Midi de la France; et, parmi les dialectes d'oïl (normand, picard, bourguignon, etc.), celui d'Ile-de-France eut sa victoire assurée par le développement de l'autorité royale qui avait là son centre.

Le premier texte roman conservé, celui des *Serments de Strasbourg,* date du IX[e] siècle. Des Vies de saints, certaines sont venues jusqu'à nous: la *Cantilène de sainte Eulalie,* martyre (fin du IX[e] siècle), une *Vie de saint Léger,* martyr (fin du X[e]), une *Vie de saint Alexis* (début du XI[e]).[3]

[2] *Oïl* et *oc* signifient *oui.*
[3] Un écrivain moderne, Henri Ghéon, a transposé l'aventure touchante de saint Alexis dans une pièce de théâtre, *Le Pauvre sous l'escalier.*

Les Serments de Strasbourg

[*Ils furent échangés le 14 février 842 entre Charles le Chauve et Louis le Germanique, alliés contre leur frère Lothaire et qui venaient de remporter sur lui la victoire de Fontanet. Charles le Chauve et ses fidèles jurèrent en allemand, Louis le Germanique et ses fidèles en français.*]

Pro Deo amur et pro christian poblo et nostro commun salvament, d'ist di in avant, in quant Deus savir et podir me dunat, si salvarai eo cist meon fradre Karlo, et in aiudha et in cadhuna cosa, si cum om per dreit son fradra salvar dift, in o quid il mi altresi fazet, et ab Ludher nul plaid numquam prindrai, qui meon vol cist meon fradre Karle in damno sit.

TRADUCTION: Pour l'amour de Dieu et pour le salut commun du peuple chrétien et le nôtre, à partir de ce jour, autant que Dieu m'en donne le savoir et le pouvoir, je soutiendrai mon frère Charles ici présent, par mon aide et en toute chose, ainsi qu'on doit en toute justice soutenir son frère, à condition qu'il fasse de même à mon égard; et quant à Lothaire, je ne prendrai jamais avec lui aucun arrangement qui soit par ma volonté au détriment de mon frère Charles qui est là.

III. *Les Chansons de geste*

LES CHANSONS DE GESTE,[1] ou épopées carolingiennes, ont été composées à la fin du XI[e] siècle et au XII[e]. Les noms de leurs auteurs sont perdus.

Charlemagne et son lignage ont inspiré le chef-d'œuvre du genre, la *Chanson de Roland*. Les autres épopées célèbres du cycle sont le *Pèlerinage de Charlemagne en Orient*, aux épisodes tragi-comiques; *Huon de Bordeaux*, vraie féerie à laquelle Shakespeare a emprunté son nain vert Obéron; le *Couronnement de Louis*, où l'on voit un vassal fidèle et puissant sauver la couronne que le fils de Charlemagne semble incapable de porter.

Ce vassal généreux est Guillaume d'Orange, autour duquel un autre cycle épique s'est rassemblé.

Guillaume d'Orange, dit Guillaume-au-court-nez, personnage légendaire, composé du mélange de plus de dix personnages historiques, dont le plus brillant fut un comte de Toulouse, symbolise le héros du Midi en lutte contre les Sarrazins. Guerrier magnifique, il termine sa vie au cloître de Gellone qu'il a fondé. Son aïeul, Girard de Vienne et son père, Aimery de Narbonne, sont les héros d'épopées qui portent leurs noms. L'épopée *Aliscans*, remarquable par le rôle qu'y joue une femme, Guibourg, veuve d'un roi sarrazin mais convertie au christianisme, est le poème de la défaite pleine d'honneur.

Un troisième cycle épique chante les grands vassaux en lutte, non plus contre les Infidèles, mais entre eux. Dans *Renaud de Montauban*, les quatre frères — les quatre fils Aymon du roman populaire — sont célèbres par leur cheval Bayard. *Raoul de Cambrai* évoque le féodal primitif, farouche et implacable dans sa poursuite hallucinante d'un ennemi.

On a cru longtemps que les chansons de geste avaient pour origine des cantilènes germaniques: croyance détruite par l'érudit Joseph Bédier, qui lui a substitué cette conjecture: des trouvères auraient composé les épopées d'après des légendes entretenues par les clercs dans les sanctuaires qui jalonnaient les routes des grands pèlerinages. Toujours est-il qu'elles se rapportent à une époque ancienne, antérieure de deux siècles, et qu'elles développent des poèmes primitifs, dont aucun ne nous est parvenu, mais que rien ne permet de ne pas croire français.

Elles sont de beauté inégale, mais toutes vivifiées par de dramatiques exploits et par la grandeur des principales scènes.

[1] ensemble d'actions héroïques

LA CHANSON DE ROLAND

La *Chanson de Roland* est écrite, comme les autres épopées, en vers de dix syllabes assonancés et groupés par couplets ou *laisses*. Voici la première laisse:

> Carles, li reis, nostre emperere magnes,
> Set anz tuz pleins ad estet en Espaigne:
> Tresqu'en la mer conquist la tere altaigne.
> N'i ad castel ki devant lui remaigne;
> Mur ne citet n'i est remés à fraindre,
> Fors Sarraguce, ki est en une muntaigne.
> Li reis Marsilie la tient, ki Deu nen aimet.
> Mahumet sert e Apollin recleimet:
> Nes poet guarder que mals ne l'i ateignet.

TRADUCTION: Le roi Charles, notre empereur, le Grand, sept années toutes pleines est resté en Espagne: jusqu'à la mer il a conquis la terre orgueilleuse. Plus un château qui devant lui résiste, plus une muraille à forcer, plus une cité, hormis Saragosse, qui est sur une montagne. Le roi Marsile la tient, qui n'aime pas Dieu. Il sert Mahomet et prie Apollon: il ne peut empêcher que le malheur ne l'atteigne.

La *Chanson de Roland* repose sur une base d'événements historiques, mais la légende y garde cependant la plus forte part. Elle a métamorphosé un combat d'arrière-garde en une bataille gigantesque, changé une poignée de montagnards basques en une armée de Sarrazins; elle a fait du comte Roland, qui commandait l'arrière-garde surprise à Roncevaux, un neveu chéri de l'empereur et l'un des douze pairs de France. Elle a transfiguré Charlemagne en un imposant vieillard, elle a jeté dans la bataille l'archevêque Turpin, guerrier autant que prêtre. Enfin elle a attribué l'écrasement des héros à la trahison et inventé l'extermination de l'ennemi par l'armée impériale revenue sur ses pas à l'appel du cor.

Ces transformations ont mué une petite escarmouche en un grand épisode de guerre sainte où de nobles Français meurent en martyrs. Roland apparaît comme le preux par excellence: à part un défaut, l'orgueil, il a toutes les qualités et toutes les vertus. Son frère d'armes, Olivier, est prudent et sage, mais non moins courageux; Turpin est charitable, bien qu'il assène des coups terribles à l'ennemi; Charlemagne montre la prestance d'un chef souverain, il est le missionnaire de Dieu contre les infidèles.

Ces héros animent des scènes qui mettent en action les sentiments fondamentaux du monde féodal dans sa période la plus rudement guerrière et de foi simple.

La Mort des preux

[*Les païens,*[2] *au son des cors qui annoncent le retour de l'armée de Charlemagne, se sont enfuis. Roland et l'archevêque Turpin restent maîtres du champ de bataille, mais tous deux sont blessés.*]

Roland voit chanceler l'archevêque, il lui défait son heaume[3] orné d'or, lui ôte son haubert[4] aux fines mailles, découpe tout son bliaut[5] et se sert des pans pour bander les larges plaies. Puis il l'embrasse, le prend contre sa poitrine et le couche doucement sur l'herbe verte. Il lui adresse cette prière de politesse: « Gentil[6] seigneur, donnez-moi congé. Nos compagnons si chéris, ils sont morts. Nous ne devons pas les abandonner. J'irai les chercher, les reconnaître, les étendre en rangs devant vous. — Allez et revenez, dit l'archevêque; ce champ de bataille est vôtre, Dieu merci vôtre et mien. »

Roland part tout seul à travers le champ de bataille, parcourant les vaux et les monts. Il trouve Gérin et son compagnon Gérier, et plus loin Oton et Bérenger, près d'eux Samson et Anséïs, et le vieux Gérard de Roussillon. Il ramasse les barons l'un après l'autre, les porte à l'archevêque et les range devant ses genoux. L'archevêque ne peut retenir ses larmes. Levant la main, il fait le signe de la bénédiction, et puis dit: « Seigneur, c'est pitié de vous! Que le Dieu de gloire reçoive toutes vos âmes et les mette au paradis dans les saintes fleurs! Je sens à mon tour toute l'angoisse de la mort: je ne verrai plus le puissant empereur. »

Roland repart, il parcourt à nouveau le champ de bataille. Il trouve son compagnon Olivier. Il le prend dans ses bras, le serre contre sa poitrine, revient avec peine auprès de l'archevêque et couche le mort à côté des autres sur un écu.[7] L'archevêque l'absout et le bénit. A cette vue, Roland, dans un sursaut de deuil et de pitié, dit: « Beau compagnon Olivier, vous étiez fils du duc Renier qui tenait la marche du val de Runers. Pour briser une lance et percer les écus, pour vaincre et humilier les orgueilleux, pour soutenir et conseiller les prud'hommes,[8] jamais en aucune terre il n'y eut meilleur chevalier que vous! »

Le comte Roland, en voyant morts ses pairs[9] et Olivier qu'il chérissait tant, sent son cœur mollir et se met à pleurer. Il pâlit, il ne peut plus se tenir debout, il perd connaissance et tombe. « Hélas! dit l'archevêque, quelle pitié de vous, baron! »

De voir Roland se pâmer, l'archevêque ressent plus grande douleur qu'il éprouva jamais. Il avance la main et se saisit de l'olifant.[10] Puis il veut aller au bord d'un ruisseau qui traverse le val, prendre de l'eau et en donner à Roland. Avec du mal il parvient à se lever, il marche en chancelant, à petits pas. Mais il est si faible, il a perdu tant de sang, qu'il ne peut guère avancer. Avant qu'il ait parcouru un arpent,[11] le cœur lui manque, il tombe la tête en avant, et il sent l'angoisse de la mort l'étreindre.

Le comte Roland revient de sa pâmoison. Il se dresse, mais souffre grandement. Il regarde en aval et regarde en amont: sur l'herbe verte, par delà ses compagnons, il voit gisant le noble baron, l'archevêque, que Dieu mit en son nom parmi nous. L'archevêque dit sa coulpe,[12] regarde le ciel, joint ses deux mains, les élève et prie Dieu de lui donner le paradis. Puis il meurt, Turpin, le guerrier de Charles. Par grandes batailles et beaux sermons, contre les païens, toute sa vie, il fut champion. Que Dieu lui octroie sa sainte bénédiction!

[2] Au Moyen Âge, quiconque n'était pas chrétien était païen.

[3] capuchon d'acier, protégeant la tête

[4] armure d'acier

[5] tunique en drap ou en soie

[6] noble

[7] bouclier oblong et bombé, fait de planches recouvertes de cuir

[8] hommes probes et sages

[9] Égaux. Les douze pairs formaient une sorte de confrérie intime dans l'entourage de Charlemagne.

[10] signifie ivoire, d'où: cor d'ivoire

[11] ancienne mesure agraire d'origine celtique, dont la valeur est difficile à fixer

[12] faute (dire ou battre sa coulpe: se confesser)

Le comte Roland voit l'archevêque à terre, ses entrailles hors de son corps, gisantes: sur son front la cervelle tremble. Sur sa poitrine, entre les deux seins, il a croisé ses blanches mains, si belles. Roland lui dit son regret selon la loi de sa terre: « Ah! noble homme, chevalier de bonne souche, je te recommande aujourd'hui au Dieu de gloire. Jamais nul ne le servira plus volontiers. Depuis les apôtres, jamais n'exista tel prophète pour maintenir la loi et y attirer les hommes. Que votre âme ne souffre d'aucune privation! Que du paradis elle trouve la porte ouverte! »

Roland sent que la mort est proche. Par les oreilles sa cervelle se répand. Il prie Dieu d'appeler à lui ses pairs, puis l'ange Gabriel pour lui-même. Il prend l'olifant, pour ne point encourir de reproche, et Durendal, son épée,[13] dans l'autre main. A un peu plus d'une portée d'arbalète vers l'Espagne, il gagne un guéret, il monte sur un tertre. Là, sous deux beaux arbres, il y a quatre perrons,[14] faits de marbre. Sur l'herbe verte il tombe à la renverse. Il se pâme, car sa mort approche.

Hauts sont les monts et très hauts les arbres. Des quatre perrons brille le marbre. Sur l'herbe verte le comte Roland se pâme. Un sarrazin ne cesse de l'épier, qui contrefait le mort, gisant parmi les cadavres, le corps et le visage barbouillés de sang. Soudain il se redresse, il accourt, beau, fort et de grande vaillance. Dans son orgueil, il entreprend une folie dont il mourra; il se saisit de Roland, de son corps et de ses armes, et s'écrie: « Il est vaincu, le neveu de Charles! Cette épée, je l'emporterai en Arabie! » Comme il la tirait à lui, le comte reprit un peu ses sens.

Roland sent que l'homme lui prend son épée. Il ouvre les yeux et lui dit: « Tu n'es pas des nôtres, il me semble! » Tenant l'olifant qu'il n'a pas voulu perdre, il l'en frappe sur son heaume orné de pierreries et d'or, il brise l'acier, la tête et les os, lui fait jaillir les deux yeux et le renverse mort à ses pieds. Après quoi, il lui dit: « Païen, fils de serf, comment as-tu pu oser te saisir de moi, à raison ou à tort? Nul ne l'entendra dire qui ne te tienne pour un fou. Mais voilà fendu mon olifant, tombés son cristal et son or. »

Roland sent que sa vue se perd, il se met sur ses pieds, tant qu'il peut il s'évertue. Son visage a perdu sa couleur. Devant lui il voit une pierre bise. Il la frappe de dix coups, par deuil et rancœur. L'acier grince, mais sans se rompre ni s'ébrécher. « Ah, dit le comte, sainte Marie, à mon aide! Ah, Durendal, bonne épée, quelle pitié de vous! Puisque je meurs, de vous je n'ai plus charge. Vous m'avez fait gagner tant de batailles rangées et conquérir tant de larges terres que tient Charles à la barbe chenue![15] Ne tombez jamais aux mains d'un homme capable de fuir devant un autre. Un bon vassal vous a longtemps tenue, tel que jamais il n'y aura son pareil en France bénie. »

Roland frappe au perron de sardoine.[16] L'acier grince sans éclater ni s'ébrécher. Quand il voit qu'il ne peut briser l'épée, il commence en lui-même à la plaindre: « Ah! Durendal, comme tu es belle et claire et brillante! Contre le soleil comme tu luis et flambes! Charles était aux vaux de Maurienne quand Dieu du haut du ciel lui manda par son ange d'avoir à te donner à l'un de ses comtes capitaines. Alors il m'en ceignit, le noble roi, le grand. Avec elle, je lui conquis l'Anjou et la Bretagne, avec elle je lui conquis le Poitou et le Maine. Je lui conquis la libre Normandie, je lui conquis Provence et Aquitaine, et la Lombardie et toute la Romagne; je lui conquis la Bavière et toute la Flandre, la Bourgogne et la Pouille, Constantinople, dont il a reçu l'hommage, et la Saxe où il fait ce qu'il veut; je lui ai conquis et l'Écosse et l'Irlande et l'Angleterre, qu'il tenait pour sa terre privée.[17] J'ai conquis avec elle tant de terres que Charles tient, Charles à la barbe blanche! Pour cette épée je souffre douleur et peine: mieux vaut mourir que de l'abandonner aux mains des païens. Dieu, notre père, ne laissez pas la France subir cette honte! »

Roland frappe contre une pierre bise. Plus il en abat que je ne sais dire. L'épée grince sans éclater ni se rompre, vers le ciel elle rebondit. Quand le comte voit qu'il ne la brisera point, il la plaint très doucement en lui-même: « Ah, Durendal, comme tu es belle et sainte! Dans votre pommeau d'or il y a des reliques, une dent de saint Pierre, et du sang

[13] Il nomme et traite son épée comme une personne.
[14] rocs, blocs de pierre

[15] blanche
[16] sorte d'agate
[17] terre relevant de l'autorité personnelle de l'empereur

de saint Basile, et des cheveux de monseigneur saint Denis, et du vêtement de sainte Marie. Il n'est pas permis à des païens de vous posséder, c'est de chrétiens que vous devez être servie. Puissiez-vous ne jamais tomber aux mains d'un lâche! Avec vous j'aurai conquis tant de vastes terres, que tient Charles à la barbe fleurie! Et l'empereur en est puissant et riche. »

Roland sent que la mort s'empare de lui, de la tête elle descend sur le cœur. Jusque sous un pin il va courant, sur l'herbe verte il se couche face contre terre. Sous lui il met son épée et l'olifant, la tête tournée du côté de la gent païenne. S'il fait ainsi, le noble comte, c'est qu'il veut que Charles dise, ainsi que tous les siens, qu'il est mort en vainqueur. Il bat sa coulpe à menus coups et souvent. Pour ses péchés il tend vers Dieu son gant.[18]

Roland sent qu'il ne lui reste plus de temps. Tourné vers l'Espagne sur un tertre, d'une main il se frappe la poitrine: « Dieu, par ta grâce, pardon pour mes péchés, les grands et les menus que j'ai commis depuis l'heure où je naquis jusqu'à ce jour

[18] Le gant était le symbole de toute la personne.

où me voilà abattu! » Il a tendu à Dieu son gant droit. Les anges du ciel descendent à lui.

Le comte Roland est couché sous un pin; vers l'Espagne il a tourné son visage. De bien des choses le souvenir le prend, de tant de terres qu'il a conquises, de la douce France, des hommes de son lignage, de Charlemagne, son seigneur, qui l'a nourri;[19] il ne peut s'empêcher d'en pleurer et d'en soupirer. Mais lui-même ne veut pas s'oublier, il bat sa coulpe et implore la miséricorde de Dieu: « Vrai père qui jamais ne mentis, toi qui rappelas saint Lazare d'entre les morts, toi qui sauvas Daniel des lions, défends mon âme de tous périls, pour les péchés que j'ai commis dans ma vie! » Il a offert à Dieu son gant droit. Saint Gabriel l'a pris de sa main. Laissant retomber sa tête sur son bras, Roland, les mains jointes, est allé à sa fin. Dieu lui envoie son ange Chérubin et saint Michel du Péril;[20] avec eux vient saint Gabriel. Ils portent l'âme du comte en paradis.

[19] On disait des seigneurs qu'ils nourrissaient un jeune noble quand ils le prenaient à leur suite pour lui enseigner le métier des armes.

[20] péril de la mer

IV. La Littérature courtoise

SES MANIFESTATIONS les plus intéressantes en France ont été, avons-nous dit, les romans antiques, les *lais* de Marie de France, les romans de *Tristan*, les romans dans lesquels Chrétien de Troyes a accommodé au goût français les romans de la *Table Ronde*, divers autres romans tels que *Aucassin et Nicolette*, enfin toute une production de poèmes lyriques.

Les romans antiques en vers, *Roman de Troie, Roman de Thèbes, Roman d'Alexandre, Roman d'Énéas, Roman de Jules César*, écrits au XIIᵉ siècle par Benoit de Sainte More, Lambert le Tort, Jacot de Forest, sont à négliger. Négligeons également les poètes lyriques, Conon de Béthune, Gace Brulé, Thibaut de

Champagne, qui ne valent point leurs inspirateurs méridionaux, les trouba-
dours dont les principaux sont: la comtesse de Die, Bernard de Ventadour,
Bertrand de Born, et ce Jaufré Rudel qui, épris de la comtesse de Tripoli pour
avoir seulement entendu parler d'elle, se croisa afin de la voir et mourut sans
l'avoir vue (c'est le thème de la *Princesse lointaine* qu'Edmond Rostand a mis
à la scène). Ces poètes du midi restent en marge de la littérature française, parce
qu'ils ont écrit en langue d'oc.

LES LAIS DE MARIE DE FRANCE

Les *lais* étaient des poèmes courts chantés par les bardes gallois. Une Française les
traduisit ou les adapta en vers romans de huit syllabes, entre les années 1160 et 1180.
«Le chèvrefeuille», «Les deux amants», «Éliduc», «Frêne» et huit autres légendes
d'amour entretiennent le souvenir de cette poétesse normande qui habitait l'Angle-
terre.

Le «Rossignol», même traduit en prose moderne, donnera l'idée de sa tendresse
délicate et de sa vague mélancolie.

Le Rossignol

Au pays de Saint-Malo, dans la ville, deux che-
valiers demeuraient en deux fortes maisons. Les
deux barons avaient si grand mérite que la ville
leur faisait bonne renommée. L'un avait épousé
une femme sage, courtoise, élégante: merveilles sont 5
les soins qu'elle prenait de sa personne selon la meil-
leure mode. L'autre était un bachelier [1] estimé entre
ses pairs pour sa vaillance, sa valeur, sa générosité.
Il était de tous les tournois, il dépensait et donnait
sans compter.

Il se prit d'amour pour la femme de son voisin.
Il la sollicita tant, lui adressa si grandes prières, il
y avait si grand bien en lui, qu'elle l'aima par
dessus tout, et pour ce qu'elle ouït dire de lui, et
parce qu'il habitait près d'elle. Ils s'aimèrent en 15
sages et honnêtes gens. Ils tinrent leur amour très
secret et veillèrent à n'être ni vus ni surpris ni
soupçonnés: ils le pouvaient facilement faire, puis-
que leurs demeures se touchaient. Voisines étaient
maisons, voisins donjons et salles. Point de barrière 20

[1] jeune homme qui aspirait à devenir chevalier

ni d'autre séparation qu'un haut mur de pierre bise.
De la chambre où la dame couchait, quand elle se
mettait à sa fenêtre, elle pouvait parler à son ami,
ainsi que lui à elle; ils échangeaient leurs gages
d'amour, se les jetaient, se les lançaient. Rien ne les
troublait. Ils étaient bien aises, sauf qu'il leur était
impossible d'en venir ensemble à leur désir, car la
dame se trouvait gardée de près quand son ami s'en
allait par la ville. Mais ils prenaient dédommage-
ment, soit de jour, soit de nuit, dans les paroles
qu'ils se disaient: car nul ne pouvait les empêcher
de venir à leurs fenêtres et là, de se voir.

Longtemps ils s'aimèrent, tant que l'été arriva:
bois et prairies reverdirent, vergers se couvrirent de
fleurs. Les oiseaux élevèrent à douce voix leur joie
à la cime des arbres fleuris. Ce n'est pas merveille
que celui qui aime se mette alors à aimer davantage.
Ils se donnèrent à l'amour de tout leur cœur, par
paroles et par regards. Les nuits, quand la lune lui-
sait et que son seigneur était couché, souvent la
dame quittait le lit, se levait, s'enveloppait de son

manteau, venait s'appuyer à la fenêtre, sachant son ami là; et lui faisait de même, veillant la plus grande partie de la nuit. Ils avaient grande joie à se regarder, puisqu'ils ne pouvaient avoir davantage.

Tant et si bien elle se leva, tant et si bien vint s'accouder à la fenêtre que son seigneur en prit de l'irritation. Maintes fois, il demanda pourquoi elle se levait et voulut savoir où elle allait. « Seigneur, répondait la dame, celui-là ignore la joie en ce monde qui n'entend pas le rossignol chanter; c'est pour l'entendre que je vais m'accouder. Si douce est sa voix dans la nuit que l'ouïr m'est un grand délice: et j'éprouve un tel plaisir de cette jouissance que je ne peux fermer les yeux et dormir. »

Entendant cela, le seigneur éclate d'un méchant rire de colère. Puis il réfléchit tant qu'il en arrive à ce projet: prendre le rossignol au piège. Il n'a de valet en sa maison qu'il n'occupe à confectionner engin, rets ou lacet: [2] puis ils vont les placer au verger. Pas de coudrier [3] ni de châtaignier où il n'aient disposé lacs et glu.[4] Tant enfin qu'ils prennent le rossignol. Ils l'apportent tout vif au maître. Il le tient, il en est tout joyeux. Il vient alors dans la chambre de la dame.

« Dame, dit-il, où êtes-vous? Venez ici, que je vous parle. J'ai pris au piège le rossignol qui vous a fait tant veiller. Maintenant vous pouvez reposer en paix, il ne vous éveillera plus. »

La dame l'entend, elle est douleur et colère. Elle demande l'oiseau au seigneur. Mais lui, il le tue avec fureur, lui rompt le cou de ses deux mains, et fait un geste tellement laid à dire: il le jette sur la dame, si bien qu'elle a du sang sur sa robe un peu au-dessus de la poitrine. Sur quoi, il sort de la chambre. La dame prend le corps, le petit corps. Elle pleure à se faire mal, elle maudit les faiseurs d'engins et de lacs, les traîtres qui prirent le rossignol; car ils l'ont privée d'une grande joie.

« Las! dit-elle, le malheur est sur moi. Je ne pourrai plus me lever la nuit ni m'accouder à la fenêtre, d'où je voyais mon ami. Il croira que je l'aime moins, c'est trop certain. Aussi dois-je aviser. Je lui ferai tenir le rossignol, je lui ferai savoir l'aventure. » Dans une pièce de soie brodée d'or, sur laquelle elle écrit toute l'affaire, elle a enveloppé le petit oiseau. Elle appelle un valet à elle, elle le charge de porter le paquet à son ami. Il le porte. De la part de la dame, il salue le chevalier, lui débite son message et lui présente le rossignol.

Quand tout fut dit et montré, le chevalier, qui avait été tout oreilles, eut douleur de l'aventure. Mais il n'agit point en vilain [5] et fit vite. Il commanda un vaisselet dans lequel n'entra ni fer ni acier, un vaisselet [6] tout en or fin, et orné de pierres très précieuses; et l'on y mit un couvercle qui fermait parfaitement. Il y déposa le rossignol; puis il fit sceller la châsse [7] et ensuite la porta toujours avec lui.

[2] fabriquer piège, filet à prendre le gibier, ou nœud coulant pour saisir les oiseaux
[3] ancien nom du noisetier
[4] lacet et matière collante où se prennent les oiseaux

[5] en paysan, en rustre
[6] petit vase
[7] coffre où l'on enfermait des objets précieux, des bijoux, des reliques

LES ROMANS DE TRISTAN

Deux poètes anglo-normands, Béroul et Thomas, le premier au milieu du XIIᵉ siècle, l'autre vers la fin, ont chanté la destinée de Tristan dans des œuvres dont on ne possède plus que des fragments. Il existe un long roman en prose de *Tristan* qui est du XIIIᵉ siècle. C'est Thomas qu'a imité Gottfried de Strasbourg, à qui Wagner devait emprunter les données de son drame lyrique. Le poème de Thomas fait peser sur nous une fatalité, avec la force d'un sentiment absolu.

La Mort de Tristan et d'Yseult

[*L'orphelin Tristan, neveu du roi Marc de Cor-
nouailles, est allé chercher en Irlande la fiancée de
son oncle, Yseult la blonde, qu'il a lui-même connue
au cours d'une expédition victorieuse. Il la ramène,
gage de paix entre les deux pays, ayant délivré 5
l'Irlande d'un monstre et vaincu les jaloux. Or, sur
le navire, les deux jeunes gens ont bu par erreur un
philtre d'amour préparé pour le roi; ils se trouvent
donc unis par une passion fatale et que rien ne
pourra éteindre. Surpris par le roi, condamnés à 10
mort, enfuis dans la forêt, pardonnés parce que
Marc les a trouvés endormis avec une épée nue en-
tre eux, les voilà cependant séparés, parce que Tris-
tan, surpris de nouveau, se voit exiler en petite
Bretagne. Il s'y marie à une autre Yseult, à « Yseult 15
aux blanches mains », mais il ne peut reprendre sa
pensée et son âme à la première Yseult, à la femme
défendue, et par deux fois, sous des déguisements,
il passe la mer pour la revoir. Revenu à Carhaix,
blessé au cours d'un combat par une flèche empoi- 20
sonnée, il sait que l'amie seule a le pouvoir de la
guérir, comme elle l'a fait une fois déjà. Il lui dé-
pêche un messager, son compagnon d'armes, Ka-
herdin. Il est convenu que Kaherdin fera hisser une
voile blanche au navire, si l'aimée a consenti à venir. 25
Sinon, ce sera une voile noire. . . Hélas, la femme
de Tristan connaît la convention: il s'en suivra la
mortelle conséquence.*]

Les matelots ont hissé la voile blanche et cinglent 30
vers la terre. Kaherdin aperçoit déjà la côte de Bre-
tagne. Tout joyeux, les hommes montent la voile
bien haut, pour qu'on puisse reconnaître de loin sa
couleur, car on était au dernier jour que Tristan
avait fixé. Mais tandis qu'ils cinglent gaiement, 35
voilà la chaleur qui se lève et le vent qui tombe, si
bien qu'ils n'avancent plus. La mer est douce et
unie. De ça ni de là ne va la nef. Alors grande est
l'angoisse. On voit la terre tout près, et il n'y a pas
de vent pour y aborder. Ils vont errant sur la mer, 40

reculent, avancent sans progresser. Yseult éprouve
un grand chagrin. La terre qu'elle désirait, elle la
voit, et elle n'y peut arriver. Peu s'en faut qu'elle ne
meure de désir. Sur la nef, on aspire à la terre, mais
le vent est trop calme. Souvent Yseult clame son
malheur, les matelots voudraient la nef au rivage.
Hélas, elle n'y est pas encore.

Tristan en est las et lourd de douleur. Souvent il
se plaint, souvent il soupire, à cause d'Yseult qu'il
désire tant. Il pleure, il torture son corps, peu s'en
faut qu'il ne meure de désir. En cette angoisse, en
ce chagrin, il voit sa femme Yseult venir à lui, elle a
dans sa pensée une grande ruse. Elle dit: « Ami,
voici venir Kaherdin. J'ai vu sa nef sur la mer.
C'est à grand peine qu'elle avance, toutefois je l'ai
reconnue, c'est bien la sienne. Que Dieu veuille
qu'il vous apporte telle nouvelle dont votre cœur
soit réconforté! » Tristan, à cette annonce, tressaille,
il dit à Yseult: « Belle amie, êtes-vous sûre que c'est
bien sa nef? Dites-moi comment est le mât. » Yseult
dit: « J'en suis sûre. Sachez que la voile est toute
noire. Les matelots l'ont hissée haut, parce que le
vent leur manque. » A ces mots, une si grande dou-
leur saisit Tristan qu'il n'en aura jamais de pire. Il
se tourna contre le mur et dit: « Que Dieu sauve
Yseult avec moi! Puisque vous ne voulez venir à
moi, par amour pour vous je devrai mourir. Je ne
puis plus supporter la vie. Je meurs pour vous,
Yseult, belle amie. Vous n'avez pas pitié de ma
langueur, mais de ma mort vous aurez douleur. Et
ce m'est, amie, un grand réconfort que vous ayez
pitié de ma mort. » « Amie Yseult, » dit-il trois fois,
et à la quatrième il rend l'esprit.

Alors pleurent dans la maison les chevaliers, ses
compagnons. Ils se lamentent haut et fort. Cheva-
liers et serviteurs sortent, emportant le corps enlevé
de son lit, puis ils le couchent sur une étoffe de soie,
le couvrent d'un riche manteau. Cependant le vent
s'est levé sur la mer et frappe la mâture en son
milieu, il fait atterrir la nef. Yseult en sort, entend

de la rue les grandes plaintes, les cloches qui sonnent aux couvents et aux chapelles. Pourquoi donc ces sonneries, quel est le sujet de ces pleurs?

Un ancien alors lui dit: « Belle dame, que Dieu m'aide! Nous avons ici grand malheur, tel qu'on n'en connaîtra pas de pire. Tristan le preux, le franc, est mort. Il était la protection du royaume, il était généreux pour les pauvres, il était de grande aide pour ceux qui souffrent. D'une blessure qu'il reçut il est mort. Jamais si grande calamité ne s'abattit sur ce pays. »

Yseult a entendu la nouvelle, sa douleur l'empêche de dire mot. Cette mort l'afflige à ce point qu'elle va le long de la rue, sans s'être habillée, jusqu'au palais. Les Bretons ne virent jamais femme de semblable beauté. On s'étonne par la ville, on se demande d'où vient cette femme, qui elle est. Elle va là où repose le corps, se tourne vers l'Orient et prie toute humble pour Tristan: « Ami Tristan, quand je vous vois mort, quelle raison, quel devoir ai-je de vivre? Vous êtes mort pour mon amour, et je meurs, ami, de tendresse, n'ayant pu venir à temps pour guérir votre mal. Ami, ami, à cause de votre mort, jamais plus rien ne me sera de réconfort, de joie ni de plaisir. Maudit soit le mauvais temps qui me retint en mer et m'a empêchée d'arriver! Si j'étais venue à temps, je vous aurais rendu la vie, et je vous aurais parlé doucement de l'amour qui exista entre nous; j'aurais pleuré sur notre aventure, notre joie, notre volupté, et la peine et la grande douleur qui ont été en notre amour. Et je vous aurais fait souvenir de tout cela, et je vous aurais enlacé et baisé. Si je n'ai pu vous guérir, qu'ensemble au moins nous mourrions! Puisque je n'ai pu arriver à temps et que je n'ai pas su l'aventure et que je suis arrivée pour vous trouver mort, du même breuvage je tirerai réconfort. Pour moi vous avez perdu la vie, et je ferai comme fait une vraie amie: pour vous je veux mourir en même temps que vous. » Elle l'embrasse, elle s'étend, lui baise la bouche et le visage, et l'enlace étroitement. Corps à corps, bouche à bouche, elle rend l'esprit, et meurt ainsi près de lui, elle meurt de la douleur qu'elle a de son ami. Tristan est mort de désir pour elle, Yseult de n'être pas arrivée à temps; Tristan est mort d'amour et la belle Yseult de tendresse.

LES ROMANS DE LA TABLE RONDE

Il a existé un guerrier du nom d'Arthur (ou Artus) en Grande Bretagne, au VIᵉ siècle, héros de la résistance celtique aux Saxons. La légende a fait de lui le roi Arthur, prodigieux conquérant d'une partie de l'univers, finalement trahi et blessé, mais guéri par les fées et rendu immortel. Elle l'a entouré de compagnons, appelés chevaliers de la Table Ronde, parce qu'il les réunissait autour de lui pour leurs repas dans une égalité parfaite.

La cour d'Arthur a été le centre romanesque d'un monde tout nouveau formé par le génie celtique et druidique, monde d'héroïsme et de chevalerie comme les chansons de geste, mais aussi monde de tendresse et de passion (car c'est le désespoir d'amour qui jette un chevalier dans la vie errante, c'est la séduction de la reine qui en conduit un autre à s'enfermer dans un monastère), et enfin monde pénétré de merveilleux et de mysticité romanesque, dominé par la fée Viviane et l'enchanteur Merlin.

Les héros de la Table Ronde sont donc à la fois passionnément amoureux et mystiques, préoccupés de mériter l'amour de leur dame et de remplir la mission dont Arthur les a chargés, c'est-à-dire de conquérir le Graal, vase sacré et mystérieux qu'on disait avoir servi au Christ pour la Cène et contenir des gouttes de son sang.

Cette matière de romans épiques s'est trouvée rassemblée au Xᵉ siècle dans une

chronique latine (*Histoire bretonne* de Nennius), puis au XII[e] siècle dans l'*Histoire des rois bretons* de Jofroi de Monmouth, et popularisée au dernier tiers du même siècle par un roman historique en vers du poète normand Robert Wace (1100–1175), le *Roman de Brut* (Brutus, ancêtre légendaire des Bretons).

Le vrai caractère des légendes bretonnes—ivresses passionnées, langueurs mélancoliques, désespoirs mortels—s'est perdu en passant de Bretagne dans le climat champenois où naquit et vécut (1135–83) Chrétien de Troyes. Ses romans en vers octosyllabiques rimant deux à deux en ont cependant gardé la candeur tendre, la dévotion amoureuse et la ferveur mystique, un peu noyées dans une élégance mondaine. Ils furent écrits pour être lus dans la «chambre des dames», quoique encombrés de tout un merveilleux magique qui n'avait plus de sens pour les Français contemporains d'Aliénor d'Aquitaine, pour les compatriotes du roi Louis VII et du comte de Champagne.

Le *Tristan* de Chrétien de Troyes est perdu. On a conservé de lui *Érec et Énide* (chevalier fou d'amour pour sa femme et féru de prouesses chevaleresques); *Yvain ou le Chevalier au lion; Lancelot ou le Conte de la charrette* (histoire des épreuves qu'affronte le chevalier par amour pour la reine Guenièvre et dont la moindre n'est pas de monter dans la charrette des criminels par obéissance «courtoise» à une volonté de la *dame*); *Perceval*, héros qui découvre le Graal et en réussit la conquête au nom du roi Arthur; *Cligès*, dont l'action se déroule dans un cadre oriental, traite de l'amour unique.

Yvain ou le Chevalier au lion

[*Messire Yvain, compagnon du roi Arthur, porte ce surnom parce qu'un lion qu'il a sauvé d'un serpent s'est fait par reconnaissance son ami et son garde du corps. Mais avant cette aventure, il en a couru une autre. Au cœur de la forêt de Brocéliande, l'eau d'une fontaine magique permet d'obtenir la pluie, elle est également capable de déchaîner des tempêtes. Yvain en déchaîne une par défi. Sur quoi, Esclados le Roux, chevalier du lieu, gardien de la fontaine, accourt et fond sur lui. Il se fait tuer et son épouse en éprouve une grande douleur. Yvain échappera-t-il aux gens armés qui voudraient venger leur maître? Oui, car une suivante de la dame, la charmante Lunette, le cache, lui donne ses soins, lui prête un anneau qui le rend invisible. Il peut donc assister aux obsèques de sa victime, il voit et contemple la veuve, qui est très belle, s'éprend d'elle. Lunette va l'aider à satisfaire sa soudaine passion.*]

Elle était assez bien avec sa dame [1] pour oser l'entretenir de quoi que ce fût. Pourquoi aurait-elle hésité à lui apporter du réconfort et à l'instruire de ses intérêts? Elle lui dit en confidence:

—Dame, vous m'étonnez, vous agissez follement. Croyez-vous donc que vos larmes ressusciteront votre mari?

—Non certes, répondit la dame, mais je voudrais être morte de douleur.

—Pourquoi?

—Pour le rejoindre.

—Dieu vous en garde! Souhaitez plutôt qu'il vous octroie un seigneur aussi bon et de même valeur.

—Souhait impossible. Jamais je n'obtiendrai de Dieu un aussi bon mari.

[1] Titre que le Moyen Âge donnait à la femme d'un seigneur, d'un chevalier. Les bourgeoises n'avaient droit qu'au titre de demoiselles.

— Vous en recevrez un meilleur, si vous l'acceptez, je vous en donnerai la preuve.

—Tais-toi, jamais je ne trouverai le pareil.

— Mais si, ma dame. Posez-vous la question, si cela ne vous fâche: « Qui défendra ma terre, quand le roi Arthur y viendra? » [2]. . . Tous vos chevaliers, vous le savez bien, ne valent pas une chambrière. Jamais celui d'entre eux qui a la meilleure opinion de lui ne prendra le bouclier et la lance. Vous avez beaucoup de vos gens qui ne valent pas grand chose, et il n'y en a pas un assez brave pour monter à cheval. Et le roi vient avec une si grande compagnie qu'il s'emparera de tout sans la moindre résistance.

La dame sait que sa pucelle la conseille de bonne foi, mais elle a le défaut commun à maintes femmes de justifier leurs sottises et de refuser ce qu'elles désirent.

— Va-t-en, ne m'en dis pas davantage, s'écrie-t-elle. Si je t'entends encore parler de cela, tu feras bien de disparaître. Tes propos me rendent furieuse.

— A la bonne heure, ma dame, on voit bien que vous êtes de ces femmes qu'un bon conseil met en colère.

La demoiselle partie, la dame réfléchit. Elle aurait aimé savoir comment la demoiselle pouvait lui prouver l'existence d'un chevalier meilleur que son mari. Elle ne demanderait pas mieux d'écouter ses raisons, mais ne lui a-t-elle pas défendu de revenir sur ce sujet? C'est dans ces dispositions qu'elle attendit le retour de Lunette. Celle-ci, sans tenir compte de la défense faite par sa maîtresse, lui dit sans ambages: [3]

— Ah, dame, convient-il que vous vous fassiez mourir de chagrin? Pour Dieu, finissez-en avec lui, au moins par pudeur. A si haute dame ne sied pas trop long deuil. Pensez à votre rang et aux intérêts de votre terre. Croyez-vous donc que toute prouesse est morte avec votre seigneur? Il en reste encore dans le monde cent aussi bons et cent meilleurs.

— Si tu ne mens pas, que Dieu me confonde! Nomme m'en un seulement qui ait renom de probité et de sagesse pareil à celui que mon seigneur eut toute sa vie.

[2] Le roi Arthur se proposait d'attaquer ce domaine. Yvain le lui conquerra sans s'en douter.

[3] détours

— Vous m'en voudriez, dame, vous vous fâche-riez et recommenceriez à me menacer.

— Je t'assure que non.

— Que ce soit pour votre bonheur futur, si cela peut vous être agréable, ce qu'à Dieu plaise! Je n'ai aucune raison de me taire. Personne ne nous entend ni ne nous écoute. Vous me trouverez bien hardie, mais je vais vous poser une question: quand deux chevaliers se sont rencontrés en combat singulier, lequel jugez-vous valoir davantage, le vainqueur ou le vaincu? Pour moi, je décerne le prix au vainqueur. Et vous?

— M'est avis que tu me tends un piège, tu veux me faire parler.

— Voyons, vous savez parfaitement que je vous dis la pure vérité! Il est clair que celui qui a vaincu votre époux est plus fort que lui. Il a eu raison de lui grâce à sa valeur, il l'a poursuivi jusque dans son château.

— Jamais je n'ai entendu paroles plus insensées. Pars, va-t-en, mauvaise tête, fille sotte et impertinente! Ne me dis plus de ces sottises, ne reparais plus jamais devant moi pour me tenir semblables discours.

— Je savais bien, dame, que je ne vous ferais pas plaisir, je vous avais prévenue. Vous m'avez assurée que vous ne me tiendriez pas rigueur et que vous ne vous mettriez pas en colère. Vous avez mal tenu votre promesse. Eh bien, vous m'avez déclaré votre façon de voir et j'ai perdu une bonne occasion de me taire.

La jeune fille retourna auprès de monseigneur Yvain, qu'elle entoura de ses soins, mais sans lui laisser soupçonner les propos qu'elle avait échangés avec sa maîtresse.

La dame passa la nuit entière en grand souci. Elle a changé d'opinion sur sa confidente, elle regrette de l'avoir injuriée et d'avoir cru ne devoir plus l'aimer de bon cœur. Quant au chevalier, elle le défend d'avoir forfait à son égard, elle trouve des arguments pour l'excuser et l'absoudre. Elle plaide son procès, comme s'il était là devant elle.

« Peux-tu nier, dit-elle, que mon mari soit mort de ta main? — Non, je l'avoue. — Pourquoi l'avoir tué? L'as-tu fait pour me nuire, par haine et mépris? — Que je meure à l'instant, si jamais il en fut ainsi! — Alors tu n'as point de tort envers moi ni envers

lui. Car, s'il avait pu le faire, c'est lui qui t'aurait tué. »

Et la dame se dit:

— Sur ma foi, je pense avoir bien jugé, et en toute justice.

Ainsi se prouve-t-elle à elle-même qu'elle n'a pas le droit de haïr, comme elle voudrait pouvoir le faire, l'homme qui a tué son mari. Peu à peu elle se prend à son raisonnement, comme la bûche finit par s'enflammer sans que personne ne souffle sur le feu et ne l'attise. Si la pucelle revenait à présent, elle gagnerait à coup sûr la cause qu'elle a su plaider et qui lui a valu des avanies.

Elle revint le lendemain matin et reprit l'entretien où elle l'avait laissé. La dame, honteuse de l'avoir offensée, la reçut tête baissée, et prête à lui faire des excuses, avec l'intention de lui demander le nom du chevalier, ce qu'il était et de quelle lignée.[4]

— Pardon, fit-elle humblement, pour ce que je vous ai dit de méchant avec tant de légèreté. Je veux me mettre à votre école. Dites-moi, quel homme est-il, le chevalier dont vous m'avez parlé, et de quelle maison?[5] S'il est de mon rang, pourvu qu'il n'y ait point d'empêchement de son côté, je le ferai mon mari, j'y consens, et le seigneur de ma terre. Mais il faudra nous y prendre de façon qu'on n'en puisse faire des réflexions et dire: « C'est celle qui prit l'homme qui a tué son mari. »

— Par Dieu, dame, assurément vous aurez le seigneur le plus noble et le plus loyal, le plus beau aussi qui sortit jamais du lignage d'Abel.

— Comment se nomme-t-il?

— Messire Yvain.

— Moi foi, ce n'est pas un vilain, il est noble, je le connais: c'est le fils du roi Urien.

— En effet.

— Et quand pourrons-nous le voir?

— Dans cinq jours.

— Dans cinq jours? C'est trop long. Qu'il vienne ce soir, demain au plus tard.

— Dame, je ne crois pas qu'un oiseau puisse tant voler au cours d'une journée. Mais, j'enverrai un garçon que je connais, qui court vite et qui, je pense, sera demain soir à la cour du roi Arthur. Joindre plus tôt le chevalier, il ne pourra.

[*La gouvernante obtient un délai de trois jours, et les deux femmes arrêtent les mesures que la dame devra prendre vis-à-vis de ses barons. Puis Lunette feint d'envoyer chercher Yvain « dans sa terre ».*]

Chaque jour, elle le faisait baigner, laver, peigner. En outre, elle lui prépara une robe d'écarlate vermeille, fourrée de vair,[6] poudrée encore de craie. Elle n'épargnait rien pour le parer au mieux, elle lui prêta fermail[7] d'or orné de pierres précieuses, ceinture et aumônière[8] brochée d'or.

Quand il fut prêt, elle alla dire à sa dame que le messager était rentré, sa mission accomplie.

— Et quand arrivera messire Yvain?

— Il est arrivé.

— Il est céans?[9] Qu'il vienne tout de suite, en se cachant et pendant que je n'ai personne avec moi! Veillez à n'avoir pas de compagnon, car cela me déplairait.

La demoiselle retourna à son protégé, mais ne laissa point voir à sa mine comme elle était contente. Elle lui raconta que la dame savait qu'elle lui avait donné asile et lui en tenait rigueur.

— Mais elle m'a assuré que je pouvais vous mener à elle, sans aucun risque. Cela ne vous coûtera, j'imagine, que d'être tenu en sa prison. Je ne veux pas mentir. Elle veut toute votre personne, cœur compris.

— J'y consens, fit messire Yvain.

— Alors venez, ayez contenance modeste, si vous voulez que la prison soit douce.

Elle le prit par la main et l'emmena, l'effrayant et le rassurant tour à tour, et lui parlant par allusions de la prison qui l'attendait. Elle pouvait parler de prison, car nul n'aime qui ne soit prisonnier.

Ils s'avancèrent vers le seuil de la chambre où la dame attendait le chevalier, assise sur une couette[10] vermeille. Le chevalier tremblait, la dame attendait impatiemment. Quand elle le vit, elle ne prononça pas un mot, ce qui augmenta la frayeur du jeune homme. Il se crut trahi, il resta immobile à la porte.

La demoiselle s'écria:

— Aux cinq cents diables celle qui amène dans la

[4] famille noble
[5] même sens que *lignée*
[6] fourrure blanche et grise (petit-gris)
[7] agrafe de luxe
[8] bourse qu'on portait à la ceinture
[9] Ici, dans la maison?
[10] lit de plumes

chambre d'une belle dame un chevalier qui a peur d'approcher et n'a plus ni langue ni esprit pour se présenter! Ça, chevalier, venez. Ne craignez pas que ma dame vous morde, mais n'implorez pas d'elle la paix. Je la prierai avec vous qu'elle vous pardonne d'avoir tué Esclados le Roux, son défunt mari.

Messire Yvain joignit les mains, s'agenouilla et parla ainsi en ami:

— Dame, je ne crierai pas miséricorde, mais je vous dirai merci pour tout ce que vous ferez de moi, car rien ne peut me déplaire de ce qui viendra de vous.

— Rien, messire? Et si je vous faisais mourir?

— Grand merci à vous, dame: je n'aurai jamais d'autres mots à la bouche.

— Jamais je n'ai vu pareille chose. Vous vous mettez tout entier et de bon cœur en mon pouvoir, et sans contrainte de ma part!

— Dame, sans mentir, il n'est pas de force comparable à celle qui me commande de me plier à votre volonté. Je ne crains rien de ce qu'il vous plaira de m'ordonner. Et si je pouvais réparer le meurtre que j'ai commis malgré moi, je le réparerais, je vous l'assure.

— Malgré vous? Dites-moi comment cela se fit, et je vous tiens quitte de la réparation. Vous n'avez pas mal fait, quand vous avez donné la mort à mon seigneur?

— Pardon, ma dame: quand votre seigneur m'attaqua, ai-je eu tort de me défendre? Un homme attaqué qui tue celui qui voulait s'emparer de lui ou le tuer, fait-il mal?

— Non, si l'on veut être juste, et je pense que mon mari aurait été coupable s'il avait tué. Mais j'aimerais savoir d'où vous tirez cette force qui vous

oblige à m'obéir sans réserve. Je vous passe tout tort et tout méfait. Mais prenez un siège, et contez-moi comment il se fait que vous vous soyez si bien apprivoisé.

— Dame, la force qui me pousse vient de mon cœur qui dépend entièrement de vous. C'est mon cœur qui m'a mis dans ces dispositions.

— Et qui a agi sur le cœur, bel ami?

— Vos yeux, ma dame.

— Et sur les yeux?

— La grande beauté que je vois en vous.

— Et la beauté, qu'a-t-elle donc fait?

— Elle a tant fait que je suis amoureux.

— Amoureux, et de qui?

— De vous, chère dame.

— De moi?

— Oui.

— De quelle manière?

— De telle manière qu'un amour plus grand n'est pas possible, que mon cœur ne peut se séparer de vous et se porter ailleurs, que je ne puis penser à autre chose, que je vous aime plus que moi-même et que je veux mourir ou vivre pour vous: à vous de décider.

— Et vous seriez assez audacieux pour vous faire le défenseur de la fontaine de ma terre?

— Oui, ma dame, contre tout homme.

— Sachez donc que la paix est faite entre nous.

[*Les barons consultés exhortèrent dame Laudine de Landuc à se remarier, afin que le domaine fût bien défendu. « Ils la prièrent tant qu'elle octroya ce qu'elle aurait fait sans eux, car Amour le commandait. »*]

AUCASSIN ET NICOLETTE

Les romans des XII^e et XIII^e siècles sont nombreux, et beaucoup n'appartiennent pas au cycle breton: par exemple, *Flore et Blanchefleur, Partenopeus de Blois, La Châtelaine de Vergi* (XIII^e siècle). Le plus gracieux de tous, d'auteur inconnu lui aussi, est *Aucassin et Nicolette* (première moitié du XIII^e siècle), dans lequel le récit en prose alterne avec des couplets en vers et qui pour cette raison est appelé une *chantefable*.

Aucassin à la recherche de Nicolette

[*Aucassin est le fils du comte de Beaucaire, Nico-
lette une jeune captive sarrasine. Ils s'aiment, mais
le comte ne veut pas de cette union, et il fait enfer-
mer la jeune fille, au grand désespoir du jeune
homme. Elle s'échappe et se cache dans la forêt.* 5
*Aucassin se met à sa recherche et rencontre des
pastoureaux. Il les interroge.*]

RÉCIT

— Sire, nous étions tout à l'heure ici entre prime 10
et tierce,[1] nous mangions notre pain comme à pré-
sent, près de cette fontaine. Une jeune fille vint, la
plus belle des créatures, si belle qu'on l'a crue fée,
et tout ce bois en a été une illumination. Elle nous
donna de l'argent, tant qu'on lui a fait promesse, si 15
vous passiez ici, de vous dire d'aller chasser en la
forêt, où il y a une bête dont vous ne donneriez pas
un membre, une fois prise, pour cinq cents marcs
d'argent ni pour aucune fortune; car la bête a telle
vertu que si vous la pouvez prendre vous serez 20
guéri de votre mal. Et c'est ce qu'il faut faire avant
trois jours, ou bien jamais vous ne la verrez. A pré-
sent, chassez-la, laissez-la, comme vous voudrez, je
me suis acquitté de la commission.

— Beaux enfants, vous en avez dit assez: que 25
Dieu me la fasse trouver!

CHANT

Aucassin comprit les paroles
De son amie au corps charmant;
Elles lui allèrent au cœur. 30
Vite il quitta les pastoureaux,
S'enfonça dans la profondeur du bois.
Le destrier va l'amble[2] rapidement
Et l'emporte au galop.
Aucassin parle et dit trois mots: 35
« Nicolette au corps charmant,
Pour vous je suis venu au bois,
Je ne chasse ni cerf ni sanglier,

C'est de vous que je suis la trace!
Vos yeux clairs, votre corps charmant,
Votre beau rire, vos doux propos
Ont blessé mon cœur à mort.
S'il plaît à Dieu, père tout-puissant,
Je vous reverrai encore,
 Sœur, douce amie. »

RÉCIT

Aucassin alla par la forêt, de chemin en chemin,
et le destrier l'emporta à vive allure. Ne croyez pas
que ronces et épines l'aient épargné, oh! pas du
tout. Elles déchirent ses vêtements: plus le moindre
morceau avec lequel faire un nœud. Le sang lui
coule des bras, des flancs, des jambes, en plus de
trente endroits, si bien qu'on pourrait le suivre au
sang qui tombe sur l'herbe. Mais il a tant pensé à
Nicolette, sa douce amie, qu'il ne sentait ni mal ni
douleur, mais il alla tout le jour par la forêt sans
rien savoir d'elle, et quand il vit le soir venir, il se
mit à pleurer de ne pas la trouver.

Sur un vieux chemin d'herbe il chevauchait. Re-
gardant devant lui droit dans l'allée, il aperçut un
homme tel que je vais vous dire: grand, laid, hi-
deux, saisissant. Il avait une hure[3] plus noire que
charbon, des yeux séparés d'une bonne main, de
larges joues, un énorme nez aplati, des narines en
grands trous, de grosses lèvres plus rouges qu'une
viande grillée, d'énormes et affreuses dents jaunes.
Il était chaussé de houseaux[4] et de souliers en cuir
de bœuf attachés jusqu'au dessus des genoux par des
liens en écorce de liège. Il portait une double chape[5]
et il s'appuyait sur une forte massue. Aucassin
tomba sur lui de surprise et sa vue l'effraya.

— Beau frère, Dieu t'assiste! — Dieu vous bénisse!
dit l'autre. — Par Dieu, que fais-tu là? — Que vous
importe? dit l'autre. — Rien, dit Aucassin. Je ne te
le demande qu'à bonne intention. — Mais pourquoi
pleurez-vous, dit l'autre, et menez si grand deuil?

[1] six heures et neuf heures
[2] *aller l'amble* se dit d'une cheval qui marche en levant
ensemble les deux jambes du même côté

[3] tête hérissée
[4] hautes guêtres de cuir
[5] sorte de grand manteau

Le Graal apparaît aux chevaliers de la Table Ronde. D'après le manuscrit *Lancelot du Lac*, XV[e] siècle. Bibliothèque Nationale. (Photographie Giraudon)

Adieux d'un chevalier à sa dame. Manuscrit de Renaud de Montauban, deuxième moitié XVe siècle. Bibliothèque de l'Arsenal. (Photographie Giraudon)

Si j'étais aussi riche homme que vous l'êtes, rien au monde ne me ferait pleurer. — Me connais-tu donc? dit Aucassin. — Oui, je sais bien que vous êtes Aucassin, le fils du Comte, et si vous me dites pourquoi vous pleurez, je vous dirai ce que je fais ici. — Oh, dit Aucassin, je te le dirai volontiers. Je suis venu ce matin chasser en cette forêt: j'avais un lévrier blanc le plus beau du monde, je l'ai perdu, voilà pourquoi je pleure.

— Vraiment! par le cœur de notre Seigneur, êtes-vous garçon à pleurer pour un chien puant? Maudit soit qui jamais vous estimera, car il n'y a si puissant homme en cette terre qui, si votre père lui en demandait dix, ou quinze, ou vingt, ne les lui enverrait de bon cœur. Mais moi, je dois pleurer et avoir du chagrin. — Et de quoi, frère? — Seigneur, je vous le dirai. J'étais loué à un riche vilain, je poussais sa charrue: elle avait quatre bœufs: or, il y a trois jours, un grand malheur m'arriva. Je perdis le meilleur des bœufs, Rouget, le meilleur de la charrue, et je le cherche. Je n'ai mangé ni bu depuis trois jours et je n'ose aller à la ville, car on me mettrait en prison, parce que je n'ai plus de quoi payer le bœuf. De toute la fortune du monde, je n'ai vaillant que ce que vous voyez sur moi. J'ai une pauvre mère; elle ne possédait rien de plus qu'une mauvaise couette; on la lui a tirée de dessous elle, et elle gît à même la paille. J'ai peine pour elle plus que pour moi; la fortune va et vient; si aujourd'hui j'ai perdu, une autre fois je gagnerai. Je paierai mon bœuf quand je pourrai et ne pleurerai pas pour cela. Et vous, vous avez pleuré pour une ordure de chien! Maudit soit qui jamais vous estimera! — Certes, tu es de bon réconfort, beau frère. Bénis sois-tu! Et que valait ton bœuf? — Seigneur, on m'en demande vingt sous.[6] Je n'en peux faire rabattre une seule maille.[7]

— Tiens, dit Aucassin, voilà vingt sous que j'ai dans ma bourse: paye ton bœuf.

— Seigneur, grand merci! Dieu vous fasse trouver ce que vous cherchez!

Ils se quittent et Aucassin chevauche. La nuit était belle et calme. Il chemina tant, qu'il arriva là où se croisent sept chemins, et il vit devant lui la loge de verdure que Nicolette avait faite, tapissée de fleurs dehors et dedans, par dessus et par devant, et si belle qu'elle ne pouvait l'être davantage. Quand Aucassin l'aperçut, il s'arrêta tout à coup. Les rayons de la lune tombaient dedans.

— Ah Dieu! dit-il, Nicolette a été là, ma douce amie, et elle a fait cela de ses belles mains. Pour sa douceur et pour l'amour d'elle, je descendrai de cheval et me reposerai là cette nuit.

Il mit le pied hors de l'étrier. Or son cheval était grand et haut, et Aucassin pensait tant à Nicolette, sa très douce amie, qu'il tomba rudement sur une pierre et se démit l'épaule. Il se sentit très blessé, mais fit effort autant qu'il put, attacha de l'autre main son cheval à un arbrisseau épineux et, se traînant sur le côté, parvint à se coucher sur le dos dans la loge. Et il regarda par un trou et vit les étoiles au ciel, et en voyant une plus brillante que les autres, il se mit à dire:

CHANT

Étoilette, je te vois,
Que la lune attire à elle,
Nicolette est avec toi,
Ma petite amie aux blonds cheveux.
Je pense que Dieu veut l'avoir
Pour que la clarté du soir
Soit par elle plus brillante.
Ah, mon amie, écoute-moi.
Plût au souverain roi,
Devrais-je retomber sur terre,
Que je fusse avec toi là-haut!
Je t'embrasserais étroitement.
Quand même je serais fils de roi,
Tu serais digne de moi,
 Sœur, douce amie.

RÉCIT

Quand Nicolette entendit Aucassin, elle vint à lui, car elle n'était pas loin. Elle entra dans la loge, lui jeta un bras au cou, le baisa et le tint embrassé.

— Beau doux ami, soyez le bien trouvé.

— Et vous, belle douce amie, soyez la bien trouvée!

— Douce amie, j'ai été blessé à l'épaule, mais je n'en sens ni mal ni douleur, puisque je vous ai.

Elle le tâta et se rendit compte qu'il avait l'épaule démise. Elle la massa de ses blanches mains, tira

[6] pièce d'argent, qui valait un franc-or
[7] petite monnaie

sur elle et, grâce à Dieu qui aime ceux qui s'aiment, la remit en place. Et puis, l'enveloppant de fleurs, d'herbe fraîche et de feuilles vertes, elle la serra dans un morceau de chemise, et voilà le garçon tout à fait guéri. 5

— Aucassin, dit-elle, beau doux ami, avisez à ce que vous ferez. Si votre père fait fouiller cette forêt et qu'on me trouve, quoi qu'il advienne de vous, on me tuera.

— Certes, douce amie, et j'en resterai affligé. Mais, 10 si cela dépend de moi, ils ne vous auront pas.

Il monta à cheval, prit son amie devant lui et ils s'élancèrent à travers la plaine.

CHANT

Aucassin, le beau, le blond,
Le noble, l'amoureux,
Est sorti du bois profond,
Entre ses bras ses amours,
Devant lui sur son arçon.
« Aucassin, beau doux ami,

En quel pays irons-nous?
— Douce amie, que sais-je?
Mais il ne m'importe où nous allons,
A travers la forêt ou par chemin détourné,
Pourvu que je sois avec vous. »
Ils vont par vaux et par monts,
Traversant les villes et les bourgs,
Ils arrivent le même jour à la mer,
Et descendent sur le sable du rivage.

[*Des pirates sarrasins les surprendront en Médi-
terranée, et la tempête les séparera. Aucassin, rentré
à Beaucaire, succède à son père mort. Nicolette,* 15
*transportée à Carthagène, s'y découvre fille du roi.
On veut la marier. Elle s'enfuit, se noircit le visage,
se déguise en jongleur, gagne la Provence. Arrivée
au château de Beaucaire, elle chante son histoire de-
vant Aucassin et ses barons. Reconnue, lavée, elle* 20
*revêt une robe de soie et apparaît plus belle que ja-
mais. . . L'histoire finit par un mariage.*]

V. La Littérature bourgeoise

ALORS QUE LES CHANSONS de geste s'adressaient aux seigneurs féodaux et les romans courtois à un public affiné mais encore peu instruit, la littérature destinée aux lecteurs bourgeois, plus réaliste, était à la fois moralisatrice et satirique.

Au lieu de célébrer les prouesses d'antan et les nobles aventures d'amour, elle satisfait les besoins de moquerie, de parodie, de farce, éprouvés par d'autres auditeurs, par d'autres lecteurs (mais parfois les mêmes à des moments dif-férents). L'esprit des petites et moyennes gens y prenait une sorte de revanche contre les puissants, l'esprit gaulois une revanche complète contre l'idéalisme chevaleresque et mystique.

Cette littérature voulait surtout faire rire.

Elle comprend les *Dits, Batailles,* et *Débats:* par exemple, le *Dit des cornettes*

(contre certaines modes féminines), la *Bataille de Carême et de Charnage,* (c'est-à-dire le faire-maigre et le faire-gras), le *Débat du vin et de l'eau.*

Elle comprend aussi des *Ysopets,* recueils de fables, dont le plus célèbre est celui de Marie de France, qui y montre moins de talent que dans ses *lais.*

Elle comprend encore et surtout le *Roman de Renart* et les *Fabliaux.*

LE ROMAN DE RENART

Sous ce nom s'est constituée au XII[e] siècle et s'est constamment augmentée au XIII[e] siècle une collection de contes en vers octosyllabiques et rimant deux par deux, écrits à l'exemple des fables, mais sans la moindre intention morale. Ils sont l'œuvre de clercs originaires de l'Ile-de-France et des provinces voisines, tels que Pierre de Saint Cloud et Richard de Lison, qui semblent les avoir composés d'après d'anciens récits dont les rares que nous possédions encore venaient des Flandres et de la Germanie. Ils ont remporté au Moyen Âge un succès prodigieux, au point que Renart, nom propre inventé par les romanciers, a remplacé le nom commun de l'animal, *goupil.* Aussi connaît-on de nombreuses « suites » au *Roman de Renart: Couronnement de Renart, Renart le nouvel, Renart le contrefait.*

Tous ces romans peignent, sous des noms et des apparences d'animaux — le loup (Isengrin), le lion (Noble), le coq (Chantecler), l'ours (Brun) etc. — la société humaine. Ils la peignent comme une jungle, et d'ailleurs sans pitié pour les victimes, qui sont le plus souvent des sots ou des vaniteux. Renart, tour à tour vainqueur et vaincu, finit par être condamné à mort devant le tribunal du lion, mais échappe au suprême châtiment par sa promesse d'un pèlerinage en Terre Sainte.

Ruse contre ruse

[*Renart guette Chantecler, le coq, qui s'est endormi sans méfiance.*]

Renart, si prudent et si fin, quand il voit Chantecler endormi, s'approche de lui au plus vite, lui qui fait le tourment de tous et qui sait tant de méchants tours. Pas à pas, en tapinois, la tête baissée, arrive Renart. Si Chantecler reste là assez longtemps pour que Renart le saisisse entre ses dents, c'en est fait de lui.

Quand Renart fut en position, il décida d'attraper le coq, et il fit un preste saut; mais il manqua son coup, car Chantecler sauta de côté. Il avait vu Renart et l'avait reconnu. Renart, arrêté sur un fu- mier, et voyant son coup manqué, prend pitié de lui-même.[1] Il se met à réfléchir sur les moyens d'enjôler le coq et de s'emparer de lui. Il est temps, le coq bouge, voilà une proie perdue.

— Seigneur Chantecler,[2] dit Renart, ne fuyez pas, n'ayez pas peur. Je suis très heureux de te voir en bonne santé, car tu es mon cousin germain.[3]

[1] Le poète passe sans raison du temps présent aux temps passés et des temps passés au temps présent dans l'emploi des verbes.

[2] Ce surnom du coq est le titre d'une pièce d'Edmond Rostand qui met en scène des animaux humanisés.

[3] Renart et Chantecler emploient tour à tour le *tu* et le *vous.* Ainsi fait aussi le roi dans le fabliau du *Paysan médecin.*

Chantecler à ces mots se rassura et joyeux chanta. Alors Renart dit à son cousin:

— Te souviens-tu de Chanteclin, ton bon père qui t'engendra? Jamais coq ne chanta comme lui. On l'entendait d'une lieue, tellement il chantait haut et clair. Il chantait à longue haleine, les yeux clos et la voix belle. D'une lieue on l'entendait, quand il chantait et reprenait le refrain.

Chantecler dit:

— Cousin Renart, vous voulez me prendre par ruse.

— Certes non, dit Renart, mais chantez donc, et les deux yeux fermés. Nous sommes de même chair et de même sang, j'aimerais mieux me voir estropié que de vous faire le moindre tort. Tu es mon trop proche parent.

— Je ne te crois pas, dit Chantecler. Éloigne-toi donc un peu de moi et je chanterai une chanson. Il n'y aura voisin aux environs qui n'entende bien mon fausset.[4]

Sur quoi, Renart a souri.

—Chantez, cousin, je verrai bien si vous êtes le digne fils de mon oncle Chanteclin.

Alors Chantecler prit haut son chant, un œil fermé et l'autre ouvert, car il redoutait beaucoup Renart et regardait souvent de son côté.

— Cela ne vaut rien, dit Renart. Chanteclin chantait autrement, à longue haleine et les yeux clos, si bien qu'on l'entendait au-delà de l'enclos.

Chantecler le croit, et il se met à chanter, les yeux fermés, avec ardeur. Dès lors Renart ne veut plus patienter; il saute de dessous un chou rouge, saisit Chantecler par le cou et s'enfuit en grande joie de tenir une proie. Pinte[5] en reste dolente et désespérée, elle se met à se lamenter.

— Seigneur, dit-elle à Chantecler, je vous l'avais bien dit, et votre finesse s'est retournée contre vous, qui me teniez pour folle, mais ce qui arrive je vous en avais averti. Le fou est celui qui attend d'être pris pour prendre peur. Renart vous tient, il vous emporte. Malheureuse que je suis, c'est la mort pour moi.

La bonne femme de la métairie a ouvert la porte de la petite cour. C'est le soir, elle voudrait rentrer ses gélines[6] sous leur toit. Elle appelle Pinte, Bise et Rosette. Pas de réponse. Que font-elles donc? Elle appelle de nouveau à grande haleine, mais voit Renart emportant sa proie. Une course s'engage. Se rendant compte qu'elle ne peut attraper le voleur, elle se dit qu'elle fera mieux de crier haro![7] Elle appelle à pleine gueule les paysans qui sont au jeu de ballon.

[Ils accourent, avec leurs chiens, mais Renart a atteint son terrier.]

Ah, Chantecler est en péril s'il ne trouve à son tour moyen et ruse. Il a trouvé.

— Comment, fait-il, seigneur Renart, n'avez-vous pas honte que les paysans crient après vous? Et Constant[8] vous poursuit au galop. Vous devriez lancer une moquerie à l'entrée de votre trou. Quand il dira: « Renart l'emporte », dites: « Bien malgré vous. » Rien de mieux pour les déconfire.

Il n'y a si sage qui ne fasse folie. Renart, lui qui trompe tout le monde, se vit trompé cette fois-là. Il cria à haute voix: « —Malgré vous, de celui-là j'emporte ma part! »

Aussitôt il sentit le coq lui échapper, battre des ailes, prendre la fuite et voler jusqu'à un pommier, laissant son ennemi triste, marri, préoccupé. Chantecler lui jeta en riant:

— Renart, quel est votre avis, au sujet de ce siècle? Que vous semble de ce monde?

[4] voix un peu grêle
[5] la poule, femme de Chantecler
[6] poules
[7] cri poussé pour alerter les gens contre quelqu'un
[8] nom d'un des paysans

Renart et Isengrin dans le puits

[*Renart vient de piller le poulailler d'un monas-*
tère; poussé par la soif, il s'approche d'un puits.
Apercevant dans l'eau son image, il la prend pour
sa femme Hermeline; il lui parle et l'écho lui ren-
voie ses paroles. Intrigué, il avance, entre dans le 5
seau qui pendait et qui l'entraîne tout au fond.
Comment remonter?]

Isengrin passe devant le monastère, entre et voit
le puits dans lequel Renart le roux ne s'amuse pas. 10
Il se penche, pensif et dolent, regarde dedans et
aperçoit Renart, qui l'appelle:

— Qui est là? dit Renart.

— Qui es-tu? demande Isengrin.

— Votre bon voisin, jadis votre compère.[9] Vous 15
m'aimiez plus que votre frère. A présent, je ne suis
plus que feu Renart.[10] Après avoir su maints tours
et maintes ruses, me voilà mort, Dieu merci. Je fais
ici pénitence.

— Et quand donc es-tu mort? 20

— Avant hier. Et ce n'est pas étonnant. Qui-
conque vit mourra. Il faut bien passer par la mort,
le jour que Dieu veut. Mon âme est prête à rejoin-
dre Dieu, qui m'a tiré du siècle vil où j'étais. Que
Dieu vous accueille à votre mort! Beau doux com- 25
père, je vous prie de me pardonner tous les motifs
de colère que je vous ai donnés.

— Volontiers, que tout vous soit pardonné, ici et
devant Dieu. Je suis désolé de votre mort.

— Mais j'en suis, moi, très heureux! 30

— Heureux, ami? Par ma foi, beau compère,
expliquez-moi pourquoi?

— Si mon corps gît près de ma femme Hermeline
en ma tanière, mon âme est en paradis, auprès de
Jésus. Ne vous étonnez pas, compère, de m'en voir 35
heureux et joyeux. Et je vous l'affirme sans mentir,
j'ai tout ce que je veux. Foin de [11] l'orgueil! Je vous
le dis parce que c'est vrai: vous devriez beaucoup
m'aimer, car je ne vous ai jamais causé de dom-

mage. Je ne vous fis que du bien. Je ne voudrais pas
vous avoir fait tort. Je suis ici selon mes mérites.
Tandis que vous êtes encore au royaume terrestre,
moi, je suis au paradis céleste. Céans [12] sont belles
métairies, bois, plaines, prairies, riches troupeaux et
bétail en quantité, et brebis, chèvres, bœufs, vaches,
vautours et faucons.

Isengrin jure saint Sylvestre qu'il voudrait bien
y être, dans ce paradis.

— Oh! non, dit Renart, restez où vous êtes, vous
ne pouvez entrer ici. Le paradis est céleste et point
fait pour tout le monde. Tu as été trop trompeur,
félon, traître, menteur, tu m'as calomnié. Je ne t'ai
jamais nui, moi, je te le jure.

— Je vous crois, dit Isengrin, et je vous pardonne
tout. Mais faites-moi entrer là-dedans.

— Point de querelle ici, dit Renart. Voyez et écou-
tez la merveille. Il y a deux seaux à la poulie. Le
Père éternel s'en sert pour peser le bien et la mal.
Quand l'âme quitte le corps, elle se place dans un
des seaux. Si elle est bien repentante, elle descend
tout droit, et le pécheur reste là-haut. Mais l'âme
qui n'a pas reçu parfaite absolution ne pourrait pas
descendre ici, je vous l'affirme.

— Alors, dit Isengrin, as-tu donc confessé tes pé-
chés?

— Oui, à un vieux lièvre et à une chèvre barbue,
très bien et très saintement. Mon âme ne souffrira
pas damnation, quoi que ce soit que j'aie fait dans
ce monde. Si vous voulez descendre auprès de moi,
il faut vous confesser de vos péchés et vous repentir.
Car nul ne peut descendre ici s'il n'est absous.

— Je peux vous rejoindre, beau seigneur, car je
suis confessé. Aujourd'hui même, comme je cou-
rais sur la route, j'ai rencontré seigneur Hubert, l'es-
coufle,[13] qui volait, et je me suis confessé en courant,
car je ne voulais attendre. Il me confessa de bon gré,
me pardonna tous mes péchés et j'en eus grande
joie.

— Beau compère, si je croyais cela vrai et que 40

[9] bon compagnon
[10] Renart mort
[11] ayons de la répulsion pour

[12] ici
[13] oiseau de proie servant à chasser

vous soyez vraiment quitte de tout péché, je demanderais au Roi du ciel de vous recevoir céans, et vous vous y trouveriez fort bien.

— Compère, hâtez-vous. Faites-moi entrer. J'en éprouve grand désir. Par saint Appétit,[14] je vous ai dit vrai. Je vous en prie, accordez-moi protection.

— Alors priez Dieu et demandez-lui pardon de vos péchés. Ensuite, vous pourrez entrer céans.

Isengrin ne veut plus tarder. Il se tourne vers l'Occident, il se met à crier, il pousse de doux hurlements, tandis que Renart attend dans son seau, au fond du puits où son malheureux sort l'a conduit. Isengrin commence à s'impatienter:

— J'ai fini ma prière, dit-il.

— Et j'ai rendu grâces à Dieu, dit Renart, vous allez descendre tout de suite.

La nuit était venue et les étoiles scintillaient claires. Elles brillaient dans l'eau du puits. Et Renart, impatient de sortir, fait de beaux contes à Isengrin:

— Isengrin, vois-tu ces merveilles, ces beaux

[14] saint de fantaisie, inventé par la gloutonnerie du loup

cierges qui brûlent devant moi? Dieu te donnera vrai pardon et bonne rémission.

Il n'y avait ni feu ni lumière, mais grand froid. C'était l'obscurité et toutes les incommodités. Isengrin l'ignorait. Se fiant à Renart, il s'efforce d'écarter le seau de la margelle, puis joint les pieds et saute dedans. Plus lourd que Renart, il ne tarde pas à descendre. Écoutez le beau tapage! Les deux compères se rencontrent. Isengrin interpelle Renart.

— Compère, pourquoi t'en vas-tu?

Et Renart lui répond:

— Ne fais pas la grimace, Isengrin. Voici l'explication. Quand l'un vient, l'autre s'en va, c'est toujours comme cela. Je m'en vais là-haut en paradis, et tu t'en vas en bas en enfer. Tu es livré à grande honte. M'en voilà tiré, grâce à Dieu. En bas, tu trouveras les diables!

[*Isengrin est tiré du puits par les moines venus chercher de l'eau, mais ils en profitent pour le rouer de coups.*]

LES FABLIAUX

On appelle *fabliaux* des poèmes assez courts, écrits eux aussi en octosyllabes à rimes plates (c'est-à-dire qui riment deux par deux), et dont les sujets sont venus quelques-uns de l'Inde, la plupart d'un peu partout. La tradition populaire les a transmis de bouche en bouche aux auteurs français du XIIIe siècle et du début du XIVe, Garin, Henri d'Andeli, Courte-Barbe, et bien d'autres. Ils raillent, comme le *Roman de Renart,* les femmes qu'exaltait la littérature courtoise; ils se moquent également du mari, des prêtres, des paysans. Certains laissent voir l'intention de moraliser. Tous sont artificiels: il ne faut pas y chercher une image authentique du Moyen Âge.

Le Paysan médecin[1]

Il y avait une fois un paysan fort riche, mais ladre et avare. On le voyait toujours à sa charrue, attelée d'une jument et d'un roussin. Il avait en abondance tout le nécessaire, pain, viande et vin. Il n'était point

[1] Le titre, dans le texte original, est celui-ci: *Le Vilain mire* (*vilain* étant substantif, *mire* signifiant médecin).

marié; aussi ses amis et tout le monde le blâmaient. Il répondait qu'il était prêt à se marier, s'il trouvait bonne épouse.

Dans le même pays vivait un chevalier, vieux et veuf, et il avait une fille très belle et fort courtoise. Parce que l'argent lui manquait, elle ne trouvait pas

de soupirants, bien qu'elle eût largement l'âge d'ê-
tre établie.

Les amis du paysan allèrent demander au cheva-
lier sa fille pour ce richard plein d'or et d'argent, de
blé et de vêtements, qui consentit tout de suite au
mariage. La jeune fille, trop sage pour contrecarrer
son père et qui n'avait plus de mère, se plia au bon
plaisir de son père et elle épousa le paysan. Mais
celui-ci s'aperçut vite que ce n'est pas une bonne
affaire d'épouser la fille d'un chevalier.

Comme elle ne faisait pas toutes ses volontés, il
se mit à la battre, la fit pleurer, la rendit si mal-
heureuse qu'elle saisit la première occasion de se
venger. Justement voici venir deux messagers du
roi.

— D'où êtes-vous? Où allez-vous? Dites-moi ce
que vous cherchez.

— Dame,[2] par ma foi, répondit l'un d'eux, le roi
nous envoie à la recherche d'un médecin. Il nous
faut passer en Angleterre.

— Pour quoi faire?

— Damoiselle Aude, la fille du roi, est malade,
elle a une arête de poisson dans le gosier, elle ne
peut plus ni boire ni manger, depuis huit jours.

La dame leur dit:

— Vous n'irez pas si loin, car mon mari est le
meilleur médecin du monde, je vous le jure. Il est
plus fort en médecine que ne le fut jamais Hip-
pocrate.[3]

— Parlez-vous, dame, par plaisanterie?

— Non, je ne songe pas à plaisanter. Seulement
mon mari est fait de telle sorte qu'on ne tirera ja-
mais rien de lui qu'en le battant bien.

— On s'en chargerait, dirent-ils. Où le trouver?

— Aux champs. Sortez de cette cour, suivez le
ruisseau, traversez une route déserte: la première
charrue que vous verrez, c'est la nôtre. Allez, par
saint Pierre l'apôtre, je vous le recommande.

Ils éperonnèrent leurs chevaux et trouvèrent
l'homme. Ils le saluèrent au nom du roi et tout de
suite le pressèrent de venir lui parler.

— Pour quoi faire?

— A cause de la science dont vous êtes tout plein.
Il n'est meilleur médecin que vous en cette terre.
Nous venons de loin vous chercher.

[2] terme de respect, féminin de *seigneur*
[3] célèbre médecin de la Grèce antique

De s'entendre appeler médecin, le paysan entre
en grande fureur. Il répond qu'il ne sait rien de
rien.

— Qu'attendons-nous? disent-ils, on sait bien
qu'il faut d'abord le battre si l'on veut qu'il parle ou
fasse bien.

L'un le frappe à l'oreille, l'autre à l'échine, d'un
bâton grand et gros. Ils lui font grande honte.
Après quoi, ils le mènent au roi. Il les suit de mau-
vais gré, la tête tournée vers les talons.

Le roi est venu au-devant d'eux.

— Avez-vous trouvé quelqu'un? demande-t-il.

— Oui, sire, répondent-ils ensemble.

Devant le paysan tremblant de peur, ils font part
au roi de ses défauts, disent quelle est sa méchan-
ceté et comment, quoi qu'on lui demande, il ne fait
rien pour personne, à moins qu'on ne le batte bien.

— Je suis tout prêt, dit un homme d'armes.

Battu, demandant grâce, mais comprenant qu'il
doit guérir ou mourir, le paysan a l'idée de faire rire
la jeune fille qui lui est amenée toute pâle. Il se li-
vre à cent singeries et bouffonneries, la jeune fille
éclate de rire et l'arête lui jaillit du gosier.

Le paysan sort en courant de la chambre, se pré-
cipite chez le roi et lui crie:

— Sire, votre fille est guérie. Je tiens l'arête, Dieu
merci!

— Sachez bien, dit le roi tout joyeux au paysan,
que je vous aime plus que chose au monde. Je vais
vous faire cadeau de beaux vêtements.

— Sire, merci bien, je n'en veux pas. Et je ne
veux pas rester ici. Il faut que je m'en retourne chez
moi.

— Pas du tout, dit le roi, tu seras mon compère
et mon ami.

— Sire, merci, par saint Germain, mais il n'y a
plus de pain chez moi. On devait charger au mou-
lin,[4] hier matin, quand je partis.

Le roi appela deux serviteurs:

— Battez-le-moi, ordonna-t-il, il restera.

Aussitôt les serviteurs se jetèrent sur le paysan.
Quand il sentit les coups, aux bras, aux jambes et
sur son dos, il cria grâce:

— Je resterai, dit-il, finissez.

Il demeure donc. On le rase, on l'habille d'une
robe écarlate. Le voilà pris au piège. Plus de quatre-

[4] charger la farine

vingt malades viennent se présenter au roi, qui le fait appeler.

— Écoutez, dit-il, voyez ces gens, guérissez-les au plus vite.

— Grâce, sire! Ils sont trop, je ne pourrai en venir 5 à bout. Comment les guérir tous?

Le roi fit venir deux valets, chacun muni d'un bâton, car ils avaient compris de quoi il retournait. Le paysan se mit à trembler. Il cria:

— Grâce! grâce! Je les guérirai sans délai. 10

Il demanda des bûches. On lui en apporta à foison,[5] et l'on alluma du feu, que lui-même prit soin de préparer. Il fit rassembler les malades, puis dit au roi:

— Sortez, sire, avec tous ceux qui ne souffrent 15 d'aucun mal.

Le roi sortit de la salle avec ses gens. Alors le paysan dit aux malades:

— Mes seigneurs, par le Dieu qui me créa, écoutez-moi. Vous choisirez le plus malade d'entre vous, 20 et nous le brûlerons dans cette cheminée. Tous les autres y trouveront profit, car ceux qui mangeront de ses cendres seront guéris.

Les malades se regardèrent entre eux. Il n'y eut bossu ni enflé qui pour un royaume eût avoué qu'il 25 avait la plus grande maladie. Le paysan dit à l'un d'eux:

[5] en quantité

— Tu me parais bien faible, tu es le plus malade de tous.

— Miséricorde! Je me porte très bien, mieux que jamais. Je me sens guéri de tous les maux dont je souffrais depuis longtemps. Et soyez sûr que je ne mens pas!

— Va-t-en alors. Que venais-tu chercher ici?

L'homme prit vite la porte. Le roi lui demanda s'il était guéri.

— Oui, sire, par la grâce de Dieu, et plus sain qu'une pomme. Votre médecin est un bien savant homme.

Que vous dire de plus? Il n'y eut petit ni grand à consentir, pour quoi que ce fût, à se laisser jeter dans le feu. Tous s'en allèrent, les uns après les autres, comme s'ils avaient tous été guéris. Le roi, transporté à cette vue, dit au paysan:

— Je suis émerveillé, je me demande comment vous avez pu en si peu de temps guérir les gens.

— Sire, je les ai charmés, je leur ai composé un charme [6] qui vaut mieux que gingembre [7] et cannelle.[8]

Le roi fit du paysan un riche manant [9] qui ne poussa plus la charrue et ne battit plus sa femme.[10]

[6] composition douée d'un pouvoir magique
[7] plante aromatique, utilisée comme condiment
[8] écorce d'un arbre (cannelier) employée comme aromate
[9] habitant d'un village
[10] Le thème de ce fabliau a été repris par Molière dans sa farce intitulée *Le Médecin malgré lui.*

VI. Le Théâtre

LES PIÈCES DE THÉÂTRE au Moyen Âge ont porté plusieurs noms. Les pièces nées du drame liturgique, une fois laïcisées, se sont appelées *jeux* (représentations).

Elles étaient données devant de vastes publics par des acteurs amateurs, le plus souvent non-costumés: seuls, le Christ et Ève étaient toujours en robe

blanche, la Vierge portait manteau bleu et Adam tunique rouge, les diables se déguisaient de façon à faire horreur.

Pas de coulisses: chaque acteur s'avançait pour son couplet ou sa réplique, puis rejoignait le groupe des autres acteurs sur les côtés de la scène. Celle-ci devait être assez vaste pour contenir paradis, enfer, et, entre les deux, Nazareth, Jérusalem, un palais à Rome, la mer, les limbes, tout cela figuré le plus sommairement du monde.

Les *jeux* et autres pièces faisaient les délices de foules enthousiastes. Bientôt les acteurs se formèrent en confréries; chaque ville eut la sienne, avec statuts et personnalité civile. Certaines sont restées célèbres: entre toutes, à Paris, *La Confrérie de la Passion* pour le drame, *Les Clercs de la Basoche* et *Les Enfants sans souci*, (appelés aussi les *Sots*), pour la comédie. Victor Hugo, dans un chapitre de *Notre Dame de Paris*, décrit très exactement une représentation théâtrale du Moyen Âge.

LE DRAME

Le plus ancien drame connu est du XIIᵉ siècle: le *Jeu d'Adam*, dont nous ignorons l'auteur. La pièce comprend trois parties: la chute d'Adam et d'Ève, le meurtre d'Abel, le défilé des prophètes annonçant la venue du Christ.

Deux autres pièces sont du siècle suivant: le *Jeu de saint Nicolas*, de Jean Bodel, et le *Miracle de Théophile*, de Rutebeuf. La première offre des scènes qui font contraste entre elles: scènes épiques des Croisades, scènes de taverne où l'on voit saint Nicolas en personne venir mettre à la raison des voleurs fort pittoresques. Dans le *Miracle de Théophile*, la Vierge reprend à Satan le pacte que le clerc Théophile a consenti pour rentrer en possession de son bien dont un évêque l'avait dépouillé.

Les *Miracles* ont foisonné au XIVᵉ siècle. C'étaient de dramatiques situations humaines dénouées par la bonté de la Vierge Marie. Par exemple, un enfant ressuscite entre les bras de sa mère accusée de l'avoir noyé; une abbesse qui a aimé un clerc est sauvée du scandale. Plusieurs *Miracles* ont pour héros des personnages historiques: Clovis converti, Berthe femme du roi Pépin, la fille du roi de Hongrie, etc. Toutes ces pièces sont pour nous d'assez précieuses peintures de mœurs.

Les *Mystères* du XVᵉ siècle se peuvent grouper en plusieurs cycles. Cycle historique et profane: *Mystère du siège d'Orléans* (délivrance d'Orléans par Jeanne d'Arc), *Mystère du roi Louis*. Cycle des saints: *Mystères de sainte Barbe*, de *saint Denis*, de *saint Nicolas*. Cycle de l'Ancien et du Nouveau Testament: *Mystère du Vieil Testament*, *Mystère de la Passion*.

Les *Mystères* ont de graves défauts. Leur longueur est excessive, ils comptent de trente mille à soixante mille vers et la représentation en durait jusqu'à quatre « journées. » Certaines scènes sont d'une drôlerie très grossière: il fallait amuser la foule. Enfin l'anachronisme s'étale: des Romains de Tibère invoquent Mahomet, Dioclétien a de l'artillerie.

Mais les *Mystères* avaient de la vie et du mouvement, avec leurs quatre ou cinq

cents personnages, leurs héros du ciel, de l'enfer et de la terre, leur réalisme. Ils con-
nurent un immense succès, quoi qu'ait dit Boileau. Nous y admirons encore d'incon-
testables beautés.

Le plus remarquable est le *Mystère de la Passion* d'Arnould Gréban, remanié par
Jean Michel.

Le Jeu d'Adam

[*La pièce, écrite en vers de mètres variés, dénote
un pyschologue adroit. La double scène de la tenta-
tion d'Ève par le diable et d'Adam par Ève ne
manque pas de saveur.*

Après avoir vainement essayé de faire manger à 5
*Adam du fruit défendu, Satan aborde Ève avec le
sourire.*]

LA TENTATION

LE DIABLE— Ève, je viens à toi.

ÈVE— Pourquoi cela, Satan, dis-moi?

LE DIABLE— Je veux ton bien et ton honneur.

ÈVE— Que Dieu les accorde.

LE DIABLE— N'aie pas peur: depuis longtemps je
connais les secrets du paradis, je t'en dirai une
partie.

ÈVE— Commence donc, je l'entendrai.

LE DIABLE— M'écouteras-tu?

ÈVE— Bien sûr, je ne te fâcherai en rien.

LE DIABLE— Me garderas-tu le secret?

ÈVE— Oui, par ma foi.

LE DIABLE— Il ne sera pas révélé?

ÈVE— Pas par moi.

LE DIABLE— Je me fie à ta promesse et ne te de-
mande pas d'autre gage.

ÈVE— Tu peux croire à ma parole.

LE DIABLE— Tu as été à bonne école. J'ai vu Adam,
mais il est trop fou.

ÈVE— Il est un peu rude.

LE DIABLE— Il mollira. Il est plus dur que le fer.

ÈVE— Il est très noble.

LE DIABLE— C'est un vrai serf. Il ne veut prendre
soin de lui; mais qu'il prenne au moins soin de 35

toi. Tu es faible et tendre chose, tu es plus fraîche
que la rose, tu es plus brillante que le cristal ou
que la neige sur glace unie. Il est mal assorti, le
couple qu'a fait le Créateur. Tu es trop tendre et
lui trop dûr. Et cela ne t'empêche pas d'être plus
sage; tu t'est fait une tête pleine de sens. Aussi
est-ce bon de s'adresser à toi. Je veux te parler.

ÈVE— Aie confiance en moi.

LE DIABLE— Que nul n'en sache rien.

ÈVE— Qui le saurait? 10

LE DIABLE— Pas plus Adam que les autres.

ÈVE— Non, vrai de vrai.

LE DIABLE— Je te parlerai donc, écoute-moi. Il n'y a
que nous deux en ce chemin. Adam est là mais
n'entend pas. 15

ÈVE— Parle haut, il n'en saura mot.

LE DIABLE— Je vous avertis d'une grande tromperie
qui vous est faite en ce jardin. Les fruits que Dieu
vous a donnés ne sont guère bons. Celui qu'il
vous a tant défendu possède une grande vertu. En 20
lui est la source de la vie, de la puissance, de la
seigneurie, en lui est la science de tout, du bien
et du mal.

ÈVE— Quel goût a-t-il?

LE DIABLE— Un goût céleste. A ton beau corps, à ton 25
visage, il conviendrait que tu deviennes la reine
du monde, des hauteurs du ciel aux profondeurs
de l'enfer, que tu saches tout ce qui doit être, que
tu sois maîtresse souveraine de l'Univers.

ÈVE— Le fruit peut donner tout cela? 30

LE DIABLE— Oui, en vérité.

ÈVE— Rien que de le voir me fait du bien.

LE DIABLE— Que sera-ce si tu en manges?

ÈVE— Ah, je ne sais.

LE DIABLE— Ne me croiras-tu pas? Prends-le, toi, la

première. Puis donne-le à Adam, vous aurez alors la couronne du ciel, au Créateur vous serez pareils. Il ne pourra plus vous cacher aucun dessein. Aussitôt que vous aurez mangé du fruit, votre cœur sera transformé, avec Dieu vous serez d'égale bonté, d'égal pouvoir. 5

ÈVE— J'ai peur.

LE DIABLE— Ne t'occupe pas d'Adam.

ÈVE— Plus tard.

LE DIABLE— Quand? 10

ÈVE— Attends qu'Adam soit parti.

LE DIABLE— Mange ce fruit sans hésiter. Tarder serait de l'enfantillage.

[*Le diable quitte Ève et va vers l'Enfer. Adam* 15 *s'approche, mécontent et impatient.*]

ADAM— Dis-moi, femme, que te demandait le méchant Satan? Que te voulait-il?

ÈVE— Il m'a parlé de notre honneur. 20

ADAM— Ne crois pas le traître! C'est un traître, je le sais.

ÈVE— Et comment le sais-tu?

ADAM— Parce que je l'ai éprouvé.

ÈVE— Et que m'importe? Vois-le, il te fera changer 25 d'avis.

ADAM— Il ne le fera pas, car jamais je ne le croirai, sauf bonne preuve. Ne le laisse plus t'approcher, il est de très mauvaise foi. Il a voulu jadis trahir son seigneur et s'élever à sa hauteur. Un miséra- 30 ble qui a fait cela, je ne veux pas qu'il ait accès auprès de nous.

[*A ce moment, un serpent bien machiné monte le long du tronc de l'arbre défendu. Ève approchera* 35 *son oreille comme pour écouter ses avis. Ayant reçu de lui une pomme, elle la présentera à Adam; mais Adam ne la prendra pas.*[1]]

ÈVE— Mange, Adam; tu ne sais ce que c'est. Prenons 40 ce bien qui s'offre à nous.

ADAM— Est-ce tellement bon?

ÈVE— Tu le sauras, mais tu ne peux le savoir si tu n'y goûtes pas.

ADAM— J'ai peur. 45

ÈVE— Va.

[1] Ces indications de scène étaient rédigées en latin.

ADAM—Je ne veux pas.

ÈVE— Tu hésites par lâcheté.

ADAM— Eh bien, je le prendrai.[2]

ÈVE— Mange, tiens. Grâce à lui, tu connaîtras le bien et le mal. J'en mangerai la première.

ADAM— Et moi après toi.

ÈVE— J'espère bien. . . J'y ai goûté. Dieu, quelle saveur! Je n'ai jamais senti rien de si doux. Oh, la saveur de cette pomme!

ADAM— Vraiment? 10

ÈVE— Jamais homme n'y goûta. Mais voilà que mes yeux voient tout. Je ressemble à Dieu tout-puissant. Tout ce qui fut et qui doit être, je n'en ignore rien. Tout est à moi. Mange, Adam, n'attends pas, il est temps. 15

ADAM— Je te croirai, tu as mon cœur.

ÈVE— Mange, tiens, et n'aie pas peur.

[*Adam mord au fruit et tout aussitôt, connaissant son péché, il se baisse pour se cacher des spectateurs, ôte son vêtement d'apparat, en revêt un de pauvre, fait de feuilles de figuier. Puis il commence une longue plainte.*]

ADAM— Hélas, me voilà mort, j'ai perdu mon âme, 25 comment rencontrer mon Seigneur? Ah, Mort, pourquoi me laisses-tu vivre? Que le monde se délivre de moi! Pourquoi s'encombre-t-il de moi? En Enfer sera ma demeure, en Enfer j'aurai ma vie. . . Malédiction est sur moi! Qui se souciera de mon sort? J'ai manqué au Roi du ciel! . . . A qui crier à l'aide, à qui, alors que ma femme me trahit, elle que Dieu me donna pour moitié! Ah! Ève! (*il l'aperçoit*) Femme insensée! Pour notre malheur tu naquis de moi. Que n'a-t-elle brûlé, la côte qui m'a mis en pareille peine! . . . Quand on me l'a prise, que ne m'a-t-on plutôt tué? La côte a trahi tout le corps. Elle l'a livré au mal. . . Ah! Ève, quelle mauvaise heure! J'ai péri par ton conseil, me voilà tombé de la plus haute montagne au fond du ravin, qui m'en tirerait si ce n'est le Dieu de Majesté? Que dis-je, hélas! Qui ai-je nommé? Il m'aiderait? Je l'ai mis en colère. Seul à l'aide me viendra celui qui de Marie naîtra. . . De personne je ne sais prendre du ré-

[2] Remarquez comme Ève a habilement piqué l'amour-propre d'Adam.

confort, puisque l'accord avec Dieu nous l'avons rompu. Alors, que Dieu fasse à son gré! Pour nous il n'y a plus qu'à mourir.

[Ici le chœur entonne un verset de la Genèse, mis en musique sur des paroles latines qui signifient: « Adam, où es-tu? etc. »]

Le Mystère de la Passion

[Les « journées » d'Arnould Gréban voient se dérouler des scènes prenantes: la rédemption des hommes décidée au cours d'un conseil céleste; l'entrée de Jésus à Jérusalem au milieu d'une foule mouvante et bigarrée, les plaintes de la Vierge au pied de la 5 *Croix.*

Le suprême dialogue de Jésus avec sa mère est grandiose. C'est lui que nous choisissons pour donner une idée des Mystères.

La Vierge Marie, effrayée du supplice que doit 10 *subir son fils, le supplie de trouver un autre moyen pour sauver le genre humain, ou de choisir une mort moins cruelle. Ou encore de lui permettre de mourir avant lui, ou enfin de la plonger dans une extase qui la fasse échapper à la douleur. . .]* 15

DIALOGUE DE JÉSUS ET DE NOTRE DAME

NOTRE DAME— Puisque vous ne m'avez accordé au- 20 cune de mes trois demandes, au moins vous plaise de m'octroyer la quatrième, je vous en fais prière au risque de vous importuner. S'il faut que la mort vous sépare de moi et que moi, votre mère, je vous voie souffrir mort amère pour sau- 25 ver l'homme, faites, je vous en prie, que je sois comme ravie et que ma triste âme perde toute connaissance durant le temps de votre souffrance, afin que me soit épargnée la conscience des douleurs que vous éprouverez si grandes! . . . Voilà 30 la quatrième de mes requêtes, je vous la fais de tout cœur.

JÉSUS— Ce ne serait pas à votre honneur, mère si douce et tendre, de voir votre doux fils subir la croix et la dure mort, sans en avoir morsure de 35 douleur et de pitié. Et d'ailleurs le bon Siméon,

quand il me prit dans ses bras, a prophétisé que le glaive de la douleur vous percerait âme et cœur par pitié très amère.[3] Apaisez-vous donc, ma mère, et réconfortez-vous en la pensée de Dieu. Soyez forte, car jamais femme ne souffrit comme vous souffrirez. Mais en souffrant vous mériterez le laurier du martyre.

NOTRE DAME— O mon fils, mon Dieu et mon Seigneur, je te le dis très humblement, miséricorde pour ma fragile humanité, pour les demandes qu'elle m'a fait t'adresser et que tu ne peux recevoir. Tes paroles sont de raison, tes volontés très hautes, et les miennes ne sont qu'humaines. Que ta divine sagesse excuse donc ma simplicité. C'est l'amour maternel qui m'a inspiré des requêtes si vaines.

JÉSUS— Elles sont douces et humaines, elles sont faites de charité. Mais la volonté divine a décidé d'avance que les choses se feraient autrement que tu ne le demandes.

NOTRE DAME— Au moins consentez de grâce! à mourir de mort brève et légère.

JÉSUS— Je mourrai de mort très amère.

NOTRE DAME— Mais non pas vulgaire et honteuse.

JÉSUS— La plus ignominieuse possible.

NOTRE DAME—Alors, au loin, s'il est permis.

JÉSUS—Au milieu de tous mes amis.

NOTRE DAME— Alors de nuit, je vous en prie!

JÉSUS— Non, en pleine heure de midi.

NOTRE DAME— Mourez donc comme meurent les barons!

JÉSUS— Je mourrai entre deux larrons.

NOTRE DAME— Que ce soit sous terre, dans le silence!

[3] Pieux vieillard juif, Siméon se trouvait dans le Temple lorsque la Vierge y apporta l'Enfant Jésus; il le reçut dans ses bras et reconnut en lui le Messie.

JÉSUS— Ce sera haut sur la croix.

NOTRE DAME— Vous serez au moins habillé?

JÉSUS— Je serai attaché tout nu.

NOTRE DAME— Attendez d'avoir atteint la vieillesse!

JÉSUS— En la force de ma jeunesse.

NOTRE DAME— C'est très ardente charité; mais pour l'honneur des hommes, que votre sang ne soit pas répandu!

JÉSUS— Je serai tiré et tendu au point qu'on comptera mes os; sur mon échine d'homme frapperont pécheurs emplis de mal, puis ils me perceront pieds et mains, y feront trous et larges plaies.

5 NOTRE DAME— A mes demandes de mère, vous n'accordez que dures réponses!

JÉSUS— Il me faut accomplir la prédiction des Écritures.

LA COMÉDIE

L'origine de la comédie reste plus obscure que celle du drame. La plus ancienne pièce comique que nous connaissions date de la seconde moitié du XIIIᵉ siècle; c'est le *Jeu de la feuillée* du poète Adam de la Halle, dit le Bossu, qui fut représenté à Arras, sa patrie. On doit au même auteur le *Jeu de Robin et Marion*.

Le *Jeu de la feuillée*, pièce réaliste et cynique, porte ce titre parce qu'elle se déroule sous une tonnelle de verdure dressée en l'honneur du printemps. Le poète y passe en revue les tares de sa famille, les secrets plus ou moins honteux des notables de la ville (Arras); il fait dire à ses contemporains par un fou leurs vérités et ridiculise les moines.

Le *Jeu de Robin et Marion* est une pastourelle dialoguée et chantée. L'amour et la jalousie s'y entremêlent à des réjouissances rustiques.

Du XIVᵉ siècle, aucune comédie n'a survécu, bien que ce siècle ait vu s'organiser les plus importantes troupes comiques.

Le XVᵉ siècle a été le siècle des *soties*, des *moralités* et des *farces*. Les *moralités* fustigeaient les mœurs, les titres en sont significatifs: *L'Homme juste et l'homme mondain, L'Homme pécheur, Les Enfants de maintenant*, etc. Les *soties* étaient des satires politiques et sociales, mais écrites souvent au service du pouvoir; la plus célèbre est celle du *Prince des sots*, composée au XVIᵉ siècle par Pierre Gringoire pour rallier l'opinion publique à la politique du roi Louis XII contre la papauté. Le XVᵉ siècle a laissé plus de cent farces, pièces burlesques tirées de la vie populaire par des auteurs dont le nom a péri. Trois farces tranchent sur toutes les autres. La *Farce du Cuvier*, le *Franc-Archer de Bagnolet*, la *Farce de Maître Pathelin*.

Dans la *Farce du Cuvier*, un mari sans autorité est chargé de toutes les besognes ménagères dont sa femme a dressé une longue liste. Un jour, l'acariâtre épouse tombe dans son cuvier en préparant la lessive. Ce jour-là, le mari se venge. Il prétend s'en tenir à la liste, or le cas n'a pas été prévu! Il ne sauvera la victime qu'après s'être fait reconnaître solennellement maître du logis par sa femme et sa belle-mère.

Le *Franc-Archer de Bagnolet*, satire des milices communales, met en scène un soldat fanfaron dont la poltronnerie se révèle devant un épouvantail à moineaux. Le personnage est bien campé et son monologue justement fameux.

Enfin, avec la *Farce de Maître Pathelin*, on arrive à une comédie complète et à un véritable chef-d'œuvre. Toutes ces comédies sont écrites en vers octosyllabiques qui courent et étincellent. Nous donnons ici une version en prose moderne.

La Farce de Maître Pathelin

[*Avocat sans cause et cependant fertile en expé-*
dients, Pathelin, que les plaintes railleuses de sa
femme Guillemette avaient piqué au vif, s'est pro-
curé pour elle et pour lui une pièce de drap à crédit;
il a su flagorner le marchand Guillaume, l'éberluer 5
de belles paroles, et d'ailleurs lui a promis bon dîner.
Maître Guillaume venant donc manger l'oie et tou-
cher son argent, trouve Maître Pathelin au lit, et
cela, dit sa femme, depuis des semaines! Le mar-
chand se demande s'il n'est pas devenu fou, et 10
comme il s'entête en la place, voilà Pathelin délirant,
bondissant, terrifiant. Le marchand s'enfuit. Or lui
qui avait pensé tromper l'avocat, comme tous ses
clients, sur le prix de sa marchandise et que l'avocat
a su tromper bien mieux encore, se voit par surcroît 15
volé par son berger Thibaut Agnelet qui a tué trente
moutons pour les manger, en prétendant qu'ils
avaient la clavelée. Maître Guillaume le prend sur le
fait et le cite en justice. S'apprêtant à exposer au
juge l'objet de sa plainte, qui reconnaît-il dans l'avo- 20
cat du berger? Pathelin! Dès lors, il confond les
deux voleurs, embrouille moutons et drap, tandis
qu'Agnelet, suivant le conseil de son défenseur, fait
le sot et ne répond à toutes les questions que par
Bée! Bée! jusqu'à ce que le juge excédé renvoie 25
drapier et berger dos à dos.

Pathelin, s'adressant alors à Maître Guillaume,
s'efforcera de le convaincre: il ne lui a jamais acheté
de drap, et il n'a jamais été malade. . . Le pauvre
drapier en perdra la tête et le quittera en disant: 30
« Je vais voir chez vous si vous y êtes. » Pathelin,
resté seul avec le berger, lui réclamera ses hono-
raires, mais Agnelet ne lui servira pour tout argent
que le bêlement si bien appris.]

35

PATHELIN FLAGORNE LE DRAPIER

LE DRAPIER— Que Dieu vous donne joie.

PATHELIN— Aussi vrai que je désire aller en paradis,
j'avais grande envie de vous voir. Comment se 40
porte la santé? Êtes-vous sain et dru, Maître
Guillaume?

LE DRAPIER— Oui, par Dieu.

PATHELIN— Ça, donnez-moi la main. Comment cela
va-t-il?

LE DRAPIER— Très bien, vraiment. Et vous?

PATHELIN— Par saint Pierre l'apôtre, en homme qui
est tout à vous. Ainsi, vous êtes gaillard?

LE DRAPIER— Parfaitement. Mais quand on est mar-
chand, croyez-moi, ça ne va pas toujours comme
on veut.

PATHELIN— Ah, comment va. le commerce? Est-ce
qu'il nourrit et habille?

LE DRAPIER— Par Dieu! mon doux maître, comme
ci, comme ça.

PATHELIN— Je pense à votre père, et je prie Dieu
qu'il en ait l'âme. Quel habile homme! Bonne
Vierge, m'est avis que vous êtes son portrait vi-
vant. Qu'il était bon et sage marchand! Vous lui
ressemblez de visage, par Dieu, il se reflète en
vous. S'il est une créature à qui Dieu doive faire
grâce, c'est lui.

LE DRAPIER— Ainsi soit-il. Et à nous quand il lui
plaira.

PATHELIN— Par ma foi, il m'a annoncé bien souvent
tout ce que nous voyons se réaliser, et souvent je
m'en suis souvenu. Aussi passait-il pour un des
bons. . .[1]

LE DRAPIER— Asseyez-vous, beau seigneur. Il est bien
temps de vous en prier, voilà comme je suis gra-
cieux!

PATHELIN— Je suis bien comme cela, par le Christ.
Il avait. . .[1]

LE DRAPIER— En vérité, vous vous assiérez.

PATHELIN— Volontiers. Ah! vous verrez qu'il parlait
d'or. Et vous, par Dieu, des oreilles, du nez, de la
bouche, des yeux, jamais fils n'a ressemblé davan-
tage à son père. Le menton en fourche! vraiment,
c'est lui tout craché. Et celui qui dirait à votre
mère que vous n'êtes pas fils de votre père, celui-
là serait grand chicaneur. Comment la nature
a-t-elle pu former deux visages aussi semblables?

[1] Le drapier, conquis par les flatteries de Pathelin, l'in-
terrompt pour lui faire son invitation de politesse.

Vous vous ressemblez comme deux gouttes d'eau: pas de doute. Quel vaillant vassal c'était! Le bon et sage homme! Aussi prêtait-il ses deniers à qui voulait, que Dieu lui en fasse remise! Il riait toujours de si bon cœur! Plût à Jésus-Christ que le pire de ce monde lui ressemblât! On ne se volerait pas les uns les autres comme on fait! Que voilà un drap de qualité! qu'il est doux, moelleux et joli!

LE DRAPIER— Je l'ai fait faire tout exprès pour moi avec des laines de mes bêtes.

PATHELIN— Eh bien, quel ménager vous êtes!

LE DRAPIER— Que voulez-vous? Il faut se donner du mal quand on veut vivre.

PATHELIN— Ceci, est-ce teint en laine? C'est résistant, on dirait du cuir.

LE DRAPIER— C'est un très bon drap de Rouen, je vous assure, et soigné. . .

PATHELIN— En vérité, je me sens pris au piège, car je ne pensais pas à acheter du drap, par la passion de Notre Seigneur, quand je suis entré. J'avais mis de côté quatre vingts écus pour une créance à liquider.[2] Mais vous en prendrez vingt ou trente, je le vois bien, car la couleur de ce drap me plaît tant que ce serait douleur de m'en priver.

LE DRAPIER— Des écus? Pour le paiement que vous avez à faire, la monnaie suffira.

PATHELIN— Quand j'ai à payer, je m'arrange toujours. Quel drap! En vérité, plus je le vois, et plus j'en suis fou. Il m'en faut pour une cotte,[3] et à ma femme aussi.

LE DRAPIER— Vous savez, le drap est cher comme huile sainte. Dix ou vingt francs coulent si vite!

PATHELIN— Peu m'importe. Denier et monnaie, je n'ai à en rendre compte ni à père ni à mère.

LE DRAPIER— Dieu soit loué, par le Saint-Père.

PATHELIN— Bref, de cette pièce, j'ai une envie de femme grosse.[4] Je la veux.

LE DRAPIER— Fort bien. Combien vous en faut-il? Et d'abord, tout à vos ordres, la pièce entière au besoin, quand même vous n'auriez pas un sou vaillant.

PATHELIN— Je le sais bien, merci.

LE DRAPIER— Voulez-vous ce bleu clair?

PATHELIN— Votre prix? Mais d'abord, le denier à Dieu.[5] Pas de marché sans y associer Dieu.

LE DRAPIER— Par Dieu, vous êtes honnête homme, et vous m'avez fait plaisir. Voulez-vous mon dernier mot?

PATHELIN— Oui.

LE DRAPIER— Vingt-quatre sols l'aune.

PATHELIN— Ce n'est pas possible. Vingt-quatre sols,[6] sainte Dame!

LE DRAPIER— C'est ce qu'il m'a coûté, par mon âme. Je n'en démordrai pas.

PATHELIN— C'est trop.

LE DRAPIER— Vous ne savez pas comme le drap a enchéri. Tout le bétail a péri cet hiver, par la faute du grand froid.

PATHELIN— Vingt sols! vingt sols!

LE DRAPIER— Je vous jure que j'en aurai ce que je dis. Attendez à samedi, vous verrez les prix. La toison qui d'ordinaire abonde m'a coûté huit blancs[7] à la fête de sainte Madeleine, au lieu de quatre, comme d'habitude.

PATHELIN— Par le sang divin, puisqu'il en est ainsi, je ne marchande plus, j'achète. Bon, mesurez.

LE DRAPIER— Combien?

PATHELIN— C'est bien simple, quelle largeur a ce drap?

LE DRAPIER— La largeur de Bruxelles.[8]

PATHELIN— Trois aunes[9] pour moi, et deux et demie pour ma femme, qui est grande. Cela fait six aunes. . . Mais non, que je suis sot!

LE DRAPIER— Oh, il ne s'en faut que d'une demi-aune pour faire juste les six.

PATHELIN— J'en prendrai six, chiffre rond,[10] car il me faut un capuchon.

LE DRAPIER— Allons-y. Une, deux, trois, quatre, cinq et six.

PATHELIN— Ventre saint Pierre! ric-à-ric.[11]

LE DRAPIER— Remesurerai-je dans l'autre sens?

PATHELIN— Oh, ce serait temps perdu. Un peu plus,

[2] dette à payer
[3] sorte de tunique, vêtement d'homme et de femme
[4] enceinte
[5] argent donné d'avance en garantie d'un marché
[6] sous
[7] ancienne monnaie de valeur variable
[8] largeur dont Bruxelles avait fixé le modèle
[9] ancienne mesure de longueur, qui à Paris valait environ 1 mètre, 18
[10] compte sans fraction, par exemple dix dollars
[11] Vieille expression d'origine inconnue. Signifie: rigoureusement exact.

un peu moins, peu importe. A combien cela monte-t-il ?

LE DRAPIER— Facile à calculer: à vingt-quatre sols l'aune, cela fait neuf francs les six.

PATHELIN— Malin! six écus.

LE DRAPIER— Mon Dieu, vous l'avez dit.

PATHELIN— A présent, seigneur,[12] voulez-vous m'en faire crédit jusqu'à ce que vous veniez me voir? Faire crédit, non pas, vous aurez chez moi pièces d'or ou monnaie.

LE DRAPIER— Notre Dame! Quel détour pour aller par là!

PATHELIN— Hé! vous ne pouvez ouvrir la bouche que pour paroles d'évangile, par monseigneur saint Gilles! C'est bien dit. Vous ne voudriez jamais saisir l'occasion de venir boire un verre à la maison: vous l'y boirez cette fois.

LE DRAPIER— Par saint Jacques, je ne fais guère que boire. J'irai, mais il y a risque, savez-vous bien, à faire crédit pour une première fois.

PATHELIN— Ma parole vous suffit-elle, si je vous étrenne[13] d'écus d'or, au lieu de monnaie! Et avec cela vous mangerez de mon oie, par Dieu! que ma femme rôtira.

LE DRAPIER— En vérité, voilà un homme qui fait de moi ce qu'il veut. Soit! allez devant, je me charge de la marchandise.

PATHELIN— N'en prenez pas la peine, qu'est-ce que cela pèsera sous mon bras?

LE DRAPIER— N'ayez souci. Il convient par politesse que je porte le paquet.

PATHELIN— Que sainte Madeleine me fasse triste fête si vous vous donnez ce tracas! Je disais bien, et sous le bras j'aurai une belle bosse. Ah, cela ira parfaitement. Et l'on aura bien bu, on se sera régalé chez moi avant que vous n'en sortiez.

LE DRAPIER— Vous me donnerez mon argent, je vous en prie, tout de suite.

PATHELIN— Assurément. Mais non sans que vous ayez très bien dîné! Ah, je suis enchanté de n'avoir pas sur moi de quoi payer. Comme cela, vous viendrez voir quel vin je bois. Feu votre père, quand il passait, savait bien crier: « Compère, que fais-tu? Que dis-tu? » Mais vous maintenant,

gens riches, vous nous prisez comme fétus, nous, pauvres diables.

LE DRAPIER— Par le sang divin, c'est nous les pauvres.

PATHELIN— En vérité! Adieu, adieu. Rendez-vous tantôt où j'ai dit, et nous boirons bien, je m'en vante.

LE DRAPIER— Entendu. Allez donc et que j'aie mon or.

Au tribunal

LE JUGE— Soyez le bienvenu, seigneur. Couvrez-vous donc. Ça, prenez place.

PATHELIN— Vraiment, je suis bien là, sauf votre respect.

LE JUGE— S'il y a quelque affaire, qu'on s'en débarrasse rapidement, que je puisse lever la séance.

LE DRAPIER— Mon avocat va arriver, mon seigneur, il termine un rien,[14] et s'il vous plaisait, je vous saurais gré de l'attendre.

LE JUGE— J'ai une autre affaire à juger. Si votre partie[15] est là, libérez-vous sans plus attendre. N'êtes-vous pas demandeur?

LE DRAPIER— Oui, je suis demandeur.

LE JUGE— Où est le défendeur? Est-il ici en personne?

LE DRAPIER— Oui, voyez-le là qui ne dit mot, mais Dieu sait ce qu'il en pense.

LE JUGE— Puisque vous êtes tous deux en présence, faites votre demande, vous. . .

LE DRAPIER— Voici donc, mon seigneur. La vérité est que pour l'amour de Dieu et par charité je l'ai nourri enfant. Quand je l'ai vu capable d'aller aux champs, j'en fis mon berger, dirai-je pour être court, et je l'ai mis à garder mes bêtes. Mais aussi vrai que vous êtes assis là, monseigneur le juge, il a fait un tel massacre de mes brebis et de mes moutons que sans faute. . .

LE JUGE— Voyons, n'était-il point à vos gages?

PATHELIN— Certes oui, car le prendre sans gages, il ne s'y serait pas risqué.

LE DRAPIER— (*reconnaissant Pathelin, qui se cache le visage de la main*) Que je renie Dieu, si ce n'est pas vous, là, sans erreur.

LE JUGE— Pourquoi tenir ainsi la main en l'air? Avez-vous mal aux dents, Maître Pierre?

PATHELIN— Oui, elles me font une telle guerre que jamais je ne sentis pareille rage. Je n'ose lever le visage. Pour Dieu, faites-les exposer leur affaire.

LE JUGE— Avant, achevez de plaider. Et concluez clairement.

LE DRAPIER— C'est lui, pas un autre, par la Croix où Dieu s'étendit. C'est vous à qui je vendis six aunes de drap, Maître Pierre.

LE JUGE— Que parle-t-il de drap?

PATHELIN— Il divague. Il veut en venir à son sujet, mais ne sait y arriver, parce qu'il n'a pas été à l'école.

LE DRAPIER— Que je sois pendu, si c'est un autre qui a pris mon drap.

PATHELIN— Voilà comme le méchant va chercher au diable des raisons pour son acte d'accusation! Il veut dire, mais sans savoir s'y prendre, que son berger a vendu la laine (c'est ce que j'ai compris) dont fut fait le drap de ma robe, et il dit qu'il le vole, qu'il lui a pris la laine de ses brebis.

LE DRAPIER— Que Dieu maudisse ma semaine, si ce n'est pas vous qui l'avez!

LE JUGE— Paix, par le diable, quel bafouillage! Ne pouvez-vous donc en venir à votre affaire sans faire ainsi perdre son temps à la Cour?

PATHELIN (sa main toujours devant le visage)— J'ai mal et il faut que je rie. Il veut aller si vite qu'il ne sait plus où il en est. A nous de le remettre en bon chemin.

LE JUGE— Allons, revenons à nos moutons. Qu'en fit-il?

LE DRAPIER— Il en prit six aunes de neuf francs.

LE JUGE— Sommes-nous béjaunes,[16] ou ânes bâtés? Où croyez-vous être?

PATHELIN— Par le sang divin, il vous fait paître. Comment peut-il avoir mine de bon homme? Mais je suis d'avis qu'on s'occupe un peu de la partie adverse.

LE JUGE— Vous avez raison. Qu'il le questionne! Il est impossible qu'il ne le reconnaisse pas. Viens çà. Parle.

LE BERGER— Bée.

LE JUGE— Qu'est-ce que c'est que cela? Qu'est-ce que ce bée? Suis-je chèvre? Réponds-moi.

LE BERGER— Bée.

[16] oiseaux jeunes et niais

LE JUGE— Que Dieu t'envoie une mauvaise fièvre! Allons, te moques-tu?

PATHELIN— Croyez bien qu'il est fou ou buté, ou qu'il s'imagine être parmi ses bêtes.

LE DRAPIER— Moi, je renie Dieu si vous n'êtes pas, vous, celui qui a eu mon drap. Ah, vous ne savez, mon seigneur, par quelle malice. . .

LE JUGE— Taisez-vous donc! Êtes-vous niais? Laissez tomber cet accessoire et venons au principal.

LE DRAPIER— Vraiment, mon seigneur! mais l'affaire me touche! Enfin, par ma foi, ma bouche désormais n'en dira mot. Une autre fois il en ira comme il en pourra aller. Je consens à l'avaler sans mâcher.[17] Or donc, je disais, pour revenir à mon propos, comment j'avais donné six aunes, je veux dire mes brebis, je vous en prie, seigneur, pardonnez-moi, ce brave garçon, mon berger, quand il devait être aux champs. . . Il me dit que j'aurais, aussitôt arrivé, six écus d'or. . . Il y a trois ans, dis-je, que mon berger accepte loyalement de garder mes brebis, sans me causer de dommage ni me faire de vilenie. . . Et puis à présent il ne connaît plus rien, ni drap ni argent. Ah, Maître Pierre, cet enfant perdu, il volait les laines de mes brebis, puis, toutes saines, il les assommait à coups de gros bâton sur la cervelle. . . Quand il eut mon drap sous le bras, il se mit à marcher à grands pas et me dit d'aller quérir chez lui six écus d'or.

LE JUGE— Il n'y a ni rime ni raison en tout ce que vous racontez. De quoi s'agit-il? Vous entrelardez, de l'un, puis de l'autre. Finalement par le sang divin, je n'y vois plus goutte. Il nous brouille et embrouille dans son drap, puis dans ses brebis. Ça n'a ni queue ni tête. Aucune suite dans de tels propos.

PATHELIN— Et je gagerais qu'il retient au pauvre berger son salaire.

LE DRAPIER— Par Dieu, vous feriez mieux de vous taire. Mon drap, aussi vrai que la messe. . .[18] Je sais mieux que tout autre où le bât me blesse.[19] Par la tête de Dieu! vous l'avez. . .

[17] Expression familière. Il consent à passer l'éponge sur l'accessoire, mais il va constamment le mélanger à l'affaire principale malgré lui.
[18] La phrase, si elle n'était pas interrompue, se terminerait sans doute ainsi: « célèbre le sacrifice du Christ ».
[19] où j'éprouve un embarras (métaphore)

LE JUGE— Qu'est-ce qu'il a?

LE DRAPIER— Quelque chose, mon seigneur, certaine-
ment il est le plus grand filou. . . Holà! je m'en
tairai, si je puis, et n'en parlerai plus désormais,
quoi qu'il advienne.

LE JUGE— N'en reparlez plus. Mais tenez votre
promesse et concluez clairement.

PATHELIN— Ce berger ne peut parler sans l'assistance
d'un conseil. Il n'ose ou ne sait demander. S'il
vous plaisait de me l'ordonner, je l'assisterais.

LE JUGE— Lui? Je crois que vous perdriez votre
peine, il est de maigre profit.

PATHELIN— Mais, je vous jure que je ne veux rien
avoir de lui! J'agis pour la grâce de Dieu. Je vais
donc voir ce que ce pauvret voudra me dire et 15
s'il m'instruira de sa cause. Il ne se tirerait pas
d'affaire si on ne le secourait pas. Viens ça, mon
ami, y a-t-il des preuves? . . . M'entends-tu?

LE BERGER— Bée.

PATHELIN— Maudit bée! Par le saint sang que Dieu 20
créa, es-tu fou? Dis-moi ton affaire.

LE BERGER— Bée.

PATHELIN— Oh, ce bée! Entends-tu tes brebis
braire? C'est pour ton profit, entends-moi.

LE BERGER— Bée. 25

PATHELIN— Dis oui ou non, voilà. Dis toujours. . .
Répondras-tu?

LE BERGER— Bée!

PATHELIN— Ou je me trompe fort, ou il t'en cuira.

LE BERGER— Bée! 30

PATHELIN— Il est plus fou que lui, celui qui intente
un procès à pareil fou, ah, seigneur, renvoyez-le
à ses brebis, il est fou de naissance.

LE DRAPIER— Est-il fou? Par saint Sauveur d'Astu-
rie,[20] il est plus sage que vous. 35

PATHELIN— Envoyez-le garder ses bêtes et ne lui de-
mandez pas de revenir. Maudit soit qui ajourne
des fous qui ne sont pas à ajourner!

LE DRAPIER— Eh! le renverra-t-on avant de m'avoir
entendu? 40

PATHELIN— Que Dieu m'aide, oui, on le renverra
puisqu'il est fou.

LE DRAPIER— Mon Dieu, seigneur, au moins, laissez-
moi m'expliquer. Je n'abuse ni ne me moque.

LE JUGE— C'est un casse-tête que de siéger devant 45

fous et folles. Écoutez: si vous n'avez rien de plus
à dire, vous êtes mis hors de cour.[21]

LE DRAPIER— S'en iront-ils sans rappel?

LE JUGE— Que voulez-vous donc?

PATHELIN— Un rappel? vous ne vîtes jamais plus 5
fous en demandeur et en défendeur, et celui-ci ne
vaut pas mieux que l'autre d'une once. Tous
deux sont sans cervelle. Par sainte Marie la belle,
à eux deux ils n'en ont pas un carat.[22]

LE DRAPIER— Vous l'avez emporté par tromperie, 10
mon drap, sans me le payer, Maître Pierre! Par la
chair divine ni par saint Pierre, vous n'avez point
agi en brave homme.

PATHELIN— Je renie saint Pierre de Rome si je ne
vois pas là un fou ou qui le devient.

LE DRAPIER— Je vous reconnais à la parole, à la robe,
au visage. Je ne suis pas fou, je suis sage, je re-
connais qui me fait du bien. (au juge) Je vous
raconterai toute l'histoire, mon seigneur, en con-
science.

PATHELIN (au juge)— Seigneur, imposez-lui si-
lence. (au drapier) N'avez-vous pas honte de
vous acharner sur ce berger pour trois ou quatre
moutons ou vieilles brebis qui ne valent pas deux
boutons? [23] Il en fait une kyrielle! [24]

LE DRAPIER— Quels moutons? Toujours le même
air! C'est à vous que j'en ai, à vous! Et vous me le
rendrez, par le Dieu qui naquit à Noël!

LE JUGE— Que me voilà bien loti! Il ne cessera donc
de braire aujourd'hui?

LE DRAPIER— Je demande. . .

PATHELIN (au juge) — Faites-le taire. (au drapier)
Eh, par Dieu! Qu'il en ait détruit six ou sept, ou
une douzaine, et qu'il les ait mangés par malheur,
y a-t-il de quoi être malade? Vous avez gagné
tellement plus que vous ne perdez, au temps où
il les gardait!

LE DRAPIER— Voyez, seigneur, voyez! Je lui parle
draperie, il répond bergerie. Les six aunes de
drap, où sont-elles, que vous avez emportées sous
le bras? Pensez-vous ne pas me les rendre?

PATHELIN— Oh, seigneur, le ferez-vous pendre pour
six ou sept bêtes à laine? Au moins, reprenez
votre haleine. Ne soyez pas trop rigoureux au

[20] Juron, peut-être rapporté d'Espagne par les soldats de
Duguesclin

[21] on ne poursuit pas l'affaire
[22] léger poids d'or (ici, poids de cervelle)
[23] valeur infime (métaphore)
[24] une longue suite (de moutons)

pauvre berger malheureux, qui est aussi nu qu'un ver!

LE DRAPIER— Voilà le ver bien retourné. . . C'est le diable qui me fit vendre du drap à un tel entendeur.[25] (au juge) Mon seigneur, je lui demande. . .

LE JUGE (au drapier)— Je l'absous de votre accusation et vous défends de faire procès. C'est un bel honneur de plaider contre un fou! (au berger) Va-t-en à tes bêtes.

LE BERGER— Bée!

LE JUGE (au drapier)— Vous montrez bien ce que vous êtes, par le sang de Notre Dame!

LE DRAPIER— Mon seigneur, en toute bonne volonté, je veux lui. . .

PATHELIN— Que ne se tait-il!

LE DRAPIER— Oui, c'est à vous que j'ai affaire: vous m'avez trompé et menti, vous avez emporté mon drap en voleur, après m'avoir abusé de votre beau langage.

PATHELIN (au juge)— Oh, j'en appelle à ma patience, vous l'entendez, mon seigneur?

LE DRAPIER— Que Dieu m'aide! vous êtes le plus grand filou. . . (au juge) mon seigneur, quoi qu'en dise. . .

LE JUGE— C'est une vraie folie que de vous deux. Ce n'est que mauvaise querelle. (Il se lève) Que Dieu m'aide! Je suis d'avis de m'en aller. (au berger) Va-t-en, mon ami, et ne reviens jamais, quelque sergent[26] qui te rappelle. La Cour t'absout, entends-tu bien?

PATHELIN— Dis grand merci.

LE BERGER— Bée!

LE JUGE— Je dis bien: Va t'en et ne t'inquiète plus de rien.

LE DRAPIER— Mais est-ce raisonnable qu'il s'en aille ainsi?

LE JUGE— Oui, j'ai affaire ailleurs, vous êtes par trop grands farceurs, vous ne me retiendrez plus. Je m'en vais. Voulez-vous venir souper avec moi, Maître Pierre?

PATHELIN— Je ne suis pas libre.

LE DRAPIER— Ah, le bandit! . . .

[25] qui comprend bien ce dont il s'agit

[26] de police

VII. La Poésie didactique

D'ENTRE LES POÈMES didactiques de propagande morale publiés en grande quantité par les clercs du Moyen Âge se détache l'ouvrage considérable qu'est le *Roman de la Rose*. Il connut un immense succès qui s'est poursuivi à travers le XVIe siècle jusqu'au second tiers du XVIIe.

LE ROMAN DE LA ROSE

La partie de l'œuvre due à Guillaume de Lorris compte 4000 vers à peu près. A cette partie écrite entre 1225 et 1230 Jean Clopinel, de Meung-sur-Loire, a ajouté près

de cinquante ans plus tard une masse de 18.000 vers environ, octosyllabes rimant deux par deux comme ceux de Guillaume.

Le poète raconte un songe: la conquête d'une rose qui symbolise le cœur d'une jeune fille et dont des entités personnifiées favorisent l'approche (Bel accueil, Franchise, Courtoisie, Largesse), tandis que d'autres (Médisance, Jalousie, Faux-Semblant, Honte) la contrarient âprement.

Jean de Meung a repris le récit de Guillaume de Lorris là exactement où celui-ci l'avait laissé suspendu (le jeune homme n'avait pas encore cueilli la rose). Il l'a conduit jusqu'à l'achèvement de la conquête. Mais les deux parties reflètent un esprit tout différent. La première est un art d'aimer, d'inspiration courtoise, presque mystique, et d'un style élégant; la seconde, d'un style abondant et fort, d'inspiration positive, voire cynique, abonde en digressions et dissertations.

Chez Jean de Meung, la Rose, l'Amour, et le jeune homme ne sont plus que des prétextes; digressions, dissertations plus ou moins bien accrochées au sujet deviennent l'essentiel de l'ouvrage. Par exemple, l'amour fait penser à la mort et la mort fait penser à la propagation des espèces: ce qui conduit le poète à considérer la Nature. Et il fait parler Nature comme il a fait auparavant parler Raison. C'est tout ce qui se rapporte à la nature et à la raison qui l'intéresse. Il lui plaît avant tout de disserter longuement sur les passions du genre humain, sur les biens de fortune, sur la justice, l'amitié, les femmes (à l'égard desquelles il prend une position à peu près contraire à celle de Guillaume de Lorris). Le *Roman de la Rose* contient ainsi une somme de connaissances et d'idées.

Un érudit a appelé Jean de Meung « le Voltaire du Moyen Âge ». Mais on découvre aussi en lui un Rabelais et un Molière.

« Conseils du Dieu d'Amour » est un extrait de Guillaume de Lorris, « La Vraie Noblesse » un extrait de Jean de Meung. Nous donnons ces deux passages en prose modernisée.

Conseils du Dieu d'Amour

[*Le poète fait la description de divers personnages allégoriques; puis, au milieu des rondes et des danses, paraît le Dieu d'Amour. Il donne des conseils de courtoisie au jeune homme qui veut conquérir un cœur.*]

Sois discret et de fréquentation agréable, poli et complaisant à l'égard des petits comme des grands; dans la rue, sois le premier à saluer, et si quelqu'un te devance, rends-lui tout aussitôt ses compliments.

Aie soin de ne pas dire des mots sales et grossiers, que ta bouche ne nomme pas de vilaines choses; cela n'est pas d'un homme courtois.

Honore toutes les femmes et mets-toi à leur ser-vice. Si tu entends quelqu'un de mal disposé les bafouer, blâme-le et fais-le taire. Saisis toute occa-sion de faire des choses qui plaisent aux femmes et aux demoiselles, de façon qu'elles entendent dire 5 du bien de toi: ainsi tu grandiras dans leur estime.

Ensuite, garde-toi de l'orgueil, car il est certaine-ment péché et folie, puisque quiconque a de l'or-gueil ne peut servir et s'humilier. L'orgueilleux agit tout au rebours de ce que doit faire un homme qui 10 aime parfaitement.

Celui qui prétend s'adonner à l'amour doit soi-gner sa mise. La galanterie réclame de la coquette-rie. Coquetterie n'est pas orgueil. L'homme élé-gant en vaut mieux, à condition d'éviter orgueil et

outrecuidance. Habille-toi et chausse-toi bien, autant que te le permettront tes revenus.

De beaux vêtements et de beaux atours donnent de grands avantages. Tu dois commander ta robe à un tailleur qui soit bon coupeur, qui réussisse les pointes et ajuste les manches coquettement. Aie des souliers à lacets et des bottines toujours bien tenues. Qu'ils te chaussent si bien que les rustres se demandent comment tu y es entré et comment tu en sortiras.

Pare-toi de gants, de ceinture et d'aumônière de soie. Si tu n'es guère riche, épargne-toi cette dépense. Mais tu dois t'équiper au mieux sans te ruiner. Un chapeau de fleurs bon marché ou de roses à la Pentecôte, chacun peut s'offrir cela, il n'y faut pas beaucoup d'argent.

Ne tolère aucune tache sur toi. Lave tes mains, cure tes dents, ne garde pas du noir à tes ongles. Couds tes manches, peigne tes cheveux, ne t'épile pas, laisse cela aux dames et aux garçons de fâcheuse réputation qui pratiquent des amours contre nature.

Et puis, tâche d'être gai, va à la joie et au plaisir. Amour délaisse les gens moroses, c'est un mal très courtois que de se réjouir et de rire. Il est vrai qu'aimer fait vivre dans une alternance de joie et de tourment, entretient un mal tantôt doux et tantôt amer. L'amoureux est dans l'allégresse, puis l'angoisse l'étreint. Un jour il chante, un autre il pleure.

Si tu sais un joli exercice ou connais un art d'agrément, qui soient de nature à plaire, je te conseille de t'y faire remarquer. Que chacun mette en valeur ses mérites. Il en recueillera faveur, louange, renommée.

Si tu te sens rapide et léger, saute; si tu te tiens bien à cheval, chevauche par monts et par vaux; si tu sais rompre les lances,[1] tu possèdes là un moyen de te faire estimer; enfin, si tu es adroit aux armes, tu te verras dix fois plus aimé.

Si tu as la voix claire et juste, ne te fais pas deux fois prier de chanter, car le bachelier[2] qui chante bien plaît infiniment; et s'il a la chance de savoir danser et jouer de la flûte ou de la vielle, il en vaut mieux encore.

Ne te fais pas réputation d'avarice, cela te nuirait. Les amoureux doivent donner plus largement que les rustres sots et maladroits. Quiconque ne se plaît pas à donner ne saura jamais rien de l'amour. Celui qui a donné son cœur pour un regard ou un doux sourire doit bien, après un si riche présent, laisser sa fortune aller à l'abandon.

Je vais te résumer ce que je t'ai dit jusqu'ici, car une leçon, quand elle est brève, se retient mieux: qui veut faire son maître de l'Amour doit être courtois, modeste, élégant, joyeux et connu pour sa largesse.

Maintenant, que nuit et jour, sans honte, l'amour ait toutes tes pensées. Pense constamment à l'heure délicieuse que tu as si grande hâte de connaître. Et pour que tu sois parfait amant, je veux et ordonne que tu mettes ton cœur en un seul lieu, qu'il s'y fixe et s'y abandonne entièrement et sans tromperie, car je n'aime pas le partage. Ne prête pas ton cœur, donne-le en toute franchise et bonne grâce.

[1] combattre
[2] jeune gentilhomme qui n'a pas encore l'âge d'être chevalier

La Vraie Noblesse

[La Nature parle, elle expose une large vision de la voûte céleste et des phénomènes d'astronomie. Son discours sur la noblesse est un exemple des digressions pratiquées par le poète et qui constituent la véritable structure de son œuvre. La digression sur la noblesse a son point de départ dans la légende antique d'après laquelle les comètes présageaient la mort des princes.]

Les princes ne sont pas plus dignes que les autres de voir les comètes leur annoncer leur mort, car leur corps ne vaut pas plus que celui d'un valet de charrue ou d'un clerc ou d'un écuyer. Je les fais tous semblables, tels qu'ils se montrent à leur naissance. Je les mets au monde nus tous pareillement, forts et faibles, gros et menus. Je les produis égaux en tant qu'êtres humains. Le sort fait le reste, Fortune

versatile distribue les biens en aveugle et les reprend à sa guise.

Si quelqu'un, orgueilleux de noblesse, venait me contredire, et prétendait que les gentilshommes de naissance ont plus de prix que les hommes qui cultivent la terre ou vivent de leur travail, je répondrais que nul n'est noble s'il ne pratique dans sa vie les vertus et que nul n'est roturier sinon par ses vices qui le font haïr.

La noblesse a son origine dans la générosité naturelle et noblesse de lignage [3] n'est pas noblesse qui vaille, s'il y manque la qualité de cœur. C'est pourquoi le noble doit manifester dans sa propre personne la valeur avec laquelle ses parents ont conquis leur rang à grand'peine. Quand ils moururent, ils emportèrent toutes leurs vertus et ne laissèrent à leurs héritiers rien d'autre que l'avoir. Les héritiers possèdent ainsi les biens de fortune, mais point valeur ni noblesse, à moins qu'ils ne fassent effort pour briller eux-mêmes en raison et en vertus.

Les clercs tendent par leurs études à être plus nobles, courtois et sages que ne sont princes et rois sans culture. Car le clerc voit dans des textes savants, raisonnables, réfléchis, tous les maux à fuir, tous les biens à rechercher; le clerc voit écrit tout ce qui a été fait et dit dans le monde; il lit dans l'histoire ancienne les vilenies des rustres, les actions des grands hommes et la somme des courtoisies. Bref les livres lui enseignent tout ce que l'on doit faire ou ne pas faire. Par là tous les clercs, maîtres et disciples, sont nobles ou doivent l'être. Que ceux qui ne le sont pas sachent bien que c'est la faute de leur méchant cœur, car ils jouissent de plus d'avantages pour devenir nobles que celui qui court les cerfs.[4]

Les clercs qui n'ont pas acquis un cœur noble sont pires que tous les autres hommes, car ils fuient le bien qu'ils connaissent et suivent le mal dont ils ont vu les effets; ceux d'entre eux qui tombent dans le vice devraient recevoir plus forte punition devant le roi du Ciel que les simples et les ignorants à qui a manqué la description des vertus considérées comme viles et méprisables par les mauvais clercs. D'autre part les princes lettrés ne peuvent se consa- crer entièrement à s'instruire dans les livres, ayant trop à entendre ailleurs.

Ceux qui veulent acquérir la noblesse, chose en honneur sur terre, ne doivent pas ignorer ces règles: se garder d'orgueil et de paresse, s'adonner à l'étude ou se vouer aux armes, se purger de tout ce qui est bas; avoir cœur modeste et généreux, amabilité envers tout le monde, sauf les ennemis lorsque l'accord est impossible; honorer les dames et les demoiselles, sans trop se fier à elles. Voilà ce qui doit valoir à un homme louange et renom de gentilhomme. Sans quoi, ni louange, ni renom.

Le chevalier hardi aux armes, preux en actes, courtois en paroles, tels que furent messire Gauvain et le bon comte Robert d'Artois,[5] lequel, aussitôt sorti du berceau, hanta tous les jours de sa vie Largesse, Honneur, Chevalerie, repoussa l'Oisiveté et devint homme avant le temps, le voilà celui qui doit se voir partout loué, bienvenu, aimé, chéri.

Honorons également très haut le clerc qui cultive son esprit et observe la conduite vertueuse décrite dans les livres. Et certes ainsi fit-on jadis. Je pourrais vous en nommer dix exemples, je vous fatiguerais d'un dénombrement infini.

Les vaillants gentilshommes de jadis, dont l'histoire a transmis la renommée, empereurs, ducs, comtes et rois, honorèrent les philosophes. Ils donnèrent même aux poètes, villes, jardins, lieux de plaisance, maintes possessions flatteuses. Naples, ville plus délectable que Paris ou Lavardin,[6] fut donnée à Virgile. Ennius [7] reçut de beaux jardins en Calabre: c'était le présent des Anciens qui le connurent. Combien d'autres à vous citer qui de basse extraction ont montré plus grand cœur que beaucoup de fils de rois ou de comtes et qu'on jugea nobles! Or voici venu le temps où les gens de qualité qui passent leur vie à étudier la philosophie, qui parcourent les pays étrangers pour acquérir la valeur de l'esprit et qui souffrent pauvreté de mendiants et poids de dettes, parfois déchaux et nus, ne se voient ni estimés ni aimés. Les princes les estiment moins que pomme et pourtant ils sont plus nobles que

[3] noblesse reçue par héritage
[4] fait la chasse à courre dans un domaine

[5] Cette allusion à Gauvain donne une idée de l'immense réputation qu'avaient acquise les romans de la Table Ronde dont un des chevaliers porte ce nom. Quant au comte d'Artois, c'est Robert II, neveu de saint Louis.
[6] bourg du vendômois, célèbre par son château royal
[7] poète latin, auteur de tragédies et de satires

ceux qui chassent au lièvre ou s'installent dans les fumiers paternels.

Et celui qui tire son renom de la noblesse d'autrui, sans avoir sa valeur ni ses mérites, est-il noble? Je dis que non. Il doit être appelé vilain et plus méprisé que s'il était fils d'un truand, — je ne flatte personne — eût-il même pour père Alexandre qui entreprit et réussit tant de conquêtes qu'il régna sur toute la terre. C'est cet empereur qui réduisit à l'obéissance tous ses ennemis, après quoi il affirma que le monde était trop étroit pour lui et qu'il ne voulait donc plus y demeurer, mais pensait à en chercher un autre pour y recommencer ses exploits, et à envahir l'enfer afin de s'y faire acclamer. Alors les dieux tremblèrent de peur, ils crurent, quand je leur appris la nouvelle, qu'ils avaient affaire à Celui qui par la croix devait briser les portes du noir séjour et en délivrer les âmes des pécheurs.

Mais supposons l'impossible, c'est-à-dire que je fasse naître certains hommes nobles et qu'il ne m'importe des autres qu'ils appellent vilenaille.[8] Quels biens y a-t-il en noblesse? Si l'on veut saisir le vrai, il faut convenir qu'elle n'a à son actif rien d'autre que l'imitation des vertus paternelles. Celui qui tient à ressembler à un gentilhomme doit assumer ce fardeau s'il ne veut pas être usurpateur de noblesse et voleur de réputation. Nul ne doit être loué pour les qualités d'autrui pas plus que blâmé pour les fautes du prochain. Qu'on accorde la louange à qui la mérite, mais non à qui n'est pas homme de bien et ne possède que malice, vilenie, dureté, vanité, arrogance; le fourbe et le trompeur, l'orgueilleux et l'insolent, l'être sans charité ni bienveillance, le négligent, le paresseux (il ne manque pas de tels fâcheux, quoique nés de bonnes gens sans reproches) n'ont nullement droit à la renommée de leurs parents, et ils doivent être considérés comme plus vils que les fils de misérables.

Il faut qu'on le sache, si l'on pense à la libre disposition des biens, ce n'est pas la même chose d'acquérir sens, noblesse et gloire par de hauts faits, et d'hériter vastes domaines, richesse et joyaux, car celui qui travaille à amasser ces biens de la terre, peut tout laisser à ses amis, même cent mille marcs d'or, et beaucoup plus, tandis que celui qui a fait effort pour acquérir les autres choses que j'ai dites et les a

gagnées par ses mérites, il aura beau aimer ses héritiers, il ne pourra les leur laisser. Pas plus que noblesse et renom il ne peut leur léguer sa science. Il n'a à leur transmettre que son exemple; ils le suivront s'ils veulent. Il ne peut faire davantage et ils ne peuvent tirer de lui rien de plus.

Beaucoup ne tiennent guère à ces biens moraux, ils n'en veulent qu'aux possessions matérielles et à l'argent. Ils se disent gentilshommes parce qu'ils en tirent gloire et que leurs ancêtres l'étaient légitimement; ils ont chiens et oiseaux[9] pour la pompe, ils vivent à ne rien faire que chasser par rivières, bois, champs et bruyères. Mais ils sont vilains fieffés qui se glorifient de la noblesse d'autrui et n'ont nulle ressemblance avec leurs braves aïeux. S'ils possèdent beaucoup de qualités et qu'ils ambitionnent une autre noblesse que celle dont je leur fais présent à leur naissance et qui s'appelle liberté naturelle, commun bien de tous les hommes avec la raison que Dieu leur donne et qui les fait semblables à lui et aux anges, à part cette différence que les hommes sont sujets à la mort, qu'ils acquièrent donc des titres nouveaux par efforts personnels, car s'ils ne sont pas nobles par eux-mêmes, jamais ils ne le seront par autrui. Je n'en excepte rois ni comtes, d'autant moins qu'il y a plus de honte à être fils de roi ignorant, vicieux et méchant, que d'être fils de charretier, de porcher ou de savetier. Certes il serait plus honorable pour Gauvain, le vaillant, d'avoir été engendré par un lâche assis tout le jour les pieds dans la cendre que d'être lâche et fils de Renouart au Tinel.[10]

Quoi qu'il en soit, la mort d'un prince fait plus de bruit que celle d'un paysan. Aussi la foule croit-elle naïvement, quand paraissent les comètes, qu'elles sont faites pour les princes. Mais s'il n'existait rois ni princes en tous les royaumes et toutes les provinces, et que tous les hommes fussent égaux, les corps célestes n'en feraient pas moins naître les comètes quand ils se trouveraient dans les conditions requises, pourvu que la matière indispensable fût à leur disposition dans l'air.

8 ramassis de *vilains* (vils paysans)

9 oiseaux de chasse

10 Beau-frère de Guillaume d'Orange qui est le héros de plusieurs chansons de geste. Mal élevé, il ne savait manier la lance et pour combattre se servait d'un gros bâton appelé *tinel*. Sa force était prodigieuse comme sa vaillance.

VIII. La Poésie lyrique

LA POÉSIE LYRIQUE qu'a inspirée la conception chevaleresque de l'amour aux XII^e et XIII^e siècles rappelle l'ancien lyrisme des *chansons de toile* (ainsi nommées parce que les femmes les chantaient en exécutant leurs travaux de couture et de broderie au fond des châteaux forts) ou *chansons d'histoire* (parce qu'elles racontaient des histoires) ou encore *chansons à danser*.

Mais ce lyrisme perdit sa naïveté sous l'influence des troubadours ainsi que des romanciers courtois. Il se mua en exercices mondains dans les *romances*, les *rondeaux* et *virelais*, les *jeux partis* (jeux partagés, c'est-à-dire dialogues rimés sur des cas amoureux) de Conon de Béthune, de Thibault de Champagne, de Gace Brulé et autres poètes chevaliers et seigneurs. Nous trouvons plus d'intérêt aujourd'hui à des poètes clercs et bourgeois qui, dans le même temps, se tenaient moins loin de la nature et vibraient d'une âme plus vraie: Jean Bodel et Colin Muset, par exemple, ont dit dans leurs *pastourelles*, leurs *complaintes*, leurs *congés*, des sentiments bien à eux et des aventures vraiment personnelles.

L'un d'eux, Rutebeuf (mort en 1280), est même tout près de faire figure de grand poète. Quand il s'est plaint de son existence de trouvère affamé, il l'a fait de façon touchante, avec une amertume qui veut encore sourire. Il a été aussi poète satirique et a su faire entendre leur fait aux chevaliers dégénérés, aux moines riches et paresseux, aux prévôts et aux marchands, jusqu'au roi et au pape. Une dévotion sincère ne l'en possédait pas moins et il a exprimé en vers agréables son amour de la Vierge. Il a même prêché à sa manière la Croisade dans sa *Dispute du Croisé et du Décroisé*.

D'entre les nombreux poètes lyriques du XIV^e siècle, il faut citer Guillaume de Machaut qui s'efforce de maintenir la tradition ancienne, et Eustache Deschamps. Il faut arriver à la fin du siècle pour rencontrer une curieuse poétesse, Christine de Pisan, un lyrique de valeur, Charles d'Orléans, et un très grand poète, François Villon.

Les *Ballades, Complaintes, Rondeaux,* et quelques plus importants poèmes, le *Chemin de longue étude, Mutation de fortune,* de Christine de Pisan, vénitienne de naissance (1364–1430), sont à lire et à apprécier. Elle est la première femme de la littérature française qui ait fait de ses ouvrages, très nombreux, un gagne-pain; elle s'était trouvée veuve toute jeune, pauvre avec trois enfants à élever. Elle a eu le mérite de célébrer en prose le roi Charles V et, dans ses derniers vers, Jeanne d'Arc.

Charles d'Orléans (1394–1465), d'une famille tragique et malheureuse, lui-même accablé de deuils, enfin fait prisonnier par les Anglais à la bataille d'Azincourt, a trouvé pendant vingt-cinq ans d'assez douce captivité une occupation dans la poésie.

Il a confessé dans de petites pièces parfaites, chansons, ballades, rondeaux, un cœur assurément assez léger et peu en rapport avec les malheurs de son pays qui ne l'ont pas empêché de savourer les jouissances de l'art et même de la vie en Grande Bretagne et ensuite à sa cour de Blois. Reconnaissons cependant qu'il a chanté avec grâce la solitude, le souvenir du passé, le regret du pays.

François de Montcorbier ou des Loges — François Villon, du nom de son oncle et protecteur — né en 1431, d'abord étudiant, est tombé de bonne heure dans une existence irrégulière et criminelle, a fait de la prison, a été condamné à la potence, puis a eu sa peine commuée en bannissement — après quoi l'on perd sa trace.

Villon a écrit, comme les poètes du temps le faisaient, son *Petit Testament* qui consiste en legs fantaisistes et burlesques, par exemple le legs de sa renommée à son oncle, celui de son cœur à la femme aimée qui le méprise, celui de ses vieux souliers à son savetier. Le *Grand Testament* présente trois aspects très différents: (1) soixante-dix huitains inspirés par le regret de ses fautes, le sentiment de la fuite du temps, la pensée de la mort; (2) quatre-vingt-sept legs analogues à ceux du *Petit Testament,* mais émus et vraiment douloureux; (3) des ballades intercalées entre les grains de ce long chapelet de huitains (les huitains sur la mort inexorable amènent les ballades des « Dames » et des « Seigneurs du temps jadis », les huitains sur la brièveté de la jeunesse amènent la ballade de « la belle Heaulmière », et ce que le poète lègue à sa mère c'est la ballade « pour prier Notre-Dame »). La « ballade des pendus », composée lors de la condamnation à mort, figure dans les *Poésies diverses.*

Villon a coulé dans les formes fixes et assez rigides de son époque une poésie dont une bonne part nous est difficile à comprendre parce qu'elle abonde en allusions à des circonstances ou à des faits oubliés, mais dont le reste, remarquablement personnel, a renouvelé par l'expérience et par la douleur des thèmes éternels.

D'âme faible, incapable de résister aux tentations du mal, mais toujours prêt au repentir sincère, Villon est émouvant dans sa piété filiale, dans ses retours à la foi religieuse, dans son obsession de la décrépitude et de la mort, comme dans son ardent plaisir à jouir des belles et bonnes choses. La vie lui a dicté des accents poétiques dignes de Shakespeare.

NOTA: La poésie du Moyen Âge jusqu'au XVe siècle ne se distingue guère de la prose que par l'observation de règles purement mécaniques, c'est pourquoi nous pouvons nous permettre de la traduire en prose. Mais au XVe siècle apparaît avec Charles d'Orléans et Villon une poésie qui donne au vers une valeur indépendamment même de ce qu'il exprime; en outre, cette poésie d'artistes se rapproche beaucoup du français moderne; pour ces raisons, tout en traduisant les poèmes de Charles d'Orléans et de Villon comme nous avons traduit les précédents, nous mettrons en regard leur texte original.

Rutebeuf

PAUVRETÉ D'UN TROUVÈRE

Je ne sais par où commencer,
Tant j'ai abondance de matière,
Pour parler de ma pauvreté.
Pour Dieu je vous prie, noble roi de France,[1]
De me donner quelque subsistance,
Ainsi ferez-vous par grande charité.
J'ai vécu du bien d'autrui
Que l'on m'a confié et prêté;
Maintenant chacun me refuse confiance
Parce qu'on me sait pauvre et endetté;
Et vous, vous avez été de nouveau hors du royaume,
Vous en qui j'avais mis tout mon espoir.

A la fois cherté de vie et famille,
Qui n'est malade ni affaiblie,[2]
M'ont pris jusqu'au dernier denier.
Je trouve gens enragés à refuser,
Et qui ne savent point donner;
Chacun est habile à garder son bien.

[1] Louis IX
[2] Elle a donc bon appétit.

Mort me crée à nouveau grand dommage,
Et vous, bon Roi, en deux voyages
Vous m'avez enlevé la noble société,[3]
Vous avez fait au loin le pèlerinage
De Tunis, qui est lieu sauvage,
Après avoir été au pays de la méchante race renégate.

Grand roi, s'il advient qu'à vous je manque,
A tous j'ai manqué sans faute.
Il me faut des vivres et je n'en ai pas.
Nul ne m'aide, nul ne me donne;
Je tousse de froid, je baille de faim,
Je suis mordu et maltraité.
Je suis sans couverture et sans lit,
Pas de tel pauvre d'ici Senlis.
Sire, je ne sais de quel côté je puis aller;
Mes côtes connaissent le matelas de paille,
Et lit de paille n'est pas lit
Et dans mon lit je n'ai rien si ce n'est paille.[4]

[3] Il s'agit des deux croisades de Louis IX. Il y a eu beaucoup de morts parmi les seigneurs qui protégeaient plus ou moins Rutebeuf.

[4] rien (métaphore)

Christine de Pisan

PRIÈRE POUR LE ROI CHARLES

Nous devons sur tout autre dommage
Plaindre celui du royaume de France,
Qui fut et qui est le royal héritage
Des chrétiens de la plus haute puissance.
Mais voilà que Dieu le frappe d'une poignante lance,
Aussi est-il pauvre de joie et de consolation,
De nos péchés il porte la peine,
Notre bon roi qui est en maladie.[5]

C'est grande pitié; car des princes de son âge
Aucun au monde n'était de pareille vaillance

[5] Écrit lors de la première atteinte de folie de Charles VI en 1393.

Et tous princes de haut parage
Aspiraient à son amitié et à son alliance.
Tout le monde l'aimait depuis l'enfance;
Encore n'est pas, Dieu merci, refroidi,
Cet amour, si gravement frappé que soit
Notre bon roi qui est en maladie.

Prions donc Dieu de très humble cœur
Pour qu'au bon roi il soit bouclier et défense
Contre tous maux et de son grave état
Le ramène à la santé, car j'ai ferme espérance
Que s'il avait de son mal allégement,
Il serait encore, quoi qu'à présent on dise,
Prince vaillant et de bon gouvernement,
Notre bon roi qui est en maladie.

Charles d'Orléans

LE PRINTEMPS

Le temps a laissié son manteau
De vent, de froidure et de pluye,
Et s'est vestu de broderie
De souleil luyant, cler et beau.

Il n'y a beste ne oyseau
Qu'en son jargon ne chante ou crie:
« Le Temps a laissié son manteau
De vent, de froidure et de pluye. »

Rivière, fontaine et ruisseau
Portent en livrée jolie
Gouttes d'argent d'orfavrerie;
Chascun s'abille de nouveau.

Le temps a laissié son manteau
De vent, de froidure et de pluye,
Et s'est vestu de broderie
De souleil luyant, cler et beau.

TRADUCTION

Le temps a laissé son manteau
De vent, de froid et de pluie,
Et s'est vêtu de broderie
Sous le soleil rayonnant, clair et beau.

Il n'y a bête ni oiseau
Qui en son jargon ne chante ou crie:
« Le temps a laissé son manteau
De vent, de froid et de pluie. »

Rivière, fontaine et ruisseau
Portent comme ornements de joie
Gouttes d'argent perlé;
Chacun s'habille de neuf.

Le temps a laissé son manteau
De vent, de froid et de pluie,
Et s'est vêtu de broderie
Sous le soleil rayonnant, clair et beau.

LA NOIRE BILE

Laissez-moy penser à mon aise,
Hélas! donnez m'en le loysir;
Je devise avecques Plaisir,
Combien que ma bouche se taise.

Quand Merencolie mauvaise
Me vient maintes fois assaillir,
Laissez-moy penser à mon aise.
Hélas! donnez-m'en le loysir.

Car afin que mon cueur rapaise,
J'appelle Plaisant-Souvenir,
Qui tantost me vient resjouir.
Pour ce, pour Dieu! ne vous desplaise,
Laissez-moy penser à mon aise.

TRADUCTION

Laissez-moi penser à mon aise,
Hélas! donnez m'en permission;
Je m'entretiens avec Plaisir,
Bien que ma bouche se taise.

Mauvaise et noire bile
Me vient tant de fois assaillir!
Laissez-moi penser à mon aise,
Hélas! donnez m'en permission!

Car pour calmer mon cœur,
J'appelle Plaisant-Souvenir,
Qui bientôt me remettra en joie.
C'est pourquoi, pour Dieu, ne vous déplaise,
Laissez-moi penser à mon aise.

François Villon

BALLADE [6] DES DAMES DU TEMPS JADIS

Dictes moy où, n'en quel pays,
Est Flora, la belle Rommaine,
Archipiada, ne Thaïs,
Qui fut sa cousine germaine;
Echo, parlant quand bruyt on maine
Dessus rivière ou sus estan,
Qui beaulté ot trop plus qu'humaine?
Mais ou sont les neiges d'antan?

Où est la très sage Helloïs,
Pour qui fut chastré, puis moyne
Pierre Esbaillart a Saint Denis?
Pour son amour ot cest essoyne.
Semblablement ou est la royne
Qui commanda que Buridan
Fust gecte en ung sac en Saine?
Mais ou sont les neiges d'antan?

La royne blanche comme lis,
Qui chantoit a voix de seraine;
Berte au grant pié, Bietris, Alis;
Haremburgis qui tint le Maine,
Et Jehanne, la bonne Lorraine,
Qu'Englois brulerent a Rouan;
Ou sont ilz, ou, Vierge souvraine?
Mais ou sont les neiges d'antan?

ENVOI

Prince, n'enquerez de sepmaine
Ou elles sont, ne de cest an,
Que ce refrain ne vous remaine:
Mais ou sont les neiges d'antan?

(*Le Grand Testament*)

TRADUCTION

Dites-moi où, en quel pays,
Est Flora, la belle Romaine,[7]

Alcibiade et Thaïs,[8]
Qui fut sa cousine germaine;
Écho,[9] qui parle quand on fait bruit
Sur la rivière ou sur l'étang,
Et qui eut beauté surhumaine.
Mais où sont les neiges de l'autre année?

Où est la très sage Héloïse,[10]
Pour qui fut châtré puis moine
Pierre Abailard à Saint Denis?
Pour son amour il subit cette peine.
Semblablement où est la reine
Qui ordonna que Buridan [11]
Fût jeté en sac dans la Seine?
Mais où sont les neiges de l'autre année?

La reine Blanche comme lis,[12]
Qui chantait à voix de sirène;
Berthe au grand pied,[13] Béatrix, Aélis,
Eremberg,[14] qui possédait le Maine,
Et Jeanne la bonne Lorraine,
Qu'Anglais brûlèrent à Rouen,
Où sont-elles, où, Vierge souveraine?
Mais où sont les neiges de l'autre année?

ENVOI

Prince, ne demandez ni de cette semaine
Où elles sont, ni de cet an,
Sans que je vous redise mon refrain:
Mais où sont les neiges de l'autre année?

[8] *Archipiada*, nom déformé d'Alcibiade, qu'on prenait pour une femme au Moyen Âge. *Thaïs*, courtisane grecque du IVe siècle.
[9] nymphe éprise de Narcisse (légende mythologique)
[10] Héloïse, fille d'un chanoine de Notre-Dame, aimée du philosophe Abélard, mariée secrètement avec lui, qui après son châtiment se retira à Saint-Denis, puis à l'Abbaye de Cluny.
[11] Buridan, célèbre docteur de l'université de Paris, qu'une légende a fait victime des débauches de Marguerite de Bourgogne, femme de Louis X le Hutin. De cette légende est né le drame romantique d'Alexandre Dumas, *La Tour de Nesles.*
[12] Peut-être Blanche de Castille?
[13] mère de Charlemagne, héroïne sous ces nom et surnom d'une chanson de geste, ainsi que Béatrix et Aélis
[14] fille d'Hélie, comte du Maine

[6] La ballade est une pièce de vers, coupée en stances égales et terminée par un envoi, petit groupe de vers qui fait hommage du poème à une personne réelle ou imaginaire.
[7] nom de plusieurs courtisanes de la Rome antique

REGRETS D'UNE JEUNESSE FOLLE

XXII

Je plaings le temps de ma jeunesse,
Ouquel j'ay plus qu'autre gallé,
Jusqu'a l'entrée de vieillesse,
Qui son partement m'a celé.
Il ne s'en est a pié allé,
Na cheval; hélas! comment don?
Soudainement s'en est vollé,
Et ne m'a laissé quelque don. . .

XXVI

Hé! Dieu, se j'eusse estudié
Ou temps de ma jeunesse folle,
Et a bonnes meurs dedié,
J'eusse maison et couche molle!
Mais quoy? Je fuyoie l'escolle,
Comme fait le mauvais enfant.
En escripvant ceste parolle,
A peu que le cueur ne me fent.

XXVII

Le dit du Sage, trop le feiz
Favorable (bien en puis mais!)
Qui dit: « Esjoÿs toy, mon filz,
En ton adolescence. » Mais,
Ailleurs sert bien d'ung autre mes,
Car « Jeunesse et adolescence »,
C'est son parler, ne moins ne mais,
« Ne sont qu'abus et ignorance. »

XXVIII

Mes jours s'en sont alez errant
Comme, dit Job, d'une touaille
Sont les filetz, quant tisserant
En son poing tient ardente paille.
Lors, s'il y a nul bout qui saille,
Soudainement il le ravit.
Si ne crains plus que rien m'assaille,
Car a la mort tout s'assouvit.

XXIX

Ou sont les gracieux gallans
Que je suivoye ou temps jadis,
Si bien chantans, si bien parlans,
Si plaisans en faiz et en diz?

Les aucuns sont mors et roidiz;
D'eulx n'est-il plus riens maintenant.
Repos aient en paradis
Et Dieu saulve le remenant!

XXX

Et les autres sont devenus
Dieu mercy! grans seigneurs et maistres;
Les autres mendient tous nus
Et pain ne voient qu'aux fenestres;
Les autres sont entrez en cloistres
De Celestins et de Chartreux,
Botez, housez com peschers d'oistres:
Vez la l'estat divers d'entre eux.

(*Le Grand Testament*)

TRADUCTION

Je regrette le temps de ma jeunesse,
Que j'ai plus qu'un autre gaspillé,
Et qui m'a caché son départ
Jusqu'à l'arrivée de vieillesse.
Il ne s'en est allé à pied
Ni à cheval; hélas, comment donc?
Soudain il s'est envolé,
Et sans rien me laisser. . .

Hé! Dieu, si j'avais étudié
Dans le temps de ma jeunesse folle
Et m'étais consacré aux bonnes mœurs,
J'aurais maison et doux lit!
Mais quoi! Je fuyais l'école
Comme fait le mauvais enfant.
En écrivant ces mots,
Peu s'en faut que mon cœur ne se fende.

La parole du Sage [15] je l'ai prise
Trop en ma faveur, m'en voilà bien avancé!
Quand il dit: « Réjouis-toi, mon fils,
En ton adolescence. » Mais
Ailleurs, il sert un autre plat,
Car « jeunesse et adolescence,
C'est ce qu'il dit ni plus ni moins,
Ne sont qu'abus et ignorance. »

Mes jours s'en sont allés vite,
Comme les fils de toile,
Dit Job, quand le tisserand

[15] l'Ecclésiaste

Brandit sa torche de paille: [16]
S'il y a quelque bout qui dépasse,
Soudain il l'arrache.
Mais je ne crains plus que rien m'assaille,
Car à la mort tout s'achève.

Où sont les joyeux compagnons
Que je suivais dans le temps jadis,
Si bien chantant, si bien parlant,
Si agréables en actions et en paroles?
Certains sont morts et raides,
D'eux plus rien ne reste à présent.
Qu'ils aient repos en paradis,
Et que Dieu sauve celui qui reste!

Et d'autres sont devenus,
Dieu merci, grands seigneurs et grands personnages;
D'autres mendient tout nus
Et ne voient pain qu'aux devantures;
D'autres sont entrés en cloîtres
De Célestins et de Chartreux,
Bottés, guêtrés comme pêcheurs d'huîtres:
Voilà comme la situation diffère entre eux.

BALLADE DES PENDUS

Frères humains qui après nous vivez,
N'ayez les cuers contre nous endurcis,
Car, se pitié de nous povres avez,
Dieu en aura plus tost de vous mercis.
Vous nous voiez cy attachez cinq, six:
Quant de la char, que trop avons nourrie,
Elle est pieça devoree et pourrie,
Et nous, les os, devenons cendre et pouldre.
De nostre mal personne ne s'en rie;
Mais priez Dieu que tous nous vueille absouldre!

Se vous clamons, freres, pas n'en devez
Avoir desdaing, quoy que fusmes occis
Par justice. Toutefois, vous sçavez
Que tous hommes n'ont pas bon sens rassis;
Excusez nous, puis que sommes transis,
Envers le fils de la Vierge Marie,
Que sa grâce ne soit pour nous tarie,
Nous preservant de l'infernale fouldre.

[16] Le tisserand se servait de cette petite torche pour brûler les bouts de toile qui dépassaient.

Nous sommes mors, ame ne nous harie;
Mais priez Dieu que tous nous vueille absouldre!

La pluye nous a buez et lavez,
Et le soleil dessechiez et noircis;
Pies, corbeaulx nous ont les yeux cavez,
Et arrachié la barbe et les sourcis.
Jamais nul temps nous ne sommes assis;
Puis ça, puis la, comme le vent varie,
A son plaisir sans cesser nous charie,
Plus becquetez d'oyseaulx que dez a couldre.
Ne soiez donc de nostre confrarie;
Mais priez Dieu que tous nous vueille absouldre!

Prince Jhesus qui sur tous a maistrie,
Garde qu'Enfer n'ait de nous seigneurie;
A luy n'ayons que faire ne que souldre.
Hommes, icy n'a point de mocquerie;
Mais priez Dieu que tous nous vueille absouldre!
(*Le Codicille:* L'Épitaphe)

TRADUCTION

Frères humains qui nous survivez,[17]
N'ayez pas vos cœurs durcis à notre égard,
Car si vous avez pitié de nous, pauvres,
Dieu aura plus tôt miséricorde de vous.
Vous nous voyez ici attachés, cinq, six:
Pour ce qui est de la chair, que nous avons trop
 nourrie,
Elle est depuis longtemps dévorée et pourrie,
Et nous, les os, devenons cendre et poussière.
De notre malheur que personne ne se moque,
Mais priez Dieu qu'il nous veuille tous absoudre.

Si nous vous appelons frères, vous n'en devez
Avoir dédain, bien que nous ayons été tués
Par justice. Toutefois vous savez
Que tous les hommes n'ont pas sens bien rassis.
Excusez-nous, puisque nous sommes trépassés,
Auprès du fils de la Vierge Marie,
De façon que sa grâce ne soit pas tarie pour nous,
Et qu'il nous préserve de la foudre infernale.
Nous sommes morts, que personne ne nous tour-
 mente,
Mais priez Dieu qu'il nous veuille tous absoudre.

[17] Le poète fait parler les squelettes attachés au gibet de Montfaucon.

La pluie nous a lessivés et lavés
Et le soleil nous a séchés et noircis;
Pies, corbeaux nous ont creusé les yeux,
Et arraché la barbe et les sourcils.
Jamais un seul instant nous ne sommes assis;
De ci de là, selon que le vent tourne,
Il ne cesse de nous ballotter à son gré,
Plus becquétés d'oiseaux que dés à coudre.
Ne soyez donc de notre confrérie,
Mais priez Dieu qu'il nous veuille tous absoudre.

ENVOI

Prince Jésus, qui sur tous as pouvoir,
Épargne-nous d'entrer dans l'enfer en vassaux;
A lui n'ayons affaire ni rien à payer.
Hommes, ici point de moquerie,
Mais priez Dieu qu'il nous veuille tous absoudre!

IX. *Les Chroniqueurs*

ON APPELLE ainsi les auteurs de mémoires ou de relations sur des faits histo-
riques de leur temps. Ce sont nos premiers historiens. Quatre des chroniqueurs
du Moyen Âge sont d'authentiques écrivains.

Geoffroy de Villehardouin (XIIe siècle et premières années du XIIIe) a raconté
avec une simplicité d'homme de guerre, dans la *Conquête de Constantinople,* la
quatrième croisade, à laquelle il avait pris part, et il a expliqué comment les chefs de
cette croisade se sont laissé détourner de leur pieuse entreprise et ont fondé un empire
latin en Orient.

Jean, sire de Joinville (XIIIe siècle et début du XIVe) a décrit avec enjouement et
bonhomie la *Vie de saint Louis,* son existence intime, son gouvernement « selon Dieu
et selon l'Église », puis ses grands faits d'armes au cours de la septième croisade.

Jean Froissart (XIVe siècle) a fixé dans ses *Chroniques,* à la manière d'un jour-
naliste curieux, voyageur, enquêteur, reporter, les images de la vie politique, guer-
rière, chevaleresque de l'Europe de son temps. C'est un écrivain pittoresque et coloré.

Philippe de Commynes (XVe siècle) déroule dans ses *Mémoires* la lutte de Louis XI
contre Charles le Téméraire, puis l'expédition de Charles VIII en Italie. On peut le
saluer comme le premier des historiens modernes, car il étudie les causes et les con-
séquences des événements, et il scrute en psychologue les intérêts et les passions. Il a
des idées sur le régime des nations; il se montre aussi hostile à la monarchie despo-
tique qu'aux brutalités féodales, il souhaite des assemblées représentatives pour limi-
ter l'autorité royale: il fait déjà penser à Montesquieu. Enfin il juge de haut les
choses humaines.

Nous donnons ici un récit de Froissart: le *Combat des Trente,* et un passage des
Mémoires de Commynes: l'*Entrevue de Péronne.*

Le Combat des Trente

[*Froissart raconte ici un épisode de la guerre de Succession de Bretagne entre Jeanne de Penthièvre, femme de Charles de Blois, et le comte de Montfort, marié à Jeanne de Flandre. Charles de Blois et Jeanne de Penthièvre avaient demandé l'aide des Français, Jean de Montfort celle des Anglais. Le combat des Trente a été livré en mars 1351.*]

En cette saison-là se passa en Bretagne un très haut fait d'armes qu'il ne faut pas laisser oublier, mais au contraire donner en exemple aux jeunes bacheliers pour les encourager à bien faire. Et afin que vous l'entendiez mieux, sachez que les guerres de Bretagne duraient toujours entre les partis des deux dames, bien que messire Charles de Blois fût prisonnier.[1] Et les partis des deux dames se battaient l'un contre l'autre, à l'aide des garnisons qui occupaient les châteaux et les villes fortes des deux partis.

Il advint qu'un jour messire Robert de Beaumanoir, vaillant chevalier et du plus grand lignage de Bretagne, maître de Château-Josselin,[2] où il disposait de beaucoup de gens d'armes de son lignage, s'en vint devant la ville et château de Ploërmel dont le capitaine était un homme du nom de Brandebourg. Il avait avec lui un grand nombre de mercenaires allemands, anglais et bretons, du parti de la comtesse de Montfort. Messire Robert et ses gens vinrent courir devant les barrières et ils auraient bien voulu que ceux du dedans sortissent, mais nul ne sortit.

Quand messire Robert vit cela, il approcha encore de plus près et fit appeler le capitaine. Celui-ci s'avança jusqu'à la porte pour parler au seigneur Robert, sur les assurances qu'ils se donnèrent de part et d'autre: « Brandebourg, dit messire Robert, y a-t-il là-dedans un homme d'armes, vous ou un autre ou deux ou trois qui veuillent jouter à la lance contre trois autres pour l'amour de leurs amies? »

Brandebourg répondit que leurs amies ne voudraient pas qu'ils se fassent tuer dans une simple joute, aventure de hasard trop tôt passée. On y gagne plutôt le renom d'outrecuidance que celui d'honneur ou de vaillance.

« Mais je vous dirai quoi faire, s'il vous plaît. Vous prendrez vingt ou trente compagnons de votre garnison et j'en prendrai autant de la nôtre. Allons dans un beau champ, là où personne ne pourra nous déranger ou nous gêner et ordonnons sous peine de la hart[3] à nos compagnons, de part et d'autre, et à tous ceux qui nous regarderont, que nul ne porte aux combattants secours ni aide. Là vraiment éprouvons-nous et faisons tant qu'on en parle au temps à venir, dans les salles, dans les palais et autres lieux du monde. Et que ceux à qui Dieu les aura destinés, aient la fortune[4] et l'honneur. — Par ma foi, dit messire Robert de Beaumanoir, je le veux bien et vous avez fort bien parlé. Donc soyez trente, nous serons trente, nous aussi, et je le garantis par ma foi. — Je le garantis aussi, dit Brandebourg. Et ainsi celui qui se conduira bien acquerra plus d'honneur que dans une joute. »

La journée fut fixée au mercredi suivant, c'est-à-dire quatre jours après. En attendant, chacun choisit ses trente compagnons comme bon lui sembla et les soixante hommes se pourvurent d'armures bien revisées.

Quand le jour fut venu, les trente compagnons de Brandebourg entendirent la messe, puis se firent armer et ils s'en allèrent à l'endroit où le combat devait avoir lieu. Ils descendirent à pied et ils défendirent à tous ceux qui étaient là de s'occuper d'eux, quel que fût le danger que leurs compagnons pussent courir.

Et de même firent les trente compagnons de messire Robert de Beaumanoir. Les trente compagnons que nous appellerons Anglais dans cette affaire, attendirent longtemps les autres que nous appellerons

[1] Charles de Blois était prisonnier des Anglais, Jean de Montfort l'était des Français.
[2] dans le Morbihan

[3] corde avec laquelle on étranglait les criminels
[4] comme dans les tournois, où les vainqueurs s'emparaient des chevaux, armes et autres biens

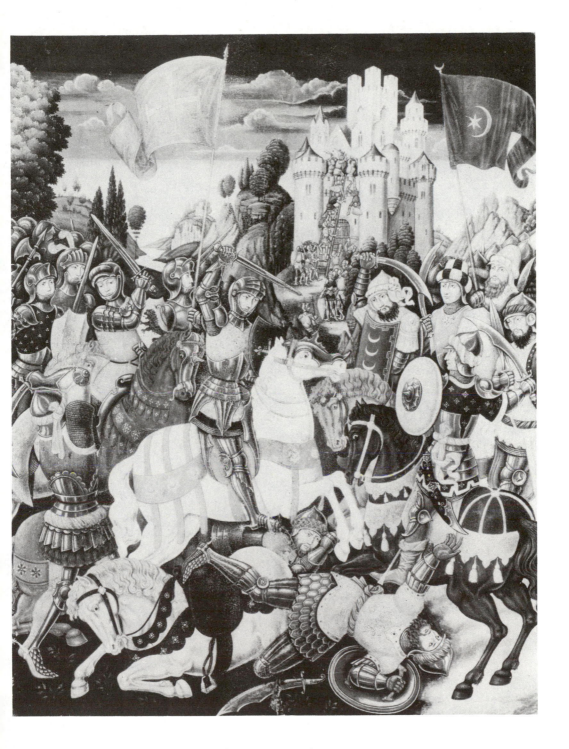

Bataille au temps des Croisades, XIIe siècle. (Collection Viollet)

L'arrivée à Paris, 1385, de Louis II d'Anjou, roi de Naples, alors âgé de six ans. Une scène des *Chroniques* de Froissart. Bibliothèque Nationale. (Photographie Giraudon)

Français. Quand les trente Français furent arrivés, ils descendirent de cheval et firent à leurs compagnons le même commandement que les autres avaient fait. Certains disent que cinq d'entre eux restèrent à cheval à l'entrée du champ et vingt-cinq 5 descendirent de cheval comme avaient fait les Anglais. Et quand ils furent les uns en face des autres, ils parlementèrent entre eux, puis ils se retirèrent en arrière, les uns d'un côté, autres de l'autre. Puis, ils firent retirer tous leurs gens bien loin, au-dessus 10 de la place. Puis l'un d'eux donna le signal et immédiatement ils se coururent sus et se combattirent fortement tous en une mêlée. Et ils se secouraient les uns les autres quand ils voyaient leurs compagnons en danger. 15

Peu après qu'ils se furent attaqués, un des Français fut tué. Ils n'arrêtèrent pas le combat pour cela, mais ils se maintinrent vaillamment de part et d'autre comme si tous avaient été Roland ou Olivier. Je ne sais trop à la vérité quels sont ceux qui se main- 20 tinrent et qui firent le mieux et jamais je n'ai entendu louer les uns plus que les autres, mais ils combattirent si longtemps que tous perdirent complètement force et souffle.

Il leur fallut s'arrêter et ils furent d'accord pour 25 se reposer, les uns d'un côté et les autres de l'autre. Ils se donnèrent trêve jusqu'à ce qu'ils fussent reposés. Ils décidèrent que le premier qui se relèverait appellerait les autres. A ce moment, parmi les Français, il y avait quatre morts et deux parmi les An- 30 glais. Ils se reposèrent longtemps de part et d'autre. Certains burent du vin qu'on leur apporta en bouteilles et ils rattachèrent leurs armures qui étaient disjointes et pansèrent leurs plaies.

Quand ils furent ainsi rafraîchis, le premier qui 35 se leva fit signe aux autres et la bataille recommença aussi forte qu'avant et elle dura très longtemps. Ils avaient de courtes épées de Bordeaux, raides et ai-

guës, et certains avaient des haches. Et certains se prenaient à bras le corps en luttant et se frappaient sans s'épargner. Vous pouvez bien croire qu'ils firent entre eux maintes belles passes d'armes, homme contre homme, corps à corps et main à main. On n'avait pas, depuis cent ans au moins, entendu raconter chose pareille.

Ainsi ils combattirent comme de bons champions et ils se conduisirent pendant ce deuxième combat très vaillamment. Mais finalement les Anglais eurent le dessous, car ainsi que je l'ai entendu dire, ceux des Français qui étaient à cheval les abattaient très facilement. Si bien que Brandebourg fut tué avec huit de ses compagnons et les autres se rendirent quand ils virent qu'ils ne pouvaient plus se défendre, car ils ne pouvaient ni ne devaient fuir. Et messire Robert et ceux de ses compagnons qui étaient encore en vie, les prirent et les emmenèrent au château de Josselin, comme leurs prisonniers et 20 ensuite ils les rançonnèrent courtoisement quand ils furent tous guéris, car il n'y en avait pas un qui ne fût grièvement blessé, aussi bien les Français que les Anglais.

Et depuis, j'ai vu assis à la table du roi Charles de France, un chevalier breton qui y avait été et qui s'appelait messire Yvain Charnuel. Il avait le visage couturé et balafré, ce qui montrait bien que l'affaire avait été rude. Et j'ai vu aussi messire Enguerrand Du Edin, bon chevalier de Picardie, qui prouvait bien qu'il y avait été, et un autre bon écuyer qui s'appelait Hugues de Raincevaux. Cette aventure fut contée et rappelée en plusieurs endroits. Les uns la considéraient comme une prouesse et d'autres comme une folie et une grande outrecuidance.[5]

(Les Chroniques)

[5] Un obélisque, élevé en 1823, à moitié chemin de Ploërmel et de Josselin, conserve le souvenir du combat.

L'Entrevue de Péronne

[Le roi de France, Louis XI, en lutte contre le roi d'Angleterre et le duc de Bourgogne, a décidé de rencontrer celui-ci pour traiter avec lui, en 1468.]

Vous savez de quelle façon il avait été décidé que le roi viendrait à Péronne. C'est ce qu'il fit et il n'amena aucune garde avec lui, il voulait être en

tout sous la garde et sous la sûreté du duc. Il voulut que monseigneur de Cordes vînt au-devant de lui avec les archers du duc pour le conduire. Il fut fait ainsi. Peu de gens vinrent avec lui. Toutefois il y vint de grands personnages comme le duc de Bour-bon, son frère, le cardinal de Bourbon, le comte de Saint-Pol, connétable, qui ne s'était mêlé en rien de ce voyage qui lui déplaisait. . .

Quand le roi approcha de la ville de Péronne, le duc alla au-devant de lui, bien accompagné. Il le mena dans la ville et le logea chez le receveur des finances qui avait une belle maison près du château, car le logis du château ne valait rien et il était petit.

Il est aisé de commencer la guerre entre deux grands princes, mais il est très difficile de l'apaiser, à cause des incidents qui surviennent et qui en dé-pendent, car de chaque côté, pour atteindre son en-nemi, on prend maintes mesures hâtives qu'on ne peut corriger assez vite. C'est ce qu'avaient fait ces deux princes qui avaient décidé si rapidement cette entrevue, sans avertir leurs gens, qui étaient au loin et qui accomplissaient de tous les côtés les mis-sions que leurs maîtres leur avaient confiées.

[*Le duc de Bourgogne n'a pu arrêter à temps l'armée mobilisée contre le roi, et le roi n'a pu rap-peler des agents envoyés à Liège pour y fomenter une révolte.*]

C'est une grande folie pour un prince de se met-tre au pouvoir d'un autre, spécialement quand ils sont en guerre, et pour les princes c'est un grand avantage d'avoir lu dans leur jeunesse des histoires où l'on parle longuement des grandes fraudes, tromperies et parjures que certains anciens ont com-mis les uns envers les autres en prenant et en tuant ceux qui s'étaient fiés à de telles sûretés. Je ne dis pas que tous l'aient fait, mais l'exemple d'un seul suffit à en rendre sages plusieurs et à leur donner l'idée de se garder.

Et (d'après ce que j'ai vu, par expérience du monde où j'ai vécu dans l'entourage des princes pendant plus de dix-huit ans, ayant claire connais-sance des plus grandes et secrètes affaires qui aient été traitées dans ce royaume de France et seigneu-ries voisines), il me semble que l'un des grands moyens de rendre un homme sage est de lui faire lire les histoires anciennes et de lui apprendre à se conduire, à se garder et à agir avec prudence, grâce aux histoires et aux exemples de nos prédécesseurs. Car notre vie est si brève qu'elle ne suffit pas à don-ner l'expérience de tant de choses.

Ajoutez que la vie des hommes est plus courte qu'autrefois, que les corps sont moins vigoureux; de plus, nous avons moins de confiance et de loyauté les uns envers les autres. Et je ne saurais dire par quel lien on pourrait s'assurer les uns des autres, et spécialement quand il s'agit des grands qui sont as-sez enclins à faire leur volonté sans s'arrêter à d'au-tre raison. Le pire, c'est qu'ils sont le plus souvent entourés de gens qui n'ont l'œil à autre chose qu'à plaire à leurs maîtres et à louer tout ce qu'ils font, bon ou mauvais. Et s'il y en a un qui veuille faire mieux que les autres, tout se trouvera brouillé.

Je ne puis même pas me retenir de blâmer les seigneurs ignorants. Autour de tous ces seigneurs, se rencontrent volontiers clercs et gens de robe longue,[6] ce qui est normal, et c'est très bien quand ils sont bons, mais bien dangereux dans l'autre cas. A tout propos, ils ont une loi au bec ou une histoire et la meilleure viendrait mal à propos. Mais les sages, ceux qui ont lu, ne s'y laisseraient pas prendre et ces gens-là ne pourraient pas si facilement leur faire admettre des mensonges. Et croyez bien que Dieu n'a pas établi l'office de roi ni d'autre prince pour les confier à des bêtes ni à ceux qui se font gloire de dire: « je ne suis pas clerc, je laisse faire mon con-seil. Je me fie à lui. » Et puis, sans donner d'autre raison, ils s'en vont à leurs ébats. S'ils avaient été bien élevés dès leur jeunesse, leurs raisons seraient différentes et ils auraient envie d'être estimés pour leurs personnes et pour leurs vertus.

Je ne veux pas dire que tous les princes se servent de gens de mauvais génie; mais la plupart de ceux que j'ai connus ne s'en sont pas toujours privés. En cas de nécessité, j'ai vu que les sages ont bien su utiliser les plus remarquables et les chercher sans rien épargner.

Et parmi tous les princes que j'ai connus, le roi notre maître est celui qui a su le mieux honorer et estimer les gens de bien et de valeur. Il était assez lettré. Il aimait à s'enquérir de tout et à tout en-tendre et il avait le sens naturel parfaitement déve-

[6] ecclésiastiques ou avocats

loppé, ce qui vaut mieux que toutes les sciences qu'on peut apprendre dans ce monde. Et tous les livres qu'on a écrits ne serviraient à rien, si ce n'était à remettre en mémoire les choses passées. En effet, on voit dans un seul livre, en un mois, plus que n'en sauraient voir de leurs yeux ou connaître par expérience vingt personnes vivant les unes après les autres.

Ainsi donc il me semble que Dieu ne peut envoyer plus grande plaie à un pays qu'un prince peu entendu. Car de là viennent tous les autres maux. D'abord la division et la guerre, car celui-là laisse toujours son autorité aux mains d'un autre, alors qu'il devrait vouloir la garder plus que tout autre chose. Et de cette division procèdent les famines et les épidémies et les autres maux dont la guerre est cause. Or, pensez quelle douleur peuvent ressentir les sujets d'un prince en voyant que ses enfants sont mal élevés et confiés à des gens de mauvais génie.

(*Mémoires*)

Le Seizième Siècle

DATES HISTORIQUES

1515 FRANÇOIS Iᵉʳ 1547
1515: Victoire de Marignan
1541–64: CALVIN à Genève
1545–53: Le Concile de Trente
1547–59: HENRI II
1560: Conjuration D'AMBOISE
1560–74: CHARLES IX
1562 Guerres de religion 1598
Massacre de la Saint-Barthélemy: 1572
1574–89: HENRI III
HENRI IV 1589–1610
Entrée de HENRI IV à Paris: 1593
Édit de Nantes: 1598

DATES LITTÉRAIRES

1494 ——————— RABELAIS ——————— 1553
1533: *Pantagruel*
1534: *Gargantua*
1546: *Tiers Livre*
1552: *Quart Livre*
1496 —— CLÉMENT MAROT —— 1544
1526–38: *Épîtres et Poésies*
1509 ——————— CALVIN ——————— 1564
1536: *Institution Chrétienne* (éd. française: 1541)
1522 JOACHIM DU BELLAY 1560
1549: *L'Olive*
Défense et illustration
1558: *Les Antiquités de Rome*
Les Regrets
1524 ——————— RONSARD ——————— 1585
1550–53: *Les Odes*
Les Amours: 1552 (*à Cassandre*)
1557 (*à Marie*)
1574 (*à Hélène*)
1554: *Hymnes*
1560–63: *Discours*
1533 ——————— MONTAIGNE ——————— 1592
Essais (I–II): 1580
Essais (I, II, III):1588
*La Satire Ménippée:*1594
1552 —— AGRIPPA D'AUBIGNÉ —— 1630
*Les Tragiques:*1616

I. Vue générale

LE SEIZIÈME SIÈCLE s'étend en littérature française de la première guerre d'Italie (1494) à la mort d'Henri IV (1610).

On l'appelle aussi Renaissance et ce fut une renaissance en effet, parce que les lettres et les arts, dès le début de ce siècle, sortirent de la stérilité dont Villon et Commynes, ces isolés, et même les succès du théâtre, n'avaient pu sauver le quinzième finissant. Le Moyen Âge avait évidemment perdu toute fécondité. Aussi l'art et la pensée, favorisés par des circonstances nouvelles, prirent-ils vraiment un air de résurrection.

Une résurrection avait déjà eu lieu en Italie, grâce aux princes mécènes de ce pays (les Médicis, les Sforza, les Gonzague, etc.), à ses bourgeois et artisans prospères dans leurs corporations (la plupart nés artistes), aux chefs-d'œuvre hérités directement de l'antiquité, à ceux qu'avaient apportés les savants de l'Empire byzantin en fuite devant les Turcs envahisseurs. C'est de ce musée, de cette bibliothèque vivante, de ce merveilleux palais de la beauté et du savoir que les Français envahisseurs de l'Italie s'enchantèrent, eux qui arrivaient du triste royaume légué par le sombre Louis XI à Charles VIII. Ils furent éblouis par le ciel et les villes, par la nature et les trésors des cités, et ils rapportèrent en France avec enthousiasme, non seulement objets d'art, meubles, tableaux, livres, mais le souvenir de fêtes somptueuses et d'allègres jouissances, sur lesquelles avaient flotté les drapeaux de Fornoue et de Marignan.

L'enivrement national qui en est résulté a pris plusieurs aspects.

Une monarchie soucieuse de prestige, surtout celle de François Iᵉʳ, et la noblesse qui lui faisait cortège se sont mises à vivre dans le faste. Au « blanc manteau » des églises du Moyen Âge succéda la parure de châteaux qui a fait de la vallée de la Loire une vallée royale, puis est remontée à travers bois et forêts jusqu'à Paris. Ce furent Chambord, Fontainebleau, le Louvre, combien d'autres! Dans ce cadre féérique, princes et princesses chassaient, se promenaient, dansaient, multipliaient les plaisirs, s'entouraient d'érudits et d'artistes. Un prodigieux amour de la vie avait explosé, gagnant le peuple lui-même qui retrouvait une vie facile à l'aide de l'agriculture prospère et du commerce actif, avec la fierté de ses foires illustres et de ses ports.

Un autre aspect de la Renaissance française fut un véritable tumulte spirituel, celui de l'étude et de la connaissance. L'imprimerie inventée au milieu de l'autre siècle et qui avait tant servi l'expansion des auteurs anciens en Italie, vulgarisait leur découverte en France. D'autre part, à l'Université de Paris, le

Collège de France fondé par François Ier disputait à la Sorbonne le haut enseignement, arrachait donc au joug scolastique et à l'utilisation théologique les textes latins, grecs, hébreux, les rendant ainsi à leur mission humaine. Ce bonheur de lecture désintéressée, cet entrain à explorer l'univers savant ont pénétré et emporté érudits, moralistes, conteurs, poètes, rois eux-mêmes, et reines. François Ier, entre ses guerres et ses plaisirs, se fait lire des traductions d'auteurs grecs, et sa sœur, Marguerite d'Angoulême, dans la litière qui la transporte de l'une à l'autre de ses résidences, poursuit l'étude des langues anciennes et étrangères, écrit ses nouvelles et ses poèmes. Dans tout le royaume, on publie des textes, on les traduit, on les commente; les Budé, les Dorat, les Estienne y mettent leur ingéniosité tenace; Amyot, tranducteur de Plutarque, y consacre son génie.

Voilà l'humanisme. Renaissance et humanisme sont inséparables. Le chevalier du siècle c'est l'humaniste.

Cette chevalerie nouvelle a brillé tout particulièrement chez les poètes, dans leur lyrisme savant, dans leur création d'un haut langage français, dans cette extraordinaire entreprise de poésie aristocratique et princière qu'a été la Pléiade. Clément Marot montrait un chemin agréable, mais son spirituel badinage était trop familier, trop bonhomme, pour rivaliser avec la noblesse des aïeux antiques qui obsédait les imaginations, avec l'élégant platonisme de la grande sœur italienne que représentait déjà en France l'école lyonnaise de Maurice Scève, de Louise Labbé, d'Antoine Héroët. C'est ceux-ci que les poètes nouveaux eurent l'ambition de suivre, en vue de s'élever plus haut qu'eux triomphalement dans les régions d'Homère et de Pindare. On rêvait d'azur et la Pléiade est le nom d'une constellation dont les sept étoiles ont eu pour doubles sur la terre de France Ronsard, du Bellay, Baïf, Rémy Belleau, Pontus de Thyard, Jodelle et Dorat. La Pléiade a sauvé le grand art.

Tout d'abord, elle a établi contre les idolâtres du latin la nécessité d'écrire en français, puis elle a exhorté les écrivains à étoffer la langue par divers moyens, enfin à enrichir et ennoblir la littérature par l'imitation des grands genres antiques, ode, épopée, tragédie, et d'un genre italien, le sonnet. Tel fut le programme de son manifeste, *Défense et illustration de la langue française*. Elle s'efforça de l'exécuter. Était-il trop ambitieux? Viser très haut avait été nécessaire et si, malgré quelques belles Odes, quelques beaux Hymnes et quelques beaux Discours, c'est dans des genres plus modestes, l'odelette, le sonnet et la tendre élégie, que la Pléiade a réussi à exprimer les grands thèmes, amour, pensée de la mort, émotion devant la nature, dévouement à la patrie, elle le doit à son âme de conquérante, à son départ en fanfare.

Alors que ces poètes rompaient définitivement avec le Moyen Âge, beaucoup de leurs aînés immédiats y restaient attachés par quelque endroit. On a continué pendant cinquante ans d'assister aux représentations des *Mystères* et, après que les « Confrères de la Passion » se furent vus interdits, à celles des farces qui monopolisaient l'Hôtel de Bourgogne, seule salle de spectacle disponible. On

laissa donc par force aux collèges et aux châteaux qui leur donnaient asile les tragédies et comédies humanistes de Jodelle, de Garnier, de Montchrestien, de Larivey, d'ailleurs trop étroitement imitées de l'antiquité gréco-latine pour rassembler un vaste public.

Et c'est encore le Moyen Âge qui venait dans la grande farce épique de Rabelais agiter des géants allégoriques comme marionnettes de Guignol et barbouiller de grosse et grasse verve moines, juges, docteurs. Néanmoins l'obéissance à la nature dans l'œuvre de Rabelais se rattache moins à la doctrine de Jean de Meung qu'à l'invitation des temps nouveaux à goûter joyeusement toutes les formes de la vie. Et puis, la raison, l'expérience y remplacent la foi. Enfin Rabelais masque sous ses « moqueries, folâtreries et menteries joyeuses » toute une existence d'étude, un besoin de connaissances encyclopédiques, une libération de l'esprit par l'instruction en même temps que du corps par les sports.

Bien entendu, d'autres que le pantagruélique conteur ont ravi le seizième siècle de bonnes et très libres histoires: Bonaventure des Périers et son pamphlet, Noël du Fail et ses facéties, Béroalde de Verville et ses licencieux récits, surtout Marguerite d'Angoulême et son *Heptaméron*. Tous, ils mêlèrent à un prolongement des fabliaux et des romans courtois l'esprit naturaliste et raisonnable de leur temps. Tous, ils furent, comme Rabelais, à la fois de traditionnels gaulois et d'authentiques renaissants.

L'Église, avec tout cela, restait puissante. Cependant quelque chose dans la Renaissance lui était contraire et la menaça sur deux fronts. D'une part, son autorité avait à se méfier du retour à la nature et à la liberté de penser; d'autre part, elle redouta l'hérésie. Car l'étude rationnelle des textes devait nécessairement conduire au libre examen et conduisit en effet bien des humanistes à rejoindre Luther. Maintes traductions de la Bible et des Psaumes en français accentuèrent le mouvement. Ainsi la Renaissance a ouvert à la Réforme les portes du vieux pays catholique. Mais quel choc en retour retentit bientôt! La foi pessimiste des réformés (appelés aussi protestants et huguenots) pouvait-elle admettre les joies, les plaisirs, le paganisme de la Renaissance? Évidemment non. Contre Ronsard aussi bien que face à Rabelais, on vit se dresser Calvin.

Et toute une autre production alors se déclencha, qui fit entrer la théologie dans la littérature: Calvin est un grand écrivain, le premier à avoir fait porter des idées et des raisonnements à la langue française. Ses compagnons de lutte, Théodore de Bèze, Guillaume Farel, Pierre Viret, ne se sont connu aucun égal parmi les théologiens catholiques que le Concile de Trente n'inspira guère: François de Sales n'allait apparaître qu'aux confins du siècle suivant. En attendant, Calvin anathématisa solennellement en 1550 la Renaissance, au nom de tout ce que Rabelais appelle antiphysie. Tous les esprits s'enflammèrent, la poésie elle-même s'engagea; Ronsard, entraîné dans l'arène, se battit à coups de beaux vers du côté catholique, mais pour défendre l'unité nationale que déchiraient les luttes religieuses.

On en vint à la guerre civile. On tua, on pilla, on pendit. Saint-Barthélemy:

ce nom sinistrement historique couvre tant de crimes! La France s'ouvrait le ventre. . . Quelques années plus tard Agrippa d'Aubigné, fanatique de la Réforme, conquit un royaume à la poésie de haute satire politique. Blessé au combat, il dictait dans son lit les *Tragiques,* ces *Châtiments* du seizième siècle aux images sanglantes. Comment un autre poète protestant, Du Bartas, a-t-il pu s'élever avec sérénité au-dessus des fureurs sectaires? Il trouva, lui, une tour d'ivoire dans la Bible, elle l'a rempli de son inspiration pour chanter la création du monde: ce fut *La Semaine,* qu'ont imitée Le Tasse, Milton, Byron.

Un homme, dans ces années de haine, d'assassinats et de massacres, avait défendu et sauvé la paix de son esprit et par là contribué à préparer la paix du royaume qu'allait enfin rétablir Henri IV sur les bases de l'Édit de Nantes: Michel Eyquem, seigneur de Montaigne. Si l'on compare le seizième siècle à une ellipse, Rabelais et Montaigne en sont les deux foyers. Mais Montaigne, plus encore que Rabelais, prouve que la Renaissance a été œuvre de réflexion au moins autant qu'œuvre d'art. Il semble que toute la pensée du siècle, la pensée des savants (Bernard Palissy, Ambroise Paré, Olivier de Serres), la pensée militaire de Montluc et de Brantôme, la pensée politique (*Le Contr'un* de la Boétie, *La République* de Jean Bodin, la *Satire Ménippée*) aboutissent aux *Essais.* Elles y rejoignent celle de la Grèce et de Rome. De cet amalgame gigantesque le moraliste français, éminent successeur des Anciens, a dégagé une sagesse originale, entièrement laïque quoique respectueuse des croyances, un large et souple positivisme plutôt qu'un scepticisme, un art de vivre qui vaut pour toujours.

Par ses tours pittoresques et son abondance d'ensorceleuses métaphores, Montaigne a fait faire un magnifique progrès à la prose française, de concert avec la richesse tumultueuse de Rabelais et la sobre vigueur de Calvin, tandis que dans les vers, le progrès formel s'affirmait par la création de nouveaux mètres et la rénovation de mètres existants, le perfectionnement de l'alexandrin, le souci dominant du rythme.

Cet effort de style a entraîné et poussé les écrivains de la Renaissance à s'émanciper dans une assez large mesure de l'influence antique et de l'influence italienne sous lesquelles elle était née. Et puis, le miracle de l'individu s'est réalisé une fois de plus. Les grandeurs et les charmes de Ronsard et de Joachim du Bellay, les colères sublimes d'Agrippa d'Aubigné, les succulences narratives et intellectuelles de Rabelais, l'humanisme universel de Montaigne assurent l'originalité de leur siècle.

NOTA: Il est difficile de lire aujourd'hui les prosateurs du seizième siècle dans la langue de l'époque qui n'avait pas encore achevé sa formation. Nous en avons donc facilité la lecture en modernisant leur expression.

Quant aux poètes, nous donnons leurs textes sans changement comme nous avons fait pour Charles d'Orléans et Villon. Et l'occasion est bonne pour remarquer que la langue poétique a toujours été en avance sur la prose.

Portrait de François I^{er} par Jeannet Clouet (vers 1425–1541). Musée du Louvre. (Photo Viollet)

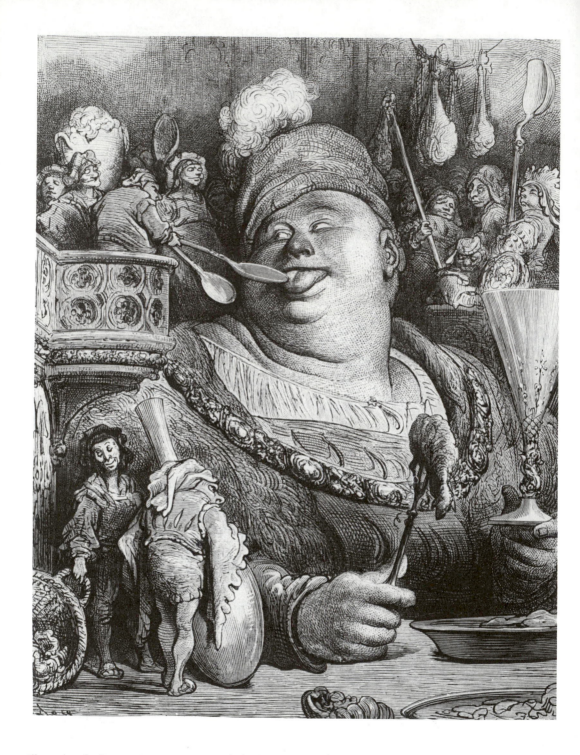

Illustration de Gargantua par Gustave Doré. (Collection Viollet)

II. Rabelais (1494–1553)

RABELAIS NAQUIT à Chinon, en Touraine. Il fut moine, puis simple prêtre séculier, médecin et érudit. Il vécut à Montpellier, où il étudia la médecine, à Lyon, à Metz et à Paris. En 1533, 1536 et 1538 il voyagea en Italie comme médecin du cardinal Jean du Bellay.

Ami d'Étienne Dolet, Rabelais fut en relations avec Erasme et Budé. Il eut des protecteurs puissants. Ayant eu à redouter plusieurs fois la persécution religieuse, il se montra toujours prudent et avisé. Il vécut en homme réfléchi, laborieux, en assez gai compagnon mais nullement épicurien et buveur comme le représente la légende.

Rabelais a conçu la Renaissance comme un réveil du naturalisme antique, un affranchissement des contraintes, un essor de l'esprit encyclopédique, un épanouissement de l'homme réconcilié avec la nature.

C'est à Lyon que Rabelais publia les *Chroniques de Gargantua* (1532). En 1533, il publia *Pantagruel;* en 1534 *Gargantua;* en 1546 le *Tiers livre* et en 1552 le *Quart livre.* Le *Cinquième livre,* rédigé peut-être d'après ses notes, n'est pas de lui.

L'histoire de ces deux géants Gargantua et Pantagruel est un tissu de drôleries, de farces, et d'énormités, mais tout cela dissimule une philosophie. Rabelais condamne tout ce qui paraît contrarier la nature et la raison. Il réhabilite tout ce que le Moyen Âge avait maudit, avait tenu sous le joug: le plaisir de la vie, les joies de l'esprit, le déploiement des facultés et des instincts. De là son système pédagogique exposé dans « L'Institution de Gargantua » (dans *Gargantua*) et la « Lettre de Gargantua à son fils Pantagruel », étudiant à Paris (dans *Pantagruel*).

Tout pénétré de l'enthousiasme de la Renaissance pour le savoir, Rabelais veut que les jeunes hommes soient des « abîmes des science ». Il établit pour la jeunesse étudiante un programme d'études qui est encyclopédique. Il pense, toutefois, que le savoir ne convient qu'à un esprit apparié à une âme vertueuse, aussi couronne-t-il de religion sa doctrine. L'élève de Rabelais devra aimer et servir son Dieu, fuir les vices du monde, choisir ses fréquentations, et pratiquer la charité. Cette pédagogie répond à un noble idéal: faire des hommes sains, savants et sages.[1]

[1] tels les hommes que Rabelais met en scène dans le chapitre de « L'Abbaye de Thélème » où la doctrine a son symbole vivant

L'Éducation de Gargantua

[*Gargantua, fils de Grandgousier et futur père de Pantagruel, est un géant non seulement par la taille mais aussi par la largeur de l'esprit et du cœur. Ses premiers précepteurs ont été des docteurs en théologie scolastique qui lui faisaient apprendre par cœur les manuels moyenâgeux et autres livres dont Rabelais s'est moqué dans son catalogue de la Bibliotèque de Saint Victor au chapitre VIII du Livre II.*

En plus, Gargantua menait une vie sans hygiène et sans aucun exercice du corps, se levant tard, mangeant et buvant à toutes les heures de la journée car:

Lever matin n'est point bonheur
Boire matin est le meilleur.

Ponocrates, son gouverneur, décide de le tirer de cette vie vicieuse et de lui donner d'autres maîtres. Avec eux, c'est la Renaissance qui entre dans la maison.]

... Gargantua s'éveillait donc environ vers quatre heures du matin.[1] Pendant qu'on le frottait,[2] on lui lisait une page de la divine Écriture, hautement et clairement, avec la prononciation convenant à la matière et à cela était assigné un jeune natif de Basché[3] nommé Anagnostes.[4] Selon le propos et argument de cette lecture, il s'adonnait maintes fois à révérer, adorer, prier et supplier le bon Dieu, duquel la lecture montrait la majesté et le merveilleux jugement.

Puis, il allait en lieux secrets faire excrétion des digestions naturelles. Là, son précepteur lui répétait ce qui avait été lu, lui exposant les points les plus obscurs et les plus difficiles.

En retournant, ils considéraient l'état du ciel, s'il était tel qu'ils l'avaient noté le soir précédent, et en quels signes entrait le soleil, ainsi que la lune, pour cette journée.

Cela fait, il était habillé, peigné, coiffé, accoûtré, et parfumé, et pendant ce temps on lui répétait les leçons du jour d'avant. Lui-même les récitait par cœur et y mêlait quelques cas pratiques concernant l'état humain, qu'ils étendaient quelquefois jusqu'à deux ou trois heures, mais qu'ordinairement ils cessaient quand il était tout habillé.

Puis, on lui faisait la lecture pendant trois bonnes heures.

Cela fait, ils sortaient, conférant toujours des propos de la lecture, et se divertissaient en Bracque,[5] ou dans les prés, et jouaient à la balle, à la paume, à la balle en trigone,[6] s'exerçant vaillamment le corps comme ils avaient auparavant exercé leurs âmes.

Tout leur jeu n'était qu'en liberté, car ils laissaient la partie quand il leur plaisait, et cessaient ordinairement lorsqu'ils suaient par le corps ou étaient las autrement. Ils étaient alors très bien essuyés et frottés, changeaient de chemise, et se promenant doucement ils allaient voir si le dîner était prêt. Là, en attendant, ils récitaient clairement et éloquemment quelques sentences retenus de la leçon.

Cependant, Monsieur l'Appétit venait, et, par bonne opportunité, ils s'asseyaient à table. Au commencement du repas était lue quelque histoire plaisante des anciennes prouesses, jusqu'à ce qu'il eût pris son vin. Lors, si bon semblait, on continuait la lecture ou ils commençaient à deviser joyeusement ensemble, parlant ensemble, pour les premiers mois, de la vertu, propriété, efficacité et nature de tout ce qui leur était servi: du pain, du vin, de l'eau, du sel, des viandes, poissons, fruits, herbes, racines et de l'apprêt de celles-ci. Ce que faisant il apprit en peu de temps tous les passages s'y rapportant dans Pline, Athénée, Dioscoride, Julius

[1] heure normale alors pour les travailleurs
[2] l'essuyait sans le laver
[3] village près de Chinon
[4] «le lecteur», en grec
[5] célèbre jeu de paume
[6] à trois joueurs placés en triangle

Pollux, Galen, Porphyre, Oppien, Polybe, Hélio-
dore, Aristote, Aelien et autres.[7] Ces propos tenus,
ils faisaient souvent, pour être plus assurés, apporter
les livres susdits à table. Là, il retint si bien et
entièrement en sa mémoire les choses dites que,
pour lors, il n'était médecin qui en sût la moitié
autant qu'il faisait.

Après, ils devisaient des leçons lues au matin, et,
parachevant leur repas par quelque confiture de
coing, ils s'écuraient les dents avec un tronc de
lentisque, se lavaient les mains et les yeux de belle
eau fraîche et rendaient grâces à Dieu par quelques
beaux cantiques faits à la louange de la munificence
et bénignité divine. Cela fait, on apportait des
cartes, non pour jouer, mais pour y apprendre mille
petites gentillesses et inventions nouvelles, lesquelles
sortaient toutes d'arithmétique.

Par ce moyen, il entra en affection de cette
science numérale, et, tous les jours, après dîner
et souper, il y passait son temps aussi plaisamment
qu'il en prenait aux dés ou aux cartes. Par la suite,
il sut de cette science en théorie et en pratique si
bien que Tunstal,[8] Anglais qui en avait amplement
écrit, confessa que vraiment, en comparaison de lui,
il n'y entendait que du haut allemand.

Et non seulement celle-ci, mais les autres sciences
mathématiques, comme géométrie, astronomie et
musique; car, en attendant la concoction et la diges-
tion de son repas, ils faisaient mille joyeux instru-
ments et figures géométriques, et de même
pratiquaient les canons astronomiques.

Après ils s'ébaudissaient à chanter musicalement
à cinq et six parties, ou sur un thème, à plaisir de
gorge.

En ce qui regarde les instruments de musique,
il apprit à jouer du luth, de l'épinette,[9] de la harpe,
de la flûte d'Allemand et à neuf trous, de la viole[10]
et de la sacqueboutte.[11]

Cette heure ainsi employée, la digestion para-
chevée, il se purgeait des excréments naturels, puis
se remettait à son étude principale pendant trois
heures ou davantage, tant à répéter la lecture
matinale qu'à poursuivre le livre entrepris qu'aussi
à écrire et à bien tracer et former les anciennes
lettres romaines.

Cela fait, ils sortaient de leur hôtel avec un
jeune gentilhomme de Touraine nommé l'écuyer
Gymnaste, lequel lui montrait l'art de chevalerie.

Changeant donc de vêtements, il montait sur
un coursier,[12] sur un roussin,[13] sur un genet,[14] sur
un cheval barbe,[15] sur un cheval léger, et lui don-
nait cent carrières,[16] le faisait voltiger en l'air,
franchir le fossé, sauter la palissade, tourner court
en un cercle, tant à droite comme à gauche. Là il
rompait, non la lance, car c'est la plus grande
rêverie du monde de dire: «J'ai rompu dix lances
en tournoi ou en bataille»—un charpentier le ferait
bien—, mais c'est louable gloire d'avoir rompu
d'une lance dix de ses ennemis. De sa lance aciérée,
solide et raide, il rompait une porte, enfonçait une
armure, renversait un arbre, enfilait un anneau,
enlevait une selle d'armes, un haubert,[17] un gan-
telet. Il faisait le tout armé de pied en cap.

Quant à faire exécuter des exercices à la voix et
faire les petits appels de la langue sur un cheval,
nul ne le fit mieux que lui. Le voltigeur de
Ferrare[18] n'était qu'un singe en comparaison.
Notamment il avait appris à sauter hâtivement
d'un cheval sur l'autre, sans toucher terre, —et l'on
nommait ces chevaux désultoires,[19] —et, à monter
de chaque côté, la lance au poing, sans étriers et
à guider le cheval sans bride à son plaisir, car telles
choses servent à la discipline militaire.

Un autre jour, il s'exerçait à la hache, laquelle

[7] Pline l'Ancien, naturaliste romain, auteur d'une *Histoire
naturelle*; Athéneus, compilateur grec; Dioscoride, médecin
grec du 1er siècle après J.-C.; Julius Pollux, grammairien
du 1er siècle après J.-C.; Galiénus, après Hippocrate, la plus
grande autorité médicale grecque; Porphyrius, philosophe
grec; Oppianus, poète gréco-sicilien de la chasse et la pêche;
Polybe, historien grec; Héliodoros, évêque grec, auteur du
roman *Les Amours de Théagène et Clariclée*; Aristote,
philosophe grec; Aelien, rhéteur grec.
[8] Tunstal, évêque de Durham, secrétaire de Henri VIII,
auteur d'un traité d'arithmétique
[9] instrument à clavier

[10] sorte de violon
[11] trombone
[12] cheval de bataille
[13] cheval grand et fort
[14] cheval de petite taille, d'origine espagnole
[15] cheval arabe
[16] courses
[17] lourde cotte de mailles
[18] Cesare Fieschi de Ferrare, célèbre écuyer du temps
[19] voltigeurs

tant bien il coulait,[20] tant vertement il resserait de tous coups de pointe, tant souplement abattait d'un coup de taille en cercle, qu'il fût passé chevalier d'armes en campagne et en tous essais.

Puis il brandissait la pique, saquait de l'épée à deux mains,[21] de l'épé batarde,[22] de la dague et du poignard, armé, non armé, au bouclier, à la cape,[23] à la rondelle.[24]

Il courait le cerf, le chevreuil, l'ours, le daim, le sanglier, le lièvre, la perdrix, le faisan, l'outarde. Il jouait à la grosse balle, et la faisait bondir en l'air, autant du pied que du poing. Il luttait, courait, sautait, non à trois pas un saut, non à cloche-pied, non au saut d'Allemand,—car, disait Gymnaste, tels sauts sont inutiles, et de nul bien en guerre,—mais d'un saut perçait un fossé, volait sur une haie, montait six pas contre une muraille, et rampait de cette façon à une fenêtre de la hauteur d'une lance.

Il nageait dans l'eau profonde, à l'endroit, à l'envers, de côté, de tout le corps, des seuls pieds, une main en l'air, dans laquelle tenant un livre il traversait toute la rivière de Seine sans le mouiller, et en tirant par les dents son manteau comme faisait Jules César. Puis d'une main, il entrait par force dans un bateau, de celui-ci se jetait derechef dans l'eau la tête première; il sondait le fond, creusait les rochers, plongeait dans les abîmes et les gouffres. Puis il tournait le bateau, le gouvernail, le menait hâtivement, lentement, à fil d'eau, contre le courant, le retenait en pleine écluse, le guidait d'une main, s'escrimait de l'autre avec un grand aviron, tendait la voile, montait au mât par les cordages, courait sur les vergues, ajustait la boussole, mettait les armures à contre-vent, bandait le gouvernail.

Sortant de l'eau, il montait raidement le long de la montagne et dévalait aussi franchement; il grimpait aux arbres comme un chat, sautait de l'un sur l'autre comme un écureuil, abattait les gros rameaux comme un autre Milon,[25] avec deux poignards acérés et deux poinçons éprouvés, il montait au haut d'une maison comme un rat, puis descendait du haut en bas en telle position des membres qu'il n'en était nullement blessé par la chute.

Il jetait le dard, la barre, la pierre, la javeline, l'épieu, la hallebarde, tirait à fond l'arc, bandait à ses reins les fortes arbalètes de passe,[26] visait de l'arquebuse à l'œil,[27] affûtait le canon, tirait à la butte, au papegai,[28] de haut en bas, devant, de côté, en arrière comme les Parthes.

On lui attachait un cable en quelque haute tour, pendant en terre; il y montait à deux mains, puis dévalait si raidement et si assurément que vous ne pourriez faire plus par un pré bien nivelé.

On lui mettait une grosse perche appuyée à deux arbres; il s'y pendait par les mains, et de celle-ci il allait et venait sans toucher des pieds à rien, qu'à grande course on ne l'eût pu atteindre.

Et, pour s'exercer le thorax et les poumons, il criait comme tous les diables. Je l'entendis une fois appelant Eudémon[29] depuis la porte Saint-Victor jusqu'à Montmartre.[30] Stentor[31] n'eut jamais telle voix à la bataille de Troie.

Et, pour se ragaillardir les nerfs, on lui avait fait deux gros saumons de plomb, chacun du poids de huit mille sept cents quintaux, qu'il nommait haltères. Il les prenait de terre chaque matin, et les élevait en l'air au-dessus de la tête, et les tenait ainsi, sans remuer, trois quarts d'heure et davantage, ce qui était une force inimitable.

Il jouait aux barres avec les plus forts, et quand le point arrivait, il se tenait sur ses pieds tant raidement qu'il s'abandonnait aux plus aventureux pour voir s'ils le feraient mouvoir de sa place,

[20] coulait comme une épée à travers le corps
[21] épée propre à frapper d'estoc comme de taille
[22] rapière
[23] avec la cape roulée autour du bras gauche
[24] petit bouclier rond
[25] Milon, athlète du VIᵉ siècle avant J.-C. né à Crotone. Il était d'une force extraordinaire. D'après la légende, devenu vieux et voulant encore essayer ses forces, il tenta de forcer avec ses mains un arbre déjà entrouvert. Les deux parties du tronc se rejoignirent et le retinrent captif; les bêtes sauvages le dévorèrent.
[26] grosse arbalète de siège
[27] L'arquebuse était lourde et on la posait pour tirer sur une sorte de fourche. Gargantua l'épaulait comme une simple arbalète.
[28] un oiseau de bois pour le tir
[29] jeune compagnon de Gargantua
[30] Du quartier latin (où se trouvait la porte Saint-Victor) à Montmartre, soit à peu près quatre kilomètres à vol d'oiseau.
[31] héros grec de la guerre de Troie, doué d'une forte voix.

comme jadis Milon, à l'imitation duquel il tenait aussi une pomme de grenade en ses mains et la donnait à qui pourrait la lui ôter.

Le temps ainsi employé, frotté, nettoyé et ayant mis des habillements frais, il s'en retournait tout doucement et, passant par quelques prés ou autres lieux herbus, visitaient les arbres et les plantes, les comparant avec les livres des anciens qui en ont écrit, comme Théophraste, Dioscoride, Marinus, Pline, Nicandre Macer et Galien,[32] et ils en emportaient leurs pleines mains au logis, dont avait charge un jeune page nommé Rhizotome,[33] ainsi que des houes, des pioches, des serpettes, des bêches, des tranchoirs et autres intruments requis pour bien herboriser.

Arrivés au logis, cependant qu'on apprêtait le souper, ils répétaient quelques passages de ce qui avait été lu, et s'asseyaient à table.

Notez ici que son dîner était sobre et frugal, car il mangeait seulement pour refréner les abois de l'estomac; mais le souper était copieux et large, car il en prenait autant qu'il en avait besoin pour s'entretenir et se nourir, ce qui est le vrai régime prescrit par l'art de bonne et sûre médecine, quoiqu'un tas de badauds médecins, harcelés en l'officine des Arabes, conseillent le contraire.

Durant ce repas était continuée la leçon du dîner tant que bon lui semblait; le reste était consommé en bons propos, tous lettrés et utiles.

Après les grâces rendues, ils s'adonnaient à chanter musicalement, à jouer des instruments harmonieux, ou de ces petits passe-temps qu'on fait avec les cartes, avec les dés et gobelets, et ils demeuraient là, faisant grande chère et s'ébaudissant parfois jusqu'à l'heure de dormir; quelquefois ils allaient visiter les compagnies de gens lettrés ou de gens qui eussent vu des pays étrangers.

En pleine nuit, avant de se retirer, ils allaient du lieu de leur logis le plus découvert voir la face du ciel, et là ils notaient les comètes, si aucunes étaient, les figures, situations, aspects, oppositions et conjonctions des astres.

Puis, avec son précepteur, il récapitulait brièvement, à la mode des Pythagoriciens,[34] tout ce qu'il avait lu, vu, su, fait et entendu au cours de toute la journée.

Ainsi priaient-ils Dieu le créateur, en l'adorant et confirmant leur foi envers lui, et, le glorifiant de sa bonté immense et lui rendant grâce de tout le temps passé, se recommandant à sa divine clémence pour tout l'avenir.

Cela fait, ils entraient en leur repos.

(*Gargantua, chapitre* 23)

[32] Théophraste, philosophe grec, auteur de *Caractères* que La Bruyère a traduits; Marinus, savant italien contemporain de Rabelais; Nicander, médecin grec; Macer de Vérone, naturaliste latin.
[33] «coupe-racines», en grec

[34] disciples de Pythagore, philosophe et mathématicien grec (v. 580–v. 500) qui astreignait ses disciples à une vie austère.

L'Abbaye de Thélème

[*Gargantua, vainqueur de Picrochole dans une grande bataille, songe à récompenser ceux qui l'ont servi. Parmi ceux-ci se trouve un jeune moine, Frère Jean des Entommeures, qui demande à Gargantua de lui laisser fonder une abbaye de sa façon. Ce sera l'Abbaye de Thélème, Abbaye du Libre Vouloir.*

Rabelais, dans ce texte, par le moyen des contrastes, fait une âpre critique du Moyen Âge monastique. La joyeuse libération de la Renaissance l'a inspiré.]

Il ne restait à pourvoir que le moine Jean des Entommeures. Gargantua voulait le faire abbé de Seuillé; Frère Jean refusa. Gargantua voulut alors lui donner l'abbaye de Bourgueil ou celle de Saint-Florent,[1] celle qui lui conviendrait le mieux, ou toutes deux, s'il voulait. Mais le moine lui répondit

[1] deux riches abbayes bénédictines situées près de Saumur (ancienne province de l'Anjou, département actuel du Maine et Loire)

tout net qu'il ne voulait ni charge ni gouvernement de moines.

— Comment, dit-il, pourrais-je gouverner autrui, alors que je ne sais pas me gouverner moi-même? S'il vous semble qu'est agréable ce que j'ai fait et pourrai faire pour vous à l'avenir, accordez-moi de fonder une abbaye à mon gré.

La prière plut à Gargantua qui offrit tout son pays de Thélème, au bord de la Loire, à deux lieues de la grande forêt de Port-Huault.[2] Frère Jean demanda à Gargantua le droit de fonder sa religion contrairement à toutes les autres.

— D'abord, dit Gargantua, il n'y faudra pas bâtir de murailles tout autour, car toutes les autres abbayes sont solidement murées.

— En effet, dit le moine, et ce n'est pas sans cause: où il y a des murs, devant et derrière, il y a force murmure, envie et muette conspiration.

Parce que dans certains couvents de ce monde il est d'usage que, si une femme y pénètre (je veux parler des prudes et des pudiques), on nettoie la place par où elle a passé, il fut décidé que, dans celui-ci, si un religieux ou une religieuse y entrait par hasard, on nettoierait à fond tous les lieux par lesquels ils seraient passés. Et parce que dans la religion de ce monde tout est limité et réglé par heures, on décida que dans la nouvelle abbaye il n'y aurait ni horloge ni cadran, que tous les travaux seraient dispensés selon les occasions et opportunités.

— Car, disait Gargantua, on ne perd jamais plus son temps que lorsqu'on compte les heures. Quel bien en résulte-t-il? La plus grosse folie du monde est de se régler au son d'une cloche, et non à son bon sens et à sa raison.

Et parce qu'en ce temps les femmes n'entraient point en religion, sauf les borgnes, les boiteuses, les bossues, les laides, les contrefaites, les folles, les insensées, les disgraciées et les tarées; pas plus d'ailleurs que les hommes, si ce n'est les catarrheux, les mal nés, les niais ou ceux qui étaient chez eux un embarras. (« A propos, dit le moine, une femme qui n'est ni belle ni bonne, à quoi vaut toile?[3] — A mettre en religion, dit Gargantua. — Oui, dit le moine, et à faire des chemises! »), il fut décidé que

dans cette abbaye on ne recevrait les femmes que si elles étaient belles, bien faites et bien servies par la nature, et seulement les hommes beaux, bien faits et bien servis par la nature.

Parce que dans les couvents de femmes n'entraient point les hommes, si ce n'est en cachette et clandestinement, on décréta que dans celui-ci il n'y aurait pas de femmes s'il n'y avait déjà des hommes, et point d'hommes si des femmes ne s'y trouvaient pas.

Parce que, tant les hommes que les femmes, une fois admis en religion, après un an de noviciat, étaient forcés d'y demeurer toute leur vie, on décida que les hommes et les femmes, dans cette maison-ci, sortiraient quand bon leur semblerait, avec pleine et entière liberté.

Parce qu'ordinairement les religieux faisaient trois vœux: ceux de chasteté, de pauvreté et d'obédience, il fut décidé qu'ici on pourrait être marié, riche et vivre librement.

L'âge auquel on pouvait être admis était: pour les femmes, de dix à quinze ans; pour les hommes, de douze à dix-huit. . .

Le bâtiment fut hexagone: à chaque angle était bâtie une grosse tour ronde d'un diamètre de soixante pas. Elles étaient toutes égales en grosseur et l'architecture en était la même. . . Le tout était bâti à six étages; les caves comptaient pour un. . . Ce bâtiment était cent fois plus magnifique que ne l'est Bonnivet, Chambord ou Chantilly;[4] il y avait neuf mille trois cent trente deux chambres, avec chacune une arrière chambre, un cabinet, une garde-robe, une chapelle et une issue dans la grande salle. . .

De la tour Arctice jusqu'à la tour Crière, on trouvait de belles et grandes bibliothèques d'ouvrages latins et grecs, hébreux, français, toscans et espagnols, répartis, selon les langues, dans les divers étages.

Au milieu, on voyait un escalier merveilleux dont l'entrée se trouvait hors du logis, en un arceau large de six toises. Sa largeur était si grande que six hommes d'armes, la lance sur la cuisse, pouvaient, de front, monter jusqu'au haut du bâtiment.

On allait de la tour Anatole à la tour Mésembrine par de belles et grandes galeries ornées de peintures

[2] au sud de Langeais, entre la Loire et l'Indre
[3] *Toile* se prononçait *telle,* d'où le jeu de mots.

[4] châteaux de diverses régions

aux antiques prouesses, histoires et descriptions de la terre. Au milieu, il y avait également un escalier et une porte comme ceux placés du côté de la rivière. Sur cette porte était écrit ce qui suit en grosses lettres antiques:

Cy n'entrez pas, hypocrites, bigots,
Vieux magots, marmiteux boursouflés;
Cous tordus, badauds, plus que n'estoient les Gothz,
Ny Ostrogotz, précurseurs des magots:
Hères, cagotz, cafars chaussés de pantoufles
Gueux emmitouflés, moines moqués,
Bafoués, enflés, fagoteurs de querelles,
Allez ailleurs pour vendre vos abus. . .

Au milieu de la basse-cour était une fontaine magnifique de bel albâtre. Au-dessus se dressaient les trois Grâces avec des cornes d'abondance et jetant de l'eau par les seins, la bouche, les oreilles, les yeux, et autres ouvertures du corps. Le corps du logis sur ladite basse-cour était élevé sur de gros piliers de calcédoine [5] et de porphyre, formant de beaux arcs antiques. A l'intérieur s'allongeaient de belles galeries longues et larges, ornées de peintures, de cornes de cerfs, de licornes, de rhinocéros, d'hippopotames, de dents d'éléphants et autres choses remarquables.

Le logis des dames s'étendait depuis la tour Arctice jusqu'à la porte Mésembrine. Les hommes occupaient le reste. Devant ce logis et afin qu'elles pussent se divertir, se trouvaient, entre les deux premières tours du dehors, les lices,[6] l'hippodrome, le théâtre et les piscines avec des bains magnifiques à triple étage bien garnis de toutes sortes de meubles et d'eau de myrte à foison.

Au bord de la rivière était un beau jardin d'agrément, et au milieu de celui-ci un magnifique labyrinthe. Entre les deux autres tours étaient les jeux de paume et de grosse balle. Du côté de la tour Crière se trouvait le verger rempli de tous les arbres fruitiers, tous disposés en quinconce. Au bout, venait le grand parc foisonnant de gibier.

Entre les trois tours, on avait placé les buts pour le tir à l'arquebuse, à l'arc et à l'arbalète. La fauconnerie, dirigée par des fauconniers experts, était approvisionnée annuellement, par les Canadiens, les Vénitiens et les Sarmates, de toutes sortes d'oiseaux incomparables: aigles, gerfauts, autours, sacres, laniers, faucons, éperviers, émerillons et autres, si bien dressés et domestiqués, que, partant du château pour s'ébattre dans les champs, ils prenaient tout ce qu'ils rencontraient. La vénerie était un peu plus loin, en tirant vers le parc.

Toutes les salles, chambres et cabinets étaient tapissés différemment selon les saisons. Le plancher était recouvert de drap vert. Les lits étaient en broderie et dans chacune des arrière-chambres un miroir de cristal enchâssé d'or fin, garni de perles tout autour, pouvait refléter toute la personne.

A la sortie des salles du logis des dames se tenaient les parfumeurs et coiffeurs par les mains desquels passaient les hommes lorsqu'ils allaient en visite chez les dames. Ils fournissaient les chambres des dames, chaque matin, d'eau de rose, d'eau de nafé [7] et d'eau d'ange,[8] et donnaient à chacune la précieuse cassolette exhalant les parfums de toutes sortes de drogues aromatiques.

Au début de l'existence de l'abbaye, les dames s'habillaient selon leur plaisir et volonté. Puis, de leur propre gré, elles réformèrent leur tenue de la façon suivante:

Elles portèrent des culottes d'écarlate ou de migraine [9] qui descendaient jusqu'à trois doigts au-dessus du genou. Le bord en était fait de belle broderie. Les jarretières étaient de la couleur de leurs bracelets et enserraient le genou au-dessus et au-dessous. Les souliers, escarpins et pantoufles étaient en velours cramoisi ou violet et déchiquetés en barbe d'écrevisse.

Sur la chemise, elles portaient une belle veste de camelot [10] de soie et un jupon de taffetas blanc, rouge ou gris, qu'elles recouvraient d'une cotte de taffetas d'argent ornée de broderies d'or fin et d'aiguillettes tortillées, ou s'il leur semblait bon selon la température, de satin, de damas, de velours orangé, vert, cendré, bleu, jaune clair, rouge cramoisi, blanc, de drap d'or, de toile d'or et d'argent, de canetille,[11]

[5] agate de couleur bleue ou jaunâtre
[6] enceintes dans lesquelles avaient lieu tournois et joutes
[7] eau de fleurs d'orangers
[8] eau de myrrhe
[9] rouge sombre
[10] étoffe de poil ou de laine, souvent mêlée de soie
[11] ornement très fin d'or ou d'argent tortillé

de broderie. Selon la saison, les robes étaient de toile d'or à frisure d'argent, de satin rouge recouvert de canetille d'or, de taffetas blanc, bleu, noir, tanné, de serge, de soie, de camelot de soie, de velours ou de satin entremêlé de fils d'or en dessins divers. . . 5

Les hommes s'habillaient comme il leur plaisait. Leurs chausses étaient d'étamine ou de serge drapée, d'écarlate ou de migraine, en blanc ou en noir. Les haut-de-chausses, de velours de même couleur ou presque identique, brodés et déchiquetés à leur 10 goût. Le pourpoint était de drap d'or, d'argent, de velours, de satin, de damas, de taffetas déchiquetés, brodés et accoutrés sur un même modèle. Les aiguillettes étaient de soie, les ornements d'or bien émaillés.[12] 15

Les manteaux et robes d'apparat étaient faits de toile d'or, de drap d'argent, de velours mélangé à plaisir. Les robes étaient aussi précieuses que celles des dames. Les ceintures étaient de soie de la couleur du pourpoint: chacun portait au côté une belle 20 épée à la pointe dorée et dont le fourreau était de velours de la couleur des chausses et le bout d'or et d'orfèvrerie. Le poignard de même. Le bonnet de velours noir était garni de force bagues et boutons d'or avec la plume blanche au-dessus mignonne- 25 ment semée de paillettes d'or au bout desquelles pendaient en papillotes de beaux rubis, émeraudes, etc.

Il existait une telle sympathie entre les hommes et les femmes, que chaque jour ils étaient vêtus 30 d'une parure appareillée. Et pour n'y pas manquer, certains gentilshommes avaient l'ordre de dire aux hommes, chaque matin, quel costume les dames porteraient dans la journée. Car tout se pliait à la volonté des dames. 35

Ne croyez pas que ni elles ni eux perdissent leur temps à revêtir des vêtements si propres et des accoutrements si riches. Les maîtres des gardes-robes apprêtaient leurs habillements chaque matin et les femmes de chambre étaient si bien stylées qu'en un 40 moment les dames étaient prêtes et habillées de pied en cap. . .

Les Thélémites employaient tout leur temps non d'après des lois, statuts ou règles, mais selon leur volonté et leur libre arbitre. Ils se tiraient du lit quand bon leur semblait, buvaient, mangeaient, travaillaient, dormaient quand ils en éprouvaient le désir. Nul ne les éveillait, nul ne les forçait à boire ni à manger, ni à rien d'autre. Ainsi l'avait établi Gargantua. Dans leur règle, il n'y avait que cette clause: FAIS CE QUE VOUDRAS, parce que les gens libres, bien nés, bien instruits, conversant en honnêtes compagnies, ont, par nature, un instinct et un stimulant qui les pousse toujours à accomplir de vertueuses actions et à fuir le vice: c'est ce qu'ils nomment honneur.

Lorsque, par sujétion et contrainte, ils sont déprimés et asservis, ils détournent le noble sentiment par lequel ils tendaient franchement à la vertu pour enfreindre ou déposer ce joug de servitude. Car nous entreprenons toujours les choses défendues et convoitons ce qui nous est refusé.

Avec cette liberté, ils mirent une louable émulation à faire tous ce qu'ils voyaient plaire à un seul. Si l'un ou l'autre disait: « Buvons! » tous buvaient. Si l'un disait: « Jouons! » tous jouaient; « Allons nous divertir aux champs! » tous y allaient. Si c'était pour chasser, les dames, montées sur de belles juments dociles ou sur leur palefroi de guerre, portaient chacune sur le poing, mignonnement engantelé, un épervier, ou un laneret, ou un émerillon; [13] les hommes portaient d'autres oiseaux.

Ils étaient tous si noblement éduqués qu'il n'y avait parmi eux aucun ni aucune qui ne sût lire, écrire, chanter, jouer d'instruments harmonieux, parler cinq ou six langues et composer tant en vers qu'en prose.

Jamais on ne vit chevaliers aussi preux ni aussi galants, aussi adroits à pied et à cheval, aussi vifs, aussi remuants, maniant mieux le bâton que ceux qui étaient là.

Jamais on ne vit dames si propres, si mignonnes, si agréables, plus habiles aux travaux à l'aiguille et à tout acte féminin honnête et libre, que celles qui étaient à l'abbaye.

C'est pourquoi, quand un de ces religieux, à la requête de ses parents ou pour toute autre cause

voulait quitter l'abbaye, il emmenait avec lui une des dames, celle qui l'avait pris pour son chevalier servant, et ils se mariaient ensemble. Et s'ils avaient bien vécu à Thélème en dévotion et amitié, ils continuaient encore mieux dans le mariage et s'aimaient autant dans leurs derniers jours qu'aux premiers temps de leur union.

(*Gargantua, chapitre 57*)

Panurge se mariera-t-il?

[*Panurge, le compagnon fidèle de Pantagruel, a envie de se marier, mais il n'ose le faire sans avoir demandé conseil au géant.*]

—Seigneur, je vous supplie, au nom de l'affection 5 que vous m'accordez depuis si longtemps, de me dire votre avis sur ma résolution qui est de me marier.

—Vous en avez une bonne fois jeté le dé, n'est-ce pas?[1] Alors ne m'en parlez plus. Il ne reste qu'à 10 mettre le dessein à exécution.

—Oui, dit Panurge, mais je ne voudrais le faire sans me munir de vos bons avis.

—Je suis d'avis que vous vous mariez, répondit Pantagruel, et je vous le conseille. 15

—Mais si vous pensiez qu'il serait meilleur pour moi de demeurer dans mon état, je préférerais ne pas me marier.

—Alors ne vous mariez pas, dit Pantagruel.

—Voudriez-vous donc, reprit Panurge, me voir 20 rester seulet toute ma vie, sans compagnie d'épouse? vous savez ce qui est écrit: *væ soli.*[2] L'homme seul ne jouit jamais des satisfactions que connaissent les gens mariés.

—Mariez-vous donc. 25

—Mais si ma femme me faisait cocu, comme vous savez qu'il y en a tant à le faire, continua Panurge, il y aurait de quoi me faire sortir des gonds de ma patience. J'aime bien les cocus, ils me semblent honnêtes gens et je les fréquente volon- 30 tiers, mais je préférerais mourir que d'être comme eux. Ce point-là me démange.

—Ne vous mariez donc point, réplique Panta-

gruel, car Sénèque[3] a dit vrai, et sa sentence ne souffre pas d'exception: «Ce qu'à autrui tu auras fait, autrui te le fera certainement.»

—Pas d'exception? demanda Panurge.

—Pas d'exception, a-t-il dit.

—Oh! oh! fit Panurge, de par le diable! Sénèque entend-il que cela arrive dans ce monde ou dans l'autre? En tout cas, puisque de femme je ne puis me passer plus qu'un aveugle de son bâton (car il faut que le virolet[4] fonctionne, autrement je ne saurais vivre), n'est-ce pas mieux de m'associer à quelque honnête et prude femme que de changer journellement en courant toujours le danger d'attraper coup de bâton, ou vérole, ce qui est pire. Car femme de bien ne me fut jamais rien, n'en déplaise à leurs maris.[5]

—Mariez-vous donc, de par Dieu! s'exclama Pantagruel.

—Mais si Dieu le voulait et qu'il m'arrivât d'épouser quelque femme de bien, poursuivit Panurge, et qu'elle me battît, j'enragerais tout vif, à moins de me montrer plus capon que Job,[6] car on m'a dit que toutes ces femmes de bien commencent toujours par avoir mauvaise tête; elles apportent bon vinaigre dans le ménage. Je l'aurais encore pire.[7] Je battrais tant et tant sa petite oie[8] (ses bras, ses jambes, sa tête, ses poumons, son foie et sa rate), je mettrais si bien ses vêtements

[1] *jeter le dé*: prendre une décision ferme
[2] expression latine, traduite de l'*Ecclésiaste* (IV, 10) et signifiant: malheur au solitaire
[3] moraliste latin du 1er siècle après J.-C.
[4] extrémité métallique d'une manche (il y a ici une évidente obscénité)
[5] Plaisanterie: comme si Panurge eût fait honneur aux maris en leur prenant leur femme.
[6] Allusion à la résignation du patriarche biblique, quand sa femme le tourmentait.
[7] la tête
[8] partie physique de son être

en pièces que le grand Diable attendrait son âme damnée à la porte. Voilà les tourments dont je me passerais bien cette année-ci, et dans lesquels je serais content de ne pas entrer.

—Ne vous mariez donc pas, insista Pantagruel.

—Mais, reprit Panurge, si je reste dans l'état où je suis, quitte[9] et non marié, je n'ai personne pour se soucier de moi et m'entourer d'un amour pareil à ce qu'est l'amour conjugal. Alors, si par hasard je tombais malade, je ne serais soigné qu'à rebours.[10] Le Sage dit: «Là où il n'y a femme (je veux dire mère de famille et épouse légitime), le malade est en grande peine.»[11] J'ai vu clairement qu'en font l'expérience papes, légats, cardinaux, évêques, abbés, prieurs, moines et prêtres. Or je ne voudrais pas être comme eux.

—Mariez-vous donc, de par Dieu! dit Pantagruel.

—Mais, dit encore Panurge, si étant malade, hors d'état de remplir mes devoirs conjugaux, ma femme impatiente de ma faiblesse, se donnait à quelqu'un d'autre et non seulement ne me secourait point dans le besoin, mais se moquait de mon malheur et, ce qui est pire, me volait, ainsi que je l'ai vu souvent faire, ce serait de quoi me mettre hors de moi et me porter à courir dans les champs en pourpoint.[12]

—Ne vous mariez donc point, répondit Pantagruel.

—Bon, dit Panurge. Mais je n'aurais jamais autrement de fils ni de filles légitimes et par conséquent d'espoir pour que mon nom et mes armes[13] se perpétuent, pour que j'aie à qui laisser mon héritage et mes biens acquis (j'en aurais de beaux un de ces jours, n'en doutez pas, et saurai amortir les dettes dont mes biens seront grevés). Je n'aurai pas non plus avec qui m'amuser lorsque j'aurai

des raisons d'être triste, comme je vois faire avec vous chaque jour votre si bénin et débonnaire père et comme font tous les gens de bien en famille. Car étant quitte mais non marié, si par accident je me trouvais en fâcherie. . . Ah, je vois qu'au lieu de me consoler, vous riez.

—Mariez-vous donc, de par Dieu! riposta Pantagruel.

—Votre conseil, dit Panurge, ressemble, sauf erreur, à la chanson de Picochet,[14] ce ne sont que sarcasmes, moqueries et redites contradictoires, les unes détruisant les autres. Je ne sais auxquelles me tenir.

—C'est qu'il y a dans vos propos, répondit Pantagruel, tant de *si* et de *mais,* que je ne puis rien y distinguer ni rien en résoudre. N'êtes-vous pas sûr de ce que vous voulez? Si nous en tenons bien le principal, tout le reste est fortuit et dépend des fatales dispositions du ciel. On connaît des gens si heureux dans la rencontre de leur mariage qu'on peut y voir un avant-goût des joies du paradis, alors que d'autres se trouvent être si malheureux que les diables qui tentent les ermites dans les déserts de la Thébaïde[15] et de Montserrat[16] ne le sont pas davantage. Il n'y a qu'à se jeter à l'aventure, les yeux bandés en tête basse jusqu'à terre et se recommandant à Dieu, lorsqu'on a pris sa décision. Je ne saurais vous donner une autre assurance. Mais je vais vous dire ce que vous pourrez faire. Apportez-moi les œuvres de Virgile. Par trois fois, les ouvrant avec l'ongle, nous les explorerons et par les vers auxquels nous aurons calculé de nous arrêter, le sort futur de votre mariage se trouvera annoncé. Souvent, dans les vers homériques, on a découvert sa destinée. . .

(*Pantagruel, livre III, chapitres 9 et 10*)

[9] libre
[10] contrairement à ce qu'il faudrait
[11] *Ecclésiaste* (XXXVI, 27)
[12] c'est-à-dire habillé comme pour sortir en ville
[13] les emblèmes du blaison (armoiries)

[14] Aucun érudit n'a pu jusqu'à présent identifier ce nom, qui est peut-être de pure invention et ferait alors pendant à redites contradictoires.
[15] nom de la Haute Egypte dans l'antiquité
[16] monastère bénédictin, en Catalogne

III. Calvin (1509–1564)

JEAN CALVIN, né à Noyon, brillant élève en théologie, se vit tout jeune pourvu d'une cure. Il n'en quitta pas moins la théologie pour le droit et adopta bientôt les idées de la Réforme. Devenu suspect, il sortit de France, séjourna à Bâle, à Ferrare, à Genève, où Guillaume Farel le prit comme adjoint. Calvin, après un court bannissement, gouverna Genève d'une main de fer jusqu'à sa mort.

L'HOMME

Jean Calvin a écrit en latin la plupart de ses livres. Son œuvre écrite en français comprend, entre autres ouvrages, *L'Institution de la religion chrétienne* (1541), d'abord rédigée en latin, *Le Catéchisme de Genève* (1542), le *Traité des reliques* (1543).

L'ŒUVRE

Il est l'écrivain qui a le plus contribué, avant Descartes, à fixer la langue française, de même qu'avant Pascal, rompant avec la scolastique, il a appuyé sa doctrine sur la psychologie humaine.

L'auteur de *L'Institution chrétienne* a mis comme préface à son livre une lettre qu'il avait adressée de Bâle, le 1er août 1535, à François Ier. Le roi de France, d'abord assez favorable à la Réforme, s'était laissé tourner contre elle par le Pape. Par surcroît, dans la nuit du 17 octobre 1535, des placards violents contre la messe ayant été affichés par des réformés sur les murs du château d'Amboise, cette audace poussa François Ier dans la voie des persécutions. Au bout de quelques mois d'ailleurs il publiait un manifeste pour se justifier sur des raisons politiques.

Lettre à François Ier

À FRANÇOIS PREMIER DE CE NOM, SON
PRINCE ET SOUVERAIN SEIGNEUR,
JEAN CALVIN, PAIX ET SALUT EN
NOTRE SEIGNEUR JÉSUS-CHRIST

Au commencement que je m'appliquai à écrire ce présent livre,[1] je ne pensais point, Sire, à m'adres-

[1] *L'Institution de la religion chrétienne*

ser à Votre Majesté: mon propos était seulement d'enseigner quelques rudiments, par lesquels ceux qui seraient touchés de quelque bonne affection de Dieu, fussent instruits à la vraie piété. Et princi-
5 palement je voulais par ce labeur servir nos Français, desquels je voyais plusieurs avoir faim et soif de Jésus-Christ, et bien peu qui en eussent reçu droite reconnaissance. Ce dessein, on pourra facilement l'apercevoir, car j'ai adapté ce livre à la plus

simple forme d'enseignement qu'il m'a été possible. Mais, voyant que la fureur de quelques iniques s'était tant élevée en votre royaume qu'elle n'avait laissé place à aucune saine doctrine, il m'a semblé expédient de faire servir ce présent livre, non seule- 5 ment d'instruction à ceux que tout d'abord j'avais délibéré d'enseigner, mais aussi de confession de foi envers vous, pour que vous connaissiez quelle est la doctrine contre laquelle une rage furieuse en- flamme ceux qui par feu et par glaive troublent au- 10 jourd'hui votre royaume. Car je n'aurai nulle honte à confesser que j'ai ici rassemblé une somme de cette même doctrine qu'ils estiment devoir être punie par prison, bannissement, proscription et feu, et qu'ils crient devoir être chassée hors de terre et de mer. 15

Je sais bien de quels horribles rapports ils ont rempli vos oreilles et votre cœur, pour vous rendre notre cause fort odieuse; mais vous jugerez selon votre clémence et mansuétude, qu'il ne resterait in- nocence aucune, ni en dits ni en faits, s'il suffisait 20 d'accuser. Certainement si quelqu'un, pour soulever de la haine à l'encontre de cette doctrine, dont je me veux efforcer de vous rendre raison, vient à arguer qu'elle est déjà condamnée par un commun con- sentement de tous les États, qu'elle a reçu en juge- 25 ments plusieurs sentences contre elle, il ne dira autre chose, sinon qu'en partie elle a été violemment abattue par la puissance et conjuration des adver- saires, en partie méchamment opprimée par leurs mensonges, tromperies, calomnies et trahisons. C'est 30 force et violence, que de cruelles sentences soient prononcées à son encontre avant qu'elle ait été dé- fendue.

Or, c'est votre office, Sire, de ne détourner ni vos oreilles ni votre cœur d'une si juste défense, princi- 35 palement quand il est question d'une si grande chose: à savoir comment la gloire de Dieu sera maintenue sur terre; comment sa vérité retiendra honneur et dignité; comment le règne de Christ demeurera en son entier. O matière digne de vos 40 oreilles, digne de votre juridiction, digne de votre trône royal! Car cette pensée fait un vrai Roi, s'il se reconnaît être vrai ministre de Dieu au gou- vernement de son royaume; et au contraire, celui qui ne règne point à cette fin de servir à la gloire 45 de Dieu, n'exerce pas règne, mais brigandage.

Considérez, Sire, toutes les parties de notre cause, et jugez-nous être les plus pervers des pervers, si vous ne trouvez manifestement que nous sommes opprimés et recevons injures et opprobres, parce que nous mettons notre espérance en Dieu vivant, parce que nous croyons que c'est la vie éternelle de con- naître un seul vrai Dieu, et celui qu'il a envoyé, Jésus-Christ. A cause de cette espérance, certains parmi nous sont détenus en prison, les autres fouet- tés, les autres menés à faire amendes honorables, les autres bannis, les autres cruellement affligés, les au- tres échappent par fuite: tous nous sommes en tri- bulation, tenus pour maudits et exécrables, injuriés et traités inhumainement. Contemplez d'autre part nos adversaires (je parle des prêtres, qui en sont les chefs) et regardez un peu avec moi par quels pré- jugés passionnés ils sont menés.

[Calvin répond longuement aux principales ac- cusations subies par la foi des réformés. Cette ré- ponse fait le corps de la lettre. En voici le résumé.

La doctrine est nouvelle? Nouvelle pour ceux qui ne connaissent ni le Christ ni son Évangile! « Mais celui qui sait que cette prédication de Saint Paul est ancienne: que Jésus-Christ est mort pour nos péchés et ressuscité pour notre justification, ne trouvera rien de nouveau entre nous. »

Douteuse et incertaine? Nous mourons pour elle. Nos adversaires feraient-ils de même pour leur croyance?

Pas de miracles qui la confirment? Nous recon- naissons ceux que rapporte l'Évangile et qui illus- trent le nom de Dieu ou confirment la prédication des apôtres; mais nous nous méfions de ceux que les hommes utilisent pour eux-mêmes et nous savons que Satan est habile à nous abuser d'illusions.

Les Pères de l'Église? Nous les vénérons, mais sans les mettre au-dessus du Christ et des apôtres. Quand nous voyons les Pères mal accordés entre eux ou contredits par la pratique de l'Église, nous nous en rapportons à la « simplicité de l'Écriture ».

La coutume? Elle peut être bonne ou mauvaise. « Certes, si les jugements des hommes étaient droits, la coutume se devrait prendre des bons, mais il en est souventes fois advenu autrement. Mauvaise cou- tume n'est autre chose qu'une peste publique. »

Enfin le point essentiel de la controverse, c'est la forme de l'Église. Calvin le traite ci-après.]

Certes l'Église de Christ a vécu et vivra tant que Christ régnera à la droite de son Père, de la main duquel elle est soutenue, de la garde duquel elle est armée, de la vertu duquel elle est fortifiée. Car sans doute il accomplira ce qu'il a une fois promis, c'est qu'il assisterait les siens jusqu'à la consommation des siècles. Contre cette Église nous n'entreprenons nulle guerre. Car d'un consentement avec tout le peuple des fidèles, nous adorons et honorons un Dieu et un Christ le Seigneur, comme il a été toujours adoré de ses serviteurs. Mais eux [2] ils sont bien loin de la vérité, quand ils ne reconnaissent l'Église que si elle éclate aux yeux, et la veulent enclore en certaines limites, auxquelles elle n'est nullement enfermée.

C'est en ces points que gît notre controverse. Premièrement, qu'ils requièrent toujours une forme d'Église visible et apparente. Secondement, qu'ils trouvent cette forme au siège de l'Église romaine, et dans la charge de leurs prélats. Nous, au contraire, affirmons que l'Église peut exister sans apparence visible, et même que l'apparence est fâcheuse de cette pompe extérieure, laquelle ils ont follement en admiration: mais elle a bien une autre marque, c'est la pure prédication de la Parole de Dieu, et l'administration des sacrements bien instituée. Ils ne sont pas contents si l'Église ne se peut toujours montrer au doigt. Mais combien de fois est-il advenu qu'elle a été tellement déformée dans le peuple judaïque, qu'il n'y restait nulle apparence? Quelle forme pensons-nous avoir relui en l'Église, lorsqu'Élie [3] se plaignait d'avoir échappé seul au massacre des prophètes? Combien de fois depuis l'avènement de Christ a-t-elle été cachée sans forme? Combien souvent a-t-elle été opprimée par guerres, par séditions, par hérésies, qu'elle ne se montrait plus du tout? Si donc ces gens ici eussent vécu de ce temps-là, eussent-ils cru qu'il y eut eu quelque Église? Mais il fut dit à Élie,[4] qu'il y avait encore sept mille hommes de réserve qui n'avaient point fléchi le genou devant Baal.[5] Et nous ne devons pas douter que Jésus-Christ ait toujours régné sur terre

depuis qu'il est monté au ciel: mais si dans de telles désolations les fidèles n'eussent pas voulu se passer d'une apparence, n'eussent-ils point perdu courage? Saint Hilaire [6] déjà en son temps tenait pour un grand vice le fait qu'étant aveuglés par la révérence qu'ils vouaient à la dignité de leurs évêques ils ne voyaient point quelles pestes étaient parfois cachées dessous de tels masques. Car il parle de cette sorte: « Je vous admoneste, gardez-vous de l'Antéchrist. Vous vous arrêtez trop aux murailles, cherchant l'Église de Dieu en la beauté des édifices, pensant que l'union des fidèles peut être là contenue. » Doutons-nous qu'Antéchrist doive avoir là son siège? Les montagnes, et bois, et lacs, et prisons, et déserts et cavernes me sont plus sûrs et de meilleure confiance. Car les Prophètes y étant cachés, ont prophétisé. Les prophètes qui s'élevaient contre Jérémie,[7] se vantant que la Loi ne pourrait manquer aux prêtres, ni le conseil aux sages, ni la parole aux Prophètes, ne portaient-ils pas le nom de l'Église? A l'encontre de toute cette multitude est envoyé Jérémie, pour dénoncer de la part de Dieu, que la Loi périra entre les prêtres, le conseil sera ôté aux sages, et la doctrine aux Prophètes. Une même apparence ne reluisait-elle point au concile qu'assemblèrent les prêtres, docteurs et religieux, pour prendre conseil de la mort de Jésus-Christ? [8] Que maintenant nos adversaires s'aillent vanter, s'arrêtant à ces masques extérieurs, de faire Christ et tous les Prophètes de Dieu vivant, schismatiques: au contraire, les ministres de Satan, organes du Saint-Esprit. Davantage, s'ils parlent à bon escient, qu'ils me répondent de bonne foi, en quelle région ou en quel peuple ils pensent que l'Église réside, depuis que, par sentence définitive du Concile de Bâle,[9] Eugenius pape de Rome fut déposé, et Aymé duc de Savoie substitué en son lieu. Dussent-ils crever, ils ne pourront nier que le concile, quant aux solennités extérieures, fût bon et légitime, et ordonné non seulement par un pape, mais par deux. Eugenius fut là condamné pour schismatique, rebelle et contumace,[10] avec toute la compagnie des

[2] nos adversaires
[3] prophète juif
[4] Par Dieu. La Bible: Les Rois, 19–21.
[5] le dieu phénicien, pour qui les Israëlites abandonnèrent plus d'une fois le culte du vrai Dieu

[6] docteur de l'Église du VIe siècle
[7] cf. La Bible, Jérémie, 18–28
[8] cf. Nouveau Testament, Mathieu 20–24 et Jean 12–16
[9] De 1431 à 1445. Le conflit évoqué par Calvin éclata en 1438.
[10] jugé sans avoir comparu

cardinaux et évêques qui avaient machiné avec lui la dissolution du concile. Néanmoins, grâce à la faveur des princes, il demeura en la possession de sa papauté, et cette élection d'Aymé, solennellement assurée par l'autorité du sacré et général concile, s'en alla en fumée, sauf que le dit Aymé fut apaisé par un chapeau de cardinal, comme un chien aboyant par une pièce de pain. De ces hérétiques rebelles et contumaces sont issus tous les papes, cardinaux, évêques, abbés et prêtres qui ont été depuis.

Vous savez, Sire, la venimeuse iniquité de nos calomniateurs exposée ici par assez de paroles, afin que vous n'incliniez pas trop l'oreille pour ajouter foi à leurs rapports. Et même je crains d'avoir été trop long: vu que cette préface a quasi la grandeur d'une défense entière, bien que je n'aie prétendu composer une défense, mais seulement adoucir votre cœur pour donner audience à notre cause. Ce cœur, bien qu'il soit à présent détourné et aliéné de nous, j'ajoute même enflammé,[11] toutefois j'espère que nous pourrons regagner sa grâce, s'il vous plaît, une fois hors d'indignation et courroux, de lire notre confession, que nous présentons pour défense devant Votre Majesté. Mais si, au contraire, les détractions des malveillants empêchent tellement vos oreilles que les accusés n'aient aucun moyen de se défendre; d'autre part, si ces impétueuses furies, sans que vous y mettiez ordre, exercent toujours leur cruauté par prisons, fouets, géhennes, coupures, brûlures: nous certes, comme brebis vouées à la boucherie, serons jetés en toute extrémité, de telle sorte néanmoins qu'en notre patience nous posséderons nos âmes, et attendrons la main forte du Seigneur, laquelle sans doute se montrera en sa saison, et apparaîtra armée, tant pour délivrer les pauvres de leur affliction, que pour punir les contempteurs qui s'égaient si hardiment à cette heure. Le Seigneur, Roi des rois, veuille établir votre trône en justice, et votre siège en équité.

De Bâle, le premier jour d'août
mil cinq cent trente cinq.

(*Institution de la religion chrétienne*)

[11] de colère

IV. Clément Marot (1496–1544)

PAGE ET POÈTE à la cour de François I[er], Clément Marot a vécu avec une insouciante légèreté, non sans montrer toutefois de la sympathie pour les nouveautés de la Réforme, ce qui lui valut d'être deux fois emprisonné, deux fois contraint de prendre la fuite. Né à Cahors, il mourut hors de France, à Turin. *L'HOMME*

Fils d'un poète de cour qui appartenait à l'école poétique des « grands rhétoriqueurs », poètes artificiellement raffinés, acrobates de la versification (Jean Molinet, Guillaume Crétin, Georges Chastelain), Marot subit leur influence ainsi que celle de l'antiquité latine. D'autre part, il reste imprégné de ce que la *L'ŒUVRE*

littérature du Moyen Âge a produit de meilleur, il en continue la tradition populaire. Aussi la Renaissance ne le pénètre-t-elle pas profondément, non plus que la Réforme.

On ne saurait nier le grand déchet qu'a subi l'œuvre de Marot: ses *ballades, épitaphes* et *rondeaux* sont pédants et prétentieux; ses *élégies* amoureuses manquent d'accent sincère et de sentiment; ses *Psaumes* n'ont rien capté de la grandeur biblique.

En revanche, Marot a laissé un petit nombre de pièces accomplies, presque toutes consacrées à des sujets personnels: *épigrammes* et *épîtres*. Dans ces chefs-d'œuvre, il a inventé un style, le « style marotique »; c'est un élégant badinage, une ironie mêlée de naïveté vraie ou feinte, un art de savoir tout dire comme par jeu et plaisanterie.

NOTA: Chez Marot, comme chez tous les poètes du temps, le pronom personnel sujet du verbe (*je, tu, nous, vous*) disparaît souvent.

ÉPÎTRE AU ROI POUR AVOIR ÉTÉ DÉROBÉ

. . . J'avais un jour un valet de Gascogne,
Gourmand, ivrogne et assuré [1] menteur,
Pipeur,[2] larron, joueur, blasphémateur,
Sentant la hart [3] de cent pas à la ronde,
Au demeurant, le meilleur fils du monde.
Ce vénérable hillot [4] fut averti
De quelque argent que m'aviez départi,[5]
Et que ma bourse avait grosse apostume; [6]
Si [7] se leva plus tôt que de coutume,
Et me va prendre en tapinois [8] icelle,[9]
Puis vous la met très bien sous son aisselle,
Argent et tout, cela se doit entendre,
Et ne crois point que ce fût pour la rendre,
Car oncques puis [10] n'en ai ouï parler.
Bref, le vilain [11] ne s'en voulut aller

Pour si petit; [12] mais encore il me happe
Saye et bonnet, chausses, pourpoint et cape; [13]
De mes habits, en effet, il pilla
Tous les plus beaux, et puis s'en habilla
Si justement,[14] qu'à le voir ainsi être
Vous l'eussiez pris, en plein jour, pour son maître.
Finalement, de ma chambre, il s'en va
Droit à l'étable, où deux chevaux trouva;
Laisse le pire, et sur le meilleur monte,
Pique [15] et s'en va. Pour abréger le conte,
Soyez certain qu'au partir du dit lieu
N'oublia rien, fors [16] à me dire adieu.
Ainsi s'en va, chatouilleux de la gorge,[17]
Le dit valet, monté comme un Saint-George,[18]
Et vous laissa monsieur [19] dormir son soûl,[20]
Qui au réveil n'eût su finer d'un sou.[21]
Ce monsieur-là, Sire, c'était moi-même,
Qui, sans mentir, fus au matin bien blême
Quand je me vis sans honnête vêture
Et fort fâché de perdre ma monture;

[1] effronté
[2] trompeur
[3] la corde (pour être pendu)
[4] drôle, chenapan
[5] Donné en partage. Le poète avait reçu cent écus d'or à l'occasion du mariage de François I[er] avec Éléonore d'Autriche.
[6] enflure
[7] aussi
[8] en cachette
[9] celle-ci (la bourse)
[10] jamais depuis
[11] la canaille
[12] si peu
[13] manteau court et bonnet, culottes, vêtement couvrant le buste et manteau à capuchon
[14] de façon si bien ajustée
[15] donne de l'éperon au cheval
[16] excepté
[17] sentant déjà la corde à son cou
[18] patron des chevaliers
[19] son maître, Marot
[20] jusqu'à satiété
[21] payer un sou

Mais de [22] l'argent que vous m'aviez donné
Je ne fus point de le perdre étonné;
Car votre argent, très débonnaire Prince,
Sans point de faute [23] est sujet à la pince.[24]
Bientôt après cette fortune-là,[25]
Une autre pire encore se mêla
De m'assaillir, et chaque jour m'assaut,[26]
Me menaçant de me donner le saut,[27]
Et de ce saut m'envoyer à l'envers,
Rimer sous terre et y faire des vers.[28]
C'est une lourde et longue maladie [29]
De trois bons mois qui m'a toute étourdie
La pauvre tête, et ne veut terminer,
Ains [30] me contraint d'apprendre à cheminer,[31]
Tant affaibli m'a d'étrange manière,
Et si [32] m'a fait la cuisse héronnière.[33]
. . . Que dirai plus? au misérable corps
Dont je vous parle il n'est demeuré fors
Le pauvre esprit, qui lamente et soupire
Et en pleurant tâche à vous faire rire.
Et pour autant, Sire, que suis à vous,[34]
De trois jours l'un, viennent tâter mon pouls
Messieurs Braillon, Le Coq, Akaquia,[35]
Pour me garder d'aller jusqu'à quia.[36]
Tout consulté, ont [37] remis au printemps
Ma guérison: mais à ce que j'entends,[38]

Si je ne puis au printemps arriver,
Je suis taillé de [39] mourir en hiver,
Et en danger, si en hiver je meurs,
De ne pas voir les premiers raisins meurs.[40]
Voilà comment, depuis neuf mois en ça,[41]
Je suis traité. Or, ce que me laissa
Mon larronneau, longtemps a [42] l'ai vendu,
Et en sirops et juleps [43] dépendu; [44]
Ce néanmoins,[45] ce que je vous en mande [46]
N'est pour vous faire ou requête ou demande:
Je ne veux point tant de gens ressembler
Qui n'ont souci autre que d'assembler; [47]
Tant qu'ils vivront, ils demanderont, eux;
Mais je commence à devenir honteux,
Et ne veux plus à vos dons m'arrêter.[48]
Je ne dis pas, si voulez rien [49] prêter,
Que ne le prenne. Il n'est point de prêteur,
S'il veut prêter, qui ne fasse un debteur.[50]
Et savez-vous, Sire, comment je paie?
Nul ne le sait, si premier [51] ne l'essaie;
Vous me devrez, si je puis, de retour,[52]
Et vous ferai encores un bon [53] tour.
A cette fin qu'il n'y ait faute [54] nulle,
Je vous ferai une belle cédule [55]
A vous payer, sans usure s'entend,
Quand on verra tout le monde content; [56]
Ou si voulez, à payer ce sera
Quand votre los [57] et renom cessera.[58]. .

[22] quant à
[23] sans faute, assurément
[24] exposé à être pris
[25] aventure
[26] m'assaille
[27] faire sauter le pas, faire mourir
[28] jeu de mots sur ver de terre et vers poétique
[29] la peste qui ravagea la France en 1531
[30] mais
[31] marcher à petits pas
[32] ainsi
[33] maigre comme la patte d'un héron
[34] parce que je suis à vous (Marot avait le titre de valet de chambre du roi)
[35] Médecins du roi. Le troisième s'appelait San-Malice, et Akaquia est la traduction grecque de ce nom.
[36] Jusqu'à la dernière extrémité. Le mot latin *quia* terminait souvent les disputes scolastiques, quand un des deux adversaires, à bout d'arguments, ne disait plus que *quia* (parce que. . .).
[37] ils ont
[38] je comprends

[39] taillé pour, capable de
[40] mûrs
[41] jusqu'à présent
[42] il y a longtemps que je
[43] potions
[44] dépensé
[45] malgré cela
[46] fais savoir
[47] amasser (de l'argent)
[48] compter sur vos dons
[49] quelque chose
[50] débiteur
[51] tout d'abord
[52] ce qu'on ajoutait pour égaliser deux comptes
[53] avantageux pour vous
[54] défaut, manquement
[55] billet
[56] content de son sort
[57] louange
[58] c'est-à-dire jamais

Bal à la cour des Valois. Musée, Blois. (Lauros-Giraudon)

Les Vendanges. Tapisserie. Ateliers Bords de Loire. (Photographie Giraudon)

Une rue de Paris au XVI^e siècle. Bibliothéque Nationale.

V. Ronsard (1524–1585)

PIERRE DE RONSARD naquit au château de la Poissonière près de Vendôme. Doué pour les plaisirs de l'esprit et du corps, il se forma dans l'intimité des Grands et brilla aux fêtes de la cour. Atteint de surdité à l'âge de vingt ans, il renonça à la diplomatie et aux divertissements. Il suivit son ami Baïf auprès de l'humaniste Dorat et fut un des jeunes gens que Dorat réunissait à Paris au Collège de Coqueret, pour leur faire étudier les auteurs grecs et latins. Au bout de cinq années, ces disciples (Ronsard, Baïf, Rémy Belleau, du Bellay, Pontus de Tyard, Jodelle) formèrent la Brigade, appelée plus tard la Pléiade, et choisirent Ronsard pour chef. Celui-ci, dès son premier recueil, fut célèbre. Il passa sa vie dans la faveur des rois Henri II, Charles IX, Henri III, reçut d'eux abbayes et bénéfices, s'acquit une renommée européenne et mourut à soixante ans dans la gloire.

Une partie de l'œuvre de Ronsard est aujourd'hui morte. Elle comprend des *Odes* écrites entre 1550 et 1556, des *Hymnes* (1555–56), *Le Bocage* (1554). Elle est remplie d'artifices, de lyrisme conventionnel, d'imitations grecques et latines, de souvenirs mythologiques. La partie vivante de l'œuvre de Ronsard se trouve dispersée dans les *Amours,* les *Élégies,* les *Discours.*

Poète de l'amour, Ronsard a su donner voix nouvelle à la joie de vivre, à la beauté des êtres vivants et des choses, à la fuite du temps et à la cruauté de la mort. Dans ses *Amours* il a chanté des femmes réellement aimées: Cassandre Salviati (*Les Amours de Cassandre,* 1552); Marie Dupin, jeune fille de l'Anjou (*Les Amours de Marie,* 1555); Hélène de Surgères, fille d'honneur de Catherine de Médicis (*Les Amours d'Hélène,* 1578).

Poète de la nature, Ronsard a surtout aimé la nature de sa petite patrie, sa campagne natale. La vie aux champs l'enchantait et il éprouvait de la joie à quitter la ville et la cour.

Enfin, c'est peut-être dans les *Discours* (1560–63), poèmes d'angoisse et de colère, inspirés par les misères d'une France en guerre civile, que Ronsard est le plus original, le plus puissant.

Ronsard est l'ancêtre direct des poètes classiques du XVIIe siècle. Il a recommandé et pratiqué l'imitation des Anciens, mais une imitation libre qui permettait de se montrer original, et il a créé la forme versifiée qui allait servir à Malherbe et à ses successeurs.

A Marie Dupin

XIX

Marie, levez-vous, ma jeune paresseuse,
Jà [1] la gaie alouette au ciel a fredonné,
Et jà le rossignol doucement jargonné,
Dessus l'épine assis, sa complainte amoureuse.

Sus [2] debout! allons voir l'herbelette perleuse, [3]
Et votre beau rosier de boutons couronné,
Et vos œillets mignons auxquels aviez donné,
Hier au soir, de l'eau d'une main si soigneuse.

Harsoir, [4] en vous couchant vous jurâtes vos yeux [5]
D'être plus tôt que moi ce matin éveillée;
Mais le dormir de l'aube aux filles gracieux

Vous tient d'un doux sommeil la paupière sillée. [6]
Je vais baiser vos yeux et votre beau tétin
Cent fois pour vous apprendre à vous lever matin.
(*Les Amours de Marie*)

ÉLÉGIE A MARIE

Afin que notre siècle et le siècle à venir
De nos jeunes amours se puisse souvenir,
Et que votre beauté que j'ai longtemps aimée
Ne se perde au tombeau par les ans consumée,
Sans laisser quelque marque après elle de soi,
Je vous consacre ici le plus gaillard [7] de moi,
L'esprit de mon esprit, qui vous fera revivre
Ou longtemps ou jamais [8] par l'âge de ce livre.
Ceux qui liront ces vers que j'ai chantés pour vous,
D'un style qui varie entre l'aigre et le doux
Selon les passions que vous m'avez données,
Vous tiendront pour déesse; et tant plus les années
En volant s'enfuiront, et plus votre beauté
Contre l'âge [9] croîtra vieille en sa nouveauté. . .
O ma belle maîtresse! hé! que je voudrais bien

Qu'Amour nous eût conjoints d'un semblable lien,
Et qu'après nos trépas dans nos fosses ombreuses
Nous fussions la chanson des bouches amoureuses!
Que ceux du Vendômois dissent tous d'un accord,
Visitant le tombeau sous qui je serais mort:
« Notre Ronsard, quittant son Loir et sa Gastine,
A Bourgueil [10] fut épris d'une belle Angevine! »
Et que les Angevins dissent tous d'une voix:
« Notre belle Marie aimait un Vendômois. . . »
Puisse arriver, après l'espace d'un long âge,
Qu'un esprit vienne à bas [11] sous le mignard ombrage
Des myrtes, me conter que les âges n'ont peu [12]
Effacer la clarté qui luit de notre feu;
Mais que de voix en voix, de parole en parole,
Notre gentille ardeur par [13] la jeunesse vole,
Et qu'on apprend par cœur les vers et les chansons
Qu'Amour chanta pour vous en diverses façons,
Et qu'on pense amoureux celui qui remémore
Votre nom et le mien et nos tombes honore!
Or il en adviendra ce que le ciel voudra;
Si est-ce [14] que ce livre immortel apprendra
Aux hommes et au temps et à la renommée
Que je vous ai six ans plus que mon cœur aimée.
(*Les Amours de Marie*)

SUR LA MORT DE MARIE

Je lamente sans réconfort,
Me souvenant de cette mort
Qui déroba [15] ma douce vie;
Pensant en ses yeux qui soulaient [16]
Faire de moi ce qu'ils voulaient,
De vivre je n'ai plus d'envie. . .
 Quand son âme au corps s'attachait,
Rien, tant fût dur, [17] ne me fâchait,

[1] déjà
[2] interjection dont on se sert pour exhorter
[3] qui porte des perles de rosée
[4] abréviation de *hier au soir*
[5] en prenant vos yeux à témoin
[6] **fermée**
[7] ardent
[8] donc longtemps
[9] **le temps**

[10] petite ville où habitait Marie Dupin
[11] dans la tombe
[12] pu
[13] parmi
[14] toujours est-il
[15] me fit perdre
[16] avaient coutume de
[17] même ce qui me frappait le plus

Ni destin, ni rude influence;
Menaces, embûches, dangers,
Villes et peuples étrangers
M'étaient doux pour [18] sa souvenance.
　　En quelque part que je vivais,
Toujours en mes yeux je l'avais,
Transformé du tout en la belle;
Si bien Amour à coup de trait [19]
Au cœur m'engrava son portrait,
Que mon tout n'était sinon qu'elle.[20]
　　Espérant lui conter un jour
L'impatience [21] de l'amour
Qui m'a fait des peines sans nombre,
La mort soudaine [22] m'a déçu;
Pour le vrai le faux j'ai reçu
Et pour le corps seulement l'ombre.
　　Ciel, que tu es malicieux! [23]
Qui eût pensé que ces beaux yeux
Qui me faisaient si douce guerre,
Ces mains, cette bouche et ce front
Qui prirent mon cœur, et qui l'ont,
Ne fussent maintenant que terre?
　　Hélas! où est ce doux parler,
Ce voir, cet ouïr, cet aller,[24]
Ce ris qui me faisait apprendre
Que c'est [25] qu'aimer? ah, doux refus!
Ah, doux dédains! vous n'êtes plus,
Vous n'êtes plus qu'un peu de cendre.
　　Hélas! où est cette beauté,
Ce printemps, cette nouveauté
Qui n'aura jamais de seconde?
Du ciel tous les dons elle avait;
Aussi parfaite [26] ne devait
Longtemps demeurer en ce monde. . .
　　Si je n'eusse eu l'esprit chargé
De vaine erreur, prenant congé
De sa belle et vive figure,
Oyant [27] sa voix, qui sonnait mieux

Que de coutume, et ses beaux yeux
Qui reluisaient outre mesure,
Et son soupir qui m'embrasait,
J'eusse bien vu qu'ell' [28] me disait:
« Or saoule-toi de mon visage,
Si jamais tu en eus souci;
Tu ne me verras plus ici,
Je m'en vais faire un long voyage. »
　　J'eusse amassé de ses regards
Un magasin de toutes parts,
Pour nourrir mon âme étonnée
Et paître [29] longtemps ma douleur;
Mais onques [30] mon cruel malheur
Ne sut prévoir ma destinée.
　　Depuis j'ai vécu de souci,
Et de regret qui m'a transi,
Comblé de passions étranges.
Je ne déguise mes ennuis; [31]
Tu vois l'état auquel je suis,
Du ciel assise entre les anges.
　　Ah! belle âme, tu es là-haut
Auprès du bien qui point ne faut,[32]
De rien du monde désireuse,
En liberté, moi en prison;
Encore n'est-ce pas raison
Que tu sois seule bienheureuse.
　　Le sort doit toujours être égal;
Si j'ai pour toi souffert du mal,
Tu me dois part de ta lumière;
Mais, franche [33] du mortel lien,
Tu as seule emporté le bien,
Ne me laissant que la misère.
　　En ton âge le plus gaillard
Tu as laissé seul ton Ronsard,
Dans le ciel trop tôt retournée,
Perdant beauté, grâce et couleur,
Tout ainsi qu'une belle fleur
Qui ne vit qu'une matinée. . .
　　A la mort j'aurai mon recours:
La mort me sera mon secours,
Comme le but que je désire.

[18] grâce à ma pensée d'elle
[19] flèche du dieu Cupidon
[20] tout mon être n'était plus rien qu'elle
[21] la fièvre
[22] Marie mourut très jeune
[23] malfaisant
[24] regard, oreilles, maintien
[25] ce que c'est
[26] femme aussi parfaite qui n'aura jamais de pareille (seconde)
[27] entendant

[28] L'apostrophe remplace la syllabe qui ferait un pied de trop pour la mesure.
[29] nourrir (terme de fauconnerie)
[30] jamais
[31] chagrins
[32] ne fait jamais défaut
[33] délivrée

Dessus la mort tu ne peux rien,
Puisqu'elle a dérobé ton bien,[34]
Qui fut l'honneur de ton empire.
 Soit que tu vives près de Dieu
Ou aux champs Élysées,[35] adieu!
Adieu cent fois, adieu, Marie!
Jamais mon cœur ne t'oubliera,
Jamais la mort ne déliera
Le nœud dont ta beauté me lie.

 (*Les Amours de Marie*)

IV

Comme on voit sur la branche, au mois de mai, la
 rose
En sa belle jeunesse, en sa première fleur,
Rendre le ciel jaloux de sa vive couleur,

[34] ta beauté
[35] le paradis de la religion païenne

Quand l'aube de ses pleurs [36] au point du jour l'ar-
 rose;
La grâce dans sa feuille et l'amour se repose,
Embaumant les jardins et les arbres d'odeur;
Mais, battue ou de pluie ou d'excessive ardeur,[37]
Languissante elle meurt feuille à feuille déclose.[38]

Ainsi en ta première et jeune nouveauté,
Quand la terre et le ciel honoraient ta beauté,
La Parque [39] t'a tuée, et cendre tu reposes.

Pour obsèques [40] reçois mes larmes et mes pleurs,
Ce vase plein de lait, ce panier plein de fleurs,
Afin que vif [41] et mort ton corps ne soit que roses.

 (*Les Amours de Marie*)

[36] la rosée
[37] chaleur du soleil
[38] ouverte
[39] celle des trois Parques de la mythologie classique qui coupait le fil de la vie
[40] offrande funèbre, à la manière antique
[41] vivant

Odes

A SA MAÎTRESSE [1]

 Mignonne, allons voir si la rose
Qui ce matin avait déclose [2]
Sa robe de pourpre au soleil,
A [3] point perdu, cette vêprée,[4]
Les plis de sa robe pourprée
Et son teint au vôtre pareil.

 Las! voyez comme en peu d'espace,
Mignonne, elle a dessus la place,
Las, las! ses beautés laissé choir;
O vraiment marâtre [5] Nature,
Puis qu'[6]une telle fleur ne dure
Que du matin jusques au soir!

[1] Cassandre Salviati, fille d'un seigneur florentin établi en France
[2] ouverte
[3] n'a
[4] ce soir
[5] mauvaise mère
[6] puisque

 Donc, si vous me croyez, mignonne,
Tandis que votre âge fleuronne
En sa plus verte nouveauté,
Cueillez, cueillez votre jeunesse:
Comme à cette fleur, la vieillesse
Fera ternir votre beauté.

 (*Les Odes*, Livre I, 17)

ODE X

 Quand je suis vingt ou trente mois
Sans retourner en Vendômois,[7]
Plein de pensées vagabondes,
Plein d'un remords et d'un souci,
Aux rochers je me plains ainsi,
Aux bois, aux antres et aux ondes:
 Rochers, bien que soyez âgés
De trois mille ans, vous ne changez

[7] province natale de Ronsard

Jamais ni d'éclat ni de forme;
Mais toujours ma jeunesse fuit,
Et la vieillesse qui me suit
De jeune en vieillard me transforme.
 Bois, bien que perdiez tous les ans,
En l'hiver, vos cheveux plaisants,
L'an d'après qui se renouvelle
Renœuvelle aussi votre chef; [8]
Mais le mien ne peut derechef [9]
Ravoir sa perruque nouvelle.
 Antres, je me suis vu chez vous
Avoir jadis verts [10] les genoux,
Le corps habile et la main bonne;
Mais ores [11] j'ai le corps plus dur
Et les genoux que n'est le mur

Qui froidement vous environne.
 Ondes, sans fin vous promenez
Et vous menez et ramenez
Vos flots d'un cours qui ne séjourne; [12]
Et moi, sans faire long séjour,
Je m'en vais de nuit et de jour
Au lieu d'où plus on ne retourne. [13]
 Si est-ce que [14] je ne voudrois
Avoir été ni roc, ni bois,
Antre ni onde pour défendre
Mon corps contre l'âge emplumé, [15]
Car ainsi dur je n'eusse aimé
Toi qui m'as fait vieillir, Cassandre!

(*Les Odes,* Livre IV)

[8] tête
[9] une seconde fois
[10] vigoureux
[11] maintenant

[12] ne s'arrête pas
[13] le tombeau
[14] c'est pourquoi
[15] La mythologie représentait le Temps avec des plumes.

A Hélène de Surgères [1]

XLIV

Comme une belle fleur assise entre les fleurs,
Mainte herbe vous cueilliez en la saison plus tendre,
Pour me les envoyer et pour soigneuse apprendre
Leurs noms et qualités, espèces et valeurs.

Était-ce point afin de guérir mes douleurs
Ou de faire ma plaie amoureuse reprendre? [2]
Ou bien s'il vous plaisait par charmes [3] entreprendre
D'ensorceler mon mal, mes flammes et mes pleurs?

Certes je crois que non: nulle herbe n'est maîtresse [4]
Contre le coup d'amour envieilli [5] par le temps,
C'était pour m'enseigner qu'il faut, dès la jeunesse,

Comme d'un usufruit [6] prendre son passe-temps,
Que pas à pas nous suit l'importune vieillesse
Et qu'amour et les fleurs ne durent qu'un printemps.

(*Les Amours d'Hélène*)

XLIII

Quand vous serez bien vieille, au soir, à la chandelle,
Assise auprès du feu, dévidant et filant, [7]
Direz, [8] chantant [9] mes vers, et vous émerveillant:
« Ronsard me célébrait du temps que j'étais belle.»

[1] Cette fille d'honneur de Catherine de Médicis a été le dernier amour de Ronsard.
[2] rouvrir
[3] charmes magiques
[4] n'a de pouvoir
[5] devenu habitude

[6] droit de jouissance exercé sur un bien dont on n'a pas la propriété
[7] *dévidant:* mettant en écheveau le fil qui est sur le fuseau; *filant:* tordant ensemble des brins de chanvre ou de lin pour en former un fil
[8] vous direz
[9] beaucoup de poèmes de la Pléiade ont été mis en musique par des musiciens de son temps

Lors vous n'aurez servante oyant [10] telle nouvelle,
Déjà sous le labeur à demi sommeillant,
Qui au bruit [11] de Ronsard ne s'aille réveillant,
Bénissant votre nom de [12] louange immortelle.
Je serai sous la terre, et fantôme sans os
Par les ombres myrteux [13] je prendrai mon repos;
Vous serez au foyer une vieille accroupie,

Regrettant mon amour et votre fier dédain.
Vivez, si m'en croyez,[14] n'attendez à demain:
Cueillez dès aujourd'hui les roses de la vie.

<div align="right">(Les Amours d'Hélène)</div>

LXVII

« Il ne faut s'ébahir, disaient ces bons vieillards
Dessus le mur troyen, voyant passer Hélène,[15]
Si pour telle [16] beauté nous souffrons tant de peine:
Notre mal ne vaut pas un seul de ses regards.

« Toutefois il vaut mieux, pour n'irriter point
 Mars,[17]
La rendre à son époux afin qu'il la remmène
Que voir de tant de sang notre campagne pleine,
Notre havre [18] gagné, l'assaut à nos remparts. »

Pères, il ne fallait, à qui [19] la force tremble,
Par un mauvais conseil les jeunes retarder:
Mais, et jeunes et vieux, vous deviez tous ensemble

Pour elle corps et biens et ville hasarder.
Ménélas fut bien sage, et Pâris, ce me semble,
L'un de la demander, l'autre de la garder.

<div align="right">(Les Amours d'Hélène)</div>

ÉLÉGIE

Six ans étaient coulés, et la septième année
Était presques entière en ses pas retournée,
Quand, loin d'affection, de désir et d'amour,
En pure liberté je passais tout le jour
Et, franc de tout souci qui les âmes dévore,
Je dormais dès le soir jusqu'au point de l'aurore;
Car, seul maître de moi, j'allais, plein de loisir,
Où le pied me portait, conduit de [20] mon désir,
Ayant toujours ès [21] mains, pour me servir de guide,
Aristote ou Platon,[22] ou le docte Euripide, [23]
Mes bons hôtes muets, qui ne fâchent jamais: [24]
Ainsi que je les prends, ainsi je les remets.
O douce compagnie et utile et honnête!
Une autre en caquetant m'étourdirait la tête.

 Puis, du livre ennuyé,[25] je regardais les fleurs,
Feuilles, tiges, rameaux, espèces et couleurs,
Et l'entrecoupement de leurs formes diverses,
Peintes de cent façons, jaunes, rouges et perses,
Ne me pouvant saouler,[26] ainsi qu'en un tableau
D'admirer la nature et ce qu'elle a de beau,
Et de dire, en parlant aux fleurettes écloses:
« Celui est presque Dieu qui connaît toutes choses,
Éloigné du vulgaire, et loin des courtisans,
De fraude et de malice impudents artisans. »
Tantôt j'errais seulet [27] par les forêts sauvages,
Sur les bords enjonchés [28] des peinturés rivages,[29]
Tantôt par les rochers reculés et déserts,
Tantôt par les taillis, verte maison des cerfs.

 J'aimais le cours suivi d'une longue rivière,
Et voir onde sur onde allonger sa carrière,
Et flot à l'autre flot en roulant s'attacher,
Et pendu sur le bord me plaisais d'y pêcher,
Étant plus réjoui d'une chasse muette,[30]
Troubler des écaillés [31] la demeure secrète,
Tirer avec la ligne en tremblant emporté

[10] entendant
[11] au nom glorieux
[12] par une
[13] ombrages de myrtes dans les enfers de la mythologie classique
[14] si vous m'en croyez
[15] Les Grecs, d'après la légende, étaient venus assiéger Troie, pour venger un de leurs princes, Ménélas, et lui ramener sa femme, la belle Hélène, qu'avait enlevée Pâris, fils du roi de Troie, Priam.
[16] une telle
[17] dieu de la guerre
[18] port de mer
[19] vous dont

[20] par
[21] dans les
[22] philosophes de la Grèce ancienne
[23] grand tragique grec, le troisième après Eschyle et Sophocle
[24] ne causent jamais de peine
[25] lassé du livre
[26] satisfaire jusqu'à satiété
[27] diminutif de seul
[28] parsemés d'herbes
[29] rivages qui ont l'air d'être enduits de couleurs
[30] et non d'une chasse avec chiens et armes à feu
[31] animaux couverts d'écailles, poissons

Le crédule poisson pris à l'haim [32] appâté,
Qu'un grand prince n'est aise ayant pris à la chasse
Un cerf qu'en haletant tout un jour il pourchasse.
Heureux, si vous eussiez [33] d'un mutuel émoi
Pris l'appât amoureux aussi bien comme moi,
Que tout seul j'avalai, quand par trop désireuse
Mon âme en vos yeux but la poison [34] amoureuse!

　　Puis, alors que Vesper [35] vient embrunir nos yeux,
Attaché dans le ciel, je contemple les cieux,
En qui Dieu nous écrit en notes non obscures
Les sorts et les destins de toutes créatures.
Car lui, en dédaignant (comme font les humains) [36]
D'avoir encre et papier et plume entre les mains,
Par les astres du ciel, qui sont ses caractères,[37]
Les choses nous prédit et bonnes et contraires:
Mais les hommes chargés de terre et du trépas
Méprisent tel écrit, et ne le lisent pas.

Or, le plus de [38] mon bien pour décevoir ma
　　peine,
C'est de boire à longs traits les eaux de la fontaine
Qui de votre beau nom se brave, et en courant
Par les prés vos honneurs va toujours murmu-
　　rant. . .[39]
Là, couché dessus l'herbe, en mes discours je pense
Que pour aimer beaucoup j'ai peu de récompense,
Et que mettre [40] son cœur aux Dames si avant
C'est vouloir peindre en l'onde [41] et arrêter le vent:
M'assurant toutefois qu'alors que le vieil âge
Aura comme un sorcier changé votre visage,
Et lorsque vos cheveux deviendront argentés,
Et que vos yeux d'Amour ne seront plus hantés,
Que toujours vous aurez, si quelque soin [42] vous
　　touche,
En l'esprit mes écrits, mon nom en votre bouche. . .
　　　　　　　　　　　(Les Amours d'Hélène)

[32] hameçon
[33] vous: Hélène de Surgères
[34] Le mot a été longtemps des deux genres.
[35] l'astre qui annonce la nuit
[36] Cette parenthèse se rattache non à dédaignant, mais à la proposition suivante.
[37] signes d'écriture

[38] la plus belle part de
[39] Il s'agit d'une source à laquelle avait été donné le nom d'Hélène, et des prés du prieuré de Croixval dont Ronsard était le maître.
[40] engager
[41] peindre sur l'eau
[42] souci

Élégies

CONTRE LES BÛCHERONS DE LA FORÊT DE GASTINE [1]

. . . Écoute, Bûcheron, arrête un peu le bras!
Ce ne sont pas des bois que tu jettes à bas:
Ne vois-tu pas le sang lequel dégoutte à force [2]
Des Nymphes qui vivaient dessous la dure écorce?
Sacrilège meurtrier, si on pend un voleur
Pour piller [3] un butin de bien peu de valeur,
Combien de feux, de fers, de morts et de détresses [4]
Mérites-tu, méchant, pour tuer des Déesses?
Forêt, haute maison des oiseaux bocagers,
Plus [5] le cerf solitaire et les chevreuils légers

Ne paîtront sous ton ombre, et ta verte crinière [6]
Plus du soleil d'été ne rompra la lumière;
Plus l'amoureux pasteur [7] sur un tronc adossé,
Enflant son flageolet [8] à quatre trous percé,
Son mâtin [9] à ses pieds, à son flanc sa houlette,
Ne dira plus l'ardeur de sa belle Janette.
Tout deviendra muet: Écho [10] sera sans voix.
Tu deviendras campagne et, en lieu de tes bois
Dont l'ombrage incertain lentement se remue,
Tu sentiras le soc, le coutre [11] et la charrue:
Tu perdras ton silence,[12] et haletants d'effroi

[1] forêt du Vendômois
[2] abondamment
[3] parce qu'il a pillé
[4] tortures
[5] jamais plus

[6] le feuillage
[7] berger
[8] sorte de petite flûte
[9] chien de garde
[10] la nymphe Écho
[11] couteau attaché au soc de la charrue
[12] détruit par les bruits qu'apporteront les hommes et qui remplaceront ceux de la nature (tout deviendra muet)

Ni Satyres ni Pans [13] ne viendront plus chez toi.

Adieu, vieille forêt, le jouet de Zéphyre,
Où premier [14] j'accordai les langues [15] de ma lyre,
Où premier j'entendis les flèches résonner
D'Apollon,[16] qui me vint tout le cœur étonner; [17]
Où premier admirant la belle Calliope,[18]
Je devins amoureux de sa neuvaine trope,[19]
Quand sa main sur le front cent roses me jeta
Et [20] de son propre lait Euterpe [21] m'allaita.
Adieu, vieille forêt, adieu têtes [22] sacrées,
De tableaux [23] et de fleurs autrefois honorées,
Maintenant le dédain [24] des passants altérés,
Qui, brûlés en été des rayons éthérés,[25]
Sans plus trouver le frais de tes douces verdures,

[13] divinités des bois (mythologie classique)
[14] pour la première fois
[15] cordes
[16] dieu de la poésie
[17] frapper fort
[18] muse de la poésie épique
[19] la troupe des neuf muses
[20] et que
[21] muse de la poésie lyrique
[22] cimes des arbres
[23] ex-votos que les Anciens suspendaient à un arbre sacré
[24] objets de dédain
[25] du ciel

Accusent tes meurtriers et leur disent injures.
Adieu, chênes, couronne aux vaillants citoyens,[26]
Arbres de Jupiter, germes Dodonéens,[27]
Qui premiers aux humains donnâtes à repaître! [28]
Peuples vraiment ingrats, qui n'ont su reconnaître
Les biens reçus de vous, peuples vraiment grossiers
De massacrer ainsi nos pères nourriciers!
Que l'homme est malheureux qui au monde se fie!
O Dieux, que véritable est la Philosophie
Qui dit que toute chose à la fin périra
Et qu'en changeant de forme une autre vêtira: [29]
De Tempé [30] la vallée un jour sera montagne
Et la cime d'Athos [31] une large campagne,
Neptune [32] quelquefois de blé sera couvert:
La matière demeure, et la forme se perd.

(*Les Élégies*, XXIV)

[26] avec le feuillage desquels les Romains faisaient les couronnes civiques
[27] Dans la forêt de Dodone, en Épire, consacrée à Jupiter qui y avait un temple, le bruissement des chênes était interprété comme oracle par les prêtres.
[28] manger (des glands, selon une vieille tradition)
[29] Toute chose prendra une autre forme.
[30] vallée de Thessalie célébrée par les poètes
[31] montagne de la Chalcidique
[32] la mer, dont Neptune est le dieu (mythologie classique)

Discours des misères de ce temps

L'ÉDUCATION D'UN ROI

« Institution pour l'adolescence du Roi Très Chrétien Charles IX de ce nom. »

Sire, ce n'est pas tout que d'être Roi de France,
Il faut que la vertu honore votre enfance: [1]
Un Roi sans la vertu porte le sceptre en vain,
Et ne lui est sinon [2] un fardeau dans la main. . .
Il faut premièrement apprendre à craindre Dieu,
Dont vous êtes l'image, et porter au milieu

[1] Le jeune roi avait douze ans, sa mère Catherine de Médicis assurait la régence. *Institution* signifie leçons et conseils.
[2] Le sceptre sans la vertu n'est qu'un fardeau.

De votre cœur son nom et sa sainte parole,
Comme le seul secours dont l'homme se console.
En après,[3] si voulez en terre prospérer,
Vous devez votre mère [4] humblement honorer,
La craindre et la servir, qui seulement de mère
Ne vous sert pas ici, mais de garde et de père.
Après il faut tenir la loi de vos aïeux,
Qui furent Rois en terre et sont là-haut aux Cieux,
Et garder que le peuple imprime en sa cervelle
Le curieux discours [5] d'une secte nouvelle.[6]

[3] après quoi
[4] cf. note 1
[5] doctrine
[6] allusion aux Protestants

Après il faut apprendre à bien imaginer,[7]
Autrement la raison ne pourrait gouverner,
Car tout le mal qui vient à l'homme prend naissance
Quand par sus [8] la raison le cuider [9] a puissance. . .
De là vous apprendrez à vous connaître bien,
Et en vous connaissant vous ferez toujours bien.
Le vrai commencement pour en vertus accroître,
C'est, disait Apollon, soi-même se connoître:
Celui qui se connaît est seul maître de soi,
Et sans avoir Royaume il est vraiment un Roi.
Commencez donc ainsi: puis sitôt que par l'âge
Vous serez homme fait de corps et de courage,
Il faudra de vous-même apprendre à commander,
A ouïr vos sujets, les voir et demander,[10]
Les connaître par nom et leur faire justice,
Honorer la vertu et corriger le vice. . .
Or, Sire, imitez Dieu, lequel vous a donné
Le Sceptre, et vous a fait un grand Roi couronné:
Faites miséricorde à celui qui supplie,
Punissez l'orgueilleux qui s'arme en sa folie,
Ne poussez par faveur un homme en dignité,[11]
Mais choisissez celui qui l'a bien mérité:
Ne baillez pour argent ni états ni offices,[12]
Ne donnez aux premiers les vacants bénéfices,[13]
Ne souffrez près de vous ni flatteurs, ni vanteurs,
Fuyez ces plaisants fols qui ne sont que menteurs,
Et n'endurez jamais que les langues légères
Médisent des Seigneurs des terres étrangères.
Ne soyez point moqueur, ni trop haut à la main,[14]
Vous souvenant toujours que vous êtes humain;
Ne pillez vos sujets par rançons [15] ni par tailles,[16]
Ne prenez sans raison ni guerres ni batailles;

Gardez le vôtre propre [17] et vos biens amassez,
Car pour vivre content vous en avez assez. . .
Ne souffrez que les grands blessent le populaire,
Ne souffrez que le peuple au grand puisse déplaire.
Gouvernez votre argent par sagesse et raison.
Le Prince qui ne peut gouverner sa maison,
Sa femme, ses enfants, et son bien domestique,
Ne saurait gouverner une grand [18] République.
Pensez longtemps devant que [19] faire aucuns Édits;
Mais, si tôt qu'ils seront devant le peuple mis,
Qu'ils soient pour tout jamais d'invincible puissance,[20]
Autrement vos Décrets sentiraient leur enfance,[21]
Ne vous montrez jamais pompeusement vêtu:
L'habillement des Rois est [22] la seule vertu,
Que votre corps reluise en vertus glorieuses,
Et non par vos habits de perles précieuses.
D'amis plus que d'argent montrez-vous désireux:
Les Princes sans amis sont toujours malheureux.
Aimez les gens de bien ayant toujours envie
De ressembler à ceux qui sont de bonne vie.
Punissez les malins [23] et les séditieux.
Ne soyez point chagrin, despit, ni furieux,
Mais honnête et gaillard, portant sur le visage
De votre gentille [24] âme un gentil témoignage.
Or, Sire, pour autant que [25] nul n'a le pouvoir
De châtier les Rois qui font mal leur devoir,
Punissez-vous vous-même, afin que la justice
De Dieu qui est plus grand [26] vos fautes ne punisse,
Je dis ce puissant Dieu dont l'empire est sans bout,
Qui de son trône assis en la terre voit tout,
Et fait à un chacun ses justices égales,
Autant aux laboureurs qu'aux personnes royales. . .

(*Discours des misères de ce temps*)

[7] réfléchir
[8] par-dessus
[9] l'opinion
[10] interroger
[11] fonction importante
[12] Ne vendez pas les fonctions et les charges.
[13] Ne donnez pas aux grands du royaume les charges ecclésiastiques accompagnées d'un revenu.
[14] trop dédaigneux
[15] prélèvement sur la fortune
[16] impôts sur la personne

[17] ce qui vous appartient vraiment
[18] des deux genres dans l'ancienne langue (est resté tel dans *grand chose, grand mère, grand messe*, etc.)
[19] avant de
[20] sans repentirs ni concessions
[21] allusion au jeune âge du Roi
[22] consiste dans
[23] qui se plaisent au mal
[24] noble
[25] étant donné que
[26] plus grand que les rois

RÉPONSE A UN MINISTRE PROTESTANT

Tu te plains d'autre part [27] que ma vie est lascive,[28]
En délices, en jeux, en vices excessive.
Tu mens méchantement; si tu m'avais suivi
Deux mois, tu saurais bien en quel état je vis.
Or je veux que ma vie en écrit apparaisse,[29]
Afin que pour menteur un chacun te connaisse.
M'éveillant au matin, devant que faire rien,
J'invoque l'Éternel, le père de tout bien,
Le priant humblement de me donner sa grâce
Et que le jour naissant sans l'offenser se passe,
Qu'il chasse toute secte [30] et toute erreur de moi,
Qu'il me veuille garder en ma première foi
Sans entreprendre rien qui blesse ma province,
Très humble observateur des lois et de mon Prince.
Après je sors du lit, et quand je suis vêtu
Je me range à l'étude et apprends la vertu,
Composant et lisant, suivant ma destinée
Qui s'est dès mon enfance aux Muses enclinée.
Quatre ou cinq heures seul je m'arrête enfermé;
Puis, sentant mon esprit de trop lire assommé,
J'abandonne le livre et m'en vais à l'église.
Au retour, pour plaisir une heure je devise,
De là je viens dîner, faisant sobre repas,
Je rends grâces à Dieu; au reste je m'ébats,[31]
Car, si l'après-dînée est plaisante et sereine,

Je m'en vais promener tantôt parmi la plaine,
Tantôt en un village, et tantôt en un bois,
Et tantôt par les lieux solitaires et cois.[32]. .
Mais, quand le ciel est triste et tout noir d'épaisseur
Et qu'il ne fait aux champs ni plaisant ni bien
 seur,[33]
Je cherche compagnie, ou je joue à la prime,[34]
Je voltige [35] ou je saute ou je lutte ou j'escrime,
Je dis le mot pour rire, et à la vérité
Je ne loge chez moi trop de sévérité.
Puis quand la nuit brunette a rangé les étoiles,
Encourtinant [36] le ciel et la terre de voiles,
Sans souci je me couche, et là levant les yeux
Et la bouche et le cœur vers la voûte des cieux,
Je fais mon oraison, priant la bonté haute [37]
De vouloir pardonner doucement à ma faute.[38]
Au reste, je ne suis ni mutin [39] ni méchant,
Qui fais croire ma loi par le glaive tranchant.[40]
Voilà comme je vis; si ta vie est meilleure,
Je n'en suis envieux, et soit à la bonne heure.[41]

(*Discours des misères de ce temps*)

[27] Le ministre avait d'abord accusé le poète de paganisme.
[28] adonnée au plaisir
[29] dans ces vers
[30] opinion de secte (hérésie)
[31] ensuite je me divertis

[32] tranquilles
[33] sûr
[34] jeu de cartes
[35] je fais des exercices de cheval
[36] cachant comme d'un rideau
[37] Dieu
[38] état fautif
[39] révolté
[40] moi qui ne suis pas homme à imposer ma croyance religieuse à coups d'épée
[41] tant mieux et bonne chance

VI. *Joachim du Bellay (1522–1560)*

JOACHIM DU BELLAY est né au petit château de Liré dans l'Anjou. Orphelin
de bonne heure et sourd, il étudiait le droit quand il rencontra Ronsard en 1548.
A son tour, il devint disciple de Dorat. Étant pauvre, il dut s'attacher en qualité
de secrétaire à son cousin, le cardinal humaniste du Bellay qui remplissait une
mission importante à la Cour de Rome. Joachim du Bellay n'y fut guère heureux

L'HOMME

pendant ses quatre ans de séjour. Rentré à Paris malade, il y mourut à l'âge de trente-huit ans.

Ses œuvres principales sont: le manifeste de la Pléiade en prose, *Défense et illustration de la langue française* (1549) et des recueils de vers, *L'Olive* (1549), *Les Antiquités de Rome, Les Regrets* (1558). L'ŒUVRE

Ses meilleurs sonnets expriment son ironie méprisante pour les intrigues et les scandales des seigneurs et cardinaux italiens, une tristesse méditative devant les ruines, ces témoins de la mort d'une civilisation, enfin sa nostalgie du pays natal et son regret des amis de jeunesse restés à Paris.

Par son lyrisme, du Bellay se rapproche des poètes romantiques et de nous. Et son art, son style, sa technique du vers et du sonnet semblent être d'un artisan moderne.

L'Olive[1]

L'APPARITION

Déjà la nuit en son parc[2] amassoit
Un grand troupeau d'étoiles vagabondes,
Et, pour entrer aux cavernes profondes,
Fuyant le jour, ses noirs chevaux chassoit;

Déjà le ciel aux[3] Indes rougissoit
Et l'Aube encor, de ses tresses tant blondes

Faisant grêler mille perlettes rondes,[4]
De ses trésors les prés enrichissoit,

Quand d'occident,[5] comme une étoile vive,
Je vis sortir dessus ta verte rive,
O fleuve[6] mien! une Nymphe en riant,

Alors, voyant cette nouvelle Aurore,
Le jour honteux d'un double teint colore
Et l'angevin et l'indique orient.[7]

[1] *Olive* est l'anagramme du nom de Mlle de Viole, jeune fille aimée du poète. Remarquer dans ces vers et dans leur suite les terminaisons verbales en *oit*, fréquentes dans l'ancienne France, ainsi que en *ois*. Remarquer également les inversions, nombreuses dans ce sonnet et dans les suivants.
[2] désigne ici l'endroit où sont parqués les troupeaux
[3] du côté des

[4] les gouttes de rosée
[5] à l'ouest
[6] la Loire
[7] l'est, qui s'étend de l'Anjou à l'Inde

Les Regrets

VI

Las! où est maintenant ce mépris de Fortune?[1]
Où est ce cœur vainqueur de toute adversité,
Cet honnête désir de l'immortalité,
Et cette honnête flamme au peuple non commune?

Où sont ces doux plaisirs qu'au soir sous la nuit brune

Les Muses me donnoient, alors qu'en liberté
Dessus le vert tapis d'un rivage écarté
Je les menois danser aux rayons de la Lune?

Maintenant la Fortune est maîtresse de moi,
Et mon cœur, qui souloit[2] être maître de soi,
Est serf de mille maux et regrets qui m'ennuient.[3]

[1] mépris de l'homme pour le sort

[2] avait l'habitude de
[3] me tourmentent

De la postérité je n'ai plus de souci,
Cette divine ardeur, je ne l'ai plus aussi,[4]
Et les Muses de moi, comme étranges,[5] s'enfuient.

IX

France, mère des arts, des armes et des lois,
Tu m'as nourri longtemps du lait de ta mamelle;
Ores,[6] comme un agneau qui sa nourrice appelle,
Je remplis de ton nom les antres et les bois.

Si tu m'as pour enfant avoué[7] quelquefois,
Que ne me réponds-tu maintenant, ô cruelle?
France, France, réponds à ma triste querelle![8]
Mais nul, sinon Écho, ne répond à ma voix.

Entre les loups cruels j'erre parmi la plaine,
Je sens venir l'hiver, de qui la froide haleine
D'une tremblante horreur fait hérisser ma peau.

Las! tes autres agneaux n'ont faute[9] de pâture,
Ils ne craignent le loup, le vent, ni la froidure:
Si ne suis-je pourtant[10] le pire du troupeau!

XXXI

Heureux qui, comme Ulysse,[11] a fait un beau
voyage,
Ou comme celui-là qui conquit la Toison,[12]
Et puis est retourné, plein d'usage[13] et raison,
Vivre entre ses parents le reste de son âge![14]

Quand reverrai-je, hélas! de mon petit village
Fumer la cheminée; et en quelle saison
Reverrai-je le clos de ma pauvre maison,
Qui m'est une province,[15] et beaucoup davantage?

Plus me plaît le séjour qu'ont bâti mes aïeux
Que des palais romains le front audacieux;
Plus que le marbre dur me plaît l'ardoise fine,[16]

Plus mon Loire gaulois que le Tibre latin,
Plus mon petit Liré[17] que le mont Palatin,
Et plus que l'air marin[18] la douceur angevine.

XXXVII

C'étoit ores, c'étoit qu'à moi je devois vivre,[19]
Sans vouloir être plus que cela que je suis,
Et qu'heureux je devois de ce peu que je puis
Vivre content du bien de la plume et du livre.[20]

Mais il n'a plu aux Dieux me permettre de suivre
Ma jeune liberté, ni faire que depuis
Je vécusse aussi franc[21] de travaux et d'ennuis,[22]
Comme d'ambition j'étois franc et délivre.[23]

Il ne leur a pas plu qu'en ma vieille saison
Je susse quel bien c'est de vivre en sa maison,
De vivre entre les siens sans crainte et sans envie.

Il leur a plu, hélas! qu'à ce bord étranger[24]
Je visse ma franchise[25] en prison se changer,
Et la fleur de mes ans en l'hiver de ma vie.

XXXVIII

Ah! qu'heureux est celui qui peut passer son âge[26]
Entre pareils à soi![27] et qui, sans fiction,[28]
Sans crainte, sans envie et sans ambition,
Règne paisiblement en son pauvre ménage![29]

[4] non plus
[5] devenues étrangères
[6] maintenant (en Italie)
[7] reconnu
[8] plainte
[9] ne manquent pas
[10] et pourtant je ne suis pas
[11] le héros homérique qui, revenant de la guerre de Troie, erra pendant dix années sur les mers avant de pouvoir rentrer dans sa patrie (l'île d'Ithaque)
[12] Jason, héros légendaire, chef des Argonautes, qui gagna la Colchide (Caucasie occidentale) sur le navire Argo et conquit la Toison d'or (mythologie grecque)
[13] expérience
[14] sa vie
[15] qui a pour moi la valeur de toute une province
[16] l'ardoise des toits de l'Anjou
[17] village natal du poète
[18] l'air de la mer qu'on respire à Rome
[19] Il était normal qu'à présent (ores) je vécusse de moi et pour moi.
[20] le plaisir qu'on prend à écrire et à lire
[21] libre
[22] tourments
[23] vieux mot pour *délivré*
[24] à Rome
[25] liberté
[26] sa vie
[27] compagnons familiers
[28] sans dissimulation, en toute franchise
[29] l'ordre et la dépense de la maison

Le misérable soin [30] d'acquérir davantage
Ne tyrannise point sa libre affection,[31]
Et son plus grand désir, désir sans passion,
Ne s'étend plus avant que son propre héritage.[32]

Il ne s'empêche [33] point des affaires d'autrui,
Son principal espoir ne dépend que de lui:
Il est sa cour, son roi, sa faveur, et son maître;

Il ne mange son bien en pays étranger,
Il ne met pour autrui sa personne en danger,
Et plus riche qu'il est ne voudroit jamais être.

LXXXV

Flatter un créditeur [34] pour son terme [35] allonger,
Courtiser un banquier, donner bonne espérance,[36]
Ne suivre en son parler la liberté de France,
Et, pour répondre un mot, un quart d'heure y
 songer;

Ne gâter sa santé par trop boire et manger,
Ne faire sans propos une folle dépense,
Ne dire à tous venants tout cela que l'on pense,
Et d'un maigre discours [37] gouverner [38] l'étranger;

Connoître les humeurs,[39] connoître qui demande,[40]
Et, d'autant que l'on a la liberté plus grande,
D'autant plus se garder que l'on ne soit repris; [41]

Vivre avecques chacun, de chacun faire compte: [42]
Voilà, mon cher Morel,[43] dont je rougis de honte,
Tout le bien qu'en trois ans à Rome j'ai appris.

LXXXVI

Marcher d'un grave pas et d'un grave sourci,[44]
Et d'un grave souris [45] à chacun faire fête,

[30] souci
[31] manière d'être
[32] le bien qu'il possède
[33] il ne s'embarrasse
[34] celui à qui on doit de l'argent
[35] délai de paiement
[36] pour les prochains paiements
[37] peu de paroles
[38] agir sur
[39] caractères
[40] celui qui vient solliciter
[41] veiller à ne pas se faire censurer
[42] considérer chacun avec déférence
[43] ami de Paris
[44] sourcil

Balancer tous ses mots, répondre de la tête
Avec un « Messer, non » ou bien un « Messer si »,[46]

Entremêler souvent un petit « E cosi »,[47]
Et d'un « Son Servitor' » [48] contrefaire l'honnête;
Et, comme si l'on eût sa part en la conquête,
Discourir sur Florence et sur Naples aussi;

Seigneuriser chacun d'un baisement de main
Et, suivant la façon du courtisan romain,
Cacher sa pauvreté d'une brave apparence:

Voilà de cette Cour la plus grande vertu,
Dont souvent, mal monté,[49] mal sain,[50] et mal vêtu,
Sans barbe et sans argent on s'en retourne en France.

CXCI

Sire, Celui qui est [51] a formé toute essence
De ce qui n'étoit rien. C'est l'œuvre du Seigneur;
Aussi tout honneur doit fléchir à [52] son honneur,
Et tout autre pouvoir céder à sa puissance.

On voit beaucoup de Rois qui sont grands d'appa-
 rence;
Mais nul, tant soit-il grand, n'aura jamais tant
 d'heur [53]
De pouvoir à la vôtre égaler sa grandeur:
Car rien n'est après Dieu si grand qu'un Roi de
 France.

Puis donc que [54] Dieu peut tout, et ne se trouve
 lieu [55]
Lequel ne soit enclos sous le pouvoir de Dieu,
Vous, de qui la grandeur de Dieu seul est enclose,[56]

Élargissez encor sur moi votre pouvoir,
Sur moi qui ne suis rien, afin de faire voir
Que de rien un grand Roi peut faire quelque chose.

[45] sourire
[46] Non, Messire; oui, Messire.
[47] comme ça
[48] votre serviteur
[49] manquant de tout
[50] en mauvaise santé
[51] Dieu
[52] devant
[53] tellement de bonheur
[54] puisque donc
[55] il n'existe pas de lieu
[56] seule la grandeur de Dieu dépasse la vôtre

Les Antiquités de Rome

III

Nouveau venu, qui cherches Rome en Rome,
Et rien de Rome en Rome n'aperçois,[57]
Ces vieux palais, ces vieux arcs que tu vois,
Et ces vieux murs, c'est ce que Rome on nomme.

Vois quel orgueil, quelle ruine, et comme
Celle qui mit le monde sous ses lois,
Pour domter [58] tout, se domta quelquefois,
Et devint proie au [59] temps, qui tout consomme.

Rome de Rome est le seul monument,
Et Rome Rome a vaincu seulement.
Le Tibre seul, qui vers la mer s'enfuit,

Reste de Rome. O mondaine [60] inconstance!
Ce qui est ferme est par le temps détruit,
Et ce qui fuit, au temps fait résistance.

VII

Sacrés coteaux, et vous saintes ruines,
Qui le seul nom de Rome retenez,
Vieux monuments, qui encor soutenez
L'honneur poudreux [61] de tant d'âmes divines; [62]

Arcs triomphaux, pointes du ciel voisines,
Qui de vous voir le ciel même étonnez,
Las! peu à peu cendre vous devenez,
Fable du peuple [63] et publiques rapines! [64]

Et bien qu'au Temps pour un temps fassent guerre
Les bâtiments, si est-ce que [65] le Temps
Œuvres et noms finablement atterre.[66]

Tristes désirs, vivez doncques contents,
Car si le temps finit chose si dure,[67]
Il finira la peine que j'endure.[68]

XXVI

Qui voudroit figurer la romaine grandeur
En ses dimensions, il ne lui faudroit querre [69]
A la ligne et au plomb, au compas, à l'équerre,
Sa longueur et largeur, hautesse et profondeur:

Il lui faudroit cerner d'une égale rondeur [70]
Tout ce que l'Océan de ses longs bras enserre,
Soit où l'Astre annuel échauffe plus la terre,[71]
Soit où souffle Aquilo sa plus grande froideur.[72]

Rome fut tout le monde,[73] et tout le monde est
 Rome.
Et, si par mêmes noms mêmes choses on nomme,
Comme du nom de Rome on se pourroit passer,

La nommant par le nom de la terre et de l'onde:
Ainsi le monde on peut sur Rome compasser,[74]
Puis que [75] le plan de Rome est la carte du
monde.

[57] Nouveau venu qui as l'obsession de la Rome antique et ne la retrouves plus. Ce sonnet et le suivant sont écrits en vers de dix pieds, au lieu de douze comme ceux des *Regrets*.
[58] dompter
[59] pour le
[60] propre à ce monde
[61] en poussière
[62] personnages presque égaux aux dieux
[63] sujets de récits fabuleux
[64] pierres que les gens volent dans les ruines

[65] c'est un fait que
[66] renverse finalement
[67] met fin à une réalité si résistante
[68] la souffrance de l'exil
[69] chercher, mesurer
[70] circonférence
[71] à l'équateur
[72] au pôle
[73] le monde entier
[74] mesurer avec le compas
[75] puisque

Gabrielle d'Estrées et une de ses sœurs. École de Fontainebleau, XVIe siècle. (Lauros-Giraudon)

La Saint-Barthélemy (24 août 1572). Estampe. Bibliothèque Nationale. (Photographie Giraudon)

VII. *Montaigne* (1533–1592)

MICHEL EYQUEM DE MONTAIGNE naquit au château de Montaigne en Périgord. Il reçut une éducation soignée et apprit le latin comme sa langue maternelle. Après des études de droit, il devint magistrat, d'abord à Périgueux et ensuite à Bordeaux. En 1559, il se lia d'une forte amitié avec Étienne de La Boétie qui mourut en 1563. En 1565 Montaigne se maria et eut de ce mariage six filles dont une seule vécut. En 1570, à l'âge de trente-sept ans, il vendit sa charge de conseiller et se retira dans son château où il commença à écrire ses *Essais*.

De juin 1580 à novembre 1581, il voyagea en Suisse, en Allemagne et en Italie. Pendant son absence, il fut élu maire de Bordeaux et réélu en 1583. Une épidémie de peste ayant éclaté à Bordeaux sur la fin de sa magistrature, Montaigne se tint éloigné de son poste, dut fuir son château et errer avec sa famille pendant des mois. De retour chez lui en 1586, ses dernières années se passèrent dans l'étude. Il retoucha les deux livres d'*Essais* parus en 1580, leur en ajouta un troisième et publia le tout à Paris en 1588.

Il fut un royaliste sans fanatisme, ne prit point part aux guerres religieuses et se rallia à Henri IV.

Les *Essais* sont un recueil de confidences, de réflexions morales, de méditations sur toutes sortes de sujets (coutumes, éducation, amitié, voyage, etc.) faites au hasard des lectures, des rêveries et des événements, présentées sans plan logique, mais convergeant cependant vers un dessein très net: *peindre un portrait complet, fouillé, et véridique de l'auteur.* D'où l'unité profonde du livre.

Tout est ramené au Moi de Montaigne, et ce Moi s'étale avec bonhomie et sans-gêne. (Comment il mange et dort, comment il se porte, ce qu'il lit, ce qu'il pense de ce qu'il a lu, quels personnages il connaît et comment il les juge, etc.). Il nous a invités à le regarder vivre. C'est lui le sujet de son livre, et il le dit lui-même en termes imagés: « Chacun regarde devant soi, moi je regarde dedans moi, je me considère sans cesse, je me contrôle, je me goûte . . . je me roule en moi-même. »

Son but est de connaître, en se connaissant, la nature humaine, *l'Homme.* Montaigne a dit: « Chaque homme porte en soi la forme entière de l'humaine condition. » Et les lectures de Montaigne, ses voyages, son commerce des hommes lui donnent sans cesse occasion de vérifier les résultats de son intime

examen, celui-ci éclairant en retour ses observations de lecteur, de voyageur, de causeur philosophe, d'homme public.

L'homme (c'est-à-dire les caractères de l'humanité que Montaigne a découverts en lui-même ainsi que dans les livres et dans la vie) est un monde de contradictions et d'erreurs. L'homme est inconstant, ondoyant, et divers; et la peinture que Montaigne en fait est un riche trésor de psychologie. La raison de l'homme ne vaut pas l'instinct des bêtes; elle est à la merci de circonstances extérieures, sans cesse dupée par les sens et l'imagination. L'homme n'a pas d'idées sûres et stables, son jugement erre à l'aventure. Les coutumes, les lois varient de peuple à peuple, d'époque à époque.

De la diversité infinie des croyances et des opinions humaines se dégage un doute qui n'ose même pas s'affirmer et qui dit: « Que sais-je? » Le chapitre des *Essais* intitulé *Apologie de Raymond de Sebonde* (II, 12) expose une véritable philosophie de sceptique. Ce théologien espagnol du XVe siècle avait écrit une *Théologie naturelle* que Montaigne traduisit. On en suspectait l'orthodoxie. Sous prétexte de la défendre, Montaigne montre que l'auteur ne pouvait mieux faire puisqu'il voulait fonder la foi sur la raison; Montaigne en effet dénie à la raison toute valeur et dresse un véritable réquisitoire contre elle, contre son orgueil et son impuissance.

Montaigne a eu et professé le culte de l'amitié. La mort avait frappé en pleine jeunesse son ami La Boétie, homme érudit et lettré, auteur du *Discours sur la servitude volontaire,* appelé aussi le *Contr'un,* diatribe contre la tyrannie et que Montaigne publia après la mort de son ami. Dans son *Discours sur la mort de feu M. La Boétie,* récit ému et d'accent sublime écrit à son père sous forme de lettre, Montaigne témoigne de la profondeur de l'amitié qui l'unissait à La Boétie.

Tous les « essais » de Montaigne tendent à un art de vivre: tout d'abord de bien goûter la vie, et ensuite d'écarter tout ce qui trouble la vie ou l'attriste inutilement. Montaigne s'est prétendu d'abord disciple des stoïciens, puis le scepticisme le gagna, mais un scepticisme modéré par sa confiance dans la nature, guide bienfaisant et sûr.

Le but final des *Essais,* c'est une morale pratique, la plus naturelle en même temps que la plus humaine, hors de la mêlée des philosophies et des religions.

De l'institution des enfants

[*Montaigne nous donne dans ces pages un véritable traité d'éducation. L'essai est adressé à Diane de Foix, comtesse de Gurson, et destiné à l'enfant qu'elle attend. Il comporte une critique de l'enseignement tel qu'on le donnait à l'époque en même temps qu'un programme de pédagogie nouvelle, conçu pour un « enfant de maison », donc pour la noblesse.*

Montaigne est d'accord avec Rabelais pour faire une large place à l'éducation physique, recourir le plus possible à l'observation et aux leçons de choses, chercher la fréquentation des hommes d'expérience. Mais au lieu de bourrer la mémoire de l'élève (une [5] *tête pleine) il veut qu'on forme son jugement pour le préparer à vivre dans la société de ses semblables (une tête bien faite).]*

A un enfant de maison[1] qui s'appliquera aux let-[10]tres, non pour le gain (car un but si abject est indigne de la grâce et de la faveur des Muses, et puis il regarde autrui et en dépend) ni pour les commodités sociales, mais pour lui-même, pour s'en enrichir et parer son for intérieur, et si l'on veut faire [15] de lui un habile homme plutôt qu'un homme savant, je voudrais qu'on fût soigneux de lui choisir un conducteur[2] qui eût plutôt la tête bien faite que bien pleine, les deux étant à souhaiter, mais les manières et l'intelligence devant passer avant la [20] science; et puis qu'il remplît sa charge selon de nouvelles méthodes.

On ne cesse de criailler[3] à nos oreilles, comme si on versait dans un entonnoir, et notre charge consiste à redire ce qu'on nous a dit. Je voudrais que le [25] précepteur corrigeât ces façons et que dès le début, s'adaptant à l'âme qui lui est confiée, il commençât à la mettre sur la piste,[4] lui faisant goûter les choses, d'elle-même les choisir et les discerner, quelquefois lui ouvrant le chemin, quelquefois le lui laissant [30] ouvrir. Je ne veux pas qu'il invente et parle seul, je veux qu'il écoute son élève parler à son tour. Socrate et, après lui, Archésilas faisaient parler d'abord leurs disciples, et puis ils leur parlaient. . .

Qu'il lui fasse tout passer par l'étamine[5] et ne [35] loge rien en sa tête par simple autorité et crédit. Que les principes d'Aristote ne soient principes pour lui, non plus que ceux des Stoïciens et des Épicuriens.[6]

Qu'on lui propose cette diversité de jugements: il choisira s'il peut, sinon il restera dans le doute. Il n'y a que les fous qui aient imperturbablement des certitudes. Car s'il embrasse les opinions de Xénophon et de Platon[7] dans son propre propos, ce ne seront plus les leurs, mais les siennes. . . Les abeilles butinent deci delà les fleurs, mais ensuite elles font le miel, qui est tout à elles; ce n'est plus thym ni marjolaine. Ainsi les pièces empruntées d'autrui, il les transformera et mêlera, pour en composer un ouvrage tout sien, à savoir: son jugement; son éducation, son travail et son étude ne visent qu'à le former. . .

A cela[8] sont merveilleusement propres la fréquentation des hommes et la visite des pays étrangers, non pour en rapporter seulement, à la mode de notre noblesse française, combien de pas a la Santa Rotonda[9] ou la richesse des calessons de la Signora Livia,[10] ou, comme d'autres, de combien le visage de Néron[11] ramassé dans quelque vieille ruine est plus long ou plus large que celui d'une autre médaille, mais pour en rapporter surtout les humeurs des nations, et leurs mœurs, et pour frotter et limer notre cervelle contre celle d'autrui. Je voudrais qu'on commençât à le promener dès sa tendre enfance et premièrement, pour faire d'une pierre deux coups,[12] dans les nations voisines dont le langage est le plus éloigné du nôtre, de sorte que la langue, si vous ne l'y habituez de bonne heure, ne s'y peut plier.

Aussi bien est-ce une opinion reçue d'un chacun[13] qu'il n'est pas raisonnable d'élever un enfant dans le giron[14] de ses parents. L'affection les attendrit trop et les relâche, voire les plus sages. Ils ne sont capables ni de châtier ses fautes ni de le voir nourri à la grosse, comme il le faut, et à tout risque. Ils ne sauraient supporter de le voir revenir suant et poussiéreux de sa gymnastique, boire chaud, boire froid, ni de le voir sur un cheval difficile, ni en face d'un

[1] enfant noble
[2] un précepteur
[3] imposer des leçons
[4] Ainsi fait un maquignon pour un cheval à vendre.
[5] tissu qui sert à filtrer
[6] Aristote, philosophe grec du IVe siècle avant J.–C. Ses œuvres composent une véritable encyclopédie des sciences de son temps. *Stoïciens* et *Épicuriens,* philosophes de l'ancienne Grèce, comptent surtout pour leur morale; les premiers, disciples de Zénon, placent le souverain bien dans l'effort; les seconds, disciples d'Épicure, le placent dans le

plaisir, le plaisir essentiel étant celui de l'esprit.
[7] philosophes grecs, disciples de Socrate
[8] former le jugement
[9] Panthéon construit à Rome sous l'empereur Auguste (62 avant J.–C.)
[10] vêtements de dessous de l'épouse de l'empereur Auguste
[11] empereur romain (37–68 après J.–C.)
[12] obtenir deux résultats par une seule action
[13] C'est-à-dire de tous.
[14] C'est-à-dire sans le séparer le moindrement des parents.

rude escrimeur, le fleuret au poing, ni devant la première arquebuse. Car il n'y a pas d'autre moyen: si l'on veut en faire un homme de bien, il importe de ne pas l'épargner dans sa jeunesse et même d'aller souvent contre les règles de la médecine: Ce n'est pas assez de lui roidir l'âme, il lui faut aussi roidir les muscles. . . On doit le rompre [15] à la peine et à l'âpreté des exercices, pour le dresser à la peine et à l'âpreté de la dislocation des membres, de la colique, du cautère,[16] de la geôle [17] et de la torture. Car il peut avoir affaire à ces dernières qui menacent les bons comme les méchants en ces temps de guerre civile.[18] . .

Qu'on lui inculque l'honnête curiosité de s'enquérir de toutes choses; tout ce qu'il y aura de singulier autour de lui, il le verra: un bâtiment, une fontaine, un homme, le lieu d'une bataille ancienne, l'endroit ou est passé César ou Charlemagne. Il s'enquerra des mœurs, des moyens et des alliances de tel prince et de tel autre. Ce sont choses bien plaisantes à apprendre et très utiles à savoir.

En cette pratique des hommes j'entends [19] comprendre, et principalement, ceux qui ne vivent que dans la mémoire des livres.[20] L'écolier pratiquera, par le moyen des histoires, ces grandes âmes des meilleurs siècles. Vaine étude, si l'on veut, mais, si l'on veut aussi, étude de fruit [21] inestimable. Quel profit n'en tirera-t-il pas s'il lit les *Vies* de notre Plutarque? [22] Mais que mon guide [23] se souvienne du but que lui impose sa charge et qu'il n'imprime pas tant dans le cerveau de son élève la date de la ruine de Carthage que les façons d'Hannibal et de Scipion,[24] ni le lieu où mourut Marcellus,[25] que pourquoi il était indigne de son devoir qu'il mourût

là. Qu'il ne lui apprenne pas tant les histoires qu'à en juger. . .

Il se tire une merveilleuse clarté, pour le jugement humain, de la fréquentation du monde: nous sommes tous contraints et ramassés en nous, et avons la vue raccourcie à la longueur de notre nez. On demandait à Socrate [26] d'où il était: il ne répondit pas, d'Athènes; mais, du monde; lui qui avait l'esprit plus plein et plus étendu, embrassait l'univers comme sa ville, jetait ses connaissances, sa société et ses affections à tout le genre humain; non pas comme nous, qui ne regardons que sous nous. Quand les vignes gèlent en mon village, mon prêtre conclut à la colère de Dieu sur la race humaine, et juge que la pépie [27] doit punir déjà les Cannibales.[28] A voir nos guerres civiles, qui ne crie que notre globe se bouleverse, et que le jour du jugement nous prend au collet? sans s'aviser que plusieurs pires choses se sont vues, et que les dix mille parts du monde ne laissent pas [29] de se réjouir pendant ce temps-là; moi, témoin de leur licence et impunité, j'admire de les voir si douces et molles. A qui il grêle sur la tête, tout l'hémisphère semble être en tempête et orage; et disait le Savoyard, que « Si ce sot de roy de France eût su bien conduire sa fortune, il était homme à devenir maître d'hôtel [30] de son duc »: son imagination ne concevait grandeur plus élevée que celle de son maître.[31] Nous sommes insensiblement tous en cette erreur: erreur de grande conséquence et préjudice. Mais qui se présente comme dans un tableau cette grande image de notre mère nature en son entière majesté; qui lit en son visage une si générale et constante variété; qui se remarque là dedans, et je ne dis pas soi, mais tout un royaume, comme un trait d'une pointe très délicate,[32] celui-là seul estime les choses selon leur juste grandeur.

Ce grand monde, que certains multiplient encore

[15] l'habituer
[16] remède qui brûle une plaie pour l'assainir
[17] prison
[18] les guerres de religion
[19] je veux
[20] ce que les livres racontent d'eux
[21] profit
[22] historien grec du Ier siècle après J.-C., auteur des *Vies des hommes illustres de la Grèce et de Rome*
[23] le précepteur que j'ai choisi
[24] Général romain du IIe siècle avant J.-C., destructeur de Carthage, la vieille ennemie de Rome. Hannibal avait été le plus glorieux général carthaginois, plusieurs fois vainqueur des Romains.
[25] Général romain, vainqueur d'Hannibal et des Syracusains; il périt par sa faute dans une embuscade.

[26] philosophe grec du Ve siècle avant J.-C., créateur de la science morale, premier des humanistes, maître de Platon
[27] maladie des oiseaux, accompagnée d'une soif insatiable
[28] Le curé du village pense que les cannibales de l'Amérique du Sud n'auront pas à boire si les vignes gèlent en Gascogne.
[29] ne se privent pas
[30] ordonnateur des réceptions
[31] le duc
[32] C'est-à-dire moins qu'un grain de sable.

comme espèces sous un genre,[33] c'est le miroir où il nous faut regarder, pour nous connaître de bon biais. En somme, je veux que ce soit le livre de mon écolier. Tant d'humeurs, de sectes, de jugements, d'opinions, de lois et de coutumes, nous apprennent à juger sainement des nôtres, et entraînent notre jugement à reconnaître son imperfection et sa naturelle faiblesse, ce qui n'est pas un léger apprentissage; tant de remuements d'États et changements de fortune publique nous instruisent à ne faire pas grand miracle de la nôtre; tant de noms, tant de victoires et conquêtes ensevelies sous l'oubli, rendent ridicule l'espérance d'éterniser notre nom par la prise de dix argoulets [34] et d'un pouiller [35] qui n'est connu que par sa chute; l'orgueil et la fierté de tant de pompes étrangères, la majesté si enflée de tant de cours et de grandeurs, nous affermit et assure la vue à soutenir l'éclat des nôtres, sans battre des cils; tant de milliasses [36] d'hommes enterrés avant nous nous encouragent à ne pas craindre d'aller trouver si bonne compagnie en l'autre monde; ainsi du reste. . .

Aux exemples se pourront proprement assortir toutes les plus profitables leçons de la philosophie, à laquelle se doivent rattacher les actions humaines comme à leur règle. On dira à l'écolier ce que c'est que savoir et ignorer, ce qui doit être le but de l'étude; ce que c'est que vaillance, tempérance et justice; la différence qu'il y a entre l'ambition et l'avarice, la servitude et la subjection, la licence et la liberté; à quelles marques on connaît le vrai et solide contentement; jusques où il faut craindre la mort, la douleur et la honte, quels ressorts [37] nous meuvent, et le moyen de tant de divers branles [38] en nous: car il me semble que les premières leçons dont on lui doit abreuver l'entendement, ce doivent être celles qui règlent ses mœurs et ses sens; qui lui apprendront à se connaître, et à savoir bien mourir et bien vivre. . .

Après qu'on lui aura appris ce qui sert à le faire plus sage et meilleur, on l'entretiendra de ce que sont logique, physique, géométrie, rhétorique; et la science qu'il choisira lorsqu'il aura déjà le jugement formé, il en viendra bientôt à bout. Sa leçon se fera tantôt par conversation, tantôt par livre: tantôt son précepteur l'instruira du texte même des auteurs; tantôt il lui en donnera la moelle et la substance toute mâchée [39]; et si de soi-même il [40] n'est pas assez familier des livres pour y trouver tant de beaux discours qui y sont et qui répondent à son dessein, on lui pourra adjoindre quelque homme de lettres qui à chaque besoin fournisse les munitions [41] qu'il faudra, pour les distribuer et dispenser à son nourrisson. Et que cette leçon soit plus aisée et naturelle que celle de Gaza,[42] qui en peut douter? Ce sont chez Gaza préceptes épineux et mal plaisants, et des mots vains et décharnés, où il n'y a point de prise,[43] rien qui vous éveille l'esprit: en cette leçon l'âme trouve où mordre, et où se paître. Ce fruit est plus grand sans comparaison, aussi sera-t-il plus tôt mûri.

C'est grand dommage que les choses en soient, en notre siècle, à ce point que la philosophie soit devenue, jusques pour les gens d'entendement,[44] un nom vain et fantastique, qui se trouve de nul usage et de nul prix, comme on le dit et comme on le voit bien. Je crois que ces ergoteries [45] en sont cause, qui ont rempli ses avenues. On a tort de la peindre inaccessible aux enfants, et d'un visage renfrogné, soucieux et terrible. Qui me l'a masquée de ce faux visage, pâle et hideux? Il n'est rien plus gai, plus gaillard, plus enjoué, et peu s'en faut que je ne dise folâtre; elle ne prêche que fête et bon temps: une mine triste et transie montre que ce n'est pas là son gîte. . .[46] L'âme qui loge la philosophie doit, par sa santé, rendre sain encore le temps: [47] elle doit lui faire jusques au dehors son repos et son aise; doit former à son moule le port extérieur, et l'armer, par conséquent, d'une gracieuse liberté, d'un maintien actif et allègre, et d'une contenance contente et débonnaire. La plus expresse marque de la sagesse, c'est une bonne humeur constante; son état est,

[33] Les espèces sont les divisions des genres.
[34] arquebusiers à cheval
[35] bicoque (petite place fortifiée)
[36] dix fois cent milliards
[37] psychologiques
[38] mouvements
[39] bien résumée
[40] le précepteur
[41] provisions de savoir
[42] helléniste de la Renaissance italienne, venu de Byzance
[43] où l'esprit ne s'accroche à rien
[44] qui savent et qui comprennent
[45] raisonnements chicaneurs
[46] La vraie philosophie n'est pas là.
[47] l'air dans lequel elle vit

comme des choses au-dessus de la lune, toujours serein: c'est *Baroco et Baralipton*[48] qui rendent leurs suppôts aussi crottés et enfumés:[49] ce n'est pas elle: ils ne la connaissent que par ouïdire. Comment? elle fait état d'apaiser les tempêtes de l'âme, et d'apprendre la faim et les fièvres à rire, non par quelques épicycles[50] imaginaires, mais par raisons naturelles et palpables; elle a pour son but la vertu, qui n'est pas, comme dit l'école,[51] plantée à la tête d'un mont coupé, raboteux et inaccessible: ceux qui l'ont approchée la jugent au contraire logée dans une belle plaine fertile et fleurissante, d'où elle voit bien sous soi toutes choses; mais on peut y arriver si l'on en sait l'adresse, par les routes ombrageuses, gazonnées et doux fleurantes, plaisamment, et d'une pente facile et polie, comme est celle des voûtes célestes. Pour avoir hanté cette vertu suprême, belle, triomphante, amoureuse, délicieuse pareillement et courageuse, ennemie profonde et irréconciliable de l'aigreur, du déplaisir, de la crainte et de la contrainte, ayant pour guide nature, fortune et volupté pour compagnes, ils sont allés, par faiblesse, feindre[52] cette sotte image, triste, querelleuse, maussade, menaçante, et la placer sur un rocher à l'écart, parmi des ronces: fantôme à étonner les gens. . .

Je ne veux donc pas qu'on emprisonne ce garçon: je ne veux pas qu'on l'abandonne à la colère et humeur d'un furieux maître d'école; je ne veux pas corrompre son esprit à le tenir à la torture et au travail, à la mode des autres, quatorze ou quinze heures par jour, comme un portefaix; pas plus que je ne trouverais bon, si par quelque complexion solitaire et mélancolique, on le voyait adonné d'une application trop indiscrète[53] à l'étude des livres, qu'on l'y encourage: cela les rend ineptes à la conversation civile, et les détourne de meilleures occupations.

Dans notre système, un cabinet, un jardin, la table, et le lit, la solitude, la compagnie, le matin et le soir, toutes heures lui seront une, toutes places lui seront étude: car la philosophie, qui, comme formatrice des jugements et des mœurs, sera sa principale leçon, a ce privilège de se mêler partout. Isocrates[54] l'orateur étant prié en un festin de parler de son art, chacun trouve qu'il eut raison de répondre: « Il n'est pas maintenant temps de ce que je sais faire; et ce de quoi il est maintenant temps, je ne le sais pas faire. » Car de présenter des harangues ou des disputes de rhétorique à une compagnie assemblée pour rire et faire bonne chère, ce serait un mélange de trop mauvais accord; et autant en pourrait-on dire de toutes les autres sciences. Mais, quant à la philosophie, en la partie où elle traite de l'homme et de ses devoirs et offices, cela a été le jugement commun de tous les sages, que, pour la douceur de sa conversation, elle ne devait être refusée ni aux festins ni aux jeux; et Platon l'ayant invitée à son Banquet,[55] nous voyons comme elle entretient l'assistance d'une façon molle et accommodée au temps et au lieu, quoiqu'il s'agisse de ses plus hauts discours et les plus salutaires.

Ainsi, sans doute, notre écolier chômera moins que les autres. Mais comme les pas que nous employons à nous promener dans une galerie, quoiqu'il y en ait trois fois autant, ne nous lassent pas comme ceux que nous mettons à quelque chemin imposé, de même notre leçon, se passant comme par rencontre, sans obligation de temps et de lieu, et se mêlant à toutes nos actions, se coulera sans se faire sentir; les jeux mêmes et les exercices seront une bonne partie de l'étude: la course, la lutte, la musique, la danse, la chasse, le maniement des chevaux et des armes. Je veux que la bienséance extérieure, l'art de se conduire dans le monde et la disposition de la personne, se façonnent en même temps que l'âme. Ce n'est pas une âme, ce n'est pas un corps qu'on dresse: c'est un homme: il ne faut pas les séparer et, comme dit Platon, il ne faut pas les dresser l'un sans l'autre, mais les conduire également, comme une couple de chevaux attelés à même timon; et à l'ouïr,[56] il ne semble pas prêter plus de temps et plus de sollicitude aux exercices du corps,

[48] termes mnémotechniques désignant les formes du syllogisme (argument logique dont voici un exemple: tous les hommes sont mortels, tu es un homme, donc tu es mortel)

[49] Les raisonnements rébarbatifs rendent ceux qui en usent rebutants.

[50] figures de la science astronomique

[51] la vieille philosophie qui tient encore au Moyen Âge

[52] inventer

[53] excessive

[54] orateur athénien (436–338 avant J.-C.), maître de rhétorique réputé

[55] dialogue de Platon où les convives discutent de la beauté et de l'amour

[56] à entendre Platon

mais estimer que l'esprit doit s'exercer en même temps, et non au rebours.

Au demeurant,[57] cette éducation se doit conduire par une sévère douceur, non comme on le fait: au lieu de convier les enfants aux lettres, on ne leur présente, à la vérité, que horreur et cruauté. Ôtez-moi la violence et la force: il n'est rien, à mon avis, qui abâtardisse et étourdisse si fort une nature bien née. Si vous avez envie que l'écolier craigne la honte et le châtiment, ne l'y endurcissez pas; endurcissez-le à la sueur et au froid, au vent, au soleil, et aux hasards qu'il lui faut mépriser; ôtez-lui toute mollesse et délicatesse au vêtir et coucher, au manger et au boire; accoutumez-le à tout; que ce ne soit pas un beau garçon efféminé, mais un garçon vert et vigoureux. Enfant, homme vieil, j'ai toujours cru et jugé de même. Mais, entre autres choses, cette police de la plupart de nos collèges m'a toujours déplu. On eût failly,[58] à l'aventure,[59] avec moindre dommage en s'inclinant vers l'indulgence. C'est une vraie geôle de jeunesse captive. On la rend débauchée, l'en punissant avant qu'elle le soit. Arrivez-y aux heures de classe; vous n'oyez que cris, et d'enfants suppliciés, et de maîtres enivrés en leur colère. Quelle manière d'éveiller l'appétit pour leur leçon, à ces tendres âmes et craintives, de les guider d'une trogne effroyable,[60] les mains armées de fouets! Inique et pernicieuse forme! Joignez à cela ce que Quintilien a très bien remarqué de cette impérieuse autorité et de ses suites périlleuses, et nommément dans notre méthode de châtiment. Combien leurs classes seraient plus décemment jonchées de fleurs et de feuillées, que de tronçons d'osier sanglants.[61] J'y ferais peindre des figures de la joie, de l'allégresse, et Flora, et les Grâces, comme fait en son école le philosophe Speusippus.[62] Là où est leur profit, que là soit aussi leur récréation: on doit ensucrer les viandes salubres à l'enfant, et enfieller celles qui lui sont nuisibles. . .

C'est un bel et grand ornement de la vie sans doute que le grec et latin, mais on l'achète trop cher. Je dirai ici une façon d'en avoir meilleur marché que de coutume, qui a été essayée sur moi: s'en servira qui voudra. Feu mon père, ayant fait toutes les recherches qu'homme peut faire, parmi les gens savants et d'entendement, pour trouver une forme d'instruction exquise,[63] fut avisé d'un inconvénient qui était courant: cette longueur, lui disait-on, que nous mettons à apprendre les langues qui ne coûtaient rien aux anciens Grecs et Romains, est la seule cause pourquoi nous ne pouvons arriver à leur grandeur d'âme et d'esprit. Je ne crois pas que ce en soit la seule cause. Toujours est-il, que l'expédient que mon père y trouva, ce fut qu'en nourrice, et avant le premier dénouement de ma langue, il me donna en charge à un Allemand, qui depuis est mort fameux médecin en France, tout à fait ignorant de notre langue, et très bien versé en la latine. Celui-ci, qu'il avait fait venir exprès, et qu'il payait fort cher, m'avait continuellement entre les bras. Il en eut aussi avec lui deux autres moindres en savoir, pour me suivre, et soulager le premier: ceux-ci ne m'entretenaient d'autre langue que latine. Quant au reste de sa maison, c'était une règle inviolable que lui-même, ma mère, valets et chambrières n'employaient en ma compagnie qu'autant de mots de latin que chacun avait appris pour jargonner avec moi. C'est merveille du fruit que chacun en obtint: mon père et ma mère apprirent assez de latin pour l'entendre, et en acquirent suffisamment pour s'en servir au besoin, comme firent aussi les autres domestiques qui étaient plus attachés à mon service. En somme, nous latinisâmes tant qu'il en[64] rejaillit jusques à nos villages tout autour, où subsistent encore, y ayant pris pied par l'usage, plusieurs appellations latines d'artisans et d'outils. Quant à moi, j'avais plus de six ans que je n'avais pas encore entendu plus de français ou de périgourdin que d'arabesque;[65] et, sans art,[66] sans livre, sans grammaire ou précepte, sans fouet, et sans larmes, j'avais appris du latin tout aussi pur que mon maître d'école le sa-

[57] d'ailleurs
[58] on se serait trompé
[59] si l'on devait se tromper
[60] en leur montrant d'horribles visages
[61] qui servaient aux punitions corporelles; *Quintilien*, rhéteur latin du I[er] siècle avant J.–C., auteur d'un *Institution oratoire*
[62] philosophe grec du IV[e] siècle avant J.–C., neveu et disciple de Platon

[63] excellente
[64] du latin
[65] arabe (façon de dire qu'il n'avait pas entendu un mot de français ou de périgourdin)
[66] sans étude

vait: car je ne le pouvais avoir mêlé ni altéré. Si par essai on me voulait donner un thème, à la mode des collèges, on le donne aux autres en français, mais à moi il me le fallait donner en mauvais latin, pour le tourner en bon. . .

Quant au grec, duquel je n'ai quasi du tout point d'intelligence, mon père décida de me le faire apprendre par art, mais d'une voie nouvelle, par forme de jeu et d'exercice: nous pelotions nos déclinaisons,[67] à la manière de ceux qui, par certains jeux de tablier,[68] apprennent l'arithmétique et la géométrie. Car entre autres choses, il avait conseillé de me faire goûter la science et le devoir par une volonté non forcée, et de mon propre désir; et d'élever mon âme en toute douceur et liberté, sans rigueur et contrainte: poussant le scrupule jusqu'à ce point que, parce que d'aucuns tiennent que cela trouble la cervelle tendre des enfants de les éveiller le matin en sursaut, et de les arracher du sommeil (auquel ils sont plongés beaucoup plus que nous ne sommes) tout à coup et par violence, il me faisait éveiller par le son de quelque instrument; et je ne fus jamais sans homme qui m'en servît.

Cet exemple suffira pour de là juger le reste, et pour recommander aussi la prudence et l'affection d'un si bon père; ce n'est pas sa faute, s'il n'a recueilli aucuns fruits qui répondent à une si exquise culture. Deux choses en furent cause: en premier, le champ [69] stérile et incommode, car quoique j'eusse la santé ferme et entière, en même temps qu'un naturel doux et traitable, j'étais avec cela si pesant, mol et endormi, qu'on ne me pouvait arracher de l'oisiveté, pas même pour me faire jouer. Ce que je voyais, je le voyais bien; et sous cette complexion lourde, nourrissais des imaginations hardies et des opinions au-dessus de mon âge. L'esprit, je l'avais lent, et qui n'allait qu'autant qu'on le menait, la conception tardive; [70] l'invention lâche; et, avec tout cela, un incroyable défaut de mémoire. De tous ces vices, il n'est pas merveille s'il ne sut rien tirer qui vaille. Secondement, comme ceux que presse un furieux désir de guérison se laissent aller à écouter toute sorte de conseils, le bon homme, ayant ex-

trême peur de faillir en une chose qu'il avait tant à cœur, se laissa enfin emporter à l'opinion commune, qui suit toujours ceux qui vont devant, comme les grues, et se rangea à la coutume, n'ayant plus autour de lui ceux qui lui avaient donné ces premières institutions qu'il avait apportées d'Italie; et il m'envoya environ mes six ans au Collège de Guyenne, très florissant pour lors, et le meilleur de France: et là, il n'est possible de rien ajouter au soin qu'il eut, et pour me choisir des précepteurs de chambre [71] instruits et pour fixer toutes les conditions de ma nourriture d'esprit, en laquelle il réserva plusieurs façons particulières, contraires à l'usage des collèges; mais tant y a que c'était toujours collège. Mon latin s'abâtardit incontinent, dont depuis lors par désaccoutumance j'ai perdu tout usage; et cette mienne inaccoutumée éducation [72] ne me servit qu'à enjamber d'arrivée aux premières classes; car, à treize ans que je sortis du collège, j'avais achevé mon cours (comme ils disent), et, à la vérité, sans aucun fruit que je puisse à présent mettre en compte.

Le premier goût que j'eus aux livres, il me vint du plaisir des fables des *Métamorphoses* d'Ovide: [73] car environ l'âge de sept ou huit ans, je me dérobais à tout autre plaisir pour les lire; d'autant que cette langue était la mienne maternelle, et que c'était le plus aisé livre que je connusse, et le plus accommodé à la faiblesse de mon âge, à cause de la matière: car des Lancelots du Lac, des Amadis, des Huons de Bordeaux,[74] et tels fatras de livres à quoi l'enfance s'amuse, je ne connaissais même pas le nom ni ne connais encore la matière, tant exacte était ma discipline! [75] Je m'en rendais plus nonchalant à l'étude de mes autres leçons prescrites. Là, il me vint singulièrement à propos d'avoir affaire à un précepteur intelligent, qui sut dextrement fermer les yeux sur cette mienne débauche et autres pareilles: grâce à quoi j'enfilai tout d'un train Vir-

[67] Ils se les renvoyaient comme au jeu de pelotes.
[68] sorte de jeu d'échecs
[69] la nature de l'élève
[70] la compréhension retardataire

[71] répétiteurs particuliers
[72] celle qui avait précédé le collège
[73] Poète latin, ami de Virgile et d'Horace. Les *Métamorphoses* racontent les plus belles fictions de la mythologie classique.
[74] *Lancelot*, roman arthurien du XIIIe siècle, remanié en prose au XVe. *Amadis de Gaule*, roman de chevalerie espagnole du XVIe siècle. *Huon de Bordeaux*, chanson de geste du XIIe siècle.
[75] tant j'étais fidèle à mes lectures latines

gile en l'*Énéide,* et puis Térence, et puis Plaute,[76] et des comédies italiennes, alléché toujours par la douceur du sujet. S'il eût été assez fou pour rompre ce train, j'estime que je n'eusse rapporté du collège que la haine des livres, comme fait quasi toute notre noblesse. Il s'y gouverna ingénieusement, faisant semblant de n'en voir rien: il aiguisait ma faim, ne me laissant qu'à la dérobée dévorer ces livres, et me tenant doucement au travail pour les autres études: car les principales qualités que mon père demandait à ceux à qui il donnait charge de moi, c'était la débonnaireté et facilité de complexion.[77] Aussi bien la mienne n'avait d'autre vice que langueur et paresse. Le danger n'était pas que je fisse mal, mais que je ne fisse rien: nul ne pronostiquait que je dusse devenir mauvais, mais inutile; on prévoyait de la fainéantise, non pas de la malice. . .[78]

Mon âme ne laissait pourtant en même temps d'avoir, à part soi, des remuements fermes, et des jugements sûrs et ouverts autour des objets qu'elle connaissait; et elle les digérait seule, sans aucun intermédiaire; et, entre autres choses, je crois, à la vérité, qu'elle eût été tout à fait incapable de se rendre à la force et violence. Mettrai-je en compte cette faculté de mon enfance: une assurance de visage, une souplesse de voix et de geste, favorables aux rôles que j'entreprenais de tenir: car avant l'âge, j'ai joué les premiers personnages dans les tragédies latines de Buchanan, de Guérente et de Muret,[79] qui se représentèrent en notre collège de Guyenne avec dignité: en cela, Andreas Goveanus,[80] notre principal, comme en toutes autres parties de sa charge, fut sans comparaison le plus grand principal de France. . .

Il n'y a rien de tel que d'allécher l'appétit et l'affection: autrement on ne fait que des ânes chargés de livres; on leur donne à coups de fouet en garde leur pochette pleine de science; laquelle,[81] pour bien faire, il ne faut pas seulement loger chez soi, il la faut épouser.

(*Essais* Livre I, Chapitre XXVI)

[76] Virgile, poète latin du I[er] siècle avant J.-C.; son *Énéide* est une épopée nationale imitée des poèmes homériques. Plaute et Térence sont des poètes comiques latins du II[e] siècle avant J.-C.

[77] douceur et complaisance de caractère

[78] méchanceté

[79] auteurs latins de la Renaissance française

[80] humaniste né au Portugal, fixé en France

[81] laquelle science

Une dame romaine

Pompeïa Paulina, jeune et très noble dame romaine, avait épousé Sénèque[1] en son extrême vieillesse. Néron, son beau disciple,[2] lui envoya ses satellites[3] pour lui porter l'ordre de se mettre à la mort. Telle était la coutume. Quand les empereurs romains de cette époque avaient condamné quelque homme de qualité, ils lui faisaient savoir par leurs officiers qu'il eût à choisir une mort à sa guise et la donnât dans le délai qu'ils prescrivaient et qui dépendait de leur colère, tantôt plus bref, tantôt plus long, fixant une date pour achever de régler ses affaires et quelquefois lui en ôtant le moyen, tellement le délai était court. Si le condamné résistait à l'ordre, ils mobilisaient des gens propres à l'exécuter en lui coupant les veines des bras et des jambes, ou en lui faisant avaler de force du poison. Mais les hommes d'honneur n'attendaient pas cette obligation, ils s'adressaient à leur médicin et chirugien personnel.

Sénèque écouta la sentence avec un visage paisible et serein. Puis il demanda du papier[4] pour rédiger son testament. Le capitaine le lui ayant refusé, il se tourna vers ses amis: «Puisque je ne puis, leur dit-il, vous laisser autre chose en reconnaissance de ce que je vous dois, je vous laisse au moins ce que j'ai de plus beau, à savoir l'image de mes mœurs et de ma vie; je vous demande de la conserver en

[1] Sénèque le Philosophe (vers 4–65)

[2] Néron, empereur romain (37–68) avait eu Sénèque comme précepteur et gouverneur.

[3] les hommes de sa garde

[4] Montaigne veut dire du *papyrus*

vos mémoires, afin de vous assurer ainsi la gloire de sincères et véritables amis.»

Tantôt il apaisait par de douces paroles la douleur dont il les voyait souffrir, tantôt il raidissait sa voix pour les tancer: «Où sont, disait-il, ces beaux préceptes de la philosophie? Que sont devenues les assurances que pendant tant d'années nous avons prises contre les accidents de la fortune?[5] La cruauté de Néron vous est-elle inconnu? Que pouvions-nous attendre de celui qui avait tué sa mère et son frère,[6] sinon qu'il fît encore mourir son gouverneur qui l'a nourri et élevé?»[7]

Après avoir prononcé ces paroles pour tous, il se retourna vers sa femme et, l'embrassant étroitement, tandis que sous le poids de la douleur elle défaillait de cœur et de forces, il la pria de supporter avec plus de sagesse leur malheur par amour pour lui. L'heure était venue où il devait montrer, non plus par des discours et des entretiens, mais par l'acte, le fruit qu'il avait tiré de ses études. Il ne fallait pas douter qu'il embrassait la mort non seulement sans douleur mais avec allégresse: «Toi donc, mon amie, disait-il, ne la déshonore point par tes larmes, pour qu'on ne croie pas que tu t'aimes davantage que tu n'aimes ma réputation. Apaise ta douleur, console-toi grâce à la connaissance que tu as eue de moi et de mes actions, et conduis le reste de ta vie en persistant dans les honnêtes occupations auxquelles tu es adonnée.»

Paulina, ayant un peu repris ses esprits et réchauffé la magnanimité de son courage par la force de sa très noble affection, lui répondit: "Non, Sénèque, je ne suis pas femme à ne pas être près de vous en une telle nécessité. Je ne veux pas que vous pensiez que les vertueux exemples de notre vie ne m'ont pas appris à savoir bien mourir, et comment le pourrais-je mieux, et plus honnêtement et plus à mon gré, qu'avec vous? Aussi sachez bien que je m'en vais avec vous.»

Alors Sénèque, se réjouissant d'une si belle et glorieuse décision, et pour se délivrer en outre de la crainte de laisser sa femme après sa mort à la merci de ses cruels ennemis: «Paulina, dit-il, je t'avais conseillé les moyens de conduire le plus

heureusement ta vie; tu aimes donc mieux l'honneur de la mort. Vraiment je ne suis pas jaloux de toi, mais si la constance et la résolution sont pareilles dans notre commune fin, la beauté et la gloire sont plus grandes de ta part.»

Cela dit, on leur coupa à tous deux en même temps les veines des bras. Mais comme celles de Sénèque, durcies tant par la vieillesse que par l'abstinence, donnaient au sang un cours trop lent et trop pauvre, il ordonna qu'on lui coupât également les veines des cuisses; et de peur que la souffrance qu'il en éprouvait n'attendrît le cœur de sa femme, et aussi pour se délivrer lui-même de l'affliction qu'il ressentait de la voir en un état si digne de pitié, il prit très amoureusement congé d'elle, puis il la pria de se laisser emporter dans la chambre voisine, ce qui fut fait.

Toutes les incisions étant encore insuffisantes pour amener la mort, Sénèque ordonna à Statius Anneus, son médecin, de lui administrer un poison qui n'eut guère plus d'effet, car à cause de la faiblesse et du refroidissement des membres, le breuvage ne put arriver jusqu'au cœur. C'est pourquoi on fit par surcroît apprêter un bain très chaud. Alors, sentant sa fin prochaine, il continua, tant qu'il eut du souffle, à tenir des discours excellents au sujet de l'état où il se trouvait. Ses secrétaires les recueillirent tant qu'ils purent entendre sa voix, et ses dernières paroles sont demeurées longtemps en crédit et honneur chez les hommes (c'est pour nous une bien fâcheuse perte qu'elles ne nous soient point parvenues). Lorsqu'il sentit les derniers traits de la mort, prenant de l'eau du bain toute sanglante, il en arrosa sa tête en disant: «Je voue cette eau à Jupiter le Libérateur.»

Néron, averti de tout cela, craignant que la mort de Paulina, qui était des dames romaines les mieux apparentées et pour qui il n'avait pas d'inimitiés personnelles, lui fût reprochée, envoya en toute diligence l'ordre de lui recoudre ses plaies: ce que les gens de Paulina firent à son insu, car elle était déjà à demi-morte et sans aucun sentiment. Elle vécut cependant, contre son dessein, très honorablement et comme le voulait sa vertu, montrant par la couleur blême de son visage combien elle avait perdu de vie par ses blessures.

(*Essais*, Livre II, Chapitre XXXV)

[5] le sort
[6] Agrippine et Britannicus
[7] Cf. note 2

Réflexions sur la maladie

Il faut apprendre à souffrir ce qu'on ne peut éviter. Notre vie est composée, comme l'harmonie[1] du monde, d'oppositions et de divers tons, agréables et rudes, aigus et plats, doux et épais. Le musicien qui n'en aimerait que d'une sorte, que voudrait-il exprimer? Il faut qu'il sache les employer tous et les mêler. Nous pareillement les biens et les maux, qui sont consubstantiels à notre vie. Notre être ne peut subsister sans ce mélange et une moitié y est non moins nécessaire que l'autre. Chercher à regimber contre la nécessité naturelle, c'est imiter la folie de Ctesiphon[2] qui entreprenait de lutter à coups de pieds avec sa mule.

Je consulte peu les médecins sur les altérations de ma santé, car ces gens sont impérieux lorsqu'ils vous tiennent à leur merci: ils vous gourmandent les oreilles de leurs pronostics. Une fois qu'ils me surprirent sous le coup de la maladie, ils me maltraitèrent injurieusement de leurs dogmes, avec trogne hautaine, me menaçant tantôt de grandes douleurs, tantôt de mort prochaine. Je n'en étais abattu ni bouleversé, mais j'en étais heurté et énervé. Si mon jugement n'en est ni changé ni troublé, au moins il en a été gêné; c'est toujours agitation et combat.

Je traite mon imagination le plus doucement que je puis et la déchargerais, si je pouvais, de toute peine et contestation. Il la faut secourir, flatter et tromper quand on le peut. Mon esprit s'entend à ce service: il ne manque pas d'arguments. S'il persuadait comme il prêche, il me secourrait avec bonheur.

En voulez-vous un exemple? Il dit que c'est pour le mieux que j'aie la gravelle,[3] qu'il est naturel que les organismes de mon âge souffrent de quelque détérioration. Il est temps qu'ils commencent à se relâcher et à cesser leur service. C'est une commune nécessité. Autrement, n'aurait-ce pas été dans mon cas un miracle? Je paie le tribut dû à la vieillesse et ne saurais en avoir meilleur compte. . . La crainte de ce mal, me dit encore mon esprit, t'effrayait autrefois lorsqu'il était inconnu; les cris et les désespoirs de ceux qui l'aggravent par leur impatience t'en inspiraient l'horreur. C'est un mal qui te bat les membres par lesquels tu t'es rendu le plus coupable. Tu es homme de conscience, n'est-ce pas? *Quae venit indigne poena, dolenda venit.*[4] Regarde ton châtiment, il est bien doux si tu le compares à d'autres, c'est une vraie faveur paternelle. Regarde sa tardivité; il n'incommode et n'occupe que la saison de ta vie qui de toute façon est perdue et stérile, alors qu'il a laissé le champ libre à la licence et aux plaisirs de ta jeunesse, comme par un accord. La crainte et la pitié que le peuple a de ce mal te sert de motif de gloire, et de cette gloire, même si tu en as le jugement purgé et ta conversation guérie,[5] les amis en trouvent encore quelque trace dans ta complexion. Il y a plaisir à entendre dire de soi: Voilà bien de la force, voilà bien de la patience. On te voit suer de douleur, pâlir, rougir, trembler, vomir jusqu'au sang, souffrir de contractions et convulsions étranges, avoir parfois de grosses larmes qui tombent des yeux goutte· à goutte, évacuer des urines épaisses, noires, effroyables ou les avoir arrêtées par quelque pierre à épine ou à pointe qui te pique et t'écorche cruellement le col de la verge, et pendant ce temps entretenant les assistants avec une contenance normale, bouffonnant par instants avec les gens, tenant ta partie dans une conversation suivie, excusant de parole ta douleur avec un air détaché de ta souffrance.

Te souvient-il de ces hommes des temps anciens[6] qui recherchaient les maux avec si grande faim pour tenir leur vertu en haleine et en activité? Mais suppose que la nature te porte et te pousse è

[1] enchainement des accords de musique
[2] orateur athénien (IVe s. av. J.-C.). Tiré de Plutarque, *Comment il faut refréner la colère*, VIII
[3] maladie qui produit des graviers dans les reins ou la vessie

[4] «C'est seulement quand nous n'avons pas mérité le châtiment que nous avons le droit de nous plaindre» (Ovide, *Héroïdes*).
[5] c'est-à-dire: si tu ne te plains plus
[6] les philosophes stoïciens

cette glorieuse école[7] dans laquelle tu ne serais jamais entré de ton gré. Si tu me dis que ton mal est un mal dangereux et mortel, quels autres ne le sont? Car c'est une tromperie de médecin que de faire exception pour certain qu'ils disent n'aller 5 point en droite ligne à la mort. Qu'importe si ces maux y vont par accident et s'ils glissent et devient tout doucement sur la voie qui nous y mène. Mais tu ne meurs pas de ce que tu es malade, tu meurs de ce que tu es vivant. La mort te tue bien sans le 10 secours de la maladie.

. . . Je suis reconnaissant à la fortune[8] de ce qu'elle m'assaille si souvent avec les mêmes sortes d'armes. Elle me façonne et me dresse par l'habitude à les supporter, elle m'y endurcit et m'y accoutume. 15 Je sais désormais à peu près à quel moment j'en dois être débarrassé. A défaut de mémoire naturelle, je forge une mémoire de papier, et quand survient un symptome nouveau de mon mal, je l'écris. Il en résulte qu'à présent, étant passé par toutes sortes de 20 cas, si quelque trouble profond me menace, je n'ai qu'à feuilleter ces petits régistres faits de feuilles volantes comme celle des Sibylles[9] et je ne manque plus de trouver à me consoler grâce à quelque pronostic favorable tiré de mon expérience. 25 L'accoutumance me sert aussi à prendre de l'espérance, car cette compatabilité des soulagements tenue

depuis si longtemps permet de penser que la nature ne changera point son train et qu'il n'arrivera pas d'accident pire que celui ressenti dans le moment. . .

De plus, est-il rien de doux en comparaison d'un changement brusque, quand d'une douleur extrême je passe, grâce à l'évacuation de ma pierre, comme en un éclair, à la belle lumière de la santé, si libre et si pleine, ainsi qu'il advient en nos soudaines et plus âpres coliques. Est-il rien en la douleur alors éprouvée qu'on puisse mettre en balance avec le plaisir d'une prompte amélioration? Combien la santé me paraît plus belle après la maladie, quand elles voisinent et se touchent l'une l'autre à leur plus haut degré, prenant place à l'envi comme pour s'opposer l'une à l'autre et rivaliser! De même que, selon les Stoïciens, les vices servent à donner du prix et à venir en aide à la vertu, nous pouvons dire avec meilleure raison et opinion moins hardie que la nature nous a prêté la douleur pour l'honneur et le service de la santé et du plaisir. Lorsque Socrate,[10] après qu'on l'eut déchargé de ses fers, éprouva la sensation agréable de cette démangeaison que ses jambes devaient à leur pesanteur sur elle, il se réjouit à considérer l'étroite alliance de la douleur avec le plaisir et la liaison nécessaire qui les fait se suivre et s'engendrer. Le bon Esope,[11] s'écriait-il, aurait dû tirer de cette considération le sujet d'une belle fable.

(*Essais, Livre III, Chapitre XIII*)

[7] l'école stoïcienne
[8] le sort
[9] prophétesses de l'antiquité classique qui inscrivaient en effet leurs oracles sur des feuilles de papyrus volantes

[10] illustre philosophe grec (471–399 av. J.-C.)
[11] fabuliste grec (VIIᵉ–VIᵉ s. av. J.-C.)

Le Dix-septième Siècle

LE DIX-SEPTIÈME SIÈCLE

1610	1620	1630	1640	1650	1660	1670	1680	1690	1700

DATES HISTORIQUES

1601: Naissance de LOUIS XIII
1610: Mort de HENRI IV
Avènement de LOUIS XIII
Régence de MARIE DE MÉDICIS
1624 RICHELIEU 1642
1643: Avènement de LOUIS XIV
Régence d'ANNE D'AUTRICHE
1643 MAZARIN 1661 ——— LOUIS XIV ——— 1715
1648–53: La Fronde

1678: Paix de Nimègue
Suprématie de LOUIS XIV
en Europe
1682: LOUIS XIV et la
Cour à Versailles
1685: Révocation de
l'Édit de Nantes
Paix d'Utrecht: 1713

DATES LITTÉRAIRES

1555 MALHERBE 1628
1567 HONORÉ D'URFÉ 1625
1607 L'Astrée 1627
1596 ——————— DESCARTES ——————— 1650
1637: Discours de la méthode
1649: Traité des passions
1597 ——— GUEZ DE BALZAC ——— 1654
1624: Lettres
1598 ——— VOITURE ——— 1648
1649: Lettres
1630–45: Grande période de l'Hôtel de Rambouillet
1635: L'Académie française
1606 ——————————— CORNEILLE ——————————— 1684
1636: Le Cid
1640: Horace, Cinna
1642: Polyeucte
1643: Le Menteur
1651: Nicomède
1613 ——————— LA ROCHEFOUCAULD ——————— 1680
1665: Maximes
1614 ——————— CARDINAL DE RETZ ——————— 1679
Mémoires: 1717
1621 ——————— LA FONTAINE ——————— 1695
1668: Fables I
1678: Fables II
1694: Fables III

1622 ─────────────── MOLIÈRE ─────────── 1673
1659: *Les Précieuses ridicules*
1662: *L'École des femmes*
1664–69: *Tartuffe*
1665: *Don Juan*
1666: *Le Misanthrope*
1668: *L'Avare*
1670: *Le Bourgeois gentilhomme*
1672: *Les Femmes savantes*
1673: *Le Malade imaginaire*

1623 ─────── PASCAL ─────── 1662
1656–57: *Les Provinciales*
1670: *Les Pensées*

1626 ─────────────── MADAME DE SÉVIGNÉ ──────────── 1696
1669: *Lettres* (à partir de . . .)

1627 ─────────────────── BOSSUET ──────────────── 1704
1653 *Oraisons funèbres* 1687
1681: *Discours sur l'histoire universelle*

1634 ─────── MADAME DE LA FAYETTE ─────── 1693
1678: *La Princesse de Clèves*

1636 ───────────────── BOILEAU ──────────── 1711
1660–68: *Premières Satires*
1674: *Art poétique*

1639 ─────────────── RACINE ─────────── 1699
1667: *Andromaque*
1669: *Britannicus*
1670: *Bérénice*
1672: *Bajazet*
1674: *Iphigénie*
1677: *Phèdre*
1689: *Esther*
1691: *Athalie*

1645 ─────── LA BRUYÈRE ─────── 1696
1688: *Les Caractères*
1687: La Querelle des Anciens et des Modernes

1647 ─────────────── BAYLE ──────────── 1706
Dictionnaire historique et critique: 1697

1651 ─────── FÉNELON ─────── 1715
Télémaque: 1699
Lettre à l'Académie: 1714

Louis XIV en habit de sacre, par Rigaud. Musée Condé, Chantilly. (Photographie
Giraudon)

I. Vue générale

TROIS PÉRIODES sont à distinguer dans le dix-septième siècle. La Première, qui va jusqu'en 1660, correspond au règne de Louis XIII et aux deux régences qui l'ont encadré. La seconde, qui comprend une trentaine d'années, constitue le « siècle de Louis XIV » proprement dit; elle coïncide avec la partie brillante et heureuse, triomphale, du grand règne personnel. La troisième est celle du règne en son déclin; débordant sur le siècle suivant, elle s'étend jusqu'à la mort du roi en 1715.

PREMIÈRE
PÉRIODE

On sait que la force française reconstituée par Henri IV s'est vue rompue et divisée sous le gouvernement de Marie de Médicis, les protestants de nouveau en armes, les nobles de nouveau en effervescence. Il a fallu le génie et les efforts de Richelieu et de Mazarin pour rétablir la situation. C'est un besoin fondamental de la nation que les deux ministres ont satisfait en lui assurant l'ordre et en lui refaisant une unité.

Le besoin d'ordre et d'unité s'est fait sentir jusque dans la société littéraire. Ronsard et la Pléiade, entraînés trop loin par leur désir d'enrichir la langue et la littérature, avaient surchargé le vocabulaire d'anciens termes français, de néologismes savants, d'italianismes, et notre poésie d'imitations serviles de l'antiquité. Rabelais et Montaigne avaient commis des excès d'exubérance, de laisser-aller, et Montaigne avait fait trop bon accueil au parler gascon. L'homme qui s'est chargé au dix-septième siècle de la réaction nécessaire fut Malherbe. Il a surgi en dictateur, on l'a appelé le « tyran des mots et des syllabes », il a poursuivi l'établissement d'un classicisme plus sévère que celui de ses aînés, du moins en poésie.

Car Malherbe ne s'est soucié que de poésie. Dans ce domaine, il a voulu desserrer l'étreinte de l'antiquité et faire prédominer la raison sur les sentiments, la généralité humaine sur les cas particuliers; il a réclamé une discipline de pensée et de composition, il a mené campagne pour l'épuration énergique de la langue et du style, pour la régularité et la clarté de la prosodie. Sa boutade sur les crocheteurs du Port-au-Foin à prendre pour maîtres de langage (ces crocheteurs étaient les portefaix de la place de Grève) a une signification capitale: il s'agissait de ne plus parler et écrire qu'en vrai français de France.

Guez de Balzac, de son côté, peu après, a fait effort dans un but analogue pour la prose: discipliner l'expression, équilibrer et rythmer les phrases, observer la propriété des mots. Et les deux écrivains ont prêché d'exemple autant

que de doctrine. Balzac, auteur du *Socrate chrétien,* du *Prince,* traités de sagesse antique assouplie et appliquée à leur temps, s'est rendu célèbre surtout par ses lettres, véritables leçons d'éloquence. Malherbe, dans ses *Stances* consacrées à des thèmes personnels, amours et deuils, non moins que dans ses grandes odes politiques, a fait couler sa poésie en fleuve clair et tout entier du pays français. Les colères déchaînées contre lui, comme l'avaient été les siennes contre Ronsard, par Mathurin Régnier, Théophile de Viau et Saint-Amant, poètes riches de verve mais incorrects, lâchés, l'un peintre de mœurs grossières, les deux autres alourdis de pittoresque trop particulier, n'ébranlèrent nullement son autorité, et il a légué en toute tranquillité sa création, le grand vers classique, à Racan, à Maynard et, par eux, à deux siècles de tradition continue.

Deux créations de la haute société ont soutenu la double influence de Malherbe et de Balzac: l'Académie française et l'Hôtel de Rambouillet.

L'Académie est née d'une simple réunion d'amis autour de Valentin Conrart, conseiller et secrétaire du roi. Au nombre de neuf, ils goûtaient chaque semaine, soit chez lui, soit en promenades agrémentées de collations, ce qu'une société·d'esprits peut avoir de plus agréable. Richelieu, avide de forces à capter, leur fit offrir sa protection, qu'ils acceptèrent. Ils devinrent officiels le 2 janvier 1635, s'engagèrent par statuts à composer dictionnaire, grammaire, rhétorique, poétique. Ayant renoncé à la rhétorique et à la poétique, puis tardé pour le reste, ils se sont vus suppléés par Vaugelas dont la *Grammaire* présenta en 1647 un bilan du langage littéraire conforme à l'usage de la bonne société. Mais Vaugelas était de l'Académie, il appartenait à ce jeune corps devenu corps de l'État. Les Académiciens bientôt au nombre de quarante, installés chez le chancelier Séguier, après Conrart, puis au Louvre après Séguier, ont aidé à la discipline du langage et du goût en donnant à une attitude qui fut aussi réformatrice que celle de Malherbe l'importance d'une institution.

Une autre sorte d'épuration et d'unification s'imposait, celle-ci dans l'élite du public littéraire elle-même. En effet, les hommes de la noblesse avaient jusque-là formé leurs manières dans les camps, et beaucoup de femmes se révélaient plus amazones que maîtresses de manoirs; les uns et les autres composaient une cour et une société mondaine diablement vulgaires de tenue et de propos. Une fille d'ambassadeur de France auprès du Saint-Siège, à demi-italienne par sa mère, Catherine de Vivonne, devenue par mariage Marquise de Rambouillet, horrifiée de cette grossiéreté parisienne, nostalgique des raffinements d'Italie, se retira en 1608 dans son hôtel de la rue Saint-Thomas-du-Louvre et y reçut un groupe choisi d'amis, non seulement des nobles, mais des bourgeois et des écrivains, hommes et femmes, Mme de Longueville et les Condé, Mme Cornuel, Mlle Paulet, Mmes de Sévigné et La Fayette, Corneille et Voiture, Chapelain et Segrais, Malherbe et Godeau, beaucoup d'autres, et des ducs et comtes, tous réunis là pour le plaisir mutuel de se plaire en s'affinant.

La soie, le velours, les miroirs, les parfums créaient un enchantement. Pour la première fois, on voyait une chambre d'une autre couleur que le rouge ou le

tanné: une vaste pièce du rez-de-chaussée, éclairée par de hautes fenêtres donnant sur le jardin et tapissée de velours bleu, que rehaussaient l'or et l'argent. C'était la « chambre bleue d'Arthénice » (Arthénice, anagramme de Catherine). L'alcôve profonde formait comme une seconde pièce séparée de la première par une balustrade basse en bois doré, derrière laquelle la marquise étendue toute parée sur un large lit à colonnes, présidait à la conversation, avec ses amis les plus chers à ses côtés, rassemblés dans ce qui s'appelait « la ruelle ». Là et dans la chambre, les grands personnages occupaient des fauteuils, les autres des tabourets, les plus jeunes s'étendaient par terre sur leurs manteaux aux pieds des dames, tous habillés de couleurs claires, parés de rubans, de dentelles et de plumes. Cette petite cour parlait d'amour, écoutait des poèmes et les comparait (par exemple, le sonnet de Voiture « A Uranie » et le sonnet de « Job » composé par Benserade), mettait toute une psychologie en « maximes » et en « portraits », discutait une pièce de théâtre (*Polyeucte*), invitait un futur grand sermonnaire (Bossuet) à improviser, s'amusait de jeux de société, et surtout causait, mais noblement et galamment, avec cette fine recherche dans le sentiment et dans la pensée comme dans le langage qui fut connue sous le nom de préciosité.

Ainsi la femme reprenait son rôle des temps courtois, elle civilisait l'homme, elle en a fait « l'honnête homme », c'est-à-dire (dans le sens qu'eut l'expression pendant plus de cent ans) l'homme de bonne compagnie ayant les connaissances générales que veut la conversation, l'homme dont le chevalier de Méré a défini le type dans ses *Conversations* et ses *Discours*. D'autres salons imitèrent l'Hôtel de Rambouillet qui dura jusqu'au règne personnel de Louis XIV à peu près, et achevèrent sa tâche: ceux de Mlle de Scudéry, de la marquise de Sablé, de Mme Scarron, pour ne nommer que les principaux.

La préciosité, en mêlant les écrivains aux gens du monde, a intéressé ceux-ci aux choses de l'esprit, a débarrassé ceux-là du pédantisme professionnel. Elle a affiné les façons de sentir, rendu plus subtiles et plus imagées, en même temps que décentes et distinguées, les façons de dire. La littérature du siècle doit à cette formation dans le monde son habileté à analyser les âmes et à peindre les mœurs, elle lui doit ses ouvrages de moralistes, ses mémoires, ses correspondances. Il existe une quintescence de psychologie encouragée et en partie engendrée par la préciosité et qui s'est retrouvée jusque chez Racine.

La préciosité malheureusement dégénéra. La propre fille de la marquise de Rambouillet, Julie d'Angennes, la jolie personne pour qui fut tressée par les poètes habitués de l'hôtel la « Guirlande de Julie », série de vingt-neuf fleurs peintes, chacune accompagnée de vers, exagéra le raffinement, aboutit à des extravagances de mise, de manières et de langage, et s'engagea dans la « préciosité ridicule » caricaturée si justement par Molière.

Aussi comprendrait-on mal sans la préciosité la production romanesque qui en a accompagné le cours et, pour commencer, *L'Astrée* d'Honoré d'Urfé, ces amours alambiquées et fades de prétendus bergers. Les romans mondains qui ont suivi, soi-disant historiques, de Gomberville, La Calprenède, Maurice et

Madeleine Scudéry, laissaient aisément reconnaître, sous les noms de héros imaginaires, le public des salons du temps et toutes ses afféteries. *Le Grand Cyrus* racontait de façon demi-transparente l'histoire du grand Condé. C'est dans *Clélie* que se trouve la fameuse carte du pays de *Tendre,* arrosé par le fleuve Inclination, avec sur ses rives les villages Billets doux, Jolis vers, Épîtres galantes, avec les routes détournées d'Abandon et de Perfidie, la route droite de Tendre-sur-Estime etc. Inévitable fut la réaction du roman réaliste de Sorel (*La Vraie Histoire comique de Francion*), de Scarron (*Le Roman comique*), de Furetière (*Le Roman bourgeois*) qui ont moqué et contredit ces productions d'une excessive élégance, mais n'en ont point triomphé. Elle ne devait céder qu'à l'épuisement du siècle.

Il faut en convenir, la préciosité même non ridicule renfermait en elle un péril, tendait à détruire le naturel dans les sentiments comme dans le langage; par exemple, elle ne concevait le mariage qu'au terme d'une longue attente roma-nesque: Julie d'Angennes a fait patienter le marquis de Montausier durant treize ans avant de l'épouser. C'est pourquoi la littérature qui s'est plus ou moins formée dans ce milieu demeure marquée d'un certain artifice, d'une certaine frivolité et témoigne d'une belle indifférence aux très grands problèmes de la vie et de la société. Le dix-septième siècle manquerait assurément de profondeur si son versant de littérature mondaine ne se trouvait pas compensé par l'autre versant, moral, philosophique, et religieux.

Le tumulte des guerres de religion ne se trouvait pas encore apaisé. La Contre-Réforme menée si sérieusement par le Cardinal de Bérulle, le renforcement chrétien par de nouvelles congrégations (le Carmel introduit en France, l'Ora-toire destiné à former des prédicateurs), Vincent de Paul et ses institutions de charité, l'*Introduction à la vie dévote* publiée par François de Sales en 1607, tout ce vaste et puissant mouvement n'empêcha pas l'Église de se heurter au jan-sénisme qui avait son centre à l'Abbaye de Port-Royal et sa circonférence dans tous les mondes. Ce sont les jésuites qui se chargèrent de défendre l'orthodoxie.

La querelle jésuito-janséniste est entrée dans la littérature par *Les Provinciales,* dont Voltaire a écrit que ce fut « le premier livre de génie qu'on vit en prose ». Dans son autre livre, dont il n'existe que des fragments préparatoires sous le titre de *Pensées,* Pascal aurait essayé de convertir les « libertins », incroyants et athées inspirés par le paganisme de la Renaissance, qui se répartissaient en philosophes et écrivains (Gassendi, Gui Patin, Saint-Évremond, Cyrano de Bergerac), en grands seigneurs et gens du monde (Condé, Bussy-Rabutin, le marquis de Vivonne), enfin en bons vivants, habitués du cabaret de la Pomme-du-Pin, tels que Théophile de Viau. Contre ce libertinage, la propagande pour la foi compte plusieurs écrivains qui ont relayé Pascal: on les trouvera dans la seconde période du siècle.

L'Église a été longtemps l'ennemie du théâtre, le théâtre n'a pu lui résister que grâce à son enracinement dans les mœurs. Au XVIIe siècle, les salles n'étaient pas nombreuses. On en comptait au début deux importantes, l'Hôtel

de Bourgogne et le théâtre du Marais, dont la troupe a fusionné avec une troisième, celle de Molière après sa mort, pour jouer dans un nouveau théâtre, l'Hôtel Guénégaud. Une nouvelle fusion, celle de l'Hôtel Guénégaud avec l'Hôtel de Bourgogne, a donné la Comédie-Française. Il y eut aussi la Comédie Italienne et l'Opéra. Mais que ces quelques temples de l'art furent actifs et fréquentés! Et de grandes œuvres devaient y briller, capables d'un haut enseignement spirituel et même religieux, et qui contribuèrent puissamment à former le classicisme français.

Le public s'écrasait aux pièces de divers auteurs dont le plus chéri était Alexandre Hardy et qui le tenaient en haleine par la multiplicité et la violence des épisodes, tandis que des esprits éclairés mais livresques arrivaient à s'entendre sur un type de pièce appelé tragédie, obéissant à des règles (notamment la règle des trois unités de temps, de lieu et d'action) que des érudits avaient abusivement imputées à un vieux traité d'Aristote. Jean Mairet s'y conforma en 1630 dans sa *Silvanire,* tragédie pastorale tirée de l'*Astrée.* Puis éclata le triomphe de Corneille. La tragédie de Pierre Corneille reflète l'agitation et l'héroïsme des grands seigneurs et des grandes dames de la Fronde. Mais elle est aussi un hommage éternel de l'esprit et du cœur aux grandes volontés qui embrassent de grandes causes. Elle honore et fait vivre une hiérarchie des facultés humaines qui répond aux vues de Malherbe en les couronnant d'une souveraineté de la volonté et que Descartes a confirmée dans son *Traité des passions.*

Le philosophe René Descartes a soutenu par l'influence de son rationalisme la discipline littéraire du classicisme. En faisant table rase du passé intellectuel pour construire sa philosophie, il a délivré les écrivains, non pas de l'admiration des Anciens, mais d'une idôlatrie, il les a entraînés à fonder l'autorité des Anciens en raison. L'influence cartésienne les a aussi encouragés à poursuivre dans le sens de Malherbe et de Corneille l'étude générale de l'homme plutôt que celle des sentiments personnels, des particularités historiques et de la nature extérieure.

Voilà donc rassemblés les éléments du classicisme: d'une part, raison volontaire, élévation de l'âme, généralité humaine, qui concourent à atteindre le vrai; et d'autre part, admiration raisonnable des modèles grecs et surtout romains qui maintiennent en littérature française un idéal de beauté formelle et de perfection sensible, jugées seules dignes d'habiller la vérité du fond substantiel. Comme tout cela s'accorde merveilleusement avec la peinture de Poussin et de Le Sueur, avec l'architecture de François Mansard et de Lemercier, avec les coupoles remplaçant les flèches, toute cette majesté déjà, en attendant Versailles!

SECONDE PÉRIODE

Le classicisme proprement dit s'est ensuite déployé dans un cadre historique de magnifique ampleur. Louis XIV fait une entrée solennelle dans Paris avec la nouvelle reine Marie-Thérèse en septembre 1660. Il va être le roi de la paix victorieuse et de la prépondérance française, il va régner et éblouir, il sera le

Roi-Soleil, il fera entrer le XVIIᵉ siècle dans l'histoire sous le nom de « siècle de Louis XIV ». Il a pris en main personnellement le pouvoir politique, il veut diriger aussi fermement le pouvoir artistique et le pouvoir scientifique, par les académies. Les architectes Hardouin-Mansard à Versailles, Bruand aux Tuileries, Perrault au Louvre travaillent à sa gloire, et les jardins de Le Nôtre eux-mêmes déroulent une symphonie architecturale. C'est à Versailles que fut organisée en 1664 la plus somptueuse des fêtes somptueusement multipliées.

Dans un tel monde de grandeur, la littérature a constitué ou illustré de grands genres comme une architecture de sentiments et de pensées. C'est exactement l'architecture de l'Homme: l'Homme au centre de tous les genres et de toutes les œuvres, l'Homme de Molière face à son temps, l'Homme de la Rochefoucauld face à lui-même, l'Homme de Racine dans son combat avec la femme, l'Homme de Bossuet fasciné par la mort, l'Homme de La Fontaine dans l'univers. Cette littérature vraiment royale a irradié en chefs-d'œuvre qu'avaient préparés cinquante ans de recherche psychologique, morale, et esthétique.

Après tout, nous l'avons vu, dès avant Louis XIV, le siècle composait des maximes et des portraits, publiait des mémoires, écrivait des lettres à faire lire à toute une société, parlait du haut des chaires chrétiennes. Mais sous Louis XIV, tout cela a pris une envergure inouïe par suite d'une rencontre de personnalités aussi fortes qu'avaient été celles de Corneille et de Descartes dans la génération précédente avec l'idéal de vérité et de beauté retrouvé chez les Anciens (grecs, latins, et même juifs) dans la lumière cartésienne qui les fait comprendre et aimer sans manie d'érudition, sans dévotion aveugle, pour leur valeur humaine.

Madame de La Fayette a donc écrit le chef-d'œuvre incomparable de la littérature mondaine (*La Princesse de Clèves*), La Rochefoucauld le chef-d'œuvre incomparable des moralistes (*Les Maximes*), La Bruyère le chef-d'œuvre incomparable du portrait (*Les Caractères*). Le chef-d'œuvre des mémorialistes est-il du cardinal de Retz ou du duc de Saint-Simon? On hésite. Celui-là offre des narrations vivantes, des portraits pénétrants, et il l'emporte par la pensée; celui-ci n'a eu ses *Mémoires* publiés qu'à la fin du XVIIIᵉ siècle et au XIXᵉ, mais il les a écrits dans un esprit qui le situe au siècle de Louis XIV. Il avait les idées d'un duc et pair qu'accablait le gouvernement monarchique et bourgeois, ce qui lui troublait la vue pour peindre le spectacle de la Cour. Ce n'est certes pas un historien, il se trompe, il ment, il a l'esprit petit. Mais c'est un artiste. Il a brossé le portrait des individus, le tableau des évènements, dans une fureur d'éclairs, d'un pinceau fougueux, tourmenté, déjà romantique.

L'éloquence religieuse, littérairement très importante, a atteint ses sommets avec Bossuet, avec Bourdaloue, l'un superbe lyrique en prose, l'autre pénétrant psychologue, tous deux comparables à des journalistes de combat dans leur propagande pour les vertus de modestie et de charité, dans leurs avertissements aux grands de ce monde. Massillon, plus jeune, a marché sur leurs traces. Son oraison funèbre de Louis XIV, dit Louis le Grand, commença sur ces mots qui firent une immense sensation: « Dieu seul est grand, mes frères! »

Le théâtre est peut-être de cette période le genre littéraire qui a le plus passionné les contemporains, il est celui qui occupe une place de choix dans nos mémoires: l'opéra, les tragédies, entre toutes la tragédie de Racine, parce qu'elle appartient en exclusivité à ce temps-là et qu'après comme avant il n'a rien existé de pareil à ce type de crise dramatique; la comédie, illustrée par le génie qui a le plus de chance de supporter des comparaisons dans tous les pays et dans tous les temps, la comédie de Molière.

C'est du théâtre encore mais en miniature, c'est du théâtre de poche, c'est une comédie aux cent actes divers, aux mille personnages et dans le décor de la nature, qu'offrent aux grandes personnes plus qu'aux enfants les *Fables* de La Fontaine. Comme l'œuvre de Molière, l'œuvre de La Fontaine compose un panorama des mœurs du temps qui est en même temps une peinture de la nature humaine. Mais il y a glissé par surcroît un lyrisme personnel si rare dans ce genre d'écrits. Il est à remarquer que la poésie du Moi, de la nature et de la destinée, pourchassée par la concurrence de l'enquête psychologique, n'a trouvé refuge sous Louis XIV que dans les vers de La Fontaine, dans les lettres de Mme de Sévigné et dans l'éloquence de ce Bossuet qui par ailleurs livrait de rudes assauts de philosophie religieuse au protestantisme ainsi qu'au quiétisme de Fénelon.

Ajoutons encore quelques poèmes pittoresques de Boileau, et c'est tout pour la poésie personnelle, cela fait un mince bagage. Le vrai mérite de Nicolas Boileau doit se chercher ailleurs. Il consiste à avoir pris conscience de l'humanisme intégral qui fut commun à tous les grands écrivains de son temps et, plus encore, à avoir fixé dans quelques vers devenus proverbes les principes de netteté, de vérité, de bonne forme, d'honneur, par où l'idéal du siècle se rattache au génie national de la France.

TROISIÈME PÉRIODE

Louis XIV, dans ses dernières années, ayant épuisé la France par l'excès des guerres et s'étant laissé personnellement diminuer sous le joug dévot de Mme de Maintenon, n'apparaissait plus guère qu'en soleil couchant. L'envers du décor se découvrait et le régime se trouvait mis en cause, jusque par un La Bruyère qu'indisposaient et révoltaient la vanité des grands, l'outrecuidance des parvenus, certaines misères, l'étouffement du mérite personnel. A ce point de vue, une œuvre importante est le *Télémaque* (1699) de Fénelon. Ce roman pédagogique composé pour le duc de Bourgogne rassemblait un corps de critiques indirectes contre l'absolutisme de Louis XIV, son goût du faste et de la gloire coûteuse, sa destruction profonde des forces de la nation. On les trouve résumées par avance en 1696 dans la *Lettre à Louis XIV* que le roi d'ailleurs n'a peut-être jamais eue en mains.

A l'épuisement du règne absolu a correspondu, dans le goût et dans la littérature, un épuisement du classicisme absolu lui aussi, et cela s'est clairement fait voir dans la fameuse « Querelle des Anciens et des Modernes ». Elle fut le dernier grand événement littéraire de l'époque, cette émeute d'esprits contre le dogme longtemps intangible de la souveraineté vivante des Anciens. Les

Modernes ont une plus grande expérience des choses que les Anciens, avaient déjà pensé Descartes et Pascal. Tous les siècles se valent, venait d'écrire Fontenelle dans ses *Dialogues des morts anciens,* et dès lors comment les Anciens vaudraient-ils mieux que les modernes? La plupart des Académiciens ne s'étonnèrent donc point, dans la séance du 27 janvier 1687, d'entendre Charles Perrault, le conteur de *La belle au bois dormant,* célébrer le Siècle de Louis le Grand à l'égal et presque aux dépens des siècles de Périclès et d'Auguste. Si Boileau se leva en criant que c'était une honte, si Racine, La Fontaine et La Bruyère protestèrent, le reste de l'Académie approuva.

Perrault encouragé déclencha une seconde offensive moderniste dans ses *Parallèles des anciens et des modernes* (1688–1696). Il se battit avec Boileau à coups de « discours » et de poèmes au sujet de l'ode pindarique et pour les femmes; car les femmes tenaient en majorité pour les Modernes, ce qui valut au public la *Satire X* (1694) de Boileau et l'*Apologie pour les femmes* (1694) de Perrault. Enfin les deux adversaires se réconcilièrent, à la prière du grand Arnauld. Au début du siècle suivant, la querelle rebondit entre les admirateurs idolâtres d'Homère et ses admirateurs critiques; ceux-ci à la suite d'Houdart de la Motte, ceux-là suivant Mme Dacier, traductrice du poète grec. Cette bataille dura de 1713 à 1715. Cette fois encore il y eut réconciliation à la table d'un Académicien, M. de Valincourt. « On but à la santé d'Homère, nous apprend un témoin, et tout se passa bien. » Mais ces réconciliations courtoises ne pouvaient pas empêcher la querelle de développer sa portée.

Certes Boileau à travers les Anciens défendait le respect de la vérité et de la raison, mais son dogmatisme ignorait qu'il y a une évolution nécessaire et fatale dans la suite des temps littéraires. C'était un tort immense, on le lui fit bien voir. Telle fut la première défaite de la tradition purement classique, la première victoire de l'esprit nouveau.

La seconde victoire, Fénelon la remporta. C'était un libéral, et il avait le sens historique. Nous l'avons constaté sur le plan politique, il faut le constater aussi sur le plan spirituel quand on lit le *Traité de l'éducation des filles* (1687) et surtout la *Lettre à l'Académie* (1694). Fénelon souligne dans ce manifeste la diversité inéluctable des époques; ce qui convient à l'une ne convient pas aux autres. Il n'admet pas la fixité des règles en poésie. Il expose les conditions de la véritable histoire telle que la comprendra Voltaire. La *Lettre à l'Académie* est l'ouvrage qui marque le mieux la transition entre deux siècles.

Enfin, dans l'ordre de la pensée générale, les disputes religieuses avaient fini par favoriser la position des libertins; et le cartésianisme, après avoir vécu en paix avec la foi, se séparait d'elle, se livrait à l'analyse rationaliste et au pur esprit de science avec Fontenelle et avec Bayle. Rien ne pouvait ouvrir plus largement les portes aux idées et aux tendances sur lesquelles le dix-huitième siècle allait vivre.

Château de Versailles, vue générale. Bibliothèque Nationale. (Photographie Giraudon)

Galerie des Glaces, Mansart. Château de Versailles. (Photographie Giraudon)

II. Malherbe (1555–1628)

NÉ A CAEN, en Normandie, d'une famille appartenant à la noblesse de robe, François de Malherbe vécut à Aix, puis à Paris, à la cour d'Henri IV, de Marie de Médicis, enfin de Louis XIII. Poète officiel de la Cour, marié, il mourut en 1628, accablé par la mort de son fils tué en duel, alors qu'il avait déjà perdu deux enfants en bas âge.

Malherbe a composé des *Odes* (au roi Henri le Grand, à Marie de Médicis), *Les Larmes de saint Pierre* (dédiées à Henri III), enfin des Poésies qui comprennent *Stances, Chansons, Sonnets*.

Sa doctrine s'est exprimée en opinions brutales recueillies par son disciple Racan, en annotations mises en marge des œuvres de Desportes, disciple de Ronsard, enfin en exemples que donne son œuvre poétique.

A l'inspiration, à l'imagination, à la passion, Malherbe oppose logique, raison, sens commun. Il se méfie des émotions individuelles et intimes nées de l'amour, de la nature et de la mort; et il leur substitue l'objectivité des vérités morales et des grands thèmes politiques, la réalité solide des événements. Il s'oppose donc à Ronsard.

A la logique, à la raison, au sens commun, la forme aussi doit se soumettre. Malherbe veut une langue sans termes dialectaux ni archaïques, sans mots fabriqués. Par haine de Ronsard et de ses disciples qu'il appelle des « écumeurs de grec et de latin », il choisit pour arbitre du bon langage le peuple de Paris. Il hait et méprise les recherches de l'italianisme. Il exige un style non plus savant, ni artiste, ni aristocratique, mais tout de netteté, de clarté, et accessible à tous, un vocabulaire d'une parfaite propriété, des métaphores rigoureusement exactes. Enfin, en versification, il interdit l'enjambement et l'hiatus, condamne impitoyablement les chevilles, rend la césure obligatoire après le sixième pied dans l'alexandrin, réclame des rimes riches, ainsi qu'une distribution régulière des vers et des strophes.

Malherbe réduisit la poésie à un style, mais il est vrai que ce style a eu une importance considérable pour l'orientation de la poésie française. C'est le **style classique**, l'instrument dont le classicisme allait se servir.

STANCES A MONSIEUR DU PÉRIER
SUR LA MORT DE SA FILLE

Ta douleur, Du Périer,[1] sera donc éternelle,
　　Et les tristes discours [2]
Que te met en l'esprit l'amitié [3] paternelle
　　L'augmenteront toujours!

Le malheur de ta fille au tombeau descendue
　　Par un commun trépas,[4]
Est-ce quelque dédale [5] où ta raison perdue
　　Ne se retrouve pas?

Je sais de quels appas [6] son enfance était pleine,
　　Et n'ai pas entrepris,
Injurieux [7] ami, de soulager ta peine
　　Avecque son mépris.[8]

Mais elle était du monde, où les plus belles choses
　　Ont le pire destin,
Et, rose, elle a vécu ce que vivent les roses,
　　L'espace d'un matin.

Puis quand ainsi serait, que selon ta prière,
　　Elle aurait obtenu
D'avoir en cheveux blancs terminé sa carrière,
　　Qu'en fût-il advenu?

Penses-tu que, plus vieille, en la maison céleste
　　Elle eût eu plus d'accueil?
Ou qu'elle eût moins senti la poussière funeste [9]
　　Et les vers du cercueil?

Non, non, mon Du Périer, aussitôt que la Parque [10]
　　Ote l'âme du corps,
L'âge s'évanouit au deça de la barque,[11]
　　Et ne suit point les morts.

Tithon [12] n'a plus les ans qui le firent cigale,
　　Et Pluton [13] aujourd'hui,
Sans égard du passé, les mérites égale
　　D'Archémore [14] et de lui.

Ne te lasse donc plus d'inutiles complaintes,[15]
　　Mais sage à l'avenir,
Aime une ombre comme ombre, et de cendres
　　éteintes
　　Éteins le souvenir.

C'est bien, je le confesse, une juste coutume,
　　Que le cœur affligé,
Par le canal des yeux vidant son amertume,
　　Cherche d'être allégé.

Même, quand il advient que la tombe sépare
　　Ce que nature a joint,
Celui qui ne s'émeut a l'âme d'un barbare,
　　Ou n'en a point du tout.

Mais d'être inconsolable, et dedans sa mémoire
　　Enfermer un ennui,[16]
N'est-ce pas se haïr pour acquérir la gloire
　　De bien aimer autrui?

Priam,[17] qui vit ses fils abattus par Achille,[18]
　　Dénué de support,
Et hors de tout espoir du salut de sa ville,
　　Reçut du réconfort.

François,[19] quand la Castille, inégale à ses armes,
　　Lui vola son Dauphin,[20]
Sembla d'un si grand coup devoir jeter des larmes
　　Qui n'eussent point de fin.

Il les sécha pourtant, et comme un autre Alcide [21]
　　Contre fortune instruit,[22]

　[1] Du Périer était un des meilleurs amis de Malherbe.
　[2] paroles
　[3] l'affection
　[4] Mort commune à tous les humains.
　[5] labyrinthe
　[6] attraits
　[7] comme si j'étais un injuste ami
　[8] en la méprisant
　[9] funèbre
　[10] une des trois divinités des Enfers: Clotho, Lachésis et Atropos (mythologie)
　[11] la barque de Charon, le nocher qui faisait traverser aux âmes des morts le fleuve infernal (mythologie)

　[12] frère de Priam et époux de l'Aurore, changé par les dieux en cigale (mythologie)
　[13] roi des Enfers et dieu des morts
　[14] fils de Lycurge, tué par un serpent pendant une absence de sa nourrice
　[15] plaintes
　[16] chagrin
　[17] dernier roi de Troie, détruite par les Grecs (L'Iliade)
　[18] roi des Myrmidons, le plus fameux des héros grecs de l'Iliade, vainqueur des Troyens
　[19] François Ier (1515–47)
　[20] On avait accusé à tort Charles-Quint de l'avoir fait empoisonner.
　[21] Hercule (mythologie)
　[22] armé contre le sort

Fit qu'à ses ennemis d'un acte si perfide
 La honte fut le fruit.

Leur camp, qui la Durance [23] avait presque tarie
 De bataillons épais,
Entendant sa constance eut peur de sa furie,
 Et demanda la paix.

De moi,[24] déjà deux fois [25] d'une pareille foudre
 Je me suis vu perclus,
Et deux fois la raison m'a si bien fait résoudre [26]
 Qu'il ne m'en souvient plus.

[23] rivière de Provence; allusion à la campagne victorieuse
du roi de France en 1538
[24] quant à moi
[25] allusion à la perte de deux de ses enfants
[26] prendre résolution

Non qu'il ne me soit grief que la tombe possède
 Ce qui me fut si cher;
Mais en un accident qui n'a point de remède,
 Il n'en faut point chercher.

La mort a des rigueurs à nulle autre pareilles:
 On a beau la prier,
La cruelle qu'elle est se bouche les oreilles,
 Et nous laisse crier.

Le pauvre en sa cabane, où le chaume le couvre,
 Est sujet à ses lois,
Et la garde qui veille aux barrières du Louvre
 N'en défend point nos rois.

De murmurer contre elle et perdre patience,
 Il est mal à propos:
Vouloir ce que Dieu veut est la seule science
 Qui nous met en repos.

III. Descartes (1596–1650)

RENÉ DESCARTES, né à La Haye, en Touraine, fut élève des Jésuites, au collège de la Flèche. Il étudia ensuite le Droit et la Médecine à l'Université de Poitiers. Il servit dans l'armée pendant la guerre de Trente Ans, voyagea à travers l'Europe, demeura quelque temps à Paris, puis séjourna vingt ans en Hollande, où l'esprit était alors plus libre qu'en France. Là encore cependant il eut à se défendre contre des accusations d'athéisme, et c'est pourquoi il accepta d'aller vivre et travailler à la cour de la reine Christine de Suède. Il y mourut d'une pneumonie. *L'HOMME*

L'œuvre philosophique de Descartes comprend surtout: le *Discours de la méthode* (1637), qui définit essentiellement le rôle de la raison dans la recherche scientifique, *Les Méditations* (1641), qui développent son système, et le *Traité des passions de l'âme* (1649), qui montre comment la raison, éclairant la volonté, doit permettre au sage de gouverner ses instincts pour le grand bien de l'âme. *L'ŒUVRE*

Ces ouvrages philosophiques intéressent profondément l'histoire de la littérature. En donnant à la raison une place d'honneur, en formulant les règles que

l'esprit doit suivre pour arriver à la vérité, en s'intéressant à la psychologie et aux idées générales, Descartes exprimait toutes les tendances profondes de son temps. Il a aidé sa génération et la suivante à prendre clairement conscience de leur idéal littéraire.

Sur le développement de la science, l'action de Descartes a été immense. Ses « quatre règles » donnent la formule générale de la méthode et de l'esprit scientifique modernes. Descartes rejette le principe d'autorité, et le remplace par l'évidence rationnelle. Il définit le rôle de l'analyse, de la synthèse et de la méthode expérimentale.

Descartes a donc eu une influence considérable en France et en Europe dans les trois domaines de la science, de la philosophie et de la littérature.

Discours de la méthode
pour bien conduire sa raison et chercher la vérité dans les sciences

PREMIÈRE PARTIE

Le bon sens est la chose du monde la mieux partagée: car chacun pense en être si bien pourvu, que ceux même qui sont les plus difficiles à contenter en toute autre chose, n'ont point coutume d'en désirer plus qu'ils en ont. En quoi il n'est pas vraisemblable que tous se trompent; mais plutôt cela témoigne que la puissance de bien juger, et distinguer le vrai d'avec le faux, qui est proprement ce qu'on nomme le bon sens ou la raison, est naturellement égale en tous les hommes; et ainsi que la diversité de nos opinions ne vient pas de ce que les uns sont plus raisonnables que les autres, mais seulement de ce que nous conduisons nos pensées par diverses voies, et ne considérons pas les mêmes choses. Car ce n'est pas assez d'avoir l'esprit bon, mais le principal est de l'appliquer bien. Les plus grandes âmes sont capables des plus grands vices, aussi bien que des plus grandes vertus; et ceux qui ne marchent que fort lentement, peuvent avancer beaucoup davantage, s'ils suivent toujours le droit chemin, que ne font ceux qui courent, et qui s'en éloignent.

Pour moi, je n'ai jamais présumé que mon esprit fût en rien plus parfait que ceux du commun; même j'ai souvent souhaité d'avoir la pensée aussi prompte, ou l'imagination aussi nette et distincte,

ou la mémoire aussi ample, ou aussi présente, que quelques autres. Et je ne sache point de qualités que celles-ci, qui servent à la perfection de l'esprit: car pour la raison, ou le sens, d'autant qu'elle est la seule chose qui nous rend hommes, et nous distingue des bêtes, je veux croire qu'elle est tout entière en un chacun, et suivre en ceci l'opinion commune des philosophes, qui disent qu'il n'y a du plus et du moins qu'entre les *accidents,*[1] et non point entre les *formes,*[2] ou natures, des *individus* d'une même *espèce.*[3]

Mais je ne craindrai pas de dire que je pense avoir eu beaucoup d'heur,[4] de m'être rencontré dès ma jeunesse en certains chemins, qui m'ont conduit à des considérations et des maximes, dont j'ai formé une méthode, par laquelle il me semble que j'ai moyen d'augmenter par degrés ma connaissance, et

[1] Un *accident* est une qualité que peut posséder un sujet sans que pour cela la nature ou l'essence de ce sujet soit modifiée.

[2] La *forme* est ce qui détermine une substance à être telle ou telle.

[3] Les individus d'une même *espèce* ont une forme commune (la raison, chez les hommes). Ils se distinguent les uns des autres par des accidents qui varient d'un individu à l'autre (par ex., pour les hommes: la couleur des yeux, la profession, etc. . .).

[4] bonheur

de l'élever peu à peu au plus haut point, auquel la médiocrité de mon esprit et la courte durée de ma vie lui pourront permettre d'atteindre. . .

J'ai été nourri aux lettres dès mon enfance, et parce qu'on me persuadait que, par leur moyen, on pouvait acquérir une connaissance claire et assurée de tout ce qui est utile à la vie, j'avais un extrême désir de les apprendre. Mais, sitôt que j'eus achevé tout ce cours d'études, au bout duquel on a coutume d'être reçu au rang des doctes,[5] je changeai entièrement d'opinion. Car je me trouvais embarrassé de tant de doutes et d'erreurs, qu'il me semblait n'avoir fait autre profit, en tâchant de m'instruire, sinon que j'avais découvert de plus en plus mon ignorance. Et néanmoins j'étais en l'une des plus célèbres écoles de l'Europe, où je pensais qu'il devait y avoir de savants hommes, s'il y en avait en aucun endroit de la terre. J'y avais appris tout ce que les autres y apprenaient; et même, ne m'étant pas contenté des sciences qu'on nous enseignait, j'avais parcouru tous les livres traitant de celles qu'on estime les plus curieuses [6] et les plus rares, qui avaient pu tomber entre mes mains. Avec cela, je savais les jugements que les autres faisaient de moi; et je ne voyais point qu'on m'estimât inférieur à mes condisciples, bien qu'il y en eût déjà entre eux quelques-uns qu'on destinait à remplir les places de nos maîtres. Et enfin notre siècle me semblait aussi fleurissant, et aussi fertile en bons esprits, qu'ait été aucun des précédents. Ce qui me faisait prendre la liberté de juger par moi de tous les autres, et de penser qu'il n'y avait aucune doctrine dans le monde qui fût telle qu'on m'avait auparavant fait espérer.

Je ne laissais pas toutefois d'estimer les exercices, auxquels on s'occupe dans les écoles. Je savais que les langues, qu'on y apprend, sont nécessaires pour l'intelligence des livres anciens; que la gentillesse des fables réveille l'esprit; que les actions mémorables des histoires le relèvent, et qu'étant lues avec discrétion, elles aident à former le jugement; que la lecture de tous les bons livres est comme une conversation avec les plus honnêtes gens [7] des siècles passés, qui en ont été les auteurs, et même une conversation étudiée, en laquelle ils ne nous découvrent que les meilleures de leurs pensées; que l'éloquence a des forces et des beautés incomparables; que la poésie a des délicatesses et des douceurs très ravissantes; que les mathématiques ont des inventions très subtiles, et qui peuvent beaucoup servir, tant à contenter les curieux qu'à faciliter tous les arts,[8] et diminuer le travail des hommes; que les écrits qui traitent des mœurs contiennent plusieurs enseignements et plusieurs exhortations à la vertu qui sont fort utiles; que la théologie enseigne à gagner le ciel; que la philosophie donne moyen de parler vraisemblablement de toutes choses, et se faire admirer des moins savants; que la jurisprudence, la médecine et les autres sciences apportent des honneurs et des richesses à ceux qui les cultivent; et enfin, qu'il est bon de les avoir toutes examinées, même les plus superstitieuses et les plus fausses, afin de connaître leur juste valeur et se garder d'en être trompé. . .

Je me plaisais surtout aux mathématiques, à cause de la certitude et de l'évidence de leurs raisons; mais je ne remarquais point encore leur vrai usage, et, pensant qu'elles ne servaient qu'aux arts mécaniques, je m'étonnais de ce que, leurs fondements étant si fermes et si solides, on n'avait rien bâti dessus de plus relevé. Comme, au contraire, je comparais les écrits des anciens païens, qui traitent des mœurs, à des palais fort superbes et fort magnifiques, qui n'étaient bâtis que sur du sable et sur de la boue. Ils élèvent fort haut les vertus, et les font paraître estimables par-dessus toutes les choses qui sont au monde; mais ils n'enseignent pas assez à les connaître, et souvent ce qu'ils appellent d'un si beau nom, n'est qu'une insensibilité, ou un orgueil, ou un désespoir, ou un parricide.[9]

Je révérais notre théologie, et prétendais, autant qu'aucun autre, à gagner le ciel; mais ayant appris, comme chose très assurée, que le chemin n'en est pas moins ouvert aux plus ignorants qu'aux plus doctes, et que les vérités révélées,[10] qui y conduisent, sont au-dessus de notre intelligence; je n'eusse osé les soumettre à la faiblesse de mes raisonnements, et

[5] ceux qui savent
[6] c'est-à-dire les sciences occultes, l'astrologie, la magie, etc.
[7] gens de savoir

[8] industries et métiers
[9] meurtre d'un parent
[10] par la religion

je pensais que, pour entreprendre de les examiner et y réussir, il était besoin d'avoir quelque extraordinaire assistance du ciel, et d'être plus qu'homme.

Je ne dirai rien de la philosophie, sinon que, voyant qu'elle a été cultivée par les plus excellents esprits qui aient vécu depuis plusieurs siècles, et que néanmoins il ne s'y trouve encore aucune chose dont on ne dispute, et par conséquent qui ne soit douteuse, je n'avais point assez de présomption pour espérer d'y rencontrer mieux que les autres; et que, considérant combien il peut y avoir de diverses opinions, touchant une même matière, qui soient soutenues par des gens doctes, sans qu'il y en puisse avoir jamais plus d'une seule qui soit vraie, je réputais presque pour faux tout ce qui n'était que vraisemblable. . .

C'est pourquoi, sitôt que l'âge me permit de sortir de la sujétion de mes précepteurs, je quittai entièrement l'étude des lettres. Et me résolvant de ne chercher plus d'autre science, que celle qui se pourrait trouver en moi-même, ou bien dans le grand livre du monde, j'employai le reste de ma jeunesse à voyager, à voir des cours et des armées, à fréquenter des gens de diverses humeurs[11] et conditions, à recueillir diverses expériences, à m'éprouver moi-même dans les rencontres que la fortune me proposait, et partout à faire telle réflexion sur les choses qui se présentaient, que j'en pusse tirer quelque profit. Car il me semblait que je pourrais rencontrer beaucoup plus de vérité, dans les raisonnements que chacun fait touchant les affaires qui lui importent, et dont l'événement le doit punir bientôt après, s'il a mal jugé, que dans ceux que fait un homme de lettres dans son cabinet, touchant des spéculations qui ne produisent aucun effet, et qui ne lui sont d'autre conséquence, sinon que peut-être il en tirera d'autant plus de vanité qu'elles seront plus éloignées du sens commun, à cause qu'il aura dû employer d'autant plus d'esprit et d'artifice à tâcher de les rendre vraisemblables. Et j'avais toujours un extrême désir d'apprendre à distinguer le vrai d'avec le faux, pour voir clair en mes actions, et marcher avec assurance en cette vie.

Il est vrai que, pendant que je ne faisais que considérer les mœurs des autres hommes, je n'y trouvais guère de quoi m'assurer et que j'y remarquais

quasi autant de diversité que j'avais fait auparavant entre les opinions des philosophes. En sorte que le plus grand profit que j'en retirais, était que, voyant plusieurs choses qui, bien qu'elles nous semblent fort extravagantes et ridicules, ne laissent pas d'être communément reçues et approuvées par d'autres grands peuples, j'apprenais à ne rien croire trop fermement de ce qui ne m'avait été persuadé que par l'exemple et par la coutume; et ainsi je me délivrais peu à peu de beaucoup d'erreurs, qui peuvent offusquer[12] notre lumière naturelle, et nous rendre moins capables d'entendre raison. Mais après que j'eus employé quelques années[13] à étudier ainsi dans le livre du monde et à tâcher d'acquérir quelque expérience, je pris un jour résolution d'étudier aussi en moi-même, et d'employer toutes les forces de mon esprit à choisir les chemins que je devais suivre. Ce qui me réussit beaucoup mieux, ce me semble, que si je ne me fusse jamais éloigné, ni de mon pays, ni de mes livres.

SECONDE PARTIE

J'étais alors en Allemagne, où l'occasion des guerres[14] qui n'y sont pas encore finies m'avait appelé; et comme je retournais du couronnement de l'empereur[15] vers l'armée, le commencement de l'hiver m'arrêta en un quartier[16] où, ne trouvant aucune conversation qui me divertît, et n'ayant d'ailleurs, par bonheur, aucuns soins[17] ni passions qui me troublassent, je demeurais tout le jour enfermé seul dans un poêle,[18] où j'avais tout loisir de m'entretenir de mes pensées. . .

Mais, comme un homme qui marche seul et dans les ténèbres, je me résolus d'aller si lentement, et d'user de tant de circonspection en toutes choses, que, si je n'avançais que fort peu, je me garderais bien, au moins, de tomber. Même je ne voulus point commencer à rejeter tout à fait aucune des opinions qui s'étaient pu glisser autrefois en ma créance sans y avoir été introduites par la raison,

[11] caractères

[12] obscurcir
[13] de 1616 à 1619
[14] la guerre de Trente Ans (1618–48)
[15] Ferdinand II, roi de Bohême et de Hongrie, couronné à Francfort en 1619
[16] lieu où étaient logées les troupes
[17] soucis
[18] chambre avec poêle

que je n'eusse auparavant employé assez de temps à faire le projet de l'ouvrage que j'entreprenais, et à chercher la vraie méthode pour parvenir à la connaissance de toutes les choses dont mon esprit serait capable.

J'avais un peu étudié, étant plus jeune, entre les parties de la philosophie, à la logique,[19] et entre les mathématiques, à l'analyse des géomètres et à l'algèbre, trois arts ou sciences qui semblaient devoir contribuer quelque chose à mon dessein. Mais, en les examinant, je pris garde que, pour la logique, ses syllogismes et la plupart de ses autres instructions servent plutôt à expliquer à autrui les choses qu'on sait, ou même, comme l'art de Lulle,[20] à parler, sans jugement, de celles qu'on ignore, qu'à les apprendre. Et bien qu'elle contienne, en effet, beaucoup de préceptes très vrais et très bons, il y en a toutefois tant d'autres, mêlés parmi, qui sont ou nuisibles ou superflus, qu'il est presque aussi malaisé de les en séparer, que de tirer une Diane ou une Minerve hors d'un bloc de marbre qui n'est point encore ébauché. Puis, pour l'analyse [21] des anciens et l'algèbre des modernes, outre qu'elles ne s'étendent qu'à des matières fort abstraites, et qui ne semblent d'aucun usage, la première est toujours si astreinte à la considération des figures, qu'elle ne peut exercer l'entendement sans fatiguer beaucoup l'imagination; et on s'est tellement assujetti, en la dernière, à certaines règles et à certains chiffres, qu'on en a fait un art confus et obscur, qui embarrasse l'esprit, au lieu d'une science qui le cultive. Ce qui fut cause que je pensai qu'il fallait chercher quelque autre méthode, qui, comprenant les avantages de ces trois, fût exempte de leurs défauts. Et comme la multitude des lois fournit souvent des excuses aux vices, en sorte qu'un État est bien mieux réglé lorsque, n'en ayant que fort peu, elles y sont fort étroitement observées; ainsi, au lieu de ce grand nombre de préceptes dont la logique est composée, je crus que j'aurais assez des quatre suivants, pourvu que je prisse une ferme et constante résolution de ne manquer pas une seule fois à les observer.

Le premier était de ne recevoir jamais aucune chose pour vraie, que je ne la connusse évidemment être telle: c'est-à-dire, d'éviter soigneusement la précipitation et la prévention; et de ne comprendre [22] rien de plus en mes jugements, que ce qui se présenterait si clairement et si distinctement à mon esprit, que je n'eusse aucune occasion de le mettre en doute.

Le second, de diviser chacune des difficultés que j'examinerais, en autant de parcelles qu'il se pourrait, et qu'il serait requis pour les mieux résoudre.

Le troisième, de conduire par ordre mes pensées, en commençant par les objets les plus simples et les plus aisés à connaître, pour monter peu à peu, comme par degrés, jusques à la connaissance des plus composés; et supposant même de l'ordre entre ceux qui ne se précèdent point naturellement les uns les autres.

Et le dernier, de faire partout des dénombrements si entiers, et des revues si générales, que je fusse assuré de ne rien omettre.

Ces longues chaînes de raisons, toutes simples et faciles, dont les géomètres ont coutume de se servir, pour parvenir à leurs plus difficiles démonstrations, m'avaient donné occasion de m'imaginer que toutes les choses, qui peuvent tomber sous la connaissance des hommes, s'entre-suivent en même façon et que, pourvu seulement qu'on s'abstienne d'en recevoir aucune pour vraie qui ne le soit, et qu'on garde toujours l'ordre qu'il faut pour les déduire les unes des autres, il n'y en peut avoir de si éloignées auxquelles enfin on ne parvienne, ni de si cachées qu'on ne découvre. . .

TROISIÈME PARTIE

Et enfin, comme ce n'est pas assez, avant de commencer à rebâtir le logis où on demeure, que de l'abattre, et de faire provision de matériaux et d'architectes, ou s'exercer soi-même à l'architecture, et outre cela d'en avoir soigneusement tracé le dessin; mais qu'il faut aussi s'être pourvu de quelque autre, où on puisse être logé commodément pendant le temps qu'on y travaillera; ainsi, afin que je ne demeurasse point irrésolu en mes actions, pendant que la raison m'obligerait de l'être en mes jugements, et que je ne laissasse pas de vivre dès lors le

[19] c'est-à-dire la logique d'Aristote
[20] écrivain et alchimiste catalan (vers 1235–1315), auteur du *Grand Art,* un des plus curieux livres de la scolastique
[21] géometrie soumise à des calculs

[22] accepter

plus heureusement que je pourrais, je me formai une morale par provision,[23] qui ne consistait qu'en trois ou quatre maximes, dont je veux bien vous faire part.

La première était d'obéir aux lois et aux coutumes de mon pays, retenant constamment la religion en laquelle Dieu m'a fait la grâce d'être instruit dès mon enfance, et me gouvernant, en toute autre chose,[24] suivant les opinions les plus modérées, et les plus éloignées de l'excès, qui fussent communément reçues en pratique par les mieux sensés de ceux avec lesquels j'aurais à vivre. Car, commençant dès lors à ne compter pour rien les miennes propres, à cause que je les voulais remettre toutes à l'examen, j'étais assuré de ne pouvoir mieux que de suivre celles des mieux sensés. . .

Ma seconde maxime était d'être le plus ferme et le plus résolu en mes actions que je pourrais, et de ne suivre pas moins constamment les opinions les plus douteuses, lorsque je m'y serais une fois déterminé, que si elles eussent été très assurées. Imitant en ceci les voyageurs qui, se trouvant égarés en quelque forêt, ne doivent pas errer en tournoyant, tantôt d'un côté, tantôt d'un autre, ni encore moins s'arrêter en une place, mais marcher toujours le plus droit qu'ils peuvent vers un même côté, et ne le changer point pour de faibles raisons, encore que ce n'ait peut-être été au commencement que le hasard seul qui les ait déterminés à le choisir; car, par ce moyen, s'ils ne vont justement où ils désirent, ils arriveront au moins à la fin quelque part, où vraisemblablement ils seront mieux que dans le milieu d'une forêt. . .

Ma troisième maxime était de tâcher toujours plutôt à me vaincre que la fortune,[25] et à changer mes désirs que l'ordre du monde; et généralement, de m'accoutumer à croire qu'il n'y a rien qui soit entièrement en notre pouvoir, que nos pensées, en sorte qu'après que nous avons fait notre mieux, touchant les choses qui nous sont extérieures,[26] tout ce qui manque de nous réussir est, au regard de nous, absolument impossible. . .

[23] C'est-à-dire une morale qu'on peut suivre *en attendant*, pendant qu'on n'en connaît point encore de meilleure.
[24] que la croyance religieuse
[25] vaincre moi-même plutôt que vaincre le sort
[26] les choses qui ne dépendent pas de nous: santé, honneurs, richesses

Enfin, pour conclusion de cette morale, je m'avisai de faire une revue sur les diverses occupations qu'ont les hommes en cette vie, pour tâcher à faire choix de la meilleure; et sans que je veuille rien dire de celles des autres, je pensai que je ne pouvais mieux que de continuer en celle-là même où je me trouvais, c'est-à-dire, que d'employer toute ma vie à cultiver ma raison, et m'avancer, autant que je pourrais, en la connaissance de la vérité, suivant la méthode que je m'étais prescrite. . .

Après m'être ainsi assuré de ces maximes, et les avoir mises à part, avec les vérités de la foi, qui ont toujours été les premières en ma créance, je jugeai que, pour tout le reste de mes opinions, je pouvais librement entreprendre de m'en défaire. Et d'autant que j'espérais en pouvoir mieux venir à bout, en conversant avec les hommes, qu'en demeurant plus longtemps renfermé dans le poêle où j'avais eu toutes ces pensées, l'hiver n'était pas encore bien achevé que je me remis à voyager. Et en toutes les neuf années suivantes, je ne fis autre chose que rouler çà et là dans le monde, tâchant d'y être spectateur plutôt qu'acteur en toutes les comédies qui s'y jouent; et faisant particulièrement réflexion, en chaque matière, sur ce qui la pouvait rendre suspecte et nous donner occasion de nous méprendre, je déracinais cependant de mon esprit toutes les erreurs qui s'y étaient pu glisser auparavant. . .

QUATRIÈME PARTIE

Je ne sais si je dois vous entretenir des premières méditations que j'y ai faites; car elles sont si métaphysiques [27] et si peu communes, qu'elles ne seront peut-être pas au goût de tout le monde. Et toutefois, afin qu'on puisse juger si les fondements que j'ai pris sont assez fermes, je me trouve en quelque façon contraint d'en parler. J'avais dès longtemps remarqué que, pour les mœurs, il est besoin quelquefois de suivre des opinions qu'on sait être fort incertaines, tout de même que si elles étaient indubitables, ainsi qu'il a été dit ci-dessus; mais, parce qu'alors je désirais vaquer seulement à la recherche de la vérité, je pensai qu'il fallait que je fisse tout le contraire, et que je rejetasse, comme absolument

[27] Descartes hésite à parler de sa métaphysique dans un ouvrage écrit en langue vulgaire et destiné à un public étendu.

faux, tout ce en quoi je pourrais imaginer le moindre doute, afin de voir s'il ne resterait point, après cela, quelque chose en ma créance, qui fût entièrement indubitable. Ainsi, à cause que nos sens nous trompent quelquefois, je voulus supposer qu'il n'y avait aucune chose qui fût telle qu'ils nous la font imaginer. Et parce qu'il y a des hommes qui se méprennent en raisonnant, même touchant les plus simples matières de géométrie, et y font des paralogismes, jugeant que j'étais sujet à faillir, autant qu'aucun autre, je rejetai comme fausses toutes les raisons que j'avais prises auparavant pour démonstrations. Et enfin, considérant que toutes les mêmes pensées, que nous avons étant éveillés, nous peuvent aussi venir, quand nous dormons, sans qu'il y en ait aucune pour lors qui soit vraie, je me résolus de feindre [28] que toutes les choses qui m'étaient jamais entrées en l'esprit n'étaient non plus vraies que les illusions de mes songes. Mais, aussitôt après, je pris garde que, pendant que je voulais ainsi penser que tout était faux, il fallait nécessairement que moi, qui le pensais, fusse quelque chose. Et remarquant que cette vérité: *je pense, donc je suis,* était si ferme et si assurée que toutes les plus extravagantes suppositions des sceptiques n'étaient pas capables de l'ébranler, je jugeai que je pouvais la recevoir, sans scrupule, pour le premier principe de la philosophie que je cherchais.

Puis, examinant avec attention ce que j'étais, et voyant que je pouvais feindre que je n'avais aucun corps, et qu'il n'y avait aucun monde ni aucun lieu où je fusse; mais que je ne pouvais pas feindre, pour cela, que je n'étais point; et qu'au contraire, de cela même que je pensais à douter de la vérité des autres choses, il suivait très évidemment et très certainement que j'étais; au lieu que, si j'eusse seulement cessé de penser, encore que tout le reste de ce que j'avais jamais imaginé eût été vrai, je n'avais aucune raison de croire que j'eusse été: je connus de là que j'étais une substance dont toute l'essence ou la nature n'est que de penser, et qui, pour être, n'a besoin d'aucun lieu, ni ne dépend d'aucune chose matérielle. En sorte que ce moi, c'est-à-dire l'âme par laquelle je suis ce que je suis, est entièrement distincte du corps, et même qu'elle est plus aisée à connaître que lui,[29] et qu'encore qu'il ne fût point, elle ne laisserait pas d'être tout ce qu'elle est.

Après cela, je considérai en général ce qui est requis à une proposition pour être vraie et certaine; car, puisque je venais d'en trouver une que je savais être telle, je pensai que je devais aussi savoir en quoi consiste cette certitude. Et ayant remarqué qu'il n'y a rien du tout en ceci: *je pense, donc je suis,* qui m'assure que je dis la vérité, sinon que je vois très clairement que, pour penser, il faut être: je jugeai que je pouvais prendre pour règle générale, que les choses que nous concevons fort clairement et fort distinctement sont toutes vraies;[30] mais qu'il y a seulement quelque difficulté à bien remarquer quelles sont celles que nous concevons distinctement.

En suite de quoi, faisant réflexion sur ce que je doutais, et que, par conséquent, mon être n'était pas tout parfait, car je voyais clairement que c'était une plus grande perfection de connaître que de douter, je m'avisai de chercher d'où j'avais appris à penser à quelque chose de plus parfait que je n'étais; et je connus [31] évidemment que ce devait être de quelque nature qui fût en effet plus parfaite. Pour ce qui est des pensées que j'avais de plusieurs autres choses hors de moi, comme du ciel, de la terre, de la lumière, de la chaleur, et de mille autres, je n'étais point tant en peine de savoir d'où elles venaient, à cause que, ne remarquant rien en elles qui me semblât les rendre supérieures à moi, je pouvais croire que, si elles étaient vraies, c'étaient des dépendances de ma nature, en tant qu'elle avait quelque perfection; et si elles ne l'étaient pas, que je les tenais du néant c'est-à-dire qu'elles étaient en moi, parce que j'avais du défaut. Mais ce ne pouvait être le même de l'idée d'un être plus parfait que le mien: car, de la tenir du néant, c'était chose manifestement impossible; et parce qu'il n'y a pas moins de répugnance [32] que le plus parfait soit une suite et une dépendance du moins parfait, qu'il y en a que de rien procède quelque chose, je ne la

[28] me figurer

[29] La connaissance de l'âme est une notion métaphysique. On peut la concevoir et cette connaissance de l'âme précède celle du corps dans l'ordre de la déduction logique.

[30] On rejoint ici sur le plan métaphysique le premier précepte de la méthode.

[31] compris

[32] pour l'esprit

pouvais tenir non plus de moi-même. De façon qu'il restait [33] qu'elle eût été mise en moi par une nature qui fût véritablement plus parfaite que je n'étais, et même qui eût en soi toutes les perfections dont je pouvais avoir quelque idée, c'est-à-dire, pour m'expliquer en un mot, qui fût Dieu. A quoi j'ajoutai que, puisque je connaissais quelques perfections que je n'avais point, je n'étais pas le seul être qui existât (j'userai, s'il vous plaît, ici librement des mots de l'École), mais qu'il fallait, de nécessité, qu'il y en eût quelque autre plus parfait, duquel je dépendisse, et duquel j'eusse acquis tout ce que j'avais. Car, si j'eusse été seul et indépendant de tout autre, en sorte que j'eusse eu, de moi-même, tout ce peu que je participais de l'être parfait, j'eusse pu avoir de moi, par même raison, tout le surplus que je connaissais me manquer, et ainsi être moi-même infini, éternel, immuable, tout-connaissant, tout-puissant, et enfin avoir toutes les perfections que je pouvais remarquer être en Dieu. . .

[33] il restait certain

IV. Le Théâtre

CORNEILLE (1606–1684)

CORNEILLE EST NE à Rouen, le 6 juin 1606, d'une famille de petite robe. Après des études de latin, puis de droit, il acheta une charge d'avocat-général, mais ne plaida guère. Ayant confié une comédie, *Mélite,* à un acteur connu de passage à Rouen, il fut le premier surpris d'apprendre son succès à Paris. D'autres pièces suivirent avec un égal bonheur. Il se fixa dans la capitale. En 1636, le *Cid* ouvrit la période des chefs-d'œuvre; c'est en 1652 après l'insuccès de *Pertharite,* que Corneille se retira à Rouen et vécut pour ses sept enfants, traduisant l'*Imitation de Jésus-Christ,* composant ses *Discours* théoriques et ses *Examens.* Revenu au théâtre avec *Œdipe* en 1659, il le quitta définitivement en 1674, à la chute de *Suréna.* Après quelques années de vie obscure, gênée, quasi misérable, il mourut le 3 septembre 1684 à Paris.

L'HOMME

Corneille écrivit 33 pièces de théâtre, dont 8 comédies, 3 tragi-comédies héroïques, et 19 tragédies dont les plus célèbres sont: *Le Cid* (1636), *Horace* (1640), *Cinna* (1640), *Polyeucte* (1643), *Rodogune* (1644), *Nicomède* (1651). Corneille a conçu comme principe de pathétique un être de volonté et de raison, triomphant des situations les plus périlleuses ou du péril intérieur créé par certaines de ses propres faiblesses, à travers une lutte qui ne peut se résoudre qu'en actes sublimes. Corneille a donc fait vivre sur la scène des héros à la volonté implacable, à la claire raison, dévoués corps et âme à leur honneur ou à leur am-

L'ŒUVRE

bition, grands cœurs patriotes ou religieux, grands chefs de peuples, jeunes femmes magnanimes, princesses presque surhumaines dans le mal comme dans le bien: tous « hors de l'ordre commun », c'est-à-dire bien au-dessus de la moyenne humaine.

La conception héroïque de Corneille exigeait naturellement des sujets eux aussi « hors de l'ordre commun », dominant de haut la vie normale et consistant en défis au courage du cœur, au raidissement de la volonté.

L'action, avec de telles données, ne peut pas ne pas être entièrement psychologique; c'est par des sentiments et des volontés qu'elle est élevée à de très fortes situations théâtrales. L'action, chez Corneille, n'est pas absolument simple; elle est, plus souvent qu'il ne l'a reconnu, « implexe », c'est-à-dire que des événements étrangers à la donnée initiale du sujet surviennent au cours du drame et le surchargent: c'est le cas du *Cid*. Mais, même alors, les événements ne valent que par leur action sur les caractères. Ceux-ci resteront-ils fidèles à eux-mêmes? La volonté du héros sera-t-elle accomplie? Et qu'en résultera-t-il? Telles sont les questions que des événements extérieurs imprévus obligent le spectateur à se poser. Et, par conséquent, le drame demeure jusqu'au bout un drame de sentiment, de volonté et de conscience, un drame de psychologie, mais de psychologie forcenée.

Le style si original de Corneille est encore un rouage de son système dramatique. C'est le style qui pouvait le mieux convenir à la grandeur des caractères et à la force des situations. Il se manifeste tantôt par une solide charpente, tantôt par un élan sublime, quelquefois aussi malheureusement par une certaine enflure.

Guilhem de Castro ayant déjà traité le sujet du *Cid,* les rivaux et critiques de Corneille prétendirent que le *Cid* était un plagiat de la pièce espagnole. Ils ajoutèrent que les règles du théâtre y étaient méprisées et que le sujet était invraisemblable. Ce fut l'origine de la « Querelle du Cid », qui eut un effet considérable sur la carrière dramatique de Corneille. Au cours de sa retraite de trois années, un travail profond se fit dans son esprit. Changeant nettement l'orientation de son génie, il résolut tout d'abord de ne plus imiter et par conséquent d'inventer tout à fait le développement de ses sujets, puis de plier le plus possible son ardeur aux règles, enfin de substituer la vérité de l'histoire à la légende.

Corneille se mit donc à la recherche de sujets vrais; mais fidèle à sa conception tragique, il voulait des sujets capables d'arracher à la volonté humaine des prodiges: il les trouva dans l'histoire romaine. La volonté est prise entre les affections les plus légitimes et les exigences de la patrie, dans *Horace;* elle fait triompher une grande idée, l'idée de pardon, contre des intérêts immédiats et des instincts profonds, dans *Cinna;* elle dompte un amour humain pour élever à sa place un amour divin auquel toutes choses de ce monde se verront sacrifiées, dans *Polyeucte.*

Voici donc l'enseignement de Corneille: cultiver l'énergie de notre âme pour nous élever au-dessus de la vie quotidienne commune; cultiver la pureté de notre

âme pour tenir notre personne prête à tous les sacrifices que peuvent exiger la famille, la patrie, la société.

Le Cid était un héros castillan du XIe siècle, qui fit la guerre aux Maures, envahisseurs de l'Espagne. La légende s'est emparée de son personnage et la littérature espagnole le représente obligé par l'honneur de se battre en duel avec le propre père de la jeune fille qu'il aime et dont il est aimé. Il le tue, mais l'amour est sauvé par les exploits patriotiques du jeune homme, qui lui valent le pardon de son roi et la possibilité d'épouser malgré tout la jeune fille. C'est la pièce bâtie sur cette situation par Guilhem de Castro que Pierre Corneille a imitée dans *Le Cid*.

Nous donnons ici la pièce telle qu'elle est quelquefois représentée, c'est-à-dire en supprimant le rôle de l'Infante et par conséquent les scènes où l'Infante paraissait.

Le Cid

PERSONNAGES

Don Fernand,[1] premier roi de Castille
Don Diègue, père de Rodrigue
Don Gomès, comte de Gormas, père de Chimène
Don Rodrigue, amant[2] de Chimène
Don Sanche, amoureux[2] de Chimène
Don Arias, } gentilshommes castillans
Don Alonse,
Chimène, fille de don Gomès
Elvire, gouvernante de Chimène

La scène est à Séville.[3]

ACTE I

Scène première — Chimène, Elvire

CHIMÈNE

Elvire, m'as-tu fait un rapport bien sincère?
Ne déguises-tu rien de ce qu'a dit mon père?

ELVIRE

Tous mes sens à moi-même en sont encor charmés:
Il estime Rodrigue autant que vous l'aimez,

[1] Ferdinand Ier, mort en 1075
[2] Dans le langage du XVIIe siècle: *amant,* celui qui aime et qui est aimé; *amoureux,* celui qui aime, mais qui n'est pas payé de retour.
[3] Le décor représente une place publique avec, d'un côté, la maison de Chimène, et de l'autre le palais du roi.

Et si je ne m'abuse à lire dans son âme,
Il vous commandera de répondre à sa flamme.[4]

CHIMÈNE

5 Dis-moi donc, je te prie, une seconde fois
Ce qui te fait juger qu'il approuve mon choix:
Apprends-moi de nouveau quel espoir j'en dois prendre;
Un si charmant discours ne se peut trop entendre;
10 Tu ne peux trop promettre aux feux de notre amour
La douce liberté de se montrer au jour.
Que t'a-t-il répondu sur la secrète brigue[5]
Que font auprès de toi don Sanche et don Rodrigue?
15
N'as-tu point trop fait voir quelle inégalité
Entre ces deux amants me penche d'un côté?

ELVIRE

20 Non; j'ai peint votre cœur dans une indifférence
Qui n'enfle d'aucun d'eux ni détruit l'espérance,[6]
Et sans les voir d'un œil trop sévère ou trop doux,
Attend l'ordre d'un père à choisir un époux.
Ce respect l'a ravi, sa bouche et son visage
25 M'en ont donné sur l'heure un digne témoignage,
Et puisqu'il vous en faut encor faire un récit,

[4] amour
[5] manœuvres secrètes
[6] qui n'encourage ni ne désespère aucun des deux

Voici d'eux et de vous ce qu'en hâte il m'a dit:
« Elle est dans le devoir; tous deux sont dignes d'elle,
Tous deux formés d'un sang noble, vaillant, fidèle,
Jeunes, mais qui font lire aisément dans leurs yeux 5
L'éclatante vertu [7] de leurs braves aïeux.
Don Rodrigue surtout n'a trait en son visage
Qui d'un homme de cœur ne soit la haute image
Et sort d'une maison si féconde en guerriers,
Qu'ils y prennent naissance au milieu des lauriers. 10
La valeur de son père, en son temps sans pareille,
Tant qu'a duré sa force, a passé pour merveille;
Ses rides sur son front ont gravé ses exploits,
Et nous disent encor ce qu'il fut autrefois.
Je me promets du fils ce que j'ai vu du père; 15
Et ma fille, en un mot, peut l'aimer et me plaire. »
Il alloit au conseil, dont l'heure qui pressoit [8]
A tranché ce discours qu'à peine il commençoit;
Mais à ce peu de mots je crois que sa pensée
Entre vos deux amants n'est pas fort balancée.[9] 20
Le Roi doit à son fils élire un gouverneur,[10]
Et c'est lui que regarde un tel degré d'honneur:
Ce choix n'est pas douteux, et sa rare vaillance
Ne peut souffrir qu'on craigne aucune concurrence. 25
Comme ses hauts exploits le rendent sans égal,
Dans un espoir si juste il sera sans rival;
Et puisque don Rodrigue a résolu son père
Au sortir du conseil à proposer l'affaire,
Je vous laisse à juger s'il prendra bien son temps,[11] 30
Et si tous vos désirs seront bientôt contents.[12]

CHIMÈNE

Il semble toutefois que mon âme troublée
Refuse cette joie, et s'en trouve accablée:
Un moment donne au sort des visages [13] divers, 35
Et dans ce grand bonheur je crains un grand revers.

ELVIRE

Vous verrez cette crainte heureusement déçue. 40

[7] courage
[8] Obligeait à se presser. Remarquer la terminaison en *oit* (vieille forme verbale).
[9] deux amants: prétendants; n'hésite pas
[10] choisir un maître d'éducation
[11] le fera au bon moment
[12] satisfaits
[13] aspects

CHIMÈNE

Allons, quoi qu'il en soit, en attendre l'issue.

SCÈNE II — LE COMTE, DON DIÈGUE

LE COMTE

Enfin vous l'emportez, et la faveur du Roi
Vous élève en un rang qui n'étoit dû qu'à moi:
Il vous fait gouverneur du prince de Castille.

DON DIÈGUE

Cette marque d'honneur qu'il met dans ma famille
Montre à tous qu'il est juste, et fait connoître assez
Qu'il sait récompenser les services passés.

LE COMTE

Pour grands que soient les rois, ils sont ce que nous sommes:
Ils peuvent se tromper comme les autres hommes;
Et ce choix sert de preuve à tous les courtisans 20
Qu'ils savent mal payer les services présents.

DON DIÈGUE

Ne parlons plus d'un choix dont votre esprit s'irrite: 25
La faveur l'a pu faire autant que le mérite;
Mais on doit ce respect au pouvoir absolu,
De n'examiner [14] rien quand un roi l'a voulu.
A l'honneur qu'il m'a fait ajoutez-en un autre;
Joignons d'un sacré nœud ma maison à la vôtre: 30
Vous n'avez qu'une fille, et moi je n'ai qu'un fils;
Leur hymen nous peut rendre à jamais plus qu'amis:
Faites-nous cette grâce, et l'acceptez pour gendre.

LE COMTE

A des partis plus hauts ce beau fils doit prétendre;
Et le nouvel éclat de votre dignité
Lui doit enfler le cœur d'une autre vanité.
Exercez-la,[15] Monsieur, et gouvernez le Prince: 40
Montrez-lui comme il faut régir une province,
Faire trembler partout les peuples sous la loi,
Remplir les bons d'amour, et les méchants d'effroi.
Joignez à ces vertus celles d'un capitaine:
Montrez-lui comme il faut s'endurcir à la peine, 45

[14] ne discuter
[15] votre dignité

Dans le métier de Mars [16] se rendre sans égal,
Passer les jours entiers et les nuits à cheval,
Reposer tout armé, forcer une muraille,
Et ne devoir qu'à soi le gain d'une bataille.
Instruisez-le d'exemple,[17] et rendez-le parfait,
Expliquant à ses yeux vos leçons par l'effet.[18]

DON DIÈGUE

Pour s'instruire d'exemple, en dépit de l'envie,
Il lira seulement l'histoire de ma vie.
 Là, dans un long tissu de belles actions,
Il verra comme il faut dompter des nations,
Attaquer une place, ordonner une armée,
Et sur de grands exploits bâtir sa renommée.

LE COMTE

Les exemples vivants sont d'un autre pouvoir;
Un prince dans un livre apprend mal son devoir.
Et qu'a fait après tout ce grand nombre d'années,
Que ne puisse égaler une de mes journées?
Si vous fûtes vaillant, je le suis aujourd'hui,
Et ce bras du royaume est le plus ferme appui.
Grenade et l'Aragon [19] tremblent quand ce fer
 brille;
Mon nom sert de rempart à toute la Castille:
Sans moi, vous passeriez bientôt sous d'autres lois,
Et vous auriez bientôt vos ennemis pour rois.
Chaque jour, chaque instant, pour rehausser ma
 gloire,
Met lauriers sur lauriers, victoire sur victoire.
Le Prince à mes côtés feroit dans les combats
L'essai de son courage à l'ombre de mon bras;
Il apprendroit à vaincre en me regardant faire;
Et pour répondre en hâte à son grand caractère,
Il verroit. . .

DON DIÈGUE

 Je le sais, vous servez bien le Roi:
Je vous ai vu combattre et commander sous moi.
Quand l'âge dans mes nerfs a fait couler sa glace,
Votre rare valeur a bien rempli ma place;
Enfin, pour épargner les discours superflus,
Vous êtes aujourd'hui ce qu'autrefois je fus.

16 dieu de la guerre (mythologie)
17 par l'exemple
18 la réalité mise sous les yeux
19 Grenade et l'Aragon, provinces de l'Espagne alors
ennemies de la Castille

Vous voyez toutefois qu'en cette concurrence
Un monarque entre nous met quelque différence.

LE COMTE

5 Ce que je méritois, vous l'avez emporté.

DON DIÈGUE

Qui l'a gagné sur vous l'avoit mieux mérité.

LE COMTE

10 Qui peut mieux l'exercer en est bien le plus digne.

DON DIÈGUE

En être refusé n'en est pas un bon signe.

15

LE COMTE

Vous l'avez eu par brigue, étant vieux courtisan.

DON DIÈGUE

20 L'éclat de mes hauts faits fut mon seul partisan.

LE COMTE

Parlons-en mieux, le Roi fait honneur à votre âge.

DON DIÈGUE

25 Le Roi, quand il en fait, le mesure au courage.

LE COMTE

Et par là cet honneur n'étoit dû qu'à mon bras.

30

DON DIÈGUE

Qui n'a pu l'obtenir ne le méritoit pas.

LE COMTE

35 Ne le méritoit pas! Moi?

DON DIÈGUE

 Vous.

LE COMTE

40 Ton impudence,
Téméraire vieillard, aura sa récompense.
(Il lui donne un soufflet.)

45 DON DIÈGUE, mettant l'épée à la main.

Achève, et prends ma vie après un tel affront,
Le premier dont ma race ait vu rougir son front.

LE COMTE

Et que penses-tu faire avec tant de foiblesse?

DON DIÈGUE, *désarmé.*

O Dieu! ma force usée en ce besoin me laisse! 5

LE COMTE

Ton épée est à moi; mais tu serois trop vain,[20]
Si ce honteux trophée avoit chargé ma main.
 Adieu: fais lire au Prince, en dépit de l'envie, 10
Pour son instruction, l'histoire de ta vie:
D'un insolent discours ce juste châtiment
Ne lui servira pas d'un petit ornement.

SCÈNE III — DON DIÈGUE

O rage! ô désespoir! ô vieillesse ennemie!
N'ai-je donc tant vécu que pour cette infamie?
Et ne suis-je blanchi [21] dans les travaux guerriers 20
Que pour voir en un jour flétrir tant de lauriers?
Mon bras, qu'avec respect toute l'Espagne admire,
Mon bras, qui tant de fois a sauvé cet empire,
Tant de fois affermi le trône de son roi,
Trahit donc ma querelle,[22] et ne fait rien pour 25
 moi?
O cruel souvenir de ma gloire passée!
Œuvre de tant de jours en un jour effacée!
Nouvelle dignité, fatale à mon bonheur!
Précipice élevé d'où tombe mon honneur!
Faut-il de votre éclat voir triompher le Comte,
Et mourir sans vengeance, ou vivre dans la honte?
Comte, sois de mon prince à présent gouverneur:
Ce haut rang n'admet point un homme sans hon-
 neur;
Et ton jaloux orgueil, par cet affront insigne,
Malgré le choix du Roi, m'en a su rendre indigne.
Et toi, de mes exploits glorieux instrument,
Mais d'un corps tout de glace inutile ornement,
Fer, jadis tant à craindre, et qui, dans cette offense, 40
M'as servi de parade, et non pas de défense,
Va, quitte désormais le dernier des humains,
Passe, pour me venger, en de meilleures mains.

[20] fier
[21] vieilli
[22] manque à ma défense

SCÈNE IV — DON DIÈGUE, DON RODRIGUE

DON DIÈGUE

Rodrigue, as-tu du cœur [23]?

DON RODRIGUE

 Tout autre que mon père
L'éprouveroit sur l'heure.

DON DIÈGUE

 Agréable colère!
Digne ressentiment à ma douleur bien doux!
Je reconnois mon sang à ce noble courroux; [24]
Ma jeunesse revit en cette ardeur si prompte.
Viens, mons fils, viens, mon sang, viens réparer ma
 honte;
Viens me venger.

DON RODRIGUE

De quoi?

DON DIÈGUE

 D'un affront si cruel,
Qu'à l'honneur de tous deux il porte un coup mor-
 tel:
D'un soufflet. L'insolent en eût perdu la vie;
Mais mon âge a trompé ma généreuse envie:
Et ce fer que mon bras ne peut plus soutenir,
Je le remets au tien pour venger et punir.
 Va contre un arrogant éprouver ton courage:
Ce n'est que dans le sang qu'on lave un tel outrage;
Meurs ou tue. Au surplus, pour ne te point flatter [25]
Je te donne à combattre un homme à redouter:
Je l'ai vu, tout couvert de sang et de poussière,
Porter partout l'effroi dans une armée entière.
J'ai vu par sa valeur cent escadrons rompus;
Et pour t'en dire encor quelque chose de plus,
Plus que brave soldat, plus que grand capitaine,
C'est. . .

DON RODRIGUE

De grâce, achevez.

DON DIÈGUE

 Le père de Chimène.

[23] du courage
[24] vieux mot: colère
[25] tromper en déguisant la vérité

DON RODRIGUE

Le. . .

DON DIÈGUE

Ne réplique point, je connois ton amour;
Mais qui peut vivre infâme est indigne du jour.
Plus l'offenseur est cher, et plus grande est l'offense.
Enfin tu sais l'affront, et tu tiens la vengeance:
Je ne te dis plus rien. Venge-moi, venge-toi;
Montre-toi digne fils d'un père tel que moi.
Accablé des malheurs où le destin me range,
Je vais les déplorer: va, cours, vole, et nous venge.

SCÈNE V — DON RODRIGUE

Percé jusques au fond du cœur
D'une atteinte [26] imprévue aussi bien que mortelle,
Misérable [27] vengeur d'une juste querelle,
Et malheureux objet d'une injuste rigueur,
Je demeure immobile, et mon âme abattue
 Cède au coup qui me tue.
Si près de voir mon feu [28] récompensé,
 O Dieu, l'étrange [29] peine!
En cet affront mon père est l'offensé,
Et l'offenseur le père de Chimène!

Que je sens de rudes combats!
Contre mon propre honneur mon amour s'inté-
 resse: [30]
Il faut venger un père, et perdre une maîtresse:
L'un m'anime le cœur, l'autre retient mon bras.
Réduit au triste choix ou de trahir ma flamme,
 Ou de vivre en infâme,
Des deux côtés mon mal est infini.
 O Dieu, l'étrange peine!
Faut-il laisser un affront impuni?
Faut-il punir le père de Chimène?

Père, maîtresse, honneur, amour,
Noble et dure contrainte, aimable tyrannie,

Tous mes plaisirs sont morts, ou ma gloire [31] ter-
 nie.
L'un me rend malheureux, l'autre indigne du jour.
Cher et cruel espoir d'une âme généreuse,
 Mais ensemble amoureuse,
Digne ennemi de mon plus grand bonheur,
 Fer qui causes ma peine,
M'es-tu donné pour venger mon honneur?
M'es-tu donné pour perdre ma Chimène?

 Il vaut mieux courir au trépas.
Je dois à ma maîtresse aussi bien qu'à mon père:
J'attire en me vengeant sa haine et sa colère;
J'attire ses mépris en ne me vengeant pas.
A mon plus doux espoir l'un me rend infidèle,
 Et l'autre indigne d'elle.
Mon mal augmente à le vouloir guèrir;
 Tout redouble ma peine.
Allons, mon âme; et puisqu'il faut mourir,
Mourons du moins sans offenser Chimène.

 Mourir sans tirer ma raison! [32]
Rechercher un trépas si mortel à ma gloire!
Endurer que l'Espagne impute à ma mémoire
D'avoir mal soutenu l'honneur de ma maison!
Respecter un amour dont mon âme égarée
 Voit la perte assurée!
N'écoutons plus ce penser suborneur,[33]
 Qui ne sert qu'à ma peine.
Allons, mon bras, sauvons du moins l'honneur,
Puisqu'après tout il faut perdre Chimène.

 Oui, mon esprit s'étoit déçu.
Je dois tout à mon père avant qu'à ma maîtresse.
Que je meure au combat, ou meure de tristesse,
Je rendrai mon sang pur comme je l'ai reçu.
Je m'accuse déjà de trop de négligence:
 Courons à la vengeance;
Et tout honteux d'avoir tant balancé,
 Ne soyons plus en peine,
Puisqu'aujourd'hui mon père est l'offensé,
Si [34] l'offenseur est père de Chimène.

[26] blessure
[27] digne de pitié
[28] amour
[29] qui a une cause étrange, définie par les deux vers sui-
vants
[30] prend parti

[31] honneur
[32] réparation d'un outrage
[33] pensée corruptrice
[34] même si

ACTE II

SCÈNE PREMIÈRE [1] — DON ARIAS, LE COMTE

LE COMTE

Je l'avoue entre nous, mon sang un peu trop chaud
S'est trop ému d'un mot, et l'a porté trop haut;
Mais puisque c'en est fait, le coup est sans remède.

DON ARIAS

Qu'aux volontés du Roi ce grand courage [2] cède:
Il y prend grande part, et son cœur irrité
Agira contre vous de pleine autorité.
Aussi vous n'avez point de valable défense:
Le rang de l'offensé, la grandeur de l'offense,
Demandent des devoirs et des submissions [3]
Qui passent le commun des satisfactions. [4]

LE COMTE

Le Roi peut à son gré disposer de ma vie.

DON ARIAS

De trop d'emportement votre faute est suivie.
Le Roi vous aime encore; apaisez son courroux.
Il a dit: « Je le veux »; désobéirez-vous?

LE COMTE

Monsieur, pour conserver tout ce que j'ai d'estime,
Désobéir un peu n'est pas un si grand crime;
Et quelque grand qu'il soit, mes services présents
Pour le faire abolir sont plus que suffisants.

DON ARIAS

Quoi qu'on fasse d'illustre et de considérable,
Jamais à son sujet un roi n'est redevable.
Vous vous flattez beaucoup, et vous devez savoir
Que qui sert bien son roi ne fait que son devoir.
Vous vous perdrez, Monsieur, sur [5] cette confiance.

LE COMTE

Je ne vous en croirai qu'après l'expérience.

DON ARIAS

Vous devez redouter la puissance d'un roi.

LE COMTE

5 Un jour seul ne perd pas un homme tel que moi.
Que toute sa grandeur s'arme pour mon supplice,
Tout l'État périra, s'il faut que je périsse.

DON ARIAS

10 Quoi! vous craignez si peu le pouvoir souverain. . .

LE COMTE

D'un sceptre qui sans moi tomberait de sa main.
Il a trop d'intérêt lui-même en ma personne,
15 Et ma tête en tombant feroit choir sa couronne.

DON ARIAS

Souffrez que la raison remette [6] vos esprits.
Prenez un bon conseil. [7]
20

LE COMTE

 Le conseil en est pris.

DON ARIAS

25 Que lui dirai-je enfin? je lui dois rendre conte. [8]

LE COMTE

Que je ne puis du tout consentir à ma honte.

DON ARIAS

30 Mais songez que les rois veulent être absolus.

LE COMTE

Le sort en est jeté, Monsieur, n'en parlons plus.

DON ARIAS

Adieu donc, puisqu'en vain je tâche à vous résou-
 dre: [9]
Avec tous vos lauriers, craignez encor le foudre [10]
40

LE COMTE

Je l'attendrai sans peur.

[1] Cette scène et la suivante ont lieu dans une salle du palais; une des règles des trois unités n'est donc pas observé.
[2] cœur
[3] soumissions
[4] réparations d'honneur
[5] en vous appuyant sur

[6] calme
[7] résolution
[8] compte
[9] décider
[10] masculin dans le langage poétique d'alors

DON ARIAS

Mais non pas sans effet.

LE COMTE

Nous verrons donc par là don Diègue satisfait.

(*Il est seul.*)

Qui ne craint point la mort ne craint point les me-
naces.

J'ai le cœur au-dessus des plus fières [11] disgrâces;

Et l'on peut me réduire à vivre sans bonheur,

Mais non pas me résoudre à vivre sans honneur.

SCÈNE II — LE COMTE, DON RODRIGUE

DON RODRIGUE

A moi, Comte, deux mots.

LE COMTE

Parle.

DON RODRIGUE

Ôte-moi d'un doute.

Connois-tu bien don Diègue?

LE COMTE

Oui.

DON RODRIGUE

Parlons bas; écoute.

Sais-tu que ce vieillard fut la même vertu,[12]

La vaillance et l'honneur de son temps? le sais-tu?

LE COMTE

Peut-être.

DON RODRIGUE

Cette ardeur que dans les yeux je porte,

Sais-tu que c'est son sang? le sais-tu?

LE COMTE

Que m'importe?

DON RODRIGUE

A quatre pas d'ici je te le fais savoir.

11 grandes
12 la vertu même

LE COMTE

Jeune présomptueux!

DON RODRIGUE

Parle sans t'émouvoir.

Je suis jeune, il est vrai; mais aux âmes bien nées

La valeur n'attend point le nombre des années.

LE COMTE

Te mesurer à moi! qui t'a rendu si vain,[13]

Toi qu'on n'a jamais vu les armes à la main?

DON RODRIGUE

Mes pareils à deux fois ne se font point connoître,

Et pour leurs coups d'essai veulent des coups de
maître.

LE COMTE

Sais-tu bien qui je suis?

DON RODRIGUE

Oui; tout autre que moi

Au seul bruit de ton nom pourroit trembler d'effroi.

Les palmes [14] dont je vois ta tête si couverte

Semblent porter écrit le destin de ma perte.

J'attaque en téméraire un bras toujours vainqueur;

Mais j'aurai trop de force, ayant assez de cœur.[15]

A qui venge son père il n'est rien impossible.

Ton bras est invaincu, mais non pas invincible.

LE COMTE

Ce grand cœur qui paroît aux discours que tu tiens,

Par tes yeux, chaque jour, se découvroit aux miens;

Et croyant voir en toi l'honneur de la Castille,

Mon âme avec plaisir te destinoit ma fille.

Je sais ta passion, et suis ravi de voir

Que tous ses mouvements [16] cèdent à ton devoir;

Qu'ils n'ont point affoibli cette ardeur magnanime;

Que ta haute vertu répond à mon estime;

Et que voulant pour gendre un cavalier parfait,

Je ne me trompois point au choix que j'avois fait;

Mais je sens que pour toi ma pitié s'intéresse,[17]

13 aussi aveugle qu'orgueilleux
14 lauriers
15 puisque j'ai assez de courage
16 mouvements de la passion, sentiments
17 prend parti

J'admire ton courage, et je plains ta jeunesse.
Ne cherche point à faire un coup d'essai fatal;
Dispense ma valeur d'un combat inégal;
Trop peu d'honneur pour moi suivroit cette vic-
 toire:
A vaincre sans péril, on triomphe sans gloire.
On te croiroit toujours abattu sans effort;
Et j'aurois seulement le regret de ta mort.

DON RODRIGUE

D'une indigne pitié ton audace est suivie:
Qui m'ose ôter l'honneur craint de m'ôter la vie?

LE COMTE

Retire-toi d'ici.

DON RODRIGUE
 Marchons sans discourir.

LE COMTE

Es-tu si las de vivre?

DON RODRIGUE
 As-tu peur de mourir?

LE COMTE

Viens, tu fais ton devoir, et le fils dégénère
Qui survit un moment à l'honneur de son père.

SCÈNE III [18] — DON FERNAND, DON ARIAS, DON SANCHE

DON FERNAND

Le Comte est donc si vain et si peu raisonnable!
Ose-t-il croire encor son crime pardonnable?

DON ARIAS

Je l'ai de votre part longtemps entretenu;
J'ai fait mon pouvoir, Sire, et n'ai rien obtenu.

DON FERNAND

Justes cieux! ainsi donc un sujet téméraire
A si peu de respect et de soin de me plaire!
Il offense don Diègue, et méprise son roi!
Au milieu de ma cour il me donne la loi!
Qu'il soit brave guerrier, qu'il soit grand capitaine,
Je saurai bien rabattre une humeur si hautaine.
Fût-il la valeur même, et le dieu des combats,

[18] Les scènes 3, 4, 5 se passent dans la salle royale.

Il verra ce que c'est que de n'obéir pas.
Quoi [19] qu'ait pu mériter une telle insolence,
Je l'ai voulu d'abord traiter sans violence;
Mais puisqu'il en abuse, allez dès aujourd'hui,
5 Soit qu'il résiste ou non, vous assurer de lui.[20]

DON SANCHE

Peut-être un peu de temps le rendroit moins rebelle:
On l'a pris tout bouillant encor de sa querelle;
10 Sire, dans la chaleur d'un premier mouvement,
Un cœur si généreux se rend malaisément.
Il voit bien qu'il a tort, mais une âme si haute
N'est pas sitôt réduite à confesser sa faute.

DON FERNAND
15
Don Sanche, taisez-vous, et soyez averti
Qu'on se rend criminel à prendre son parti.

DON SANCHE

20 J'obéis, et me tais; mais de grâce encor, Sire,
Deux mots en sa défense.

DON FERNAND
 Et que pouvez-vous dire?
25
DON SANCHE

Qu'une âme accoutumée aux grandes actions
Ne se peut abaisser à des submissions: [21]
Elle n'en conçoit point qui s'expliquent sans honte;
30 Et c'est à ce mot seul qu'a résisté le Comte.
Il trouve en son devoir un peu trop de rigueur,
Et vous obéiroit, s'il avoit moins de cœur.
Commandez que son bras, nourri dans les alarmes,[22]
Répare cette injure à la pointe des armes;
35 Il satisfera,[23] Sire; et vienne qui voudra,
Attendant qu'il l'ait su, voici qui [24] répondra.

DON FERNAND

Vous perdez le respect; mais je pardonne à l'âge,[25]
40 Et j'excuse l'ardeur en un jeune courage.

[19] quelque châtiment
[20] l'arrêter
[21] soumissions
[22] combats
[23] donnera satisfaction en acceptant un duel avec un autre
 que Rodrigue
[24] ce qui (et don Sanche tire son épée)
[25] la jeunesse

Un roi dont la prudence a de meilleurs objets
Est meilleur ménager du sang de ses sujets:
Je veille pour les miens, mes soucis les conservent,
Comme le chef [26] a soin des membres qui le servent.
Ainsi votre raison n'est pas raison pour moi: 5
Vous parlez en soldat; je dois agir en roi;
Et quoi qu'on veuille dire, et quoi qu'il ose croire,
Le Comte à m'obéir ne peut perdre sa gloire.
D'ailleurs l'affront me touche: il a perdu d'honneur
Celui que de mon fils j'ai fait le gouverneur; 10
S'attaquer à mon choix, c'est se prendre à moi-
 même,
Et faire un attentat sur le pouvoir suprême.
N'en parlons plus. Au reste, on a vu dix vaisseaux
De nos vieux ennemis arborer les drapeaux;
Vers la bouche du fleuve ils ont osé paroître.

<div align="center">DON ARIAS</div>

Les Mores ont appris par force à vous connoître,
Et tant de fois vaincus, ils ont perdu le cœur
De se plus hasarder contre un si grand vainqueur.

<div align="center">DON FERNAND</div>

Ils ne verront jamais sans quelque jalousie
Mon sceptre, en dépit d'eux, régir l'Andalousie;
Et ce pays si beau, qu'ils ont trop possédé, 25
Avec un œil d'envie est toujours regardé.
C'est l'unique raison qui m'a fait dans Séville
Placer depuis dix ans le trône de Castille,
Pour les voir de plus près, et d'un ordre plus 30
 prompt
Renverser aussitôt ce qu'ils entreprendront.

<div align="center">DON ARIAS</div>

Ils savent aux dépens de leurs plus dignes [27] têtes 35
Combien votre présence assure vos conquêtes:
Vous n'avez rien à craindre.

<div align="center">DON FERNAND</div>

 Et rien à négliger: 40
Le trop de confiance attire le danger;
Et vous n'ignorez pas qu'avec fort peu de peine
Un flux [28] de pleine mer jusqu'ici les amène.
Toutefois j'aurois tort de jeter dans les cœurs,

[26] la tête
[27] noblesse décimée par la guerre
[28] la marée montante

L'avis étant mal sûr, de paniques terreurs.[29]
L'effroi que produiroit cette alarme inutile,
Dans la nuit qui survient troubleroit trop la ville:
Faites doubler la garde aux murs et sur le port.
C'est assez pour ce soir. 5

<div align="center">SCÈNE IV — DON FERNAND, DON SANCHE, DON ALONSE</div>

<div align="center">DON ALONSE</div>

 Sire, le Comte est mort:
Don Diègue, par son fils, a vengé son offense.

<div align="center">DON FERNAND</div>

Dès que j'ai su l'affront, j'ai prévu la vengeance; 15
Et j'ai voulu dès lors prévenir ce malheur.

<div align="center">DON ALONSE</div>

Chimène à vos genoux apporte sa douleur;
Elle vient tout en pleurs vous demander justice. 20

<div align="center">DON FERNAND</div>

Bien qu'à ses déplaisirs [30] mon âme compatisse,
Ce que le Comte a fait semble avoir mérité
Ce digne châtiment de sa témérité. 25
Quelque juste pourtant que puisse être sa peine,
Je ne puis sans regret perdre un tel capitaine.
Après un long service à mon État rendu,
Après son sang pour moi mille fois répandu,
A quelques sentiments que son orgueil m'oblige,
Sa perte m'affoiblit, et son trépas m'afflige.

<div align="center">SCÈNE V — DON FERNAND, DON DIÈGUE, CHIMÈNE,</div>
<div align="center">DON SANCHE, DON ARIAS, DON ALONSE</div>

<div align="center">CHIMÈNE</div>

Sire, Sire, justice!

<div align="center">DON DIÈGUE</div>

Ah! Sire, écoutez-nous. 40

<div align="center">CHIMÈNE</div>

Je me jette à vos pieds.

[29] terreurs soudaines
[30] douleurs

DON DIÈGUE

J'embrasse vos genoux.

CHIMÈNE

Je demande justice.

DON DIÈGUE

Entendez ma défense.

CHIMÈNE

D'un jeune audacieux punissez l'insolence:
Il a de votre sceptre abattu le soutien,
Il a tué mon père.

DON DIÈGUE

Il a vengé le sien.

CHIMÈNE

Au sang de ses sujets un roi doit la justice.

DON DIÈGUE

Pour la juste vengeance il n'est point de supplice.

DON FERNAND

Levez-vous l'un et l'autre, et parlez à loisir.
Chimène, je prends part à votre déplaisir; [31]
D'une égale douleur je sens mon âme atteinte.
Vous [32] parlerez après; ne troublez pas sa plainte.

CHIMÈNE

Sire, mon père est mort; mes yeux ont vu son sang
Couler à gros bouillons de son généreux flanc;
Ce sang qui tant de fois garantit vos murailles,
Ce sang qui tant de fois vous gagna des batailles,
Ce sang qui tout sorti fume encor de courroux
De se voir répandu pour d'autres que pour vous,
Qu'au milieu des hasards n'osoit verser la guerre,
Rodrigue en votre cour vient d'en couvrir la
 terre.
J'ai couru sur le lieu, sans force et sans couleur:
Je l'ai trouvé sans vie. Excusez ma douleur,
Sire, la voix me manque à ce récit funeste;
Mes pleurs et mes soupirs vous diront mieux le
 reste.

DON FERNAND

Prends courage, ma fille, et sache qu'aujourd'hui
Ton roi te veut servir de père au lieu de lui.

5 CHIMÈNE

Sire, de trop d'honneur ma misère est suivie.
Je vous l'ai déjà dit, je l'ai trouvé sans vie;
Son flanc étoit ouvert; et pour mieux m'émouvoir,
Son sang sur la poussière écrivoit mon devoir;
10 Ou plutôt sa valeur en cet état réduite
Me parloit par sa plaie, et hâtoit ma poursuite; [33]
Et pour se faire entendre au plus juste des rois,
Par cette triste bouche elle empruntoit ma voix,
 Sire, ne souffrez pas que sous votre puissance
15 Règne devant vos yeux une telle licence;
Que les plus valeureux, avec impunité,
Soient exposés aux coups de la témérité;
Qu'un jeune audacieux triomphe de leur gloire,
Se baigne dans leur sang, et brave leur mémoire.
20 Un si vaillant guerrier qu'on vient de vous ravir
Éteint, s'il n'est vengé, l'ardeur de vous servir.
Enfin mon père est mort, j'en demande vengeance,
Plus pour votre intérêt que pour mon allégeance. [34]
Vous perdez en la mort d'un homme de son rang:
25 Vengez-la par une autre, et le sang par le sang.
Immolez, non à moi, mais à votre couronne,
Mais à votre grandeur, mais à votre personne;
Immolez, dis-je, Sire, au bien de tout l'État
Tout ce [35] qu'enorgueillit un si haut attentat.
30

DON FERNAND

Don Diègue, répondez.

DON DIÈGUE

35 Qu'on est digne d'envie
Lorsqu'en perdant la force on perd aussi la vie,
Et qu'un long âge apprête aux hommes généreux,
Au bout de leur carrière, un destin malheureux!
Moi, dont les longs travaux ont acquis tant de
40 gloire,
Moi, que jadis partout a suivi la victoire,
Je me vois aujourd'hui, pour avoir trop vécu,
Recevoir un affront et demeurer vaincu.
Ce que n'a pu jamais combat, siège, embuscade,

[31] douleur
[32] dit-il à don Diègue

[33] la poursuite de Rodrigue en justice
[34] terme archaïque: soulagement
[35] tous ceux

Ce que n'a pu jamais Aragon ni Grenade,
Ni tous vos ennemis, ni tous mes envieux,
Le Comte en votre cour l'a fait presque à vos yeux,
Jaloux de votre choix, et fier de l'avantage
Que lui donnoit sur moi l'impuissance de l'âge.
 Sire, ainsi ces cheveux blanchis sous le harnois,³⁶
Ce sang pour vous servir prodigué tant de fois,
Ce bras, jadis l'effroi d'une armée ennemie,
Descendoient au tombeau tout chargés d'infamie,
Si je n'eusse produit un fils digne de moi,
Digne de son pays et digne de son roi.
Il m'a prêté sa main, il a tué le Comte;
Il m'a rendu l'honneur, il a lavé ma honte.
Si montrer du courage et du ressentiment,
Si venger un soufflet mérite un châtiment,
Sur moi seul doit tomber l'éclat de la tempête:
Quand le bras a failli, l'on en punit la tête.
Qu'on nomme crime, ou non, ce qui fait nos débats,
Sire, j'en suis la tête, il n'en est que le bras.
Si Chimène se plaint qu'il a tué son père,
Il ne l'eût jamais fait si je l'eusse pu faire.
Immolez donc ce chef ³⁷ que les ans vont ravir,
Et conservez pour vous le bras qui peut servir.
Aux dépens de mon sang satisfaites Chimène:
Je n'y résiste point, je consens à ma peine;
Et loin de murmurer d'un rigoureux décret,
Mourant sans déshonneur, je mourrai sans regret.

<center>DON FERNAND</center>

L'affaire est d'importance, et, bien considérée,
Mérite en plein conseil d'être délibérée.
 Don Sanche, remettez Chimène en sa maison.
Don Diègue aura ma cour et sa foi ³⁸ pour prison.
Qu'on me cherche son fils. Je vous ferai justice.

<center>CHIMÈNE</center>

Il est juste, grand Roi, qu'un meurtrier périsse.

<center>DON FERNAND</center>

Prends du repos, ma fille, et calme tes douleurs.

<center>CHIMÈNE</center>

M'ordonner du repos, c'est croître mes malheurs.

³⁶ équipement de l'homme d'armes
³⁷ tête
³⁸ sa promesse de ne pas s'enfuir

<center>ACTE III</center>

<center>SCÈNE PREMIÈRE — DON RODRIGUE, ELVIRE</center>

<center>ELVIRE</center>

5 Rodrigue, qu'as-tu fait? où viens-tu,¹ misérable?

<center>DON RODRIGUE</center>

Suivre le triste cours de mon sort déplorable.

<center>ELVIRE</center>

10 Où prends-tu cette audace et ce nouvel orgueil,
De paroître en des lieux que tu remplis de deuil?
Quoi? viens-tu jusqu'ici braver l'ombre du Comte?
Ne l'as-tu pas tué?

15

<center>DON RODRIGUE</center>

 Sa vie étoit ma honte:
Mon honneur de ma main a voulu cet effort.

<center>ELVIRE</center>

20 Mais chercher ton asile en la maison du mort!
Jamais un meurtrier en fit-il son refuge?

<center>DON RODRIGUE</center>

25 Et je n'y viens aussi que m'offrir à mon juge.²
Ne me regarde plus d'un visage étonné;
Je cherche le trépas après l'avoir donné.
Mon juge est mon amour, mon juge est ma Chi-
 mène:
30 Je mérite la mort de mériter ³ sa haine,
Et j'en viens recevoir comme un bien souverain.
Et l'arrêt de sa bouche, et le coup de sa main.

<center>ELVIRE</center>

35 Fuis plutôt de ses yeux, fuis de sa violence;
A ses premiers transports dérobe ta présence:
Va, ne t'expose point aux premiers mouvements ⁴
Que poussera l'ardeur de ses ressentiments.

<center>DON RODRIGUE</center>

40 Non, non, ce cher objet à qui j'ai pu déplaire
Ne peut pour mon supplice avoir trop de colère

¹ La scène se passe dans la maison de Chimène.
² Chimène
³ puisque je mérite
⁴ sentiments passionnés

Et j'évite cent morts qui me vont accabler,
Si pour mourir plus tôt je puis la redoubler.

ELVIRE

Chimène est au palais, de pleurs toute baignée,
Et n'en reviendra point que bien accompagnée.
Rodrigue, fuis, de grâce: ôte-moi de souci.
Que ne dira-t-on point si l'on te voit ici?
Veux-tu qu'un médisant, pour comble à sa misère,
L'accuse d'y souffrir l'assassin de son père?
Elle va revenir; elle vient; je la vois: [5]
Du moins, pour son honneur, Rodrigue, cache-toi.

SCÈNE II — DON SANCHE, CHIMÈNE, ELVIRE

DON SANCHE

Oui, Madame, il vous faut de sanglantes victimes:
Votre colère est juste, et vos pleurs légitimes,
Et je n'entreprends pas, à force de parler,
Ni de vous adoucir, ni de vous consoler.
Mais si de vous servir je puis être capable,
Employez mon épée à punir le coupable;
Employez mon amour à venger cette mort:
Sous vos commandements mon bras sera trop fort.

CHIMÈNE

Malheureuse!

DON SANCHE
De grâce, acceptez mon service.

CHIMÈNE

J'offenserois le Roi, qui m'a promis justice.

DON SANCHE

Vous savez qu'elle [6] marche avec tant de langueur,
Qu'assez souvent le crime échappe à sa longueur; [7]
Son cours lent et douteux fait trop perdre de larmes.
Souffrez qu'un cavalier vous venge par les armes:
La voie en est plus sûre, et plus prompte à punir.

CHIMÈNE

C'est le dernier remède; et s'il y faut venir,
Et que de mes malheurs cette pitié vous dure,
Vous serez libre alors de venger mon injure.

[5] vois
[6] la justice
[7] lenteur

DON SANCHE

C'est l'unique bonheur où mon âme prétend;
Et pouvant l'espérer, je m'en vais trop content.

SCÈNE III — CHIMÈNE, ELVIRE

CHIMÈNE

Enfin, je me vois libre, et je puis sans contrainte
De mes vives douleurs te faire voir l'atteinte; [8]
Je puis donner passage à mes tristes soupirs;
Je puis t'ouvrir mon âme et tous mes déplaisirs.[9]
　Mon père est mort, Elvire; et la première épée
Dont s'est armé Rodrigue, a sa trame [10] coupée.
Pleurez, pleurez, mes yeux, et fondez-vous en eau!
La moitié de ma vie a mis l'autre au tombeau,
Et m'oblige à venger, après ce coup funeste,
Celle que je n'ai plus sur celle qui me reste.[11]

ELVIRE

Reposez-vous,[12] Madame.

CHIMÈNE

　　　　　Ah! que mal à propos
Dans un malheur si grand tu parles de repos!
Par où sera jamais ma douleur apaisée,
Si je ne puis haïr la main qui l'a causée?
Et que dois-je espérer qu'un [13] tourment éternel,
Si je poursuis un crime, aimant le criminel?

ELVIRE

Il vous prive d'un père, et vous l'aimez encore!

CHIMÈNE

C'est peu de dire aimer, Elvire: je l'adore;
Ma passion s'oppose à mon ressentiment;
Dedans mon ennemi je trouve mon amant;
Et je sens qu'en dépit de toute ma colère,
Rodrigue dans mon cœur combat encor mon père:
Il l'attaque, il le presse, il cède, il se défend,
Tantôt fort, tantôt foible, et tantôt triomphant;
Mais en ce dur combat de colère et de flamme,[14]

[8] la blessure
[9] chagrins
[10] la vie de mon père
[11] celle que représentait son père; celle que représente Rodrigue
[12] calmez-vous
[13] sinon un
[14] passion

Il déchire mon cœur sans partager mon âme;
Et quoi que mon amour ait sur moi de pouvoir,
Je ne consulte point pour suivre mon devoir:
Je cours sans balancer où mon honneur m'oblige.
Rodrigue m'est bien cher, son intérêt [15] m'afflige; 5
Mon cœur prend son parti; mais malgré son effort,
Je sais ce que je suis, et que mon père est mort.

ELVIRE

Pensez-vous le poursuivre? 10

CHIMÈNE

 Ah! cruelle pensée!
Et cruelle poursuite où je me vois forcée!
Je demande sa tête, et crains de l'obtenir: 15
Ma mort suivra la sienne, et je le veux punir!

ELVIRE

Quittez, quittez, Madame, un dessein si tragique;
Ne vous imposez point de loi si tyrannique. 20

CHIMÈNE

Quoi! mon père étant mort, et presque entre mes
 bras,
Son sang criera vengeance, et je ne l'orrai [16] pas!
Mon cœur, honteusement surpris par d'autres 25
 charmes,[17]
Croira ne lui devoir que d'impuissantes larmes!
Et je pourrai souffrir qu'un amour suborneur
Sous un lâche silence étouffe mon honneur! 30

ELVIRE

Madame, croyez-moi, vous serez excusable
D'avoir moins de chaleur [18] contre un objet ai-
 mable, 35
Contre un amant si cher: vous avez assez fait,
Vous avez vu le Roi; n'en pressez point l'effet,
Ne vous obstinez point en cette humeur étrange.

CHIMÈNE

Il y va de ma gloire,[19] il faut que je me venge; 40
Et de quoi que nous flatte un désir amoureux,
Toute excuse est honteuse aux esprits généreux.

 [15] l'intérêt que je lui porte
 [16] l'entendrai
 [17] forces magiques
 [18] emportement passionné
 [19] honneur

ELVIRE

Mais vous aimez Rodrigue, il ne vous peut déplaire.

CHIMÈNE

Je l'avoue.

ELVIRE

 Après tout, que pensez-vous donc faire?

CHIMÈNE

Pour conserver ma gloire et finir mon ennui,[20]
Le poursuivre, le perdre, et mourir après lui.

 SCÈNE IV — DON RODRIGUE, CHIMÈNE, ELVIRE

DON RODRIGUE

Eh bien! sans vous donner la peine de poursuivre,
Assurez-vous l'honneur de m'empêcher de vivre.

CHIMÈNE

Elvire, où sommes-nous, et qu'est-ce que je vois? [21]
Rodrigue en ma maison! Rodrigue devant moi!

DON RODRIGUE

N'épargnez point mon sang: goûtez sans résistance
La douceur de ma perte et de votre vengeance.

CHIMÈNE

Hélas!

DON RODRIGUE

 Écoute-moi.

CHIMÈNE

 Je me meurs.

DON RODRIGUE

 Un moment.

CHIMÈNE

Va, laisse-moi mourir.

DON RODRIGUE

 Quatre mots seulement:
Après, ne me réponds qu'avecque cette épée.

 [20] désespoir
 [21] vois

CHIMÈNE

Quoi! du sang de mon père encor toute trempée!

DON RODRIGUE

Ma Chimène. . .

CHIMÈNE

Ôte-moi cet objet odieux,
Qui reproche ton crime et ta vie à mes yeux.

DON RODRIGUE

Regarde-le plutôt pour exciter ta haine,
Pour croître ta colère, et pour hâter ma peine.

CHIMÈNE

Il est teint de mon sang.

DON RODRIGUE

Plonge-le dans le mien,
Et fais-lui perdre ainsi la teinture du tien.

CHIMÈNE

Ah! quelle cruauté, qui tout en un jour tue
Le père par le fer, la fille par la vue!
Ôte-moi cet objet, je ne le puis souffrir:
Tu veux que je t'écoute, et tu me fais mourir!

DON RODRIGUE

Je fais ce que tu veux, mais sans quitter l'envie
De finir par tes mains ma déplorable vie;
Car enfin n'attends pas de mon affection
Un lâche repentir d'une bonne action.
L'irréparable effet d'une chaleur [22] trop prompte
Déshonoroit mon père, et me couvroit de honte.
Tu sais comme un soufflet touche un homme de
 cœur;
J'avois part à l'affront, j'en ai cherché l'auteur:
Je l'ai vu, j'ai vengé mon honneur et mon père;
Je le ferois encor, si j'avois à le faire.
Ce n'est pas qu'en effet contre mon père et moi
Ma flamme assez longtemps n'ait combattu pour toi;
Juge de son pouvoir: dans une telle offense
J'ai pu délibérer si j'en prendrois vengeance.
Réduit à te déplaire, ou souffrir un affront,
J'ai pensé qu'à son tour mon bras étoit trop prompt; 45
Je me suis accusé de trop de violence;

22 mouvement passionné

Et ta beauté sans doute emportoit la balance,
A moins que d'opposer à tes plus forts appas
Qu'un homme sans honneur ne te méritoit pas;
Que malgré cette part que j'avois en ton âme,
5 Qui m'aima généreux [23] me haïroit infâme;
Qu'écouter ton amour, obéir à sa voix,
C'étoit m'en rendre indigne et diffamer ton choix.
Je te le dis encore; et quoique j'en soupire,
Jusqu'au dernier soupir je veux bien le redire:
10 Je t'ai fait une offense, et j'ai dû m'y porter
Pour effacer ma honte, et pour te mériter;
Mais quitte envers l'honneur, et quitte envers mon
 père,
C'est maintenant à toi que je viens satisfaire:
15 C'est pour t'offrir mon sang qu'en ce lieu tu me
 vois.
J'ai fait ce que j'ai dû, je fais ce que je dois.
Je sais qu'un père mort t'arme contre mon crime;
Je ne t'ai pas voulu dérober ta victime:
20 Immole avec courage au sang qu'il [24] a perdu
Celui qui met sa gloire à l'avoir répandu.

CHIMÈNE

Ah! Rodrigue, il est vrai, quoique ton ennemie,
25 Je ne puis te blâmer d'avoir fui l'infamie;
Et de quelque façon qu'éclatent mes douleurs,
Je ne t'accuse point, je pleure mes malheurs.
Je sais ce que l'honneur, après un tel outrage,
Demandoit à l'ardeur d'un généreux courage: [25]
30 Tu n'as fait le devoir que d'un homme de bien;
Mais aussi, le faisant, tu m'as appris le mien.
Ta funeste valeur m'instruit par ta victoire;
Elle a vengé ton père et soutenu ta gloire: [26]
Même soin me regarde, et j'ai, pour m'affliger,
35 Ma gloire à soutenir et mon père à venger.
Hélas! ton intérêt [27] ici me désespère:
Si quelque autre malheur m'avoit ravi mon père,
Mon âme auroit trouvé dans le bien de te voir
L'unique allégement [28] qu'elle eût pu recevoir;
40 Et contre ma douleur j'aurois senti des charmes,
Quand une main si chère eût essuyé mes larmes,
Mais il me faut te perdre après l'avoir perdu;

23 celle qui m'aima quand j'étais encore dans l'honneur
24 ton père
25 cœur noble
26 honneur
27 l'intérêt que je te porte
28 soulagement

Cet effort sur ma flamme à mon honneur est dû;
Et cet affreux devoir, dont l'ordre m'assassine,
Me force à travailler moi-même à ta ruine.
Car enfin n'attends pas de mon affection
De lâches sentiments pour ta punition.
De quoi qu'en ta faveur notre amour m'entre-
tienne,
Ma générosité doit répondre à la tienne:
Tu t'es, en m'offensant, montré digne de moi;
Je me dois, par ta mort, montrer digne de toi.

DON RODRIGUE

Ne diffère donc plus ce que l'honneur t'ordonne:
Il demande ma tête, et je te l'abandonne;
Fais-en un sacrifice à ce noble intérêt:
Le coup m'en sera doux, aussi bien que l'arrêt.[29]
Attendre après mon crime une lente justice,
C'est reculer ta gloire autant que mon supplice.
Je mourrai trop heureux, mourant d'un coup si
beau.

CHIMÈNE

Va, je suis ta partie,[30] et non pas ton bourreau.
Si tu m'offres ta tête, est-ce à moi de la prendre?
Je la dois attaquer, mais tu dois la défendre;
C'est d'un autre que toi qu'il me faut l'obtenir,
Et je dois te poursuivre, et non pas te punir.

DON RODRIGUE

De quoi qu'en ma faveur notre amour t'entretienne,
Ta générosité doit répondre à la mienne;
Et pour venger un père emprunter d'autres bras,
Ma Chimène, crois-moi, c'est n'y répondre pas.
Ma main seule du mien a su venger l'offense,
Ta main seule du tien doit prendre la vengeance.

CHIMÈNE

Cruel! à quel propos sur ce point t'obstiner?
Tu t'es vengé sans aide, et tu m'en veux donner!
Je suivrai ton exemple, et j'ai trop de courage
Pour souffrir qu'avec toi ma gloire se partage.
Mon père et mon honneur ne veulent rien devoir
Aux traits [31] de ton amour ni de ton désespoir.

DON RODRIGUE

Rigoureux point d'honneur! hélas quoi que je fasse,
Ne pourrai-je à la fin obtenir cette grâce?
Au nom d'un père mort, ou de notre amitié,
5 Punis-moi par vengeance, ou du moins par pitié.
Ton malheureux amant aura bien moins de peine
A mourir par ta main qu'à vivre avec ta haine.

CHIMÈNE

10 Va, je ne te hais point.

DON RODRIGUE

Tu le dois.

CHIMÈNE

15 Je ne puis.

DON RODRIGUE

Crains-tu si peu le blâme, et si peu les faux bruits?
20 Quand on saura mon crime, et que ta flamme dure,
Que ne publieront point l'envie et l'imposture!
Force-les au silence, et, sans plus discourir,
Sauve ta renommée en me faisant mourir.

CHIMÈNE

25 Elle éclate bien mieux en te laissant la vie;
Et je veux que la voix de la plus noire envie
Élève au ciel ma gloire et plaigne mes ennuis,[32]
Sachant que je t'adore et que je te poursuis.
30 Va-t'en, ne montre plus à ma douleur extrême
Ce qu'il faut que je perde, encore que je l'aime.
Dans l'ombre de la nuit cache bien ton départ:
Si l'on te voit sortir, mon honneur court hasard.[33]
La seule occasion qu'aura la médisance,
35 C'est de savoir qu'ici j'ai souffert ta présence:
Ne lui donne point lieu d'attaquer ma vertu.

DON RODRIGUE

Que je meure!

40

CHIMÈNE

Va-t'en.

DON RODRIGUE

A quoi te résous-tu?

[29] le coup qui donnera la mort; l'*arrêt:* ton jugement de
condamnation
[30] ton adversaire en justice
[31] manifestations

[32] mes chagrins
[33] est en péril

CHIMÈNE

Malgré des feux si beaux, qui troublent ma colère,
Je ferai mon possible à bien venger mon père;
Mais malgré la rigueur d'un si cruel devoir,
Mon unique souhait est de ne rien pouvoir.

DON RODRIGUE

O miracle d'amour!

CHIMÈNE

O comble de misères!

DON RODRIGUE

Que de maux et de pleurs nous coûteront nos pères!

CHIMÈNE

Rodrigue, qui l'eût cru?

DON RODRIGUE

Chimène, qui l'eût dit?

CHIMÈNE

Que notre heur [34] fût si proche et sitôt se perdît?

DON RODRIGUE

Et que si près du port, contre toute apparence,
Un orage si prompt brisât notre espérance?

CHIMÈNE

Ah! mortelles douleurs!

DON RODRIGUE

Ah! regrets superflus!

CHIMÈNE

Va-t'en, encore un coup,[35] je ne t'écoute plus.

DON RODRIGUE

Adieu: je vais traîner une mourante vie,
Tant que [36] par ta poursuite elle me soit ravie.

CHIMÈNE

Si j'en obtiens l'effet, je t'engage ma foi [37]
De ne respirer pas un moment après toi.

[34] bonheur
[35] une fois
[36] jusqu'à ce que
[37] ma promesse

Adieu: sors, et surtout garde bien qu'on te
voie.

ELVIRE

5 Madame, quelques maux que le ciel nous envoie. . .

CHIMÈNE

Ne m'importune plus, laisse-moi soupirer,
10 Je cherche le silence et la nuit pour pleurer.

SCÈNE V [38] — DON DIÈGUE

Jamais nous ne goûtons de parfaite allégresse:
Nos plus heureux succès sont mêlés de tristesse;
15 Toujours quelques soucis en ces événements
Troublent la pureté de nos contentements.
Au milieu du bonheur mon âme en [39] sent l'atteinte:
Je nage dans la joie, et je tremble de crainte.
J'ai vu mort l'ennemi qui m'avoit outragé;
20 Et je ne saurois voir la main qui m'a vengé.
En vain je m'y travaille,[40] et d'un soin inutile,
Tout cassé que je suis,[41] je cours toute la ville:
Ce peu que mes vieux ans m'ont laissé de vigueur
Se consume sans fruit à chercher ce vainqueur.
25 A tout heure, en tous lieux, dans une nuit si som-
bre,
Je pense l'embrasser, et n'embrasse qu'une ombre;
Et mon amour, déçu par cet objet trompeur,
Se forme des soupçons qui redoublent ma peur.
30 Je ne découvre point de marques de sa fuite;
Je crains du Comte mort les amis et la suite,[42]
Leur nombre m'épouvante, et confond ma raison.
Rodrigue ne vit plus, ou respire en prison.
Justes cieux! me trompé-je encore à l'apparence,
35 Ou si je vois enfin mon unique espérance?
C'est lui, n'en doutons plus; mes vœux sont exau-
cés,
Ma crainte est dissipée et mes ennuis cessés.

40 SCÈNE VI — DON DIÈGUE, DON RODRIGUE

DON DIÈGUE

Rodrigue, enfin le ciel permet que je te voie!

[38] La scène représente une rue de Séville la nuit.
[39] de la tristesse
[40] je m'y emploie
[41] par la vieillesse
[42] les gens qui appartiennent à sa maison

DON RODRIGUE

Hélas!

DON DIÈGUE

Ne mêle point de soupirs à ma joie;
Laisse-moi prendre haleine afin de te louer.
Ma valeur n'a point lieu de te désavouer:
Tu l'as bien imitée, et ton illustre audace
Fait bien revivre en toi les héros de ma race:
C'est d'eux que tu descends, c'est de moi que tu 10
 viens:
Ton premier coup d'épée égale tous les miens;
Et d'une belle ardeur ta jeunesse animée
Par cette grande épreuve atteint ma renommée.
Appui de ma vieillesse, et comble de mon heur, 15
Touche ces cheveux blancs à qui tu rends l'hon-
 neur,
Viens baiser cette joue, et reconnois la place
Où fut empreint l'affront [43] que ton courage efface.

DON RODRIGUE

L'honneur vous en est dû: je ne pouvois pas moins,
Étant sorti de vous et nourri par vos soins.
Je m'en tiens trop heureux, et mon âme est ravie
Que mon coup d'essai plaise à qui je dois la vie; 25
Mais parmi vos plaisirs ne soyez point jaloux
Si je m'ose à mon tour satisfaire après vous.
Souffrez qu'en liberté mon désespoir éclate;
Assez et trop longtemps votre discours le flatte.[44]
Je ne me repens point de vous avoir servi; 30
Mais rendez-moi le bien que ce coup m'a ravi.
Mon bras, pour vous venger, armé contre ma
 flamme,
Par ce coup glorieux m'a privé de mon âme;
Ne me dites plus rien; pour vous j'ai tout perdu: 35
Ce que je vous devois, je vous l'ai bien rendu.

DON DIÈGUE

Porte, porte plus haut le fruit de ta victoire:
Je t'ai donné la vie, et tu me rends ma gloire;
Et d'autant que l'honneur m'est plus cher que le 40
 jour,
D'autant plus maintenant je te dois de retour.[45]
Mais d'un cœur magnanime éloigne ces foiblesses;

[43] le soufflet
[44] essaye de l'adoucir
[45] j'ai une dette envers toi

Nous n'avons qu'un honneur, il est tant de maî-
 tresses!
L'amour n'est qu'un plaisir, l'honneur est un de-
 voir.

DON RODRIGUE

Ah! que me dites-vous?

DON DIÈGUE

Ce que tu veux savoir.

DON RODRIGUE

Mon honneur offensé sur moi-même se venge;
Et vous m'osez pousser à la honte du change! [46]
L'infamie est pareille, et suit également
Le guerrier sans courage et le perfide amant.
A ma fidélité ne faites point d'injure;
Souffrez-moi généreux [47] sans me rendre parjure;
Mes liens sont trop forts pour être ainsi rompus;
Ma foi [48] m'engage encor si je n'espère plus;
Et ne pouvant quitter ni posséder Chimène,
Le trépas que je cherche est ma plus douce peine.

DON DIÈGUE

Il n'est pas temps encor de chercher le trépas:
Ton prince et ton pays ont besoin de ton bras.
La flotte qu'on craignoit, dans ce grand fleuve [49]
 entrée,
Croit surprendre la ville et piller la contrée.
Les Mores vont descendre, et le flux et la nuit
Dans une heure à nos murs les amène sans bruit.
La cour est en désordre, et le peuple en alarmes:
On n'entend que des cris, on ne voit que des larmes.
Dans ce malheur public mon bonheur a permis
Que j'ai trouvé chez moi cinq cents de mes amis,
Qui sachant mon affront, poussés d'un même zèle,
Se venoient tous offrir à venger ma querelle.
Tu les a prévenus; [50] mais leurs vaillantes mains
Se tremperont bien mieux au sang des Africains.[51]
Va marcher à leur tête où l'honneur te demande:
C'est toi que veut pour chef leur généreuse bande.
De ces vieux ennemis va soutenir l'abord: [52]

[46] inconstance amoureuse
[47] de cœur noble
[48] ma promesse de fidélité et d'amour
[49] Le Guadalquivir
[50] tu as agi avant eux
[51] les Maures
[52] l'attaque

Là, si tu veux mourir, trouve une belle mort;
Prends-en l'occasion, puisqu'elle t'est offerte;
Fais devoir à ton roi [53] son salut à ta perte;
Mais reviens-en plutôt les palmes sur le front.
Ne borne pas ta gloire à venger un affront; 5
Porte-la plus avant: force par ta vaillance
Ce monarque au pardon, et Chimène au silence;
Si tu l'aimes, apprends que revenir vainqueur,
C'est l'unique moyen de regagner son cœur.
Mais le temps est trop cher pour le perdre en pa- 10
 roles:
Je t'arrête en [54] discours, et [55] je veux que tu voles.
Viens, suis-moi, va combattre, et montrer à ton roi
Que ce qu'il perd au Comte il le recouvre en toi.

ACTE IV

Scène première [1] — CHIMÈNE, ELVIRE

CHIMÈNE

N'est-ce point un faux bruit? le sais-tu bien, Elvire? 20

ELVIRE

Vous ne croiriez jamais comme chacun l'admire,
Et porte jusqu'au ciel, d'une commune voix,
De ce jeune héros les glorieux exploits.
Les Mores devant lui n'ont paru qu'à leur honte; 25
Leur abord [2] fut bien prompt, leur fuite encor plus
 prompte.
Trois heures de combat laissent à nos guerriers
Une victoire entière et deux rois prisonniers.
La valeur de leur chef ne trouvoit point d'obstacles.

CHIMÈNE

Et la main de Rodrigue a fait tous ces miracles?

ELVIRE

De ses nobles efforts ces deux rois sont le prix:
Sa main les a vaincus, et sa main les a pris.

CHIMÈNE

De qui peux-tu savoir ces nouvelles étranges? [3]

ELVIRE

Du peuple, qui partout fait sonner ses louanges,
Le nomme de sa joie et l'objet et l'auteur,
Son ange tutélaire, et son libérateur.

CHIMÈNE

Et le Roi, de quel œil voit-il tant de vaillance?

ELVIRE

Rodrigue n'ose encor paroître en sa présence; 10
Mais don Diègue ravi lui présente enchaînés,
Au nom de ce vainqueur, ces captifs couronnés, [4]
Et demande pour grâce à ce généreux prince
Qu'il daigne voir la main qui sauve la province. [5]

CHIMÈNE

Mais n'est-il point blessé?

ELVIRE

 Je n'en ai rien appris.
Vous changez de couleur! reprenez vos esprits.

CHIMÈNE

Reprenons donc aussi ma colère affoiblie:
Pour avoir soin de lui faut-il que je m'oublie? [6] 25
On le vante, on le loue, et mon cœur y consent!
Mon honneur est muet, mon devoir impuissant!
Silence, mon amour, laisse agir ma colère:
S'il a vaincu deux rois, il a tué mon père;
Ces tristes vêtements, où je lis mon malheur, 30
Sont les premiers effets qu'ait produits sa valeur;
Et quoi qu'on die [7] ailleurs d'un cœur si magna-
 nime,
Ici tous les objets me parlent de son crime.
 Vous qui rendez la force à mes ressentiments, 35
Voiles, crêpes, habits, lugubres ornements,
Pompe que me prescrit sa première victoire,
Contre ma passion soutenez bien ma gloire,
Et lorsque mon amour prendra trop de pouvoir,
Parlez à mon esprit de mon triste devoir, 40
 Attaquez sans rien craindre une main triom-
 phante.

[53] fais en sorte que le roi doive
[54] par mes
[55] et pourtant

[1] dans la maison de Chimène
[2] descente à terre
[3] extraordinaires

[4] les deux rois maures
[5] La Castille
[6] *soin:* souci; que j'oublie mon devoir
[7] dise

SCÈNE II — DON FERNAND, DON DIÈGUE, DON ARIAS,
 DON RODRIGUE, DON SANCHE

DON FERNAND

Généreux héritier d'une illustre famille,
Qui fut toujours la gloire et l'appui de Castille,
Race de tant d'aïeux en valeur signalés,
Que l'essai de la tienne a sitôt égalés,
Pour te récompenser ma force est trop petite; 5
Et j'ai moins de pouvoir que tu n'as de mérite.
Le pays délivré d'un si rude ennemi,
Mon sceptre dans ma main par la tienne affermi,
Et les Mores défaits avant qu'en ces alarmes
J'eusse pu donner ordre à repousser leurs armes,
Ne sont point des exploits qui laissent à ton roi
Le moyen ni l'espoir de s'acquitter vers toi.
Mais deux rois tes captifs feront ta récompense.
Ils t'ont nommé tous deux leur Cid[8] en ma pré-
 sence:
Puisque Cid en leur langue est autant que seigneur,
Je ne t'envierai[9] pas ce beau titre d'honneur. 20
 Sois désormais le Cid: qu'à ce grand nom tout
 cède;
Qu'il comble d'épouvante et Grenade et Tolède,
Et qu'il marque à tous ceux qui vivent sous mes lois 25
Et ce que tu me vaux, et ce que je te dois.

DON RODRIGUE

Que Votre Majesté, Sire, épargne ma honte.
D'un si foible service elle fait trop de conte,[10]
Et me force à rougir devant un si grand roi
De mériter si peu l'honneur que j'en reçoi.[11]
Je sais trop que je dois au bien de votre empire,
Et le sang qui m'anime, et l'air que je respire;
Et quand je les perdrai pour un si digne objet,
Je ferai seulement le devoir d'un sujet.

DON FERNAND

Tous ceux que ce devoir à mon service engage
Ne s'en acquittent pas avec même courage;
Et lorsque la valeur ne va point dans l'excès,
Elle ne produit point de si rares succès.
Souffre donc qu'on te loue, et de cette victoire
Apprends-moi plus au long la véritable histoire.

[8] de l'arabe *seid:* seigneur
[9] refuserai
[10] compte
[11] reçois

DON RODRIGUE

Sire, vous avez su qu'en ce danger pressant,
Qui jeta dans la ville un effroi si puissant,
Une troupe d'amis chez mon père assemblée
Sollicita[12] mon âme encor toute troublée. . . 5
Mais, Sire, pardonnez à ma témérité,
Si j'osai l'employer sans votre autorité:
Le péril approchoit; leur brigade[13] étoit prête;
Me montrant à la cour, je hasardois[14] ma tête;
Et s'il falloit la perdre, il m'étoit bien plus doux 10
De sortir de la vie en combattant pour vous.

DON FERNAND

J'excuse ta chaleur à venger ton offense;
Et l'État défendu me parle en ta défense: 15
Crois que dorénavant Chimène a beau parler,[15]
Je ne l'écoute plus que pour la consoler.
Mais poursuis.

DON RODRIGUE

 Sous moi donc cette troupe s'avance,
Et porte sur le front une mâle assurance.
Nous partîmes cinq cents; mais par un prompt ren-
 fort
Nous nous vîmes trois mille en arrivant au port, 25
Tant, à nous voir marcher avec un tel visage,
Les plus épouvantés reprenoient leur courage!
J'en cache les deux tiers, aussitôt qu'arrivés,
Dans le fond des vaisseaux qui lors furent trouvés;
Le reste, dont le nombre augmentoit à toute heure, 30
Brûlant d'impatience autour de moi demeure,
Se couche contre terre, et sans faire aucun bruit,
Passe une bonne part d'une si belle nuit.
Par mon commandement la garde en fait de même,
Et se tenant cachée, aide à mon stratagème; 35
Et je feins hardiment d'avoir reçu de vous
L'ordre qu'on me voit suivre et que je donne à tous.
 Cette obscure clarté qui tombe des étoiles
Enfin avec le flux nous fait voir trente voiles;
L'onde s'enfle dessous, et d'un commun effort 40
Les Mores et la mer montent jusques au port.
On les laisse passer; tout leur paroît tranquille;
Point de soldats au port, point aux murs de la ville.
Notre profond silence abusant leurs esprits,

[12] excita
[13] troupe organisée pour la bataille
[14] mettais en péril
[15] parle inutilement

Ils n'osent plus douter de nous avoir surpris;
Ils abordent sans peur, ils ancrent, ils descendent,
Et courent se livrer aux mains qui les attendent.
Nous nous levons alors, et tous en même temps
Poussons jusques au ciel mille cris éclatants.
Les nôtres, à ces cris, de nos vaisseaux répondent;
Ils paroissent armés, les Mores se confondent,[16]
L'épouvante les prend à demi descendus;
Avant que de combattre, ils s'estiment perdus.
Ils couroient au pillage, et rencontrent la guerre; 10
Nous les pressons sur l'eau, nous les pressons sur
 terre,
Et nous faisons courir des ruisseaux de leur sang,
Avant qu'aucun résiste ou reprenne son rang.
Mais bientôt, malgré nous, leurs princes les rallient; 15
Leur courage renaît, et leurs terreurs s'oublient:
La honte de mourir sans avoir combattu
Arrête leur désordre, et leur rend leur vertu.[17]
Contre nous de pied ferme ils tirent leurs alfanges,[18]
De notre sang au leur font d'horribles mélanges; 20
Et la terre, et le fleuve, et leur flotte, et le port,
Sont des champs de carnage où triomphe la mort.
 O combien d'actions, combien d'exploits célèbres
Sont demeurés sans gloire au milieu des ténèbres,
Où chacun, seul témoin des grands coups qu'il don- 25
 noit,
Ne pouvoit discerner où le sort inclinoit! [19]
J'allois de tous côtés encourager les nôtres,
Faire avancer les uns, et soutenir les autres,
Ranger ceux qui venoient, les pousser à leur tour, 30
Et ne l'ai pu savoir [20] jusques au point du jour.
Mais enfin sa clarté montre notre avantage:
Le More voit sa perte, et perd soudain courage,
Et voyant un renfort qui nous vient secourir,
L'ardeur de vaincre cède à la peur de mourir. 35
Ils gagnent leurs vaisseaux, ils en coupent les câbles,
Poussent jusques aux cieux des cris épouvantables,
Font retraite en tumulte, et sans considérer
Si leurs rois avec eux peuvent se retirer.
Pour souffrir [21] ce devoir leur frayeur est trop forte: 40
Le flux les apporta; le reflux les remporte,
Cependant que leurs rois, engagés parmi nous,

[16] se mêlent en désordre
[17] courage militaire
[18] cimeterres
[19] pour qui le sort penchait
[20] savoir pour qui le sort penchait
[21] pour leur permettre de remplir

Et quelque peu des leurs, tous percés de nos coups,
Disputent vaillamment et vendent bien leur vie.
A se rendre moi-même en vain je les convie:
Le cimeterre au poing ils ne m'écoutent pas;
Mais voyant à leurs pieds tomber tous leurs soldats, 5
Et que seuls désormais en vain ils se défendent,
Ils demandent le chef: je me nomme, ils se rendent.
Je vous les envoyai tous deux en même temps;
Et le combat cessa faute de combattants.
 C'est de cette façon que, pour votre service. 10

SCÈNE III — DON FERNAND, DON DIÈGUE,
DON RODRIGUE, DON ARIAS, DON ALONSE,
DON SANCHE

DON ALONSE

Sire, Chimène vient vous demander justice.

DON FERNAND

La fâcheuse nouvelle, et l'importun devoir!
Va,[22] je ne la veux pas obliger à te voir.
Pour tous remerciements il faut que je te chasse;
Mais avant que sortir, viens, que ton roi t'embrasse.

DON DIÈGUE

Chimène le poursuit, et voudroit le sauver.

DON FERNAND

On m'a dit qu'elle l'aime, et je vais l'éprouver.
Montrez un œil plus triste. 30

SCÈNE IV — DON FERNAND, DON DIÈGUE, DON ARIAS,
DON SANCHE, DON ALONSE, CHIMÈNE, ELVIRE

DON FERNAND

 Enfin soyez contente,
Chimène, le succès répond à votre attente:
Si de nos ennemis Rodrigue a le dessus,
Il est mort à nos yeux des coups qu'il a reçus; 35
Rendez grâces au ciel, qui vous en a vengée.
 (A don Diègue.)
Voyez comme déjà sa couleur est changée.

DON DIÈGUE

Mais voyez qu'elle pâme, et d'un amour parfait, 45
Dans cette pâmoison, Sire, admirez l'effet.

[22] Il s'adresse à Rodrigue.

Sa douleur a trahi les secrets de son âme,
Et ne vous permet plus de douter de sa flamme.

CHIMÈNE

Quoi! Rodrigue est donc mort?

DON FERNAND

Non, non, il voit le jour,
Et te conserve encore un immuable amour:
Calme cette douleur qui pour lui s'intéresse.

CHIMÈNE

Sire, on pâme de joie ainsi que de tristesse;
Un excès de plaisir nous rend tout languissants,
Et quand il surprend l'âme, il accable les sens.

DON FERNAND

Tu veux qu'en ta faveur nous croyions l'impossible?
Chimène, ta douleur a paru trop visible.

CHIMÈNE

Eh bien! Sire, ajoutez ce comble à mon malheur,
Nommez ma pâmoison l'effet de ma douleur:
Un juste déplaisir à ce point m'a réduite.
Son trépas déroboit sa tête à ma poursuite;
S'il meurt des coups reçus pour le bien du pays,
Ma vengeance est perdue et mes desseins trahis:
Une si belle fin m'est trop injurieuse.
Je demande sa mort, mais non pas glorieuse,
Non pas dans un éclat qui l'élève si haut,
Non pas au lit d'honneur, mais sur un échafaud; [23]
Qu'il meure pour mon père, et non pour la patrie;
Que son nom soit taché, sa mémoire flétrie.
Mourir pour le pays n'est pas un triste sort;
C'est s'immortaliser par une belle mort.
J'aime donc sa victoire, et je le puis sans crime;
Elle assure l'État, et me rend ma victime,
Mais noble, mais fameuse entre tous les guerriers,
Le chef,[24] au lieu de fleurs, couronné de lauriers;
Et pour dire en un mot ce que j'en considère,[25]
Digne d'être immolée aux mânes [26] de mon père. . .
Hélas! à quel espoir me laissé-je emporter!

Rodrigue de ma part n'a rien à redouter:
Que pourroient contre lui des larmes qu'on méprise?
Pour lui tout votre empire est un lieu de franchise; [27]
5 Là, sous votre pouvoir, tout lui devient permis;
Il triomphe de moi comme des ennemis.
Dans leur sang répandu la justice étouffée
Aux crimes du vainqueur sert d'un nouveau trophée;
10 Nous en croissons [28] la pompe, et le mépris des lois
Nous fait suivre son char au milieu de deux rois.

DON FERNAND

15 Ma fille, ces transports ont trop de violence.
Quand on rend la justice, on met tout en balance:
On a tué ton père, il étoit l'agresseur;
Et la même équité m'ordonne la douceur.
Avant que d'accuser ce que j'en [29] fais paroître,
20 Consulte bien ton cœur: Rodrigue en est le maître,
Et ta flamme en secret rend grâces à ton roi,
Dont la faveur conserve un tel amant pour toi.

CHIMÈNE

25 Pour moi! mon ennemi! l'objet de ma colère!
L'auteur de mes malheurs! l'assassin de mon père!
De ma juste poursuite on fait si peu de cas
Qu'on me croit obliger [30] en ne m'écoutant pas!
Puisque vous refusez la justice à mes larmes,
30 Sire, permettez-moi de recourir aux armes;
C'est par là [31] seulement qu'il a su m'outrager,
Et c'est aussi par là que je me dois venger.
A tous vos cavaliers je demande sa tête:
Oui, qu'un d'eux me l'apporte, et je suis sa conquête;
35 Qu'ils le combattent, Sire, et le combat fini,
J'épouse le vainqueur, si Rodrigue est puni.
Sous votre autorité souffrez qu'on le publie.

DON FERNAND

40 Cette vieille coutume en ces lieux établie,
Sous couleur [32] de punir un injuste attentat,

[23] lit: sur lequel on exposait un mort glorieux; écha-
faud: plateforme destinée aux exécutions de criminels
[24] la tête
[25] ce que je pense de cette victoire
[26] âme d'un mort

[27] d'asile
[28] accroissons
[29] de douceur
[30] faire plaisir
[31] par son épée meurtrière
[32] prétexte

Des meilleurs combattants affoiblit un État;
Souvent de cet abus le succès déplorable
Opprime l'innocent, et soutient le coupable.
J'en dispense Rodrigue; il m'est trop précieux
Pour l'exposer aux coups d'un sort capricieux;
Et quoi qu'ait pu commettre un cœur si magnanime,
Les Mores en fuyant ont emporté son crime.

DON DIÈGUE

Quoi! Sire, pour lui seul vous renversez des lois 10
Qu'a vu toute la cour observer tant de fois!
Que croira votre peuple et que dira l'envie,
Si sous votre défense [33] il ménage sa vie,
Et s'en fait un prétexte à ne paroître pas 15
Où tous les gens d'honneur cherchent un beau trépas?
De pareilles faveurs terniroient trop sa gloire:
Qu'il goûte sans rougir les fruits de sa victoire.
Le Comte eut de l'audace, il l'en a su punir: 20
Il l'a fait en brave homme, et le [34] doit maintenir.

DON FERNAND

Puisque vous le voulez, j'accorde qu'il le fasse;
Mais d'un guerrier vaincu [35] mille prendroient la 25
place,
Et le prix que Chimène au vainqueur a promis
De tous mes cavaliers feroit ses ennemis.
L'opposer seul à tous seroit trop d'injustice:
Il suffit qu'une fois il entre dans la lice.[36] 30
 Choisis qui tu voudras, Chimène, et choisis
 bien;
Mais après ce combat ne demande plus rien.

DON DIÈGUE

N'excusez point par là ceux que son bras étonne: [37] 35
Laissez un champ ouvert, où n'entrera personne.
Après ce que Rodrigue a fait voir aujourd'hui,
Quel courage assez vain s'oseroit prendre [38] à lui?
Qui se hasarderoit contre un tel adversaire? 40
Qui seroit ce vaillant, ou bien ce téméraire?

[33] de se battre en duel
[34] brave homme: homme brave; le: l'état de bravoure
[35] par Rodrigue
[36] champ clos pour le combat
[37] frappe d'effroi
[38] s'attaquer

DON SANCHE

Faites ouvrir le champ: vous voyez l'assaillant;
Je suis ce téméraire, ou plutôt ce vaillant.
 Accordez cette grâce à l'ardeur qui me presse,
Madame: vous savez quelle est votre promesse. 5

DON FERNAND

Chimène, remets-tu ta querelle [39] en sa main?

CHIMÈNE

Sire, je l'ai promis.

DON FERNAND

 Soyez prêt à demain.

DON DIÈGUE

Non, Sire, il ne faut pas différer davantage:
On est toujours trop prêt quand on a du courage.

DON FERNAND

Sortir d'une bataille, et combattre à l'instant!

DON DIÈGUE

Rodrigue a pris haleine en vous la racontant.

DON FERNAND

Du moins une heure ou deux je veux qu'il se délasse.
Mais de peur qu'en exemple un tel combat ne passe,[40]
Pour témoigner à tous qu'à regret je permets
Un sanglant procédé qui ne me plut jamais,
De moi ni de ma cour il n'aura la présence.
 (Il parle à don Arias.)
 Vous seul des combattants jugerez la vaillance:
Ayez soin que tous deux fassent [41] en gens de cœur,
Et le combat fini, m'amenez le vainqueur.
Qui qu'il soit, même prix [42] est acquis à sa peine:
Je le veux de ma main présenter à Chimène,
Et que pour récompense il reçoive sa foi.[43]

CHIMÈNE

Quoi! Sire, m'imposer une si dure loi!

[39] cause
[40] ne soit proposé
[41] agissent
[42] mariage avec Chimène
[43] promesse d'amour et de fidélité

DON FERNAND

Tu t'en plains; mais ton feu, loin d'avouer [44] ta
 plainte,
Si Rodrigue est vainqueur, l'accepte sans contrainte.
Cesse de murmurer contre un arrêt si doux:
Qui que ce soit des deux, j'en ferai ton époux.

ACTE V

SCÈNE PREMIÈRE — DON RODRIGUE, CHIMÈNE

CHIMÈNE

Quoi! Rodrigue, en plein jour! d'où te vient cette
 audace?
Va, tu me perds d'honneur; retire-toi, de grâce.

DON RODRIGUE

Je vais mourir, Madame, et vous viens en ce lieu,
Avant le coup mortel, dire un dernier adieu:
Cet immuable amour qui sous vos lois [1] m'engage
N'ose accepter ma mort sans vous en faire hom-
 mage.

CHIMÈNE

Tu vas mourir!

DON RODRIGUE

 Je cours à ces heureux moments
Qui vont livrer ma vie à vos ressentiments.

CHIMÈNE

Tu vas mourir! Don Sanche est-il si redoutable
Qu'il donne l'épouvante à ce cœur indomptable?
Qui t'a rendu si foible, ou qui le rend si fort?
Rodrigue va combattre, et se croit déjà mort!
Celui qui n'as pas craint les Mores, ni mon père,
Va combattre don Sanche, et déjà désespère!
Ainsi donc au besoin ton courage s'abat!

DON RODRIGUE

Je cours à mon supplice, et non pas au combat;
Et ma fidèle ardeur sait bien m'ôter l'envie,

[44] *ton feu:* ton amour; *d'avouer:* approuver

[1] votre pouvoir

Quand vous cherchez ma mort, de défendre ma vie.
 J'ai toujours même cœur; mais je n'ai point de
 bras
Quand il faut conserver ce qui ne vous plaît pas,
5 Et déjà cette nuit m'aurait été mortelle,
Si j'eusse combattu pour ma seule querelle;
Mais défendant mon roi, son peuple et mon pays,
A me défendre mal je les aurois trahis.
Mon esprit généreux ne hait pas tant la vie,
10 Qu'il en veuille sortir par une perfidie.
Maintenant qu'il s'agit de mon seul intérêt,
Vous demandez ma mort, j'en accepte l'arrêt.
Votre ressentiment choisit la main d'un autre
(Je ne méritois pas de mourir de la vôtre):
15 On ne me verra point en repousser les coups;
Je dois plus de respect à qui combat pour vous;
Et ravi de penser que c'est de vous qu'ils [2] viennent,
Puisque c'est votre honneur que ses armes soutien-
 nent,
20 Je vais lui présenter mon estomac ouvert, [3]
Adorant en sa main la vôtre qui me perd.

CHIMÈNE

Si d'un triste devoir la juste violence,
25 Qui me fait malgré moi poursuivre ta vaillance,
Prescrit à ton amour une si forte loi
Qu'il te rend sans défense à qui combat pour moi,
En cet aveuglement ne perds pas la mémoire
Qu'ainsi que de ta vie il y va de ta gloire,
30 Et que dans quelque éclat que Rodrigue ait vécu,
Quand on le saura mort, on le croira vaincu.
 Ton honneur t'est plus cher que je ne te suis
 chère,
Puisqu'il trempe tes mains dans le sang de mon
35 père,
Et te fait renoncer, malgré ta passion,
A l'espoir le plus doux de ma possession:
Je t'en vois cependant faire si peu de conte,
Que sans rendre combat tu veux qu'on te surmonte.
40 Quelle inégalité ravale ta vertu? [4]
Pourquoi ne l'as-tu plus, ou pourquoi l'avois-tu?
Quoi? n'es-tu généreux que pour me faire outrage?
S'il ne faut m'offenser, n'as-tu point de courage?

[2] les coups
[3] ma poitrine offerte aux coups
[4] *inégalité:* inconstance; *vertu:* courage

Le dîner du roi à l'Hôtel de Ville. Bibliothèque Nationale. (Photographie Giraudon)

La saignée, gravure d' Abraham Bosse. Bibliothèque Nationale. (Photographie Giraudon)

Et traites-tu mon père avec tant de rigueur,
Qu'après l'avoir vaincu tu souffres un vainqueur?
Va, sans vouloir mourir, laisse-moi te poursuivre,[5]
Et défends ton honneur,[6] si tu ne veux plus vivre.

DON RODRIGUE

Après la mort du Comte, et les Mores défaits,
Faudroit-il à ma gloire encor d'autres effets?
Elle peut dédaigner le soin de me défendre:
On sait que mon courage ose tout entreprendre,
Que ma valeur peut tout, et que dessous les cieux,
Auprès de mon honneur, rien ne m'est précieux.
Non, non, en ce combat, quoi que vous veuilliez
 croire,
Rodrigue peut mourir sans hasarder sa gloire,
Sans qu'on l'ose accuser d'avoir manqué de cœur,
Sans passer pour vaincu, sans souffrir un vain-
 queur.
On dira seulement: « Il adorait Chimène;
Il n'a pas voulu vivre et mériter sa haine;
Il a cédé lui-même à la rigueur du sort
Qui forçoit sa maîtresse à poursuivre sa mort:
Elle vouloit sa tête; et son cœur magnanime,
S'il l'en[7] eût refusée, eût pensé faire un crime.
Pour venger son honneur il perdit son amour,
Pour venger sa maîtresse il a quitté le jour,
Préférant, quelque espoir qu'eût son âme asservie,[8]
Son honneur à Chimène, et Chimène à sa vie. »
Ainsi donc vous verrez ma mort en ce combat,
Loin d'obscurcir ma gloire, en rehausser l'éclat;
Et cet honneur suivra mon trépas volontaire,
Que tout autre que moi n'eût pu vous satisfaire.

CHIMÈNE

Puisque, pour t'empêcher de courir au trépas,
Ta vie et ton honneur sont de foibles appas,[9]
Si jamais je t'aimai, cher Rodrigue, en revanche,
Défends-toi maintenant pour m'ôter à don Sanche;
Combats pour m'affranchir d'une condition
Qui me donne à l'objet de mon aversion.
Te dirai-je encor plus? va, songe à ta défense,

[5] en justice
[6] contre don Sanche
[7] la lui
[8] à l'amour
[9] attraits

Pour forcer mon devoir, pour m'imposer silence;
Et si tu sens pour moi ton cœur encore épris,
Sors vainqueur d'un combat dont Chimène est le
 prix.
5 Adieu: ce mot lâché me fait rougir de honte.

DON RODRIGUE (*resté seul*)

Est-il quelque ennemi qu'à présent je ne dompte?
Paroissez, Navarrois, Mores et Castillans,
10 Et tout ce que l'Espagne a nourri de vaillants;
Unissez-vous ensemble, et faites une armée,
Pour combattre une main de la sorte[10] animée:
Joignez tous vos efforts contre un espoir si doux;
Pour en venir à bout,[11] c'est trop peu que de vous.
15

SCÈNE II — CHIMÈNE, ELVIRE

CHIMÈNE

Elvire, que je souffre, et que je suis à plaindre!
20 Je ne sais qu'espérer, et je vois tout à craindre;
Aucun vœu ne m'échappe où j'ose consentir;
Je ne souhaite rien sans un prompt repentir.
A deux rivaux pour moi je fais prendre les armes:
Le plus heureux succès me coûtera des larmes;
25 Et quoi qu'en ma faveur en ordonne le sort,
Mon père est sans vengeance, ou mon amant est
 mort.

ELVIRE

30 D'un et d'autre côté je vous vois soulagée:
Ou vous avez Rodrigue, ou vous êtes vengée;
Et quoi que le destin puisse ordonner de vous,
Il soutient votre gloire, et vous donne un époux.

CHIMÈNE

35 Quoi! l'objet de ma haine ou de tant de colère!
L'assassin de Rodrigue ou celui de mon père!
De tous les deux côtés on me donne un mari
Encor tout teint du sang que j'ai le plus chéri;
40 De tous les deux côtés mon âme se rebelle:
Je crains plus que la mort la fin de ma querelle:[12]
Allez, vengeance, amour, qui troublez mes esprits,
Vous n'avez point pour moi de douceurs à ce prix;

[10] par l'aveu de Chimène
[11] pour vaincre cette main (la sienne)
[12] ma plainte en justice

Et toi, puissant moteur [13] du destin qui m'outrage,
Termine ce combat sans aucun avantage,
Sans faire aucun des deux ni vaincu ni vainqueur.

ELVIRE

Ce seroit vous traiter avec trop de rigueur.
Ce combat pour votre âme est un nouveau supplice,
S'il vous laisse obligée à demander justice,
A témoigner toujours ce haut [14] ressentiment,
Et poursuivre toujours la mort de votre amant.
Madame, il vaut bien mieux que sa rare vaillance,
Lui couronnant le front,[15] vous impose silence;
Que la loi du combat étouffe vos soupirs,
Et que le Roi vous force à suivre vos désirs.

CHIMÈNE

Quand il sera vainqueur, crois-tu que je me
rende? [16]
Mon devoir est trop fort, et ma perte [17] trop grande;
Et ce n'est pas assez pour leur faire la loi,
Que celle du combat et le vouloir du Roi.
Il peut vaincre don Sanche avec fort peu de peine,
Mais non pas avec lui la gloire de Chimène;
Et quoi qu'à sa victoire un monarque ait promis,
Mon honneur lui fera mille autres ennemis.

ELVIRE

Gardez,[18] pour vous punir de cet orgueil étrange,
Que le ciel à la fin ne souffre qu'on vous venge.[19]
Quoi! vous voulez encor refuser le bonheur
De pouvoir maintenant vous taire [20] avec honneur?
Que prétend ce devoir, et qu'est-ce qu'il espère!
La mort de votre amant vous rendra-t-elle un père?
Est-ce trop peu pour vous que d'un coup de mal-
heur?
Faut-il perte sur perte, et douleur sur douleur?
Allez, dans le caprice où votre humeur s'obstine,
Vous ne méritez pas l'amant qu'on vous destine;
Et nous verrons du ciel l'équitable courroux
Vous laisser, par sa mort, don Sanche pour époux.

CHIMÈNE

Elvire, c'est assez de peines que j'endure,
Ne les redouble point de ce funeste augure.
Je veux, si je le puis, les éviter tous deux;
Sinon, en ce combat Rodrigue a tous mes vœux:
Non qu'une folle ardeur de son côté me penche;
Mais s'il étoit vaincu, je serois à don Sanche;
Cette appréhension fait naître mon souhait.
Que vois-je, malheureuse? Elvire, c'en est fait.[21]

SCÈNE III — DON SANCHE, CHIMÈNE, ELVIRE

DON SANCHE

Obligé d'apporter à vos pieds cette épée. . .

CHIMÈNE

Quoi? du sang de Rodrigue encor toute trempée?
Perfide, oses-tu bien te montrer à mes yeux,
Après m'avoir ôté ce que j'aimois le mieux?
Éclate, mon amour, tu n'as plus rien à craindre:
Mon père est satisfait, cesse de te contraindre.
Un même coup a mis ma gloire [22] en sûreté,
Mon âme au désespoir, ma flamme en liberté.

DON SANCHE

D'un esprit plus rassis. . .[23]

CHIMÈNE

Tu me parles encore.
Exécrable assassin d'un héros que j'adore?
Va, tu l'as pris en traître; [24] un guerrier si vaillant
N'eût jamais succombé sous un tel assaillant.
N'espère rien de moi, tu ne m'as point servie:
En croyant me venger, tu m'as ôté la vie.

DON SANCHE

Étrange impression, qui loin de m'écouter. . .

CHIMÈNE

Veux-tu que de sa mort je t'écoute vanter,
Que j'entende à loisir avec quelle insolence
Tu peindras son malheur, mon crime [25] et ta vail-
lance?

[13] Dieu
[14] violent
[15] des lauriers de la victoire
[16] m'avoue vaincue?
[17] perte de son père
[18] prenez garde
[19] par la mort de Rodrigue
[20] renoncer à venger son père
[21] le malheur est accompli
[22] mon honneur
[23] calme
[24] par ruse déloyale
[25] d'avoir autorisé le duel

SCÈNE IV — DON FERNAND, DON DIÈGUE, DON ARIAS,
DON SANCHE, DON ALONSE, CHIMÈNE, ELVIRE

CHIMÈNE

Sire, il n'est plus besoin de vous dissimuler
Ce que tous mes efforts ne vous ont pu celer.[26]
J'aimois, vous l'avez su; mais pour venger mon père,
J'ai bien voulu proscrire une tête si chère: [27]
Votre Majesté, Sire, elle-même a pu voir
Comme j'ai fait céder mon amour au devoir.
Enfin Rodrigue est mort, et sa mort m'a changée
D'implacable ennemie en amante affligée.
J'ai dû [28] cette vengeance à qui m'a mise au jour,
Et je dois maintenant ces pleurs à mon amour.
Don Sanche m'a perdue en prenant ma défense,
Et du bras qui me perd je suis la récompense!
 Sire, si la pitié peut émouvoir un roi,
De grâce, révoquez une si dure loi;
Pour prix d'une victoire où je perds ce que j'aime, 20
Je lui laisse mon bien; qu'il me laisse à moi-même;
Qu'en un cloître sacré je pleure incessamment,
Jusqu'au dernier soupir, mon père et mon amant.

DON DIÈGUE
 25
Enfin, elle aime, Sire, et ne croit plus un crime
D'avouer par sa bouche un amour légitime.

DON FERNAND

Chimène, sors d'erreur, ton amant n'est pas mort,
Et don Sanche vaincu t'a fait un faux rapport.

DON SANCHE

Sire, un peu trop d'ardeur malgré moi l'a déçue:
Je venois du combat lui raconter l'issue.
Ce généreux guerrier, dont son cœur est charmé:
« Ne crains rien, m'a-t-il dit, quand il m'a désarmé;
Je laisserois plutôt la victoire incertaine,
Que de répandre un sang hasardé pour Chimène;
Mais puisque mon devoir m'appelle auprès du Roi, 40
Va de notre combat l'entretenir pour moi,
De la part du vainqueur lui porter ton épée. »
Sire, j'y suis venu: cet objet l'a trompée;
Elle m'a cru vainqueur, me voyant de retour,

[26] cacher
[27] celle de Rodrigue
[28] je devais réclamer

Et soudain sa colère a trahi [29] son amour
Avec tant de transport et tant d'impatience,
Que je n'ai pu gagner un moment d'audience.
 Pour moi, bien que vaincu, je me répute heureux;
Et malgré l'intérêt de mon cœur amoureux,
Perdant infiniment,[30] j'aime encor ma défaite,
Qui fait le beau succès d'une amour si parfaite.

DON FERNAND

Ma fille, il ne faut point rougir d'un si beau feu,
Ni chercher les moyens d'en faire un désaveu.
Une louable honte en vain t'en sollicite:
Ta gloire est dégagée et ton honneur est quitte;
Ton père est satisfait, et c'étoit le venger
Que mettre tant de fois ton Rodrigue en danger.
Tu vois comme le ciel autrement en dispose.
Ayant tant fait pour lui, fais pour toi quelque chose,
Et ne sois point rebelle à mon commandement,
Qui te donne un époux aimé si chèrement.

SCÈNE V — DON FERNAND, DON DIÈGUE, DON ARIAS,
DON RODRIGUE, DON ALONSE, DON SANCHE,
CHIMÈNE, ELVIRE

DON RODRIGUE

Ne vous offensez point, Sire, si devant vous
Un respect amoureux me jette à ses genoux.[31]
 Je ne viens point ici demander ma conquête:
Je viens tout de nouveau vous apporter ma tête,
Madame; mon amour n'emploiera point pour moi
Ni la loi du combat, ni le vouloir du Roi.
Si tout ce qui s'est fait est trop peu pour un père,
Dites par quels moyens il vous faut satisfaire.
Faut-il combattre encor mille et mille rivaux,
Aux deux bouts de la terre étendre mes travaux,[32]
Forcer [33] moi seul un camp, mettre en fuite une armée,
Des héros fabuleux passer la renommée?
Si mon crime par là se peut enfin laver,
J'ose tout entreprendre, et puis tout achever;
Mais si ce fier honneur, toujours inexorable,
Ne se peut apaiser sans la mort du coupable,

[29] révélé
[30] puisqu'il aime Chimène
[31] genoux de Chimène
[32] exploits guerriers
[33] prendre par la force

N'armez plus contre moi le pouvoir des humains:
Ma tête est à vos pieds, vengez-vous par vos mains;
Vos mains seules ont droit de vaincre un invin-
 cible;
Prenez une vengeance à tout autre impossible.
Mais du moins que ma mort suffise à me punir:
Ne me bannissez point de votre souvenir;
Et puisque mon trépas conserve votre gloire,
Pour vous en revancher [34] conservez ma mémoire,
Et dites quelquefois, en déplorant mon sort:
« S'il ne m'avoit aimée, il ne seroit pas mort. »

CHIMÈNE

Relève-toi, Rodrigue. Il faut l'avouer, Sire,
Je vous en ai trop dit pour m'en pouvoir dédire.
Rodrigue a des vertus que je ne puis haïr;
Et quand un roi commande, on lui doit obéir.
Mais à quoi que déjà vous m'ayez condamnée,
Pourrez-vous à vos yeux souffrir cet hyménée?
Et quand de mon devoir vous voulez cet effort,
Toute votre justice en est-elle d'accord?
Si Rodrigue à l'État devient si nécessaire,
De ce qu'il fait pour vous dois-je être le salaire,
Et me livrer moi-même au reproche éternel
D'avoir trempé mes mains dans le sang paternel?

DON FERNAND

Le temps assez souvent a rendu légitime
Ce qui sembloit d'abord ne se pouvoir sans crime:
Rodrigue t'a gagnée, et tu dois être à lui.
Mais quoique sa valeur t'ait conquise aujourd'hui,
Il faudroit que je fusse ennemi de ta gloire,

[34] en compensation

Pour lui donner sitôt le prix de sa victoire.
Cet hymen différé ne rompt point une loi
Qui sans marquer de temps lui destine ta foi.
Prends un an, si tu veux, pour essuyer tes larmes.
5 Rodrigue, cependant, [35] il faut prendre les armes.
Après avoir vaincu les Mores sur nos bords, [36]
Renversé leurs desseins, repoussé leurs efforts,
Va jusqu'en leur pays leur reporter la guerre,
Commander mon armée, et ravager leur terre:
10 A ce nom seul de Cid ils trembleront d'effroi;
Ils t'ont nommé seigneur, et te voudront pour roi.
Mais parmi tes hauts faits sois-lui [37] toujours fidèle:
Reviens-en, s'il se peut, encor plus digne d'elle;
Et par tes grands exploits fais-toi si bien priser, [38]
15 Qu'il lui soit glorieux alors de t'épouser.

DON RODRIGUE

Pour posséder Chimène, et pour votre service,
Que peut-on m'ordonner que mon bras n'accom-
20 plisse?
Quoi qu'absent de ses yeux il me faille endurer,
Sire, ce m'est trop d'heur [39] de pouvoir espérer.

DON FERNAND

25 Espère en ton courage, espère en ma promesse;
Et possédant déjà le cœur de ta maîtresse,
Pour vaincre un point d'honneur [40] qui combat
 contre toi,
Laisse faire le temps, ta vaillance et ton roi.

[35] dans cet intervalle
[36] bords du Guadalquivir
[37] à Chimène
[38] estimer
[39] bonheur
[40] le scrupule de Chimène

RACINE (1639–1699)

Jean Racine est né à la Ferté-Milon, ville de Champagne. Orphelin à quatre ans, il fut élevé par une aïeule qui l'envoya aux écoles jansénistes de Port-Royal où il reçut des leçons de l'helléniste Lancelot et du latiniste Nicole. En 1658, il fit sa philosophie à Paris, au collège d'Harcourt. Installé dans la capitale, devenu l'ami d'hommes de lettres (La Fontaine, Molière, Boileau), il mena une vie assez dissipée et débuta au théâtre. Après le succès d'*Alexandre* (1665), il se brouille avec Port-Royal et s'engage tout entier dans la carrière dramatique. Pendant dix

L'HOMME

ans (1667–77) il produit chef-d'œuvre sur chef-d'œuvre, mais dont chacun soulèvera une cabale. Celle de *Phèdre* (1677) l'éloigne du théâtre. Dépité, il traverse une crise religieuse, se réconcilie avec Port-Royal, renonce à la littérature, se marie, et devient historiographe du Roi. Il ne devait reprendre la plume que pour écrire *Esther* (1689) et *Athalie* (1691) à la demande de madame de Maintenon. Ses dernières années furent attristées par un refroidissement du Roi à son égard. Il mourut en 1699 et on l'enterra, selon sa volonté, à Port-Royal.

Racine a écrit onze tragédies, dont les plus importantes sont: *Andromaque* (1667), *Britannicus* (1669), *Bérénice* (1670), *Bajazet* (1672), *Iphigénie* (1674), *Phèdre* (1677), *Esther* (1689), *Athalie* (1691); une comédie: *Les Plaideurs* (1668); des poésies diverses, et quelques œuvres en prose.

L'ŒUVRE

Racine n'imagine plus, comme Corneille, le grand et l'extraordinaire; il s'applique, au contraire, à reproduire la vie dans les intérêts et les passions les plus habituels aux hommes. Son théâtre représente, sous des visages de rois et de héros, des hommes comme nous, éprouvant les passions d'amour et d'ambition qui ont déchiré le cœur humain en tout pays et en tout temps: une veuve inconsolée, une mère anxieuse, parce qu'elle ne peut sauver son enfant qu'en épousant un homme qu'elle n'aime pas (*Andromaque*); un père qui sacrifie sa fille à son ambition (*Iphigénie*); un jeune homme vicieux qui s'affranchit des contraintes et secoue le joug de sa famille (*Britannicus*); l'amour coupable d'une femme pour son beau-fils (*Phèdre*).

La vraisemblance au théâtre, plus exigeante que la vérité, n'admet pas d'autres motifs d'action que ceux qui sont dans l'âme des personnages; elle redoute par conséquent l'imprévu d'événements que n'expliqueraient ni l'âme des personnages ni la situation dans laquelle ces personnages ont paru dès l'abord. Voilà pourquoi la tragédie racinienne veut, comme ressorts, les intérêts, sentiments, et passions des personnages, et, comme action, l'enchaînement le plus simple, le plus logique, le plus rapide, d'actes et de situations.

Racine veut donc présenter et résoudre des crises de passion et d'intérêt; et cela se peut aisément en vingt-quatre heures, en douze heures, ou même en six, dans la même salle de palais, dans le même temple. C'est pourquoi Racine ne s'est jamais trouvé gêné par la règle des unités de temps et de lieu.

Pour nouer l'action de sa pièce, Racine attend le moment précis où les passions des personnages mis en présence par le sujet touchent au paroxysme, où les intérêts qui les heurtent exigent une solution sans délai. Depuis l'exposition, qui est complète dès le premier acte, jusqu'au dénouement, la pièce ne progresse que par l'action psychologique, d'abord au for intérieur de chaque personnage, puis entre les personnages agissant les uns sur les autres. Ainsi les différents sujets emmêlés dans la complexité initiale de chaque tragédie peuvent se fondre en une action unique; ainsi le dénouement—presque toujours une catastrophe sanglante — reste dans la pure logique, quoique imprévue, de cette action.

La conception dramatique de Racine voulait un style simple, vrai, rapide, passionné, intensément poétique: tel est le style racinien. Une seule réserve s'impose: une fâcheuse rhétorique, de mode précieux, nous gâte aujourd'hui certains dialogues d'amour. Mais dans l'ensemble, le style de Racine est naturel; il fuit la déclamation, la pompe, l'emphase; il fuit même la beauté qui ne serait que poésie sans être mouvement.

Disciple des Anciens, Racine a une connaissance approfondie du monde antique. Il a emprunté à Euripide les sujets et les situations principales de trois chefs-d'œuvre tragiques: *Andromaque, Iphigénie, Phèdre,* ainsi qu'à Aristophane les données de sa comédie, *Les Plaideurs.* Pour *Andromaque* et pour *Phèdre,* des sources latines sont venues grossir les sources grecques. Trois tragédies sont de pure source romaine: *Britannicus, Bérénice, Mithridate.* Enfin Racine puisa dans la Bible, d'où viennent directement *Esther* et *Athalie.* Pour les besoins de son action dramatique, par nécessité d'intéresser intimement son public et, dans ce but, d'adapter l'antiquité aux sentiments et à l'esprit de la civilisation de son temps et de son pays, Racine a modifié en certains points les apports de l'histoire ou de la légende.

Héros et héroïnes de Racine sont d'une étonnante variété: amants heureux ou malheureux; amantes, épouses et mères; ambitieux, grands capitaines; rois barbares, prêtres et fanatiques. Racine ne les fait, dans l'ensemble, ni trop vertueux, ni absolument scélérats, ni trop coupables. Il veut exciter non plus comme Corneille l'admiration pour des héros parfaits, ni l'indignation ou l'horreur pour des monstres tout à fait odieux, mais la pitié et la terreur devant des êtres appartenant à la même humanité que nous tous.

Ces êtres sont d'une extrême mobilité psychologique: ils varient d'heure en heure, non à leur volonté, mais au gré des passions et des intérêts. Êtres faibles, par conséquent, dominés par les passions ou tyrannisés par les circonstances; esclaves d'eux-mêmes, esclaves d'autrui également: Oreste d'Hermione, celle-ci de Pyrrhus, Pyrrhus d'Andromaque, elle-même hésitante. L'amour a très grande part dans le théâtre racinien, et les femmes y occupent un tout premier plan, parce que la plus grande faiblesse humaine et d'ailleurs la plus répandue se révèle dans la passion d'amour. Aussi Racine a-t-il étudié les ravages exercés dans les âmes par le développement de cette passion. Cependant son théâtre, aussi divers que la vie, montre aussi de grands volontaires: un Mithridate, un Acomat, un Joad; et même exceptionnellement des êtres nobles et réfléchis qui disposent d'eux-mêmes: une Andromaque, malgré ses hésitations, un Titus, un Burrhus; enfin de calmes calculateurs: un Narcisse, un Ulysse. Mais la plupart de ceux-là ont une ambition, une haine, une foi pour guide. Ils ne font pas leur destinée, ils la subissent plutôt; la vie est plus forte qu'eux. Une fatalité les domine, égale à la fatalité antique. Leur fatalité est l'action intérieure de forces obscures et mystérieuses, ou d'ordre divin (chez Joad), qui se révèlent maîtresses d'eux. Nous ne nous sentons plus dans la pure clarté cornélienne; la

psychologie racinienne a pénétré assez profondément dans l'âme humaine pour y faire pressentir toute une ombre d'inconnu.

Le poète montre donc des passions vivantes et qui peuvent séduire, mais il montre surtout les désordres et les malheurs qu'elles engendrent naturellement. Il semble nous dire: voilà ce que l'amour fait de notre raison et de notre volonté; voilà ce que l'ambition fait de notre âme; voilà la misère de notre destinée quand nous nous abandonnons aux chimères du monde et de la vie. Le poète montre aussi le crime et le vice, et il les fait voir horribles. Et cette leçon morale porte d'autant mieux sur le spectateur que le spectacle dont elle naît a donné l'impression de la vie réelle et qu'elle est expérience, non précepte.

Il faut remarquer, en fin de compte, qu'*Esther* et *Athalie* restent à part dans l'œuvre dramatique de Racine.

La tragédie d'*Andromaque* (1667) repose sur des récits de la légendaire guerre de Troie, qui a peut-être eu lieu sept ou huit siècles avant J.–C. Si nous en croyons Homère, qui a décrit dans l'*Iliade* le siège de la ville par les Grecs, le plus glorieux des chefs grecs, Achille, avait tué le plus glorieux des chefs troyens, Hector. C'est la propre veuve d'Hector, la belle Andromaque, que nous retrouvons dans Racine. Ici aussi tout paraît légende. Nous voyons Pyrrhus, fils d'Achille et roi d'Épire, un des guerriers qui auraient pris la ville au bout de dix ans et l'auraient mise à sac avec une sauvagerie décrite par Virgile dans l'*Énéide*. Il a ramené la jeune femme en Grèce dans son butin. Amoureux d'elle, il veut l'épouser, quoique fiancé à une princesse grecque, Hermione, fille d'un autre destructeur de Troie. Mais la Troyenne prétend rester fidèle à la mémoire de son Hector. Or elle a un fils, encore enfant, Astyanax. Ou bien elle acceptera de se remarier et Astyanax sera sauvé des Grecs qui réclament sa mort par la voix d'Oreste, leur ambassadeur (Oreste, fils d'Agamemnon dont Homère fait le généralissime de l'armée grecque devant Troie, est amoureux d'Hermione qui aime le roi son fiancé), ou bien elle refusera, et Astyanax alors sera livré à Oreste. Tel est le marché odieux que la passion de Pyrrhus impose à Andromaque et dont la pièce de Racine développe les conséquences mêlées à celles de l'amour d'Oreste pour Hermione et d'Hermione pour Pyrrhus.

Andromaque

PERSONNAGES

ANDROMAQUE, veuve d'Hector, captive de Pyrrhus
PYRRHUS, fils d'Achille, roi d'Épire
ORESTE, fils d'Agamemnon
HERMIONE, fille d'Hélène, accordée avec Pyrrhus
PYLADE, ami d'Oreste
CLÉONE, confidente d'Hermione

CÉPHISE, confidente d'Andromaque
PHŒNIX, gouverneur d'Achille, et ensuite de Pyrrhus

SUITE D'ORESTE

La scène est à Buthrote, ville d'Épire, dans une salle du palais de Pyrrhus.

ACTE I

SCÈNE PREMIÈRE — ORESTE, PYLADE

ORESTE

Oui, puisque je retrouve un ami si fidèle,
Ma fortune ¹ va prendre une face nouvelle;
Et déjà son courroux semble s'être adouci,
Depuis qu'elle a pris soin de nous rejoindre ² ici.
Qui l'eût dit, qu'un rivage à mes vœux ³ si funeste
Présenteroit d'abord Pylade aux yeux d'Oreste? 10
Qu'après plus de six mois que je t'avois perdu,
A la cour de Pyrrhus tu me serois rendu?

PYLADE

J'en rends grâces au ciel, qui m'arrêtant sans cesse 15
Sembloit m'avoir fermé le chemin de la Grèce,
Depuis le jour fatal que la fureur des eaux
Presque aux yeux de l'Épire écarta ⁴ nos vaisseaux.
Combien dans cet exil ai-je souffert d'alarmes!
Combien à vos malheurs ai-je donné de larmes, 20
Craignant toujours pour vous quelque nouveau dan-
ger
Que ma triste amitié ne pouvoit partager!
Surtout je redoutois cette mélancolie
Où j'ai vu si longtemps votre âme ensevelie. 25
Je craignois que le ciel, par un cruel secours,
Ne vous offrît la mort que vous cherchiez toujours.
Mais je vous vois, Seigneur; et si j'ose le dire,
Un destin plus heureux vous conduit en Épire:
Le pompeux appareil ⁵ qui suit ici vos pas 30
N'est point d'un malheureux qui cherche le trépas.

ORESTE

Hélas! qui peut savoir le destin qui m'amène?
L'amour me fait ici chercher une inhumaine.
Mais qui sait ce qu'il ⁶ doit ordonner de mon sort, 35
Et si je viens chercher ou la vie ou la mort?

PYLADE

Quoi? votre âme à l'amour en esclave asservie 40
Se repose sur lui du soin de votre vie?

¹ sort, destinée
² réunir
³ Mon amour. On remarquera, à partir du vers suivant,
les terminaisons verbales en *ois* et *oit*, fréquentes comme
chez Corneille.
⁴ sépara
⁵ l'escorte d'Oreste, ambassadeur des Grecs auprès de
Pyrrhus
⁶ l'amour qui aggrave chez Oreste la mélancolie

Par quel charme,⁷ oubliant tant de tourments souf-
ferts,
Pouvez-vous consentir à rentrer dans ses fers? ⁸
Pensez-vous qu'Hermione, à Sparte inexorable,
Vous prépare en Épire un sort plus favorable? 5
Honteux d'avoir poussé tant de vœux superflus,
Vous l'abhorriez; enfin vous ne m'en parliez plus.
Vous me trompiez, Seigneur.

ORESTE

Je me trompois moi-même.
Ami, n'accable point un malheureux qui t'aime.
T'ai-je jamais caché mon cœur et mes désirs?
Tu vis naître ma flamme et mes premiers soupirs.
Enfin, quand Ménélas ⁹ disposa de sa fille 15
En faveur de Pyrrhus, vengeur de sa famille,¹⁰
Tu vis mon désespoir; et tu m'as vu depuis
Traîner de mers en mers ma chaîne et mes ennuis.¹¹
Je te vis à regret, en cet état funeste,
Prêt à suivre partout le déplorable Oreste, 20
Toujours de ma fureur interrompre le cours,
Et de moi-même enfin me sauver tous les jours.
Mais quand je me souvins que parmi tant d'alarmes
Hermione à Pyrrhus prodiguoit tous ses charmes,
Tu sais de quel courroux mon cœur alors épris 25
Voulut en l'oubliant punir tous ses mépris.
Je fis croire et je crus ma victoire certaine;
Je pris tous mes transports pour des transports de
haine;
Détestant ¹² ses rigueurs, rabaissant ses attraits, 30
Je défiois ses yeux de me troubler jamais.
Voilà comme je crus étouffer ma tendresse.
En ce calme trompeur j'arrivai dans la Grèce;
Et je trouvai d'abord ses princes rassemblés,
Qu'un péril assez grand sembloit avoir troublés. 35
J'y courus. Je pensai que la guerre et la gloire
De soins ¹³ plus importants rempliroient ma mé-
moire;

⁷ enchantement magique
⁸ mot de la langue galante pour désigner l'amour
⁹ père d'Hermione et roi de Sparte
¹⁰ Ménélas, pour récompenser Pyrrhus d'avoir pris une
grande part à la guerre de Troie et d'avoir ainsi vengé le
rapt d'Hélène, lui engagea sa fille Hermione.
¹¹ Profonds chagrins. *Ennui* aura ce sens dans toute la
pièce.
¹² maudissant
¹³ soucis, préoccupations

Que mes sens reprenant leur première vigueur,
L'amour achèveroit de sortir de mon cœur.
Mais admire avec moi le sort dont la poursuite
Me fait courir alors au piège que j'évite.
J'entends de tous côtés qu'on menace Pyrrhus;
Toute la Grèce éclate en murmures confus;
On se plaint qu'oubliant son sang et sa promesse
Il élève en sa cour l'ennemi de la Grèce,
Astyanax, d'Hector jeune et malheureux fils,
Reste de tant de rois sous Troie ensevelis.
J'apprends que pour ravir son enfance au supplice
Andromaque trompa l'ingénieux Ulysse,
Tandis qu'un autre enfant, arraché de ses bras,
Sous le nom de son fils fut conduit au trépas.
On dit que peu sensible aux charmes d'Hermione,
Mon rival porte ailleurs son cœur et sa couronne;
Ménélas, sans le croire, en paroît affligé,
Et se plaint d'un hymen si longtemps négligé.
Parmi les déplaisirs où son âme se noie,
Il s'élève en la mienne une secrète joie:
Je triomphe; et pourtant je me flatte d'abord
Que la seule vengeance excite ce transport.
Mais l'ingrate en mon cœur reprit bientôt sa
 place:
De mes feux mal éteints je reconnus la trace;
Je sentis que ma haine alloit finir son cours,
Ou plutôt je sentis que je l'aimois toujours.
Ainsi de tous les Grecs je brigue le suffrage.[14]
On m'envoie à Pyrrhus: j'entreprends ce voyage.
Je viens voir si l'on peut arracher de ses bras
Cet enfant dont la vie alarme tant d'États:
Heureux si je pouvois, dans l'ardeur [15] qui me
 presse,
Au lieu d'Astyanax lui ravir ma princesse!
Car enfin n'attends pas que mes feux redoublés
Des périls les plus grands puissent être troublés.
Puisqu'après tant d'efforts ma résistance est vaine,
Je me livre en aveugle au destin qui m'entraîne.
J'aime: je viens chercher Hermione en ces lieux,
La fléchir, l'enlever, ou mourir à ses yeux.
Toi qui connois Pyrrhus, que penses-tu qu'il fasse?
Dans sa cour, dans son cœur, dis-moi ce qui se
 passe.

Mon Hermione encor le tient-elle asservi?
Me rendra-t-il, Pylade, un bien qu'il m'a ravi?

PYLADE

5 Je vous abuserois si j'osois vous promettre
Qu'entre vos mains, Seigneur, il voulût la remettre;
Non que de sa conquête il paroisse flatté.
Pour la veuve d'Hector ses feux ont éclaté:
Il l'aime. Mais enfin cette veuve inhumaine
10 N'a payé jusqu'ici son amour que de haine;
Et chaque jour encore on lui voit tout tenter
Pour fléchir sa captive, ou pour l'épouvanter.
De son fils, qu'il lui cache,[16] il menace la tête,
Et fait couler des pleurs, qu'aussitôt il arrête.
15 Hermione elle-même a vu plus de cent fois
Cet amant irrité revenir sous ses lois,
Et de ses vœux troublés lui rapportant l'hommage,
Soupirer à ses pieds moins d'amour que de rage.
Ainsi n'attendez pas que l'on puisse aujourd'hui
20 Vous répondre d'un cœur si peu maître de lui:
Il peut, Seigneur, il peut, dans ce désordre extrême,
Épouser ce qu'il hait, et punir ce qu'il aime.

ORESTE

25 Mais dis-moi de quel œil Hermione peut voir
Son hymen différé, ses charmes sans pouvoir?

PYLADE

Hermione, Seigneur, au moins en apparence,
30 Semble de son amant dédaigner l'inconstance,
Et croit que trop heureux de fléchir sa rigueur,
Il la viendra presser de reprendre son cœur.
Mais je l'ai vue enfin me confier ses larmes.
Elle pleure en secret le mépris de ses charmes.
35 Toujours prête à partir et demeurant toujours,
Quelquefois elle appelle Oreste à son secours.

ORESTE

Ah! si je le croyois, j'irois bientôt, Pylade,
40 Me jeter. . .

PYLADE

Achevez, Seigneur, votre ambassade.
Vous attendez le Roi. Parlez, et lui montrez

[14] C'est-à-dire qu'il demande à être choisi comme ambas-
sadeur.
[15] la passion amoureuse, les *feux redoublés*

[16] Pyrrhus ne permet à Andromaque de voir son fils
qu'une fois par jour.

Contre le fils d'Hector tous les Grecs conjurés.
Loin de leur accorder ce fils de sa maîtresse,
Leur haine ne fera qu'irriter sa tendresse.
Plus on les veut brouiller, plus on va les unir.
Pressez, demandez tout, pour ne rien obtenir.
Il vient.

<div align="center">ORESTE</div>

Hé bien! va donc disposer la cruelle
A revoir un amant qui ne vient que pour elle.

<div align="center">SCÈNE II — PYRRHUS, ORESTE, PHŒNIX</div>

<div align="center">ORESTE</div>

Avant que tous les Grecs vous parlent par ma voix,
Souffrez que j'ose ici me flatter de leur choix,
Et qu'à vos yeux, Seigneur, je montre quelque joie
De voir le fils d'Achille et le vainqueur de Troie.
Oui, comme ses exploits nous admirons vos coups: 20
Hector tomba sous lui, Troie expira sous vous;
Et vous avez montré, par une heureuse audace,
Que le fils seul d'Achille a pu remplir sa place.
Mais ce qu'il n'eût point fait, la Grèce avec douleur
Vous voit du sang troyen relever le malheur,
Et vous laissant toucher d'une pitié funeste,
D'une guerre si longue entretenir le reste.[17]
Ne vous souvient-il plus, Seigneur, quel fut Hector?
Nos peuples affoiblis s'en souviennent encor.
Son nom seul fait frémir nos veuves et nos filles;
Et dans toute la Grèce il n'est point de familles
Qui ne demandent compte à ce malheureux fils
D'un père ou d'un époux qu'Hector leur a ravis.
Et qui sait ce qu'un jour ce fils peut entreprendre?
Peut-être dans nos ports nous le verrons descendre,
Tel qu'on a vu son père embraser nos vaisseaux,
Et, la flamme à la main, les suivre sur les eaux.
Oserai-je, Seigneur, dire ce que je pense?
Vous-même de vos soins craignez la récompense,
Et que dans votre sein ce serpent élevé 40
Ne vous punisse un jour de l'avoir conservé.
Enfin de tous les Grecs satisfaites l'envie,
Assurez leur vengeance, assurez votre vie;
Perdez un ennemi d'autant plus dangereux
Qu'il s'essaîra sur vous à combattre contre eux. 45

[17] Astyanax, fils d'Hector et d'Andromaque, captive de **Pyrrhus**

<div align="center">PYRRHUS</div>

La Grèce en ma faveur est trop inquiétée.
De soins plus importants je l'ai crue agitée,
Seigneur; et sur le nom de son ambassadeur,
5 J'avois dans ses projets conçu plus de grandeur.
Qui croiroit en effet qu'une telle entreprise
Du fils d'Agamemnon méritât l'entremise;
Qu'un peuple tout entier, tant de fois triomphant,
N'eût daigné conspirer que la mort d'un enfant?
10 Mais à qui prétend-on que je le sacrifie?
La Grèce a-t-elle encor quelque droit sur sa vie?
Et seul de tous les Grecs ne m'est-il pas permis
D'ordonner d'un captif que le sort m'a soumis?
Oui, Seigneur, lorsqu'au pied des murs fumants de
15 Troie
Les vainqueurs tout sanglants partagèrent leur
 proie,
Le sort, dont les arrêts furent alors suivis,
Fit tomber en mes mains Andromaque et son fils.
20 Hécube près d'Ulysse acheva sa misère;
Cassandre [18] dans Argos a suivi votre père:
Sur eux, sur leurs captifs ai-je étendu mes droits?
Ai-je enfin disposé du fruit de leurs exploits?
On craint qu'avec Hector Troie un jour ne renaisse;
25 Son fils peut me ravir le jour [19] que je lui laisse.
Seigneur, tant de prudence entraîne trop de soin:
Je ne sais point prévoir les malheurs de si loin.
Je songe quelle [20] étoit autrefois cette ville,
Si superbe en remparts, en héros si fertile,
30 Maîtresse de l'Asie; et je regarde enfin
Quel fut le sort de Troie, et quel est son destin.
Je ne vois que des tours que la cendre a couvertes,
Un fleuve [21] teint de sang, des campagnes désertes,
Un enfant [22] dans les fers; et je ne puis songer
35 Que Troie en cet état aspire à se venger.
Ah! si du fils d'Hector la perte étoit jurée,
Pourquoi d'un an entier l'avons-nous différée?
Dans le sein de Priam [23] n'a-t-on pu [24] l'immoler?
Sous tant de morts, sous Troie il falloit l'accabler.

[18] *Hécube:* femme de Priam, roi de Troie; *Cassandre,* sa fille
[19] la vie
[20] de quelle puissance
[21] le Scamandre
[22] Astyanax
[23] Priam avait été tué par Pyrrhus lors de la prise de Troie.
[24] n'aurait-t-on pu

Tout étoit juste alors: la vieillesse et l'enfance
En vain sur leur foiblesse appuyoient leur défense;
La victoire et la nuit, plus cruelles que nous,
Nous excitoient au meurtre, et confondoient nos
 coups.
Mon courroux aux vaincus ne fut que trop sévère.[25]
Mais que ma cruauté survive à ma colère?
Que malgré la pitié dont je me sens saisir,
Dans le sang d'un enfant je me baigne à loisir?
Non, Seigneur. Que les Grecs cherchent quelque 10
 autre proie;
Qu'ils poursuivent ailleurs ce qui reste de Troie:
De mes inimitiés le cours est achevé;
L'Épire sauvera ce que Troie a sauvé.

15

ORESTE

Seigneur, vous savez trop avec quel artifice
Un faux Astyanax fut offert au supplice
Où le seul fils d'Hector devoit être conduit.
Ce n'est pas les Troyens, c'est Hector qu'on pour- 20
 suit.
Oui, les Grecs sur le fils persécutent le père;
Il a par trop de sang acheté leur colère.
Ce n'est que dans le sien qu'elle peut expirer;
Et jusque dans l'Épire il les peut attirer. 25
Prévenez-les.[26]

PYRRHUS

 Non, non. J'y consens avec joie:
Qu'ils cherchent dans l'Épire une seconde Troie; 30
Qu'ils confondent leur haine, et ne distinguent plus
Le sang qui les fit vaincre et celui des vaincus.[27]
Aussi bien ce n'est pas la première injustice
Dont la Grèce d'Achille a payé le service.[28]
Hector en profita, Seigneur; et quelque jour 35
Son fils en pourroit bien profiter à son tour.

ORESTE

Ainsi la Grèce en vous trouve un enfant rebelle?

PYRRHUS

Et je n'ai donc vaincu que pour dépendre d'elle?

[25] impitoyable
[26] devancez-les
[27] Achille et Pyrrhus; Hector et Astyanax
[28] allusion à la querelle entre Achille et Agamemnon par
laquelle débute l'*Iliade*

ORESTE

Hermione, Seigneur, arrêtera vos coups:
Ses yeux s'opposeront entre son père et vous.

PYRRHUS

Hermione, Seigneur, peut m'être toujours chère;
Je puis l'aimer, sans être esclave de son père;
Et je saurai peut-être accorder [29] quelque jour
Les soins de ma grandeur et ceux de mon amour.
Vous pouvez cependant voir la fille d'Hélène:
Du sang qui vous unit je sais l'étroite chaîne.[30]
Après cela, Seigneur, je ne vous retiens plus,
Et vous pourrez aux Grecs annoncer mon refus.

SCÈNE III — PYRRHUS, PHŒNIX

PHŒNIX

Ainsi vous l'envoyez aux pieds de sa maîtresse! [31]

PYRRHUS

On dit qu'il a longtemps brûlé pour [32] la princesse.

PHŒNIX

Mais si ce feu, Seigneur, vient à se rallumer?
S'il lui rendoit son cœur, s'il s'en faisoit aimer?

PYRRHUS

Ah! qu'ils s'aiment, Phœnix: j'y consens. Qu'elle
 parte.
Que charmés l'un de l'autre, ils retournent à
 Sparte: [33]
Tous nos ports sont ouverts et pour elle et pour lui.
Qu'elle m'épargneroit de contrainte et d'ennui!

PHŒNIX

Seigneur. . .

PYRRHUS

 Une autre fois je t'ouvrirai mon âme:
Andromaque paroît.

[29] concilier
[30] Agamemnon et Ménélas étant frères, Oreste, fils d'Aga-
memnon, et Hermione, fille de Ménélas et d'Hélène, étaient
cousins germains. (Légende grecque)
[31] la femme qu'il aime
[32] aimé
[33] ville de Ménélas

SCÈNE IV — PYRRHUS, ANDROMAQUE, CÉPHISE

PYRRHUS

Me cherchiez-vous, Madame?
Un espoir si charmant me seroit-il permis?

ANDROMAQUE

Je passois jusqu'aux lieux où l'on garde mon fils.
Puisqu'une fois le jour vous souffrez que je voie
Le seul bien qui me reste et d'Hector et de Troie,
J'allois, Seigneur, pleurer un moment avec lui:
Je ne l'ai point encore embrassé d'aujourd'hui.

PYRRHUS

Ah! Madame, les Grecs, si j'en crois leurs alarmes,
Vous donneront bientôt d'autres sujets de larmes.

ANDROMAQUE

Et quelle est cette peur dont leur cœur est frappé,
Seigneur? Quelque Troyen vous est-il échappé?

PYRRHUS

Leur haine pour Hector n'est pas encore éteinte.
Ils redoutent son fils.

ANDROMAQUE

Digne objet de leur crainte!
Un enfant malheureux, qui ne sait pas encor
Que Pyrrhus est son maître, et qu'il est fils d'Hec-
tor.

PYRRHUS

Tel qu'il est, tous les Grecs demandent qu'il périsse.
Le fils d'Agamemnon vient hâter son supplice.

ANDROMAQUE

Et vous prononcerez un arrêt si cruel?
Est-ce mon intérêt [34] qui le rend criminel?
Hélas! on ne craint point qu'il venge un jour son
père;
On craint qu'il n'essuyât les larmes de sa mère.
Il m'auroit tenu lieu d'un père [35] et d'un époux;
Mais il me faut tout perdre, et toujours par vos
coups.

[34] l'intérêt que je lui porte
[35] Eétion, roi de Cilicie, tué par Achille, ainsi qu'Hector

PYRRHUS

Madame, mes refus ont prévenu vos larmes.
Tous les Grecs m'ont déjà menacé de leurs armes;
Mais dussent-ils encore, en repassant les eaux,
5 Demander votre fils avec mille vaisseaux;
Coûtât-il tout le sang qu'Hélène a fait répandre;
Dussé-je après dix ans voir mon palais en cendre,
Je ne balance point, je vole à son secours:
Je défendrai sa vie aux dépens de mes jours.
10 Mais parmi ces périls où [36] je cours pour vous plaire,
Me refuserez-vous un regard moins sévère?
Haï de tous les Grecs, pressé de tous côtés,
Me faudra-t-il combattre encor vos cruautés?
Je vous offre mon bras. Puis-je espérer encore
15 Que vous accepterez un cœur qui vous adore?
En combattant pour vous, me sera-t-il permis
De ne vous point compter parmi mes ennemis?

ANDROMAQUE

20 Seigneur, que faites-vous, et que dira la Grèce?
Faut-il qu'un si grand cœur montre tant de foi-
blesse?
Voulez-vous qu'un dessein si beau, si généreux,
Passe pour le transport d'un esprit amoureux?
25 Captive, toujours triste, importune à moi-même,
Pouvez-vous souhaiter qu'Andromaque vous aime?
Quels charmes ont pour vous des yeux infortunés
Qu'à des pleurs éternels vous avez condamnés?
Non, non, d'un ennemi respecter·la misère,
30 Sauver des malheureux, rendre un fils à sa mère,
De cent peuples pour lui combattre la rigueur,
Sans me faire payer son salut de mon cœur,
Malgré moi, s'il le faut, lui donner un asile:
Seigneur, voilà des soins [37] dignes du fils d'Achille.

35

PYRRHUS

Hé quoi? votre courroux n'a-t-il pas eu son cours?
Peut-on haïr sans cesse? et punit-on toujours?
J'ai fait des malheureux, sans doute; et la Phrygie
40 Cent fois de votre sang a vu ma main rougie.
Mais que vos yeux sur moi se sont bien exercés! [38]
Qu'ils m'ont vendu bien cher les pleurs qu'ils ont
versés!

[36] vers lesquels
[37] attentions
[38] ont exercé leur vengeance

De combien de remords m'ont-ils rendu la proie!
Je souffre tous les maux que j'ai faits devant Troie.
Vaincu, chargé de fers, de regrets consumé,
Brûlé de plus de feux que je n'en allumai,
Tant de soins, tant de pleurs, tant d'ardeurs in- 5
 quiètes. . .
Hélas! fus-je jamais si cruel que vous l'êtes?
Mais enfin, tour à tour, c'est assez nous punir:
Nos ennemis communs devroient nous réunir.
Madame, dites-moi seulement que j'espère,
Je vous rends votre fils, et je lui sers de père; 10
Je l'instruirai moi-même à venger les Troyens;
J'irai punir les Grecs de vos maux et des miens.
Animé d'un regard, je puis tout entreprendre:
Votre Ilion encor peut sortir de sa cendre;
Je puis, en moins de temps que les Grecs ne l'ont 15
 pris,
Dans ses murs relevés couronner votre fils.

ANDROMAQUE

Seigneur, tant de grandeurs ne nous touchent plus
 guère:
Je les lui promettois tant qu'a vécu son père.
Non, vous n'espérez plus de nous revoir encor,
Sacrés murs, que n'a pu conserver mon Hector. 25
A de moindres faveurs des malheureux prétendent,
Seigneur: c'est un exil que mes pleurs vous de-
 mandent.
Souffrez que loin des Grecs, et même loin de vous,
J'aille cacher mon fils, et pleurer mon époux. 30
Votre amour contre nous allume trop de haine:
Retournez, retournez à la fille d'Hélène.

PYRRHUS

Et le puis-je, Madame? Ah! que vous me gênez! [39] 35
Comment lui rendre un cœur que vous me retenez?
Je sais que de mes vœux on lui promit l'empire;
Je sais que pour régner elle vint dans l'Épire;
Le sort vous y voulut l'une et l'autre amener:
Vous, pour porter des fers; elle, pour en donner. 40
Cependant ai-je pris quelque soin de lui plaire?
Et ne diroit-on pas, en voyant au contraire
Vos charmes tout-puissants, et les siens dédaignés,
Qu'elle est ici captive, et que vous y régnez?

Ah! qu'un seul des soupirs que mon cœur vous en-
 voie,
S'il s'échappoit vers elle, y porteroit de joie!

ANDROMAQUE

Et pourquoi vos soupirs seroient-ils repoussés?
Auroit-elle oublié vos services passés?
Troie, Hector, contre vous révoltent-ils son âme?
Aux cendres d'un époux doit-elle enfin sa flamme?
Et quel époux encore! Ah! souvenir cruel!
Sa mort seule a rendu votre père immortel.
Il doit au sang d'Hector tout l'éclat de ses armes,
Et vous n'êtes tous deux connus que par mes
 larmes.

PYRRHUS

Hé bien, Madame, hé bien, il faut vous obéir:
Il faut vous oublier, ou plutôt vous haïr.
Oui, mes vœux ont trop loin poussé leur violence
Pour ne plus s'arrêter que dans l'indifférence. [40]
Songez-y bien: il faut désormais que mon cœur,
S'il n'aime avec transport, haïsse avec fureur.
Je n'épargnerai rien dans ma juste colère:
Le fils me répondra des mépris de la mère;
La Grèce le demande, et je ne prétends [41] pas
Mettre toujours ma gloire à sauver des ingrats.

ANDROMAQUE

Hélas! il mourra donc. Il n'a pour sa défense
Que les pleurs de sa mère, et que son innocence.
Et peut-être après tout, en l'état où je suis,
Sa mort avancera la fin de mes ennuis.
Je prolongeois pour lui ma vie et ma misère;
Mais enfin sur ses pas j'irai revoir son père.
Ainsi tous trois, Seigneur, par vos soins réunis,
Nous vous. . .

PYRRHUS

 Allez, Madame, allez voir votre fils.
Peut-être, en le voyant, votre amour plus timide
Ne prendra pas toujours sa colère pour guide.
Pour savoir nos destins, j'irai vous retrouver.
Madame, en l'embrassant, songez à le sauver.

[40] C'est-à-dire: j'ai poussé trop loin la violence de mes
vœux pour consentir à n'être plus qu'un indifférent.
[41] consens

[39] torturez

ACTE II

SCÈNE PREMIÈRE — HERMIONE, CLÉONE

HERMIONE

Je fais ce que tu veux. Je consens qu'il ¹ me voie:
Je lui veux bien encore accorder cette joie.
Pylade va bientôt conduire ici ses pas;
Mais si je m'en croyais, je ne le verrois pas.

CLÉONE

Et qu'est-ce que sa vue a pour vous de funeste?
Madame, n'est-ce pas toujours le même Oreste
Dont vous avez cent fois souhaité le retour,
Et dont vous regrettiez la constance et l'amour?

HERMIONE

C'est cet amour payé de trop d'ingratitude
Qui me rend en ces lieux sa présence si rude.²
Quelle honte pour moi, quel triomphe pour lui
De voir mon infortune égaler son ennui!
Est-ce là, dira-t-il, cette fière Hermione?
Elle me dédaignoit; un autre l'abandonne.
L'ingrate, qui mettoit son cœur à si haut prix,
Apprend donc à son tour à souffrir des mépris?
Ah Dieux!

CLÉONE

Ah! dissipez ces indignes ³ alarmes:
Il a trop bien senti le pouvoir de vos charmes.
Vous croyez qu'un amant vienne vous insulter?
Il vous rapporte un cœur qu'il n'a pu vous ôter.
Mais vous ne dites point ce que vous mande un
 père.

HERMIONE

Dans ses retardements si Pyrrhus persévère,
A la mort du Troyen s'il ne veut consentir,
Mon père avec les Grecs m'ordonne de partir.

CLÉONE

Hé bien, Madame, hé bien! écoutez donc Oreste.
Pyrrhus a commencé,⁴ faites au moins le reste.

Pour bien faire, il faudroit que vous le prévinssiez.
Ne m'avez-vous pas dit que vous le haïssiez?

HERMIONE

5 Si je le hais, Cléone! Il y va de ma gloire,⁵
Après tant de bontés dont il perd la mémoire.
Lui qui me fut si cher, et qui m'a pu trahir!
Ah! je l'ai trop aimé pour ne le point haïr.

CLÉONE

10 Fuyez-le donc, Madame; et puisqu'on vous adore. . .

HERMIONE

Ah! laisse à ma fureur le temps de croître encore;
15 Contre mon ennemi laisse-moi m'assurer: ⁶
Cléone, avec horreur je m'en veux séparer.
Il n'y travaillera que trop bien, l'infidèle!

CLÉONE

20 Quoi? vous en attendez quelque injure nouvelle?
Aimer une captive, et l'aimer à vos yeux,
Tout cela n'a donc pu vous le rendre odieux?
Après ce qu'il a fait, que sauroit-il donc faire?
Il vous auroit déplu, s'il pouvoit vous déplaire.
25

HERMIONE

Pourquoi veux-tu, cruelle, irriter mes ennuis?
Je crains de me connoître en l'état où je suis.
De tout ce que tu vois tâche de ne rien croire;
30 Crois que je n'aime plus, vante-moi ma victoire;
Crois que dans son dépit mon cœur est endurci;
Hélas! et, s'il se peut, fais-le moi croire aussi.
Tu veux que je le fuie. Hé bien! rien ne m'arrête:
Allons. N'envions plus son indigne conquête;
35 Que sur lui sa captive étende son pouvoir.
Fuyons. . . Mais si l'ingrat rentroit dans son de-
 voir!
Si la foi dans son cœur retrouvoit quelque place!
S'il venoit à mes pieds me demander sa grâce!
40 Si sous mes lois, Amour, tu pouvois l'engager!
S'il vouloit! . . . Mais l'ingrat ne veut que m'ou-
 trager.
Demeurons ⁷ toutefois pour troubler leur fortune; ⁸

¹ Oreste
² pénible
³ mal fondées
⁴ Il a refusé de livrer Astyanax

⁵ honneur
⁶ être forte dans ma position
⁷ restons ici
⁸ sort heureux, bonheur

Prenons quelque plaisir à leur être importune;
Ou le forçant de rompre un nœud si solennel,
Aux yeux de tous les Grecs rendons-le criminel.
J'ai déjà sur le fils attiré leur colère;
Je veux qu'on vienne encor lui demander la mère. 5
Rendons-lui les tourments qu'elle me fait souffrir:
Qu'elle le perde, ou bien qu'il la fasse périr.

CLÉONE

Vous pensez que des yeux toujours ouverts aux 10
 larmes
Se plaisent à troubler le pouvoir de vos charmes,
Et qu'un cœur accablé de tant de déplaisirs
De son persécuteur ait brigué les soupirs?
Voyez si sa⁹ douleur en paroît soulagée.
Pourquoi donc les chagrins où son âme est plongée?
Contre un amant qui plaît pourquoi tant de fierté?

HERMIONE

Hélas! pour mon malheur, je l'ai trop écouté. 20
Je n'ai point du silence affecté le mystère:
Je croyois sans péril pouvoir être sincère;
Et sans armer mes yeux d'un moment de rigueur,
Je n'ai pour lui parler consulté que mon cœur.
Et qui ne se seroit comme moi déclarée 25
Sur la foi d'une amour si saintement jurée?
Me voyoit-il de l'œil qu'il me voit aujourd'hui?
Tu t'en souviens encor, tout conspiroit pour lui:
Ma famille vengée, et les Grecs dans la joie,
Nos vaisseaux tout chargés des dépouilles de Troie, 30
Les exploits de son père effacés par les siens,
Ses feux que je croyois plus ardents que les miens,
Mon cœur, toi-même enfin de sa gloire ébloui,
Avant qu'il me trahît, vous m'avez tous trahie.
Mais c'en est trop, Cléone, et quel que soit Pyrrhus, 35
Hermione est sensible,¹⁰ Oreste a des vertus.
Il sait aimer du moins, et même sans qu'on l'aime;
Et peut-être il saura se faire aimer lui-même.
Allons: qu'il vienne enfin.

CLÉONE

Madame, le voici.

HERMIONE

Ah! je ne croyois pas qu'il fût si près d'ici. 45

⁹ *sa, son* se rapportent à Andromaque
¹⁰ sensible à l'amour

SCÈNE II — HERMIONE, ORESTE, CLÉONE

HERMIONE

Le croirai-je, Seigneur, qu'un reste de tendresse
Vous fasse ici chercher une triste princesse?
Ou ne dois-je imputer qu'à votre seul devoir
L'heureux empressement qui vous porte à me voir?

ORESTE

Tel est de mon amour l'aveuglement funeste.
Vous le savez, Madame; et le destin d'Oreste
Est de venir sans cesse adorer vos attraits,
Et de jurer toujours qu'il n'y viendra jamais.
Je sais que vos regards vont rouvrir mes blessures,
Que tous mes pas vers vous sont autant de parjures: 15
Je le sais, j'en rougis. Mais j'atteste les Dieux,
Témoins de la fureur de mes derniers adieux,
Que j'ai couru partout où ma perte certaine
Dégageoit mes serments et finissoit ma peine.
J'ai mendié la mort chez des peuples cruels ¹¹ 20
Qui n'apaisoient leurs dieux que du sang des mor-
 tels:
Ils m'ont fermé leur temple; et ces peuples barbares
De mon sang prodigué sont devenus avares.
Enfin je viens à vous, et je me vois réduit 25
A chercher dans vos yeux une mort qui me fuit.
Mon désespoir n'attend que leur indifférence:
Ils n'ont qu'à m'interdire un reste d'espérance,
Ils n'ont, pour avancer cette mort où je cours,
Qu'à me dire une fois ce qu'ils m'ont dit toujours. 30
Voilà, depuis un an, le seul soin ¹² qui m'anime.
Madame, c'est à vous de prendre une victime
Que les Scythes auroient dérobée à vos coups,
Si j'en avois trouvé d'aussi cruels que vous.

HERMIONE

Quittez, Seigneur, quittez ce funeste langage.
A des soins plus pressants la Grèce vous engage.
Que parlez-vous du Scythe et de mes cruautés?
Songez à tous ces rois que vous représentez. 40
Faut-il que d'un transport ¹³ leur vengeance dé-
 pende?

¹¹ Pendant son voyage en Tauride, chez les Scythes,
Oreste faillit être immolé sur l'autel de Diane par sa sœur
Iphigénie. (Légende grecque)
¹² préoccupation
¹³ mouvement violent de passion

Est-ce le sang d'Oreste enfin qu'on vous demande?
Dégagez-vous des soins dont vous êtes chargé.

ORESTE

Les refus de Pyrrhus m'ont assez dégagé,
Madame: il me renvoie; et quelque autre puissance
Lui fait du fils d'Hector embrasser la défense.

HERMIONE

L'infidèle!

ORESTE

　　　Ainsi donc, tout prêt à le quitter,
Sur mon propre destin je viens vous consulter.
Déjà même je crois entendre la réponse
Qu'en secret contre moi votre haine prononce.

HERMIONE

Hé quoi? toujours injuste en vos tristes discours,
De mon inimitié vous plaindrez-vous toujours?
Quelle est cette rigueur tant de fois alléguée? [14]
J'ai passé dans l'Épire, où j'étois reléguée:
Mon père l'ordonnoit. Mais qui sait si depuis
Je n'ai point en secret partagé vos ennuis?
Pensez-vous avoir seul éprouvé des alarmes?
Que l'Épire jamais n'ait vu couler mes larmes?
Enfin qui vous a dit que malgré mon devoir
Je n'ai pas quelquefois souhaité de vous voir?

ORESTE

　　　Souhaité de me voir! Ah! divine princesse. . .
Mais, de grâce, est-ce à moi que ce discours
　s'adresse?
Ouvrez vos yeux: songez qu'Oreste est devant
　vous,
Oreste, si longtemps l'objet de leur courroux.

HERMIONE

Oui, c'est vous dont l'amour, naissant avec leurs
　charmes,
Leur apprit le premier le pouvoir de leurs armes;
Vous que mille vertus me forçoient d'estimer;
Vous que j'ai plaint, enfin que je voudrois aimer.

[14] reprochée par vous?

ORESTE

Je vous entends.[15] Tel est mon partage funeste:
Le cœur est pour Pyrrhus, et les vœux pour Oreste.

HERMIONE

Ah! ne souhaitez pas le destin de Pyrrhus:
Je vous haïrois trop.

ORESTE

　　　　　Vous m'en aimeriez plus.
Ah! que vous me verriez d'un regard bien con-
　traire! [16]
Vous me voulez aimer, et je ne puis vous plaire;
Et l'amour seul alors se faisant obéir,
Vous m'aimeriez, Madame, en me voulant haïr.
O Dieux! tant de respects, une amitié si tendre. . .
Que de raisons pour moi, si vous pouviez m'en-
　tendre!
Vous seule pour Pyrrhus disputez [17] aujourd'hui,
Peut-être malgré vous, sans doute malgré lui.
Car enfin il vous hait; son âme ailleurs éprise
N'a plus. . .

HERMIONE

　　　Qui vous l'a dit, Seigneur, qu'il me méprise?
Ses regards, ses discours vous l'ont-ils donc appris?
Jugez-vous que ma vue inspire des mépris,
Qu'elle allume en un cœur des feux si peu durables?
Peut-être d'autres yeux me sont plus favorables.

ORESTE

Poursuivez: il est beau de m'insulter ainsi.
Cruelle, c'est donc moi qui vous méprise ici?
Vos yeux n'ont pas assez éprouvé ma constance?
Je suis donc un témoin [18] de leur peu de puissance?
Je les ai méprisés? Ah! qu'ils voudroient bien voir
Mon rival, comme moi, mépriser leur pouvoir!

HERMIONE

Que m'importe, Seigneur, sa haine ou sa tendresse?
Allez contre un rebelle armer toute la Grèce;
Rapportez-lui le prix [19] de sa rébellion;

[15] comprends
[16] différent
[17] *entendre:* comprendre; *disputez:* prenez parti et luttez
[18] preuve
[19] la punition

Qu'on fasse de l'Épire un second Ilion.[20]
Allez. Après cela direz-vous que je l'aime?

ORESTE

Madame, faites plus, et venez-y vous-même.
Voulez-vous demeurer pour otage en ces lieux?
Venez dans tous les cœurs faire parler vos yeux.
Faisons de notre haine une commune attaque.

HERMIONE

Mais, Seigneur, cependant[21] s'il épouse Andromaque?

ORESTE

Hé! Madame.

HERMIONE

 Songez quelle honte pour nous
Si d'une Phrygienne il devenoit l'époux!

ORESTE

Et vous le haïssez? Avouez-le, Madame,
L'amour n'est pas un feu qu'on renferme en une âme:
Tout nous trahit, la voix, le silence, les yeux;
Et les feux mal couverts n'en éclatent que mieux.

HERMIONE

Seigneur, je le vois bien, votre âme prévenue[22]
Répand sur mes discours le venin qui la tue,
Toujours dans mes raisons cherche quelque détour,
Et croit qu'en moi la haine est un effort d'amour.
Il faut donc m'expliquer: vous agirez ensuite.
Vous savez qu'en ces lieux mon devoir m'a conduite;
Mon devoir m'y retient, et je n'en puis partir
Que[23] mon père ou Pyrrhus ne m'en fasse sortir.
De la part de mon père allez lui faire entendre
Que l'ennemi des Grecs ne peut être son gendre:
Du Troyen ou de moi faites-le décider;
Qu'il songe qui des deux il veut rendre ou garder;
Enfin qu'il me renvoie, ou bien qu'il vous le livre.
Adieu. S'il y consent, je suis prête à vous suivre.

SCÈNE III — ORESTE, *seul*

Oui, oui, vous me suivrez, n'en doutez nullement:
Je vous réponds déjà de son consentement.
Je ne crains pas enfin que Pyrrhus la retienne:
5 Il n'a devant les yeux que sa chère Troyenne;
Tout autre objet[24] le blesse; et peut-être aujourd'hui
Il n'attend qu'un prétexte à l'éloigner de lui.
Nous n'avons qu'à parler: c'en est fait. Quelle joie
D'enlever à l'Épire une si belle proie!
10 Sauve tout ce qui reste et de Troie et d'Hector,
Garde son fils, sa veuve, et mille autres encor,
Épire: c'est assez qu'Hermione rendue
Perde à jamais tes bords et ton prince de vue.
Mais un heureux destin le conduit en ces lieux.
15 Parlons. A tant d'attraits, Amour, ferme ses yeux!

SCÈNE IV — PYRRHUS, ORESTE, PHŒNIX

PYRRHUS

20 Je vous cherchois, Seigneur. Un peu de violence
M'a fait de vos raisons combattre la puissance,
Je l'avoue; et depuis que je vous ai quitté,
J'en ai senti la force et connu[25] l'équité.
25 J'ai songé, comme vous, qu'à la Grèce, à mon père,
A moi-même, en un mot, je devenois contraire;
Que je relevois Troie, et rendois imparfait
Tout ce qu'a fait Achille et tout ce que j'ai fait.
Je ne condamne plus un courroux légitime,
30 Et l'on vous va, Seigneur, livrer votre victime.

ORESTE

Seigneur, par ce conseil[26] prudent et rigoureux,
C'est acheter la paix du sang d'un malheureux.

PYRRHUS

35 Oui. Mais je veux, Seigneur, l'assurer davantage:
D'une éternelle paix Hermione est le gage;
Je l'épouse. Il sembloit qu'un spectacle si doux
40 N'attendît en ces lieux qu'un témoin tel que vous.
Vous y représentez tous les Grecs et son père,
Puisqu'en vous Ménélas voit revivre son frère.

[20] autre nom de Troie
[21] pendant ce temps-là
[22] disposée à l'avance dans un sens défavorable
[23] sans que

[24] femme aimée ou qu'on peut aimer
[25] reconnu
[26] décision

Voyez-la donc. Allez. Dites-lui que demain
J'attends, avec la paix, son cœur de votre main.

<div style="text-align:center">ORESTE</div>

Ah Dieux!

<div style="text-align:center">SCÈNE V — PYRRHUS, PHŒNIX</div>

<div style="text-align:center">PYRRHUS</div>

Hé bien, Phœnix, l'amour est-il le maître? 10
Tes yeux refusent-ils encor de me connaître? [27]

<div style="text-align:center">PHŒNIX</div>

Ah! je vous reconnois; et ce juste courroux,
Ainsi qu'à tous les Grecs, Seigneur, vous rend à 15
vous.[28]
Ce n'est plus le jouet d'une flamme servile:
C'est Pyrrhus, c'est le fils et le rival d'Achille,
Que la gloire à la fin ramène sous ses lois,
Qui triomphe de Troie une seconde fois. 20

<div style="text-align:center">PYRRHUS</div>

Dis plutôt qu'aujourd'hui commence ma victoire.
D'aujourd'hui seulement je jouis de ma gloire;
Et mon cœur, aussi fier que tu l'as vu soumis, 25
Croit avoir en l'amour vaincu mille ennemis.
Considère, Phœnix, les troubles que j'évite,
Quelle foule de maux l'amour traîne à sa suite,
Que d'amis, de devoirs j'allois sacrifier,
Quels périls. . . Un regard [29] m'eût tout fait ou- 30
blier.
Tous les Grecs conjurés fondoient sur un rebelle.
Je trouvois du plaisir à me perdre pour elle.

<div style="text-align:center">PHŒNIX</div>

Oui, je bénis, Seigneur, l'heureuse cruauté 35
Qui vous rend. . .

<div style="text-align:center">PYRRHUS</div>

Tu l'as vu, comme elle m'a traité. 40
Je pensois, en voyant sa tendresse alarmée,
Que son fils me la dût renvoyer désarmée.
J'allois voir le succès de ses embrassements:
Je n'ai trouvé que pleurs mêlés d'emportements.

Sa misère l'aigrit; et toujours plus farouche,[30]
Cent fois le nom d'Hector est sorti de sa bouche.
Vainement à son fils j'assurois mon secours:
« C'est Hector, disoit-elle en l'embrassant toujours;
Voilà ses yeux, sa bouche, et déjà son audace;
C'est lui-même, c'est toi, cher époux, que j'em-
brasse. »
Et quelle est sa pensée? Attend-elle en ce jour
Que je lui laisse un fils pour nourrir son amour? [31]

<div style="text-align:center">PHŒNIX</div>

Sans doute. C'est le prix que vous gardoit l'ingrate.
Mais laissez-la, Seigneur.

<div style="text-align:center">PYRRHUS</div>

Je vois ce qui la flatte.
Sa beauté la rassure; et malgré mon courroux,
L'orgueilleuse m'attend encore à ses genoux.
Je la verrois aux miens, Phœnix, d'un œil tran-
quille.
Elle est veuve d'Hector, et je suis fils d'Achille:
Trop de haine sépare Andromaque et Pyrrhus.

<div style="text-align:center">PHŒNIX</div>

Commencez donc, Seigneur, à ne m'en parler plus.
Allez voir Hermione; et content de lui plaire,
Oubliez à ses pieds jusqu'à votre colère.
Vous-même à cet hymen venez la disposer.
Est-ce sur un rival qu'il s'en faut reposer?
Il ne l'aime que trop.

<div style="text-align:center">PYRRHUS</div>

Crois-tu, si je l'épouse,
Qu'Andromaque en son cœur n'en sera pas jalouse?

<div style="text-align:center">PHŒNIX</div>

Quoi? toujours Andromaque occupe votre esprit?
Que vous importe, ô Dieux! sa joie ou son dépit?
Quel charme,[32] malgré vous, vers elle vous attire?

<div style="text-align:center">PYRRHUS</div>

Non, je n'ai pas bien dit tout ce qu'il lui faut dire:
Ma colère à ses yeux n'a paru qu'à demi;

[27] reconnaître avec toute ma valeur
[28] vous refait tel que vous étiez
[29] d'Andromaque

[30] Il s'agit d'Andromaque.
[31] pour Hector
[32] attrait magique

Elle ignore à quel point je suis son ennemi.
Retournons-y. Je veux la braver à sa vue,
Et donner à ma haine une libre étendue.
Viens voir tous ses attraits, Phœnix, humiliés.
Allons.

PHŒNIX

Allez, Seigneur, vous jeter à ses pieds.
Allez, en lui jurant que votre âme l'adore,
A de nouveaux mépris l'encourager encore.

PYRRHUS

Je le vois bien, tu crois que prêt à l'excuser
Mon cœur court après elle, et cherche à s'apaiser.

PHŒNIX

Vous aimez: c'est assez.

PYRRHUS

Moi l'aimer? une ingrate
Qui me hait d'autant plus que mon amour la flatte?
Sans parents, sans amis, sans espoir que sur moi,
Je puis perdre son fils; peut-être je le doi.³³
Étrangère. . . que dis-je? esclave dans l'Épire,
Je lui donne son fils, mon âme, mon empire;
Et je ne puis gagner dans son perfide cœur
D'autre rang que celui de son persécuteur?
Non, non, je l'ai juré, ma vengeance est certaine:
Il faut bien une fois justifier sa haine.
J'abandonne son fils. Que de pleurs vont couler!
De quel nom sa douleur me va-t-elle appeler!
Quel spectacle pour elle aujourd'hui se dispose!
Elle en mourra, Phœnix, et j'en serai la cause.
C'est lui mettre moi-même un poignard dans le sein.

PHŒNIX

Et pourquoi donc en faire éclater le dessein?
Que ne consultiez-vous tantôt votre foiblesse?

PYRRHUS

Je t'entends. Mais excuse un reste de tendresse.
Crains-tu pour ma colère un si foible combat?
D'un amour qui s'éteint c'est le dernier éclat.
Allons. A tes conseils, Phœnix, je m'abandonne.
Faut-il livrer son fils? faut-il voir Hermione?

³³ dois

PHŒNIX

Oui, voyez-la, Seigneur, et par des vœux soumis
Protestez-lui. . .³⁴

PYRRHUS

Faisons tout ce que j'ai promis.

ACTE III

SCÈNE PREMIÈRE — ORESTE, PYLADE

PYLADE

Modérez donc, Seigneur, cette fureur extrême.
Je ne vous connois plus: vous n'êtes plus vous-
même.
Souffrez. . .

ORESTE

Non, tes conseils ne sont plus de saison,¹
Pylade, je suis las d'écouter la raison.
C'est traîner trop longtemps ma vie et mon sup-
plice:
Il faut que je l'²enlève, ou bien que je périsse.
Le dessein en est pris, je le veux achever.
Oui, je le veux.

PYLADE

Hé bien, il la faut enlever:
J'y consens. Mais songez cependant où vous êtes.
Que croira-t-on de vous, à voir ce que vous faites?
Dissimulez: calmez ce transport inquiet; ³
Commandez à vos yeux de garder le secret.
Ces gardes, cette cour, l'air qui vous environne,
Tout dépend de Pyrrhus, et surtout d'Hermione.
A ses regards surtout cachez votre courroux.
O Dieux! en cet état pourquoi la cherchiez-vous?

ORESTE

Que sais-je? De moi-même étois-je alors le maître?
La fureur m'emportoit, et je venois peut-être
Menacer à la fois l'ingrate et son amant.

PYLADE

Et quel étoit le fruit de cet emportement?

³⁴ promettez-lui avec serment

¹ ne conviennent plus à la situation
² Hermione
³ cette passion violente qui vous ôte le calme

ORESTE

Et quelle âme, dis-moi, ne seroit éperdue
Du coup dont ma raison vient d'être confondue?
Il épouse, dit-il, Hermione demain;
Il veut, pour m'honorer, la tenir de ma main.
Ah! plutôt cette main dans le sang du barbare. . .

PYLADE

Vous l'accusez, Seigneur, de ce destin bizarre.
Cependant, tourmenté de ses propres desseins, 10
Il est peut-être à plaindre autant que je vous plains.

ORESTE

Non, non; je le connois, mon désespoir le flatte;
Sans moi, sans mon amour, il dédaignoit l'ingrate; 15
Ses charmes jusque-là n'avoient pu le toucher:
Le cruel ne la prend que pour me l'arracher.
Ah Dieux! c'en étoit fait: Hermione gagnée
Pour jamais de sa vue alloit être éloignée.
Son cœur, entre l'amour et le dépit confus,
Pour se donner à moi n'attendoit qu'un refus;
Ses yeux s'ouvroient, Pylade; elle écoutoit Oreste,
Lui parloit, le plaignoit. Un mot eût fait le reste.

PYLADE

Vous le croyez. 25

ORESTE

 Hé quoi? ce courroux enflammé
Contre un ingrat. . .

PYLADE

 Jamais il ne fut plus aimé.
Pensez-vous, quand [4] Pyrrhus vous l'auroit accor-
 dée,
Qu'un prétexte tout prêt ne l'eût pas retardée?
M'en croirez-vous? Lassé de ses trompeurs attraits,
Au lieu de l'enlever, fuyez-la pour jamais.
Quoi? votre amour se veut charger d'une furie
Qui vous détestera, qui toute votre vie
Regrettant un hymen tout prêt à s'achever,
Voudra. . .

ORESTE

 C'est pour cela que je veux l'enlever. 45
Tout lui riroit, Pylade; et moi, pour mon partage,
 [4] en admettant que

Je n'emporterois donc qu'une inutile rage?
J'irois loin d'elle encor tâcher de l'oublier?
Non, non, à mes tourments je veux l'associer.
C'est trop gémir tout seul. Je suis las qu'on me
 plaigne:
Je prétends qu'à mon tour l'inhumaine me craigne,
Et que ses yeux cruels, à pleurer condamnés,
Me rendent tous les noms que je leur ai donnés.

PYLADE

Voilà donc le succès qu'aura votre ambassade:
Oreste ravisseur!

ORESTE

 Et qu'importe, Pylade?
Quand nos États vengés jouiront de mes soins,
L'ingrate de mes pleurs jouira-t-elle moins?
Et que me servira que la Grèce m'admire,
Tandis que je serai la fable de l'Épire?
Que veux-tu? Mais, s'il faut ne te rien déguiser, 20
Mon innocence enfin commence à me peser.
Je ne sais de tout temps quelle injuste puissance
Laisse le crime en paix et poursuit l'innocence.
De quelque part sur moi que je tourne les yeux,[5]
Je ne vois que malheurs qui condamnent les Dieux. 25
Méritons leur courroux, justifions leur haine,
Et que le fruit du crime en précède la peine.
Mais toi, par quelle erreur veux-tu toujours sur toi
Détourner un courroux qui ne cherche que moi?
Assez et trop longtemps mon amitié t'accable: 30
Évite un malheureux, abandonne un coupable.
Cher Pylade, crois-moi, ta pitié te séduit.[6]
Laisse-moi des périls dont j'attends tout le fruit.
Porte aux Grecs cet enfant que Pyrrhus m'aban-
 donne. 35
Va-t'en.

PYLADE

 Allons, Seigneur, enlevons Hermione.
Au travers des périls un grand cœur se fait jour. 40
Que ne peut l'amitié conduite par l'amour?
Allons de tous vos Grecs encourager le zèle.
Nos vaisseaux sont tout prêts, et le vent nous ap-
 pelle.

 [5] de quelque point de vue que j'examine mon existence
 [6] détourne de ton but

Je sais de ce palais tous les détours obscurs;
Vous voyez que la mer en vient battre les murs;
Et cette nuit, sans peine, une secrète voie
Jusqu'en votre vaisseau conduira votre proie.

ORESTE

J'abuse, cher ami, de ton trop d'amitié.
Mais pardonne à des maux dont toi seul as pitié;
Excuse un malheureux qui perd tout ce qu'il aime,
Que tout le monde hait, et qui se hait lui-même.
Que ne puis-je à mon tour dans un sort plus heu-
reux. . .

PYLADE

Dissimulez, Seigneur: c'est tout ce que je veux.
Gardez qu'avant le coup votre dessein n'éclate: [7]
Oubliez jusque-là qu'Hermione est ingrate;
Oubliez votre amour. Elle vient, je la vois.[8]

ORESTE

Va-t'en. Réponds-moi d'elle, et je réponds de moi.

SCÈNE II — HERMIONE, ORESTE, CLÉONE

ORESTE

Hé bien! mes soins vous ont rendu votre conquête.
J'ai vu Pyrrhus, Madame, et votre hymen s'apprête.

HERMIONE

On le dit; et de plus on vient de m'assurer
Que vous ne me cherchiez que pour m'y préparer.

ORESTE

Et votre âme à ses vœux [9] ne sera pas rebelle?

HERMIONE

Qui l'eût cru, que Pyrrhus ne fût pas infidèle?
Que sa flamme attendroit si tard pour éclater,
Qu'il reviendroit à moi quand je l'allois quitter?
Je veux croire avec vous qu'il redoute la Grèce,
Qu'il suit son intérêt plutôt que sa tendresse,
Que mes yeux sur votre âme étoient plus absolus.

ORESTE

Non, Madame: il vous aime, et je n'en doute plus.
Vos yeux ne font-ils pas tout ce qu'ils veulent faire?
Et vous ne vouliez pas sans doute lui déplaire.

HERMIONE

Mais que puis-je, Seigneur? On a promis ma foi.[10]
Lui ravirai-je un bien qu'il ne tient pas de moi?
L'amour ne règle pas le sort d'une princesse:
La gloire d'obéir est tout ce qu'on nous laisse.
Cependant je partois; et vous avez pu voir
Combien je relâchois pour vous de mon devoir.

ORESTE

Ah! que vous saviez bien, cruelle. . . Mais, Ma-
dame,
Chacun peut à son choix disposer de son âme.
La vôtre étoit à vous. J'espérois; mais enfin
Vous l'avez pu donner sans me faire un larcin.[11]
Je vous accuse aussi bien moins que la fortune.
Et pourquoi vous lasser d'une plainte importune?
Tel est votre devoir, je l'avoue; et le mien
Est de vous épargner un si triste entretien.

SCÈNE III — HERMIONE, CLÉONE

HERMIONE

Attendois-tu, Cléone, un courroux si modeste? [12]

CLÉONE

La douleur qui se tait n'en est que plus funeste.
Je le plains: d'autant plus qu'auteur [13] de son en-
nui,
Le coup qui l'a perdu n'est parti que de lui.
Comptez depuis quel temps votre hymen se pré-
pare:
Il a parlé, Madame, et Pyrrhus se déclare.

HERMIONE

Tu crois que Pyrrhus craint? Et que craint-il en-
cor?
Des peuples qui dix ans ont fui devant Hector,

[7] prenez garde qu'il ne soit découvert
[8] vois
[9] son amour
[10] engagement conjugal
[11] le sort
[12] modéré
[13] se rapporte à Oreste

Qui cent fois effrayés de l'absence d'Achille,
Dans leurs vaisseaux brûlants [14] ont cherché leur asile,
Et qu'on verroit encor, sans l'appui de son fils,
Redemander Hélène aux Troyens impunis? [15]
Non, Cléone, il n'est point ennemi de lui-même;
Il veut tout ce qu'il fait; et s'il m'épouse, il m'aime.
Mais qu'Oreste à son gré m'impute ses douleurs:
N'avons-nous d'entretien que celui de ses pleurs?
Pyrrhus revient à nous. Hé bien! chère Cléone,
Conçois-tu les transports de l'heureuse Hermione?
Sais-tu quel est Pyrrhus? T'es-tu fait raconter
Le nombre des exploits. . . Mais qui les peut compter?
Intrépide, et partout suivi de la victoire,
Charmant, fidèle enfin, rien ne manque à sa gloire.
Songe. . .

CLÉONE

Dissimulez. Votre rivale en pleurs
Vient à vos pieds, sans doute, apporter ses douleurs.

HERMIONE

Dieux! ne puis-je à ma joie abandonner mon âme?
Sortons: que lui dirois-je?

SCÈNE IV — ANDROMAQUE, HERMIONE, CLÉONE, CÉPHISE

ANDROMAQUE

Où fuyez-vous, Madame?
N'est-ce point à vos yeux un spectacle assez doux
Que la veuve d'Hector pleurante à vos genoux?
Je ne viens point ici, par de jalouses larmes,
Vous envier un cœur qui se rend à vos charmes.
Par une main cruelle, hélas! j'ai vu percer
Le seul où mes regards prétendoient s'adresser.
Ma flamme par Hector fut jadis allumée;
Avec lui dans la tombe elle s'est enfermée;
Mais il me reste un fils. Vous saurez quelque jour,
Madame, pour un fils jusqu'où va notre amour;
Mais vous ne saurez pas, du moins je le souhaite,
En quel trouble mortel son intérêt [16] nous jette,

Lorsque de tant de biens qui pouvoient nous flatter,
C'est le seul qui nous reste, et qu'on veut nous l'ôter.
Hélas! lorsque lassés de dix ans de misère,
5 Les Troyens en courroux menaçoient votre mère,
J'ai su de mon Hector lui procurer l'appui.
Vous pouvez sur Pyrrhus ce que j'ai pu sur lui.
Que craint-on d'un enfant qui survit à sa perte? [17]
Laissez-moi le cacher en quelque île déserte.
10 Sur les soins de sa mère on peut s'en assurer,
Et mon fils avec moi n'apprendra qu'à pleurer.

HERMIONE

Je conçois vos douleurs. Mais un devoir austère,
15 Quand mon père a parlé, m'ordonne de me taire.
C'est lui qui de Pyrrhus fait agir le courroux.
S'il faut fléchir Pyrrhus, qui le peut mieux que vous?
Vos yeux assez longtemps ont régné sur son âme.
20 Faites-le prononcer: j'y [18] souscrirai, Madame.

SCÈNE V — ANDROMAQUE, CÉPHISE

ANDROMAQUE

25 Quel mépris la cruelle attache à ses refus!

CÉPHISE

Je croirois ses conseils, [19] et je verrois Pyrrhus.
Un regard confondroit Hermione et la Grèce. . .
30 Mais lui-même il vous cherche.

SCÈNE VI — PYRRHUS, ANDROMAQUE, PHŒNIX, CÉPHISE

PYRRHUS, à Phœnix

35 Où donc est la princesse? [20]
Ne m'avois-tu pas dit qu'elle étoit en ces lieux?

PHŒNIX

40 Je le croyois.

ANDROMAQUE, à Céphise

Tu vois le pouvoir de mes yeux.

[14] Hector avait mis le feu aux bateaux des assiégeants (les Grecs).
[15] C'est-à-dire: toujours arrêtés devant Troie.
[16] l'intérêt que nous lui portons
[17] la mort d'Hector
[18] Faites-lui prendre une décision à laquelle j'obéirai.
[19] si j'étais vous
[20] Hermione

PYRRHUS

Que dit-elle, Phœnix?

ANDROMAQUE

Hélas! tout m'abandonne.

PHŒNIX

Allons, Seigneur, marchons sur les pas d'Hermione.

CÉPHISE

Qu'attendez-vous? rompez ce silence obstiné.

ANDROMAQUE

Il a promis mon fils.

CÉPHISE

Il ne l'a pas donné.

ANDROMAQUE

Non, non, j'ai beau pleurer, sa mort est résolue.

PYRRHUS

Daigne-t-elle sur nous tourner au moins la vue?
Quel orgueil!

ANDROMAQUE

Je ne fais que l'irriter encor.
Sortons.

PYRRHUS

Allons aux Grecs livrer le fils d'Hector.

ANDROMAQUE

Ah! Seigneur, arrêtez! Que prétendez-vous faire?
Si vous livrez le fils, livrez-leur donc la mère.
Vos serments m'ont tantôt juré tant d'amitié! [21]
Dieux! ne pourrai-je au moins toucher votre
pitié?
Sans espoir de pardon m'avez-vous condamnée?

PYRRHUS

Phœnix vous le dira, ma parole est donnée.

ANDROMAQUE

Vous qui braviez pour moi tant de périls divers!

[21] amour

PYRRHUS

J'étois aveugle alors: mes yeux se sont ouverts.
Sa grâce à vos désirs pouvoit être accordée;
Mais vous ne l'avez pas seulement demandée.
5 C'en est fait.

ANDROMAQUE

Ah! Seigneur, vous entendiez [22] assez
Des soupirs qui craignoient de se voir repoussés.
10 Pardonnez à l'éclat d'une illustre fortune [23]
Ce reste de fierté qui craint d'être importune.
Vous ne l'ignorez pas: Andromaque sans vous
N'auroit jamais d'un maître embrassé les genoux

15

PYRRHUS

Non, vous me haïssez; et dans le fond de l'âme
Vous craignez de devoir quelque chose à ma
flamme.
Ce fils même, ce fils, l'objet de tant de soins,
20 Si je l'avois sauvé, vous l'en aimeriez moins.
La haine, le mépris, contre moi tout s'assemble;
Vous me haïssez plus que tous les Grecs ensemble.
Jouissez à loisir d'un si noble courroux.
Allons, Phœnix.

25

ANDROMAQUE

Allons rejoindre mon époux.

CÉPHISE

30 Madame. . .

ANDROMAQUE

Et que veux-tu que je lui dise encore?
Auteur de tous mes maux, crois-tu qu'il les ignore?
35 Seigneur, voyez l'état où vous me réduisez.
J'ai vu mon père mort, et nos murs embrasés;
J'ai vu trancher les jours de ma famille entière,
Et mon époux sanglant traîné sur la poussière,
Son fils, seul avec moi, réservé pour les fers.
40 Mais que ne peut un fils? Je respire, je sers. [24]
J'ai fait plus: je me suis quelquefois consolée
Qu'ici, plutôt qu'ailleurs, le sort m'eût exilée;
Qu'heureux dans son malheur, le fils de tant de
rois,

45

[22] compreniez
[23] l'éclat de sa vie passée
[24] je suis esclave

Puisqu'il devoit servir, fût tombé sous vos lois.
J'ai cru que sa prison deviendroit son asile.
Jadis Priam soumis fut respecté d'Achille; [25]
J'attendois de son fils encor plus de bonté,
Pardonne, cher Hector, à ma crédulité.
Je n'ai pu soupçonner ton ennemi d'un crime;
Malgré lui-même enfin je l'ai cru magnanime.
Ah! s'il l'étoit assez pour nous laisser du moins
Au tombeau qu'à ta cendre ont élevé mes soins,
Et que finissant là sa haine et nos misères,
Il ne séparât point des dépouilles si chères!

PYRRHUS

Va m'attendre, Phœnix.

SCÈNE VII — PYRRHUS, ANDROMAQUE, CÉPHISE

PYRRHUS *continue*

Madame, demeurez.
On peut vous rendre encor ce fils que vous pleurez.
Oui, je sens à regret qu'en excitant vos larmes
Je ne fais contre moi que vous donner des armes.
Je croyois apporter plus de haine en ces lieux.
Mais, Madame, du moins tournez vers moi les yeux:
Voyez si mes regards sont d'un juge sévère,
S'ils sont d'un ennemi qui cherche à vous déplaire.
Pourquoi me forcez-vous vous-même à vous trahir?
Au nom de votre fils, cessons de nous haïr.
A le sauver enfin c'est moi qui vous convie.
Faut-il que mes soupirs vous demandent sa vie?
Faut-il qu'en sa faveur j'embrasse vos genoux?
Pour la dernière fois, sauvez-le, sauvez-vous.
Je sais de quels serments [26] je romps pour vous les
 chaînes,
Combien je vais sur moi faire éclater de haines.
Je renvoie Hermione, et je mets sur son front,
Au lieu de ma couronne, un éternel affront.
Je vous conduis au temple où son hymen s'apprête;
Je vous ceins du bandeau préparé pour sa tête.
Mais ce n'est plus, Madame, une offre à dédaigner:
Je vous le dis, il faut ou périr ou régner.

[25] allusion à la scène de l'*Iliade* (XXIV, 468–512) où
Priam vient réclamer le corps d'Hector à Achille, qui le lui
rend
[26] les serments que Pyrrhus a faits et refaits d'épouser
Hermione

Mon cœur, désespéré d'un an d'ingratitude,
Ne peut plus de son sort souffrir l'incertitude.
C'est craindre, menacer et gémir trop longtemps.
Je meurs si je vous perds, mais je meurs si j'attends.
5 Songez-y: je vous laisse; et je viendrai vous pren-
 dre
Pour vous mener au temple, où ce fils doit m'atten-
 dre;
Et là vous me verrez, soumis ou furieux,
10 Vous couronner, Madame, ou le perdre [27] à vos
 yeux.

SCÈNE VIII — ANDROMAQUE, CÉPHISE
15

CÉPHISE

Je vous l'avois prédit, qu'en dépit de la Grèce,
De votre sort encor vous seriez la maîtresse.

ANDROMAQUE
20 Hélas! de quel effet tes discours sont suivis!
Il ne me restoit plus qu'à condamner mon fils.

CÉPHISE

25 Madame, à votre époux c'est être assez fidèle:
Trop de vertu pourroit vous rendre criminelle.
Lui-même il porteroit votre âme à la douceur.

ANDROMAQUE
30 Quoi? je lui donnerois Pyrrhus pour successeur?

CÉPHISE

Ainsi le veut son fils, que les Grecs vous ravissent.
Pensez-vous qu'après tout ses mânes en rougissent;
35 Qu'il méprisât, Madame, un roi victorieux
Qui vous fait remonter au rang de vos aïeux,
Qui foule aux pieds pour vous vos vainqueurs en
 colère,
Qui ne se souvient plus qu'Achille étoit son père,
40 Qui dément ses exploits et les rend superflus?

ANDROMAQUE

Dois-je les oublier, s'il ne s'en souvient plus?
Dois-je oublier Hector privé de funérailles,
Et traîné sans honneur autour de nos murailles?

[27] le faire tuer ou le livrer

Dois-je oublier son père à mes pieds renversé,
Ensanglantant l'autel qu'il tenoit embrassé?
Songe, songe, Céphise, à cette nuit cruelle [28]
Qui fut pour tout un peuple une nuit éternelle.
Figure-toi Pyrrhus, les yeux étincelants,
Entrant à la lueur de nos palais brûlants,
Sur tous mes frères morts se faisant un passage,
Et de sang tout couvert échauffant [29] le carnage.
Songe aux cris des vainqueurs, songe aux cris des
 mourants,
Dans la flamme étouffés, sous le fer expirants.
Peins-toi dans ces horreurs Andromaque éperdue:
Voilà comme Pyrrhus vint s'offrir à ma vue;
Voilà par quels exploits il sut se couronner;
Enfin voilà l'époux que tu me veux donner.
Non, je ne serai point complice de ses crimes;
Qu'il nous prenne, s'il veut, pour dernières victimes.
Tous mes ressentiments lui seroient asservis.[30]

CÉPHISE

Hé bien! allons donc voir expirer votre fils:
On n'attend plus que vous. Vous frémissez, Ma-
dame!

ANDROMAQUE

Ah! de quel souvenir viens-tu frapper mon âme!
Quoi? Céphise, j'irai voir expirer encor
Ce fils, ma seule joie, et l'image d'Hector:
Ce fils, que de sa flamme il me laissa pour gage!
Hélas! je m'en souviens, le jour que son courage
Lui fit chercher Achille, ou plutôt le trépas,
Il demanda son fils, et le prit dans ses bras:
« Chère épouse, dit-il en essuyant mes larmes,
J'ignore quel succès le sort garde à mes armes;
Je te laisse mon fils pour gage de ma foi: [31]
S'il me perd, je prétends [32] qu'il me retrouve en toi.
Si d'un heureux hymen la mémoire t'est chère,
Montre au fils à quel point tu chérissois le père. »
Et je puis voir répandre un sang si précieux?
Et je laisse avec lui périr tous ses aïeux?
Roi barbare, faut-il que mon crime l'entraîne?

[28] la dernière nuit de Troie
[29] encourageant
[30] En épousant Pyrrhus, Andromaque estime qu'elle se ferait complice de ses crimes et n'aurait plus le droit de le haïr.
[31] amour
[32] je souhaite

Si je te hais, est-il coupable de ma haine?
T'a-t-il de tous les siens reproché le trépas?
S'est-il plaint à tes yeux des maux qu'il ne sent pas?
Mais cependant, mon fils, tu meurs, si je n'arrête
Le fer que le cruel tient levé sur ta tête.
Je l'en puis détourner, et je t'y vais offrir?
Non, tu ne mourras point: je ne le puis souffrir.
Allons trouver Pyrrhus. Mais non, chère Céphise,
Va le trouver pour moi.

CÉPHISE

Que faut-il que je dise?

ANDROMAQUE

Dis-lui que de mon fils l'amour est assez fort. . .
Crois-tu que dans son cœur il ait juré sa mort?
L'amour peut-il si loin pousser sa barbarie?

CÉPHISE

Madame, il va bientôt revenir en furie.

ANDROMAQUE

Hé bien! va l'assurer. . .

CÉPHISE

De quoi? de votre foi?

ANDROMAQUE

Hélas! pour la promettre est-elle encore à moi?
O cendres d'un époux! ô Troyens! ô mon père!
O mon fils, que tes jours coûtent cher à ta mère!
Allons.

CÉPHISE

Où donc, Madame, et que résolvez-vous?

ANDROMAQUE

Allons sur son tombeau consulter mon époux.

ACTE IV

SCÈNE PREMIÈRE — ANDROMAQUE, CÉPHISE

CÉPHISE

Ah! je n'en doute point: c'est votre époux, Madame,
C'est Hector qui produit ce miracle en votre âme.
Il veut que Troie encor se puisse relever

Avec cet heureux [1] fils qu'il vous fait conserver.
Pyrrhus vous l'a promis. Vous venez de l'entendre,
Madame: il n'attendoit qu'un mot pour vous le ren-
 dre.
Croyez-en ses transports: père, sceptre, alliés,
Content de votre cœur, il met tout à vos pieds.
Sur lui, sur tout son peuple il vous rend souveraine.
Est-ce là ce vainqueur digne de tant de haine?
Déjà contre les Grecs plein d'un noble courroux,
Le soin de votre fils le touche autant que vous:
Il prévient leur fureur, il lui [2] laisse sa garde;
Pour ne pas l'exposer, lui-même il se hasarde.[3]
Mais tout s'apprête au temple, et vous avez promis.

ANDROMAQUE

Oui, je m'y trouverai. Mais allons voir mon fils.

CÉPHISE

Madame, qui [4] vous presse? Il suffit que sa vue
Désormais à vos yeux ne soit plus défendue.
Vous lui pourrez bientôt prodiguer vos bontés,
Et vos embrassements ne seront plus comptés.
Quel plaisir d'élever un enfant qu'on voit craître,[5]
Non plus comme un esclave élevé pour son maître,
Mais pour voir avec lui renaître tant de rois! 25

ANDROMAQUE

Céphise, allons le voir pour la dernière fois.

CÉPHISE

Que dites-vous? ô Dieu!

ANDROMAQUE

 O ma chère Céphise,
Ce n'est point avec toi que mon cœur se déguise.
Ta foi,[6] dans mon malheur, s'est montrée à mes
 yeux;
Mais j'ai cru qu'à mon tour tu me connoissois
 mieux.
Quoi donc? as-tu pensé qu'Andromaque infidèle
Pût trahir un époux qui croit revivre en elle;
Et que de tant de morts réveillant la douleur,

Le soin de mon repos me fît troubler le leur?
Est-ce là cette ardeur tant promise à sa cendre?
Mais son fils périssoit: il l'a fallu défendre,
Pyrrhus en m'épousant s'en déclare l'appui;
5 Il suffit: je veux bien m'en reposer sur lui.[7]
Je sais quel est Pyrrhus. Violent, mais sincère,
Céphise, il fera plus qu'il n'a promis de faire.
Sur le courroux des Grecs je m'en repose encor:
Leur haine va donner un père au fils d'Hector.
10 Je vais donc, puisqu'il faut que je me sacrifie,
Assurer à Pyrrhus le reste de ma vie;
Je vais, en recevant sa foi [8] sur les autels,
L'engager à mon fils par des nœuds immortels.
Mais aussitôt ma main, à moi seule funeste,
15 D'une infidèle [9] vie abrégera le reste,
Et sauvant ma vertu, rendra ce que je doi
A Pyrrhus, à mon fils, à mon époux, à moi.
Voilà de mon amour l'innocent stratagème;
Voilà ce qu'un époux m'a commandé lui-même.
20 J'irai seule rejoindre Hector et mes aïeux.
Céphise, c'est à toi de me fermer les yeux.

CÉPHISE

Ah! ne prétendez pas que je puisse survivre. . .

ANDROMAQUE

Non, non, je te défends, Céphise, de me suivre.
Je confie à tes soins mon unique trésor:
Si tu vivois pour moi, vis pour le fils d'Hector.
30 De l'espoir des Troyens seule dépositaire,
Songe à combien de rois tu deviens nécessaire.
Veille auprès de Pyrrhus; fais-lui garder sa foi: [10]
S'il le faut, je consens qu'on lui parle de moi.
Fais-lui valoir l'hymen où je me suis rangée; [11]
35 Dis-lui qu'avant ma mort je lui fus engagée,
Que ses ressentiments doivent être effacés.
Qu'en lui laissant mon fils, c'est l'estimer assez.
Fais connoître à mon fils les héros de sa race;
Autant que tu pourras, conduis-le sur leur trace.
40 Dis-lui par quels exploits leurs noms ont éclaté.
Plutôt ce qu'ils ont fait que ce qu'ils ont été;
Parle-lui tous les jours des vertus de son père;

 [1] favorisé
 [2] à votre fils
 [3] s'expose au danger
 [4] qu'est-ce qui
 [5] croître
 [6] fidélité

 [7] avoir confiance en lui pour cela
 [8] serment de mariage
 [9] infidèle à la mémoire d'Hector
 [10] promesse
 [11] soumise

Et quelquefois aussi parle-lui de sa mère.
Mais qu'il ne songe plus, Céphise, à nous venger:
Nous lui laissons un maître, il le doit ménager.
Qu'il ait de ses aïeux un souvenir modeste:
Il est du sang d'Hector, mais il en est le reste;
Et pour ce reste enfin j'ai moi-même en un jour
Sacrifié mon sang, ma haine et mon amour.[12]

CÉPHISE

Hélas!

ANDROMAQUE

Ne me suis point, si ton cœur en alarmes
Prévoit qu'il ne pourra commander à tes larmes.
On vient. Cache tes pleurs, Céphise; et souviens-toi
Que le sort d'Andromaque est commis à ta foi.[13]
C'est Hermione. Allons, fuyons sa violence.

SCÈNE II — HERMIONE, CLÉONE

CLÉONE

Non, je ne puis assez admirer[14] ce silence.
Vous vous taisez, Madame; et ce cruel mépris
N'a pas du moindre trouble agité vos esprits?
Vous soutenez en paix une si rude attaque,
Vous qu'on voyait frémir au seul nom d'Andro-
 maque?
Vous qui sans désespoir ne pouviez endurer
Que Pyrrhus d'un regard la voulût honorer?
Il l'épouse: il lui donne, avec son diadème,
La foi que vous venez de recevoir vous-même,
Et votre bouche encor muette à tant d'ennui
N'a pas daigné s'ouvrir pour se plaindre de lui!
Ah! que je crains, Madame, un calme si funeste!
Et qu'il vaudroit bien mieux. . .

HERMIONE

Fais-tu venir Oreste?

CLÉONE

Il vient, Madame, il vient; et vous pouvez juger
Que bientôt à vos pieds il alloit[15] se ranger.

[12] C'est-à-dire: la haine pour Pyrrhus et l'amour pour
Hector.
[13] confié à ta fidélité
[14] m'étonner de
[15] était décidé à

Prêt à servir toujours sans espoir de salaire,
Vos yeux ne sont que trop assurés de lui plaire.
Mais il entre.

5

SCÈNE III — ORESTE, HERMIONE, CLÉONE

ORESTE

Ah! Madame, est-il vrai qu'une fois
Oreste en vous cherchant obéisse à vos lois?
Ne m'a-t-on point flatté d'une fausse espérance?
Avez-vous en effet[16] souhaité ma présence?
Croirai-je que vos yeux, à la fin désarmés,
Veulent. . .

HERMIONE

Je veux savoir, Seigneur, si vous m'aimez.

ORESTE

Si je vous aime? O Dieux! mes serments, mes par-
 jures,
Ma fuite, mon retour, mes respects, mes injures,
Mon désespoir, mes yeux de pleurs toujours noyés,
Quels témoins[17] croirez-vous, si vous ne les croyez?

HERMIONE

Vengez-moi, je crois tout.

ORESTE

Hé bien! allons, Madame:
Mettons encore un coup[18] toute la Grèce en
 flamme;
Prenons, en signalant[18a] mon bras et votre nom,
Vous, la place d'Hélène, et moi, d'Agamemnon.
De Troie en ce pays réveillons les misères;
Et qu'on parle de nous, ainsi que de nos pères.
Partons, je suis tout prêt.

HERMIONE

Non, Seigneur, demeurons:
Je ne veux pas si loin porter de tels affronts.
Quoi? de mes ennemis couronnant l'insolence,
J'irois attendre ailleurs une lente vengeance?
Et je m'en remettrois au destin des combats,

[16] vraiment
[17] preuves
[18] une fois
[18a] rendant illustres

Qui peut-être à la fin ne me vengeroit pas?
Je veux qu'à mon départ toute l'Épire pleure.
Mais si vous me vengez, vengez-moi dans une
 heure.
Tous vos retardements sont pour moi des refus.
Courez au temple. Il faut immoler. . .

ORESTE

Qui?

HERMIONE

Pyrrhus.

ORESTE

Pyrrhus, Madame?

HERMIONE

Hé quoi? votre haine chancelle?
Ah! courez, et craignez que je ne vous rappelle.
N'alléguez point des droits que je veux oublier;
Et ce n'est pas à vous à le justifier.

ORESTE

Moi, je l'excuserois? Ah! vos bontés, Madame,
Ont gravé trop avant ses crimes dans mon âme.
Vengeons-nous, j'y consens, mais par d'autres che-
 mins.
Soyons ses ennemis, et non ses assassins:
Faisons de sa ruine une juste conquête.[19]
Quoi? pour réponse, aux Grecs porterai-je sa tête?
Et n'ai-je pris sur moi le soin de tout l'État
Que pour m'en acquitter par un assassinat?
Souffrez, au nom des Dieux, que la Grèce s'expli-
 que,
Et qu'il meure chargé de la haine publique.
Souvenez-vous qu'il règne, et qu'un front cou-
 ronné. . .

HERMIONE

Ne vous suffit-il pas que je l'ai condamné?
Ne vous suffit-il pas que ma gloire offensée
Demande une victime à moi seule adressée;
Qu'Hermione est le prix d'un tyran opprimé;[20]
Que je le hais; enfin, Seigneur, que je l'aimai?

[19] en lui faisant la guerre
[20] sera la récompense de la mort d'un tyran

Je ne m'en cache point: l'ingrat m'avoit su plaire,
Soit qu'ainsi l'ordonnât mon amour ou mon père,
N'importe; mais enfin réglez-vous là-dessus.
Malgré mes vœux, Seigneur, honteusement déçus,
5 Malgré la juste horreur que son crime me donne,
Tant qu'il vivra craignez que je ne lui pardonne.
Doutez jusqu'à sa mort d'un courroux incertain:
S'il ne meurt aujourd'hui, je puis l'aimer demain.

ORESTE

10 Hé bien! il faut le perdre,[21] et prévenir sa grâce; [22]
Il faut. . . Mais cependant que faut-il que je fasse?
Comment puis-je sitôt servir votre courroux?
Quel chemin jusqu'à lui peut conduire mes coups?
15 A peine suis-je encore arrivé dans l'Épire,
Vous voulez par mes mains renverser un empire;
Vous voulez qu'un roi meure, et pour son châti-
 ment
Vous ne donnez qu'un jour, qu'une heure, qu'un
20 moment.
Aux yeux de tout son peuple il faut que je l'op-
 prime! [23]
Laissez-moi vers l'autel conduire ma victime,
Je ne m'en défends plus; et je ne veux qu'aller
25 Reconnoître la place où je dois l'immoler.
Cette nuit je vous sers, cette nuit je l'attaque.

HERMIONE

Mais cependant ce jour il épouse Andromaque.
30 Dans le temple déjà le trône est élevé;
Ma honte est confirmée, et son crime achevé.
Enfin qu'attendez-vous? Il vous offre sa tête:
Sans gardes, sans défense, il marche à cette fête:
Autour du fils d'Hector il les fait tous ranger;
35 Il s'abandonne au bras qui me voudra venger.
Voulez-vous, malgré lui, prendre soin de sa vie?
Armez, avec vos Grecs, tous ceux qui m'ont suivie;
Soulevez vos amis: tous les miens sont à vous.
Il me trahit, vous trompe, et nous méprise tous.
40 Mais quoi? déjà leur haine est égale à la mienne:
Elle épargne à regret l'époux d'une Troyenne.
Parlez: mon ennemi ne vous peut échapper,
Ou plutôt il ne faut que les laisser frapper.

[21] tuer
[22] par crainte que la haine momentanée d'Hermione se
change de nouveau en amour et fasse grâce
[23] tue par surprise

Conduisez ou suivez une fureur si belle;
Revenez tout couvert du sang de l'infidèle;
Allez: en cet état soyez sûr de mon cœur.

ORESTE

Mais, Madame, songez. . .

HERMIONE

 Ah! c'en est trop, Seigneur.
Tant de raisonnements offensent ma colère.
J'ai voulu vous donner les moyens de me plaire,
Rendre Oreste content; mais enfin je vois bien
Qu'il veut toujours se plaindre, et ne mériter rien.
Partez: allez ailleurs vanter votre constance,
Et me laissez ici le soin de ma vengeance.
De mes lâches bontés mon courage [24] est confus,
Et c'est trop en un jour essuyer de refus.
Je m'en vais seule au temple où leur hymen s'ap-
 prête,
Où vous n'osez aller mériter ma conquête.
Là, de mon ennemi je saurai m'approcher:
Je percerai le cœur que je n'ai pu toucher;
Et mes sanglantes mains, sur moi-même tournées,
Aussitôt, malgré lui, joindront nos destinées;
Et tout ingrat qu'il est, il me sera plus doux
De mourir avec lui que de vivre avec vous.

ORESTE

Non, je vous priverai de ce plaisir funeste,[25]
Madame: il ne mourra que de la main d'Oreste.
Vos ennemis par moi vont vous être immolés,
Et vous reconnoîtrez mes soins,[26] si vous voulez.

HERMIONE

Allez. De votre sort laissez-moi la conduite,
Et que tous vos vaisseaux soient prêts pour notre
 fuite.

SCÈNE IV — HERMIONE, CLÉONE

CLÉONE

Vous vous perdez, Madame; et vous devez son-
 ger. . .

[24] cœur
[25] de deuil
[26] vous me paierez de mes peines

HERMIONE

Que je me perde ou non, je songe à me venger.
Je ne sais même encor, quoi qu'il m'ait pu pro-
 mettre,
5 Sur d'autres que sur moi si je dois m'en remettre.
Pyrrhus n'est pas coupable à ses yeux comme aux
 miens,
Et je tiendrois [27] mes coups bien plus sûrs que les
 siens.
10 Quel plaisir de venger moi-même mon injure,
De retirer mon bras teint du sang du parjure,
Et pour rendre sa peine et mes plaisirs plus grands,
De cacher ma rivale à ses regards mourants!
Ah! si du moins Oreste, en punissant son crime,
15 Lui laissoit le regret de mourir ma victime!
Va le trouver: dis-lui qu'il apprenne à l'ingrat
Qu'on l'immole à ma haine, et non pas à l'État.
Chère Cléone, cours. Ma vengeance est perdue
S'il ignore en mourant que c'est moi qui le tue.
20

CLÉONE

Je vous obéirai. Mais qu'est-ce que je vois?
O Dieux! Qui l'auroit cru, Madame? C'est le Roi!

HERMIONE

25
Ah! cours après Oreste; et dis-lui, ma Cléone,
Qu'il n'entreprenne rien sans revoir Hermione.

30 SCÈNE V — PYRRHUS, HERMIONE, PHŒNIX

PYRRHUS

Vous ne m'attendiez pas, Madame; et je vois bien
Que mon abord [28] ici trouble votre entretien.
35 Je ne viens point, armé d'un indigne artifice,
D'un voile d'équité couvrir mon injustice:
Il suffit que mon cœur me condamne tout bas;
Et je soutiendrois mal ce que je ne crois pas.
J'épouse une Troyenne. Oui, Madame, et j'avoue
40 Que je vous ai promis la foi que je lui voue.
Un autre vous diroit que dans les champs troyens
Nos deux pères sans nous formèrent ces liens,
Et que sans consulter ni mon choix ni le vôtre,
Nous fûmes sans amour engagés l'un à l'autre;

[27] j'estimerais
[28] arrivée

Mais c'est assez pour moi [29] que je me sois soumis.
Par mes ambassadeurs mon cœur vous fut promis;
Loin de les révoquer, je voulus y souscrire.
Je vous vis avec eux arriver en Épire;
Et quoique d'un autre œil l'éclat victorieux
Eût déjà prévenu [30] le pouvoir de vos yeux,
Je ne m'arrêtai point à cette ardeur nouvelle:
Je voulus m'obstiner à vous être fidèle,
Je vous reçus en reine; et jusques à ce jour
J'ai cru que mes serments me tiendroient lieu
 d'amour.
Mais cet amour l'emporte, et par un coup funeste
Andromaque m'arrache un cœur qu'elle déteste.
L'un par l'autre entraînés, nous courons à l'autel
Nous jurer, malgré nous, un amour immortel.
Après cela, Madame, éclatez contre un traître,
Qui l'est avec douleur, et qui pourtant veut l'être.
Pour moi, loin de contraindre un si juste courroux,
Il me soulagera peut-être autant que vous.
Donnez-moi tous les noms destinés aux parjures:
Je crains votre silence, et non pas vos injures;
Et mon cœur, soulevant mille secrets témoins,[31]
M'en dira d'autant plus que vous m'en direz moins.

HERMIONE

Seigneur, dans cet aveu dépouillé d'artifice,
J'aime à voir que du moins vous vous rendiez jus-
 tice,
Et que voulant bien rompre un nœud si solennel,
Vous vous abandonniez au crime en criminel.
Est-il juste, après tout, qu'un conquérant s'abaisse
Sous la servile loi de garder sa promesse?
Non, non, la perfidie a de quoi vous tenter;
Et vous ne me cherchez que pour vous en vanter.
Quoi? sans que ni serment ni devoir vous retienne,
Rechercher une Grecque, amant d'une Troyenne?
Me quitter, me reprendre et retourner encor
De la fille d'Hélène à la veuve d'Hector?
Couronner tour à tour l'esclave et la princesse;
Immoler Troie aux Grecs, au fils d'Hector la Grèce?
Tout cela part d'un cœur toujours maître de soi,
D'un héros qui n'est point esclave de sa foi.[32]

Pour plaire à votre épouse, il vous faudroit peut-être
Prodiguer les doux noms de parjure et de traître.
Vous veniez de mon front observer la pâleur,
Pour aller dans ses bras rire de ma douleur.
5 Pleurante après son char vous voulez qu'on me
 voie;
Mais, Seigneur, en un jour ce seroit trop de joie;
Et sans chercher ailleurs des titres empruntés,
Ne vous suffit-il pas de ceux que vous portez?
10 Du vieux père d'Hector la valeur abattue
Aux pieds de sa famille expirante à sa vue,
Tandis que dans son sein votre bras enfoncé
Cherche un reste de sang que l'âge avoit glacé;
Dans des ruisseaux de sang Troie ardente [33] plon-
15 gée;
De votre propre main Polyxène [34] égorgée
Aux yeux de tous les Grecs indignés contre vous:
Que peut-on refuser à ces généreux [35] coups?

PYRRHUS

20 Madame, je sais trop à quels excès de rage
La vengeance d'Hélène emporta mon courage;
Je puis me plaindre à vous du sang que j'ai versé;
Mais enfin je consens d'oublier le passé.
25 Je rends grâces au ciel que votre indifférence
De mes heureux soupirs [36] m'apprenne l'innocence.
Mon cœur, je le vois bien, trop prompt à se gêner,[37]
Devoit mieux vous connoître et mieux s'examiner.
Mes remords vous faisoient une injure mortelle;
30 Il faut se croire aimé pour se croire infidèle.
Vous ne prétendiez point m'arrêter dans vos fers: [38]
J'ai craint de vous trahir, peut-être je vous sers.
Nos cœurs n'étoient point faits dépendants l'un de
 l'autre;
35 Je suivois mon devoir, et vous cédiez au vôtre.
Rien ne vous engageoit à m'aimer en effet.

HERMIONE

Je ne t'ai point aimé, cruel? Qu'ai-je donc fait?
40 J'ai dédaigné pour toi les vœux de tous nos princes;

[29] pour ma conscience
[30] devancé
[31] témoignages
[32] parole donnée

[33] en train de brûler
[34] fille de Priam et d'Hécube
[35] magnanimes (ironique)
[36] pour Andromaque
[37] tourmenter
[38] votre amour (langage précieux)

Je t'ai cherché moi-même au fond de tes provinces;
J'y suis encor, malgré tes infidélités,
Et malgré tous mes Grecs honteux de mes bontés.
Je leur ai commandé de cacher mon injure;
J'attendois en secret le retour d'un parjure;
J'ai cru que tôt ou tard, à ton devoir rendu,
Tu me rapporterois un cœur qui m'étoit dû.
Je t'aimois inconstant, qu'aurois-je fait fidèle? [39]
Et même en ce moment où ta bouche cruelle
Vient si tranquillement m'annoncer le trépas,
Ingrat, je doute encor si je ne t'aime pas.
Mais, Seigneur, s'il le faut, si le ciel en colère
Réserve à d'autres yeux la gloire de vous plaire,
Achevez votre hymen, j'y consens. Mais du moins
Ne forcez pas mes yeux d'en être les témoins.
Pour la dernière fois je vous parle peut-être:
Différez-le d'un jour; demain vous serez maître.
Vous ne répondez point? Perfide, je le voi,
Tu comptes les moments que tu perds avec moi!
Ton cœur, impatient de revoir ta Troyenne,
Ne souffre qu'à regret qu'un autre t'entretienne.
Tu lui parles du cœur, tu la cherches des yeux.
Je ne te retiens plus, sauve-toi de ces lieux:
Va lui jurer la foi que tu m'avois jurée,
Va profaner des Dieux la majesté sacrée.
Ces Dieux, ces justes Dieux n'auront pas oublié
Que les mêmes serments avec moi t'ont lié.
Porte aux pieds des autels ce cœur qui m'aban-
 donne;
Va, cours. Mais crains encor d'y trouver Hermione.

SCÈNE VI — PYRRHUS, PHŒNIX

PHŒNIX

Seigneur, vous entendez. Gardez [40] de négliger
Une amante en fureur qui cherche à se venger.
Elle n'est en ces lieux que trop bien appuyée:
La querelle [41] des Grecs à la sienne est liée;
Oreste l'aime encore; et peut-être à ce prix. . .

PYRRHUS

Andromaque m'attend. Phœnix, garde son fils.

[39] si tu avais été fidèle
[40] évitez
[41] la cause

ACTE V

SCÈNE PREMIÈRE — HERMIONE, *seule*

Où suis-je? Qu'ai-je fait? Que dois-je faire encore?
5 Quel transport [1] me saisit? Quel chagrin me dé-
 vore?
Errante, et sans dessein, je cours dans ce palais.
Ah! ne puis-je savoir si j'aime, ou si je hais?
Le cruel! de quel œil il m'a congédiée!
10 Sans pitié, sans douleur, au moins étudiée. [2]
L'ai-je vu se troubler et me plaindre un moment?
En ai-je pu tirer un seul gémissement?
Muet à mes soupirs, tranquille à mes alarmes,
Sembloit-il seulement qu'il eût part à mes larmes?
15 Et je le plains encore? Et pour comble d'ennui,
Mon cœur, mon lâche cœur s'intéresse pour lui?
Je tremble au seul penser du coup qui le menace?
Et prête à me venger, je lui fais déjà grâce?
Non, ne révoquons point l'arrêt de mon cour-
20 roux:
Qu'il périsse! Aussi bien il ne vit plus pour nous.
Le perfide triomphe, et se rit de ma rage:
Il pense voir en pleurs dissiper cet orage;
Il croit que toujours foible et d'un cœur incertain,
25 Je parerai d'un bras les coups de l'autre main.
Il juge encor de moi par mes bontés passées.
Mais plutôt le perfide a bien d'autres pensées.
Triomphant dans le temple, il ne s'informe pas
Si l'on souhaite ailleurs sa vie ou son trépas.
30 Il me laisse, l'ingrat! cet embarras funeste.
Non, non, encore un coup: laissons agir Oreste.
Qu'il meure, puisqu'enfin il a dû le prévoir,
Et puisqu'il m'a forcée enfin à le vouloir.
A le vouloir? Hé quoi? c'est donc moi qui l'or-
35 donne?
Sa mort sera l'effet de l'amour d'Hermione?
Ce prince, dont mon cœur se faisoit autrefois
Avec tant de plaisir redire les exploits,
A qui même en secret je m'étois destinée
40 Avant qu'on eût conclu ce fatal hyménée,
Je n'ai donc traversé tant de mers, tant d'États,
Que pour venir si loin préparer son trépas?
L'assassiner, le perdre? Ah! devant [3] qu'il expire. . .

[1] emportement
[2] simulée
[3] avant

Scène II — HERMIONE, CLÉONE

HERMIONE

Ah! qu'ai-je fait, Cléone? et que viens-tu me
 dire?
Que fait Pyrrhus?

CLÉONE

Il est au comble de ses vœux,
Le plus fier des mortels, et le plus amoureux.
Je l'ai vu vers le temple, où son hymen s'apprête,
Mener en conquérant sa nouvelle conquête;
Et d'un œil où brilloient sa joie et son espoir
S'enivrer en marchant du plaisir de la voir.
Andromaque, au travers de mille cris de joie,
Porte jusqu'aux autels le souvenir de Troie:
Incapable toujours d'aimer et de haïr,
Sans joie et sans murmure elle semble obéir.

HERMIONE

Et l'ingrat? jusqu'au bout il a poussé l'outrage?
Mais as-tu bien, Cléone, observé son visage?
Goûte-t-il des plaisirs tranquilles et parfaits?
N'a-t-il point détourné ses yeux vers le palais? [4]
Dis-moi, ne t'es-tu point présentée à sa vue?
L'ingrat a-t-il rougi lorsqu'il t'a reconnue?
Son trouble avouoit-il son infidélité?
A-t-il jusqu'à la fin soutenu sa fierté?

CLÉONE

Madame, il ne voit rien. Son salut et sa gloire
Semblent être avec vous sortis de sa mémoire.
Sans songer qui le suit, ennemis ou sujets,
Il poursuit seulement ses amoureux projets.
Autour du fils d'Hector il a rangé sa garde,
Et croit que c'est lui seul que le péril regarde.
Phœnix même en répond, qui l'a conduit exprès
Dans un fort éloigné du temple et du palais.
Voilà, dans ses transports, le seul soin qui lui reste.

HERMIONE

Le perfide! Il mourra. Mais que t'a dit Oreste?

CLÉONE

Oreste avec ses Grecs dans le temple est entré.

[4] dans lequel se tient Hermione

HERMIONE

Hé bien! à me venger n'est-il pas préparé?

CLÉONE

5 Je ne sais.

HERMIONE

Tu ne sais? Quoi donc? Oreste encore,
Oreste me trahit?
10

CLÉONE

Oreste vous adore.
Mais de mille remords son esprit combattu
Croit tantôt son amour et tantôt sa vertu.
15 Il respecte en Pyrrhus l'honneur du diadème;
Il respecte en Pyrrhus Achille, et Pyrrhus même;
Il craint la Grèce, il craint l'univers en courroux;
Mais il se craint, dit-il, soi-même plus que tous.
Il voudroit en vainqueur vous apporter sa tête:
20 Le seul nom d'assassin l'épouvante et l'arrête.
Enfin il est entré sans savoir dans son cœur
S'il en devoit sortir coupable ou spectateur.

HERMIONE

25 Non, non, il les [5] verra triompher sans obstacle:
Il se gardera bien de troubler ce spectacle.
Je sais de quels remords son courage est atteint:
Le lâche craint la mort, et c'est tout ce qu'il craint.
Quoi? sans qu'elle employât une seule prière,
30 Ma mère en sa faveur arma la Grèce entière?
Ses yeux pour leur querelle, en dix ans de combats,
Virent périr vingt rois qu'ils ne connoissoient pas?
Et moi, je ne prétends [5a] que la mort d'un parjure,
Et je charge un amant du soin de mon injure;
35 Il peut me conquérir à ce prix sans danger;
Je me livre moi-même, et ne puis me venger?
Allons: c'est à moi seule à me rendre justice.
Que de cris de douleur le temple retentisse;
De leur hymen fatal troublons l'événement,
40 Et qu'ils ne soient unis, s'il se peut, qu'un moment.
Je ne choisirai point dans ce désordre extrême:
Tout me sera Pyrrhus, fût-ce Oreste lui-même.
Je mourrai; mais au moins ma mort me vengera.
Je ne mourrai pas seule, et quelqu'un me suivra.

45

[5] Pyrrhus et Andromaque
[5a] demande

Scène III — ORESTE, HERMIONE, CLÉONE

ORESTE

Madame, c'en est fait, et vous êtes servie:
Pyrrhus rend à l'autel son infidèle vie.

HERMIONE

Il est mort?

ORESTE

　　　　Il expire; et nos Grecs irrités
Ont lavé dans son sang ses infidélités.[6]
Je vous l'avois promis; et quoique mon courage
Se fît de ce complot une funeste image,
J'ai couru vers le temple, où nos Grecs dispersés
Se sont jusqu'à l'autel dans la foule glissés.
Pyrrhus m'a reconnu. Mais sans changer de face,[7]
Il sembloit que ma vue excitât son audace,
Que tous les Grecs, bravés en leur ambassadeur,
Dussent de son hymen relever la splendeur.
Enfin, avec transport prenant son diadème,
Sur le front d'Andromaque il l'a posé lui-même.
« Je vous donne, a-t-il dit, ma couronne et ma foi:
Andromaque, régnez sur l'Épire et sur moi.
Je voue à votre fils une amitié de père;
J'en atteste les Dieux, je le jure à sa mère.
Pour tous mes ennemis je déclare les siens,[8]
Et je le reconnois pour le roi des Troyens. »
A ces mots, qui du peuple attiroient le suffrage,
Nos Grecs n'ont répondu que par un cri de rage;
L'infidèle s'est vu partout envelopper,
Et je n'ai pu trouver de place pour frapper.
Chacun se disputoit la gloire de l'abattre.
Je l'ai vu dans leurs mains quelque temps se débattre,
Tout sanglant à leurs coups vouloir se dérober;
Mais enfin à l'autel il est allé tomber.
Du peuple épouvanté j'ai traversé la presse [9]
Pour venir de ces lieux enlever ma princesse,
Et regagner le port, où bientôt nos amis
Viendront couverts du sang que je vous ai promis.

HERMIONE

Qu'ont-ils fait?

ORESTE

　　　　Pardonnez à leur impatience:
Ils ont, je le vois bien, trahi [10] votre vengeance.
Vous vouliez que ma main portât les premiers coups,
Qu'il sentît en mourant qu'il expiroit pour vous;
Mais c'est moi dont l'ardeur leur a servi d'exemple:
Je les ai pour vous seule entraînés dans le temple,
Madame; et vous pouvez justement vous flatter
D'une mort que leurs bras n'ont fait qu'exécuter.
Vous seule avez poussé les coups. . .

HERMIONE

　　　　　　　Tais-toi, perfide,
Et n'impute qu'à toi ton lâche parricide.[11]
Va faire chez tes Grecs admirer ta fureur:
Va, je la désavoue, et tu me fais horreur.
Barbare, qu'as-tu fait? Avec quelle furie
As-tu tranché le cours d'une si belle vie?
Avez-vous pu, cruels,[12] l'immoler aujourd'hui,
Sans que tout votre sang se soulevât pour lui?
Mais parle: de son sort qui t'a rendu l'arbitre?
Pourquoi l'assassiner? Qu'a-t-il fait? A quel titre?
Qui te l'a dit?

ORESTE

　　　　O Dieux? Quoi? ne m'avez-vous pas
Vous-même, ici, tantôt, ordonné son trépas?

HERMIONE

Ah! falloit-il en croire une amante insensée?
Ne devois-tu pas lire au fond de ma pensée?
Et ne voyois-tu pas, dans mes emportements,
Que mon cœur démentoit ma bouche à tous moments?
Quand je l'aurois voulu, falloit-il y souscrire?
N'as-tu pas dû cent fois te le faire redire?
Toi-même avant le coup me venir consulter,
Y revenir encore, ou plutôt m'éviter?

[6] infidélité à Hermione et à la Grèce
[7] physionomie
[8] Je déclare que tous ses ennemis seront les miens.
[9] la foule

[10] mal servi
[11] *Parricide* s'employait au XVIIe siècle pour désigner non seulement le meurtre d'un père, mais aussi tout crime monstrueux commis contre un parent, un bienfaiteur, un roi, la patrie, les dieux.
[12] les soldats d'Oreste

Que ne me laissois-tu le soin de ma vengeance?
Qui t'amène en des lieux où l'on fuit ta présence?
Voilà de ton amour le détestable fruit:
Tu m'apportois, cruel, le malheur qui te suit.
C'est toi dont l'ambassade, à tous les deux fatale,
L'a fait pour son malheur pencher vers ma rivale.
Nous le verrions encor nous partager ses soins;
Il m'aimeroit peut-être, il le feindroit du moins.
Adieu. Tu peux partir. Je demeure en Épire:
Je renonce à la Grèce, à Sparte, à son empire,
A toute ma famille; et c'est assez pour moi,
Traître, qu'elle ait produit un monstre comme toi.

SCÈNE IV — ORESTE, *seul*

Que vois-je? est-ce Hermione? Et que viens-je d'en-
 tendre?
Pour qui coule le sang que je viens de répandre?
Je suis, si je l'en crois, un traître, un assassin.
Est-ce Pyrrhus qui meurt? et suis-je Oreste enfin?
Quoi? j'étouffe en mon cœur la raison qui
 m'éclaire;
J'assassine à regret un roi que je révère;
Je viole en un jour les droits des souverains,
Ceux des ambassadeurs, et tous ceux des humains,
Ceux même des autels où ma fureur l'assiège:
Je deviens parricide, assassin, sacrilège.
Pour qui? Pour une ingrate, à qui je le promets,
Qui même, s'il ne meurt, ne me verra jamais,
Dont j'épouse la rage. Et quand je l'ai servie,
Elle me redemande et son sang et sa vie!
Elle l'aime! et je suis un monstre furieux!
Je la vois pour jamais s'éloigner de mes yeux!
Et l'ingrate, en fuyant, me laisse pour salaire
Tous les noms odieux que j'ai pris pour lui plaire?

SCÈNE V — ORESTE, PYLADE, SOLDATS D'ORESTE

PYLADE

Il faut partir, Seigneur. Sortons de ce palais,
Ou bien résolvons-nous de n'en sortir jamais.
Nos Grecs pour un moment en défendent la porte.
Tout le peuple assemblé nous poursuit à main
 forte.[13]

Aux ordres d'Andromaque ici tout est soumis;
Ils la traitent en reine, et nous comme ennemis.
Andromaque elle-même, à Pyrrhus si rebelle,
Lui rend tous les devoirs d'une veuve fidèle,
5 Commande qu'on le venge, et peut être sur nous
Veut venger Troie encore et son premier époux.
Allons. N'attendons pas que l'on nous environne:
Nos Grecs nous rejoindront; et tandis qu'Hermione
Tient encore le peuple autour d'elle arrêté,
10 Voilà votre chemin, sortons en sûreté.

ORESTE

Non, non, c'est Hermione, amis, que je veux suivre.
A son dernier arrêt je ne puis plus survivre.
15 Partez: j'ai fait le crime, et je vais l'expier.

PYLADE

Hermione, Seigneur? Il la faut oublier.
Quoi? toujours l'instrument et l'objet de sa rage,
20 Cherchez-vous chez les morts quelque nouvel ou-
 trage?
Et parce qu'elle meurt, faut-il que vous mouriez? '

ORESTE

25 Elle meurt? Dieux! qu'entends-je?

PYLADE

 Hé quoi? vous l'ignoriez?
En rentrant dans ces lieux, nous l'avons rencontrée
30 Qui couroit vers le temple, inquiète, égarée.
Elle a trouvé Pyrrhus porté sur des soldats
Que son sang excitoit à venger son trépas.
Sans doute à cet objet [14] sa rage s'est émue.
Mais du haut de la porte enfin nous l'avons vue,
35 Un poignard à la main, sur Pyrrhus se courber,
Lever les yeux au ciel, se frapper et tomber.

ORESTE

Grâce aux Dieux! Mon malheur passe mon espé-
40 rance.
Oui, je te loue, ô ciel, de ta persévérance.
Appliqué sans relâche au soin de me punir,
Au comble des douleurs tu m'as fait parvenir
Ta haine a pris plaisir à former ma misère;
45 J'étois né pour servir d'exemple à ta colère,

[13] à main armée [14] à la vue de ce spectacle

Pour être du malheur un modèle accompli.
Hé bien! je meurs content, et mon sort est rempli.
Où sont ces deux amants? Pour couronner ma joie,
Dans leur sang, dans le mien il faut que je me noie;
L'un et l'autre en mourant je les veux regarder.
Réunissons trois cœurs qui n'ont pu s'accorder.
Mais quelle épaisse nuit tout à coup m'environne? [15]
De quel côté sortir? D'où vient que je frissonne?
Quelle horreur me saisit? Grâce au ciel, j'entrevoi. 10
Dieux! quels ruisseaux de sang coulent autour de moi!

PYLADE

Ah! Seigneur.

ORESTE

Quoi? Pyrrhus, je te rencontre encore?
Trouverai-je partout un rival que j'abhorre?
Percé de tant de coups, comment t'es-tu sauvé?
Tiens, tiens, voilà le coup que je t'ai réservé.

[15] La folie s'empare de lui.

Mais que vois-je? A mes yeux Hermione l'embrasse?
Elle vient l'arracher au coup qui le menace?
Dieux! quels affreux regards elle jette sur moi!
5 Quels démons, quels serpents traîne-t-elle après soi?
Hé bien! filles d'enfer, vos mains sont-elles prêtes?
Pour qui sont ces serpents qui sifflent sur vos têtes?
A qui destinez-vous l'appareil [16] qui vous suit?
Venez-vous m'enlever dans l'éternelle nuit?
10 Venez, à vos fureurs Oreste s'abandonne.
Mais non, retirez-vous, laissez faire Hermione:
L'ingrate mieux que vous saura me déchirer;
Et je lui porte enfin mon cœur à dévorer.

PYLADE
15
Il perd le sentiment. Amis, le temps nous presse:
Ménageons les moments que ce transport nous laisse.
Sauvons-le. Nos efforts deviendroient impuissants
20 S'il reprenoit ici sa rage avec ses sens.

[16] L'escorte. Il croit voir les Erinnyes, déesses du Tartare (enfer des païens), chargées de châtier les crimes des hommes.

MOLIÈRE (1622–1673)

Jean-Baptiste Poquelin vint au monde à Paris. Il fit d'excellentes études au collège de Clermont, puis son droit. En 1643, attiré par le théâtre, il prit le nom de Molière et fonda avec les Béjart «L'Illustre Théâtre». Les affaires allèrent mal, Molière fit des dettes et fut même mis en prison. A la fin de 1645, il quitta Paris et parcourut la province pendant treize ans. Revenu à Paris en 1658, il joua au Louvre dans la salle du Petit-Bourbon, puis dans celle du Palais-Royal et ne tarda pas à s'acquérir la faveur du roi. Dès lors il vécut sous sa protection.

L'HOMME

La province lui avait permis d'observer une humanité moins uniformisée que la société de la capitale et d'y connaître des intérieurs bourgeois. A Paris, il était bien placé pour observer les grands seigneurs, les honnêtes gens, les petits marquis. Il a donc eu une large expérience de son époque.

Les ennemis ne lui ont pas manqué et ils ont complété cette expérience: tout d'abord les écrivains qui le jalousaient, puis les gens dont il avait fait la satire, précieux et précieuses, faux dévots et dévots fanatiques, courtisans, médecins: d'où maintes cabales et des luttes incessantes à soutenir.

A l'âge de quarante ans, il avait épousé Armande Béjart, comédienne de sa troupe, femme légère et beaucoup plus jeune que lui. Au bout de quelques années, lassé par les cabales, soucieux de la conduite de sa femme, accablé de fatigue et de tracas ainsi que de travail, il tomba malade. Sa vie épuisante ne lui permit pas de résister longtemps à la tuberculose qui le minait. Il mourut le 17 février 1673, en achevant de jouer *Le Malade imaginaire,* où il tenait le rôle d'Argan. Sa veuve dut aller se jeter aux pieds du Roi pour obtenir du clergé un peu de « terre chrétienne », et le grand Molière fut enterré presque clandestinement.

Molière a écrit 33 pièces. Ses premières, *La Jalousie du Barbouillé* et *Le Médecin volant,* sont des farces pures, c'est-à-dire destinées uniquement à faire rire. Il a écrit ensuite des comédies d'intrigue, des pièces où les complications divertissantes de l'action occupent les spectateurs, sans souci des caractères qui sont à peine esquissés, comme *L'Étourdi* (1655), et *Le Dépit amoureux* (1656). Toutes les autres pièces de Molière, même farces ou comédies de caractère, sont en même temps comédies de mœurs, c'est-à-dire des pièces dans lesquelles l'auteur a peint un aspect de la société de son temps. Les plus importantes de celles-ci sont: *Les Précieuses ridicules* (1659), *L'École des femmes* (1662), *Les Femmes savantes* (1672), *Le Bourgeois gentilhomme* (1670). *Tartuffe* (1664) et *Le Misanthrope* (1666) sont surtout des comédies de caractère. Enfin *L'Avare* (1668) est une pure comédie de caractère, c'est-à-dire une pièce où tout se subordonne à l'affirmation puissante d'un être qui apparaît à la fois individu et type.

Dans *La Critique de L'École des femmes* (1663) Molière a exposé ses idées sur le théâtre et sa doctrine dramatique. La pièce a été écrite pour se défendre contre des critiques acharnés.

D'après Molière, le premier devoir d'un auteur est de plaire, non pas de suivre les règles. Un auteur n'a qu'à s'inspirer de son propre bon sens et à s'adresser au bon sens du public. Or le bon sens se trouve aussi bien au parterre qu'aux bancs des courtisans. La condition fondamentale est de « peindre la nature », c'est-à-dire la nature humaine. Le public la reconnaîtra. Les uns préféreront la nature sommaire des farces; les autres, la nature profonde de la grande comédie. Toujours, ce sera la réalité de l'homme, observée dans les ridicules des contemporains.

Comme ressorts de son théâtre, Molière a deux principes fondamentaux: la simplicité nette et le contraste. Molière crée le rire en mettant au centre d'une pièce un ridicule bien humain. Il élimine tout ce qui est détail. Il appuie sur les traits essentiels, souligne ce qui est caractéristique. Le ridicule une fois installé dans la pièce, Molière le fait se heurter aux caractères, aux intérêts des autres personnages, mais plus encore aux nécessités que présente la propre situation du personnage en qui le ridicule est incarné.

Molière a souvent été obligé d'écrire vite. Il a beaucoup improvisé, de là de

L'ŒUVRE

Représentation du *Malade imaginaire* de Molière dans le jardin de Versailles. (Roger-Viollet)

Farceurs français et italiens du XVIIᵉ siècle. Comédie Française. (Photographie Giraudon)

nombreuses irrégularités et des incorrections dans son style. Toutefois, il prend bien soin de faire parler ses personnages selon leur condition : langage franc et clair des honnêtes gens de la Cour comme Philinte ou Alceste, langage frivole des petits marquis et des coquettes précieuses, langage des servantes et des valets. Qu'il écrive en vers ou en prose, ses préférences vont au style dru, expressif, pittoresque. Il ne se soucie point des dogmes de Vaugelas, de l'Académie ou de l'Hôtel de Rambouillet ; il n'hésite pas à accueillir les locutions du vieux français populaire et des provinces.

Molière a dit lui-même qu'il prenait son bien partout où il le trouvait. Il a emprunté à quelques prédécesseurs des intrigues, des scènes, et des mots. Parfois il emprunte au Moyen Âge, par exemple le sujet du *Médecin malgré lui* dont la source est un fabliau, le *Vilain Mire ;* ou à d'autres auteurs dramatiques, comme Scarron, qui lui a fourni l'intrigue des *Précieuses ridicules ;* ou à des sources latines : *L'Avare* à Plaute, *Les Fourberies de Scapin* à Térence. Certaines pièces, comme *L'Avare,* sont des tissus d'emprunts faits ici et là.

Mais Molière a toujours transformé, recréé, donné vie à ses emprunts. De telles imitations d'ailleurs paraissaient chose naturelle en son temps.

Le théâtre de Molière possède une force durable, parce qu'ayant fait l'énergique critique intellectuelle et morale de son temps, il a peint aussi l'homme de tous les temps. Par conséquent, il s'en dégage une philosophie, c'est-à-dire une attitude d'esprit, un ensemble de points de vue et d'idées se rapportant à quelques grandes réalités de la vie.

Molière traite de problèmes éternellement actuels : snobismes, mésalliances, féminisme, éducation, vanités, jalousies mondaines. Il pose donc des problèmes de morale sociale. Les solutions qu'il a proposées ou suggérées s'inspirent d'une philosophie éminemment raisonnable. Pour lui la source de la sagesse se trouve dans la saine raison, c'est-à-dire la nature interprétée avec bon sens. Il s'agit donc d'une morale naturelle et strictement humaine, mais puissante, et dont les principes se confondent avec les principes fondamentaux de la vie en société. Molière enseigne à vivre parmi les hommes et avec eux ; en même temps il fait la chasse à tout ce qui entraîne à vivre contre eux et loin d'eux. Il n'a pas fondé, mais il maintient et fortifie l'école morale fondée par Montaigne, qui est l'école de la vie.

Alceste, gentilhomme français du temps de Louis XIV, obtiendra-t-il la main de la très jeune veuve Célimène, coquette qui tient un salon non exempt de préciosité ? Tel est le sujet de la comédie *Le Misanthrope,* dont tous les personnages sont gens de cour. Sur eux tranche Alceste le « misanthrope », avec sa franchise violente et son irréductible indépendance. C'est un homme irréprochable et sympathique. Mais il a le tort particulier de rester prisonnier de la femme la moins faite pour partager sa vie, et le tort général, que lui reproche son ami Philinte, d'apporter une humeur sombre de solitaire dans une société où les rapports mondains demandent plus de complaisance.

Le Misanthrope

PERSONNAGES

ALCESTE, amant de Célimène
PHILINTE, ami d'Alceste
ORONTE, amant de Célimène
CÉLIMÈNE, amante d'Alceste
ÉLIANTE, cousine de Célimène
ARSINOÉ, amie de Célimène
ACASTE, } marquis
CLITANDRE, }
BASQUE, valet de Célimène
UN GARDE de la maréchaussée de France
DU BOIS, valet d'Alceste
 La scène est à Paris.

ACTE I

SCÈNE PREMIÈRE — PHILINTE, ALCESTE

PHILINTE

Qu'est-ce donc? Qu'avez-vous?

ALCESTE

 Laissez-moi, je vous prie.

PHILINTE

Mais encor dites-moi quelle bizarrerie. . .

ALCESTE

Laissez-moi là, vous dis-je, et courez vous cacher.

PHILINTE

Mais on entend les gens, au moins, sans se fâcher.

ALCESTE 35

Moi, je veux me fâcher, et ne veux point entendre.

PHILINTE

Dans vos brusques chagrins ¹ je ne puis vous com-
 prendre,
Et quoique amis enfin, je suis tout des premiers. . .

 ¹ accès de mauvaise humeur

ALCESTE

Moi, votre ami? rayez cela de vos papiers.²
J'ai fait jusques ici profession ³ de l'être;
Mais après ce qu'en vous je viens de voir paroître,
5 Je vous déclare net que je ne le suis plus,
Et ne veux nulle place en des cœurs corrompus.

PHILINTE

Je suis donc bien coupable, Alceste, à votre compte?
10

ALCESTE

Allez, vous devriez mourir de pure honte;
Une telle action ne sauroit s'excuser,
Et tout homme d'honneur s'en doit scandaliser.
15 Je vous vois accabler un homme de caresses,
Et témoigner pour lui les dernières ⁴ tendresses;
De protestations, d'offres et de serments,
Vous chargez la fureur de vos embrassements; ⁵
Et quand je vous demande après quel est cet
20 homme,
A peine pouvez-vous dire comme ⁶ il se nomme;
Votre chaleur pour lui tombe en vous séparant,
Et vous me le traitez, à moi, d'indifférent.
Morbleu! ⁷ c'est une chose indigne, lâche, infâme,
25 De s'abaisser ainsi jusqu'à trahir son âme;
Et si, par un malheur, j'en avois fait autant,
Je m'irois, de regret, pendre tout à l'instant.

PHILINTE

Je ne vois pas, pour moi, que le cas soit pendable,
30 Et je vous supplierai d'avoir pour agréable
Que je me fasse un peu grâce sur ⁸ votre arrêt,
Et ne me pende pas pour cela, s'il vous plaît.

 ² gallicisme pour: ne comptez plus sur moi
 ³ aveu public
 ⁴ les plus grandes; *caresses:* amabilités
 ⁵ satire de l'usage exagéré des embrassades entre gentil-
hommes
 ⁶ comment
 ⁷ Dans tous les jurons de ce genre, bleu avait, par bien-
40 séance, remplacé Dieu.
 ⁸ Philinte compare ironiquement le jugement d'Alceste à
un arrêt de justice. *D'avoir pour agréable:* d'accepter volon-
tiers.

ALCESTE

Que la plaisanterie est de mauvaise grâce!

PHILINTE

Mais, sérieusement, que voulez-vous qu'on fasse? 5

ALCESTE

Je veux qu'on soit sincère, et qu'en homme d'hon-
neur
On ne lâche aucun mot qui ne parte du cœur.

PHILINTE

Lorsqu'un homme vous vient embrasser avec joie,
Il faut bien le payer de la même monnoie,[9]
Répondre, comme on peut, à ses empressements,
Et rendre offre pour offre, et serments pour ser-
ments.

ALCESTE

Non, je ne puis souffrir cette lâche méthode [10]
Qu'affectent la plupart de vos gens à la mode;
Et je ne hais rien tant que les contorsions
De tous ces grands faiseurs de protestations,
Ces affables donneurs d'embrassades frivoles,
Ces obligeants diseurs d'inutiles paroles,
Qui de civilités avec tous font combat,[11]
Et traitent du même air l'honnête homme et le
fat.[12]
Quel avantage a-t-on qu'un homme vous caresse,
Vous jure amitié, foi, zèle, estime, tendresse,
Et vous fasse de vous un éloge éclatant,
Lorsqu'au premier faquin [13] il court en faire au-
tant?
Non, non, il n'est point d'âme un peu bien située
Qui veuille d'une estime ainsi prostituée;
Et la plus glorieuse a des régals peu chers,[14] 35
Dès qu'on voit qu'on nous mêle avec tout l'univers:
Sur quelque préférence une estime se fonde,
Et c'est n'estimer rien qu'estimer tout le monde.
Puisque vous y donnez,[15] dans ces vices du temps, 40

[9] On prononçait monnoua.
[10] manière d'agir
[11] font à qui en débitera le plus
[12] l'homme du monde instruit et le sot
[13] homme de rien
[14] L'âme la plus glorieuse (la plus vaniteuse) trouve que
les satisfactions qu'on lui donne sont de peu de prix.
[15] Vous vous livrez avec ardeur à eux.

Morbleu! vous n'êtes pas pour être de mes gens;
Je refuse d'un cœur la vaste complaisance
Qui ne fait de mérite aucune différence;
Je veux qu'on me distingue; et, pour le trancher
net,[16]
L'ami du genre humain n'est point du tout mon
fait.

PHILINTE

Mais, quand on est du monde,[17] il faut bien que
l'on rende
Quelques dehors civils [18] que l'usage demande.

ALCESTE

Non, vous dis-je, on devroit châtier, sans pitié,
Ce commerce honteux de semblants d'amitié.
Je veux que l'on soit homme, et qu'en toute ren-
contre [19]
Le fond de notre cœur dans nos discours se montre,
Que ce soit lui qui parle, et que nos sentiments
Ne se masquent jamais sous de vains compliments.

PHILINTE

Il est bien des endroits [20] où la pleine franchise
Deviendroit ridicule et seroit peu permise;
Et parfois, n'en déplaise à votre austère honneur,
Il est bon de cacher ce qu'on a dans le cœur.
Seroit-il à propos et de la bienséance
De dire à mille gens tout ce que d'eux on pense?
Et quand on a quelqu'un qu'on hait ou qui déplaît,
Lui doit-on déclarer la chose comme elle est?

ALCESTE

Oui.

PHILINTE

Quoi? vous iriez dire à la vieille Émilie
Qu'à son âge il sied mal de faire la jolie,
Et que le blanc [21] qu'elle a scandalise chacun?

ALCESTE

Sans doute.

[16] pour parler catégoriquement
[17] de la bonne société
[18] marques extérieures de la politesse
[19] conversation
[20] circonstances
[21] maquillage

PHILINTE

A Dorilas, qu'il est trop importun,
Et qu'il n'est, à la cour, oreille qu'il ne lasse
A conter [22] sa bravoure et l'éclat de sa race?

ALCESTE

Fort bien.

PHILINTE

Vous vous moquez.

ALCESTE

Je ne me moque point,
Et je vais n'épargner personne sur ce point.
Mes yeux sont trop blessés, et la cour et la ville
Ne m'offrent rien qu'objets à [23] m'échauffer la bile;
J'entre en une humeur noire, en un chagrin pro-
fond,
Quand je vois vivre entre eux les hommes comme
ils font;
Je ne trouve partout que lâche flatterie,
Qu'injustice, intérêt, trahison, fourberie;
Je n'y puis plus tenir, j'enrage, et mon dessein
Est de rompre en visière à [24] tout le genre humain.

PHILINTE

Ce chagrin philosophe [25] est un peu trop sauvage,
Je ris des noirs accès où je vous envisage,
Et crois voir en nous deux, sous mêmes soins nour-
ris,
Ces deux frères que peint *L'École des Maris*,[26]
Dont. . .

ALCESTE

Mon Dieu! laissons là vos comparaisons fades. 35

PHILINTE

Non: tout de bon, quittez [27] toutes ces incartades.
Le monde par vos soins ne se changera pas;
Et puisque la franchise a pour vous tant d'appas,

Je vous dirai tout franc que cette maladie,
Partout où vous allez, donne la comédie,[28]
Et qu'un si grand courroux contre les mœurs du
temps
5 Vous tourne en ridicule auprès de bien des gens.

ALCESTE

Tant mieux, morbleu! tant mieux, c'est ce que je
demande;
10 Ce m'est un fort bon signe, et ma joie en est grande:
Tous les hommes me sont à tel point odieux,
Que je serois fâché d'être sage à leurs yeux.

PHILINTE

15 Vous voulez un grand mal à [29] la nature humaine!

ALCESTE

Oui, j'ai conçu pour elle une effroyable haine.

PHILINTE

20 Tous les pauvres mortels, sans nulle exception,
Seront enveloppés dans cette aversion?
Encore en est-il bien, dans le siècle où nous
sommes. . .

25 ALCESTE

Non: elle est générale, et je hais tous les hommes:
Les uns, parce qu'ils sont méchants et malfaisants,
Et les autres, pour être aux méchants complaisants
30 Et n'avoir pas pour eux ces haines vigoureuses
Que doit donner le vice aux âmes vertueuses.
De cette complaisance on voit l'injuste excès
Pour le franc scélérat avec qui j'ai procès:
Au travers de son masque on voit à plein [30] le
traître;
Partout il est connu pour tout ce qu'il peut être;
Et ses roulements d'yeux et son ton radouci
N'imposent qu'à [31] des gens qui ne sont point d'ici,
On sait que ce pied plat,[32] digne qu'on le confonde,
40 Par de sales emplois [33] s'est poussé dans le monde,
Et que par eux son sort de splendeur revêtu

[22] à force de conter
[23] propres à
[24] attaquer en face et sans ménagements
[25] qui se prétend sage
[26] comédie de Molière (1661); allusion aux humeurs contraires d'Ariste et de Sganarelle (I, 1)
[27] renoncez à

[28] fait rire
[29] haïr, détester, et non: souhaiter du mal
[30] clairement
[31] ne trompent que
[32] paysan qui porte des souliers sans talon, d'où: vilain, rustre, gueux
[33] moyens, méthodes

Fait gronder le mérite et rougir la vertu.
Quelques titres honteux qu'en tous lieux on lui
　　donne,
Son misérable honneur ne voit pour lui personne;
Nommez-le fourbe, infâme et scélérat maudit,
Tout le monde en convient et nul n'y contredit.
Cependant sa grimace [34] est partout bienvenue:
On l'accueille, on lui rit, partout il s'insinue;
Et s'il est, par la brigue,[35] un rang à disputer,
Sur le plus honnête homme on le voit l'emporter.
10 Têtebleu! ce me sont de mortelles blessures,
De voir qu'avec le vice on garde des mesures; [36]
Et parfois il me prend des mouvements [37] soudains
De fuir dans un désert l'approche des humains.

PHILINTE

Mon Dieu, des mœurs du temps mettons-nous
　　moins en peine,
Et faisons un peu grâce à la nature humaine;
Ne l'examinons point dans la grande rigueur,
Et voyons ses défauts avec quelque douceur.
Il faut, parmi le monde, une vertu traitable; [38]
A force de sagesse, on peut être blâmable;
La parfaite raison fuit toute extrémité,
Et veut que l'on soit sage avec sobriété.
Cette grande roideur des vertus des vieux âges
Heurte trop notre siècle et les communs usages;
Elle veut aux mortels trop de perfection:
Il faut fléchir au temps,[39] sans obstination;
Et c'est une folie à nulle autre seconde
De vouloir se mêler de corriger le monde.
J'observe, comme vous, cent choses tous les jours,
Qui pourroient mieux aller, prenant un autre cours;
Mais quoi qu'à chaque pas je puisse voir paroître,
En courroux, comme vous, on ne me voit point 35
　　être;
Je prends tout doucement les hommes comme ils
　　sont,
J'accoutume mon âme à souffrir ce qu'ils font;
Et je crois qu'à la cour, de même qu'à la ville,
40 Mon flegme [40] est philosophe autant que votre bile.

[34] hypocrisie
[35] manœuvre pour l'emporter sur des rivaux
[36] ménagements
[37] impulsions intérieures, envies
[38] qui se laisse manier, de bonne composition
[39] se plier aux usages
[40] caractère de celui qui est calme, qui se possède

ALCESTE

Mais ce flegme, Monsieur, qui raisonne si bien,
Ce flegme pourra-t-il ne s'échauffer [41] de rien?
Et, s'il faut, par hasard, qu'un ami vous trahisse,
5 Que, pour avoir vos biens, on dresse un artifice,
Ou qu'on tâche à semer de méchants bruits de [42]
　　vous,
Verrez-vous tout cela sans vous mettre en courroux?

PHILINTE

Oui, je vois ces défauts dont votre âme murmure
Comme vices unis à l'humaine nature;
Et mon esprit enfin n'est pas plus offensé
De voir un homme fourbe, injuste, intéressé,
15 Que de voir des vautours affamés de carnage,
Des singes malfaisants, et des loups pleins de rage.

ALCESTE

Je me verrai trahir, mettre en pièces, voler,
20 Sans que je sois. . . Morbleu! je ne veux point par-
　　ler,
Tant ce raisonnement est plein d'impertinence.[43]

PHILINTE

25 Ma foi! vous ferez bien de garder le silence,
Contre votre partie [44] éclatez un peu moins,
Et donnez au procès une part de vos soins.

ALCESTE

30 Je n'en donnerai point, c'est une chose dite.

PHILINTE

Mais qui voulez-vous donc qui pour vous solli-
　　cite? [45]

ALCESTE

Qui je veux? La raison, mon bon droit, l'équité.

PHILINTE

40 Aucun juge par vous ne sera visité?

ALCESTE

Non. Est-ce que ma cause est injuste ou douteuse?

[41] perdre son calme
[42] sur
[43] déraison, sottise
[44] terme de droit: adversaire dans un procès
[45] fasse des démarches auprès des juges

PHILINTE

J'en demeure d'accord; mais la brigue est fâcheuse,
Et. . .

ALCESTE

Non: j'ai résolu de n'en pas faire un pas.
J'ai tort, ou j'ai raison.

PHILINTE

Ne vous y fiez pas.

ALCESTE

Je ne remuerai point.

PHILINTE

Votre partie est forte,
Et peut, par sa cabale,[46] entraîner. . .

ALCESTE

Il n'importe.

PHILINTE

Vous vous tromperez.

ALCESTE

Soit. J'en veux voir le succès.[47]

PHILINTE

Mais. . .

ALCESTE

J'aurais le plaisir de perdre mon procès.

PHILINTE

Mais enfin. . .

ALCESTE

Je verrai, dans cette plaiderie,[48]
Si les hommes auront assez d'effronterie,
Seront assez méchants, scélérats et pervers,
Pour me faire injustice aux yeux de l'univers.

PHILINTE

Quel homme!

46 intrigues secrètes contre quelqu'un
47 le résultat
48 plaidoirie

ALCESTE

Je voudrois, m'en coûtât-il grand'chose,
Pour la beauté du fait avoir perdu ma cause.

5 PHILINTE

On se riroit de vous, Alceste, tout de bon,
Si l'on vous entendoit parler de la façon.

ALCESTE

10 Tant pis pour qui riroit.

PHILINTE

Mais cette rectitude
Que vous voulez en tout avec exactitude,
15 Cette pleine droiture où vous vous renfermez,
La trouvez-vous ici dans ce que vous aimez?
Je m'étonne, pour moi, qu'étant, comme il le
semble,
Vous et le genre humain si fort brouillés ensemble,
20 Malgré tout ce qui peut vous le rendre odieux,
Vous ayez pris chez lui ce qui charme vos yeux;
Et ce qui me surprend encore davantage,
C'est cet étrange choix où votre cœur s'engage.
La sincère Éliante a du penchant pour vous,
25 La prude Arsinoé vous voit d'un œil fort doux:
Cependant à leurs vœux votre âme se refuse,
Tandis qu'en ses liens Célimène l'amuse,[49]
De qui l'humeur coquette et l'esprit médisant
Semble si fort donner dans [50] les mœurs d'à pré-
30 sent.
D'où vient que, leur portant une haine mortelle,
Vous pouvez bien souffrir ce qu'en tient [51] cette
belle?
Ne sont-ce plus défauts dans un objet si doux?
35 Ne les voyez-vous pas? ou les excusez-vous?

ALCESTE

Non, l'amour que je sens pour cette jeune veuve
Ne ferme point mes yeux aux défauts qu'on lui
40 treuve,[52]
Et je suis, quelque ardeur [53] qu'elle m'ait pu don-
ner,

49 la retient par de vaines illusions
50 vivre selon
51 la part de ces mœurs qui se retrouve chez elle
52 trouve
53 amoureuse

Le premier à les voir, comme à les condamner.
Mais, avec tout cela, quoi que je puisse faire,
Je confesse mon foible, elle a l'art de me plaire:
J'ai beau voir ses défauts, et j'ai beau l'en blâmer,
En dépit [54] qu'on en ait, elle se fait aimer;
Sa grâce est la plus forte; et sans doute ma flamme
De ces vices du temps pourra purger [55] son âme.

PHILINTE

Si vous faites cela, vous ne ferez pas peu.
Vous croyez être donc aimé d'elle?

ALCESTE

 Oui, parbleu!
Je ne l'aimerois pas, si je ne croyois l'être.

PHILINTE

Mais si son amitié pour vous se fait paroître,
D'où vient que vos rivaux vous causent de l'en-
nui? [56]

ALCESTE

C'est qu'un cœur bien atteint veut qu'on soit tout à
lui,
Et je ne viens ici qu'à dessein de lui [57] dire
Tout ce que là-dessus ma passion m'inspire.

PHILINTE

Pour moi, si je n'avois qu'à former des désirs,
La cousine Éliante auroit tous mes soupirs;
Son cœur, qui vous estime, est solide et sincère,
Et ce choix plus conforme [58] étoit [59] mieux votre
affaire.

ALCESTE

Il est vrai: ma raison me le dit chaque jour;
Mais la raison n'est pas ce qui règle l'amour.

PHILINTE

Je crains fort pour vos feux, et l'espoir où vous êtes
Pourroit. . .

[54] quelque dépit
[55] La métaphore est énergique.
[56] tourment
[57] à Célimène
[58] à votre caractère
[59] aurait été

SCÈNE II — ORONTE, ALCESTE, PHILINTE

ORONTE

J'ai su là-bas [60] que, pour quelques emplettes,
Éliante est sortie, et Célimène aussi;
Mais comme l'on m'a dit que vous étiez ici,
J'ai monté pour vous dire, et d'un cœur véritable,[61]
Que j'ai conçu pour vous une estime incroyable,
Et que, depuis longtemps, cette estime m'a mis
Dans un ardent désir d'être de vos amis.
Oui, mon cœur au mérite aime à rendre justice,
Et je brûle qu'un nœud d'amitié nous unisse:
Je crois qu'un ami chaud, et de ma qualité,
N'est pas assurément pour être rejeté.
*(En cet endroit Alceste paroît tout rêveur, et semble
 n'entendre pas qu'Oronte lui parle.)*
C'est à vous, s'il vous plaît, que ce discours
s'adresse.

ALCESTE

A moi, Monsieur?

ORONTE

A vous. Trouvez-vous qu'il vous blesse?

ALCESTE

Non pas; mais la surprise est fort grande pour moi,
Et je n'attendois pas l'honneur que je reçoi.[62]

ORONTE

L'estime où je vous tiens ne doit point vous sur-
prendre,
Et de tout l'univers vous la pouvez prétendre.[63]

ALCESTE

Monsieur. . .

ORONTE

L'État n'a rien qui ne soit au-dessous
Du mérite éclatant que l'on découvre en vous.

ALCESTE

Monsieur. . .

[60] en bas
[61] qui dit la vérité
[62] reçois
[63] vous pouvez y prétendre

ORONTE

Oui, de ma part, je vous tiens [64] préférable
A tout ce que j'y vois de plus considérable.

ALCESTE

Monsieur. . .

ORONTE

Sois-je du ciel écrasé, si je mens!
Et pour vous confirmer ici mes sentiments,
Souffrez qu'à cœur ouvert, Monsieur, je vous embrasse,
Et qu'en votre amitié je vous demande place.
Touchez là,[65] s'il vous plaît. Vous me la promettez,
Votre amitié?

ALCESTE

Monsieur. . .

ORONTE

Quoi? vous résistez?

ALCESTE

Monsieur, c'est trop d'honneur que vous me voulez
faire;
Mais l'amitié demande un peu plus de mystère,
Et c'est assurément en profaner le nom
Que de vouloir le mettre à toute occasion.
Avec lumière et choix cette union veut naître;
Avant que [66] nous lier, il faut nous mieux connaître;
Et nous pourrions avoir telles complexions,[67]
Que tous deux du marché nous nous repentirions.

ORONTE

Parbleu! c'est là-dessus parler en homme sage, 35
Et je vous en estime encore davantage:
Souffrons donc que le temps forme des nœuds si
doux;
Mais, cependant,[68] je m'offre entièrement à vous:
S'il faut faire à la cour pour vous quelque ouver- 40
ture,
On sait qu'auprès du Roi je fais quelque figure;
Il m'écoute; et dans tout il en use, ma foi!

[64] considère comme
[65] Mettez votre main dans la mienne.
[66] avant de
[67] tempéraments si contraire
[68] en attendant

Le plus honnêtement du monde avecque [69] moi.
Enfin je suis à vous de toutes les manières;
Et comme votre esprit a de grandes lumières,
Je viens, pour commencer entre nous ce beau nœud,
Vous montrer un sonnet que j'ai fait depuis peu, 5
Et savoir s'il est bon qu'au public je l'expose.

ALCESTE

Monsieur, je suis mal propre [70] à décider la chose;
Veuillez m'en dispenser. 10

ORONTE

Pourquoi?

ALCESTE

J'ai le défaut
D'être un peu plus sincère en cela qu'il ne faut.

ORONTE

C'est ce que je demande, et j'aurois lieu de plainte,[71] 20
Si, m'exposant à vous pour me parler [72] sans feinte,
Vous alliez me trahir, et me déguiser rien.[73]

ALCESTE

Puisqu'il vous plaît ainsi, Monsieur, je le veux bien. 25

ORONTE

Sonnet. . . C'est un sonnet. L'espoir. . . C'est une
dame
Qui de quelque espérance avoit flatté ma flamme. 30
L'espoir. . . Ce ne sont point de ces grands vers
pompeux,
Mais de petits vers doux, tendres et langoureux.
(A toutes ces interruptions il regarde Alceste.)

ALCESTE

Nous verrons bien.

ORONTE

L'espoir. . . Je ne sais si le style
Pourra vous en paroître assez net et facile,
Et si du choix des mots vous vous contenterez.

[69] avec (vieille forme)
[70] nullement apte
[71] sujet de me plaindre
[72] pour que vous me parliez
[73] quelque chose

ALCESTE

Nous allons voir, Monsieur.

ORONTE

Au reste, vous saurez 5
Que je n'ai demeuré qu'un quart d'heure à le faire.

ALCESTE

Voyons, Monsieur; le temps ne fait rien à l'affaire.

ORONTE

L'espoir, il est vrai, nous soulage
Et nous berce un temps notre ennui; [74]
Mais, Philis, le triste avantage,
Lorsque rien ne marche après lui!

PHILINTE

Je suis déjà charmé de ce petit morceau.

ALCESTE, *bas*

Quoi? vous avez le front [75] de trouver cela beau?

ORONTE

Vous eûtes de la complaisance;
Mais vous en deviez moins avoir,
Et ne vous pas mettre en dépense
Pour ne me donner que l'espoir.

PHILINTE

Ah! qu'en termes galants ces choses-là sont mises!

ALCESTE, *bas*

Morbleu! vil complaisant, vous louez des sottises?

ORONTE

S'il faut qu'une attente éternelle
Pousse à bout l'ardeur de mon zèle,
Le trépas sera mon recours.

Vos soins ne m'en peuvent distraire;
Belle Philis, on désespère,
Alors qu'on espère toujours.

PHILINTE

La chute [76] en est jolie, amoureuse, admirable.

[74] chagrin
[75] l'audace
[76] trait final, fin ou brillant, à la fin d'un sonnet

ALCESTE, *bas*

La peste de ta chute! Empoisonneur au diable, [77]
En eusses-tu fait une à te casser le nez!

PHILINTE

Je n'ai jamais ouï de vers si bien tournés.

ALCESTE

Morbleu! . . .

10

ORONTE

Vous me flattez, et vous croyez peut-être. . .

PHILINTE

15 Non, je ne flatte point.

ALCESTE, *bas*

Et que fais-tu donc, traître?

20 ORONTE, *à Alceste*

Mais, pour vous, vous savez quel est notre traité:
Parlez-moi, je vous prie, avec sincérité.

ALCESTE

25 Monsieur, cette matière est toujours délicate,
Et sur le bel esprit nous aimons qu'on nous flatte.
Mais un jour, à quelqu'un, dont je tairai le nom,
Je disois, en voyant des vers de sa façon,
Qu'il faut qu'un galant homme ait toujours grand
30 empire
Sur les démangeaisons qui nous prennent d'écri-
re;
Qu'il doit tenir la bride [78] aux grands empresse-
ments
35 Qu'on a de faire éclat [79] de tels amusements;
Et que, par la chaleur [80] de montrer ses ouvrages,
On s'expose à jouer de mauvais personnages. [81]

ORONTE

40 Est-ce que vous voulez me déclarer par là
Que j'ai tort de vouloir? . . .

[77] Tu mériterais d'attraper la peste pour ta chute! Digne
d'aller au diable.
[78] les réfréner
[79] divulguer bruyamment
[80] désir ardent
[81] rôles

ALCESTE

Je ne dis pas cela;
Mais je lui disois, moi, qu'un froid écrit assomme,
Qu'il ne faut que ce foible à décrier [82] un homme,
Et qu'eût-on, d'autre part, cent belles qualités,
On regarde les gens par leurs méchants côtés.

ORONTE

Est-ce qu'à mon sonnet vous trouvez à redire?

ALCESTE

Je ne dis pas cela; mais, pour ne point écrire, [83]
Je lui mettois aux yeux comme, dans notre temps,
Cette soif a gâté de fort honnêtes gens.

ORONTE

Est-ce que j'écris mal? et leur ressemblerois-je?

ALCESTE

Je ne dis pas cela; mais enfin, lui disois-je, 20
Quel besoin si pressant avez-vous de rimer?
Et qui diantre [84] vous pousse à vous faire imprimer?
Si l'on peut pardonner l'essor [85] d'un mauvais
 livre,
Ce n'est qu'aux malheureux qui composent pour 25
 vivre.
Croyez-moi, résistez à vos tentations,
Dérobez au public ces occupations;
Et n'allez point quitter, de quoi que l'on vous
 somme, 30
Le nom que dans la cour vous avez d'honnête
 homme, [86]
Pour prendre, de la main d'un avide imprimeur,
Celui de ridicule et misérable auteur.
C'est ce que je tâchai de lui faire comprendre. 35

ORONTE

Voilà qui va fort bien, et je crois vous entendre.
Mais ne puis-je savoir ce que dans mon son-
net? . . . 40

ALCESTE

Franchement, il est bon à mettre au cabinet. [87]
Vous vous êtes réglé sur de méchants [88] modèles,
Et vos expressions ne sont point naturelles.
Qu'est-ce que *Nous berce un temps notre ennui?* 5
 Et que *Rien ne marche après lui?*
 Que *Ne vous pas mettre en dépense,*
 Pour ne me donner que l'espoir?
 Et que *Philis, on désespère,*
 Alors qu'on espère toujours? 10
Ce style figuré, dont on fait vanité,
Sort du bon caractère et de la vérité:
Ce n'est que jeu de mots, qu'affectation pure,
Et ce n'est point ainsi que parle la nature.
Le méchant goût du siècle, en cela, me fait peur. 15
Nos pères, tous grossiers, l'avoient beaucoup meil-
 leur,
Et je prise bien moins tout ce que l'on admire,
Qu'une vieille chanson que je m'en vais vous dire:

 Si le roi m'avoit donné
 Paris, sa grand'ville,
 Et qu'il me fallût quitter
 L'amour de ma mie, [89]

 Je dirois au roi Henri:
 « Reprenez votre Paris:
 J'aime mieux ma mie, au gué! [90]
 J'aime mieux ma mie. »

La rime n'est pas riche, et le style en est vieux: [91]
Mais ne voyez-vous pas que cela vaut bien mieux 30
Que ces colifichets, [92] dont le bon sens murmure,
Et que la passion parle là toute pure?

 Si le roi m'avoit donné
 Paris, sa grand'ville,
 Et qu'il me fallût quitter
 L'amour de ma mie,
 Je dirois au roi Henri:
 « Reprenez votre Paris:

[82] cette faiblesse suffit pour faire tort à
[83] pour qu'il n'écrivît point
[84] Ce juron était une déformation de diable.
[85] la publication
[86] l'homme du monde instruit et de bon goût

[87] à tenir enfermé dans une armoire ou un secrétaire
[88] mauvais, sans valeur
[89] mon amie
[90] un des refrains dépourvus de sens dont s'accommode
volontiers la chanson
[91] Cette chanson est d'origine inconnue.
[92] morceaux de papier découpés en forme d'ornements
et collés sur du bois ou de l'étoffe; d'où: ornements futiles

J'aime mieux ma mie, au guél
J'aime mieux ma mie. »
Voilà ce que peut dire un cœur vraiment épris.
(*A Philinte.*)
Oui, Monsieur le rieur, malgré vos beaux esprits,
J'estime plus cela que la pompe fleurie
De tous ces faux brillants où chacun se récrie.[93]

ORONTE

Et moi, je vous soutiens que mes vers sont fort bons. 10

ALCESTE

Pour les trouver ainsi vous avez vos raisons;
Mais vous trouverez bon que j'en puisse avoir
 d'autres,
Qui se dispenseront de se soumettre aux vôtres.

ORONTE

Il me suffit de voir que d'autres en font cas.

ALCESTE

C'est qu'ils ont l'art de feindre; et moi, je ne l'ai
 pas.

ORONTE

Croyez-vous donc avoir tant d'esprit en partage?

ALCESTE

Si je louois vos vers, j'en aurois davantage.

ORONTE

Je me passerai bien que vous les approuviez.

ALCESTE

Il faut bien, s'il vous plaît, que vous vous en passiez.

ORONTE

Je voudrois bien, pour voir, que, de votre manière,
Vous en composassiez sur la même matière.

ALCESTE

J'en pourrois, par malheur, faire d'aussi mé-
 chants; [94]
Mais je me garderois de les montrer aux gens.

93 d'admiration
94 mauvais

ORONTE

Vous me parlez bien ferme, et cette suffisance [95]. . .

ALCESTE

Autre part que chez moi cherchez qui vous en-
 cense.[96]

ORONTE

Mais, mon petit Monsieur, prenez-le un peu moins
 haut.

ALCESTE

Ma foi! mon grand Monsieur, je le prends comme il
 faut.

PHILINTE, *se mettant entre deux*

Eh! Messieurs, c'en est trop: laissez cela, de grâce.

ORONTE

Ah! j'ai tort, je l'avoue, et je quitte la place.
Je suis votre valet,[97] Monsieur, de tout mon cœur.

ALCESTE

Et moi, je suis, Monsieur, votre humble serviteur.[97]

SCÈNE III—PHILINTE, ALCESTE

PHILINTE

Hé bien! vous le voyez: pour être trop sincère,
Vous voilà sur les bras une fâcheuse affaire;
Et j'ai bien vu qu'Oronte, afin d'être flatté. . .

ALCESTE

Ne me parlez pas.

PHILINTE

Mais. . .

ALCESTE

Plus de société.[98]

95 excès de satisfaction, arrogance
96 un homme pour vous encenser
97 formules de salut
98 C'est-à-dire: je veux être seul.

PHILINTE

C'est trop...

ALCESTE

Laissez-moi là. 5

PHILINTE

Si je...

ALCESTE 10

Point de langage.[99]

PHILINTE

Mais quoi...

ALCESTE

Je n'entends rien.

PHILINTE

Mais...

ALCESTE

Encore?

PHILINTE

On outrage...

ALCESTE

Ah, parbleu! c'en est trop; ne suivez point mes pas.

PHILINTE

Vous vous moquez de moi,[100] je ne vous quitte pas.

ACTE II

Scène première — ALCESTE, CÉLIMÈNE

ALCESTE

Madame, voulez-vous que je vous parle net?
De vos façons d'agir je suis mal satisfait;
Contre elles dans mon cœur trop de bile s'assemble,
Et je sens qu'il faudra que nous rompions ensemble.

[99] Plus un mot!
[100] Vous me demandez ce que je ne puis vous accorder.

Oui, je vous tromperois de parler autrement;
Tôt ou tard nous romprons indubitablement;
Et je vous promettrois mille fois le contraire,
Que je ne serois pas en pouvoir de le faire.[1]

CÉLIMÈNE

C'est pour me quereller donc, à ce que je voi,[2]
Que vous avez voulu me ramener chez moi?

ALCESTE

Je ne querelle point; mais votre humeur, Madame,
Ouvre au premier venu trop d'accès dans votre
 âme:
Vous avez trop d'amants [3] qu'on voit vous obséder,[4]
15 Et mon cœur de cela ne peut s'accommoder.

CÉLIMÈNE

Des amants que je fais me rendez-vous coupable?
Puis-je empêcher les gens de me trouver aimable?
20 Et lorsque pour me voir ils font de doux efforts,
Dois-je prendre un bâton pour les·mettre dehors?

ALCESTE

Non, ce n'est pas, Madame, un bâton qu'il faut
25 prendre,
Mais un cœur à leurs vœux moins facile et moins
 tendre.
Je sais que vos appas vous suivent en tous lieux;
Mais votre accueil retient ceux qu'attirent vos
30 yeux;
Et sa douceur offerte à qui vous rend les armes
Achève sur les cœurs l'ouvrage de vos charmes.
Le trop riant espoir que vous leur présentez
Attache autour de vous leurs assiduités.
35 Et votre complaisance un peu moins étendue
De tant de soupirants chasseroit la cohue.
Mais au moins dites-moi, Madame, par quel sort [5]
Votre Clitandre a l'heur [6] de vous plaire si fort?
Sur quel fonds de mérite et de vertu sublime
40 Appuyez-vous en lui l'honneur de votre estime?
Est-ce par l'ongle long qu'il porte au petit doigt

[1] c'est-à-dire: de ne pas rompre
[2] vois
[3] prétendants, soupirants
[4] assiéger, entourer assidûment
[5] faveur du hasard
[6] le bonheur

Qu'il s'est acquis chez vous l'estime où l'on le voit?
Vous êtes-vous rendue, avec tout le beau monde,
Au mérite éclatant de sa perruque blonde?
Sont-ce ses grands canons [7] qui vous le font aimer?
L'amas de ses rubans a-t-il su vous charmer?
Est-ce par les appas de sa vaste rhingrave [8]
Qu'il a gagné votre âme en faisant [9] votre esclave?
Ou sa façon de rire et son ton de fausset
Ont-ils de vous toucher su trouver le secret?

CÉLIMÈNE

Qu'injustement de lui vous prenez de l'ombrage! [10]
Ne savez-vous pas bien pourquoi je le ménage,
Et que dans mon procès, ainsi qu'il m'a promis,
Il peut intéresser tout ce qu'il a d'amis?

ALCESTE

Perdez votre procès, Madame, avec constance,[11]
Et ne ménagez point un rival qui m'offense.

CÉLIMÈNE

Mais de tout l'univers vous devenez jaloux.

ALCESTE

C'est que tout l'univers est bien reçu de vous.

CÉLIMÈNE

C'est ce qui doit rasseoir [12] votre âme effarouchée,
Puisque ma complaisance est sur tous épanchée;
Et vous auriez plus lieu [13] de vous en offenser,
Si vous me la voyiez sur un seul ramasser.

ALCESTE

Mais moi, que vous blâmez de trop de jalousie,
Qu'ai-je de plus qu'eux tous, Madame, je vous prie?

CÉLIMÈNE

Le bonheur de savoir que vous êtes aimé.

ALCESTE

Et quel lieu de le croire a mon cœur enflammé?

CÉLIMÈNE

5 Je pense qu'ayant pris le soin de vous le dire,
Un aveu de la sorte a de quoi vous suffire.

ALCESTE

Mais qui m'assurera que, dans le même instant,
10 Vous n'en disiez peut-être aux autres tout autant?

CÉLIMÈNE

Certes, pour un amant, la fleurette [14] est mignonne,
Et vous me traitez là de gentille personne.[15]
15 Hé bien! pour vous ôter d'un semblable souci,
De tout ce que j'ai dit je me dédis ici,
Et rien ne sauroit plus vous tromper que vous-
même:
Soyez content.
20

ALCESTE

Morbleu! faut-il que je vous aime?
Ah! que si de vos mains je rattrape mon cœur,
Je bénirai le Ciel de ce rare bonheur!
25 Je ne le cède pas, je fais tout mon possible
A rompre de ce cœur l'attachement terrible;
Mais mes plus grands efforts n'ont rien fait jus-
qu'ici,
Et c'est pour mes péchés que je vous aime ainsi.
30

CÉLIMÈNE

Il est vrai, votre ardeur est pour moi sans seconde.[16]

ALCESTE

35 Oui, je puis là-dessus défier tout le monde.
Mon amour ne se peut concevoir, et jamais
Personne n'a, Madame, aimé comme je fais.

CÉLIMÈNE

40 En effet, la méthode en est toute nouvelle,
Car vous aimez les gens pour leur faire querelle;
Ce n'est qu'en mots fâcheux qu'éclate votre ardeur,
Et l'on n'a vu jamais un amour si grondeur.

[7] ornements de dentelles attachés au-dessus du genou et descendant jusqu'à mi-jambe
[8] culotte fort ample dont un prince allemand (Rhein-graf: comte du Rhin) avait apporté la mode en France
[9] jouant le personnage de, se donnant pour
[10] Vous êtes jaloux!
[11] fermeté d'âme
[12] rassurer
[13] raison

[14] compliment galant
[15] honnête et noble (ironique)
[16] C'est-à-dire: votre amour pour moi est unique. (ironique)

ALCESTE

Mais il ne tient qu'à vous que son chagrin ne
 passe.
A tous nos démêlés coupons chemin,[17] de grâce,
Parlons à cœur ouvert, et voyons d'arrêter. . .

SCÈNE II — CÉLIMÈNE, ALCESTE, BASQUE

CÉLIMÈNE

Qu'est-ce?

BASQUE

Acaste est là-bas.[18]

CÉLIMÈNE

Hé bien! faites monter.

SCÈNE III—CÉLIMÈNE, ALCESTE

ALCESTE

Quoi? l'on ne peut jamais vous parler tête à tête?
A recevoir le monde on vous voit toujours prête?
Et vous ne pouvez pas, un seul moment de tous,
Vous résoudre à souffrir de n'être pas chez vous?

CÉLIMÈNE

Voulez-vous qu'avec lui je me fasse une affaire?

ALCESTE

Vous avez des regards [19] qui ne sauroient me plaire.

CÉLIMÈNE

C'est un homme à jamais ne me le pardonner,
S'il savoit que sa vue eût pu m'importuner.

ALCESTE

Et que vous fait cela pour vous gêner de sorte? . . .

CÉLIMÈNE

Mon Dieu! de ses pareils la bienveillance importe;
Et ce sont de ces gens qui, je ne sais comment,
Ont gagné dans la cour [20] de parler hautement.

Dans tous les entretiens on les voit s'introduire;
Ils ne sauroient servir, mais ils peuvent vous nuire;
Et jamais, quelque appui qu'on puisse avoir
 ailleurs,
5 On ne doit se brouiller avec ces grands brailleurs.

ALCESTE

Enfin, quoi qu'il en soit, et sur quoi qu'on se fonde,
Vous trouvez des raisons pour souffrir tout le
10 monde;
Et les précautions de votre jugement. . .

SCÈNE IV — BASQUE, ALCESTE, CÉLIMÈNE

15 BASQUE

Voici Clitandre encor, Madame.

ALCESTE. *Il témoigne s'en vouloir aller.*
 Justement.

20 CÉLIMÈNE

Où courez-vous?

ALCESTE

Je sors.

CÉLIMÈNE

Demeurez.

30 ALCESTE

 Pourquoi faire?

CÉLIMÈNE

Demeurez.

35 ALCESTE

Je ne puis.

CÉLIMÈNE

Je le veux.

ALCESTE

 Point d'affaire; [21]
Ces conversations ne font que m'ennuyer,
45 Et c'est trop que vouloir me les faire essuyer.[22]

17 coupons court
18 en bas
19 égards; *fasse une affaire:* querelle
20 ont obtenu à la cour le droit

21 C'est inutile d'insister.
22 supporter, subir

CÉLIMÈNE

Je le veux, je le veux.

ALCESTE

Non, il m'est impossible.

CÉLIMÈNE

Hé bien! allez, sortez, il vous est tout loisible.

SCENE V — ÉLIANTE, PHILINTE, ACASTE, CLITANDRE,
ALCESTE, CÉLIMÈNE, BASQUE

ÉLIANTE

Voici les deux marquis qui montent avec nous:
Vous l'est-on venu dire?

CÉLIMÈNE

Oui. Des sièges pour tous.

(A Alceste.)
Vous n'êtes pas sorti?

ALCESTE

Non; mais je veux, Madame,
Ou pour eux, ou pour moi, faire expliquer votre
âme.

CÉLIMÈNE

Taisez-vous.

ALCESTE

Aujourd'hui, vous vous expliquerez.

CÉLIMÈNE

Vous perdez le sens.

ALCESTE

Point. Vous vous déclarerez.

CÉLIMÈNE

Ah!

ALCESTE

Vous prendrez parti.

CÉLIMÈNE

Vous vous moquez, je pense.

ALCESTE

Non, mais vous choisirez: c'est trop de patience.

CLITANDRE

5 Parbleu! je viens du Louvre, où Cléonte, au levé,[23]
Madame, a bien paru ridicule[24] achevé.
N'a-t-il point quelque ami qui pût, sur ses manières,
D'un charitable avis lui prêter les lumières?

CÉLIMÈNE

10
Dans le monde, à vrai dire, il se barbouille[25] fort;
Partout il porte un air qui saute aux yeux[26]
d'abord;
Et lorsqu'on le revoit après un peu d'absence,
15 On le retrouve encor plus plein d'extravagance.

ACASTE

Parbleu! s'il faut parler de gens extravagants,
Je viens d'en essuyer un des plus fatigants:
20 Damon, le raisonneur, qui m'a, ne vous déplaise,
Une heure, au grand soleil, tenu hors de ma
chaise.[27]

CÉLIMÈNE

25 C'est un parleur étrange,[28] et qui trouve toujours
L'art de ne vous rien dire avec de grands discours;
Dans les propos qu'il tient, on ne voit jamais
goutte,[29]
Et ce n'est que du bruit que tout ce qu'on écoute.

30
ÉLIANTE, à Philinte

Ce début n'est pas mal; et contre le prochain
La conversation prend un assez bon train.

35 CLITANDRE

Timante encor, Madame, est un bon caractère.[30]

CÉLIMÈNE

C'est de la tête aux pieds un homme tout mystère,
40 Qui vous jette en passant un coup d'œil égaré,
Et, sans aucune affaire, est toujours affairé.

[23] au levé (ou lever) du Roi
[24] en homme ridicule
[25] se fait remarquer comme un homme prétentieux
[26] surprend d'une impression subite
45 [27] chaise à porteurs
[28] bizarre, extravagant
[29] rien (expression inventée par les précieux)
[30] un type intéressant à peindre

Tout ce qu'il vous débite en grimaces [31] abonde;
A force de façons, il assomme le monde;
Sans cesse il a, tout bas, pour rompre l'entretien,
Un secret à vous dire, et ce secret n'est rien;
De la moindre vétille il fait une merveille,
Et jusques au bonjour, il dit tout à l'oreille.

ACASTE

Et Géralde, Madame?

CÉLIMÈNE

O l'ennuyeux conteur!
Jamais on ne le voit sortir du grand seigneur; [32]
Dans le brillant commerce [33] il se mêle sans cesse,
Et ne cite jamais que duc, prince ou princesse:
La qualité l'entête; [34] et tous ses entretiens
Ne sont que de chevaux, d'équipage [35] et de chiens;
Il tutaye [36] en parlant ceux du plus haut étage,[37]
Et le nom de Monsieur est chez lui hors d'usage.

CLITANDRE

On dit qu'avec Bélise il est du dernier bien.[38]

CÉLIMÈNE

Le pauvre esprit de femme, et le sec entretien!
Lorsqu'elle vient me voir, je souffre le martyre:
Il faut suer sans cesse à chercher que lui dire,
Et la stérilité de son expression
Fait mourir à tous coups la conversation.
En vain, pour attaquer son stupide silence,
De tous les lieux communs vous prenez l'assistance:
Le beau temps et la pluie, et le froid et le chaud
Sont des fonds qu'avec elle on épuise bientôt.
Cependant sa visite, assez insupportable,
Traîne en une longueur encore épouvantable;
Et l'on demande l'heure, et l'on bâille vingt fois,
Qu'elle grouille [39] aussi peu qu'une pièce de bois.

[31] feintes, dissimulations
[32] C'est-à-dire qu'il a toujours à la bouche des noms de grands seigneurs.
[33] relations mondaines
[34] Il a pour les gens de qualité (les nobles) un engouement voisin de la folie.
[35] équipage de chasse
[36] tutoie (On se disait *tu* dans la haute noblesse.)
[37] condition sociale
[38] tout à fait intime (langage précieux)
[39] Malgré cela, elle se remue. Les précieux aimaient se servir parfois des termes employés dans le peuple.

ACASTE

Que vous semble d'Adraste?

CÉLIMÈNE

5 Ah! quel orgueil extrême!
C'est un homme gonflé de l'amour de soi-même.
Son mérite jamais n'est content de la cour:
Contre elle il fait métier de pester chaque jour,
Et l'on ne donne emploi,[40] charge ni bénéfice,
10 Qu'à tout ce qu'il se croit on ne fasse injustice.

CLITANDRE

Mais le jeune Cléon, chez qui vont aujourd'hui
Nos plus honnêtes gens, que dites-vous de lui?
15

CÉLIMÈNE

Que de son cuisinier il s'est fait un mérite,
Et que c'est à sa table à qui l'on rend visite.

20

ÉLIANTE

Il prend soin d'y servir des mets fort délicats.

CÉLIMÈNE

Oui; mais je voudrois bien qu'il ne s'y servît pas:
25 C'est un fort méchant [41] plat que sa sotte personne,
Et qui gâte, à mon goût, tous les repas qu'il donne.

PHILINTE

On fait assez de cas de son oncle Damis:
30 Qu'en dites-vous, Madame?

CÉLIMÈNE

Il est de mes amis.

PHILINTE

35 Je le trouve honnête homme, et d'un air assez sage.

CÉLIMÈNE

Oui; mais il veut avoir trop d'esprit, dont j'enrage;
40 Il est guindé sans cesse; et dans tous ses propos
On voit qu'il se travaille à [42] dire de bons mots.
Depuis que dans la tête il s'est mis d'être habile,

[40] *emploi:* office temporaire; *charge:* emploi permanent; *bénéfice:* charge ecclésiastique comportant un revenu
[41] mauvais
[42] fait de grands efforts pour; *guindé sans cesse:* qui veut toujours paraître grave

Rien ne touche son goût, tant il est difficile;
Il veut voir des défauts à tout ce qu'on écrit,
Et pense que louer n'est pas d'un bel esprit,
Que c'est être savant que trouver à redire,
Qu'il n'appartient qu'aux sots d'admirer et de rire, 5
Et qu'en n'approuvant rien des ouvrages du temps,
Il se met au-dessus de tous les autres gens;
Aux conversations même il trouve à reprendre:
Ce sont propos trop bas pour y daigner descendre;
Et les deux bras croisés, du haut de son esprit, 10
Il regarde en pitié tout ce que chacun dit.

ACASTE

Dieu me damne, voilà son portrait véritable.

CLITANDRE

Pour bien peindre les gens vous êtes admirable.

ALCESTE

Allons, ferme, poussez,[43] mes bons amis de cour;[44] 20
Vous n'en épargnez point, et chacun a son tour:
Cependant aucun d'eux à vos yeux ne se montre,
Qu'on ne vous voie, en hâte, aller à sa rencontre,
Lui présenter la main, et d'un baiser flatteur
Appuyer les serments d'être son serviteur.

CLITANDRE

Pourquoi s'en prendre à nous? Si ce qu'on dit vous blesse,
Il faut que le reproche à Madame s'adresse. 30

ALCESTE

Non, morbleu! c'est à vous; et vos ris [45] complaisants
Tirent de son esprit tous ces traits médisants. 35
Son humeur satirique est sans cesse nourrie
Par le coupable encens de votre flatterie;
Et son cœur à railler trouveroit moins d'appas,
S'il avoit observé qu'on ne l'applaudît pas.
C'est ainsi qu'aux flatteurs on doit partout se prendre [46] 40
Des vices où l'on voit les humains se répandre.

43 continuez; attaquez, pressez votre adversaire (terme d'escrime)
44 vous qui êtes amis comme on l'est à la cour, c'est-à-dire: de faux amis
45 ris ou rires
46 s'en prendre, faire reproche

PHILINTE

Mais pourquoi pour ces gens un intérêt si grand,
Vous qui condamneriez ce qu'en eux on reprend?

CÉLIMÈNE

Et ne faut-il pas bien que Monsieur contredise?
A la commune voix veut-on qu'il se réduise,
Et qu'il ne fasse pas éclater en tous lieux
L'esprit contrariant qu'il a reçu des cieux?
Le sentiment d'autrui n'est jamais pour lui plaire; 10
Il prend toujours en main l'opinion contraire,
Et penseroit paroître un homme du commun,
Si l'on voyoit qu'il fût de l'avis de quelqu'un.
L'honneur de contredire a pour lui tant de charmes,
Qu'il prend contre lui-même assez souvent les 15
armes;
Et ses vrais sentiments sont combattus par lui,
Aussitôt qu'il les voit dans la bouche d'autrui.

ALCESTE

Les rieurs sont pour vous, Madame, c'est tout dire,
Et vous pouvez pousser contre moi la satire.

PHILINTE

Mais il est véritable aussi que votre esprit 25
Se gendarme [47] toujours contre tout ce qu'on dit,
Et que, par un chagrin [48] que lui-même il avoue,
Il ne sauroit souffrir qu'on blâme, ni qu'on loue.

ALCESTE

C'est que jamais, morbleu! les hommes n'ont raison,
Que le chagrin contre eux est toujours de saison,[49]
Et que je vois qu'ils sont, sur toutes les affaires,
Loueurs impertinents [50] ou censeurs téméraires.

CÉLIMÈNE

Mais. . .

ALCESTE

Non, Madame, non; quand j'en devrois mourir,[51]
Vous avez des plaisirs que je ne puis souffrir;

47 se met en humeur et posture d'homme qui veut combattre
48 accès de mauvaise humeur
49 justifiable
50 mal avisés, qui louent hors de propos
51 même si j'en dois mourir, je prétendrai que

Et l'on a tort ici de nourrir [52] dans votre âme
Ce grand attachement aux défauts qu'on y blâme.

CLITANDRE

Pour moi, je ne sais pas, mais j'avouerai tout haut
Que j'ai cru jusqu'ici Madame sans défaut.

ACASTE

De grâces et d'attraits je vois qu'elle est pourvue;
Mais les défauts qu'elle a ne frappent point ma vue. 10

ALCESTE

Ils frappent tous la mienne; et loin de m'en cacher,
Elle sait que j'ai soin de les lui reprocher.
Plus on aime quelqu'un, moins il faut qu'on le 15
 flatte;
A ne rien pardonner le pur amour éclate;
Et je bannirois, moi, tous ces lâches amants
Que je verrois soumis à tous mes sentiments,
Et dont, à tous propos, les molles complaisances 20
Donneroient de l'encens à mes extravagances.

CÉLIMÈNE

Enfin, s'il faut qu'à vous s'en rapportent les cœurs,
On doit, pour bien aimer, renoncer aux douceurs, [53] 25
Et du parfait amour mettre l'honneur suprême
A bien injurier les personnes qu'on aime.

ÉLIANTE

L'amour, pour l'ordinaire, est peu fait à ces lois,
Et l'on voit les amants vanter toujours leur choix; 30
Jamais leur passion n'y voit rien de blâmable,
Et dans l'objet aimé tout leur devient aimable:
Ils comptent les défauts pour des perfections,
Et savent y donner de favorables noms. 35
La pâle est aux jasmins en blancheur comparable;
La noire à faire peur, une brune adorable;
La maigre a de la taille et de la liberté;
La grasse est dans son port pleine de majesté;
La malpropre [54] sur soi, de peu d'attraits chargée, 40
Est mise sous le nom de beauté négligée;
La géante paroît une déesse aux yeux;
La naine, un abrégé des merveilles des cieux;
L'orgueilleuse a le cœur digne d'une couronne;

[52] entretenir
[53] compliments galants
[54] mal habillée, vêtue sans élégance

La fourbe a de l'esprit; la sotte est toute bonne;
La trop grande parleuse est d'agréable humeur;
Et la muette garde une honnête pudeur.
C'est ainsi qu'un amant dont l'ardeur est extrême
Aime jusqu'aux défauts des personnes qu'il aime. 5

ALCESTE

Et moi, je soutiens, moi. . .

CÉLIMÈNE

 Brisons là ce discours,
Et dans la galerie allons faire deux tours.
Quoi? vous vous en allez, Messieurs?

CLITANDRE ET ACASTE

 Non pas, Madame.

ALCESTE

La peur de leur départ occupe fort votre âme.
Sortez quand vous voudrez, Messieurs; mais j'aver- 20
 tis
Que je ne sors qu'après que vous serez sortis.

ACASTE

A moins de voir Madame en être importunée,
Rien ne m'appelle ailleurs de toute la journée.

CLITANDRE

Moi, pourvu que je puisse être au petit couché, [55]
Je n'ai point d'autre affaire où je sois attaché. 30

CÉLIMÈNE

C'est pour rire, je crois.

ALCESTE

 Non, en aucune sorte;
Nous verrons si c'est moi que vous voudrez qui
 sorte.

SCÈNE VI — BASQUE, ALCESTE, CÉLIMÈNE, ÉLIANTE 40
 ACASTE, PHILINTE, CLITANDRE

BASQUE

Monsieur, un homme est là qui voudroit vous par- 45
 ler,
Pour affaire, dit-il, qu'on ne peut reculer.

[55] le petit couché (ou coucher) du Roi

ALCESTE

Dis-lui que je n'ai point d'affaires si pressées.

BASQUE

Il porte une jaquette à grand'basques plissées,
Avec du dor [56] dessus.

CÉLIMÈNE

Allez voir ce que c'est,
Ou bien faites-le entrer.

ALCESTE

Qu'est-ce donc qu'il vous plaît?
Venez, Monsieur.

SCÈNE VII — UN GARDE, ALCESTE, CÉLIMÈNE,
ÉLIANTE, ACASTE, PHILINTE, CLITANDRE

LE GARDE

Monsieur, j'ai deux mots à vous dire.

ALCESTE

Vous pouvez parler haut, Monsieur, pour m'en instruire.

LE GARDE

Messieurs les Maréchaux,[57] dont j'ai commandement,
Vous mandent de venir les trouver promptement,
Monsieur.

ALCESTE

Qui? moi, Monsieur?

LE GARDE

Vous-même.

ALCESTE

Et pourquoi faire?

PHILINTE

C'est d'Oronte et de vous la ridicule affaire.

CÉLIMÈNE

Comment?

PHILINTE

5 Oronte et lui se sont tantôt bravés [58]
Sur certains petits vers, qu'il n'a pas approuvés;
Et l'on veut assoupir la chose [59] en sa naissance.

ALCESTE

10 Moi, je n'aurai jamais de lâche complaisance.

PHILINTE

Mais il faut suivre l'ordre: allons, disposez-vous. . .

15 ALCESTE

Quel accommodement veut-on faire entre nous?
La voix [60] de ces Messieurs me condamnera-t-elle
A trouver bons les vers qui font notre querelle?
Je ne me dédis point de ce que j'en ai dit,
20 Je les trouve méchants.[61]

PHILINTE

Mais, d'un plus doux esprit. . .

25 ALCESTE

Je n'en démordrai point: les vers sont exécrables.

PHILINTE

Vous devez faire voir des sentiments traitables.
30 Allons, venez.

ALCESTE

J'irai, mais rien n'aura pouvoir
De me faire dédire.

35

PHILINTE

Allons vous faire voir.

ALCESTE

40 Hors qu'[62]un commandement exprès du Roi me
vienne
De trouver bons les vers dont on se met en peine,

[56] de l'or, de la dorure (Basque déforme les mots.)
[57] tribunal des maréchaux de France, chargé de juger sans appel les affaires d'honneur entre gentilhommes et d'empêcher autant que possible les duels
[58] défiés, provoqués
[59] étouffer l'affaire
[60] l'opinion
[61] mauvais
[62] à moins que

Je soutiendrai toujours, morbleu! qu'ils sont mau-
vais,
Et qu'un homme est pendable après les avoir faits.
(A Clitandre et Acaste, qui rient.)
Par le sangbleu!⁶³ Messieurs, je ne croyais pas être
Si plaisant que je suis.

<div style="text-align:center">CÉLIMÈNE</div>

 Allez vite paroître
Où vous devez.

<div style="text-align:center">ALCESTE</div>

 J'y vais, Madame, et sur mes pas
Je reviens en ce lieu, pour vuider ⁶⁴ nos débats.

ACTE III

SCÈNE PREMIÈRE — CLITANDRE, ACASTE

<div style="text-align:center">CLITANDRE</div>

Cher Marquis, je te vois l'âme bien satisfaite:
Toute chose t'égaye, et rien ne t'inquiète.
En bonne foi, crois-tu, sans t'éblouir les yeux,
Avoir de grands sujets de paroître joyeux?

<div style="text-align:center">ACASTE</div>

Parbleu! je ne vois pas, lorsque je m'examine,
Où prendre aucun sujet d'avoir l'âme chagrine.
J'ai du bien, je suis jeune, et sors d'une maison ¹
Qui se peut dire noble avec quelque raison;
Et je crois, par le rang que me donne ma race,
Qu'il est fort peu d'emplois dont je ne sois en passe.²
Pour le cœur,³ dont surtout nous devons faire cas,
On sait, sans vanité, que je n'en manque pas,
Et l'on m'a vu pousser, dans le monde, une affaire ⁴
D'une assez vigoureuse et gaillarde manière.
Pour de l'esprit, j'en ai sans doute, et du bon goût
A juger sans étude et raisonner de tout,⁵

A faire aux nouveautés,⁶ dont je suis idolâtre,
Figure de savant sur les bancs du théâtre,
Y décider en chef, et faire du fracas
A tous les beaux endroits qui méritent des has.
Je suis assez adroit; j'ai bon air,⁷ bonne mine,
Les dents belles surtout, et la taille fort fine.
Quant à se mettre bien,⁸ je crois, sans me flatter,
Qu'on seroit mal venu de me le disputer.
Je me vois dans l'estime autant qu'on y puisse être,
Fort aimé du beau sexe, et bien auprès du maître.⁹
Je crois qu'avec cela, mon cher Marquis, je croi
Qu'on peut, par tout pays, être content de soi.

<div style="text-align:center">CLITANDRE</div>

Oui; mais, trouvant ailleurs des conquêtes faciles,
Pourquoi pousser ici des soupirs inutiles?

<div style="text-align:center">ACASTE</div>

Moi? Parbleu! je ne suis de taille ni d'humeur
A pouvoir d'une belle essuyer ¹⁰ la froideur.
C'est aux gens mal tournés, aux mérites vulgaires,
A brûler constamment ¹¹ pour des beautés sévères,
A languir à leurs pieds et souffrir leurs rigueurs,
A chercher le secours des soupirs et des pleurs,
Et tâcher, par des soins d'une très longue suite,¹²
D'obtenir ce qu'on nie à leur peu de mérite.
Mais les gens de mon air, Marquis, ne sont pas faits
Pour aimer à crédit,¹³ et faire tous les frais.
Quelque rare que soit le mérite des belles,
Je pense, Dieu merci! qu'on vaut son prix comme
elles,
Que pour se faire honneur d'un cœur comme le
mien,
Ce n'est pas la raison qu'il ne leur coûte rien,
Et qu'au moins, à tout mettre en de justes balances,
Il faut qu'à frais communs se fassent les avances.

<div style="text-align:center">CLITANDRE</div>

Tu penses donc, Marquis, être fort bien ici? ¹⁴

⁶³ juron de l'époque
⁶⁴ *vider:* c'est-à-dire achever

¹ d'une famille
² C'est-à dire: bien placé pour les obtenir.
³ courage, sentiment de l'honneur
⁴ mener une affaire d'honneur
⁵ « *Les gens de qualité savent tout sans avoir jamais
rien appris.* » (*Précieuses ridicules,* sc. x.)

⁶ quand on représente des pièces nouvelles
⁷ apparence, tournure
⁸ se faire bien voir
⁹ le roi
¹⁰ supporter, subir
¹¹ avec constance
¹² une cour assidue et prolongée
¹³ en risquant de ne pas être payés de retour
¹⁴ être bien accueilli de Célimène, avoir place en son
cœur

ACASTE

J'ai quelque lieu, Marquis, de le penser ainsi.

CLITANDRE

Crois-moi, détache-toi de cette erreur extrême;
Tu te flattes, mon cher, et t'aveugles toi-même.

ACASTE

Il est vrai, je me flatte et m'aveugle en effet.

CLITANDRE

Mais qui [15] te fait juger ton bonheur si parfait?

ACASTE

Je me flatte.

CLITANDRE

Sur quoi fonder tes conjectures?

ACASTE

Je m'aveugle.

CLITANDRE

En as-tu des preuves qui soient sûres?

ACASTE

Je m'abuse, te dis-je.

CLITANDRE

Est-ce que de ses vœux [16]
Célimène t'a fait quelques secrets aveux?

ACASTE

Non, je suis maltraité.

CLITANDRE

Réponds-moi, je te prie.

ACASTE

Je n'ai que des rebuts.

CLITANDRE

Laissons la raillerie,
Et me dis quel espoir on peut t'avoir donné.

ACASTE

Je suis le misérable, et toi le fortuné:
On a pour ma personne une aversion grande,
Et quelqu'un de ces jours il faut que je me pende.

CLITANDRE

O çà, veux-tu, Marquis, pour ajuster nos vœux, [17]
Que nous tombions d'accord d'une chose tous deux?
Que qui pourra montrer une marque certaine
10 D'avoir meilleure part au cœur de Célimène,
L'autre ici fera place au vainqueur prétendu [18]
Et le délivrera d'un rival assidu?

ACASTE

15 Ah, parbleu! tu me plais avec un tel langage,
Et du bon de mon cœur [19] à cela je m'engage.
Mais, chut!

20 SCÈNE II — CÉLIMÈNE, ACASTE, CLITANDRE

CÉLIMÈNE

Encore ici?

CLITANDRE

L'amour retient nos pas.

CÉLIMÈNE

Je viens d'ouïr entrer un carrosse là-bas, [20]
30 Savez-vous qui c'est?

CLITANDRE

Non.

35

SCÈNE III — BASQUE, CÉLIMÈNE, ACASTE, CLITANDRE

BASQUE

Arsinoé, Madame,
40 Monte ici pour vous voir.

CÉLIMÈNE

Que me veut cette femme?

[15] qu'est-ce qui
[16] ses sentiments

[17] accommoder notre amour
[18] futur
[19] de tout mon cœur
[20] en bas

BASQUE

Éliante là-bas est à l'entretenir.

CÉLIMÈNE

De quoi s'avise-t-elle et qui la fait venir?

ACASTE

Pour prude consommée en tous lieux elle passe,
Et l'ardeur de son zèle ²¹. . .

CÉLIMÈNE

Oui, oui, franche grimace: ²²
Dans l'âme elle est du monde,²³ et ses soins tentent
tout
Pour accrocher quelqu'un, sans en venir à bout.
Elle ne sauroit voir qu'avec un œil d'envie
Les amants déclarés dont une autre est suivie;
Et son triste mérite,²⁴ abandonné de tous,
Contre le siècle aveugle ²⁵ est toujours en courroux.
Elle tâche à couvrir d'un faux voile de prude
Ce que chez elle on voit d'affreuse solitude;
Et pour sauver l'honneur de ses foibles appas,
Elle attache du crime au pouvoir qu'ils n'ont pas.
Cependant un amant plairoit fort à la dame,
Et même pour Alceste elle a tendresse d'âme.
Ce qu'il me rend de soins ²⁶ outrage ses attraits,
Elle veut que ce soit un vol que je lui fais;
Et son jaloux dépit, qu'avec peine elle cache,
En tous endroits, sous main, contre moi se dé-
tache.²⁷
Enfin je n'ai rien vu de si sot à mon gré,
Elle est impertinente au suprême degré.
Et. . .

SCÈNE IV — ARSINOÉ, CÉLIMÈNE

CÉLIMÈNE

Ah! quel heureux sort en ce lieu vous amène?
Madame, sans mentir, j'étois de vous en peine.²⁸

ARSINOÉ

Je viens pour quelque avis que j'ai cru vous devoir.

CÉLIMÈNE

5 Ah, mon Dieu! que je suis contente de vous voir!

ARSINOÉ

Leur départ ne pouvoit plus à propos se faire.

CÉLIMÈNE

10 Voulons-nous nous asseoir?

ARSINOÉ

Il n'est pas nécessaire,
15 Madame. L'amitié doit surtout éclater
Aux choses qui le plus nous peuvent importer;
Et comme il n'en est point de plus grande impor-
tance
Que celles de l'honneur et de la bienséance,
20 Je viens, par un avis qui touche votre honneur,
Témoigner l'amitié que pour vous a mon cœur.
Hier j'étois chez des gens de vertu singulière,
Où sur vous du discours on tourna la matière;
Et là, votre conduite, avec ses grands éclats,
25 Madame, eut le malheur qu'on ne la loua pas.
Cette foule de gens dont vous souffrez visite,
Votre galanterie, et les bruits qu'elle excite
Trouvèrent des censeurs plus qu'il n'auroit fallu,
Et bien plus rigoureux que je n'eusse voulu.
30 Vous pouvez bien penser quel parti je sus prendre:
Je fis ce que je pus pour vous pouvoir défendre,
Je vous excusai fort sur votre intention,
Et voulus de votre âme être la caution.
Mais vous savez qu'il est des choses dans la vie
35 Qu'on ne peut excuser, quoiqu'on en ait envie;
Et je me vis contrainte à demeurer d'accord
Que l'air ²⁹ dont vous viviez vous faisoit un peu
tort,
Qu'il prenoit dans le monde une méchante face,
40 Qu'il n'est conte fâcheux que partout on n'en fasse,
Et que, si vous vouliez, tous vos déportements ³⁰
Pourroient moins donner prise aux mauvais juge-
ments.
Non que j'y croie, au fond, l'honnêteté blessée:

²¹ piété, dévotion
²² hypocrisie
²³ Elle n'a pas renoncé aux plaisirs du monde.
²⁴ charmes physiques
²⁵ aveugle parce qu'il ne voit pas ses charmes
²⁶ la cour qu'il me fait
²⁷ se déchaîne; *sous main:* en se cachant hypocritement
²⁸ inquiète à votre sujet

²⁹ la manière
³⁰ façons d'agir, bonnes ou mauvaises; *conte fâcheux:*
racontar mensonger

Me préserve le Ciel d'en avoir la pensée!
Mais aux ombres [31] du crime on prête aisément
 foi,
Et ce n'est pas assez de bien vivre pour soi.
Madame, je vous crois l'âme trop raisonnable,
Pour ne pas prendre bien cet avis profitable,
Et pour l'attribuer qu'aux mouvements secrets
D'un zèle qui m'attache à tous vos intérêts.

CÉLIMÈNE

Madame, j'ai beaucoup de grâces à vous rendre: [32]
Un tel avis m'oblige, et loin de le mal prendre,
J'en prétends reconnoître, à l'instant, la faveur,
Par un avis aussi qui touche votre honneur;
Et comme je vous vois vous montrer mon amie
En m'apprenant les bruits que de moi l'on publie,
Je veux suivre, à mon tour, un exemple si doux,
En vous avertissant de ce qu'on dit de vous.
En un lieu, l'autre jour, où je faisois visite,
Je trouvai quelques gens d'un très rare mérite,
Qui, parlant des vrais soins [33] d'une âme qui vit
 bien,
Firent tomber sur vous, Madame, l'entretien.
Là, votre pruderie et vos éclats de zèle [34]
Ne furent pas cités comme un fort bon modèle:
Cette affectation d'un grave extérieur,
Vos discours éternels de sagesse et d'honneur,
Vos mines et vos cris aux ombres d'indécence
Que d'un mot ambigu peut avoir l'innocence,
Cette hauteur d'estime où vous êtes de vous,
Et ces yeux de pitié que vous jetez sur tous,
Vos fréquentes leçons, et vos aigres censures
Sur des choses qui sont innocentes et pures,
Tout cela, si je puis vous parler franchement,
Madame, fut blâmé d'un commun sentiment.
A quoi bon, disoient-ils, cette mine modeste,
Et ce sage dehors que dément tout le reste?
Elle est à bien prier exacte au dernier point;
Mais elle bat ses gens, [35] et ne les paye point.
Dans tous les lieux dévots elle étale un grand zèle;
Mais elle met du blanc [36] et veut paroître belle.
Elle fait des tableaux couvrir les nudités;

[31] apparences
[32] remerciements à vous faire
[33] occupations, soucis
[34] zèle dévot
[35] domestiques
[36] fard

Mais elle a de l'amour pour les réalités.
Pour moi, contre chacun je pris votre défense,
Et leur assurai fort que c'étoit médisance;
Mais tous les sentiments combattirent le mien;
5 Et leur conclusion fut que vous feriez bien
De prendre moins de soin des actions des autres,
Et de vous mettre un peu plus en peine des vôtres;
Qu'on doit se regarder soi-même un fort long temps,
Avant que de songer à condamner les gens;
10 Qu'il faut mettre le poids d'une vie exemplaire
Dans les corrections qu'aux autres on veut faire;
Et qu'encor vaut-il mieux s'en remettre, au besoin,
A ceux à qui le Ciel en a commis le soin.
Madame, je vous crois aussi trop raisonnable,
15 Pour ne pas prendre bien cet avis profitable,
Et pour l'attribuer qu'aux mouvements secrets
D'un zèle qui m'attache à tous vos intérêts.

ARSINOÉ

20 A quoi qu'en reprenant on soit assujettie, [37]
Je ne m'attendois pas à cette repartie,
Madame, et je vois bien, par ce qu'elle a d'aigreur,
Que mon sincère avis vous a blessée au cœur.

25 CÉLIMÈNE

Au contraire, Madame; et si l'on étoit sage,
Ces avis mutuels seroient mis en usage:
On détruiroit par là, traitant de bonne foi,
Ce grand aveuglement où chacun est pour soi.
30 Il ne tiendra qu'à vous qu'avec le même zèle
Nous ne continuions cet office fidèle,
Et ne prenions grand soin de nous dire, entre nous,
Ce que nous entendrons vous de moi, moi de vous.

35 ARSINOÉ

Ah! Madame, de vous je ne puis rien entendre:
C'est en moi que l'on peut trouver fort à reprendre.

CÉLIMÈNE

40 Madame, on peut, je crois, louer et blâmer tout,
Et chacun a raison suivant l'âge ou le goût.
Il est une saison pour la galanterie;
Il en est une aussi propre à la pruderie.
On peut, par politique, en prendre le parti,
45 Quand de nos jeunes ans l'éclat est amorti:

[37] en faisant des critiques on s'expose

Cela sert à couvrir de fâcheuses disgrâces.
Je ne dis pas qu'un jour je ne suive vos traces:
L'âge amènera tout, et ce n'est pas le temps,
Madame, comme on sait, d'être prude à vingt ans.

ARSINOÉ

Certes, vous vous targuez d'un bien foible avantage,
Et vous faites sonner terriblement votre âge.
Ce que de plus que vous on en pourroit avoir
N'est pas un si grand cas pour s'en tant prévaloir;
Et je ne sais pourquoi votre âme ainsi s'emporte,
Madame, à me pousser de cette étrange sorte.

CÉLIMÈNE

Et moi, je ne sais pas, Madame, aussi pourquoi
On vous voit, en tous lieux, vous déchaîner sur moi.
Faut-il de vos chagrins,³⁸ sans cesse, à moi vous
 prendre?
Et puis-je mais ³⁹ des soins qu'on ne va pas vous
 rendre?
Si ma personne aux gens inspire de l'amour,
Et si l'on continue à m'offrir chaque jour
Des vœux que votre cœur peut souhaiter qu'on
 m'ôte,
Je n'y saurois que faire, et ce n'est pas ma faute:
Vous avez le champ libre, et je n'empêche pas
Que pour les attirer vous n'ayez des appas.

ARSINOÉ

Hélas! et croyez-vous que l'on se mette en peine
De ce nombre d'amants dont vous faites la vaine,
Et qu'il ne nous soit pas fort aisé de juger
A quel prix aujourd'hui l'on peut les engager? ⁴⁰
Pensez-vous faire croire, à voir comme tout roule,
Que votre seul mérite attire cette foule?
Qu'ils ne brûlent pour vous que d'un honnête
 amour,
Et que pour vos vertus ils vous font tous la cour?
On ne s'aveugle point par de vaines défaites,⁴¹
Le monde n'est point dupe; et j'en vois qui sont
 faites

A pouvoir inspirer de tendres sentiments,
Qui chez elles pourtant ne fixent point d'amants;
Et de là nous pouvons tirer des conséquences,
Qu'on n'acquiert point leurs cœurs sans de grandes
5 avances,
Qu'aucun pour nos beaux yeux n'est notre soupi-
 rant,
Et qu'il faut acheter tous les soins qu'on nous
 rend.⁴²
10 Ne vous enflez donc point d'une si grande gloire
Pour les petits brillants d'une foible victoire;
Et corrigez un peu l'orgueil de vos appas,
De traiter pour cela les gens de haut en bas.
Si nos yeux envioient les conquêtes des vôtres,
15 Je pense qu'on ⁴³ pourroit faire comme les autres,
Ne se point ménager, et vous faire bien voir
Que l'on a des amants quand on en veut avoir.

CÉLIMÈNE

20 Ayez-en donc, Madame, et voyons cette affaire: ⁴⁴
Par ce rare secret ⁴⁵ efforcez-vous de plaire;
Et sans. . .

ARSINOÉ

 Brisons, Madame, un pareil entretien:
 Il pousseroit trop loin votre esprit et le mien;
 Et j'aurois pris déjà le congé qu'il faut prendre,
25 Si mon carrosse encor ne m'obligeoit d'attendre.

CÉLIMÈNE

Autant qu'il vous plaira vous pouvez arrêter,⁴⁶
Madame, et là-dessus rien ne doit vous hâter;
Mais, sans vous fatiguer de ma cérémonie,⁴⁷
Je m'en vais vous donner meilleure compagnie;
35 Et Monsieur, qu'à propos le hasard fait venir,
Remplira mieux ma place à vous entretenir.
Alceste, il faut que j'aille écrire un mot de lettre,
Que, sans me faire tort, je ne saurois remettre;
Soyez avec ⁴⁸ Madame: elle aura la bonté
D'excuser aisément mon incivilité.

³⁸ tristesses
³⁹ suis-je responsable
⁴⁰ attacher à soi
⁴¹ C'est-à-dire: personne n'est ébloui par de mauvaises
excuses.

⁴² la cour qu'on nous fait
⁴³ les femmes telles que moi
⁴⁴ nous verrons le résultat
⁴⁵ la méthode dont vous vous vantez
⁴⁶ rester
⁴⁷ mes politesses
⁴⁸ restez pour tenir compagnie à

SCÈNE V — ALCESTE, ARSINOÉ

ARSINOÉ

Vous voyez, elle veut que je vous entretienne,
Attendant un moment que mon carrosse vienne;
Et jamais tous ses soins ne pouvoient m'offrir rien
Qui me fût plus charmant qu'un pareil entretien.
En vérité, les gens d'un mérite sublime
Entraînent de chacun et l'amour et l'estime;
Et le vôtre, sans doute, a des charmes secrets
Qui font entrer mon cœur dans tous vos intérêts.
Je voudrois que la cour, par un regard propice,
A ce que vous valez rendît plus de justice:
Vous avez à vous plaindre, et je suis en courroux,
Quand je vois chaque jour qu'on ne fait rien pour 15
vous.

ALCESTE

Moi, Madame! Et sur quoi pourrois-je en rien [49]
prétendre?
Quel service à l'État est-ce qu'on m'a vu rendre?
Qu'ai-je fait, s'il vous plaît, de si brillant de soi,
Pour me plaindre à la cour qu'on ne fait rien pour
moi?

ARSINOÉ

Tous ceux sur qui la cour jette des yeux propices,
N'ont pas toujours rendu de ces fameux services.
Il faut l'occasion, ainsi que le pouvoir;
Et le mérite enfin que vous nous faites voir
Devroit. . .

ALCESTE

Mon Dieu! laissons mon mérite, de grâce;
De quoi voulez-vous là que la cour s'embarrasse?
Elle auroit fort à faire, et ses soins seroient grands
D'avoir à déterrer le mérite des gens.

ARSINOÉ

Un mérite éclatant se déterre lui-même:
Du vôtre, en bien des lieux, on fait un cas extrême;
Et vous saurez de moi qu'en deux fort bons en-
droits
Vous fûtes hier loué par des gens d'un grand poids.

ALCESTE

Eh! Madame, l'on loue aujourd'hui tout le monde,
Et le siècle par là n'a rien qu'on ne confonde:
Tout [50] est d'un grand mérite également doué,
Ce n'est plus un honneur que de se voir loué;
D'éloges on regorge, à la tête on les jette,
Et mon valet de chambre est mis dans la Gazette.[51]

ARSINOÉ

10 Pour moi, je voudrois bien que, pour vous montrer
mieux,
Une charge à la cour vous pût frapper les yeux.
Pour peu que d'y songer vous nous fassiez les
mines,[52]
15 On peut pour vous servir remuer des machines,[53]
Et j'ai des gens en main que j'emploierai pour vous,
Qui vous feront à tout un chemin assez doux.

ALCESTE

20 Et que voudriez-vous, Madame, que j'y fisse?
L'humeur dont je me sens [54] veut que je m'en ban-
nisse.
Le Ciel ne m'a point fait, en me donnant le jour,
Une âme compatible avec l'air de la cour;
25 Je ne me trouve point les vertus nécessaires
Pour y bien réussir et faire mes affaires.
Être franc et sincère est mon plus grand talent;
Je ne sais point jouer les hommes en parlant; [55]
Et qui n'a pas le don de cacher ce qu'il pense
30 Doit faire en ce pays [56] fort peu de résidence.
Hors de la cour, sans doute, on n'a pas cet appui,
Et ces titres d'honneur qu'elle donne aujourd'hui;
Mais on n'a pas aussi,[57] perdant ces avantages,
Le chagrin de jouer de fort sots personnages:
35 On n'a point à souffrir mille rebuts cruels,
On n'a point à louer les vers de Messieurs tels,
A donner de l'encens à Madame une telle,
Et de nos francs marquis essuyer la cervelle.[58]

[49] en quelque chose

[50] tout le monde
[51] *La Gazette de France,* fondée en 1631 par Théophraste
Renaudot
[52] vous fassiez mine
[53] ressorts mondains
[54] mon caractère
[55] Je ne sais pas duper les hommes par mes paroles.
[56] la Cour
[57] non plus
[58] subir les sottises

ARSINOÉ

Laissons, puisqu'il vous plaît, ce chapitre de cour;
Mais il faut que mon cœur vous plaigne en votre
 amour;
Et pour vous découvrir là-dessus mes pensées,
Je souhaiterois fort vos ardeurs mieux placées.
Vous méritez, sans doute, un sort beaucoup plus
 doux,
Et celle qui vous charme est indigne de vous.

ALCESTE

Mais, en disant cela, songez-vous, je vous prie,
Que cette personne est, Madame, votre amie?

ARSINOÉ

Oui; mais ma conscience est blessée en effet
De souffrir plus longtemps le tort que l'on vous fait;
L'état-où je vous vois afflige trop mon âme,
Et je vous donne avis qu'on trahit votre flamme.

ALCESTE

C'est me montrer, Madame, un tendre mouvement
Et de pareils avis obligent un amant!

ARSINOÉ

Oui, toute mon amie,[59] elle est et je la nomme
Indigne d'asservir le cœur d'un galant homme;
Et le sien n'a pour vous que de feintes douceurs.

ALCESTE

Cela se peut, Madame: on ne voit pas les cœurs;
Mais votre charité se seroit bien passée
De jeter dans le mien une telle pensée.

ARSINOÉ

Si vous ne voulez pas être désabusé,
Il faut ne vous rien dire, il [60] est assez aisé.

ALCESTE

Non; mais sur ce sujet quoi que l'on nous expose,
Les doutes sont fâcheux plus que toute autre chose,
Et je voudrois, pour moi, qu'on ne me fît savoir
Que ce qu'avec clarté l'on peut me faire voir.

[59] bien qu'elle soit mon amie
[60] cela

ARSINOÉ

Hé bien! c'est assez dit; et sur cette matière
Vous allez recevoir une pleine lumière.
Oui, je veux que de tout vos yeux vous fassent foi: [61]
Donnez-moi seulement la main [62] jusque chez moi;
Là je vous ferai voir une preuve fidèle
De l'infidélité du cœur de votre belle;
Et si pour d'autres yeux le vôtre peut brûler,
On pourra vous offrir de quoi vous consoler.

ACTE IV

SCÈNE PREMIÈRE — ÉLIANTE, PHILINTE

PHILINTE

Non, l'on n'a point vu d'âme à manier si dure,
Ni d'accommodement plus pénible à conclure:
En vain de tous côtés on l'a voulu tourner,
Hors de son sentiment on n'a pu l'entraîner;
Et jamais différend si bizarre, je pense,
N'avoit de ces Messieurs [1] occupé la prudence.
« Non, Messieurs, disoit-il, je ne me dédis point,
Et tomberai d'accord de tout, hors de ce point.
De quoi s'offense-t-il? et que veut-il me dire?
Y va-t-il de sa gloire [2] à ne pas bien écrire?
Que lui fait mon avis, qu'il a pris de travers? [3]
On peut être honnête homme et faire mal des vers:
Ce n'est point à l'honneur que touchent ces ma-
 tières;
Je le tiens [4] galant homme en toutes les manières,
Homme de qualité, de mérite et de cœur,
Tout ce qu'il vous plaira, mais fort méchant auteur.
Je louerai, si l'on veut, son train [5] et sa dépense,
Son adresse à cheval, aux armes, à la danse;
Mais pour louer ses vers, je suis son serviteur; [6]
Et lorsque d'en mieux faire on n'a pas le bonheur,
On ne doit de rimer avoir aucune envie,
Qu'on n'y soit condamné sur peine de la vie. »

[61] que tout vous soit prouvé en vous le faisant voir
[62] accompagnez-moi

[1] les Maréchaux
[2] Son honneur est-il en jeu?
[3] de mauvaise façon, avec aigreur
[4] je le regarde comme
[5] sa manière de vivre
[6] façon polie de dire: je refuse

Enfin toute la grâce et l'accommodement
Où s'est, avec effort, plié son sentiment,
C'est de dire, croyant adoucir bien son style: [7]
« Monsieur, je suis fâché d'être si difficile,
Et pour l'amour de vous, je voudrois, de bon 5
 cœur,
Avoir trouvé tantôt votre sonnet meilleur. »
Et dans une embrassade, on leur a, pour conclure,
Fait vite envelopper toute la procédure.[8]

ÉLIANTE

Dans ses façons d'agir, il est fort singulier;
Mais j'en fais, je l'avoue, un cas particulier,
Et la sincérité dont son âme se pique
A quelque chose, en soi, de noble et d'héroïque. 15
C'est une vertu rare au siècle d'aujourd'hui,
Et je la voudrois voir partout comme chez lui.

PHILINTE

Pour moi, plus je la vois, plus surtout je m'étonne 20
De cette passion où son cœur s'abandonne:
De l'humeur dont le Ciel a voulu le former,
Je ne sais pas comment il s'avise d'aimer;
Et je sais moins encor comment votre cousine
Peut être la personne où son penchant l'incline. 25

ÉLIANTE

Cela fait assez voir que l'amour, dans les cœurs,
N'est pas toujours produit par un rapport d'hu-
 meurs; [9]
Et toutes ces raisons de douces sympathies
Dans cet exemple-ci se trouvent démenties.

PHILINTE

Mais croyez-vous qu'on [10] l'aime, aux choses qu'on 35
 peut voir?

ÉLIANTE

C'est un point qu'il n'est pas fort aisé de savoir.
Comment pouvoir juger s'il est vrai qu'elle l'aime? 40
Son cœur de ce qu'il sent n'est pas bien sûr lui-
 même;

[7] sa façon de parler
[8] étouffer l'affaire
[9] de tempéraments
[10] on: Célimène; aux choses: d'après les choses

Il aime quelquefois sans qu'il le sache bien,
Et croit aimer aussi parfois qu'il n'en est rien.

PHILINTE

Je crois que notre ami, près de cette cousine,
Trouvera des chagrins plus qu'il ne s'imagine;
Et s'il avoit mon cœur, à dire vérité,
Il tourneroit ses vœux tout d'un autre côté,
Et par un choix plus juste, on le verroit, Madame,
Profiter des bontés que lui montre votre âme.

ÉLIANTE

Pour moi, je n'en fais point de façons,[11] et je croi
Qu'on doit, sur de tels points, être de bonne foi:
Je ne m'oppose point à toute sa tendresse;
Au contraire, mon cœur pour elle s'intéresse;
Et si c'étoit qu'à moi la chose pût tenir,
Moi-même à ce qu'il aime on me verroit l'unir.
Mais si dans un tel choix, comme tout se peut faire,
Son amour éprouvoit quelque destin contraire,
S'il falloit que d'un autre on couronnât les feux,[12]
Je pourrois me résoudre à recevoir ses vœux;
Et le refus souffert, en pareille occurrence,
Ne m'y feroit trouver aucune répugnance.[13]

PHILINTE

Et moi, de mon côté, je ne m'oppose pas,
Madame, à ces bontés qu'ont pour lui vos appas;
Et lui-même, s'il veut, il peut bien vous instruire
De ce que là-dessus j'ai pris soin de lui dire.
Mais si, par un hymen qui les joindroit eux deux,
Vous étiez hors d'état de recevoir ses vœux,
Tous les miens tenteroient la faveur éclatante
Qu'avec tant de bonté votre âme lui présente:
Heureux si, quand son cœur s'y pourra dérober,
Elle pouvoit sur moi, Madame, retomber.[14]

ÉLIANTE

Vous vous divertissez,[15] Philinte.

[11] j'en parle franchement; croi: crois
[12] C'est-à-dire que Célimène en épousât un autre.
[13] Éliante veut dire que le fait que Célimène aurait refusé les vœux d'Alceste ne lui causerait aucune répugnance à les recevoir.
[14] Je serais heureux si, quand le cœur d'Alceste se sera dérobé à la faveur que vous lui offrez, cette faveur pouvait retomber sur moi.
[15] vous plaisantez

PHILINTE

 Non, Madame,
Et je vous parle ici du meilleur de mon âme.
J'attends l'occasion de m'offrir hautement
Et de tous mes souhaits j'en presse le moment.

SCÈNE II — ALCESTE, ÉLIANTE, PHILINTE

ALCESTE

Ah! faites-moi raison,[16] Madame, d'une offense 10
Qui vient de triompher de toute ma constance.

ÉLIANTE

Qu'est-ce donc? Qu'avez-vous qui vous puisse émou-
 voir? 15

ALCESTE

J'ai ce que sans mourir je ne puis concevoir;
Et le déchaînement de toute la nature
Ne m'accableroit pas comme cette aventure. 20
C'en est fait. . . Mon amour. . . Je ne saurois par-
 ler.

ÉLIANTE

Que votre esprit un peu tâche à se rappeler. 25

ALCESTE

O juste Ciel! faut-il qu'on joigne à tant de grâces
Les vices odieux des âmes les plus basses?

ÉLIANTE
 30
Mais encor qui vous peut. . . ?

ALCESTE

 Ah! tout est ruiné; 35
Je suis, je suis trahi, je suis assassiné:
Célimène. . . Eût-on pu croire cette nouvelle?
Célimène me trompe et n'est qu'une infidèle.

ÉLIANTE

Avez-vous, pour le croire, un juste fondement? 40

PHILINTE

Peut-être est-ce un soupçon conçu légèrement,
Et votre esprit jaloux prend parfois des chimères. . . 45

16 vengez-moi

ALCESTE

Ah, morbleu! mêlez-vous, Monsieur, de vos af-
 faires.
C'est de sa trahison n'être que trop certain,
Que l'avoir, dans ma poche, écrite de sa main. 5
Oui, Madame, une lettre écrite pour Oronte
A produit à mes yeux ma disgrâce et sa honte:
Oronte, dont j'ai cru qu'elle fuyoit les soins,[17]
Et que de mes rivaux je redoutois le moins.

PHILINTE

Une lettre peut bien tromper par l'apparence,
Et n'est pas quelquefois si coupable qu'on pense.

ALCESTE

Monsieur, encore un coup, laissez-moi, s'il vous
 plaît,
Et ne prenez souci que de votre intérêt.

ÉLIANTE
 20
Vous devez modérer vos transports, et l'outrage. . .

ALCESTE

Madame, c'est à vous qu'appartient cet ou-
 vrage;[18]
C'est à vous que mon cœur a recours aujourd'hui
Pour pouvoir s'affranchir de son cuisant ennui.
Vengez-moi d'une ingrate et perfide parente,[19]
Qui trahit lâchement une ardeur si constante;
Vengez-moi de ce trait qui doit vous faire hor- 30
 reur.

ÉLIANTE

Moi, vous venger! Comment?

ALCESTE

 En recevant mon cœur.
Acceptez-le, Madame, au lieu de l'infidèle:
C'est par là que je puis prendre vengeance d'elle;
Et je la veux punir par les sincères vœux, 40
Par le profond amour, les soins respectueux,
Les devoirs empressés et l'assidu service
Dont ce cœur va vous faire un ardent sacrifice.

17 hommages galants
18 cette œuvre de consolation
19 Célimène est la cousine d'Éliante.

ÉLIANTE

Je compatis, sans doute, à ce que vous souffrez,
Et ne méprise point le cœur que vous m'offrez;
Mais peut-être le mal n'est pas si grand qu'on pense,
Et vous pourrez quitter [20] ce désir de vengeance.
Lorsque l'injure part d'un objet [21] plein d'appas,
On fait force desseins qu'on n'exécute pas:
On a beau voir, pour rompre, une raison puissante,
Une coupable aimée est bientôt innocente;
Tout le mal qu'on lui veut se dissipe aisément,
Et l'on sait ce que c'est qu'un courroux d'un amant.

ALCESTE

Non, non, Madame, non: l'offense est trop mortelle,
Il n'est point de retour, et je romps avec elle;
Rien ne sauroit changer le dessein que j'en fais,
Et je me punirois de l'estimer jamais.
La voici. Mon courroux redouble à cette approche;
Je vais de sa noirceur lui faire un vif reproche,
Pleinement la confondre, et vous porter [22] après
Un cœur tout dégagé de ses trompeurs attraits.

SCÈNE III — CÉLIMÈNE, ALCESTE

ALCESTE

O Ciel! de mes transports [23] puis-je être ici le maître?

CÉLIMÈNE

Ouais! Quel est donc le trouble où je vous vois paraître?
Et que me veulent dire et ces soupirs poussés,
Et ces sombres regards que sur moi vous lancez?

ALCESTE

Que toutes les horreurs dont une âme est capable
A vos déloyautés n'ont rien de comparable;
Que le sort, les démons, et le Ciel en courroux
N'ont jamais rien produit de si méchant que vous.

CÉLIMÈNE

Voilà certainement des douceurs que j'admire.

[20] renoncer à
[21] personne aimée
[22] apporter
[23] emportements

ALCESTE

Ah! ne plaisantez point, il n'est pas temps de rire:
Rougissez bien plutôt, vous en avez raison; [24]
Et j'ai de sûrs témoins [25] de votre trahison.
5 Voilà ce que marquoient les troubles de mon âme:
Ce n'étoit pas en vain que s'alarmoit ma flamme;
Par ces fréquents soupçons, qu'on trouvoit odieux,
Je cherchois le malheur qu'ont rencontré mes yeux;
10 Et malgré tous vos soins et votre adresse à feindre,
Mon astre me disoit ce que j'avois à craindre.
Mais ne présumez pas que, sans être vengé,
Je souffre le dépit de me voir outragé.
Je sais que sur les vœux [26] on n'a point de puissance,
15 Que l'amour veut partout naître sans dépendance,
Que jamais par la force on n'entra dans un cœur,
Et que toute âme est libre à nommer son vainqueur.
Aussi ne trouverois-je aucun sujet de plainte,
20 Si pour moi votre bouche avoit parlé sans feinte;
Et, rejetant mes vœux dès le premier abord,
Mon cœur n'auroit eu droit de s'en prendre qu'au sort.
Mais d'un aveu trompeur voir ma flamme applaudie,
25 C'est une trahison, c'est une perfidie,
Qui ne sauroit trouver de trop grands châtiments,
Et je puis tout permettre à mes ressentiments.
Oui, oui, redoutez tout après un tel outrage;
30 Je ne suis plus à moi, je suis tout à la rage:
Percé du coup mortel dont vous m'assassinez,
Mes sens par la raison ne sont plus gouvernés,
Je cède aux mouvements d'une juste colère,
Et je ne réponds pas de ce que je puis faire.

35

CÉLIMÈNE

D'où vient donc, je vous prie, un tel emportement?
Avez-vous, dites-moi, perdu le jugement?

ALCESTE

40 Oui, oui, je l'ai perdu, lorsque dans votre vue
J'ai pris, pour mon malheur, le poison qui me tue,
Et que j'ai cru trouver quelque sincérité
Dans les traîtres appas dont je fus enchanté.

[24] motif
[25] preuves
[26] l'amour

CÉLIMÈNE

De quelle trahison pouvez-vous donc vous plaindre?

ALCESTE

Ah! que ce cœur est double [27] et sait bien l'art de feindre!
Mais pour le mettre à bout [28] j'ai des moyens tout prêts:
Jetez ici les yeux, et connoissez vos traits; [29]
Ce billet découvert suffit pour vous confondre,
Et contre ce témoin on n'a rien à répondre.

CÉLIMÈNE

Voilà donc le sujet qui vous trouble l'esprit?

ALCESTE

Vous ne rougissez pas en voyant cet écrit?

CÉLIMÈNE

Et par quelle raison faut-il que j'en rougisse?

ALCESTE

Quoi? vous joignez ici l'audace à l'artifice?
Le désavouerez-vous, pour n'avoir point de seing? [30]

CÉLIMÈNE

Pourquoi désavouer un billet de ma main?

ALCESTE

Et vous pouvez le voir sans demeurer confuse
Du crime dont vers moi son style vous accuse?

CÉLIMÈNE

Vous êtes, sans mentir, un grand extravagant.

ALCESTE

Quoi? vous bravez ainsi ce témoin convaincant?
Et ce qu'il m'a fait voir de douceur pour Oronte
N'a donc rien qui m'outrage, et qui vous fasse honte?

CÉLIMÈNE

Oronte! Qui vous dit que la lettre est pour lui?

ALCESTE

Les gens qui dans mes mains l'ont remise aujourd'hui.
Mais je veux consentir qu'elle soit pour un autre:
Mon cœur en a-t-il moins à se plaindre du vôtre?
En serez-vous vers moi moins coupable en effet?

CÉLIMÈNE

Mais si c'est une femme à qui va ce billet,
En quoi vous blesse-t-il? et qu'a-t-il de coupable?

ALCESTE

Ah! le détour est bon, et l'excuse admirable.
Je ne m'attendois pas, je l'avoue, à ce trait,
Et me voilà, par là, convaincu tout à fait.
Osez-vous recourir à ces ruses grossières?
Et croyez-vous les gens si privés de lumières?
Voyons, voyons un peu par quel biais, de quel air [31]
Vous voulez soutenir un mensonge si clair,
Et comment vous pourrez tourner pour une femme
Tous les mots d'un billet qui montre tant de flamme?
Ajustez, pour couvrir un manquement de foi, [32]
Ce que je m'en vais lire. . .

CÉLIMÈNE

Il ne me plaît pas, moi. [33]
Je vous trouve plaisant d'user d'un tel empire,
Et de me dire au nez ce que vous m'osez dire.

ALCESTE

Non, non: sans s'emporter, [34] prenez un peu souci
De me justifier les termes que voici.

CÉLIMÈNE

Non, je n'en veux rien faire, et dans cette occurrence,
Tout ce que vous croirez m'est de peu d'importance.

ALCESTE

De grâce, montrez-moi, je serai satisfait,
Qu'on peut pour une femme expliquer ce billet.

[27] hypocrite
[28] pour le confondre
[29] votre écriture
[30] signature

[31] manière; *lumières:* intelligence
[32] expliquez pour excuser votre trahison
[33] C'est-à-dire: Cela ne m'intéresse pas, je refuse de vous entendre.
[34] en restant calme

CÉLIMÈNE

Non, il est pour Oronte, et je veux qu'on le croie;
Je reçois tous ses soins [35] avec beaucoup de joie;
J'admire ce qu'il dit, j'estime ce qu'il est,
Et je tombe d'accord de tout ce qu'il vous plaît.
Faites, prenez parti, que rien ne vous arrête,
Et ne me rompez pas davantage la tête.[36]

ALCESTE

Ciel! rien de plus cruel peut-il être inventé?
Et jamais cœur fut-il de la sorte traité?
Quoi? d'un juste courroux je suis ému contre elle,
C'est moi qui me viens plaindre, et c'est moi qu'on querelle!
On pousse ma douleur et mes soupçons à bout,
On me laisse tout croire, on fait gloire de tout;
Et cependant mon cœur est encore assez lâche
Pour ne pouvoir briser la chaîne qui l'attache
Et pour ne pas s'armer d'un généreux mépris
Contre l'ingrat objet dont il est trop épris!
Ah! que vous savez bien ici, contre moi-même,
Perfide, vous servir de ma foiblesse extrême,
Et ménager pour vous [37] l'excès prodigieux
De ce fatal amour né de vos traîtres yeux!
Défendez-vous au moins d'un crime qui m'accable, 25
Et cessez d'affecter d'être envers moi coupable;
Rendez-moi, s'il se peut, ce billet innocent:
A vous prêter les mains ma tendresse consent;
Efforcez-vous ici de paroître fidèle,
Et je m'efforcerai, moi, de vous croire telle. 30

CÉLIMÈNE

Allez, vous êtes fou, dans vos transports jaloux,
Et ne méritez pas l'amour qu'on a pour vous.
Je voudrois bien savoir qui [38] pourroit me contraindre 35
A descendre pour vous aux bassesses de feindre
Et pourquoi, si mon cœur penchoit d'autre côté,
Je ne le dirois pas avec sincérité.
Quoi? de mes sentiments l'obligeante assurance
Contre tous vos soupçons ne prend pas ma défense? [39]

Auprès d'un tel garant, sont-ils de quelque poids?
N'est-ce pas m'outrager que d'écouter leur voix?
Et puisque notre cœur fait un effort extrême
Lorsqu'il peut se résoudre à confesser qu'il aime,
Puisque l'honneur du sexe, ennemi de nos feux, 5
S'oppose fortement à de pareils aveux,
L'amant qui voit pour lui franchir un tel obstacle
Doit-il impunément douter de cet oracle?
Et n'est-il pas coupable en ne s'assurant pas
A ce qu'on ne dit point qu'après de grands combats? 10
Allez, de tels soupçons méritent ma colère,
Et vous ne valez pas que l'on vous considère:
Je suis sotte, et veux mal [40] à ma simplicité
De conserver encor pour vous quelque bonté; 15
Je devrois autre part attacher mon estime,
Et vous faire un sujet de plainte légitime.

ALCESTE

Ah! traîtresse, mon foible [41] est étrange pour vous! 20
Vous me trompez sans doute avec des mots si doux:
Mais il n'importe, il faut suivre ma destinée:
A votre foi [42] mon âme est toute abandonnée;
Je veux voir, jusqu'au bout, quel sera votre cœur,
Et si de me trahir il aura la noirceur.

CÉLIMÈNE

Non, vous ne m'aimez point comme il faut que l'on aime.

ALCESTE

Ah! rien n'est comparable à mon amour extrême;
Et dans l'ardeur qu'il a de se montrer à tous,
Il va jusqu'à former des souhaits contre vous.
Oui, je voudrais qu'aucun ne vous trouvât aimable, 35
Que vous fussiez réduite en [43] un sort misérable,
Que le Ciel, en naissant, ne vous eût donné rien,
Que vous n'eussiez ni rang, ni naissance,[44] ni bien,
Afin que de mon cœur l'éclatant sacrifice
Vous pût d'un pareil sort réparer l'injustice, 40
Et que j'eusse la joie et la gloire, en ce jour,
De vous voir tenir tout des mains de mon amour.

[35] hommages amoureux
[36] Ne me fatiguez plus par votre querelle. (gallicisme)
[37] tourner à votre profit
[38] ce qui
[39] L'affirmation de mon amour pour vous devrait m'épargner vos soupçons.

[40] simple que je suis, je m'en veux de
[41] ma faiblesse
[42] amour
[43] à
[44] condition sociale élevée

CÉLIMÈNE

C'est me vouloir du bien d'une étrange manière!
Me préserve le Ciel que vous ayez matière! . . .[45]
Voici Monsieur Du Bois, plaisamment figuré.[46]

SCÈNE IV — DU BOIS, CÉLIMÈNE, ALCESTE

ALCESTE

Que veut cet équipage,[47] et cet air effaré?
Qu'as-tu?

DU BOIS

Monsieur. . .

ALCESTE

Hé bien!

DU BOIS

Voici bien des mystères. 20

ALCESTE

Qu'est-ce?

DU BOIS

Nous sommes mal, Monsieur, dans nos affaires.

ALCESTE

Quoi?

DU BOIS

Parlerai-je haut?

ALCESTE

Oui, parle, et promptement. 35

DU BOIS

N'est-il point là quelqu'un? . . .

ALCESTE

Ah! que d'amusement![48]
Veux-tu parler?

DU BOIS

Monsieur, il faut faire retraite.

ALCESTE

5 Comment?

DU BOIS

Il faut d'ici déloger sans trompette.[49]

ALCESTE

10 Et pourquoi?

DU BOIS

Je vous dis qu'il faut quitter ce lieu.

15

ALCESTE

La cause?

DU BOIS

Il faut partir, Monsieur, sans dire adieu.

ALCESTE

Mais par quelle raison me tiens-tu ce langage?

DU BOIS

25 Par la raison, Monsieur, qu'il faut plier bagage.[50]

ALCESTE

Ah! je te casserai la tête assurément,
30 Si tu ne veux, maraud,[51] t'expliquer autrement.

DU BOIS

Monsieur, un homme noir et d'habit et de mine [52]
Est venu nous laisser, jusque dans la cuisine,
Un papier griffonné d'une telle façon,
Qu'il faudroit pour le lire, être pis que démon.
C'est de votre procès, je n'en fais aucun doute;
Mais le diable d'enfer, je crois, n'y verroit goutte.[53]

ALCESTE

40 Hé bien? quoi? ce papier, qu'a-t-il à démêler,
Traître, avec le départ dont tu viens me parler!

[45] occasion
[46] en plaisant costume
[47] Costume. Du Bois est habillé en courrier, avec de grandes bottes, prêt à partir en poste.
[48] perte de temps

[49] Il faut partir de Paris sans bruit.
[50] gallicisme (comme « faire ses malles »)
[51] garçon méprisable
[52] C'est-à-dire: un homme que du Bois juge de mauvaise augure pour Alceste.
[53] rien du tout

DU BOIS

C'est pour vous dire ici, Monsieur, qu'une heure
 ensuite,
Un homme qui souvent vous vient rendre visite
Est venu vous chercher avec empressement, 5
Et, ne vous trouvant pas, m'a chargé doucement,[54]
Sachant que je vous sers avec beaucoup de zèle,
De vous dire. . . Attendez, comme est-ce qu'il s'ap-
 pelle?
 10

ALCESTE

Laisse là son nom, traître, et dis ce qu'il t'a dit.

DU BOIS

C'est un de vos amis enfin, cela suffit. 15
Il m'a dit que d'ici votre péril vous chasse,
Et que d'être arrêté le sort vous y menace.

ALCESTE

Mais quoi? n'a-t-il voulu te rien spécifier? 20

DU BOIS

Non: il m'a demandé de l'encre et du papier,
Et vous a fait[55] un mot, où vous pourrez, je
 pense,
Du fond de ce mystère avoir la connoissance.

ALCESTE

Donne-le donc.

CÉLIMÈNE

 Que peut envelopper ceci?[56]

ALCESTE

Je ne sais, mais j'aspire à m'en voir éclairci.
Auras-tu bientôt fait, impertinent au diable?[57]

DU BOIS, *après avoir longtemps cherché*

Ma foi! je l'ai, Monsieur, laissé sur votre table.

ALCESTE

Je ne sais qui[58] me tient. . .

[54] poliment
[55] écrit
[56] Que peut-il y avoir derrière toutes ces circonstances?
[57] digne d'aller au diable
[58] ce qui

CÉLIMÈNE

 Ne vous emportez pas,
Et courez démêler un pareil embarras.

ALCESTE

Il semble que le sort, quelque soin que je prenne,
Ait juré d'empêcher que je vous entretienne;
Mais pour en triompher, souffrez[59] à mon amour
De vous revoir, Madame, avant la fin du jour.

ACTE V

SCÈNE PREMIÈRE — ALCESTE, PHILINTE

ALCESTE

La résolution en est prise, vous dis-je.

PHILINTE

Mais quel que soit ce coup, faut-il qu'il vous
 oblige? . . .

ALCESTE

Non: vous avez beau faire et beau me raisonner,
Rien de ce que je dis ne me peut détourner:
 Trop de perversité règne au siècle où nous sommes,
 Et je veux me tirer[1] du commerce des hommes.
 Quoi? contre ma partie on voit tout à la fois
 L'honneur, la probité, la pudeur et les lois;
On publie en tous lieux l'équité de ma cause;
 Sur la foi de mon droit mon âme se repose;
 Cependant je me vois trompé par le succès;[2]
 J'ai pour moi la justice et je perds mon procès!
 Un traître, dont on sait la scandaleuse histoire,
Est sorti triomphant d'une fausseté noire![3]
 Toute la bonne foi cède à sa trahison!
 Il trouve, en m'égorgeant, moyen d'avoir raison!
 Le poids de sa grimace, où brille l'artifice,
 Renverse le bon droit et tourne la justice!
Il fait par un arrêt couronner son forfait!
 Et non content encor du tort que l'on me fait,
 Il court parmi le monde[4] un livre abominable,

[59] permettez

[1] retirer
[2] l'issue
[3] ensemble d'actions malhonnêtes
[4] dans la société

Et de qui la lecture est même condamnable,
Un livre à mériter la dernière rigueur,
Dont le fourbe a le front de me faire l'auteur!
Et là-dessus, on voit Oronte qui murmure,[5]
Et tâche méchamment d'appuyer l'imposture!
Lui, qui d'un honnête homme à la cour tient le
 rang,
A qui je n'ai rien fait qu'être sincère et franc,
Qui me vient, malgré moi, d'une ardeur empres-
 sée,
Sur des vers qu'il a faits demander ma pensée;
Et parce que j'en use [6] avec honnêteté,
Et ne le veux trahir, lui ni la vérité,
Il aide à m'accabler d'un crime imaginaire!
Le voilà devenu mon plus grand adversaire!
Et jamais de son cœur je n'aurai de pardon,
Pour n'avoir pas trouvé que son sonnet fût bon!
Et les hommes, morbleu! sont faits de cette sorte!
C'est à ces actions que la gloire [7] les porte!
Voilà la bonne foi, le zèle vertueux,
La justice et l'honneur que l'on trouve chez eux!
Allons, c'est trop souffrir les chagrins qu'on nous
 forge:
Tirons-nous de ce bois et de ce coupe-gorge.
Puisque entre humains ainsi vous vivez en vrais
 loups,
Traîtres, vous ne m'aurez de ma vie avec vous.

PHILINTE

Je trouve un peu bien prompt le dessein où vous
 êtes,
Et tout le mal n'est pas si grand que vous le
 faites:
Ce que votre partie ose vous imputer
N'a point eu le crédit de vous faire arrêter;
On voit son faux rapport lui-même se détruire,
Et c'est une action qui pourroit bien lui nuire.

ALCESTE

Lui? De semblables tours [8] il ne craint point l'éclat;
Il a permission d'être franc scélérat;
Et loin qu'à son crédit nuise cette aventure,
On l'en verra demain en meilleure posture.

PHILINTE

Enfin il est constant qu'on n'a point trop donné [9]
Au bruit que contre vous sa malice a tourné:
De ce côté déjà vous n'avez rien à craindre;
5 Et pour votre procès, dont vous pouvez vous plain-
 dre,
Il vous est en justice aisé d'y revenir,
Et contre cet arrêt. . .

ALCESTE

10 Non, je veux m'y tenir.
Quelque sensible tort qu'un tel arrêt me fasse,
Je me garderai bien de vouloir qu'on le casse;
On y voit trop à plein [10] le bon droit maltraité,
15 Et je veux qu'il demeure à la postérité
Comme une marque insigne, un fameux témoi-
 gnage
De la méchanceté des hommes de notre âge.
Ce sont vingt mille francs qu'il m'en pourra coûter;
20 Mais pour vingt mille francs j'aurai droit de pester
Contre l'iniquité de la nature humaine,
Et de nourrir pour elle une immortelle haine.

PHILINTE

25 Mais enfin. . .

ALCESTE

 Mais enfin, vos soins [11] sont superflus:
Que pouvez-vous, Monsieur, me dire là-dessus?
30 Aurez-vous bien le front de me vouloir en face
Excuser les horreurs de tout ce qui se passe?

PHILINTE

Non: je tombe d'accord de tout ce qu'il vous plaît:
35 Tout marche par cabale [12] et par pur intérêt;
Ce n'est plus que la ruse aujourd'hui qui l'emporte,
Et les hommes devroient être faits d'autre sorte.
Mais est-ce une raison que leur peu d'équité
Pour vouloir se tirer de leur société?
40 Tous ces défauts humains nous donnent dans la vie
Des moyens d'exercer notre philosophie:
C'est le plus bel emploi que trouve la vertu;
Et si de probité tout étoit revêtu,

[5] calomnie à mots couverts
[6] j'agis
[7] vanité
[8] méchantes actions

[9] on n'a guère ajouté foi
[10] complètement
[11] efforts
[12] Une intrigue menée par des gens qui s'entendent.

Si tous les cœurs étoient francs, justes et dociles,
La plupart des vertus nous seroient inutiles,
Puisqu'on en met l'usage à pouvoir sans ennui
Supporter, dans nos droits, l'injustice d'autrui;
Et de même qu'un cœur d'une vertu profonde. . . 5

ALCESTE

Je sais que vous parlez, Monsieur, le mieux du
 monde;
En beaux raisonnements vous abondez toujours; 10
Mais vous perdez le temps et tous vos beaux dis-
 cours.
La raison, pour mon bien, veut que je me retire:
Je n'ai point sur ma langue un assez grand empire;
De ce que je dirois je ne répondrois pas,
Et je me jetterois cent choses [13] sur les bras. 15
Laissez-moi, sans dispute,[14] attendre Célimène:
Il faut qu'elle consente au dessein qui m'amène;
Je vais voir si son cœur a de l'amour pour moi,
Et c'est ce moment-ci qui doit m'en faire foi.[15] 20

PHILINTE

Montons chez Éliante, attendant [16] sa venue.

ALCESTE

Non: de trop de souci je me sens l'âme émue.
Allez-vous-en la voir, et me laissez enfin
Dans ce petit coin sombre avec mon noir chagrin.

PHILINTE 30

C'est une compagnie étrange pour attendre,
Et je vais obliger [17] Éliante à descendre.

SCÈNE II — ORONTE, CÉLIMÈNE, ALCESTE 35

ORONTE

Oui, c'est à vous de voir si par des nœuds si doux,[18]
Madame, vous voulez m'attacher tout à vous.
Il me faut de votre âme une pleine assurance: 40
Un amant là-dessus n'aime point qu'on balance.

Si l'ardeur de mes feux a pu vous émouvoir,
Vous ne devez point feindre [19] à me faire voir;
Et la preuve, après tout, que je vous en demande,
C'est de ne plus souffrir qu'Alceste vous prétende,
De le sacrifier, Madame, à mon amour,
Et de chez vous enfin le bannir dès ce jour.

CÉLIMÈNE

Mais quel sujet si grand contre lui vous irrite,
Vous à qui j'ai tant vu parler de son mérite?

ORONTE

Madame, il ne faut point ces éclaircissements;
Il s'agit de savoir quels sont vos sentiments.
Choisissez, s'il vous plaît, de garder l'un ou l'autre:
Ma résolution n'attend rien que la vôtre.

ALCESTE, *sortant du coin où il s'étoit retiré*

Oui, Monsieur a raison: Madame, il faut choisir,
Et sa demande ici s'accorde à mon désir.
Pareille ardeur me presse, et même soin [20] m'amène;
Mon amour veut du vôtre une marque certaine,
Les choses ne sont plus pour traîner en longueur,
Et voici le moment d'expliquer votre cœur.

ORONTE

Je ne veux point, Monsieur, d'une flamme impor-
 tune
Troubler aucunement votre bonne fortune.

ALCESTE

Je ne veux point, Monsieur, jaloux ou non jaloux,
Partager de son cœur rien du tout avec vous.

ORONTE

Si votre amour au mien lui semble préférable. . .

ALCESTE

Si du moindre penchant elle est pour vous capa-
 ble. . .

ORONTE

Je jure de n'y rien prétendre [21] désormais.

[13] mauvaises affaires
[14] discussion
[15] faire preuve
[16] en attendant
[17] inviter
[18] le mariage

[19] hésiter
[20] préoccupation
[21] prétendre en rien à son amour

ALCESTE

Je jure hautement de ne la voir jamais.

ORONTE

Madame, c'est à vous de parler sans contrainte.

ALCESTE

Madame, vous pouvez vous expliquer sans crainte.

ORONTE

Vous n'avez qu'à nous dire où s'attachent vos vœux.

ALCESTE

Vous n'avez qu'à trancher,²² et choisir de nous deux.

ORONTE

Quoi? sur un pareil choix vous semblez être en peine!

ALCESTE

Quoi? votre âme balance et paroît incertaine!

CÉLIMÈNE

Mon Dieu! que cette instance est là ²³ hors de saison,
Et que vous témoignez, tous deux, peu de raison!
Je sais prendre parti sur cette préférence,
Et ce n'est pas mon cœur maintenant qui balance:
Il n'est point suspendu, sans doute, entre vous deux,
Et rien n'est si tôt fait que le choix de nos vœux.
Mais je souffre, à vrai dire, une gêne trop forte
A prononcer en face un aveu de la sorte:
Je trouve que ces mots qui sont désobligeants
Ne se doivent point dire en présence des gens;
Qu'un cœur de son penchant donne assez de lumière,²⁴
Sans qu'on nous fasse aller jusqu'à rompre en visière; ²⁵
Et qu'il suffit enfin que de plus doux témoins
Instruisent un amant du malheur de ses soins.

ORONTE

Non, non, un franc aveu n'a rien que j'appréhende:
J'y consens pour ma part.

ALCESTE

 Et moi, je le demande:
C'est son éclat surtout qu'ici j'ose exiger,
Et je ne prétends point vous voir rien ménager.
5 Conserver tout le monde est votre grande étude;
Mais plus d'amusement, et plus d'incertitude:
Il faut vous expliquer nettement là-dessus,
Ou bien pour un arrêt je prends votre refus;
Je saurai, de ma part, expliquer ce silence,
10 Et me tiendrai pour dit tout le mal que j'en pense.

ORONTE

Je vous sais fort bon gré, Monsieur, de ce courroux
Et je lui dis ici même chose que vous.
15

CÉLIMÈNE

Que vous me fatiguez avec un tel caprice!
Ce que vous demandez a-t-il de la justice?
Et ne vous dis-je pas quel motif me retient?
20 J'en vais prendre pour juge Éliante qui vient.

SCÈNE III — ÉLIANTE, PHILINTE, CÉLIMÈNE, ORONTE, ALCESTE

CÉLIMÈNE

Je me vois, ma cousine, ici persécutée
Par des gens dont l'humeur y ²⁶ paroît concertée.
Ils veulent l'un et l'autre, avec même chaleur,
30 Que je prononce entre eux le choix que fait mon cœur,
Et que, par un arrêt qu'en face il me faut rendre,
Je défende à l'un d'eux tous les soins qu'il peut prendre.²⁷
35 Dites-moi si jamais cela se fait ainsi.

ÉLIANTE

N'allez point là-dessus me consulter ici:
Peut-être y pourriez-vous être ²⁸ mal adressée,
40 Et je suis pour les gens qui disent leur pensée.

ORONTE

Madame, c'est en vain que vous vous défendez.

²² décider
²³ demande pressante est en ce moment
²⁴ C'est-à-dire: fait voir son choix assez clairement.
²⁵ attaquer en pleine face

²⁶ pour me persécuter
²⁷ la cour qu'il peut me faire
²⁸ C'est-à-dire: peut-être vous êtes-vous mal adressée en me le demandant.

ALCESTE

Tous vos détours ici seront mal secondés.

ORONTE

Il faut, il faut parler, et lâcher la balance.²⁹

ALCESTE

Il ne faut que poursuivre à garder le silence.

ORONTE

Je ne veux qu'un seul mot pour finir nos débats.

ALCESTE

Et moi, je vous entends ³⁰ si vous ne parlez pas.

SCÈNE IV — ACASTE, CLITANDRE, ARSINOÉ, PHILINTE, ÉLIANTE, ORONTE, CÉLIMÈNE, ALCESTE

ACASTE, *à Célimène*

Madame, nous venons tous deux, sans vous déplaire,
Éclaircir avec vous une petite affaire.

CLITANDRE, *à Oronte et à Alceste*

Fort à propos, Messieurs, vous vous trouvez ici,
Et vous êtes mêlés dans cette affaire aussi.

ARSINOÉ, *à Célimène*

Madame, vous serez surprise de ma vue; ³¹
Mais ce sont ces Messieurs qui causent ma venue:
Tous deux ils m'ont trouvée, et se sont plaints à moi
D'un trait à qui mon cœur ne sauroit prêter foi.
J'ai du fond de votre âme une trop haute estime,
Pour vous croire jamais capable d'un tel crime:
Mes yeux ont démenti leurs témoins les plus forts;
Et l'amitié passant sur de petits discords,
J'ai bien voulu chez vous leur faire compagnie
Pour vous voir vous laver de cette calomnie.

ACASTE, *à Célimène*

Oui, Madame, voyons, d'un esprit adouci,
Comment vous vous prendrez à soutenir ceci.
Cette lettre par vous est écrite à Clitandre?

²⁹ montrer de quel côté penche votre cœur
³⁰ comprends
³¹ de me voir

CLITANDRE

Vous avez pour Acaste écrit ce billet tendre?

ACASTE, *à Oronte et à Alceste*

Messieurs, ces traits ³² pour vous n'ont point d'obs-
curité,
Et je ne doute pas que sa civilité
A connoître sa main n'ait trop su vous instruire;
Mais ceci vaut assez la peine de le lire.

Vous êtes un étrange homme de condamner
mon enjouement, et de me reprocher que je
n'ai jamais tant de joie que lorsque je ne suis
pas avec vous. Il n'y a rien de plus injuste; et
si vous ne venez bien vite me demander par-
don de cette offense, je ne vous la pardonnerai
de ma vie. Notre grand flandrin ³³ de Vi-
comte. . .

Il devroit être ici.

Notre grand flandrin de Vicomte, par qui
vous commencez vos plaintes, est un homme
qui ne sauroit me revenir; ³⁴ et depuis que je
l'ai vu, trois quarts d'heure durant, cracher
dans un puits pour faire des ronds, je n'ai pu
jamais prendre bonne opinion de lui. Pour le
petit Marquis. . .

C'est moi-même, Messieurs, sans nulle vanité.

Pour le petit Marquis, qui me tint hier long-
temps la main,³⁵ je trouve qu'il n'y a rien de si
mince que toute sa personne; et ce sont de ces
mérites qui n'ont que la cape et l'épée.³⁶ Pour
l'homme aux rubans verts. . .

(*A Alceste.*) A vous le dé,³⁷ Monsieur.

Pour l'homme aux rubans verts,³⁸ il me di-
vertit quelquefois avec ses brusqueries et son
chagrin bourru; mais il est cent moments où je

³² traits d'écriture; *civilité:* les lettres aimables qu'elle
leur écrivait
³³ homme mal fait et sans énergie
³⁴ me plaire
³⁵ On donnait alors la main; aujourd'hui on donne le
bras.
³⁶ gens de mérite qui n'ont que des dehors, des ap-
parences; *mince:* de peu d'importance
³⁷ à votre tour
³⁸ Nœuds de rubans dont les seigneurs se paraient. Cette
expression est passée dans la langue courante pour désigner
Alceste et toute espèce de misanthrope.

*le trouve le plus fâcheux du monde. Et pour
l'homme au sonnet...*

(*A Oronte.*) Voici votre paquet.

*Et pour l'homme au sonnet qui s'est jeté dans
le bel esprit et veut être auteur malgré tout le
monde, je ne puis me donner la peine d'écou-
ter ce qu'il dit; et sa prose me fatigue autant
que ses vers. Mettez-vous donc en tête que je
ne me divertis pas toujours si bien que vous
pensez; que je vous trouve à dire plus que je
ne voudrois, dans toutes les parties où l'on
m'entraîne; et que c'est un merveilleux assai-
sonnement aux plaisirs qu'on goûte que la pré-
sence des gens qu'on aime.*

CLITANDRE

Me voici maintenant, moi.

*Votre Clitandre dont vous me parlez, et qui
fait tant le doucereux,*[39] *est le dernier des
hommes pour qui j'aurois de l'amitié. Il est
extravagant de se persuader qu'on l'aime; et
vous l'êtes de croire qu'on ne vous aime pas.
Changez, pour être raisonnable, vos sentiments
contre les siens; et voyez-moi le plus que vous
pourrez, pour m'aider à porter le chagrin d'en
être obsédée.*

D'un fort beau caractère [40] on voit là le modèle,
Madame, et vous savez comment cela s'appelle?
Il suffit: nous allons l'un et l'autre en tous lieux
Montrer de votre cœur le portrait glorieux.

ACASTE

J'aurois de quoi vous dire, et belle est la matière;
Mais je ne vous tiens[41] pas digne de ma colère;
Et je vous ferai voir que les petits marquis
Ont, pour se consoler, des cœurs du plus haut prix.
(*Ils sortent.*)

ORONTE

Quoi? de cette façon je vois qu'on me déchire,
Après tout ce qu'à moi je vous ai vu m'écrire!
Et votre cœur, paré de beaux semblants d'amour,
A tout le genre humain se promet tour à tour!

Allez, j'étois trop dupe, et je vais ne plus l'être.
Vous me faites un bien, me faisant vous connoître:
J'y profite d'un cœur qu'ainsi vous me rendez,
Et trouve ma vengeance en ce que vous perdez.
5 (*A Alceste.*)
Monsieur, je ne fais plus d'obstacle à votre flamme,
Et vous pouvez conclure affaire avec Madame.
(*Il sort.*)

10 ARSINOÉ

Certes, voilà le trait du monde le plus noir;
Je ne m'en saurois taire et me sens émouvoir.
Voit-on des procédés qui soient pareils aux vôtres?
Je ne prends point de part aux intérêts des autres;
15 (*Montrant Alceste.*)
Mais Monsieur, que chez vous fixoit votre bonheur,
Un homme comme lui, de mérite et d'honneur,
Et qui vous chérissoit avec idolâtrie,
Devoit-il...?
20

 ALCESTE

 Laissez-moi, Madame, je vous prie,
Vuider [42] mes intérêts moi-même là-dessus,
Et ne vous chargez point de ces soins superflus.
25 Mon cœur a beau vous voir prendre ici sa querelle,[43]
Il n'est point en état de payer ce grand zèle;
Et ce n'est pas à vous que je pourrai songer,
Si par un autre choix je cherche à me venger.

30 ARSINOÉ

Hé! croyez-vous, Monsieur, qu'on ait cette pensée,
Et que de vous avoir on soit tant empressée?
Je vous trouve un esprit bien plein de vanité,
Si de cette créance [44] il peut s'être flatté.
35 Le rebut de Madame est une marchandise
Dont on auroit grand tort d'être si fort éprise.
Détrompez-vous, de grâce, et portez-le moins
 haut: [45]
Ce ne sont pas des gens comme moi qu'il vous faut;
40 Vous ferez bien encor de soupirer pour elle,
Et je brûle de voir une union si belle.
 (*Elle se retire.*)

[39] amoureux languissant auprès des dames
[40] portrait psychologique (de Célimène)
[41] juge

[42] régler
[43] défendre ici sa cause
[44] croyance
[45] soyez moins fier

ALCESTE

Hé bien! je me suis tu, malgré ce que je voi,[46]
Et j'ai laissé parler tout le monde avant moi:
Ai-je pris sur moi-même un assez long empire,
Et puis-je maintenant. . . ?

CÉLIMÈNE

 Oui, vous pouvez tout dire,
Vous en êtes en droit, lorsque vous vous plaindrez,
Et de me reprocher tout ce que vous voudrez. 10
J'ai tort, je le confesse, et mon âme confuse
Ne cherche à vous payer d'aucune vaine excuse.
J'ai des autres ici méprisé le courroux,
Mais je tombe d'accord de mon crime envers vous.
Votre ressentiment, sans doute, est raisonnable: 15
Je sais combien je dois vous paroître coupable,
Que toute chose dit que j'ai pu vous trahir,
Et qu'enfin vous avez sujet de me haïr.
Faites-le, j'y consens.

ALCESTE

 Hé! le puis-je, traîtresse?
Puis-je ainsi triompher de toute ma tendresse?
Et quoique avec ardeur je veuille vous haïr,
Trouvé-je un cœur en moi tout prêt à m'obéir? 25
 (A Éliante et Philinte.)
Vous voyez ce que peut une indigne tendresse,
Et je vous fais tous deux témoins de ma foiblesse.
Mais, à vous dire vrai, ce n'est pas encor tout,
Et vous allez me voir la pousser jusqu'au bout, 30
Montrer que c'est à tort que sages on nous nomme,
Et que dans tous les cœurs il est toujours de
 l'homme.[47]
 (A Célimène.)
Oui, je veux bien, perfide, oublier vos forfaits; 35
J'en saurai, dans mon âme, excuser tous les traits,
Et me les couvrirai du nom d'une foiblesse
Où le vice[48] du temps porte votre jeunesse,
Pourvu que votre cœur veuille donner les mains[49] 40
Au dessein que j'ai fait de fuir tous les humains,
Et que dans mon désert,[50] où j'ai fait vœu de vivre,

[46] vois
[47] l'homme avec ses faiblesses
[48] la corruption
[49] aider, comme un complice
[50] campagne éloignée de Paris

Vous soyez, sans tarder, résolue à me suivre:
C'est par là seulement que, dans tous les esprits,
Vous pouvez réparer le mal de vos écrits,
Et qu'après cet éclat, qu'un noble cœur abhorre,
5 Il peut m'être permis de vous aimer encore.

CÉLIMÈNE

Moi, renoncer au monde avant que de vieillir,
Et dans votre désert aller m'ensevelir!

ALCESTE

Et s'il faut qu'à mes feux votre flamme réponde,
Que nous doit importer tout le reste du monde?
Vos désirs avec moi ne sont-ils pas contents? 15

CÉLIMÈNE

La solitude effraye une âme de vingt ans:
Je ne sens point la mienne assez grande, assez forte,
Pour me résoudre à prendre un dessein de la sorte.
20 Si le don de ma main peut contenter vos vœux,
Je pourrai me résoudre à serrer de tels nœuds;
Et l'hymen. . .

ALCESTE

 Non: mon cœur à présent vous déteste, 25
Et ce refus lui seul fait plus que tout le reste.
Puisque vous n'êtes point, en des liens si doux,
Pour trouver tout en moi, comme moi tout en
 vous,
30 Allez, je vous refuse, et ce sensible outrage
De vos indignes fers[51] pour jamais me dégage.
 (Célimène se retire, et Alceste parle à Éliante.)
Madame, cent vertus ornent votre beauté,
Et je n'ai vu qu'en vous de la sincérité;
35 De vous, depuis longtemps, je fais un cas extrême;
Mais laissez-moi toujours vous estimer de même;
Et souffrez que mon cœur, dans ses troubles divers,
Ne se présente point à l'honneur de vos fers:
Je me sens trop indigne, et commence à connaître
40 Que le Ciel pour ce nœud ne m'avoit point fait
 naître;
Que ce seroit pour vous un hommage trop bas
Que le rebut d'un cœur qui ne vous valoit pas;
Et qu'enfin. . .

[51] de votre amour (qui me tenait prisonnier)

ÉLIANTE

Vous pouvez suivre [52] cette pensée:
Ma main de se donner n'est pas embarrassée;
Et voilà votre ami, sans trop m'inquiéter,
Qui, si je l'en priois, la pourroit accepter.

PHILINTE

Ah! cet honneur, Madame, est toute mon envie,
Et j'y sacrifierois et mon sang et ma vie.

ALCESTE

Puissiez-vous, pour goûter de vrais contentements,
L'un pour l'autre à jamais garder ces sentiments!

[52] persister dans

Trahi de toutes parts, accablé d'injustices,
Je vais sortir d'un gouffre où triomphent les vices,
Et chercher sur la terre un endroit écarté
5 Où d'être homme d'honneur on ait la liberté.

PHILINTE

Allons, Madame, allons employer toute chose,[53]
Pour rompre le dessein que son cœur se pro-
10 pose.[54]

[53] tous les moyens
[54] le décider à ne pas aller s'enterrer à la campagne

V. Madame de Sévigné (1626–1696)

MARIE DE RABUTIN-CHANTAL, marquise de Sévigné, née à Paris, orpheline dès l'âge de six ans, mariée à dix-huit et veuve à vingt-quatre, partagea ensuite sa vie entre Paris, où elle connut toute la « Cour » et toute la « Ville » — son domaine des Rochers, en Bretagne, Livry, près de Paris — et le château de Grignan, en Provence, où résida sa fille, la comtesse de Grignan, femme du lieutenant-gouverneur de la province.

LA FEMME

Le centre de la vie de Mme de Sévigné a été son affection idolâtre pour sa fille. Une fois séparée d'elle, elle lui écrivit sans cesse et ses lettres de mère forment la plus grande et la meilleure part de sa correspondance. On a très justement appelé leur recueil « le livre de l'amour maternel ».

La marquise eut des amis choisis, à qui elle resta fidèle jusque dans leur malheur: son cousin Bussy-Rabutin, ses cousins M. et Mme de Coulanges, La Rochefoucauld et Mme de La Fayette, le cardinal de Retz, le surintendant Fouquet qu'elle défendit dans sa disgrâce.

Elle est, après La Fontaine, l'écrivain du XVIIᵉ siècle chez qui le sentiment de la nature tient le plus de place. La correspondance de Mme de Sévigné a aussi un grand intérêt historique. On y trouve des récits d'événements mar-

L'ŒUVRE

Portrait de Madame de Sévigné, par Claude Lefebvre. Musée Carnavalet. (Lauros-Giraudon)

quants et des images pittoresques, vivantes, de la haute société française du XVIIᵉ siècle.

Le style direct, soigné mais naturel, a tout le charme d'une conversation animée et spirituelle.

Lettres

L'AMOUR MATERNEL

A Madame de Grignan [1]

A Livry, mardi saint 24 mars 1671

Voici une terrible causerie, ma chère bonne; il y a trois heures que je suis ici. Je suis partie de Paris avec l'Abbé,[2] Hélène,[3] Hébert[4] et Marphise,[5] dans le dessein de me retirer ici du monde et du bruit jusqu'à jeudi au soir. Je prétends être en solitude; je fais de ceci une petite Trappe;[6] je veux y prier Dieu, y faire mille réflexions. J'ai dessein d'y jeûner beaucoup par[7] toutes sortes de raisons; marcher pour tout le temps que j'ai été dans ma chambre, et sur le[8] tout m'ennuyer pour l'amour de Dieu. Mais, ma pauvre bonne, ce que je ferai beaucoup mieux que tout cela, c'est de penser à vous. Je n'ai pas encore cessé depuis que je suis arrivée, et ne pouvant contenir tous mes sentiments sur votre sujet, je me suis mise à vous écrire au bout de cette petite allée sombre que vous aimez, assise sur ce siège de mousse où je vous ai vue quelquefois couchée. Mais, mon Dieu, où ne vous ai-je point vue ici? et de quelle façon toutes ces pensées me traversent-elles le cœur? Il n'y a point d'endroit, point de lieu, ni dans la maison, ni dans l'église, ni dans ce pays, ni dans ce jardin, où je ne vous aie vue; il n'y en a point qui ne me fasse souvenir de quelque chose; et de quelque façon que ce soit aussi, cela me perce le cœur. Je vous vois, vous m'êtes présente; je pense et repense à tout; ma tête et mon esprit se creusent; mais j'ai beau tourner, j'ai beau chercher: cette chère enfant que j'aime avec tant de passion est à deux cents lieues, je ne l'ai plus. Sur cela je pleure sans pouvoir m'en empêcher; je n'en puis plus, ma chère bonne: voilà qui est bien faible, mais pour moi je ne sais point être forte contre une tendresse si juste et si naturelle. Je ne sais en quelle disposition vous serez en lisant cette lettre. Le hasard peut faire qu'elle viendra mal à propos, et qu'elle ne sera peut-être pas lue de la manière qu'elle est écrite. A cela je ne sais point de remède; elle sert toujours à me soulager présentement; c'est tout ce que je lui demande. L'état où ce lieu-ci[9] m'a mise est une chose incroyable. Je vous prie de ne me point parler de mes faiblesses; mais vous devez les aimer, et respecter mes larmes, qui viennent d'un cœur tout à vous.

NOUVELLES DE LA COUR

LA MÉSAVENTURE D'UN COURTISAN

Lettre à M. de Pompone[10]

Le 1ᵉʳ décembre 1664

. . . Il faut que je vous conte une petite historiette, qui est très vraie, et qui vous divertira. Le Roi se

[1] Sa fille, qui épousa en 1669 le comte de Grignan. Nous devons à ce mariage la correspondance la plus riche et la plus variée. De 1671, date de la première séparation, à 1691, année où Mme de Sévigné se retire définitivement auprès de sa fille, nous avons des lettres débordantes d'affection dans lesquelles la mère cherchait un apaisement et une joie.

[2] son oncle de Coulanges, l'abbé de Livry, qui l'avait élevée et qui gérait ses affaires

[3] sa femme de chambre

[4] un de ses domestiques

[5] sa chienne

[6] un endroit de repos et de méditation, comme le monastère de la Trappe

[7] pour

[8] par-dessus

[9] à l'abbaye de Livry (aujourd'hui en Seine-et-Oise), chez l'abbé de Coulanges

[10] Fils d'Arnaud d'Andilly, il devint plus tard ministre des Affaires étrangères (1671–79).

mêle depuis peu de faire des vers; MM. de Saint-
Aignan et Dangeau [11] lui apprennent comment il
faut s'y prendre. Il fit l'autre jour un petit madrigal,
que lui-même ne trouva pas trop joli. Un matin il
dit au maréchal de Gramont: [12] « M. le maréchal, 5
je vous prie, lisez ce petit madrigal, et voyez si vous
en avez jamais vu un si impertinent.[13] Parce qu'on
sait que depuis peu j'aime les vers, on m'en apporte
de toutes les façons. » Le maréchal, après avoir lu,
dit au Roi: « Sire, Votre Majesté juge divinement 10
bien de toutes choses: il est vrai que voilà le plus sot
et le plus ridicule madrigal que j'aie jamais lu. » Le
Roi se mit à rire, et lui dit: « N'est-il pas vrai que
celui qui l'a fait est bien fat? [14] — Sire, il n'y a pas
moyen de lui donner un autre nom. — Oh bien! dit 15
le Roi, je suis ravi que vous m'en ayez parlé si
bonnement; c'est moi qui l'ai fait. — Ah! Sire,
quelle trahison! que Votre Majesté me le rende; je
l'ai lu brusquement. — Non, M. le maréchal: les
premiers sentiments sont toujours les plus naturels. » 20
Le Roi a fort ri de cette folie, et tout le monde
trouve que voilà la plus cruelle petite chose que l'on
puisse faire à un vieux courtisan. Pour moi, qui aime
toujours à faire des réflexions, je voudrais que le Roi
en fît là-dessus, et qu'il jugeât par là combien il est 25
loin de connaître jamais la vérité. . .

NOUVELLES DE LA VILLE

L'EXÉCUTION DE LA VOISIN

A Madame de Grignan

A Paris, vendredi 23 février 1680
. . . Je ne vous parlerai que de Mme Voisin: [15] ce
ne fut point mercredi, comme je vous l'avais mandé, 35
qu'elle fut brûlée, ce ne fut qu'hier. Elle savait son
arrêt dès lundi, chose fort extraordinaire. Le soir
elle dit à ses gardes: « Quoi? nous ne ferons point

médianoche! [16] » Elle mangea avec eux à minuit,
par fantaisie, car il n'était point jour maigre; [17]
elle but beaucoup de vin, elle chanta vingt chansons
à boire. Le mardi elle eut la question ordinaire,
extraordinaire; [18] elle avait dîné et dormi huit
heures; elle fut confrontée à Mmes de Dreux, le Fé-
ron, et plusieurs autres,[19] sur le matelas: [20] on ne
dit pas encore ce qu'elle a dit; on croit toujours
qu'on verra des choses étranges. Elle soupa le soir,
et recommença, toute brisée qu'elle était, à faire la
débauche avec scandale: on lui en fit honte, et on
lui dit qu'elle ferait bien mieux de penser à Dieu,
et de chanter un *Ave maris stella,* ou un *Salve,*[21] que
toutes ces chansons: elle chanta l'un et l'autre en
ridicule, elle mangea le soir et dormit. Le mercredi
se passa de même en confrontations, et débauches,
et chansons: elle ne voulut point voir de confesseur.
Enfin le jeudi, qui était hier, on ne voulut lui don-
ner qu'un bouillon: elle en gronda, craignant de
n'avoir pas la force de parler à ces Messieurs.[22]
Elle vint en carrosse de Vincennes [23] à Paris; elle
étouffa un peu, et fut embarrassée; on la voulut con-
fesser, point de nouvelles. A cinq heures on la lia;
et avec une torche à la main, elle parut dans le
tombereau, habillée de blanc: c'est une sorte d'habit
pour être brûlée; elle était fort rouge, et l'on voyait
qu'elle repoussait le confesseur et le crucifix avec
violence. Nous la vîmes passer à l'hôtel de Sully,
Mme de Chaulnes et Mme de Sully, la Comtesse,
et bien d'autres. A Notre-Dame, elle ne voulut ja-
mais prononcer l'amende honorable,[24] et à la
Grève [25] elle se défendit, autant qu'elle put, de sortir
du tombereau: on l'en tira de force, on la mit sur le
bûcher, assise et liée avec du fer; on la couvrit de
paille; elle jura beaucoup; elle repoussa la paille

[11] Deux courtisans connus. Dangeau a publié un *Journal*
dont se servit le duc de Saint-Simon (1675–1755) pour
écrire ses *Mémoires.*
[12] Antoine, duc de Gramont, maréchal de France en
1641. Il a laissé des *Mémoires.*
[13] sot.
[14] niais et prétentieux
[15] Catherine des Hayes, veuve Montvoisin, surnommée
« La Voisin » (1640–80), devineresse et empoisonneuse.
Arrêtée comme coupable de vendre des poisons, elle fut
condamnée à être brûlée vive.

[16] repas gras fait à minuit après un jour d'abstinence
[17] un des jours pendant lesquels l'Église catholique
interdit l'usage de la viande
[18] série de tortures plus ou moins violentes (ordinaires
ou extraordinaires) infligées à un accusé pour lui arracher
des aveux
[19] accusées d'avoir payé La Voisin pour empoisonner
leurs maris
[20] où l'on venait de la torturer
[21] *Salut, étoile de la mer; Salve Regina: Salut, reine*
(prières à la Vierge)
[22] ceux qui l'interrogeaient
[23] la prison de Vincennes
[24] aveu public des crimes
[25] La Place de Grève où avaient lieu les exécutions

cinq ou six fois; mais enfin le feu s'augmenta, et on l'a perdue de vue, et ses cendres sont en l'air présentement. Voilà la mort de Mme Voisin, célèbre par ses crimes et par son impiété. . .

LE SENTIMENT DE LA NATURE

LE PRINTEMPS À LA CAMPAGNE

A Madame de Grignan

Aux Rochers, mercredi 19 avril 1690

Je reviens encore à vous, ma bonne, pour vous dire que si vous avez envie de savoir, en détail, ce que c'est qu'un printemps, il faut venir à moi. Je n'en connaissais moi-même que la superficie;[26] j'en examine cette année jusqu'aux premiers petits commencements. Que pensez-vous donc que ce soit que la couleur des arbres depuis huit jours? répondez. Vous allez dire: « Du vert. » Point du tout, c'est du rouge. Ce sont de petits boutons, tout prêts à partir, qui font un vrai rouge; et puis ils poussent tous une petite feuille, et comme c'est inégalement, cela fait un mélange trop joli de vert et de rouge.

[26] l'aspect général

Nous couvons tout cela des yeux; nous parions de grosses sommes,—mais c'est à ne jamais payer—que ce bout d'allée sera tout vert dans deux heures; on dit que non: on parie. Les charmes ont leur manière, les hêtres une autre. Enfin, je sais sur cela tout ce que l'on peut savoir. . .

L'ABBAYE DE LIVRY

Au comte de Bussy [27]

A Livry, ce 3e novembre 1677

Je suis venue ici[28] achever les beaux jours, et dire adieu aux feuilles; elles sont encore toutes aux arbres; elles n'ont fait que changer de couleur: au lieu d'être vertes, elles sont aurore,[29] et de tant de sortes d'aurore, que cela compose un brocart[30] d'or riche et magnifique, que nous voulons trouver plus beau que du vert, quand ce ne serait que pour changer. . .

[27] Bussy-Rabutin, cousin de Mme de Sévigné auquel elle écrivit de nombreuses lettres

[28] à l'abbaye de Livry

[29] orange clair

[30] étoffe brochée de soie, d'or ou d'argent, et à reflets chatoyants

VI. *Madame de La Fayette*
(1634–1693)

MARIE–MADELEINE DE LA VERGNE, née à Paris, épousa le comte de La Fayette, qui, après très peu d'années, ne joua qu'un rôle effacé dans sa vie. Elle s'installa dans la capitale, et aux « Samedis » de son salon se réunirent des hommes comme La Rochefoucauld, Racine, Boileau, Bossuet. Elle noua une fidèle amitié avec Mme de Sévigné, et eut un profond attachement pour La Rochefoucauld, qu'elle amena à corriger l'amertume et la rigueur de quelques-unes de ses maximes. Elle disait: « Il m'a donné son esprit, mais j'ai réformé son cœur. »

LA FEMME

Mme de La Fayette, outre deux autres romans et des fragments de mémoires, écrivit *La Princesse de Clèves* (1678), qui est un chef-d'œuvre. Jusque-là on avait surtout écrit d'interminables romans d'intrigue ou d'aventures (le *Cyrus* et la *Clélie* de Mlle de Scudéry ont chacun dix volumes), ou des romans dans lesquels se déployait un réalisme bourgeois souvent fort brutal. *La Princesse de Clèves* est au contraire une œuvre courte, délicate, où l'intérêt psychologique occupe le premier plan.

L'ŒUVRE

La Princesse de Clèves

[Le sujet est fort simple: La Princesse de Clèves a pour son mari de l'estime, mais point d'amour. Au bal, elle rencontre le duc de Nemours, qui fait sur elle une impression profonde. Elle sent que l'amour grandit en elle, et pour n'y point succomber, 5 *elle en fait l'aveu à son mari, le suppliant de la protéger et de l'aider. M. de Clèves, quoiqu'admirant la vertu de sa femme, ne réussit pas à étouffer en lui la jalousie qu'excitent de fausses apparences sur lesquelles il n'est détrompé que trop tard. Il meurt* 10 *de chagrin. Mme de Clèves, quoique libre, refuse d'épouser le duc de Nemours, et se retire dans un couvent.]*

L'AVEU

. . . Monsieur de Clèves disait à sa femme: « Mais pourquoi ne voulez-vous point revenir à Paris? Qui vous peut retenir à la campagne? Vous avez depuis quelque temps un goût pour la solitude qui m'étonne et qui m'afflige, parce qu'il nous sé- 20 pare. Je vous trouve même plus triste que de coutume, et je crains que vous n'ayez quelque sujet d'affliction. — Je n'ai rien de fâcheux dans l'esprit, répondit-elle avec un air embarrassé; mais le tumulte de la cour est si grand et il y a toujours un si 25 grand monde chez vous, qu'il est impossible que le corps et l'esprit ne se lassent et que l'on ne cherche du repos. — Le repos, répliqua-t-il, n'est guère propre pour une personne de votre âge. Vous êtes chez vous et dans la cour d'une sorte à ne vous pas donner de lassitude, et je craindrais plutôt que vous ne 30 fussiez bien aise d'être séparée de moi. — Vous me feriez une grande injustice d'avoir cette pensée, reprit-elle avec un embarras qui augmentait toujours; mais je vous supplie de me laisser ici. Si vous

pouviez y demeurer, j'en aurais beaucoup de joie, pourvu que vous y demeurassiez seul et que vous voulussiez bien n'y avoir point ce nombre infini de gens qui ne vous quittent quasi jamais. — Ah! 5 madame, s'écria monsieur de Clèves, votre air et vos paroles me font voir que vous avez des raisons pour souhaiter d'être seule; je ne les sais point, et je vous conjure de me les dire. »

Il la pressa longtemps de les lui apprendre, sans pouvoir l'y obliger; et, après qu'elle se fut défendue d'une manière qui augmentait toujours la curiosité de son mari, elle demeura dans un profond silence, les yeux baissés; puis tout à coup, prenant la parole et le regardant: « Ne me contraignez 15 point, lui dit-elle, à vous avouer une chose que je n'ai pas la force de vous avouer, quoique j'en aie eu plusieurs fois le dessein. Songez seulement que la prudence ne veut pas qu'une femme de mon âge, et maîtresse de sa conduite, demeure exposée au milieu 20 de la cour. — Que me faites-vous envisager, madame! s'écria monsieur de Clèves, je n'oserais vous le dire de peur de vous offenser. » Madame de Clèves ne répondit point; et, son silence achevant de confirmer son mari dans ce qu'il avait pensé: « Vous 25 ne me dites rien, reprit-il, et c'est me dire que je ne me trompe pas. — Eh bien, monsieur, lui répondit-elle en se jetant à ses genoux, je vais vous faire un aveu que l'on n'a jamais fait à un mari; mais l'innocence de ma conduite et de mes intentions m'en 30 donne la force. Il est vrai que j'ai des raisons pour m'éloigner de la cour et que je veux éviter les périls où se trouvent quelquefois les personnes de mon âge. Je n'ai jamais donné nulle marque de faiblesse,[1]

[1] faiblesse amoureuse, amour conçu par un autre que son mari

et je ne craindrais pas d'en laisser paraître, si vous me laissiez la liberté de me retirer de la cour. . . Quelque dangereux que soit le parti que je prends, je le prends avec joie pour me conserver d'être digne à vous. Je vous demande mille pardons, si j'ai des sentiments qui vous déplaisent; du moins je ne vous déplairai jamais par mes actions. Songez que, pour faire ce que je fais, il faut avoir plus d'amitié et plus d'estime pour un mari que l'on en a jamais eu. Conduisez-moi, ayez pitié de moi, et aimez-moi encore, si vous pouvez. »

Monsieur de Clèves était demeuré, pendant tout ce discours, la tête appuyée sur ses mains, hors de lui-même, et il n'avait pas songé à faire relever sa femme. Quand elle eut cessé de parler, qu'il la vit à ses genoux, le visage couvert de larmes, et d'une beauté si admirable, il pensa mourir de douleur, et, l'embrassant en la relevant: « Ayez pitié de moi, vous-même, madame, lui dit-il, j'en suis digne, et pardonnez, si, dans les premiers moments d'une affliction aussi violente qu'est la mienne, je ne réponds pas comme je dois à un procédé comme le vôtre. Vous me paraissez plus digne d'estime et d'admiration que tout ce qu'il y a jamais eu de femmes au monde; mais aussi je me trouve le plus malheureux homme qui ait jamais existé. Vous m'avez donné de la passion dès le premier moment que je vous ai vue; vos rigueurs et votre possession n'ont pu l'éteindre, elle dure encore; je n'ai jamais pu vous donner [2] de l'amour et je vois que vous craignez d'en avoir pour un autre. Et qui est-il, madame, cet homme heureux qui vous donne cette crainte? Depuis quand vous plaît-il? Qu'a-t-il fait pour vous plaire? Quel chemin a-t-il trouvé pour aller à votre cœur? Je m'étais consolé en quelque sorte de ne l'[3]avoir pas touché par la pensée qu'il était incapable de l'être. Cependant un autre fait ce que je n'ai pu faire: j'ai, tout ensemble, la jalousie d'un mari et celle d'un amant; mais il est impossible d'avoir celle d'un mari après un procédé comme le vôtre: il est trop noble pour ne pas me donner une sûreté entière; il me console même comme votre amant.[4] La confiance et la sincérité que vous avez pour moi sont d'un prix infini: vous m'estimez assez pour croire que je n'abuserai pas de cet aveu. Vous avez raison, madame, je n'en abuserai pas, et je ne vous en aimerai pas moins. Vous me rendez malheureux par la plus grande marque de fidélité que jamais une femme ait donnée à son mari; mais, madame, achevez et apprenez-moi qui est celui que vous voulez éviter. — Je vous supplie de ne me le point demander, répondit-elle; je suis résolue de ne vous le pas dire, et je crois que la prudence ne veut pas que je vous le nomme. — Ne craignez point, madame, reprit monsieur de Clèves; je connais trop le monde pour ignorer que la considération d'un mari [5] n'empêche pas que l'on soit amoureux de sa femme. . . Encore une fois, madame, je vous conjure de m'apprendre ce que j'ai envie de savoir. — Vous m'en presseriez inutilement, répliqua-t-elle; j'ai de la force pour taire ce que je ne crois pas devoir dire. L'aveu que je vous ai fait n'a pas été par faiblesse, et il faut plus de courage pour avouer cette vérité que pour entreprendre de la cacher ». . .

Lorsque ce prince fut parti, que madame de Clèves demeura seule, qu'elle regarda ce qu'elle venait de faire, elle en fut si épouvantée qu'à peine put-elle s'imaginer que ce fût une vérité. Elle trouva qu'elle s'était ôté elle-même le cœur et l'estime de son mari, et qu'elle s'était creusé un abîme dont elle ne sortirait jamais. Elle se demandait pourquoi elle avait fait une chose si hasardeuse, et elle trouvait qu'elle s'y était engagée sans en avoir presque eu le dessein. La singularité d'un pareil aveu, dont elle ne trouvait point d'exemple, lui en faisait voir tout le péril.

Mais quand elle venait à penser que ce remède, quelque violent qu'il fût, était le seul qui la pouvait défendre contre monsieur de Nemours, elle trouvait qu'elle ne devait point se repentir, et qu'elle n'avait point trop hasardé. Elle passa toute la nuit pleine d'incertitude, de trouble et de crainte; mais enfin le calme revint dans son esprit. Elle trouva même de la douceur à avoir donné ce témoignage de fidélité à un mari qui le méritait si bien, qui avait tant d'estime et tant d'amitié pour elle, et qui venait de lui en donner encore des marques par la manière dont il avait reçu ce qu'elle lui avait avoué.

[2] inspirer pour moi
[3] votre cœur
[4] si je me considère comme amant

[5] à l'égard d'un mari

VII. *Les Moralistes*

PASCAL (1623–1662)

BLAISE PASCAL naquit à Clermont-Ferrand. Il y eut une enfance fort studieuse et austère, une adolescence maladive et douloureuse. Dès sa jeunesse, il avait montré un génie précoce pour les mathématiques et les sciences. A seize ans, il composait un *Traité des sections coniques* qui étonna Descartes et, à dix-neuf ans, il inventait une machine à calculer pour aider son père alors intendant.

Religieux de famille et de nature, il fut intéressé au jansénisme par des amis, mais continua ses recherches scientifiques, mena même une vie mondaine jusqu'en 1654. C'est le 23 novembre de cette année qu'à la suite d'une nuit d'extase mystique et de prière, il se retira du monde et se donna tout entier à la foi janséniste. En 1656 et 1657, Pascal écrivit *Les Provinciales*. Il conçut aussi le projet d'une *Apologie de la religion chrétienne* dont il ne nous reste que des fragments. Pascal, à qui la souffrance n'avait jamais accordé de répit, mourut en 1662 et ces fragments ne furent publiés qu'après sa mort en 1670: ce sont les *Pensées*.

Les *Provinciales* et les *Pensées* sont l'œuvre d'un Pascal apôtre qui lutta de toutes les forces de son esprit et de son cœur pour faire triompher sa foi. Les *Provinciales* furent écrites pour défendre le jansénisme et Port-Royal contre les attaques des jésuites.

L'abbaye de Port-Royal, monastère de religieuses, avait été fondée au XIIIe siècle dans la vallée de Chevreuse, près de Versailles. Au XVIIe siècle, sous la direction d'Angélique Arnauld (1591–1661), cette abbaye entreprit de purifier la religion et les mœurs. L'abbé de Saint-Cyran, directeur du monastère, attira auprès de lui quelques hommes notables de grande piété qui furent connus sous le nom de « Solitaires » de Port-Royal. Cet abbé était l'ami et le disciple de Jansen ou Jansénius, évêque d'Ypres, auteur d'un livre de théologie, l'*Augustinus,* qui, faisant le commentaire de saint Augustin, forçait et aggravait ses thèses au point de constituer une doctrine nouvelle. L'abbé de Saint-Cyran introduisit cette doctrine, bientôt appelée *jansénisme,* à Port-Royal qui était bien préparé, par sa réforme sévère et sa sombre solitude, à la recevoir.

L'Église a toujours enseigné qu'à l'homme marqué par le péché originel, la grâce, aide envoyée par Dieu, est nécessaire pour faire son salut. Les jésuites

avaient adopté la doctrine du jésuite espagnol Molina qui repose sur le principe de la *grâce suffisante:* tous les hommes reçoivent cette grâce en naissant, et c'est à chacun, par ses mérites, de la rendre agissante. Les jansénistes professèrent que l'homme, quoi qu'il fasse, reste accablé sous le poids du péché originel et qu'il n'a pas le pouvoir de se sauver lui-même; car d'après eux, si la grâce est *efficace* (c'est-à-dire toujours suivie d'effet), Dieu l'accorde ou ne l'accorde pas, à sa volonté, et cela dès notre naissance: en sorte que, quels que soient nos efforts plus ou moins méritoires, nous sommes prédestinés au salut ou à la damnation.

La doctrine sombre et assez inhumaine de Port-Royal séduisit un grand nombre d'esprits chrétiens du XVIIᵉ siècle, malgré sa morale austère qui imposait le renoncement aux plaisirs du monde. Mais elle allait évidemment contre l'orthodoxie et les jésuites, gardiens de l'orthodoxie, formaient un corps puissant. Ils étaient d'ailleurs très engagés dans le siècle et désireux de maintenir sinon d'étendre leur clientèle mondaine. Ils montraient donc grande indulgence pour le péché et on les accusait d'accommoder la morale chrétienne aux faiblesses du monde.

Les jésuites attaquèrent violemment les thèses jansénistes, et sur leur intervention, le jansénisme se vit condamner par le Pape et par la Sorbonne. Religieux et solitaires subirent des persécutions successives, depuis l'année 1638 où Saint-Cyran fut emprisonné, jusqu'à l'année 1710 où, religieuses chassées, le roi ordonna la destruction de l'abbaye.

C'est pour défendre Port-Royal contre l'attaque des jésuites que Pascal écrivit entre le 23 janvier 1656 et le 24 mars 1657, dix-huit lettres appelées par abréviation *Provinciales* mais dont le titre complet était: *Les Provinciales, ou Lettres écrites par Louis de Montalte à un Provincial de ses amis et aux révérends Pères Jésuites sur le sujet de la morale et de la politique de ces Pères.*

Les quatre premières *Provinciales* traitent de la grâce et des questions de dogme qui mettaient aux prises jésuites et jansénistes. A partir de la cinquième, Pascal change de sujet; il attaque la morale relâchée que prêchaient les jésuites et l'excessive complaisance de leurs casuistes pour les pécheurs. Le problème de la casuistique se poursuit dans les *Provinciales* de la 5ᵉ à la 16ᵉ; les deux dernières seulement, pour démontrer que les jansénistes ne sont pas hérétiques, reviennent au problème de la grâce.

Pascal intervint donc directement dans la lutte avec force et éclat. Il réussit à alerter l'opinion publique, à intéresser la société mondaine à une dispute théologique et à gagner auprès d'elle une cause difficile. Grâce à la variété du ton, à la souplesse de la dialectique, aux dons prodigieux du polémiste et de l'écrivain, les questions de théologie se trouvaient mises agréablement à la portée des gens du monde. Aussi le succès des *Provinciales* fut-il éclatant.

La Cinquième Provinciale

[Pascal explique dans cette Provinciale que les jésuites ambitionnant de gouverner toutes les consciences, dans tous les pays et toutes les conditions, « tendent les bras à tout le monde ». C'est pourquoi ils ont des casuistes [1] assortis à la diversité humaine, 5 *les uns sévères, les autres accommodants, pour les cas de conscience qui leur sont soumis. « Par là ils conservent tous leurs amis et se défendent contre tous leurs ennemis. » Car si on leur reproche leur extrême relâchement, ils produisent incontinent au* 10 *public leurs directeurs austères. Mais les directeurs complaisants ne manquent pas, et ils poussent la complaisance extrêmement loin.*

Pascal ne voulait pas le croire, jusqu'à ce qu'il eût été trouver « un bon casuiste » de la Société de 15 *Jésus et l'eût fait parler.]*

. . . C'est une de mes anciennes connaissances, que je voulus renouveler exprès. Et comme j'étais instruit de la manière dont il les fallait traiter, je 20 n'eus pas de peine à le mettre en train.[2] Il me fit d'abord mille caresses,[3] car il m'aime toujours, et, après quelques discours indifférents, je pris occasion du temps où nous sommes [4] pour apprendre de

[1] *Casuiste:* celui qui professe la *casuistique,* c'est-à-dire la connaissance et la solution des cas de conscience; elle pèse les fautes humaines en tenant compte de tout ce qui peut les alléger, circonstances et intentions. Quelques théologiens en ont abusé grâce à des procédés subtils, dont voici les principaux. (1) La « doctrine des équivoques » au- 35 torise l'emploi de termes ambigus que l'on entend dans un sens, tandis qu'on laisse l'interlocuteur les entendre dans un autre. (2) La « direction d'intention » corrige le vice de l'action par la pureté de l'intention; par exemple, le souci de sauver son honneur corrige le vice du duel. (3) La « restriction mentale » est un sous-entendu qui annule le mensonge; par exemple, on dit tout haut: *Je jure que je n'ai pas commis telle faute,* et l'on ajoute tout bas: *tel jour.* (4) La « probabilité » est l'avis d'un seul docteur, qui suffit à innocenter un acte que cent autres docteurs condamnent. Ces habiletés casuistiques ont paru à Port-Royal le comble de l'hypocrisie.

[2] le faire parler

[3] amabilités affectueuses

[4] le carême, temps d'abstinence et de jeûne

lui quelque chose sur le jeûne,[5] afin d'entrer insensiblement en matière. Je lui témoignai donc que j'avais de la peine à le supporter. Il m'exhorta à me faire violence; mais, comme je continuai à me plaindre, il en fut touché et se mit à chercher quelque cause de dispense. Il m'en offrit en effet plusieurs qui ne me convenaient point, lorsqu'il s'avisa enfin de me demander si je n'avais pas de peine à dormir sans souper. « Oui, lui dis-je, mon père, et cela m'oblige souvent à faire collation à midi et à souper le soir. — Je suis bien aise, me répliqua-t-il, d'avoir trouvé ce moyen de vous soulager sans péché; allez, vous n'êtes point obligé de jeûner. Je ne veux pas que vous m'en croyiez; venez à la bibliothèque. »

J'y fus, et, là, en prenant un livre: « En voici la preuve, me dit-il, et Dieu sait quelle! C'est Escobar.[6] — Qui est Escobar, lui dis-je, mon père? — Quoi! vous ne savez pas qui est Escobar de notre Société, qui a compilé cette *Théologie morale* [7] de vingt-quatre de nos pères; sur quoi il fait, dans la préface, une allégorie de ce livre « à celui de l'*Apocalypse*,[8] qui était scellé de sept sceaux; et il dit que 30 Jésus l'offre ainsi scellé aux quatre animaux Suarez, Vasquez, Molina, Valentia,[9] en présence de vingt-quatre Jésuites qui représentent les vingt-quatre vieillards. »

Il lut toute cette allégorie, qu'il trouvait bien juste, et par où il me donnait une grande idée de 35 l'excellence de cet ouvrage. Ayant ensuite cherché son passage du jeûne: « Le voici, me dit-il, au traité 1, exemple 13, nº 67. « Celui qui ne peut dormir s'il n'a soupé, est-il obligé de jeûner? Nullement. »

[5] le jeûne est une privation de nourriture et de boisson commandée par l'Église

[6] jésuite espagnol (1589–1669)

[7] publiée en 1644, le titre du livre était: *Liber theologiae moralis*

[8] Livre du Nouveau Testament où saint Jean l'Évangéliste rapporte les révélations que Dieu lui a faites pendant son exil à Pathmos. L'obscurité de cet ouvrage mystérieux est devenue proverbiale.

[9] tous théologiens jésuites

N'êtes-vous pas content?—Non, pas tout à fait, lui dis-je; car je puis bien supporter le jeûne en faisant collation le matin et soupant le soir. — Voyez donc la suite, me dit-il, ils ont pensé à tout. « Et que dira-t-on si on peut bien se passer d'une collation le matin en soupant le soir? — Me voilà. — On n'est point encore obligé de jeûner. Car personne n'est obligé de changer l'ordre de ses repas. » — Oh, la bonne raison! lui dis-je. — Mais, dites-moi, continua-t-il, usez-vous beaucoup de vin? — Non, mon père, lui dis-je; je ne le puis souffrir. — Je vous disais cela, me répondit-il, pour vous avertir que vous en pourriez boire le matin, et quand il vous plairait, sans rompre le jeûne; et cela soutient toujours. En voici la décision au même lieu, n° 75. « Peut-on, sans rompre le jeûne, boire du vin à telle heure qu'on voudra, et même en grande quantité? On le peut, et même de l'hypocras. »[10] Je ne me souvenais pas de cet hypocras, dit-il; il faut que je le mette sur mon recueil. — Voilà un honnête homme, lui dis-je, qu'Escobar. — Tout le monde l'aime, répondit le père. Il fait de si jolies questions! Voyez celle-ci, qui est au même endroit: « Si un homme doute qu'il ait vingt et un ans, est-il obligé de jeûner? Non. Mais si j'ai vingt et un an cette nuit à une heure après minuit, et qu'il soit demain jeûne, serai-je obligé de jeûner demain? Non, car vous pourriez manger autant qu'il vous plairait depuis minuit jusqu'à une heure, puisque vous n'auriez pas encore vingt et un ans: et ainsi ayant le droit de rompre le jeûne, vous n'y êtes point obligé. »

— O que cela est divertissant, lui dis-je. — On ne s'en peut tirer,[11] me répondit-il, je passe les jours et les nuits à le lire, je ne fais autre chose. . .

— Vraiment, lui dis-je, il me semble que je rêve quand j'entends des religieux parler de cette sorte! Eh quoi! mon père, dites-moi, en conscience, êtes-vous dans ce sentiment-là? — Non vraiment, me dit le père. — Vous parlez donc, continuai-je, contre votre conscience? — Point du tout, dit-il. Je ne parlais pas en cela selon ma conscience, mais selon celle de Ponce et du père Bauny:[12] et vous pourriez les suivre en sûreté; car ce sont d'habiles gens. — Quoi!

mon père, parce qu'ils ont mis ces trois lignes dans leurs livres, sera-t-il devenu permis de rechercher les occasions de pécher? Je croyais ne devoir prendre pour règle que l'Écriture et la tradition de l'Église, mais non pas vos casuistes. — O bon Dieu, s'écria le père, vous me faites souvenir de ces Jansénistes! Est-ce que le père Bauny et Basile Ponce ne peuvent pas rendre leur opinion probable? — Je ne me contente pas du probable, lui dis-je, je cherche le sûr. — Je vois bien, me dit le bon père, que vous ne savez pas ce que c'est que la doctrine des opinions probables. Vous parleriez autrement si vous le saviez. Ah! vraiment, il faut que je vous en instruise. Vous n'aurez pas perdu votre temps d'être venu ici; sans cela vous ne pouviez rien entendre.[13] C'est le fondement et l'*a b c* de toute notre morale. »

Je fus ravi de le voir tombé dans ce que je souhaitais: et, le lui ayant témoigné, je le priai de m'expliquer ce que c'était qu'une opinion probable. « Nos auteurs vous y répondront mieux que moi, dit-il. Voici comme ils en parlent tous généralement, et entre autres, nos vingt-quatre,[14] *in principibus*, exemplum 3, n° 8. « Une opinion est appelée probable, lorsqu'elle est fondée sur des raisons de quelque considération. D'où il arrive quelquefois qu'un seul docteur fort grave peut rendre une opinion probable. » Et en voici la raison: « car un homme adonné particulièrement à l'étude ne s'attacherait pas à une opinion, s'il n'y était attiré par une raison bonne et suffisante. » — Et ainsi, lui dis-je, un seul docteur peut tourner les consciences et les bouleverser à son gré, et toujours en sûreté.[15] — Il n'en faut pas rire, me dit-il, ni penser combattre cette doctrine. Quand les Jansénistes l'ont voulu faire, ils y ont perdu leur temps. Elle est trop bien établie. Écoutez Sanchez,[16] qui est un des plus célèbres de nos pères (*Somme*, liber 1, ch. 9, n° 7). « Vous douterez peut-être si l'autorité d'un seul docteur bon et savant rend une opinion probable. A quoi je réponds que oui. Et c'est ce qu'assurent An-

[10] infusion de cannelle, de musc et d'ambre dans du vin sucré; plus haut, ligne 5, *se passer*: se contenter
[11] s'arracher à ce livre
[12] deux célèbres casuistes

[13] comprendre
[14] retour à la *Théologie morale* d'Escobar, dans laquelle le jésuite espagnol avait compilé les décisions de vingt-quatre casuistes de la Société de Jésus; *in principibus*: dans les *Fondements de la doctrine*, exemple III
[15] c'est-à-dire: sans commettre de péché
[16] jésuite espagnol (1550–1610)

gelus, Sylvius Navarrus, Emmanuel Sa,[17] etc. Et voici comme on le prouve. Une opinion probable est celle qui a un fondement considérable. Or l'autorité d'un homme savant et pieux n'est pas de petite considération, mais plutôt de grande considération. » Car, écoutez bien cette raison: « Si le témoignage d'un tel homme est de grand poids pour nous assurer qu'une chose se soit passée, par exemple, à Rome, pourquoi ne le sera-t-il pas de même dans un doute de morale? »

— La plaisante comparaison, lui dis-je, des choses du monde à celles de la conscience. — Ayez patience: Sanchez répond à cela dans les lignes qui suivent immédiatement: « Et la restriction qu'y apportent certains auteurs ne me plaît pas, que l'autorité d'un tel docteur est suffisante dans les choses de droit humain, mais non pas dans celles de droit divin. Car elle est de grand poids dans les unes et dans les autres. »

— Mon père, lui dis-je franchement, je ne puis faire cas de cette règle. Qui m'a assuré que, dans la liberté que vos docteurs se donnent d'examiner les choses par la raison, ce qui paraîtra sûr à l'un le paraisse à tous les autres? La diversité des jugements est si grande. . . — Vous ne l'entendez pas, dit le père en m'interrompant, aussi sont-ils fort souvent de différents avis, mais cela n'y fait rien. Chacun rend le sien probable et sûr. Vraiment l'on sait bien qu'ils ne sont pas tous de même sentiment, et cela n'en est que mieux. Ils ne s'accordent au contraire presque jamais. Il y a peu de questions où vous ne trouviez que l'un dit oui, l'autre dit non. Et en tous ces cas-là, l'une et l'autre des opinions contraires est probable. Et c'est pourquoi Diana[18] dit sur un certain sujet (partie 3, traité 4, réponse 244): « Ponce et Sanchez sont de contraires avis; mais, parce qu'ils étaient tous deux savants, chacun rend son opinion probable. »

— Mais, mon père, lui dis-je, on doit être bien embarrassé à choisir alors! — Point du tout, dit-il, il n'y a qu'à suivre l'avis qui agrée le plus. — Eh quoi! si l'autre est plus probable? — Il n'importe, me dit-il. — Et si l'autre est plus sûr? — Il n'importe, me dit encore le père, le voici bien expliqué. C'est Em-

manuel Sa, de notre Société, dans son aphorisme (*de Dubio*, p. 183): « On peut faire ce qu'on pense être permis selon une opinion probable, quoique le contraire soit plus sûr. Or, l'opinion d'un seul docteur grave y suffit. » — Et si une opinion est tout ensemble et moins probable et moins sûre, sera-t-il permis de la suivre, en quittant ce que l'on croit être plus probable et plus sûr? — Oui, encore une fois, me dit-il. Écoutez Filiutius, ce grand Jésuite de Rome: « Il est permis de suivre l'opinion la moins probable, quoiqu'elle soit la moins sûre; c'est l'opinion commune des nouveaux auteurs. » Cela n'est-il pas clair? — Nous voici bien au large,[19] lui dis-je, mon révérend père. Grâce à vos opinions probables, nous avons une belle liberté de conscience. Et vous autres casuistes, avez-vous la même liberté dans vos réponses? — Oui, me dit-il, nous répondons aussi ce qu'il nous plaît, ou plutôt ce qu'il plaît à ceux qui nous interrogent. Car voici nos règles, prises de nos pères, Layman (*Theol. Mor.*[20] I, tr. 1, c. 2, 2, n° 7); Vasquez (*Distinctiones*[21] 62, c. 9, n° 47); Sanchez (*in Summâ*[22] I, c. 9, n° 23) et de nos vingt-quatre (*in princ.*[23] ex. 3, n° 24). Voici les paroles de Layman, que le livre de nos vingt-quatre a suivies: « Un docteur, étant consulté, peut donner un conseil, non seulement probable selon son opinion, mais contraire à son opinion, s'il est estimé probable par d'autres, lorsque cet avis contraire au sien se rencontre plus favorable et plus agréable à celui qui le consulte: *Si forte haec illi favorabilior seu exoptatior sit*. Mais je dis de plus qu'il ne sera point hors de raison qu'il donne à ceux qui le consultent un avis tenu pour probable par quelque personne savante, quand même il s'assurerait qu'il serait absolument faux. »

— Tout de bon, mon père, votre doctrine est bien commode. Quoi! avoir à répondre oui et non à son choix? On ne peut assez priser un tel avantage. Et je vois bien maintenant à quoi vous servent les opinions contraires que vos docteurs ont sur chaque matière. Car l'une vous sert toujours, et l'autre ne vous nuit jamais. Si vous ne trouvez votre compte d'un côté, vous vous jetez de l'autre, et toujours en

[17] Casuistes. Emmanuel Sa était un jésuite portugais (1530–96), auteur du *De Dubio* (*Traité du doute*).

[18] théologien sicilien (1595–1663)

[19] à notre aise

[20] *Théologie morale; tr:* traité; *ex:* examen; *c:* chapitre

[21] *Positions des questions*

[22] *La Somme*

[23] *in principibus*

sûreté. — Cela est vrai, dit-il, et ainsi nous pouvons toujours dire avec Diana, qui trouva le père Bauny pour lui, lorsque le père Lugo [24] lui était contraire:

Saepe, premente Deo, fert Deus alter opem.
Si quelque Dieu nous presse, un autre nous délivre.

— J'entends bien, lui dis-je, mais il me vient une difficulté dans l'esprit. C'est qu'après avoir consulté un de vos docteurs, et pris de lui une opinion un peu large,[25] on sera peut-être attrapé si on rencontre un confesseur qui n'en [26] soit pas, et qui refuse l'absolution, si l'on ne change de sentiment. N'y avez-vous point donné ordre,[27] mon père? — En doutez-vous? me répondit-il. On les a obligés à absoudre leurs pénitents qui ont des opinions probables, sur peine de péché mortel, afin qu'ils n'y manquent pas. C'est ce qu'ont bien montré nos pères, et entre autres le père Bauny (tr. 4, *de Poenitentia*,[28] q. 13, p. 93): « Quand le pénitent, dit-il, suit une opinion probable, le confesseur le doit absoudre, quoique son opinion soit contraire à celle du pénitent. » — Mais il ne dit pas que ce soit un péché mortel de ne le pas absoudre. — Que vous êtes prompt! [29] me dit-il; écoutez la suite: il en fait une conclusion expresse: [30] « Refuser l'absolution à un pénitent qui agit selon une opinion probable, est un péché qui, de sa nature, est mortel. » Et il cite, pour confirmer ce sentiment, trois des plus fameux de nos pères, Suarez (tome 4, distinction 32, section 5); Vasquez (disputatio [31] 62, c. 7); et Sanchez (n° 29).

— O mon père! lui dis-je, voilà qui est bien prudemment ordonné! Il n'y a plus rien à craindre. Un confesseur n'oserait plus y manquer. Je ne savais pas que vous eussiez le pouvoir d'ordonner sur peine de damnation. Je croyais que vous ne saviez qu'ôter les péchés; je ne pensais pas que vous en sussiez introduire. Mais vous avez tout pouvoir, à ce que je vois. — Vous ne parlez pas proprement, me dit-il. Nous n'introduisons pas les péchés, nous ne faisons que les remarquer. J'ai déjà bien reconnu

deux ou trois fois que vous n'êtes pas bon scolastique.[32] — Quoi qu'il en soit, mon père, voilà mon doute bien résolu. Mais j'en ai un autre encore à vous proposer: c'est que je ne sais comment vous pouvez faire, quand les pères [33] de l'Église sont contraires au sentiment de quelqu'un de vos casuistes.

— Vous l'entendez bien peu,[34] me dit-il. Les pères étaient bons pour la morale de leur temps, mais ils sont trop éloignés pour celle du nôtre. Ce ne sont plus eux qui la règlent, ce sont les nouveaux casuistes. Écoutez notre père Cellot [35] (*de Hier.*,[36] 1, VIII, c. 16, p. 714), qui suit en cela notre fameux père Reginaldus: [37] « Dans les questions de morale, les nouveaux casuistes sont préférables aux anciens pères, quoiqu'ils fussent plus proches des apôtres.» Et c'est en suivant cette maxime que Diana parle de cette sorte (p. 5, tr. 8, reg. 31): « Les bénéficiers [38] sont-ils obligés de restituer leur revenu dont ils disposent mal? Les anciens disaient que oui, mais les nouveaux disent que non: ne quittons donc pas cette opinion qui décharge de l'obligation de restituer. » — Voilà de belles paroles, lui dis-je, et pleines de consolation pour bien du monde. — Nous laissons les pères, me dit-il, à ceux qui traitent la morale positive: [39] mais, pour nous, qui gouvernons les consciences, nous les lisons peu, et ne citons dans nos écrits que les nouveaux casuistes. Voyez Diana qui a tant écrit; il a mis à l'entrée de ses livres la liste des auteurs qu'il rapporte. Il y en a deux cent quatre-vingt-seize, dont le plus ancien est mort depuis quatre-vingts ans. — Cela est donc venu au monde depuis votre Société? lui dis-je. — Environ, me répondit-il. — C'est-à-dire, mon père, qu'à votre arrivée on a vu disparaître saint Augustin, saint Chrysostome, saint Ambroise, saint Jérôme et les autres [40] pour ce qui est de la morale. Mais au moins que je sache les noms de ceux qui leur ont

[24] jésuite espagnol et cardinal (1583–1660)
[25] qui absout de beaucoup de choses
[26] de votre Société
[27] point réglé la difficulté
[28] *Traité de la Pénitence*; *q*: question; *p*: page
[29] pressé de décider
[30] qui ne laisse aucun doute
[31] discussion

[32] théologien fidèle à l'école du Moyen Âge
[33] les saints docteurs qui ont enseigné la foi chrétienne antérieurement au XIIIe siècle
[34] Vous n'êtes pas au courant.
[35] jésuite français (1588–1658)
[36] *Hieraticis* (Traité des usages religieux)
[37] Valère Regnault, jésuite français (1545–1623)
[38] titulaires d'une dignité ecclésiastique à laquelle est attaché un revenu; *reg*: *regula*, règle
[39] qui a des règles générales et constantes
[40] pères de l'Église

succédé; qui sont-ils ces nouveaux auteurs? — Ce sont des gens bien habiles et bien célèbres, me dit-il. C'est Villalobos,[41] Conink, Llamas, Achokier, Dealkozer, Dellacruz, Veracruz, Ugolin, Tambourin, Fernandez, Martinez, Suarez, Henriquez, Vasquez, Lopez, Gomez, Sanchez, de Vechis, de Grassis, de Grassalis, de Pitigianis, de Graphæis, Squilanti, Bizozeri, Barcola, de Bodadilla, Simancha, Perez de Lara, Aldretta, Lorca, de Scarcia, Quaranta, Scophra, Pedrezza, Cabrezza, Bisbe, Dias, de Clavasio, Villagut, Adam à Manden, Iribarne, Binsfeld, Volfangi à Vorberg, Vosthery, Strevesdorf.[42] — O mon père! lui dis-je tout effrayé, tous ces gens-là étaient-il chrétiens? — Comment, chrétiens! me répondit-il. Ne vous disais-je pas que ce sont les seuls par lesquels nous gouvernons aujourd'hui la chrétienté? »

Cela me fit pitié, mais je ne lui en témoignai rien, et lui demandai seulement si tous ces auteurs-là étaient Jésuites. « Non, me dit-il, mais il n'importe; ils n'ont pas laissé de dire de bonnes choses. Ce n'est pas que la plupart ne les aient prises ou imitées des nôtres; mais nous ne nous piquons pas d'honneur, outre qu'ils citent nos pères à toute heure et avec éloge. Voyez Diana, qui n'est pas de notre société; quand il parle de Vasquez, il l'appelle *le phénix des esprits*. Et quelquefois il dit « que Vasquez seul lui est autant que tout le reste des hommes ensemble. *Instar omnium.* »[43] Aussi tous nos pères se servent fort souvent de ce bon Diana: car, si vous entendez bien notre doctrine de la probabilité, vous verrez que cela[44] n'y fait rien. Au contraire; nous avons bien voulu que d'autres que les Jésuites puissent rendre leurs opinions probables,

afin qu'on ne puisse pas nous les imputer[45] toutes. Et ainsi, quand quelque auteur que ce soit[46] en a avancé une, nous avons droit de la prendre, si nous le voulons, par la doctrine des opinions probables; et nous n'en sommes pas les garants, quand l'auteur n'est pas de notre corps. — J'entends tout cela, lui dis-je. Je vois bien par là que tout est bien venu[47] chez vous, hormis les anciens pères, et que vous êtes les maîtres de la campagne. Vous n'avez plus qu'à courir.

— Mais je prévois trois ou quatre grands inconvénients, et de puissantes barrières qui s'opposeront à votre course. — Et quoi? me dit le père tout étonné. — C'est, lui répondis-je, l'Écriture sainte, les papes et les conciles, que vous ne pouvez démentir, et qui sont tous dans la vöie unique de l'Évangile. — Est-ce là tout? me dit-il. Vous m'avez fait peur. Croyez-vous qu'une chose si visible n'ait pas été prévue, et que nous n'y ayons pas pourvu? Vraiment je vous admire, de penser que nous soyons opposés à l'Écriture, aux papes ou aux conciles! Il faut que je vous éclaircisse du contraire. Je serais bien marri[48] que vous crussiez que nous manquons à ce que nous leur devons. Vous avez sans doute pris cette pensée de quelques opinions de nos pères qui paraissent choquer leurs décisions,[49] quoique cela ne soit pas. Mais, pour en entendre l'accord, il faudrait avoir plus de loisir. Je souhaite que vous ne demeuriez pas mal édifié de nous. Si vous voulez que nous nous revoyions demain, je vous en donnerai l'éclaircissement. »

Voilà la fin de cette conférence, qui sera celle de cet entretien: aussi en voilà bien assez pour une lettre. Je m'assure que vous en serez satisfait en attendant la suite. Je suis, etc.

[41] Pascal se sert ici d'une liste établie par Diana.
[42] Le texte de la cinquième Provinciale contient d'assez nombreuses erreurs de transcription et de nombreux noms ont été estropiés.
[43] qui a à lui seul même valeur que tous réunis
[44] le fait que tous les casuistes ne sont pas jésuites

[45] mettre à notre compte
[46] jésuite ou non
[47] accepté
[48] désolé
[49] décisions des papes et des conciles

LES PENSÉES

Pascal avait eu le dessein d'écrire une *Apologie de la religion chrétienne*. La mort interrompit ce travail et Pascal ne nous a laissé que quelques fragments importants, avec quantité de notes prises sur des feuillets de tout format, groupés sans ordre et 5 difficiles à déchiffrer. Ces feuillets, receuillis par les parents et Solitaires de Port-Royal, furent collés sur un grand registre et publiés en 1670 sous le nom de *Pensées* par MM. de Port-Royal.

Des éditions successives, du XVIIe siècle à nos 10 jours, ont coordonné les *Pensées* de façon plus ou moins complète, surtout plus ou moins tendancieuse;[1] aujourd'hui encore, ce qui nous manque toujours, c'est le plan que Pascal se proposait de suivre. Nous sommes obligés d'en imaginer un qui 15 soit vraisemblable, si nous souhaitons pour les *Pensées* un ordre qui leur donne leur entière valeur. Un guide se présente à nous, toutefois, c'est l'opuscule intitulé *Entretien de Pascal avec M. de Sacy,* souvenir d'un entretien authentique qui eut lieu au 20 début de la retraite de l'auteur à Port-Royal et qui correspond donc à ses préoccupations profondes.

Cet entretien porte sur Epictète[2] et Montaigne. Chacun des deux philosophes n'a vu, selon Pascal, que l'un des aspects essentiels de l'homme: Epictète, 25 sa grandeur (pouvoir de la raison et de la volonté); Montaigne, sa faiblesse (impuissance de la raison). Pascal donne raison à Montaigne pour son pessimisme (l'homme dupé par l'imagination, cette «maîtresse d'erreur et de fausseté», altéré jusque 30 dans son esprit par les maladies, aveuglé par l'amour-propre et les passions, égaré par la diversité des coutumes humaines); mais il lui reproche de n'avoir pas vu la grandeur de l'homme en même temps que sa misère, car l'homme a de cette misère 35 une conscience qui le grandit, l'homme comprend la nature par son intelligence, son âme lui fait concevoir le divin. Parallèlement, Pascal reproche à Epictète de n'avoir pas vu la misère de l'homme en même temps que sa grandeur.

Pascal voit les deux, misère et grandeur de l'homme; ou plutôt, il voit en psychologue la nature morale de l'homme composée de puissance et d'infirmité, comme il voit en physicien le corps de l'homme social perdu entre un infini de grandeur et un infini de petitesse. C'est la vérité de l'Évangile qui donne la clef de cette énigme qu'est l'homme, déchu par le péché originel, racheté et relevé par le Christ: «Tout ce qu'il y a d'infirme appartenant à la nature, tout ce qu'il y a de puissant appartenant à la grâce.»

Ce texte important, outre qu'il établit un rapport étroit entre les *Provinciales* et les *Pensées,* appuie solidement quelques lignes directrices d'un autre texte: «Première partie: misère de l'homme sans Dieu. Seconde partie: félicité de l'homme avec Dieu. Autrement, première partie: que la nature est corrompue. Par la nature même. Seconde partie: qu'il y a un réparateur. Par l'Écriture.»

Pascal, on le voit, se proposait d'arracher les libertins à l'incrédulité et les tièdes à l'indifférence, en les affolant devant l'énigme vivante qu'est l'homme. Ensuite, il aurait dénoncé l'incapacité des philosophes à résoudre cette énigme, et la vanité des preuves métaphysiques: car Dieu est sensible au cœur, non à la raison. Ensuite il aurait montré les Juifs précurseurs, annonciateurs, puis le christianisme expliquant tout et résolvant les contradictions par le double dogme de la chute et de la rédemption. Ses lecteurs ainsi mis en présence de terribles mystères, avec l'imagination puissamment frappée, eussent été prêts peut-être à accepter ses vues sur les miracles, sur les prophéties, à entendre son argument du pari (pariez que Dieu existe, parce que si vous gagnez, vous gagnez tout, et si 40 vous perdez, vous ne perdez rien) et à accepter son fameux conseil: «abêtissez-vous», c'est-à-dire faites taire la raison, et astreignez-vous à la religion sans discuter, c'est ainsi qu'on appelle à soi la grâce.

[1] Léon Brunschvicg a prudemment classé les *Pensées* en groupant ensemble les textes portant sur les mêmes questions. Cette édition, publiée en 1897 par Hachette, fait autorité.

[2] philosophe de la Grèce antique (vers 50–125 apr. J.-C.). Le but de la morale stoïcienne est, selon lui, de parvenir à l'absence totale de trouble dans l'esprit. Sa célèbre maxime était: "Supporte et abstiens-toi".

Les *Pensées,* sans nul doute, ont fait ou préparé des conversions. Mais si ce livre reste une des grandes œuvres de l'esprit humain, c'est qu'il a aux yeux de tout homme pensant, même le plus incroyant, une valeur psychologique forte et durable. Pascal est descendu dans les profondeurs de notre nature, et il en a tiré des analyses qui sauront toujours faire penser et émouvoir. Rappelons-en quelques-unes: la débilité de la raison, dupée par les sens, par l'imagination, par les passions; les incertitudes du droit et des mœurs, qui varient avec le temps et l'espace; le ridicule de la justice humaine; les deux abîmes de l'infini et du néant, ce néant qui nous effraie au point que, par peur de le contempler, nous nous jetons dans le *divertissement*—amour et ambition, gloire ou jeu—et nous allons ainsi au précipice sans le voir. Il y a la contre-partie: les traces d'une grandeur perdue qui transparaissent à travers nos misères mêmes, «misères de grand seigneur, misères de roi dépossédé» et que l'homme surmonte par la conscience qu'il en a. On voit que la psychologie des *Pensées* est d'un pessimisme profond, d'où monte cependant la flamme d'une invincible espérance.

Pensées

72. . . . Que l'homme contemple donc la nature entière dans sa haute et pleine majesté; qu'il éloigne sa vue des objets bas qui l'environnent. Qu'il regarde cette éclatante lumière, mise comme une lampe éternelle pour éclairer l'univers; que la terre lui paraisse comme un point au prix du [1] vaste tour que cet astre décrit et qu'il s'étonne de ce que ce vaste tour lui-même n'est qu'une pointe très délicate à l'égard de celui que les astres qui roulent dans le firmament embrassent.

Mais si notre vue s'arrête là, que l'imagination passe outre; elle se lassera plutôt de concevoir que la nature de fournir. Tout ce monde visible n'est qu'un trait imperceptible dans l'ample sein de la nature. Nulle idée n'en approche. Nous avons beau enfler nos conceptions, au delà des espaces imaginables, nous n'enfantons que des atomes, au prix de la réalité des choses. C'est une sphère infinie dont le centre est partout, la circonférence nulle part. Enfin c'est le plus grand caractère sensible de la toute-puissance de Dieu, que notre imagination se perde dans cette pensée.

Que l'homme, étant revenu à soi, considère ce qu'il est au prix de ce qui est; qu'il se regarde comme égaré dans ce canton détourné de la nature; et que, de ce petit cachot où il se trouve logé, j'entends [2] l'univers, il apprenne à estimer la terre, les royaumes, les villes et soi-même son juste prix. Qu'est-ce qu'un homme dans l'infini?

Mais pour lui présenter un autre prodige aussi étonnant, qu'il recherche dans ce qu'il connaît les choses les plus délicates. Qu'un ciron [3] lui offre dans la petitesse de son corps des parties incomparablement plus petites, des jambes avec des jointures, des veines dans ces jambes, du sang dans ces veines, des humeurs dans ce sang, des gouttes dans ces humeurs, des vapeurs dans ces gouttes; que, divisant encore ces dernières choses, il épuise ses forces en ces conceptions, et que le dernier objet où il peut arriver soit maintenant celui de notre discours; [4] il pensera peut-être que c'est là l'extrême petitesse de la nature. Je veux lui faire voir là-dedans un abîme nouveau. Je lui veux peindre non seulement l'univers visible, mais l'immensité qu'on peut concevoir de la nature, dans l'enceinte de ce raccourci d'atome. Qu'il y voie une infinité d'univers, dont chacun a son firmament, ses planètes, sa terre, en la même proportion que le monde visible; dans cette terre, des animaux, et enfin des cirons, dans lesquels il retrouvera ce que les premiers ont donné; et trouvant encore dans les autres la même chose sans fin

[1] Comparé au. Le numéro 72 et les suivants, 82, 139, etc. sont ceux de l'édition classique de L. Brunschvicg.

[2] je veux dire

[3] insecte sans ailes, le plus petit des animaux visibles à l'œil nu

[4] suite de pensées, raisonnement

et sans repos, qu'il se perde dans ces merveilles, aussi étonnantes dans leur petitesse que les autres par leur étendue; car qui n'admirera que notre corps, qui tantôt [5] n'était pas perceptible dans l'univers, imperceptible lui-même dans le sein du tout, soit à présent [6] un colosse, un monde, ou plutôt un tout, à l'égard du néant où l'on ne peut arriver?

Qui se considérera de la sorte s'effraiera de soi-même, et, se considérant soutenu dans la masse que la nature lui a donnée, entre ces deux abîmes de l'infini et du néant, il tremblera dans la vue de ces merveilles; et je crois que sa curiosité se changeant en admiration, il sera plus disposé à les contempler en silence qu'à les rechercher [7] avec présomption.

Car enfin, qu'est-ce que l'homme dans la nature? Un néant à l'égard de l'infini, un tout à l'égard du néant, un milieu entre rien et tout. Infiniment éloigné de comprendre les extrêmes, la fin [8] des choses et leur principe sont pour lui invinciblement cachés dans un secret impénétrable, également incapable de voir le néant d'où il est tiré, et l'infini où il est englouti.

. . . Notre intelligence tient dans l'ordre des choses intelligibles le même rang que notre corps dans l'étendue de la nature.

Bornés en tout genre, cet état qui tient le milieu entre deux extrêmes se trouve en toutes nos puissances. Nos sens n'aperçoivent rien d'extrême: trop de bruit nous assourdit; trop de lumière éblouit; trop de distance et trop de proximité empêchent la vue; trop de longueur et trop de brièveté de discours l'obscurcissent; trop de vérité nous étonne (j'en sais qui ne peuvent comprendre que qui de zéro ôte quatre reste zéro); les premiers principes ont trop d'évidence pour nous; trop de plaisir incommode; trop de consonances déplaisent dans la musique; et trop de bienfaits irritent: nous voulons avoir de quoi surpayer la dette: *Beneficia eo usque laeta sunt dum videntur exsolvi posse; ubi multum antevenere, pro gratia odium redditur.*[9] Nous ne sentons ni l'extrême chaud ni l'extrême froid. Les qualités excessives nous sont ennemies, et non pas sensibles; nous ne les sentons plus, nous les souffrons. Trop de jeunesse et trop de vieillesse empêchent l'esprit, trop et trop peu d'instruction; enfin les choses extrêmes sont pour nous comme si elles n'étaient point, et nous ne sommes point à leur égard: elles nous échappent, ou nous à elles.

Voilà notre état véritable. C'est ce qui nous rend incapables de savoir certainement et d'ignorer absolument. Nous voguons sur un milieu vaste, toujours incertains et flottants, poussés d'un bout vers l'autre. Quelque terme [10] où nous pensions nous attacher et nous affermir, il branle et nous quitte et si nous le suivons, il échappe à nos prises, nous glisse et fuit d'une fuite éternelle. Rien ne s'arrête pour nous. C'est l'état qui nous est naturel, et toutefois le plus contraire à notre inclination; nous brûlons de désir de trouver une assiette [11] ferme, et une dernière base constante pour y édifier une tour qui s'élève à l'infini; mais tout notre fondement craque, et la terre s'ouvre jusqu'aux abîmes.

Ne cherchons donc point d'assurance et de fermeté. Notre raison est toujours déçue par l'inconstance des apparences; rien ne peut fixer le fini entre les deux infinis, qui l'enferment et le fuient.

82. *Imagination.* C'est cette partie décevante dans l'homme, cette maîtresse d'erreur et de fausseté, et d'autant plus fourbe qu'elle ne l'est pas toujours; car elle serait règle infaillible de vérité, si elle l'était infaillible du mensonge. Mais, étant le plus souvent fausse, elle ne donne aucune marque de sa qualité, marquant du même caractère le vrai et le faux.

Je ne parle pas des fous, je parle des plus sages; et c'est parmi eux que l'imagination a le grand don de persuader les hommes. La raison a beau crier, elle ne peut mettre le prix aux choses.

Cette superbe [12] puissance, ennemie de la raison, qui se plaît à la contrôler et à la dominer, pour montrer combien elle peut [13] en toutes choses, a établi dans l'homme une seconde nature. Elle a ses heureux, ses malheureux, ses sains, ses malades, ses

[5] dans l'autre partie du raisonnement
[6] dans cette partie du raisonnement
[7] étudier
[8] destination
[9] Les bienfaits sont agréables tant qu'on pense pouvoir les rendre; au-delà, la reconnaissance fait place à la haine. (Tacite)

[10] situation solide (comme une colonne)
[11] position
[12] orgueilleuse
[13] quel est son pouvoir

riches, ses pauvres; elle fait croire, douter, nier la raison; elle suspend les sens, elle les fait sentir; elle a ses fous et ses sages: et rien ne nous dépite davantage que de voir qu'elle remplit ses hôtes [14] d'une satisfaction bien autrement pleine et entière que la raison. Les habiles par imagination se plaisent tout autrement à eux-mêmes que les prudents ne se peuvent raisonnablement plaire. Ils regardent les gens avec empire; [15] ils disputent avec hardiesse et confiance; les autres, [16] avec crainte et défiance: et cette gaîté de visage leur donne souvent l'avantage dans l'opinion des écoutants, tant de sages imaginaires ont de faveur auprès des juges de même nature. Elle ne peut rendre sages les fous; mais elle les rend heureux, à l'envi de [17] la raison qui ne peut rendre ses amis que misérables, l'une les couvrant de gloire, l'autre de honte.

Qui dispense la réputation? qui donne le respect et la vénération aux personnes, aux ouvrages, aux lois, aux grands, sinon cette faculté imaginante? Combien toutes les richesses de la terre (sont) insuffisantes sans son consentement!

Ne diriez-vous pas que ce magistrat, dont la vieillesse vénérable impose le respect à tout un peuple, se gouverne par une raison pure et sublime, et qu'il juge des choses dans leur nature sans s'arrêter à ces vaines circonstances qui ne blessent que l'imagination des faibles? Voyez-le entrer dans un sermon [18] où il apporte un zèle tout dévot, renforçant la solidité de sa raison par l'ardeur de sa charité. Le voilà prêt à l'ouir avec un respect exemplaire. Que le prédicateur vienne à paraître, que la nature lui ait donné une voix enrouée et un tour de visage bizarre, que son barbier l'ait mal rasé, si le hasard l'a encore barbouillé de surcroît, quelque grandes vérités qu'il annonce, je parie la perte de la gravité de notre sénateur.

Le plus grand philosophe du monde, sur une planche plus large qu'il ne faut, s'il y a au-dessous un précipice, quoique sa raison le convainque de sa sûreté, son imagination prévaudra. Plusieurs n'en sauraient soutenir la pensée sans pâlir et suer.

. . . Nos magistrats ont bien connu ce mystère.

Leurs robes rouges, leurs hermines, dont ils s'emmaillotent en chats fourrés, les palais où ils jugent, les fleurs de lis,[19] tout cet appareil auguste était fort nécessaire; et si les médecins n'avaient des soutanes et des mules, et que les docteurs n'eussent des bonnets carrés et des robes trop amples de quatre parties,[20] jamais ils n'auraient dupé le monde qui ne peut résister à cette montre si authentique. S'ils avaient la véritable justice et si les médecins avaient le vrai art de guérir, ils n'auraient que faire de bonnets carrés; la majesté de ces sciences serait assez vénérable d'elle-même. Mais n'ayant que des sciences imaginaires, il faut qu'ils prennent ces vains instruments qui frappent l'imagination à laquelle ils ont affaire; et par là, en effet, ils s'attirent le respect. Les seuls gens de guerre ne sont pas déguisés de la sorte, parce qu'en effet leur part est plus essentielle, ils s'établissent par la force, les autres par grimace.

C'est ainsi que nos rois n'ont pas recherché ces déguisements. Ils ne se sont pas masqués d'habits extraordinaires pour paraître tels; mais ils se sont accompagnés de gardes, de hallebardes. Ces troupes armées [21] qui n'ont de mains et de force que pour eux, les trompettes et les tambours qui marchent au-devant, et ces légions qui les environnent, font trembler les plus fermes. Ils n'ont pas l'habit seulement, ils ont la force. Il faudrait avoir une raison bien épurée pour regarder comme un autre homme le Grand Seigneur [22] environné, dans son superbe sérail, de quarante mille janissaires.

Nous ne pouvons pas seulement voir un avocat en soutane et le bonnet en tête, sans une opinion avantageuse de sa suffisance.[23]

L'imagination dispose de tout; elle fait la beauté, la justice, et le bonheur, qui est le tout du monde. Je voudrais de bon cœur voir le livre italien, dont je ne connais que le titre, qui vaut lui seul bien des livres: *Della opinione regina del mondo*.[24] J'y souscris sans le connaître, sauf le mal, s'il y en a.

[19] Armes des rois de France. Elles décoraient les sièges des magistrats.
[20] Ils étaient ainsi accoutrés à l'époque.
[21] On a longtemps mal lu le manuscrit de Pascal, on lisait ici: « les trognes armées ».
[22] le Sultan, empereur des Turcs
[23] son savoir
[24] *De l'opinion reine du monde*

[14] les hommes
[15] autorité
[16] les prudents
[17] contrairement à
[18] dans une église au moment du sermon

Voilà à peu près les effets de cette faculté trompeuse qui semble nous être donnée exprès pour nous induire à une erreur nécessaire.

139. *Divertissement*. . . . D'où vient que cet homme qui a perdu depuis peu de mois son fils unique, et qui, accablé de procès et de querelles, était ce matin si troublé, n'y pense plus maintenant? Ne vous en étonnez point: il est tout occupé à voir par où passera ce sanglier que les chiens poursuivent avec tant d'ardeur depuis six heures. Il n'en faut pas davantage. L'homme, quelque plein de tristesse qu'il soit, si on peut gagner sur lui [25] de le faire entrer en quelque divertissement, le voilà heureux pendant ce temps-là; et l'homme, quelque heureux qu'il soit, s'il n'est diverti et occupé par quelque passion ou quelque amusement qui empêche l'ennui de se répandre, sera bientôt chagrin et malheureux. Sans divertissement, il n'y a point de joie; avec le divertissement, il n'y a point de tristesse. Et c'est aussi ce qui forme le bonheur des personnes de grande condition, qu'ils ont un nombre de personnes qui les divertissent, et qu'ils ont le pouvoir de se maintenir en cet état. . .

140. Cet homme si affligé de la mort de sa femme et de son fils unique, qui a cette grande querelle [26] qui le tourmente, d'où vient qu'à ce moment il n'est pas triste, et qu'on le voit si exempt de toutes ces pensées pénibles et inquiétantes? Il ne faut pas s'en étonner; on vient de lui servir une balle,[27] et il faut qu'il la rejette à son compagnon; il est occupé à la prendre à la chute du toit, pour gagner une chasse; [28] comment voulez-vous qu'il pense à ses affaires, ayant cette autre affaire à manier? Voilà un soin digne d'occuper cette grande âme, et de lui ôter toute autre pensée de l'esprit. Cet homme né pour connaître l'univers, pour juger de toutes choses, pour régir tout un État, le voilà occupé et tout rempli du soin de prendre un lièvre! Et s'il ne s'abaisse à cela et veuille toujours être tendu,[29] il n'en sera que plus sot, parce qu'il voudra s'élever au-dessus de l'humanité, et il n'est qu'un homme, au bout du compte, c'est-à-dire capable de peu et de beaucoup, de tout et de rien: il est ni ange ni bête, mais homme.

146. L'homme est visiblement fait pour penser; c'est toute sa dignité et tout son métier; et tout son devoir est de penser comme il faut. Or l'ordre de la pensée est de commencer par soi, et par son auteur et sa fin.[30]

Or à quoi pense le monde? Jamais à cela; mais à danser, à jouer du luth, à chanter, à faire des vers, à courir la bague,[31] etc., à se battre, à se faire roi, sans penser à ce que c'est qu'être roi, et qu'être homme.

166. *Divertissement*. La mort est plus aisée à supporter sans y penser, que la pensée de la mort sans péril.

167. Les misères de la vie humaine ont fondé tout cela: comme ils [32] ont vu cela, ils ont pris le divertissement.

168. *Divertissement*. Les hommes n'ayant pu guérir la mort, la misère, l'ignorance, ils se sont avisés, pour se rendre heureux, de n'y point penser.

169. . . . Nonobstant ces misères, il [33] veut être heureux, et ne veut être qu'heureux, et ne peut ne vouloir pas l'être; mais comment s'y prendra-t-il? Il faudrait, pour bien faire, qu'il se rendît immortel; mais, ne le pouvant, il s'est avisé de s'empêcher d'y penser.

171. *Misère*. La seule chose qui nous console de nos misères est le divertissement, et cependant c'est la plus grande de nos misères. Car c'est cela qui nous empêche principalement de songer à nous,[34] et qui nous fait perdre insensiblement. Sans cela, nous serions dans l'ennui,[35] et cet ennui nous pous-

[25] obtenir de lui
[26] affaire de justice
[27] au jeu de paume
[28] au jeu de paume, le lieu où la balle finit son premier bond
[29] avoir l'esprit tout absorbé

[30] Dieu et la destination de l'homme
[31] jeu qui consistait à enlever au galop d'un cheval un anneau suspendu
[32] les hommes
[33] malgré ces misères, l'homme
[34] pour faire notre salut chrétien
[35] sombre tristesse

serait à chercher un moyen plus solide d'en sortir. Mais le divertissement nous amuse, et nous fait arriver insensiblement à la mort.

277. Le cœur a ses raisons, que la raison ne connaît point; on le sait en mille choses. Je dis que le cœur aime l'être universel [36] naturellement, et soi-même naturellement selon qu'il s'y adonne; et il se durcit contre l'un ou l'autre à son choix. Vous avez rejeté l'un et conservé l'autre: est-ce par raison que vous vous aimez?

293. « Pourquoi me tuez-vous? — Eh quoi! ne demeurez-vous pas de l'autre côté de l'eau? [37] Mon ami, si vous demeuriez de ce côté, je serais un assassin et cela serait injuste de vous tuer de la sorte;

[36] Dieu
[37] dialogue de deux soldats séparés par un fleuve frontière

mais puisque vous demeurez de l'autre côté, je suis un brave, et cela est juste. »

347. L'homme n'est qu'un roseau, le plus faible de la nature; mais c'est un roseau pensant. Il ne faut pas [38] que l'univers entier s'arme pour l'écraser: une vapeur, une goutte d'eau suffit pour le tuer. Mais, quand l'univers l'écraserait, l'homme serait encore plus noble que ce qui le tue, parce qu'il sait qu'il meurt, et l'avantage que l'univers a sur lui, l'univers n'en sait rien.

Toute notre dignité consiste donc en la pensée. C'est de là qu'il nous faut relever et non de l'espace et de la durée, que nous ne saurions remplir. Travaillons donc à bien penser: voilà le principe de la morale.

[38] il n'y a pas besoin

Le Mystère de Jésus

Jésus souffre dans sa passion les tourments que lui font les hommes; mais dans l'agonie il souffre les tourments qu'il se donne à lui-même: *turbare semetipsum*.[39] C'est un supplice d'une main non humaine, mais toute-puissante, car il faut être tout-puissant pour le soutenir.

Jésus cherche quelque consolation au moins dans ses trois plus chers amis et ils dorment; il les prie de soutenir [40] un peu avec lui, et ils le laissent avec une négligence entière, ayant si peu de compassion qu'elle ne pouvait seulement les empêcher de dormir un moment. Et ainsi Jésus était délaissé seul à la colère de Dieu.

Jésus est seul dans [41] la terre, non seulement qui ressente [42] et partage sa peine, mais qui la sache: [43] le ciel et lui sont seuls dans cette connaissance.

[39] s'infliger des tourments à soi-même
[40] sous-entendu: la douleur
[41] sur
[42] le seul qui ressente
[43] le seul qui la connaisse

Jésus est dans un jardin, non de délices comme le premier Adam, où il se perdit et tout le genre humain, mais dans un [44] de supplices, où il s'est sauvé et tout le genre humain.

Il souffre cette peine et cet abandon dans l'horreur de la nuit.

Je crois que Jésus ne s'est jamais plaint que cette seule fois; mais, alors il se plaint comme s'il n'eût plus pu contenir sa douleur excessive: « Mon âme est triste jusqu'à la mort. »

Jésus, pendant que ses disciples dormaient, a opéré leur salut. Il l'a fait à chacun des justes pendant qu'ils dormaient, et dans le néant avant leur naissance, et dans les péchés depuis leur naissance.

Jésus s'arrache d'avec ses disciples pour entrer dans l'agonie; il faut s'arracher de ses plus proches et des plus intimes pour l'imiter.

[44] un jardin

Jésus étant dans l'agonie et dans les plus grandes peines, prions plus longtemps.

Nous implorons la miséricorde de Dieu, non afin qu'il nous laisse en paix dans nos vices, mais afin [5] qu'il nous en délivre.

— « Console-toi, tu ne me chercherais pas, si tu ne m'avais trouvé. »[45]

[10] « Je pensais à toi dans mon agonie, j'ai versé telles gouttes de sang pour toi. »

« Veux-tu qu'il me coûte toujours du sang de mon humanité, sans que tu donnes des larmes? »[15]

[45] A partir d'ici, Jésus parle à Pascal, qui est entré en extase. C'est de cette page mystique que Verlaine s'est inspiré pour son poème de *Sagesse*.

— « Seigneur, je vous donne tout. »[46]

— « Je t'aime plus ardemment que tu n'as aimé tes souillures, *ut immundus pro luto*. »[47]

« Qu'à moi en soit la gloire et non à toi, ver et terre. »

« Je te parle et te conseille souvent, parce que ton conducteur[48] ne te peut parler, car je ne veux pas que tu manques de conducteur.

« Et peut-être je le fais à ses prières, et ainsi il te conduit sans que tu le voies. Tu ne me chercherais pas si tu ne me possédais.

« Ne t'inquiète donc pas. »

[46] Pascal parle à son tour, mais dans cette seule phrase.
[47] comme l'homme immonde aime la boue
[48] sans doute l'ange gardien

LA ROCHEFOUCAULD (1613–1680)

François de La Rochefoucauld a été une figure importante de la haute société. Né à Paris en 1613, il se mêla activement à la Fronde. Grièvement blessé, il se retira de la vie politique, fréquenta les salons, surtout celui de Mme de Sablé où se pratiquait la dissertation morale sous forme de maximes, et où fréquentaient les messieurs de Port-Royal. *L'HOMME*

La Rochefoucauld a écrit des *Mémoires* (1662) et des *Maximes,* dont la première édition parut en 1665 et les suivantes en 1666, 1671, 1675, 1678, chaque fois avec des additions et de nombreuses corrections. *L'ŒUVRE*

Le livre des *Maximes* est le testament de son pessimisme. Ce livre représente un effort puissant pour mettre à nu l'âme humaine et définir l'homme intérieur le plus secret. La Rochefoucauld nie le libre arbitre. Il croit à un enchaînement secret de toutes choses et il voit l'homme en proie aux passions. D'après lui, le mobile de toutes nos actions c'est l'amour-propre, c'est-à-dire l'amour de soi, le sens de l'intérêt, l'égoïsme. La Rochefoucauld prétend le retrouver au fond même de l'amour, et jusque sous le déguisement des nobles sentiments et des vertus.

La Rochefoucauld est un grand écrivain, mais un écrivain trop soucieux de s'élever au général pour s'arrêter aux apparences individuelles et sensibles de l'humanité; il explique les hommes, il ne les peint pas. Et son style reflète son esprit: juste et fort, admirablement net et concis, non sans grandeur ni puissance, il manque de couleur et de chaleur.

Maximes

1. Ce que nous prenons pour des vertus n'est souvent qu'un assemblage de diverses actions et de divers intérêts que la fortune ou notre industrie[1] savent arranger; et ce n'est pas toujours par valeur et par chasteté que les hommes sont vaillants et que les femmes sont chastes.

2. L'amour-propre est le plus grand de tous les flatteurs.

15. La clémence des princes n'est souvent qu'une politique pour gagner l'affection des peuples.

16. Cette clémence dont on fait une vertu, se pratique tantôt par vanité, quelquefois par paresse, souvent par crainte, et presque toujours par toutes les trois ensemble.

19. Nous avons tous assez de force pour supporter les maux d'autrui.

22. La philosophie[2] triomphe aisément des maux passés et des maux à venir; mais les maux présents triomphent d'elle.

29. Le mal que nous faisons ne nous attire pas tant de persécution et de haine que nos bonnes qualités.

38. Nous promettons selon nos espérances, et nous tenons selon nos craintes.

41. Ceux qui s'appliquent trop aux petites choses deviennent ordinairement incapables des grandes.

49. On n'est jamais si heureux ni si malheureux qu'on s'imagine.

56. Pour s'établir[3] dans le monde, on fait tout ce que l'on peut pour y paraître établi.

[1] le sort ou notre habileté
[2] fermeté et élévation d'esprit qui permettent de dominer les événements et de rester maître de soi
[3] jouir de considération

70. Il n'y a point de déguisement qui puisse longtemps cacher l'amour où il est, ni le feindre où il n'est pas.

71. Si l'on juge de l'amour par la plupart de ses effets, il ressemble plus à la haine qu'à l'amitié.

76. Il est du véritable amour comme de l'apparition des esprits: tout le monde en parle, mais peu de gens en ont vu.

78. L'amour de la justice n'est en la plupart des hommes que la crainte de souffrir l'injustice.

83. Ce que les hommes ont nommé amitié n'est qu'une société, qu'un ménagement réciproque d'intérêts, et qu'un échange de bons offices; ce n'est enfin qu'un commerce où l'amour-propre se propose toujours quelque chose à gagner.

93. Les vieillards aiment à donner de bons préceptes, pour se consoler de n'être plus en état de donner de mauvais exemples.

110. On ne donne rien si libéralement que ses conseils.

119. Nous sommes si accoutumés à nous déguiser[4] aux autres qu'enfin nous nous déguisons à nous-mêmes.

121. On fait souvent du bien pour pouvoir impunément faire du mal.

138. On aime mieux dire du mal de soi-même que de n'en point parler.

148. Il y a des reproches qui louent, et des louanges qui médisent.

[4] nous montrer autrement que nous ne sommes réellement

158. La flatterie est une fausse monnaie qui n'a de cours que par [5] notre vanité.

171. Les vertus se perdent dans l'intérêt, comme les fleuves se perdent dans la mer.

182. Les vices entrent dans la composition des vertus, comme les poisons entrent dans la composition des remèdes.

200. La vertu n'irait pas si loin si la vanité ne lui tenait compagnie.

203. Le vrai honnête homme [6] est celui qui ne se pique de rien.[7]

204. La sévérité des femmes est un ajustement et un fard qu'elles ajoutent à leur beauté.

205. L'honnêteté des femmes est souvent l'amour de leur réputation et de leur repos.

206. L'amour de la gloire, la crainte de la honte, le dessein de faire fortune, le devoir de rendre notre vie commode et agréable, et l'envie d'abaisser les autres, sont souvent les causes de cette valeur si célèbre parmi les hommes.

216. La parfaite valeur [8] est de faire sans témoins ce qu'on serait capable de faire devant tout le monde.

235. Nous nous consolons aisément des disgrâces [9] de nos amis lorsqu'elles servent à signaler notre tendresse pour eux.

237. Nul ne mérite d'être loué de bonté s'il n'a pas la force d'être méchant; toute autre bonté n'est le plus souvent qu'une paresse ou une impuissance de la volonté.

276. L'absence diminue les médiocres passions et augmente les grandes, comme le vent éteint les bougies et allume le feu.

298. La reconnaissance de la plupart des hommes n'est qu'une secrète envie de recevoir de plus grands bienfaits.

303. Quelque bien qu'on dise de nous, on ne nous apprend rien de nouveau.[10]

327. Nous n'avouons de petits défauts que pour persuader que nous n'en avons pas de grands.

372. La plupart des jeunes gens croient être naturels lorsqu'ils ne sont que mal polis et grossiers.

[5] qui ne passe pour vraie que grâce à
[6] l'homme de bonne compagnie, apprécié dans les salons
[7] qui ne prétend pas posséder une science ou un art

[8] vertu
[9] malheurs
[10] parce que nous le pensions déjà

LA BRUYÈRE (1645–1696)

Jean de La Bruyère, né à Paris d'une famille bourgeoise, fut avocat. En 1684, il devint précepteur du petit-fils du Prince de Condé, puis, à la mort du jeune homme, resta dans la maison des Condé comme gentilhomme du duc. Il occupa là un poste privilégié d'observation pour étudier les caractères et les mœurs de toute la cour et il en tira la matière de son livre. Il fut admis à l'Académie en 1693. *L'HOMME*

La Bruyère n'a écrit qu'un seul livre, *Les Caractères de Théophraste traduits du grec avec les Caractères ou les mœurs de ce siècle* (1688). Le succès de ce livre fut si heureux que sa part personnelle de maximes et de portraits ne cessa *L'ŒUVRE*

de grossir d'édition en édition, finit même par expulser Théophraste et occuper tout l'ouvrage. Recueil de pensées, de maximes, de portraits, groupés avec assez peu d'ordre en 16 chapitres, l'ouvrage a été composé au hasard des rencontres et des observations au jour le jour.

Les Caractères ont l'intérêt d'un document historique. Ayant pris tous ses modèles dans la réalité contemporaine, La Bruyère se trouve avoir composé un vaste tableau du XVIIᵉ siècle. Homme de caractère triste, austère et farouche, mais bon, La Bruyère avait eu un dessein hautement moral: instruire les hommes et les rendre meilleurs. Mais il en arrive peu à peu à dévoiler sans indulgence les insuffisances et les petitesses d'un grand règne et il annonce par là l'esprit du XVIIIᵉ siècle.

Les Caractères ou les mœurs de ce siècle

DES OUVRAGES DE L'ESPRIT

1. Tout est dit, et l'on vient trop tard depuis plus de sept mille ans[1] qu'il y a des hommes, et qui pensent. Sur ce qui concerne les mœurs, le plus beau et le meilleur est enlevé; l'on ne fait que glaner après les anciens et les habiles[2] d'entre les modernes.

10. Il y a dans l'art un point de perfection, comme de bonté[3] ou de maturité dans la nature; celui qui le sent et qui l'aime a le goût parfait; celui qui ne le sent pas et qui aime en deçà ou au delà, a le goût défectueux. Il y a donc un bon et un mauvais goût, et l'on dispute des goûts avec fondement.

15. . . . On ne saurait en écrivant rencontrer le parfait et, s'il se peut, surpasser les anciens que par leur imitation.

Combien de siècles se sont écoulés avant que les hommes, dans les sciences et dans les arts, aient pu revenir au goût des anciens et reprendre enfin le simple et le naturel!

On se nourrit des anciens et des habiles[4] modernes; on les presse, on en tire le plus que l'on peut, on en renfle[5] ses ouvrages; et quand enfin l'on est auteur et que l'on croit marcher tout seul, on s'élève contre eux, on les maltraite, semblable à ces enfants drus[6] et forts d'un bon lait qu'ils ont sucé, qui battent leur nourrice.

Un auteur moderne prouve ordinairement que les anciens nous sont inférieurs en deux manières, par raison et par exemple: il tire la raison de son goût particulier et l'exemple de ses ouvrages.

Il avoue que les anciens, quelque inégaux et peu corrects[7] qu'ils soient, ont de beaux traits; il les cite; et ils sont si beaux qu'ils font lire sa critique.

Quelques habiles prononcent en faveur des anciens contre les modernes;[8] mais ils sont suspects, et semblent juger en leur propre cause, tant leurs ouvrages sont faits sur le goût de l'antiquité; on les récuse.[8a]

17. Entre toutes les différentes expressions qui

[1] Bossuet, dans son *Discours sur l'histoire universelle* (1681), assignait à la création du monde la date de 4000 avant J.–C.
[2] gens de talent, gens de goût, connaisseurs
[3] état où la saveur, l'odeur sont à point
[4] cf. note 2
[5] enfle démesurément
[6] vigoureux, gaillards
[7] non conformes aux règles de l'art
[8] allusion à la *Querelle des Anciens et des Modernes* qui, depuis 1670, divisait le monde littéraire et opposait La Bruyère, Boileau, Racine et d'autres à Charles Perrault et Fontenelle
[8a] refuse à cause de leur partialité

peuvent rendre une seule de nos pensées, il n'y en a qu'une qui soit la bonne; on ne la rencontre pas toujours en parlant ou en écrivant; il est vrai néanmoins qu'elle existe, que tout ce qui ne l'est point est faible et ne satisfait point un homme d'esprit qui veut se faire entendre.[9]

Un bon auteur, et qui écrit avec soin, éprouve souvent que l'expression qu'il cherchait depuis longtemps sans la connaître et qu'il a enfin trouvée est celle qui était la plus simple, la plus naturelle, qui semblait devoir se présenter d'abord et sans effort.

31. Quand une lecture vous élève l'esprit, et qu'elle vous inspire des sentiments nobles et courageux, ne cherchez pas une autre règle pour juger de l'ouvrage: il est bon et fait de main d'ouvrier.[10]

DU MÉRITE PERSONNEL

32. *Æmile* [11] était né ce que les plus grands hommes ne deviennent qu'à force de règles,[12] de méditation et d'exercice. Il n'a eu dans ses premières années qu'à remplir [13] des talents qui étaient naturels et qu'à se livrer à son génie.[14] Il a fait, il a agi, avant que de savoir, ou plutôt il a su ce qu'il n'avait jamais appris. Dirai-je que les jeux de son enfance ont été plusieurs victoires? [15] Une vie accompagnée d'un extrême bonheur joint à une longue expérience serait illustre par les seules actions qu'il avait achevées dès sa jeunesse. Toutes les occasions de vaincre qui se sont depuis offertes, il les a embrassées; et celles qui n'étaient [16] pas, sa vertu [17] et son étoile les ont fait naître: admirable même et par les choses qu'il a faites, et par celles qu'il aurait pu faire. On l'a regardé comme un homme incapable de céder à l'ennemi, de plier sous le nombre ou sous les obstacles; comme une âme du premier ordre, pleine de ressources et de lumières, et qui voyait encore où personne ne voyait plus; comme celui qui, à la tête des légions,[18] était pour elles un présage de la victoire, et qui valait seul plusieurs légions; qui était grand dans la prospérité, plus grand quand la fortune lui a été contraire (la levée d'un siège,[19] une retraite [20] l'ont plus ennobli que ses triomphes; l'on ne met qu'après les batailles gagnées et les villes prises); qui était rempli de gloire et de modestie (on lui a entendu dire: *Je fuyais,* avec la même grâce qu'il disait: *Nous les battîmes*); un homme dévoué à l'État,[21] à sa famille,[22] au chef de sa famille; [23] sincère pour Dieu et pour les hommes, autant admirateur du mérite que s'il lui eût été moins propre et moins familier; [23a] un homme vrai, simple, magnanime, à qui il n'a manqué que les moindres vertus.[24]

DU CŒUR

64. La vie est courte, si elle ne mérite ce nom que lorsqu'elle est agréable, puisque, si l'on cousait ensemble toutes les heures que l'on passe avec ce qui plaît, l'on ferait à peine d'un grand nombre d'années une vie de quelques mois.

76. Les hommes commencent par l'amour, finissent par l'ambition, et ne se trouvent souvent dans une assiette [24a] plus tranquille que lorsqu'ils meurent.

82. Il y a des lieux que l'on admire: il y en a d'autres qui touchent et où l'on aimerait à vivre.

[9] comprendre
[10] On dit aujourd'hui de main de maître, c'est-à-dire d'un homme qui sait travailler.
[11] le grand Condé
[12] leçons
[13] donner la mesure
[14] à ses dons naturels
[15] A vingt-deux ans, Condé était vainqueur à Rocroi (1643), à vingt-trois ans, à Fribourg, à vingt-quatre ans, à Nordlingen, à vingt-sept ans, à Lens. Ces victoires terminèrent la Guerre de Trente Ans.
[16] n'existaient pas
[17] son pouvoir naturel
[18] corps de troupe dans l'armée romaine
[19] celui de Lérida (1647), en Espagne
[20] celle de la Meuse, dans la guerre de Hollande (août 1674)
[21] Toutefois Condé fit la guerre au roi dans la Fronde et commanda ensuite les Espagnols contre les Français. Mais à cette époque, conspirer avec l'étranger n'était qu'un acte de pure cabale, qui n'empêchait pas de rentrer dans les grâces du roi et de redevenir un bon sujet.
[22] Il vint soigner sa belle-fille, la duchesse de Bourbon, atteinte de la petite vérole.
[23] Louis XIV, aux filles naturelles de qui il maria son petit-fils et son neveu
[23a] que s'il l'avait moins possédé et moins bien connu
[24] la patience et la douceur notamment
[24a] un état

Il me semble que l'on dépend des lieux pour l'esprit, l'humeur, la passion, le goût et les sentiments.

DE LA SOCIÉTÉ ET DE LA CONVERSATION

9. *Arrias* [25] a tout lu, a tout vu, il veut le persuader ainsi; c'est un homme universel, et il se donne pour tel; il aime mieux mentir que de se taire ou de paraître ignorer quelque chose. On parle à la table d'un grand d'une cour du Nord; il prend la parole et l'ôte à ceux qui allaient dire ce qu'ils en savent; il s'oriente dans cette région lointaine comme s'il en était originaire; il discourt des mœurs de cette cour, des femmes du pays, de ses lois et de ses coutumes; il récite des historiettes qui y sont arrivées; il les trouve plaisantes et il en rit le premier jusqu'à éclater. Quelqu'un se hasarde de le contredire et lui prouve nettement qu'il dit des choses qui ne sont pas vraies. Arrias ne se trouble point, prend feu au contraire contre l'interrupteur: « Je n'avance, lui dit-il, je ne raconte rien que je ne sache d'original; [26] je l'ai appris de *Sethon*, ambassadeur de France dans cette cour, revenu à Paris depuis quelques jours, que je connais familièrement, que j'ai fort interrogé, et qui ne m'a caché aucune circonstance. » Il reprenait le fil de sa narration avec plus de confiance qu'il ne l'avait commencée, lorsque l'un des conviés lui dit: « C'est Sethon à qui vous parlez, lui-même, et qui arrive de son ambassade. »

18. C'est une grande misère que de n'avoir pas assez d'esprit pour bien parler, ni assez de jugement pour se taire. Voilà le principe de toute impertinence. [27]

32. La politesse n'inspire pas toujours la bonté, l'équité, la complaisance, la gratitude; elle en donne du moins les apparences, et fait paraître l'homme au dehors comme il devrait être intérieurement.

L'on peut définir l'esprit de politesse, l'on ne peut en fixer la pratique: elle [28] suit l'usage et les coutumes reçues; elle est attachée aux temps, aux lieux, aux personnes, et n'est point la même dans les deux sexes ni dans les différentes conditions; l'esprit tout seul ne la fait pas deviner: il fait qu'on la suit par imitation, et que l'on s'y perfectionne. Il y a des tempéraments qui ne sont susceptibles que de la politesse, et il y en a d'autres qui ne servent qu'aux grands talents ou à une vertu solide. Il est vrai que les manières polies donnent cours [28a] au mérite et le rendent agréable, et qu'il faut avoir de bien éminentes qualités pour se soutenir [29] sans la politesse.

Il me semble que l'esprit de politesse est une certaine attention à faire que, par nos paroles et par nos manières, les autres soient contents de nous et d'eux-mêmes.

77. Les plus grandes choses n'ont besoin que d'être dites simplement; elles se gâtent par l'emphase. Il faut dire noblement les plus petites; elles ne se soutiennent que par l'expression, le ton et la manière.

DES BIENS DE FORTUNE [30]

83. *Giton* [31] a le teint frais, le visage plein et les joues pendantes, l'œil fixe et assuré, les épaules larges, l'estomac haut, [32] la démarche ferme et délibérée. Il parle avec confiance; il fait répéter celui qui l'entretient, et il ne goûte que médiocrement tout ce qu'il [33] lui dit. Il déploie un ample mouchoir, et se mouche avec grand bruit; il crache fort loin, et il éternue fort haut. Il dort le jour, il dort la nuit et profondément; il ronfle en compagnie. Il occupe à table et à la promenade plus de place qu'un autre; il tient le milieu en se promenant avec ses égaux; il s'arrête, et l'on s'arrête; il continue de marcher, et l'on marche; tous se règlent sur lui. Il interrompt, il redresse [34] ceux qui ont la parole; on ne l'interrompt pas, on l'écoute aussi longtemps

[25] Robert de Châtillon, conseiller au Châtelet
[26] de source directe
[27] action ou parole déplacée
[28] la politesse

[28a] poussent dans le monde le
[29] soutenir sa réputation
[30] Qui viennent de la fortune, c'est-à-dire de circonstances extérieures, indépendantes du mérite personnel.
[31] *Giton, Phédon:* portraits généraux pour lesquels on ne saurait citer de modèles connus
[32] la poitrine en avant
[33] celui qui l'entretient
[34] corrige

qu'il veut parler; on est de son avis, on croit les nouvelles qu'il débite. S'il s'assied, vous le voyez s'enfoncer dans un fauteuil, croiser les jambes l'une sur l'autre, froncer le sourcil, abaisser son chapeau sur ses yeux pour ne voir personne, ou le relever ensuite, et découvrir son front par fierté et par audace. Il est enjoué, grand rieur,[35] impatient, présomptueux, colère, libertin,[36] politique,[37] mystérieux sur les affaires du temps; il se croit des talents et de l'esprit. Il est riche.

Phédon a les yeux creux, le teint échauffé,[38] le corps sec et le visage maigre: il dort peu, et d'un sommeil fort léger; il est abstrait, rêveur, et il a, avec de l'esprit, l'air d'un stupide: il oublie de dire ce qu'il sait, ou de parler d'événements qui lui sont connus; et s'il le fait quelquefois, il s'en tire mal; il croit peser à [38a] ceux à qui il parle; il contre brièvement, mais froidement; il ne se fait pas écouter, il ne fait point rire. Il applaudit, il sourit à ce que les autres lui disent, il est de leur avis; il court, il vole pour leur rendre de petits services; il est complaisant, flatteur, empressé. Il est mystérieux sur ses affaires, quelquefois menteur; il est superstitieux, scrupuleux, timide. Il marche doucement et légèrement, il semble craindre de fouler la terre; il marche les yeux baissés, et il n'ose les lever sur ceux qui passent. Il n'est jamais du nombre de ceux qui forment un cercle pour discourir; il se met derrière celui qui parle, recueille furtivement ce qui se dit, et il se retire si on le regarde. Il n'occupe point de lieu, il ne tient point de place; il va les épaules serrées, le chapeau abaissé sur ses yeux pour n'être point vu; il se replie et se renferme dans son manteau: il n'y a point de rues ni de galeries si embarrassées et si remplies de monde, où il ne trouve moyen de passer sans effort, et de se couler sans être aperçu. Si on le prie de s'asseoir, il se met à peine sur le bord d'un siège; il parle bas dans la conversation, et il articule mal; libre [39] néanmoins sur les affaires publiques, chagrin [40] contre le siècle, médiocrement prévenu

des ministres [41] et du ministère. Il n'ouvre la bouche que pour répondre; il tousse, il se mouche sous son chapeau; il crache presque sur soi, et il attend qu'il soit seul pour éternuer, ou, si cela lui arrive, c'est à l'insu de la compagnie; [41a] il n'en coûte à personne ni salut ni compliment. Il est pauvre.

DE LA COUR

17. Vous voyez des gens qui entrent sans saluer que [42] légèrement, qui marchent des épaules, et qui se rengorgent comme une femme: ils vous interrogent sans vous regarder; ils parlent d'un ton élevé, et qui marque qu'ils se sentent au-dessus de ceux qui se trouvent présents; ils s'arrêtent, et on les entoure; ils ont la parole, président au cercle,[43] et persistent dans cette hauteur ridicule et contrefaite, jusqu'à ce qu'il survienne un grand, qui, la faisant tomber tout d'un coup par sa présence, les réduise à leur naturel, qui est moins mauvais.

40. Vous êtes homme de bien, vous ne songez ni à plaire, ni à déplaire aux favoris, uniquement attaché à votre maître et à votre devoir: vous êtes perdu.

47. Mille gens à la cour y traînent leur vie à embrasser, serrer et congratuler ceux qui reçoivent, jusqu'à ce qu'ils y meurent sans rien avoir.

57. Que d'amis, que de parents naissent en une nuit au nouveau ministre! Les uns font valoir leurs anciennes liaisons, leur société d'études,[44] les droits du voisinage; les autres feuillettent leur généalogie, remontent jusqu'à un trisaïeul, rappellent le côté paternel et le maternel; l'on veut tenir [45] à cet homme par quelque endroit, et l'on dit plusieurs fois le jour que l'on y [46] tient; on l'imprimerait volontiers: *C'est mon ami, et je suis fort aise de son élévation; j'y dois prendre part, il m'est assez proche.* Hommes vains et dévoués à la fortune,

[35] railleur
[36] qui parle librement et même avec irrévérence de ce qui touche à la religion
[37] rusé, diplomate
[38] couvert de boutons
[38a] importuner
[39] Il s'exprime librement avec franchise.
[40] fâché, aigri

[41] peu en faveur des ministres
[41a] on ne l'entend pas
[42] sinon
[43] réunion mondaine
[44] leur camaraderie d'école
[45] être apparenté
[46] à lui

fades courtisans, parliez-vous ainsi il y a huit jours? Est-il devenu, depuis ce temps, plus homme de bien, plus digne du choix que le prince en vient de faire? Attendiez-vous cette circonstance pour le mieux connaître?

68. *Xantippe,*[47] au fond de sa province, sous un vieux toit et dans un mauvais lit, a rêvé pendant la nuit qu'il voyait le prince, qu'il lui parlait et qu'il en ressentait une extrême joie. Il a été triste à [10] son réveil; il a conté son songe, et il a dit: « Quelles chimères ne tombent point dans l'esprit des hommes pendant qu'ils dorment! » Xantippe a continué de vivre: il est venu à la cour, il a vu le prince, il lui a parlé et il a été plus loin que son songe: il est fa- [15] vori.

DES GRANDS

25. Si je compare ensemble les deux conditions [20] des hommes les plus opposées, je veux dire les grands avec le peuple, ce dernier me paraît content du nécessaire, et les autres sont inquiets[48] et pauvres avec le superflu. Un homme du peuple ne saurait faire aucun mal; un grand ne veut faire aucun bien [25] et est capable de grands maux. L'un ne se forme et ne s'exerce que dans les choses qui sont utiles; l'autre y joint les pernicieuses. Là se montrent in- génument la grossièreté et la franchise; ici se cache une sève maligne[49] et corrompue sous l'écorce de [30] la politesse. Le peuple n'a guère d'esprit, et les grands n'ont point d'âme: celui-là a un bon fond et n'a point de dehors;[50] ceux-ci n'ont que des dehors et qu'une simple superficie. Faut-il opter? Je ne balance[51] pas, je veux être peuple.

DE L'HOMME

48. Il n'y a pour l'homme que trois événements: naître, vivre et mourir: il ne se sent pas naître, il [40] souffre à mourir et il oublie de vivre.

50. Les enfants sont hautains, dédaigneux, co- lères, envieux, curieux, intéressés,[52] paresseux, vo- lages, timides, intempérants, menteurs, dissimulés; ils rient et pleurent facilement; ils ont des joies im- [5] modérées et des afflictions amères sur de très petits sujets; ils ne veulent point souffrir de mal, et aiment à en faire: ils sont déjà des hommes.

128. L'on voit certains animaux farouches, des mâles et des femelles, répandus par la campagne, noirs, livides, et tout brûlés du soleil, attachés à la terre qu'ils fouillent et qu'ils remuent avec une opiniâtreté invincible: ils ont comme une voix arti- culée, et, quand ils se lèvent sur leurs pieds, ils [15] montrent une face humaine; et en effet ils sont des hommes. Ils se retirent la nuit dans des tanières, où ils vivent de pain noir, d'eau et de racines:[53] ils épargnent aux autres hommes la peine de semer, de labourer et de recueillir[54] pour vivre, et méri- [20] tent ainsi de ne pas manquer de ce pain qu'ils ont semé.

DE LA MODE

2. . . . *Diphile*[55] commence par un oiseau et fi- nit par mille: sa maison n'en est pas égayée, mais empestée; la cour, la salle,[56] l'escalier, le vestibule, les chambres, le cabinet,[57] tout est volière. Ce n'est plus un ramage, c'est un vacarme; les vents d'au- [30] tomne et les eaux dans leurs plus grandes crues ne font pas un bruit si perçant et si aigu; on ne s'en- tend non plus parler les uns les autres que dans ces chambres où il faut attendre, pour faire le compli- ment d'entrée, que les petits chiens aient aboyé. Ce n'est plus pour Diphile un agréable amusement, [35] c'est une affaire laborieuse, et à laquelle à peine il peut suffire. Il passe les jours, ces jours qui échap- pent et qui ne reviennent plus, à verser du grain et à nettoyer des ordures. Il donne pension[58] à un homme qui n'a point d'autre ministère[59] que de

[47] *Xantippe* est sans doute une femme déguisée sous ce nom: Mme de Maintenon elle-même, peut-être.
[48] incapables de rester en repos
[49] malveillante
[50] de brillante apparence
[51] je n'hésite

[52] toujours avides de quelque chose
[53] c'est-à-dire raves, navets, carottes
[54] récolter
[55] On a nommé comme modèles possibles de ce portrait: Santeul, poète latin moderne (1630–97) et Hervieux de Chanteloup.
[56] le salon
[57] chambre où l'on gardait des objets de valeur
[58] des gages
[59] fonctions

siffler [60] des serins au flageolet et de faire couver des *canaris*. Il est vrai que ce qu'il dépense d'un côté, il l'épargne de l'autre, car ses enfants sont sans maîtres et sans éducation. Il se renferme le soir fatigué de son propre plaisir, sans pouvoir jouir du moindre repos que ses oiseaux ne reposent, et que ce petit peuple, qu'il n'aime que parce qu'il chante, ne cesse de chanter. Il retrouve ses oiseaux dans son sommeil: lui-même il est oiseau, il est huppé,[61] il gazouille, il perche; il rêve la nuit qu'il mue ou qu'il couve.

DE QUELQUES USAGES

72. L'étude des textes ne peut jamais être assez recommandée; c'est le chemin le plus court, le plus sûr et le plus agréable pour tout genre d'érudition. Ayez les choses de la première main; puisez à la source; maniez, remaniez le texte, apprenez-le de mémoire, citez-le dans les occasions, songez surtout à en pénétrer le sens dans toute son étendue et dans ses circonstances; [62] conciliez [63] un auteur original, ajustez [64] ses principes, tirez vous-même les conclusions. Les premiers commentateurs se sont trouvés dans le cas où je désire que vous soyez: n'empruntez leurs lumières et ne suivez leurs vues qu'où [65] les vôtres seraient trop courtes; leurs explications ne sont pas à vous, et peuvent aisément vous échapper: vos observations, au contraire, naissent de votre esprit, et y demeurent; vous les retrouvez plus ordinairement dans la conversation, dans la consultation [66] et dans la dispute.[67] Ayez le plaisir de voir que vous n'êtes arrêté dans la lecture que par les difficultés qui sont invincibles, où [68] les commentateurs et les scoliastes [69] eux-mêmes demeurent court,[69a] si fertiles d'ailleurs, si abondants et si chargés d'une vaine et fastueuse érudition dans les endroits clairs, et qui ne font de peine ni à eux ni aux autres. Ache-

vez ainsi de vous convaincre, par cette méthode d'étudier, que c'est la paresse des hommes qui a encouragé le pédantisme à grossir plutôt qu'à enrichir les bibliothèques, à faire périr le texte sous le poids des commentaires; et qu'elle a en cela agi contre soi-même et contre ses plus chers intérêts, en multipliant les lectures, les recherches et le travail qu'elle cherchait à éviter.

DES ESPRITS FORTS

1. Les esprits forts [70] savent-ils qu'on les appelle ainsi par ironie? Quelle plus grande faiblesse que d'être incertains quel est le principe [71] de son être, de sa vie, de ses sens, de ses connaissances, et quelle en doit être la fin? [72] Quel découragement plus grand que de douter [73] si son âme n'est point matière comme la pierre et le reptile, et si elle n'est point corruptible comme ces viles créatures? N'y a-t-il pas plus de force [74] et de grandeur [75] à recevoir [76] dans notre esprit l'idée d'un être supérieur à tous les êtres, qui les a tous faits, et à qui tous se doivent rapporter; d'un être souverainement parfait, qui est pur,[77] qui n'a point commencé et qui ne peut finir, dont notre âme est l'image, et, si j'ose dire, une portion, comme esprit et comme immortelle?

15. Je sens qu'il y a un Dieu, et je ne sens pas qu'il n'y en ait point; cela me suffit, tout le raisonnement du monde m'est inutile: je conclus que Dieu existe. Cette conclusion est dans ma nature; j'en ai reçu les principes trop aisément dans mon enfance, et je les ai conservés depuis trop naturellement dans un âge plus avancé pour les soupçonner de fausseté. — Mais il y a des esprits qui se défont de [78] ces principes. — C'est une grande question [79] s'il s'en trouve de tels; et, quand il serait ainsi, cela prouve seulement qu'il y a des monstres.

[60] leur apprendre à chanter
[61] Il a une huppe sur la tête.
[62] détails
[63] faites accorder entre elles les pensées de l'auteur
[64] C'est-à-dire: disposez dans leur ordre et dans leur liaison.
[65] que dans le cas où
[66] quand on vous consulte
[67] dans la discussion
[68] sur lesquelles
[69] les annotateurs
[69a] ne savent que dire

[70] ceux qui parlent librement et même avec irrévérence des choses de la religion (les libertins)
[71] origine
[72] la destination
[73] se demander
[74] force intellectuelle
[75] grandeur morale
[76] admettre
[77] C'est-à-dire: tout esprit.
[78] rejettent
[79] sous entendu: de savoir

VIII. La Fontaine (1621–1695)

NÉ A CHÂTEAU-THIERRY en Champagne, de famille bourgeoise, La *L'HOMME*
Fontaine fit des études de théologie, puis de droit. Présenté au surintendant des
finances Fouquet, il devint le poète officiel de la petite Cour de Vaux; Fouquet
disgracié, il devint le protégé de la duchesse de Bouillon, puis l'hôte et le protégé
de Madame de la Sablière. Il a été l'ami de Molière, de Boileau et de Racine.

Épicurien, ami du plaisir, il mena une vie sans contrainte. Il se plut à flâner,
à contempler, à rêver. Il rêva à travers les livres; il rêva dans la campagne. Il eut
un sentiment exquis et profond de la nature et ce sentiment se retrouvera dans
toutes ses fables.

Reçu à l'Académie française en 1684 malgré l'opposition du Roi, il mourut en
paix douze ans plus tard.

La Fontaine publia, en 1665, un volume de *Contes* en vers, inspirés de Boc- *L'ŒUVRE*
cace. Les six premiers livres des *Fables* parurent en 1668. Les livres VII à XI
en 1678. Le XII^e en 1694.

Les *Fables* sont une suite de poèmes narratifs qui composent un vaste en-
semble; et cet ensemble reflète toute une société, avec ses mœurs, ses lois, son
patrimoine matériel et spirituel. Il reflète aussi l'humanité, ses conditions de vie,
ses passions. La Fontaine a voulu composer « une ample comédie à cent actes
divers et dont la scène est l'univers ».

Il a puisé chez tous ses devanciers: le grec Ésope, les latins Horace et Phèdre,
l'indien Pilpay et les conteurs du XVI^e siècle. Il n'y a que très peu de fables qui
soient de son invention, mais il a pris à ses devanciers surtout des sujets. Quand
il leur a pris des récits, il les a transformés, il les a faits siens. Il pensait, comme
toute l'école classique, que l'originalité n'est pas dans la matière, mais dans la
manière.

Les personnages des *Fables* sont le plus souvent des animaux, mais aussi des
hommes, quelquefois des végétaux; et l'on voit ces personnages naturels et
pleins de mouvement. Un savant, un naturaliste comme Buffon décrit, la Fon-
taine peint et fait vivre. Un savant ne s'intéresse qu'à l'espèce; La Fontaine
sympathise avec la *personne* de l'animal: c'est là le secret de sa réussite.

Traitant les animaux comme des hommes, et voulant peindre des êtres vivants,
le fabuliste se fait forcément, dans une large mesure, peintre de son temps. Et
comme son intention essentielle est de dénoncer les ridicules du genre humain,

il ne peut peindre son temps sans esprit satirique. La part de la satire est importante dans les *Fables*. Elle atteint non seulement toutes les classes de la société, mais tout spécialement les femmes et les enfants. Ainsi le satirique complète le moraliste.

La langue de La Fontaine est extrêmement riche et vivante. Avec du naturel, de la bonhomie, de l'abandon, elle a gardé de vieux mots familiers, imagés, savoureux. Le style, tour à tour majestueux, riant, drôle, gracieux, ne sort jamais du naturel, mais use de tours qui ne sont qu'à lui.

Fables

LE CORBEAU ET LE RENARD

Maître [1] Corbeau, sur un arbre perché,
　　Tenait en son bec un fromage.
Maître Renard, par l'odeur alléché,
　　Lui tint à peu près ce langage:
　　« Hé! bonjour, Monsieur du Corbeau,
Que vous êtes joli! que vous me semblez beau!
　　Sans mentir, si votre ramage [2]
　　Se rapporte à votre plumage,
Vous êtes le phénix [3] des hôtes de ces bois. »
A ces mots le Corbeau ne se sent pas de joie;
　　Et pour montrer sa belle voix,
Il ouvre un large bec, laisse tomber sa proie.
Le Renard s'en saisit, et dit: « Mon bon Monsieur,
　　Apprenez que tout flatteur
　　Vit aux dépens de celui qui l'écoute:
Cette leçon vaut bien un fromage, sans doute. »
　　Le Corbeau, honteux et confus,
Jura, mais un peu tard, qu'on ne l'y prendrait plus.

LE LOUP ET LE CHIEN

Un Loup n'avait que les os et la peau,
　　Tant les chiens faisaient bonne garde.
Ce Loup rencontre un Dogue aussi puissant que
　　beau,

[1] Titre honorifique des docteurs, artisans, etc., et jusqu'au XVIIe siècle donné aux gens de condition moyenne
[2] votre chant
[3] le plus remarquable; *ne se sent pas:* éprouve beaucoup (gallicisme)

Gras, poli, [4] qui s'était fourvoyé [5] par mégarde.
　　L'attaquer, le mettre en quartiers, [6]
　　Sire Loup l'eût fait volontiers;
　　Mais il fallait livrer bataille,
　　Et le mâtin [7] était de taille
　　A se défendre hardiment.
　　Le Loup donc l'aborde humblement,
　Entre en propos, et lui fait compliment
　　Sur son embonpoint, qu'il admire.
　　« Il ne tiendra qu'à vous, beau sire,
D'être aussi gras que moi, lui repartit le Chien.
　　Quittez les bois, vous ferez bien:
　　Vos pareils y sont misérables,
　　Cancres, [8] hères, [9] et pauvres diables,
Dont la condition est de mourir de faim.
Car quoi? rien d'assuré, point de franche lippée; [10]
　　Tout à la pointe de l'épée.
Suivez-moi, vous aurez un bien meilleur destin. »
　　Le Loup reprit: « Que me faudra-t-il faire?
— Presque rien, dit le Chien: donner la chasse aux
　　gens
　　Portant bâtons, et mendiants;
Flatter ceux du logis, à son maître complaire:
　　Moyennant quoi votre salaire
Sera force reliefs [11] de toutes les façons,

[4] luisant
[5] égaré
[6] morceaux
[7] gros chien de garde
[8] êtres sans ressources
[9] êtres misérables
[10] bon repas gratuit
[11] restes d'un repas

Os de poulets, os de pigeons,
 Sans parler de mainte caresse. »
Le Loup déjà se forge [12] une félicité
 Qui le fait pleurer de tendresse.
Chemin faisant, il vit le cou du Chien pelé.
« Qu'est-ce là? lui dit-il. — Rien. — Quoi? rien?
 — Peu de chose.
— Mais encor? — Le collier dont je suis attaché
De ce que vous voyez est peut-être la cause.
— Attaché? dit le Loup: vous ne courez donc pas
 Où vous voulez? — Pas toujours; mais qu'im-
 porte?
— Il importe si bien, que de tous vos repas
 Je ne veux en aucune sorte,
Et ne voudrais pas même à ce prix un trésor. »
Cela dit, maître Loup s'enfuit, et court encor.

LA MORT ET LE BÛCHERON

Un pauvre Bûcheron, tout couvert de ramée,[13]
Sous le faix [14] du fagot aussi bien que des ans
Gémissant et courbé, marchait à pas pesants,
Et tâchait de gagner sa chaumine enfumée.
Enfin, n'en pouvant plus d'effort et de douleur,
Il met bas son fagot, il songe à son malheur.
« Quel plaisir a-t-il eu depuis qu'il est au
 monde?
En est-il un plus pauvre en la machine ronde? [15]
Point de pain quelquefois, et jamais de repos. »
Sa femme, ses enfants, les soldats,[16] les impôts,
 Le créancier, et la corvée [17]
Lui font d'un malheureux la peinture achevée.
Il appelle la Mort. Elle vient sans tarder,
 Lui demande ce qu'il faut faire.
 « C'est, dit-il, afin de m'aider
A recharger ce bois; tu ne tarderas guère. »

 Le trépas vient tout guérir;
 Mais ne bougeons d'où nous sommes:
 Plutôt souffrir que mourir,
 C'est la devise des hommes.

[12] imagine
[13] branches coupées avec les feuilles
[14] fardeau
[15] la terre
[16] obligation de loger les soldats qui passaient par le pays
[17] travail gratuit imposé aux paysans par les seigneurs

LE CHÊNE ET LE ROSEAU

 Le Chêne un jour dit au Roseau:
« Vous avez bien sujet d'accuser la Nature;
Un roitelet pour vous est un pesant fardeau;
 Le moindre vent qui d'aventure [18]
 Fait rider la face [19] de l'eau,
 Vous oblige à baisser la tête,
Cependant que mon front, au Caucase pareil,
Non content d'arrêter les rayons du soleil,
 Brave l'effort de la tempête.
Tout vous est aquilon, tout me semble zéphyr.[20]
Encor si vous naissiez à l'abri du feuillage
 Dont je couvre le voisinage,
 Vous n'auriez pas tant à souffrir:
 Je vous défendrais de l'orage;
 Mais vous naissez le plus souvent
Sur les humides bords des royaumes du vent.[21]
La Nature envers vous me semble bien injuste.
—Votre compassion, lui répondit l'arbuste,
Part d'un bon naturel; mais quittez ce souci:
 Les vents me sont moins qu'à vous redoutables;
Je plie, et ne romps pas. Vous avez jusqu'ici
 Contre leurs coups épouvantables
 Résisté sans courber le dos;
Mais attendons la fin. » Comme il disait ces mots,
Du bout de l'horizon accourt avec furie
 Le plus terrible des enfants
Que le Nord eût portés jusque-là dans ses flancs.
 L'arbre tient bon; le Roseau plie.
 Le vent redouble ses efforts,
 Et fait si bien qu'il déracine
Celui de qui la tête au ciel était voisine,
Et dont les pieds touchaient à l'empire des morts.

LE MEUNIER, SON FILS ET L'ÂNE

J'ai lu dans quelque endroit qu'un Meunier et son
 Fils,
L'un vieillard, l'autre enfant, non pas des plus pe-
 tits,
Mais garçon de quinze ans, si j'ai bonne mémoire,

[18] Par hasard. Le roitelet est le plus petit des oiseaux.
[19] surface
[20] *aquilon:* vent violent du Nord; *zéphyr:* vent léger du
sud-ouest
[21] C'est-à-dire les marais et les rivières.

Allaient vendre leur Âne, un certain jour de foire.
Afin qu'il fût plus frais et de meilleur débit,
On lui lia les pieds, on vous le suspendit;
Puis cet homme et son Fils le portent comme un lustre.
Pauvres gens, idiots, couple ignorant et rustre!
Le premier qui les vit de rire s'éclata:
« Quelle farce, dit-il, vont jouer ces gens-là?
Le plus âne des trois n'est pas celui qu'on pense. »
Le Meunier, à ces mots, connaît [22] son ignorance;
Il met sur pieds sa bête, et la fait détaler.
L'Âne, qui goûtait fort l'autre façon d'aller,
Se plaint en son patois. [23] Le Meunier n'en a cure; [24]
Il fait monter son Fils, il suit, et d'aventure [25]
Passent trois bons marchands. Cet objet [26] leur déplut.
Le plus vieux au garçon s'écria tant qu'il put:
« Oh là! oh, descendez, que l'on ne vous le dise,
Jeune homme, qui menez laquais à barbe grise!
C'était à vous de suivre, au vieillard de monter.
— Messieurs, dit le Meunier, il vous faut contenter. »
L'enfant met pied à terre, et puis le vieillard monte,
Quand trois filles passant, l'une dit: « C'est grand honte
Qu'il faille voir ainsi clocher [27] ce jeune fils,
Tandis que ce nigaud, comme un évêque assis,
Fait le veau [28] sur son Âne, et pense être bien sage.
— Il n'est, dit le Meunier, plus de veaux à mon âge;
Passez votre chemin, la fille, et m'en croyez. »
Après maints quolibets [29] coup sur coup renvoyés,
L'homme crut avoir tort, et mit son Fils en croupe.
Au bout de trente pas, une troisième troupe
Trouve encore à gloser. [30] L'un dit: « Ces gens sont fous;
Le Baudet n'en peut plus; il mourra sous leurs coups.
Hé quoi? charger ainsi cette pauvre bourrique?

22 reconnaît
23 son langage
24 souci
25 par hasard
26 ce qu'ils voient
27 boiter, marcher péniblement
28 se tient nonchalamment
29 plaisanteries
30 faire des critiques

N'ont-ils point de pitié de leur vieux domestique?
Sans doute qu'à la foire ils vont vendre sa peau.
— Parbleu! [31] dit le Meunier, est bien fou du cerveau
Qui prétend contenter tout le monde et son père. [32]
Essayons toutefois si par quelque manière
Nous en viendrons à bout. » Ils descendent tous deux.
L'Âne se prélassant [33] marche seul devant eux.
Un quidam [34] les rencontre, et dit: « Est-ce la mode
Que Baudet aille à l'aise, et Meunier s'incommode?
Qui de l'âne ou du maître est fait pour se lasser?
Je conseille à ces gens de le faire enchâsser. [35]
Ils usent leurs souliers, et conservent leur Âne.
Nicolas, au rebours; car, quand il va voir Jeanne,
Il monte sur sa bête; et la chanson le dit. [36]
Beau trio de baudets! » Le Meunier repartit:
« Je suis âne, il est vrai, j'en conviens, je l'avoue;
Mais que dorénavant on me blâme, on me loue,
Qu'on dise quelque chose ou qu'on ne dise rien,
J'en veux faire à ma tête. » Il le fit, et fit bien.
Quant à vous, suivez Mars, ou l'Amour, ou le Prince; [37]
Allez, venez, courez; demeurez en province;
Prenez femme, abbaye, emploi, gouvernement:
Les gens en parleront, n'en doutez nullement.

L'ŒIL DU MAÎTRE

Un Cerf, s'étant sauvé dans une étable à Bœufs,
Fut d'abord [38] averti par eux
Qu'il cherchât un meilleur asile.
« Mes frères, leur dit-il, ne me décelez pas:

31 forme atténuée de *par Dieu*
32 C'est-à-dire tout le monde sans exception.
33 prenant ses aises d'un air satisfait
34 un certain homme
35 placer dans une châsse, coffre où l'on conserve les reliques d'un saint
36 allusion au couplet suivant d'une chanson du temps:

Adieu, cruelle Jeanne,
Si vous ne m'aimez pas
Je monte sur mon âne
Pour galoper au trépas.
— Courez, ne bronchez pas,
Nicolas;
Surtout n'en revenez pas.

37 faites la guerre, aimez les femmes, ou soyez courtisan
38 dès son arrivée

Je vous enseignerai les pâtis [39] les plus gras;
Ce service vous peut quelque jour être utile,
 Et vous n'en aurez point regret. »
Les Bœufs, à toutes fins,[40] promirent le secret.
Il se cache en un coin, respire, et prend courage.
Sur le soir on apporte herbe fraîche et fourrage,[41]
 Comme l'on faisait tous les jours:
 L'on va, l'on vient, les valets font cent tours,
 L'intendant même; et pas un, d'aventure,[42]
 N'aperçut ni cors, ni ramure,[43]
 Ni Cerf enfin. L'habitant des forêts
Rend déjà grâce aux Bœufs, attend dans cette étable
Que chacun retournant au travail de Cérès,[44]
Il trouve pour sortir un moment favorable.
L'un des Bœufs ruminant lui dit: « Cela va bien;
Mais quoi? l'homme aux cent yeux [45] n'a pas fait sa revue.
 Je crains fort pour toi sa venue;
Jusque-là, pauvre Cerf, ne te vante de rien. »
Là-dessus le Maître entre et vient faire sa ronde.
« Qu'est ceci? dit-il à son monde.[46]
Je trouve bien peu d'herbe en tous ces râteliers;
Cette litière est vieille: allez vite aux greniers;
Je veux voir désormais vos bêtes mieux soignées.
Que coûte-t-il d'ôter toutes ces araignées?
Ne saurait-on ranger ces jougs et ces colliers? »
En regardant à tout, il voit une autre tête
Que celles qu'il voyait d'ordinaire en ce lieu.
Le Cerf est reconnu: chacun prend un épieu;
 Chacun donne un coup à la bête.
Ses larmes ne sauraient la sauver du trépas.
On l'emporte, on la sale, on en fait maint repas,
 Dont maint voisin s'éjouit [47] d'être.

Phèdre sur ce sujet dit fort élégamment:
 Il n'est, pour voir, que l'œil du maître. . .

[39] pâturages
[40] quoi qu'il dût arriver
[41] foin ou paille
[42] par hasard
[43] ni cornes, ni bois du cerf
[44] déesse des moissons
[45] Le maître. Allusion à Argus, personnage mythologique qui avait cent yeux.
[46] ses serviteurs; *ronde:* visite de nuit
[47] se réjouit; *Phèdre:* fabuliste latin à qui le sujet de la fable est emprunté

LES ANIMAUX MALADES DE LA PESTE

 Un mal qui répand la terreur,
 Mal que le Ciel en sa fureur
Inventa pour punir les crimes de la terre,
La peste (puisqu'il faut l'appeler par son nom),
Capable d'enrichir en un jour l'Achéron,[48]
 Faisait aux animaux la guerre.
Ils ne mouraient pas tous, mais tous étaient frappés:
 On n'en voyait point d'occupés
A chercher le soutien d'une mourante vie;
 Nul mets n'excitait leur envie;
 Ni loups ni renards n'épiaient
 La douce et l'innocente proie;
 Les tourterelles se fuyaient:
 Plus d'amour, partant [49] plus de joie.

Le Lion tint conseil, et dit: « Mes chers amis,
 Je crois que le Ciel a permis
 Pour nos péchés cette infortune.
 Que le plus coupable de nous
 Se sacrifie aux traits du céleste courroux;
Peut-être il obtiendra la guérison commune.
L'histoire nous apprend qu'en de tels accidents [50]
 On fait de pareils dévouements.[51]
Ne nous flattons donc point; voyons sans indulgence
 L'état de notre conscience.
Pour moi, satisfaisant mes appétits gloutons,
 J'ai dévoré force moutons.
 Que m'avaient-ils fait? Nulle offense;
Même il m'est arrivé quelquefois de manger
 Le berger.
Je me dévouerai donc, s'il le faut: mais je pense
Qu'il est bon que chacun s'accuse ainsi que moi;
Car on doit souhaiter, selon toute justice,
 Que le plus coupable périsse.
— Sire, dit le Renard, vous êtes trop bon roi;
Vos scrupules font voir trop de délicatesse.
Eh bien! manger moutons, canaille,[52] sotte espèce,

[48] un des fleuves des Enfers; par extension, les Enfers eux-mêmes
[49] par conséquent
[50] malheurs
[51] sacrifice du général qui offrait sa vie aux déesses pour obtenir victoire des armées romaines
[52] espèce méprisable

Est-ce un péché? Non, non. Vous leur fîtes, Sei-
 gneur,
 En les croquant, beaucoup d'honneur;
 Et quant au berger, l'on peut dire
 Qu'il était digne de tous maux,
Étant de ces gens-là qui sur les animaux
 Se font un chimérique empire. »
Ainsi dit le Renard; et flatteurs d'applaudir.
 On n'osa trop approfondir
Du Tigre, ni de l'Ours, ni des autres puissances,
 Les moins pardonnables offenses:
Tous les gens querelleurs, jusqu'aux simples mâ-
 tins,[53]
Au dire de chacun, étaient de petits saints.
L'Âne vint à son tour, et dit: « J'ai souvenance
 Qu'en un pré de moines passant,
La faim, l'occasion, l'herbe tendre, et, je pense,
 Quelque diable aussi me poussant,
Je tondis de ce pré la largeur de ma langue.
Je n'en avais nul droit, puisqu'il faut parler nct. »
A ces mots on cria haro[54] sur le Baudet.
Un Loup, quelque peu clerc,[55] prouva par sa ha-
 rangue
Qu'il fallait dévouer[56] ce maudit animal,
Ce pelé, ce galeux, d'où venait tout leur mal.
Sa peccadille fut jugée un cas pendable.
Manger l'herbe d'autrui! quel crime abominable!
 Rien que la mort n'était capable
D'expier[57] son forfait: on le lui fit bien voir.

Selon que vous serez puissant ou misérable,
Les jugements de cour[58] vous rendront blanc ou
 noir.

LE COCHE ET LA MOUCHE

Dans un chemin montant, sablonneux, malaisé,
Et de tous les côtés au soleil exposé,
 Six forts chevaux tiraient un coche.[59]
Femmes, moine, vieillards, tout était descendu;

L'attelage suait, soufflait, était rendu.[60]
Une Mouche survient, et des chevaux s'approche,
Prétend les animer par son bourdonnement,
Pique l'un, pique l'autre, et pense à tout moment
 Qu'elle fait aller la machine;
S'assied sur le timon, sur le nez du cocher.
 Aussitôt que le char[61] chemine,
 Et qu'elle voit les gens marcher,
Elle s'en attribue uniquement la gloire,
Va, vient, fait l'empressée: il semble que ce soit
Un sergent de bataille allant en chaque endroit
Faire avancer ses gens et hâter la victoire.
 La Mouche, en ce commun besoin,
Se plaint qu'elle agit seule, et qu'elle a tout le
 soin;[62]
Qu'aucun n'aide aux chevaux à se tirer d'affaire.
 Le moine disait son bréviaire;
Il prenait bien son temps![63] une femme chantait:
C'était bien de chansons qu'alors il s'agissait!
Dame Mouche s'en va chanter à leurs oreilles,
 Et fait cent sottises pareilles.
Après bien du travail,[64] le Coche arrive au haut:
« Respirons maintenant! dit la Mouche aussitôt:
J'ai tant fait que nos gens[65] sont enfin dans la
 plaine.
Çà, Messieurs les Chevaux, payez-moi de ma
 peine. »

Ainsi certaines gens, faisant les empressés,
 S'introduisent dans les affaires:
 Ils font partout les nécessaires,
Et, partout importuns, devraient être chassés.

LA LAITIÈRE ET LE POT AU LAIT

Perrette, sur sa tête ayant un pot au lait
 Bien posé sur un coussinet,
Prétendait arriver sans encombre à la ville.
Légère et court vêtue, elle allait à grands pas,
Ayant mis ce jour-là, pour être plus agile,

[53] chiens de garde
[54] cri d'une foule pour désigner le coupable d'un crime
[55] instruit, comme l'étaient les clercs au Moyen Âge
[56] mettre à mort comme victime expiatoire
[57] réparer, au moyen du supplice subi
[58] jugements émis par les courtisans
[59] diligence

[60] à bout de forces
[61] la voiture
[62] travail pénible
[63] choisissait bien le moment
[64] effort fatigant
[65] les voyageurs (le terme est désinvolte); *plaine:* sur le
plateau

Cotillon simple et souliers plats.⁶⁶
Notre laitière ainsi troussée ⁶⁷
Comptait déjà dans sa pensée
Tout le prix de son lait, en employait l'argent;
Achetait un cent d'œufs, faisait triple couvée:
La chose allait à bien par son soin diligent.
 « Il m'est, disait-elle, facile
D'élever des poulets autour de ma maison;
 Le renard sera bien habile
S'il ne m'en laisse assez pour avoir un cochon.
Le porc à s'engraisser coûtera peu de son;
Il était, quand je l'eus,⁶⁸ de grosseur raisonnable:
J'aurai, le revendant, de l'argent bel et bon.
Et qui ⁶⁹ m'empêchera de mettre en notre étable,
Vu le prix dont il est, une vache et son veau,
Que je verrai sauter au milieu du troupeau? »
Perrette là-dessus saute aussi, transportée:
Le lait tombe; adieu veau, vache, cochon, couvée.
La dame de ces biens, quittant d'un œil marri ⁷⁰
 Sa fortune ainsi répandue,
 Va s'excuser à son mari,
 En grand danger d'être battue.
 Le récit en farce en fut fait; ⁷¹
 On l'appela *le Pot au lait*.

 Quel esprit ne bat la campagne? ⁷²
 Qui ne fait châteaux en Espagne? ⁷³
Picrochole,⁷⁴ Pyrrhus,⁷⁵ la laitière, enfin tous,
 Autant les sages que les fous.
Chacun songe en veillant; il n'est rien de plus
 doux:
Une flatteuse erreur emporte alors nos âmes;
 Tout le bien du monde est à nous. . .
Quand je suis seul, je fais au plus brave un défi;
Je m'écarte, je vais détrôner le Sophi; ⁷⁶
 On m'élit roi, mon peuple m'aime;

Les diadèmes vont sur ma tête pleuvant:
Quelque accident fait-il que je rentre en moi-même,
 Je suis gros Jean comme devant.⁷⁷

LE SONGE D'UN HABITANT DU MOGOL

Jadis certain Mogol vit en songe un Vizir ⁷⁸
Aux Champs Élysiens ⁷⁹ possesseur d'un plaisir
Aussi pur qu'infini, tant en prix qu'en durée:
Le même songeur vit en une autre contrée
 Un Ermite entouré de feux,⁸⁰
Qui touchait de pitié même les malheureux.
Le cas parut étrange, et contre l'ordinaire:
Minos ⁸¹ en ces deux morts semblait s'être mépris.
Le dormeur s'éveilla, tant il en fut surpris.
Dans ce songe pourtant soupçonnant du mystère,
 Il se fit expliquer l'affaire.
L'interprète lui dit: « Ne vous étonnez point;
Votre songe a du sens; et, si j'ai sur ce point
 Acquis tant soit peu d'habitude,
C'est un avis des Dieux. Pendant l'humain séjour,
Ce Vizir quelquefois cherchait la solitude;
Cet Ermite aux Vizirs allait faire sa cour. »

Si j'osais ajouter au mot de l'interprète,
J'inspirerais ici l'amour de la retraite:
Elle offre à ses amants des biens sans embarras,
Biens purs, présents du Ciel, qui naissent sous les
 pas.
Solitude, où je trouve une douceur secrète,
Lieux que j'aimai toujours, ne pourrai-je jamais,
Loin du monde et du bruit, goûter l'ombre et le
 frais?
Oh! qui m'arrêtera sous vos sombres asiles?
Quand pourront les neuf Sœurs,⁸² loin des cours et
 des villes,
M'occuper tout entier, et m'apprendre des cieux
Les divers mouvements inconnus à nos yeux,
Les noms et les vertus ⁸³ de ces clartés errantes ⁸⁴

⁶⁶ sans talons
⁶⁷ habillée
⁶⁸ Elle en parle déjà comme d'une chose acquise.
⁶⁹ qu'est-ce qui
⁷⁰ désolé et honteux
⁷¹ transformé en comédie populaire
⁷² ne divague
⁷³ projets chimériques
⁷⁴ Picrochole est un personnage de Rabelais, simple
seigneur qui fait en imagination la conquête du monde.
⁷⁵ Pyrrhus, roi d'Épire, qui avait rêvé de conquérir la
terre
⁷⁶ le shah de Perse

⁷⁷ en sortant de ma songerie, lourdaud, bête comme avant
⁷⁸ ministre
⁷⁹ séjour des héros et des hommes vertueux, après leur
mort (mythologie)
⁸⁰ en enfer
⁸¹ principal juge des Enfers
⁸² les neufs Muses
⁸³ influences
⁸⁴ planètes

Par qui sont nos destins et nos mœurs différentes!
Que si je ne suis né pour de si grands projets,
Du moins que les ruisseaux m'offrent de doux ob-
jets!
Que je peigne en mes vers quelque rive fleurie!
La Parque [85] à filets d'or n'ourdira [86] point ma vie,

[85] La Parque: une des trois divinités des Enfers, Clotho, Lachésis et Atropos
[86] n'ourdira pas à fils d'or la trame de ma vie

Je ne dormirai point sous de riches lambris: [87]
Mais voit-on que le somme en perde de son prix?
En est-il moins profond, et moins plein de délices?
Je lui voue au désert de nouveaux sacrifices.
Quand le moment viendra d'aller trouver les morts,
J'aurai vécu sans soins,[88] et mourrai sans remords.

[87] entre des murs de marbre ou dorés
[88] soucis

IX. *Boileau (1636–1711)*

NICOLAS BOILEAU–DESPRÉAUX naquit à Paris. Tenant par sa famille à un milieu de bourgeois hommes de loi, il entreprit et abandonna des études de théologie. puis se fit recevoir avocat. La mort de son père, en 1657, lui laissa une petite fortune qui lui permit de se consacrer librement à la littérature. Bourgeois parisien, caustique et railleur, il vécut à Paris et fréquenta assidûment Molière, Racine, et La Fontaine. Historiographe du roi avec Racine, reçu à l'Académie en 1685, il mourut accablé d'infirmités.

L'HOMME

Boileau a écrit des *Satires,* des *Épîtres, Le Lutrin,* poème héroï-comique, enfin l'*Art poétique* (1674).

L'ŒUVRE

Dans ses *Satires,* Boileau décrit les mœurs du jour, et certains aspects de Paris; dans ses satires proprement littéraires, il dénonce le pédantisme, la préciosité, le faux, et s'attaque aux mauvais poètes, même réputés et puissants, soutenus par les salons ou la cour, influents auprès du Roi ou de l'Académie.

Voulant publier un traité de la bonne littérature, il a composé l'*Art poétique,* œuvre didactique, œuvre d'enseignement, mais plus pratique que théorique, plus réaliste et vivante que dogmatique. Boileau rappelle qu'il y a de bonnes règles à suivre et qui sont d'ailleurs fondées sur la raison; et surtout il dresse, comme en un bilan suprême, les grands exemples de la tradition humaniste.

Sa doctrine, qui est la doctrine classique, a pour premier principe qu'il *faut rechercher le vrai,* c'est-à-dire la nature, mais la nature surtout psychologique,

la nature des sentiments et des pensées, la nature humaine, commune à tous les hommes. Pour cela, il faut un guide: ce sera la raison, seule capable d'orienter chacun de nous dans le sens de l'humanité moyenne, universelle et éternelle: *aimer la raison* est donc le second principe de Boileau. Or les poètes de l'antiquité grecque et latine ont su atteindre l'homme général à travers les hommes individuels, et c'est pourquoi le troisième grand principe de Boileau est l'*imitation des Anciens*.

Cette doctrine a maintenu son autorité pendant presque tout le XVIIIᵉ siècle; puis au XIXᵉ siècle elle s'est effondrée sous les attaques des Romantiques; mais il y a des règles et des conseils de Boileau auxquels on reste toujours attaché.

Satires

LES EMBARRAS DE PARIS

Qui frappe l'air, bon Dieu! de ces lugubres cris?
Est-ce donc pour veiller qu'on se couche à Paris?
Et quel fâcheux [1] Démon, durant les nuits entières,
Rassemble ici les chats de toutes les gouttières?
J'ai beau sauter du lit, plein de trouble et d'effroi,
Je pense qu'avec eux tout l'enfer est chez moi:
L'un, miaule en grondant comme un tigre en furie,
L'autre, roule sa voix comme un enfant qui crie.
Ce n'est pas tout encor: les souris et les rats
Semblent, pour m'éveiller, s'entendre avec les chats,
Plus importuns pour moi, durant la nuit obscure,
Que jamais, en plein jour, ne fut l'abbé de Pure. [2]
 Tout conspire à la fois à troubler mon repos.
Et je me plains ici du moindre de mes maux;
Car, à peine les coqs, commençant leur ramage, [3]
Auront de cris aigus frappé le voisinage,
Qu'un affreux serrurier, laborieux Vulcain, [4]
Qu'éveillera bientôt l'ardente soif du gain,
Avec un fer maudit, qu'à grand bruit il apprête,
De cent coups de marteau me va fendre la tête.

J'entends déjà partout les charrettes courir,
Les maçons travailler, les boutiques s'ouvrir;
Tandis que, dans les airs, mille cloches émues, [5]
D'un funèbre concert font retentir les nues,
Et, se mêlant au bruit de la grêle et des vents,
Pour honorer les morts font mourir les vivants.
 Encor, je bénirais la bonté souveraine,
Si le ciel à ces maux avait borné ma peine.
Mais, si seul en mon lit je peste avec raison,
C'est encor pis vingt fois en quittant la maison.
En quelque endroit que j'aille, il faut fendre la presse
D'une peuple d'importuns qui fourmillent sans cesse.
L'un, me heurte d'un ais, [6] dont je suis tout froissé; [7]
Je vois d'un autre coup mon chapeau renversé;
Là, d'un enterrement la funèbre ordonnance, [8]
D'un pas lugubre et lent vers l'église s'avance;
Et plus loin, des laquais, l'un l'autre s'agaçants,
Font aboyer les chiens et jurer les passants.
Des paveurs, en ce lieu, me bouchent le passage;
Là, je trouve une croix de funeste présage; [9]
Et des couvreurs, grimpés au toit d'une maison,

[1] importun, déplaisant
[2] L'abbé de Pure (1634–1680), auteur d'un roman en quatre volumes, *La Précieuse ou le mystère de la ruelle,* avait écrit contre Boileau des vers satiriques.
[3] chant
[4] dieu des forgerons dans la mythologie païenne

[5] mises en mouvement
[6] planche de bois
[7] blessé
[8] cortège, marche en rangs
[9] annonce de la mort (Elle avertit d'un toit en réparation.)

Portrait de Nicolas Boileau-Despréaux, par Rigaud. Château de Versailles. (Photographie Giraudon)

En font pleuvoir l'ardoise et la tuile à foison.
Là, sur une charrette une poutre branlante
Vient menaçant de loin la foule qu'elle augmente:
Six chevaux attelés à ce fardeau pesant
Ont peine à l'émouvoir sur le pavé glissant;
D'un carrosse, en tournant, il accroche une roue,
Et du choc le renverse en un grand tas de boue;
Quand un autre à l'instant s'efforçant de passer
Dans le même embarras se vient embarrasser.
Vingt carrosses bientôt arrivant à la file
Y sont en moins de rien suivis de plus de mille;
Et, pour surcroît de maux, un sort malencontreux
Conduit en cet endroit un grand troupeau de
 bœufs;
Chacun prétend passer; l'un mugit, l'autre jure;
Des mulets en sonnant augmentent le murmure; [10]
Aussitôt, cent chevaux [11] dans la foule appelés
De l'embarras qui croît ferment les défilés,[12]
Et partout, des passants enchaînant les brigades,[13]
Au milieu de la paix font voir les barricades.
On n'entend que des cris poussés confusément.
Dieu pour s'y faire ouïr tonnerait vainement.
Moi donc, qui dois souvent en certain lieu me
 rendre,
Le jour déjà baissant, et qui suis las d'attendre,
Ne sachant plus tantôt à quel saint me vouer,
Je me mets au hasard [14] de me faire rouer,[15]
Je saute vingt ruisseaux, j'esquive, je me pousse; [16]
Guénaud [17] sur son cheval en passant m'éclabousse;
Et n'osant plus paraître en l'état où je suis,
Sans songer où je vais, je me sauve où je puis.

Tandis que dans un coin en grondant je m'essuie,
Souvent, pour m'achever, il survient une pluie:
On dirait que le ciel, qui se fond tout en eau,
Veuille inonder ces lieux d'un déluge nouveau.
Pour traverser la rue, au milieu de l'orage,
Un ais [18] sur deux pavés forme un étroit passage;
Le plus hardi laquais n'y marche qu'en tremblant:

Il faut pourtant passer sur ce pont chancelant;
Et les nombreux torrents qui tombent des gout-
 tières,
Grossissant les ruisseaux, en ont fait des rivières.
J'y passe en trébuchant; mais, malgré l'embarras,
La frayeur de la nuit précipite mes pas.

Car, sitôt que du soir les ombres pacifiques
D'un double cadenas font fermer les boutiques;
Que, retiré chez lui, le paisible marchand
Va revoir ses billets et compter son argent;
Que dans le Marché-Neuf [19] tout est calme et tran-
 quille;
Les voleurs à l'instant s'emparent de la ville.
Le bois le plus funeste et le moins fréquenté
Est, au prix de [20] Paris, un lieu de sûreté.
Malheur donc à celui qu'une affaire imprévue
Engage un peu trop tard au détour d'une rue!
Bientôt quatre bandits lui serrant les côtés:
« La bourse! . . . » Il faut se rendre; ou bien, non!
 résistez!
Afin que votre mort, de tragique mémoire,
Des massacres fameux aille grossir l'histoire!
Pour moi, fermant ma porte, et cédant au sommeil,
Tous les jours je me couche avecque le soleil.
Mais, en ma chambre à peine ai-je éteint la lumière,
Qu'il ne m'est plus permis de fermer la paupière.
Des filous affrontés, d'un coup de pistolet,
Ébranlent ma fenêtre, et percent mon volet.
J'entends crier partout: « Au meurtre! on m'assas-
 sine! »
Ou: « Le feu vient de prendre à la maison voisine! »
Tremblant, et demi-mort, je me lève à ce bruit,
Et souvent sans pourpoint je cours toute la nuit.
Car le feu, dont la flamme en ondes se déploie,
Fait de notre quartier une seconde Troie,[21]
Où maint Grec affamé, maint avide Argien,[22]
Au travers des charbons va piller le Troyen.
Enfin sous mille crocs,[23] la maison abîmée [24]
Entraîne aussi le feu qui se perd en fumée.

[10] Un bœuf mugit; un homme jure; on entend le bruit
des grelots des mulets.
[11] chevaux des gardes à cheval
[12] les issues
[13] troupes, foules
[14] je cours le risque
[15] écraser sous les roues
[16] je me fais un passage dans la foule
[17] le plus célèbre médecin de Paris, et qui allait toujours
à cheval
[18] planche de bois

[19] dans la cité, sur le quai, entre le Petit-Pont et le pont
Saint-Michel
[20] comparé à
[21] allusion à la prise et à l'incendie de Troie par les
Grecs
[22] Grec d'Argos
[23] On abattait avec des crocs (grappins, perches armées
d'une pointe et d'un crochet) les murs des maisons en
flammes.
[24] abattue

Je me retire donc, encor pâle d'effroi:
Mais, le jour est venu quand je rentre chez moi.
Je fais pour reposer un effort inutile;
Ce n'est qu'à prix d'argent qu'on dort en cette ville;
Il faudrait, dans l'enclos d'un vaste logement,
Avoir loin de la rue un autre appartement.

 Paris est pour un riche un pays de Cocagne: [25]
Sans sortir de la ville il trouve la campagne;

Il peut, dans son jardin tout peuplé d'arbres verts,
Recéler le printemps au milieu des hivers;
Et, foulant le parfum de ses plantes fleuries,
Aller entretenir ses douces rêveries.

 Mais moi, grâce au destin, qui n'ai ni feu ni
 lieu,[26]
Je me loge où je puis, et comme il plaît à Dieu.

 (*Satire VI, 1660*)

[25] pays imaginaire d'abondance et d'agrément

[26] qui suis extrêmement pauvre (sans foyer ni asile)

Art poétique

CHANT I

CONSEILS LITTÉRAIRES

C'est en vain qu'au Parnasse,[1] un téméraire auteur
Pense de l'art des vers atteindre la hauteur:
S'il ne sent point du Ciel l'influence secrète,
Si son astre en naissant ne l'a formé poète,
Dans son génie étroit il est toujours captif;
Pour lui Phébus [2] est sourd, et Pégase [3] est rétif.

 O vous donc, qui brûlant d'une ardeur périlleuse,
Courez du bel esprit [4] la carrière épineuse,
N'allez pas sur des vers sans fruit vous consumer,
Ni prendre pour génie un amour de rimer;
Craignez d'un vain plaisir les trompeuses amorces,[5]
Et consultez longtemps votre esprit et vos forces.

 . . .

 Quelque sujet qu'on traite, ou plaisant, ou su-
 blime,
Que toujours le bon sens s'accorde avec la rime:
L'un l'autre vainement ils semblent se haïr,
La rime est une esclave, et ne doit qu'obéir.
Lorsqu'à la bien chercher d'abord on s'évertue,
L'esprit à la trouver aisément s'habitue;
Au joug de la raison sans peine elle fléchit;
Et, loin de la gêner, la sert et l'enrichit.

[1] Le domaine poétique. Le Parnasse était une montagne
de Grèce consacrée aux Muses.

[2] Apollon. *Phébus* est dérivé du nom grec.

[3] cheval ailé qui portait les poètes sur les hauteurs du
Parnasse (mythologie)

[4] la littérature

[5] appâts

Mais, lorsqu'on la néglige, elle devient rebelle;
Et pour la rattraper le sens court après elle.
Aimez donc la raison. Que toujours, vos écrits
Empruntent d'elle seule et leur lustre et leur prix.

 . . .

Tout doit tendre au bon sens: mais, pour y parvenir,
Le chemin est glissant et pénible à tenir;
Pour peu qu'on s'en écarte, aussitôt on se noie;
La raison, pour marcher, n'a souvent qu'une voie.

 . . .

Tout ce qu'on dit de trop est fade et rebutant;
L'esprit rassasié le rejette à l'instant.
Qui ne sait se borner ne sut jamais écrire.

 Souvent, la peur d'un mal nous conduit dans un
 pire:
Un vers était trop faible, et vous le rendez dur;
J'évite d'être long, et je deviens obscur;
L'un n'est point trop fardé, mais sa Muse est trop
 nue;
L'autre a peur de ramper, il se perd dans la nue.

 Voulez-vous du public mériter les amours? [6]
Sans cesse en écrivant variez vos discours:
Un style trop égal et toujours uniforme
En vain brille à nos yeux, il faut qu'il nous en-
 dorme.
On lit peu ces auteurs, nés pour nous ennuyer,
Qui, toujours sur un ton, semblent psalmodier.

 Heureux, qui dans ses vers sait d'une voix légère
Passer du grave au doux, du plaisant au sévère!

[6] les suffrages

Son livre, aimé du ciel, et chéri des lecteurs,
Est souvent chez Barbin [7] entouré d'acheteurs.
 Quoi que vous écriviez, évitez la bassesse:
Le style le moins noble a pourtant sa noblesse.

. . .

 N'offrez rien au lecteur que ce qui peut lui plaire.
Ayez pour la cadence une oreille sévère:
Que toujours, dans vos vers, le sens, coupant les
 mots,
Suspende l'hémistiche,[8] en marque le repos.
Gardez qu'une voyelle, à courir trop hâtée,
Ne soit d'une voyelle en son chemin heurtée.[9]
Il est un heureux choix de mots harmonieux.
Fuyez des mauvais sons le concours [10] odieux:
Le vers le mieux rempli, la plus noble pensée
Ne peut plaire à l'esprit, quand l'oreille est blessée.
 Durant les premiers ans du Parnasse françois,[11]
Le caprice tout seul faisait toutes les lois,
La rime, au bout des mots assemblés sans mesure,
Tenait lieu d'ornements, de nombre,[12] et de cé-
 sure.[13]
Villon sut le premier, dans ces siècles grossiers,
Débrouiller l'art confus de nos vieux romanciers.
Marot, bientôt après, fit fleurir les ballades,[14]
Tourna des triolets,[15] rima des mascarades,[16]
A des refrains réglés asservit les rondeaux,[17]
Et montra pour rimer des chemins tout nouveaux.
Ronsard, qui le suivit, par une autre méthode
Réglant tout, brouilla tout, fit un art à sa mode;
Et toutefois longtemps eut un heureux destin.
Mais sa Muse, en français parlant grec et latin,
Vit, dans l'âge suivant, par un retour grotesque,
Tomber de ses grands mots le faste pédantesque.

Ce poète orgueilleux, trébuché [18] de si haut,
Rendit plus retenus Desportes et Bertaut.[19]
 Enfin Malherbe vint, et, le premier en France,
Fit sentir dans les vers une juste cadence;
D'un mot mis en sa place enseigna le pouvoir;
Et réduisit la Muse aux règles du devoir.
Par ce sage écrivain la langue réparée
N'offrit plus rien de rude à l'oreille épurée;
Les stances avec grâce apprirent à tomber;
Et le vers sur le vers n'osa plus enjamber.
Tout reconnut ses lois; et ce guide fidèle [20]
Aux auteurs de ce temps sert encor de modèle.
Marchez donc sur ses pas; aimez sa pureté;
Et de son tour heureux imitez la clarté.
Si le sens de vos vers tarde à se faire entendre,[21]
Mon esprit aussitôt commence à se détendre,
Et, de vos vains discours prompt à se détacher,
Ne suit point un auteur qu'il faut toujours cher-
 cher.
 Il est certains esprits, dont les sombres [22] pensées
Sont d'un nuage épais toujours embarrassées:
Le jour de la raison ne le saurait percer.
Avant donc que d'écrire, apprenez à penser:
Selon que notre idée est plus ou moins obscure,
L'expression la suit, ou moins nette, ou plus pure;
Ce que l'on conçoit bien s'énonce clairement,
Et les mots pour le dire arrivent aisément.
 Surtout qu'en vos écrits la langue révérée
Dans vos plus grands excès vous soit toujours sa-
 crée.
En vain, vous me frappez d'un son mélodieux,
Si le terme est impropre, ou le tour vicieux.
Mon esprit n'admet point un pompeux barba-
 risme,[23]
Ni d'un vers ampoulé l'orgueilleux solécisme.[24]
Sans la langue, en un mot, l'auteur le plus divin
Est toujours, quoi qu'il fasse, un méchant [25] écri-
 vain.

[7] célèbre libraire de l'époque
[8] moitié du vers alexandrin, ou partie d'un vers quel-
conque coupé par la césure
[9] une telle rencontre s'appelle hiatus
[10] la rencontre
[11] la poésie françoise (vieille forme de *française*)
[12] rythme
[13] repos aménagé dans un vers pour en régler le rythme
[14] poème composé de trois strophes égales et symétriques
et d'un couplet appelé *envoi* (chacune de ces quatre parties
étant terminée par le même vers)
[15] Petites pièces de huit vers sur deux rimes; les vers
4 et 7 sont la répétition du vers 1.
[16] vers et musique destinés à accompagner les danses
de personnages masqués
[17] petits poèmes de 13 ou 20 vers sur deux rimes, divisés
en trois couplets

[18] tombé brusquement
[19] Desportes (1546–1606) et Bertaut (1552–1611), deux
poètes secondaires. Ce jugement de Boileau est évidemment
injuste pour Ronsard, dont il ne voit que les défauts pourtant
largement dépassés par les qualités.
[20] auquel on peut se fier
[21] comprendre
[22] obscures
[23] mot inventé et mal forgé
[24] faute contre la syntaxe
[25] mauvais

Travaillez à loisir, quelque ordre qui vous presse,
Et ne vous piquez point [26] d'une folle vitesse:
Un style si rapide, et qui court en rimant,
Marque moins trop d'esprit, que peu de jugement.
J'aime mieux un ruisseau, qui sur la molle arène,[27]
Dans un pré plein de fleurs lentement se promène,
Qu'un torrent débordé, qui, d'un cours orageux,
Roule, plein de gravier, sur un terrain fangeux.
Hâtez-vous lentement; et, sans perdre courage,
Vingt fois sur le métier remettez votre ouvrage;
Polissez-le sans cesse et le repolissez;
Ajoutez quelquefois, et souvent effacez.
　　C'est peu, qu'en un ouvrage où les fautes four-
　　millent,
Des traits d'esprit semés de temps en temps pétil-
lent.
Il faut que chaque chose y soit mise en son lieu;

[26] faites point gloire
[27] sable

Que le début, la fin, répondent au milieu;
Que d'un art délicat les pièces assorties
N'y forment qu'un seul tout de diverses parties;
Que jamais du sujet le discours s'écartant
N'aille chercher trop loin quelque mot éclatant.
　　Craignez-vous pour vos vers la censure publique?
Soyez-vous à vous-même un sévère critique.
L'ignorance toujours est prête à s'admirer.
Faites-vous des amis prompts à vous censurer:
Qu'ils soient de vos écrits les confidents sincères,
Et de tous vos défauts les zélés adversaires.
Dépouillez, devant eux, l'arrogance d'auteur.
Mais, sachez de l'ami discerner le flatteur:
Tel vous semble applaudir, qui vous raille et vous
　　joue.[28]
Aimez qu'on vous conseille, et non pas qu'on vous
　　loue.

[28] trahit

Le Dix-huitième Siècle

1720	1730	1740	1750	1760	1770	1780	1790	1800

DATES HISTORIQUES

1715–23: Régence du DUC D'ORLÉANS

1723 ——————— LOUIS XV ——————— 1774

1726–43: Ministère de FLEURY

1740 FRÉDÉRIC II, roi de Prusse 1786

1748: Paix d'Aix-la-Chapelle

1756–63: Guerre de Sept Ans

1762 CATHERINE II, tsarine 1796

1774 LOUIS XVI 1793

1789–99: Révolution française

DATES LITTÉRAIRES

1657 ——————— FONTENELLE ——————— 1757

1686: *Entretiens sur la pluralité des mondes*

1687: *Histoire des Oracles*

1668 ——— LESAGE ——— 1747

1709: *Turcaret*

1715 *Gil Blas* 1735

1675 ——— SAINT-SIMON ——— 1755

1691–1723: *Mémoires* (achevés, publiés en 1829–30)

1688 ——————— MARIVAUX ——————— 1763

1730: *Le Jeu de l'amour et du hasard*

1689 ——— MONTESQUIEU ——— 1755

1721: *Lettres persanes*

1734: *Considérations*

1748: *L'Esprit des lois*

1694 ——————— VOLTAIRE ——————— 1778

1734: *Lettres philosophiques*

1747: *Zadig*

1750–53: Séjour en Prusse

1751: *Le Siècle de Louis XIV*

1756: *Essai sur les mœurs*

1759: *Candide*

1760: Installation à Ferney

Tragédies, Libelles, Correspondance

1697 ——— L'ABBÉ PRÉVOST ——— 1763

1731: *Manon Lescaut*

1707 ——————— BUFFON ——————— 1788

1749 *Histoire naturelle* 1788

1712 ——— JEAN-JACQUES ROUSSEAU ——— 1778

1750: *Discours sur les sciences et les arts*

1754: *Discours sur l'inégalité*

1758: *Lettre à d'Alembert*

1761: *La Nouvelle Héloïse*

1762: *Du contrat social*

Émile

1765–70: *Confessions*

1776–78: *Rêveries*

| 1720 | 1730 | 1740 | 1750 | 1760 | 1770 | 1780 | 1790 | 1800 |

1713 ———————————— DIDEROT ———————————— 1784

1745: Directeur de l'*Encyclopédie*

1749: *Lettre sur les aveugles*

1751–72: *Encyclopédie*

1759–74: *Lettres à Sophie Volland*

1759 *Salons* 1781

1762: *Le Neveu de Rameau*

1769: *Le Rêve de d'Alembert*

1773: *Jacques le fataliste*

Paradoxe sur le comédien

1773–84: Protégé de CATHERINE DE

RUSSIE

1732 ——————————— BEAUMARCHAIS ——————————— 1799

1775: *Le Barbier de Séville*

1784: *Le Mariage de Figaro*

1737 ——————— BERNARDIN DE SAINT-PIERRE ——————— 1814

1787: *Paul et Virginie*

1762 — CHÉNIER — 1794

Œuvres choisies: 1819

I. Vue générale

LOUIS XIV est mort, le peuple a insulté son cadavre. Explosion de joie dans la noblesse délivrée d'un gouvernement qui la brimait, fusées de liesse dans les nuits de l'Opéra, aux réunions libertines du duc de Vendôme en son palais du Temple. Les bourgeois eux-mêmes, qu'écrasaient les impôts, respirent, espèrent un air neuf. La Régence se présente donc aux Français comme un temps de joyeuses grandes vacances, et la catastrophe de Law a eu beau dans la suite causer des dommages, elle n'a pas emporté les tréteaux de la kermesse: le règne de Louis XV s'est ouvert sur une longue perspective de bonheur général.

Le premier bénéficiaire en a été le plaisir des libres conversations retrouvées et multipliées. Il y eut une floraison de salons, c'est tout juste si le vrai gouvernement n'y siégeait pas: salons de réjouissances et de débauche, soupers du Régent et du prince de Conti, mais aussi salons intellectuels. La marquise de Lambert, femme instruite, précieuse point pédante, recevait Fontenelle et tous les partisans des Modernes. Ses habitués passèrent après sa mort chez Mme de Tencin, qui tenait salon de philosophes. Plus tard, les philosophes ont trouvé leur « mère » et les étrangers de marque leur hôtesse en Mme Geoffrin. Mme d'Épinay ouvrait son château de la Chevrette près d'Enghien aux entretiens les plus osés: Diderot s'y est déchaîné. C'est la marquise du Deffand qui a eu à se réjouir du plus beau bouquet de causeurs: Montesquieu, d'Alembert, Fontenelle, Marivaux, Condorcet, Turgot, etc., sans compter les Anglais Hume et Walpole, l'Américain Franklin. Le boute-en-train des réunions fut d'Alembert. La dame, insomniaque, se levait à six heures de l'après-midi, la jeune fille qu'elle avait recueillie pour lui tenir compagnie avait ainsi le temps de lui voler ses amis. Découverte, Mlle de Lespinasse ne fut pas abandonnée, les amis la suivirent. Mme du Deffand était un cerveau, mais Mlle de Lespinasse avait l'âme ardente, un cœur de feu, et elle savait merveilleusement conduire un entretien.

Le caractère essentiel de ces salons tient à ce que les littérateurs y trônaient et leur donnaient le ton. Dans une société de plus en plus mêlée, où nobles, abbés mondains, financiers, parvenus se trouvaient brassés par le plaisir de vivre, les écrivains étaient à égalité avec tous, pourvu qu'ils eussent de l'esprit. Ils couraient encore quelques risques, l'absolutisme se survivait par les lettres de cachet qui pouvaient toujours envoyer un satirique trop hardi à la Bastille. On ne s'en arrachait pas moins l'homme de lettres; et non seulement il dominait les salons, mais des souverains étrangers, un Frédéric II, une Catherine de Russie s'honoraient de le recevoir à leur cour.

Les salons ont aidé les écrivains à percer, et ils leur rendirent service en les obligeant à traiter clairement des questions difficiles. Les obligeaient-ils ainsi à des sacrifices de pensée et menaçaient-ils de les rendre superficiels? Avouons que les meilleurs venaient s'y aiguiser l'esprit, puis retournaient travailler à leur œuvre dans la solitude. Voltaire se montre injustement sarcastique quand il parle dans une lettre de « petites sociétés où préside toujours quelque femme qui, dans le déclin de sa beauté, fait briller l'aurore de son esprit ». Plus exact fut Duclos écrivant dans ses *Considérations sur les mœurs:* « On a gagné de part et d'autre à cette liaison. Les gens du monde ont cultivé leur esprit, formé leur goût et acquis de nouveaux plaisirs. Les gens de lettres ont trouvé de la considération. Ils ont adouci leurs mœurs et ils ont acquis sur plusieurs articles des lumières qu'ils n'auraient pas puisées dans les livres. »

Au reste, on ne se réunissait pas seulement dans les salons les plus huppés, mais chez des particuliers de moindre réputation et jusque dans les cafés.

« Il est une liqueur », a chanté un poète du temps, « qui manquait à Virgile et qu'adorait Voltaire. »

On la distribuait dans un grand nombre de lieux hospitaliers, où s'échangeaient des nouvelles. Chez Procope, on l'apprêtait de telle manière, a dit Montesquieu, qu'elle donnait de l'esprit à quiconque en prenait. . . Est-ce pour cela que Fontenelle, Duclos, Voltaire, Diderot, Marmontel, Crébillon, Maupertuis et tant d'autres fréquentaient le Procope, le Gradot, la boutique de la veuve Laurent? A un médecin qui traitait le noir breuvage de poison, Fontenelle répondait: « Un poison lent, car j'en bois plusieurs tasses par jour depuis près de quatre-vingts ans. »

Certaines maisons du café étaient des clubs à l'anglaise, de petites académies. L'une d'elles, le « Club de l'Entresol », fondée dans un entresol de la place Vendôme par l'abbé Alary, réunit de 1725 à 1730 des diplomates, des techniciens de finances, avec Montesquieu, le marquis d'Argenson et cet abbé de Saint-Pierre, auteur d'un *Projet de paix perpétuelle* faisant suite à celui que Sully avait esquissé pour Henri IV. Ces messieurs lisaient les gazettes, émettaient des conjectures politiques, jugeaient des affaires publiques. . . Le ministre Fleury, inquiet de voir le club se mêler de trop de choses, mit fin à son activité.

Un esprit nouveau flottait, courait, tourbillonnait en de tels parages, qui avait eu d'ailleurs ses précurseurs et initiateurs à la fin du siècle précédent en Bayle et Fontenelle. Pierre Bayle, l'auteur des *Pensées sur la Comète* et du *Dictionnaire historique et critique,* a brisé l'esprit d'absolu en littérature comme en philosophie, la beauté lui apparaissait comme « un jeu de notre imagination qui change selon les pays et selon les siècles ». Même à l'autorité religieuse et morale, il opposait la liberté de penser individuelle, sans d'ailleurs croire à la toute puissance de la raison et très éloigné de conspirer contre la monarchie. Bernard le Bovier de Fontenelle, neveu de Corneille, a su parler de science en écrivain brillant dans ses *Entretiens sur la pluralité des mondes,* dans ses *Éloges des académiciens de l'Académie des sciences,* et il a apporté au siècle, dans sa

Digression sur les anciens et les modernes, ce que Bayle lui refusait, la croyance au progrès. Comme Bayle, il restait conservateur en politique: « J'aurais la main pleine de vérités, disait-il, que je ne l'ouvrirais pas pour le peuple. » Mais l'esprit nouveau n'allait pas tarder à s'affranchir de toute restriction.

Ce qui frappe en lui dès l'abord, c'est qu'il renonce en littérature à la beauté formelle des œuvres et à la perfection de l'art. Même quand Buffon consacrera au style son discours académique, il n'envisagera qu'une façon d'écrire clairement des ouvrages de science. L'esprit nouveau renonce aussi, sauf exceptions, à la littérature psychologique et il lui substitue une littérature d'idées. L'homme de lettres devient un « philosophe », mais le mot « philosophe » a changé de signification, il désigne à présent l'homme d'esprit qui vise à réformer la vie publique dans le sens de la liberté, de la justice, de la tolérance, et pense au bonheur du genre humain. Dans ces conditions, la littérature s'ouvre à d'autres intellectuels que les littérateurs et écrivains proprement dits. Un mathématicien comme d'Alembert, un économiste comme Turgot, un technicien de la logique et de la métaphysique comme Condillac, sont des « philosophes ».

On les voit d'ailleurs aimables, riants, cordiaux, Montesquieu publie les *Lettres persanes,* elles amusent, elles piquent la curiosité; elles brillent de gaieté. Attention! Qu'on y regarde de près: c'est aussi sévère que du La Bruyère dans la peinture des milieux, aussi critique dans le portrait des caractères, et tous les thèmes de *L'Esprit des lois,* solide livre de jurisprudence et de politique auquel les députés de la Constituante en 1790 se sont référés, y transparaissent déjà. De même Voltaire pétille, gouaille, fait rire, mais cela n'est qu'apparence: en réalité, il s'attaque à la structure de la nation, jouant même un jeu assez dangereux pour avoir dû vivre maintes années près des frontières, prêt à fuir. « Les philosophes », disait-il, « ont besoin de disposer de deux ou trois trous sous terre contre les chiens qui courent après eux. » Montesquieu avait l'air d'un égoïste en prétendant qu'une heure de lecture avait toujours consolé ses chagrins. Mais il a dit aussi: « Si je savais quelque chose qui me fût utile et qui fût préjudiciable à ma famille, je le rejetterais de mon esprit; si je savais quelque chose qui fût utile à ma famille et qui ne le fût pas à ma patrie, je chercherais à l'oublier; si je savais quelque chose utile à ma patrie et qui fût préjudiciable à l'Europe et au genre humain, je le regarderais comme un crime. » Voltaire, chaque année, au jour anniversaire de la Saint-Barthélemy, se sentait pris de fièvre; pendant tout le cours de l'affaire Calas, il ne se permit pas le moindre sourire.

Le grand sérieux que le dix-huitième siècle se plaisait à voiler d'une apparente frivolité, a pris souvent une forme scientifique chez les contemporains et les successeurs de Fontenelle. Les grandes dames, femmes savantes, ont vaincu Molière; elles possédaient chez elles un laboratoire, des instruments d'astronomie; Mme du Châtelet, l'amie de Voltaire, traduisait Newton, contraignait Voltaire à des expériences. Montesquieu jeune a écrit des mémoires sur l'usage des glandes rénales, la transparence des corps, l'écho; Diderot, des articles sur

les arts mécaniques. Une forme plus générale de sérieux a été l'étude de la géographie sociologique. On avait déjà commencé de voyager sous le règne précédent, on a continué avec entrain, on s'est intéressé de plus en plus aux hommes, au lieu de l'Homme classique, aux différences de mœurs nationales, au lieu de la nature humaine universelle. Le classicisme se trouvait ainsi renversé dans son caractère essentiel, l'esprit français perdait une part de sa solidité centrale, mais en compensation il s'aéra, il se renouvela, il nourrit une curiosité étendue et féconde. Montesquieu a répondu à son besoin d'alors en étudiant les lois des différents peuples et en cherchant à connaître les peuples de ces lois. On a été ensuite jusqu'à la conception du « bon sauvage ».

Auparavant, on s'est enthousiasmé de l'Angleterre, on l'a imitée sous toutes ses faces, elle a tourné la tête des « philosophes ». Le premier livre important de Voltaire, *Les Lettres philosophiques,* les informations de l'abbé Prévost dans son journal *Le Pour et le Contre,* ses traductions des romans anglais, et *L'Esprit des lois* de Montesquieu ont jeté dans la pâte française le levain anglais d'une émancipation générale des mœurs et de l'esprit: la philosophie de Locke, le système de Newton, les institutions libérales, une littérature affranchie des règles trop étroites, la liberté de conscience, une liberté complète d'écrire ont bouleversé les Français et transformé l'ancien humaniste en homme moins amoureux du beau en toutes choses, plus amateur du joli, surtout plus largement cultivé, et l'ancien sujet de Sa Majesté en citoyen soucieux de son bonheur individuel et du bonheur individuel de tous les hommes. Il s'est ainsi formé un climat dans lequel le cœur s'est allié à une intelligence aiguisée, l'a pénétrée et a été pénétré par elle; d'où le cœur spirituel, espiègle et délicieusement romanesque de Marivaux, le cœur passionné de l'abbé Prévost, ou, à un niveau plus élevé, le cœur généreux et cornélien de Vauvenargues, le philosophe qui assure une liaison entre Fénelon et Rousseau, l'âme généreuse qui a cru avant Diderot et Rousseau à la bonté de la nature humaine, l'âme noble à qui l'on doit cette maxime: «Les grandes pensées viennent du cœur.» On comprend que Watteau, puis Chardin aient été les grands peintres de ce moment français, Rameau le grand musicien.

En littérature, les grands genres n'ont pas tenu. Les tragédies de Voltaire et de Crébillon, même quelque peu rénovées au contact de Shakespeare, non seulement ne comptent plus à nos yeux, mais n'enthousiasmaient pas unanimement les contemporains. A la première de *L'Orphelin de la Chine,* Voltaire jeta son chapeau à la tête de Montesquieu en s'écriant: « Il croit être à l'audience! » Montesquieu s'était endormi. L'épopée, même devenue nationale par ses sujets et moderne par son esprit, se momifiait en allégories d'école. Le Français avait de moins en moins la tête épique, et Voltaire a eu plusieurs fois envie de jeter son épopée *La Henriade* au feu. En poésie lyrique, les grandes Odes de Écouchard-Lebrun, de Jean-Baptiste Rousseau, de Lefranc de Pompignan se lisaient-elles beaucoup? Pas plus sans doute que les *Poèmes sacrés* de ce dernier dont Voltaire a dit: «Sacrés ils sont, car personne n'y touche.» En revanche, les petits vers légers de Voltaire, de Gilbert, de Parny ont plu et

plaisent encore. Écouchard-Lebrun se sauve, mais par ses épigrammes. On redoutait de s'ennuyer noblement, on voulait s'ennoblir ou s'instruire en s'amusant. Et puis le siècle a été un siècle de prose, parce que c'est la prose qui porte les idées.

Au théâtre, les continuateurs du dix-septième siècle n'ont fait rien d'autre que divertir : Régnard dans la comédie de mouvement et de pure gaieté, Dancourt dans le tableau de mœurs. Destouches, Gresset, Piron ont fort peu diverti dans leurs comédies de caractères, *Le Glorieux, Le Méchant, La Métromanie*. Le *Turcaret* de Lesage, peinture d'un type de financier, est d'une vérité assez forte, mais sans éclat. L'époque ne compte de vraiment intéressantes que deux sortes de théâtre, inédites d'intention et de facture. L'une est le « drame bourgeois » de Diderot.

« Ainsi vous voudriez, dit Diderot dans ses *Entretiens sur le fils naturel,* qu'on jouât l'homme de lettres, le philosophe, le commerçant, le juge, l'avocat, le magistrat. — Ajoutez à cela, continue son interlocuteur, toutes les relations, le père de famille, l'époux, la sœur, les frères. . .» Quel pathétique honnête Diderot escomptait! C'était du Greuze. . . L'échec le plus lamentable de la tentative a été la série de la « Comédie larmoyante » de Nivelle de la Chaussée, la meilleure réussite devait être plus tard la comédie dramatique de Sedaine, *Le Philosophe sans le savoir,* avec entre les deux l'œuvre inégale de Diderot.

L'autre théâtre intéressant fut la comédie de l'amour, dans laquelle Marivaux s'est affirmé un Watteau écrivain et qui fut un des sursauts exceptionnels de la littérature psychologique.

C'est encore le roman, qui de tous les genres traditionnels, a le mieux fait son chemin à travers les nouveautés du goût, parce que ce genre sans règles se prête à toutes les métamorphoses. Lesage, romancier autant et plus qu'auteur dramatique, a trouvé pour son *Diable boiteux* et son *Gil Blas,* la formule d'un roman réaliste plus étoffé que celui de Sorel et de Furetière, et surtout incomparablement plus étendu dans l'observation des détails de la vie, des traits de caractères, des aspects de mœurs. On sacrerait Lesage, s'il était plus profond, le La Bruyère du roman. *La Vie de Marianne* de Marivaux n'est qu'un roman charmant. Mais *Manon Lescaut* de l'abbé Prévost est le plus saisissant roman depuis *La Princesse de Clèves.* Ses personnages et la nature de son amour le situent d'ailleurs aux antipodes de celui-là. Il a plus de réalité. C'est le chef-d'œuvre du roman passionnel. Enfin Montesquieu, Voltaire, Diderot, en attendant Rousseau, ont été fort à leur aise dans le roman philosophique qui était exactement approprié aux besoins de la propagande et bien fait, avec ses ingrédients de satire et de libertinage, pour donner du plaisir aux contemporains. Mais prenons garde qu'une partie du roman philosophique, du *Candide* de Voltaire au *Jacques le fataliste* de Diderot, et le roman de passion appartiennent déjà à la seconde moitié du siècle.

La lutte philosophique aux environs de 1750 s'est intensifiée sous la poussée de philosophes jeunes, très impatients d'aboutir, Diderot surtout. Et Voltaire, *DEUXIÈME PARTIE*

entraîné par eux et voulant garder son avance, s'est durci. Mais le temps de Rousseau est venu, le temps du sentiment et des engouements, le temps des besoins imaginatifs et sentimentaux, le temps de la passion. Les deux fleuves ont conflué, esprit et passion réunis ont travaillé à renverser la vieille France comme une vaste Bastille, et en même temps s'est préparée une ère imprévue de littérature rénovée.

L'esprit, Diderot, Voltaire, Buffon, Beaumarchais le représentent. Avec Diderot, c'en était fini du déisme qui avait été la croyance générale. « Mettez à la place de Dieu une matière sensible, est-il dit dans *Le Rêve de d'Alembert,* en puissance d'abord et puis en acte, et vous avez ce qui s'est produit dans l'univers depuis la pierre jusqu'à l'homme. . . Il n'y a qu'un grand individu, c'est le Tout. » D'où le déterminisme universel. Mais alors plus de libre arbitre, et par conséquent plus de faute ni de mérite. En conséquence, plus de morale? Si. Ce qui distinguera les hommes, ce sera la bienfaisance et la malfaisance. Il y a même plaisir à faire le bien, concédait Diderot: à tout prendre, « il vaut mieux pour son plaisir en ce monde être un honnête homme qu'un coquin. »

Cette religion laïque, assez naïve au demeurant, a été celle de *l'Encyclopédie,* énorme masse de dix-sept volumes in-folio à la présentation très soignée, et de onze volumes de planches, œuvres d'art en même temps que d'efficace enseignement. Diderot s'en fit l'entrepreneur, il s'y attacha comme à une gigantesque machine capable de détruire les traditions, étouffant la foi, plantant sur le terrain neuf un rationalisme progressif et humanitaire. Tous les philosophes y ont collaboré, Helvétius, Condillac, d'Holbach. Voltaire s'est chargé d'articles sur la littérature, Rousseau sur la musique, d'Alembert sur les mathématiques et la physique, Diderot sur les métiers, la morale, l'histoire de la philosophie.

L'Encyclopédie expose l'ordre et l'enchaînement des connaissances humaines et présente un dictionnaire raisonné des sciences, des arts et des métiers; elle déploie ainsi un vaste tableau du développement de l'esprit humain depuis la Renaissance. Elle faisait ouvertement l'apologie du progrès scientifique et des méthodes expérimentales. Plus secrètement, un système de renvois déjà utilisé par Bayle faisait passer les idées subversives dans les articles en principe anodins, lesquels finissaient par former un faisceau de rationalisme athée.

L'énorme machine a eu des persécuteurs: jésuites, jansénistes, Parlement et pamphlétaires. Elle en a triomphé grâce à la masse de ses quatre mille souscripteurs, grâce aussi à des amis puissants. Le propre chef de la censure, M. de Malesherbes, lui était acquis. A un moment de sévérité gouvernementale et sous de fortes pressions, obligé de faire perquisitionner dans les bureaux de l'entreprise, il dit à Diderot qui pleurait sur ses manuscrits menacés: « Envoyez-les chez moi, on ne viendra pas les y chercher. » Et pourtant le parti qui haïssait les philosophes jouissait encore d'un énorme pouvoir, dont plusieurs d'entre-eux eurent à subir le poids.

L'Encyclopédie n'enchantait guère Voltaire. « Jamais, disait-il, vingt volumes in-folio ne feront une révolution. Ce sont les petits livres portatifs à trente sous

qui sont à craindre. Si l'Évangile avait coûté 1200 sesterces, jamais la religion chrétienne ne se serait établie. » C'est pourquoi, pendant plus de vingt ans, des libelles s'envolèrent de Ferney. Ajoutez une correspondance entretenue avec le monde entier, et enfin, en 1764, le *Dictionnaire philosophique,* ce « catéchisme de l'école encyclopédique. » Le tremblement de terre de Lisbonne où trente mille personnes périrent le 1ᵉʳ novembre 1755, avait fait passer Voltaire d'un optimisme rieur au pessimisme qui lui a dicté un défi à la métaphysique de Leibniz et, par-delà, à la Providence.

Alors a commencé pour tous les « philosophes » une marche acharnée au progrès, à la conquête des droits de l'homme (liberté, garantie de tolérance, respect du travail), au couronnement de l'homme comme roi de la nature, nouveau Prométhée qui regardera Dieu en face, puis qui arrivera à le nier. Buffon lui-même, resté à l'écart de la lutte, a pratiqué la religion de l'humanité et travaillé sans tout à fait le vouloir dans le même sens que ses confrères. « L'homme peut et doit tout tenter, a-t-il écrit, il ne lui faut que du temps pour tout savoir. » Buffon avait conscience d'annoncer la victoire de cette ambition. Au reste, il rayonnait de majesté, une majesté qui n'était pas absente de l'époque, car on la retrouve dans la musique de Gluck, dans les ports de Joseph Vernet, dans l'architecture et l'urbanisme de Gabriel. Son culte de la science, son amour de l'humanité, sa croyance au progrès, rangent Buffon aux côtés de Voltaire, mais il demeurait respectueux de la religion et surtout, dépassant Rousseau, il a senti et fait sentir les grands aspects cosmiques. Quoique prosateur, Buffon est par là le Lucrèce français.

Voilà pour l'esprit. Et l'autre force du siècle, la force de la passion, cela a nom Rousseau, le solitaire, opposé aux encyclopédistes par sa sentimentalité ardemment religieuse, mais ennemi de l'Église et partisan de la religion naturelle qu'expose son « Vicaire savoyard ». Dressé contre Voltaire et Diderot par sa haine de la société civilisée, mais comme eux juge du régime traditionnel et, plus hardi qu'eux, destructeur de la propriété, il arracha la légitimité à la monarchie pour l'octroyer à la souveraineté populaire. Rousseau devait devenir le dieu de la Convention nationale.

Il est absurde d'accuser Rousseau d'avoir pensé à l'état sauvage comme idéal de l'homme. Il a voulu simplement freiner la recherche de la jouissance par le luxe. L'idéal qu'il a rêvé, c'est un idéal tranquille de vie familiale à la campagne, en sympathie avec les populations agrestes, en harmonie avec les jardins, les champs, et les saisons, auxquels avaient consacré de mornes recueils de poèmes Saint Lambert et Delille, mais où il a fait vivre, lui, les héros de sa *Nouvelle Héloïse,* où il a vécu lui-même, homme des *Rêveries* et des *Confessions.* « Avec Voltaire c'est un monde qui finit, avec Rousseau c'est un monde qui commence », a dit Goethe. Le monde qui finit était le monde de la monarchie personnelle et de l'ordre classique, le monde qui commence est le monde de la démocratie et du lyrisme romantique.

Mirabeau jeune s'enivrait de Jean-Jacques, Marat encore inconnu enthousias-

mait les promeneurs des Tuileries en leur lisant des pages du *Contrat social.*
Évidemment ce sont les fautes de l'ancien régime, et certaines causes économi-
ques implacables qui ont fait éclater la Révolution; mais les « philosophes » en
ont préparé l'atmosphère par leur campagne de libéraux, de révoltés, et de
justiciers. Il n'est pas jusqu'à certains romanciers qui n'aient contribué à la
grande subversion par leur nihilisme qui a comme une odeur de sang: Laclos,
l'auteur cynique des *Liaisons dangereuses,* le marquis de Sade, d'odieuse
mémoire, à qui conduisait l'érotisme de Restif de la Bretonne (pourtant contre-
révolutionnaire, mais qu'on a appelé le Rousseau du ruisseau, malgré la belle
Vie de mon père). Revenons enfin au théâtre: Beaumarchais y ramena le rire,
mais il créait la pièce sociale où un esprit diabolique résume en bouquet de feu
d'artifice toute la prédication philosophique. Napoléon a dit du *Mariage de
Figaro* que c'était « la Révolution en action. »

L'histoire est obligée de constater que l'esprit révolutionnaire du dix-huitième
siècle, animé d'une raison arbitraire et emporté jusque chez Beaumarchais par
des généralisations idéologiques, a perdu le sens des réalités humaines et natu-
relles: c'est ce qui apparaît clairement si l'on compare la Déclaration française
des Droits de l'Homme à, par exemple, la Déclaration des Droits américaine.
Il a compromis ainsi ce que légitimaient les horreurs du despotisme. C'est pour-
quoi les révolutions françaises, causant des ravages inutiles et provoquant tou-
jours des réactions, n'ont jamais pu créer des situations durables.

La Révolution de 1789–93 a fait des victimes parmi les écrivains. La plus
émouvante est André Chénier, grand poète, grande perte. Les tragédies de
Marie-Joseph Chénier (frère d'André) et des Arnault projetèrent dans l'air des
théâtres une propagande politique qui est retombée en poussière. L'éloquence
de Mirabeau, de Danton, de Saint-Just est morte avec eux. Autant dire qu'à la
Révolution correspond un grand silence de la littérature. Au reste, la société
polie était tuée ou en exil. Ainsi donc le règne de la langue française sur l'Eu-
rope reçut un rude coup, au moment même où le comte Antoine de Rivarol
venait de célébrer, dans un discours fameux, son universalité. Pas seulement la
langue, mais aussi la littérature et la culture qui avaient séduit l'Europe pendant
plus d'un siècle et fait de la France pour les hommes de l'élite européenne une
seconde patrie.

II. Fontenelle (1657–1757)

FAIBLE ET MALADIF dans sa jeunesse, Bernard le Bovier de Fontenelle eut une longue vie et par là il appartient aux deux siècles. Neveu de Corneille, il fit des études classiques chez les jésuites. Bel esprit, il fréquenta les salons, écrivit des vers, essaya d'autres genres littéraires, mais s'intéressa surtout aux sciences et à la philosophie.

Entré à l'Académie, il prit part à la Querelle des Anciens et des Modernes. Élu à l'Académie des sciences, il en deviendra le secrétaire perpétuel en 1699. Il mourut le 9 janvier 1757, presque centenaire, étant né le 11 février du siècle précédent.

Il publie en 1683 ses *Dialogues des morts* où les couples les plus disparates (Sénèque et Scarron, Phryné et Alexandre) entreprennent des discussions littéraires ou philosophiques. En 1686 paraissent ses *Entretiens sur la pluralité des mondes,* œuvre de vulgarisation scientifique. Stimulé par l'accueil fait à l'ouvrage, il écrit ensuite un livre hardi de critique religieuse: l'*Histoire des Oracles* (1687). Il y attaque toute prophétie, toute révélation, tout miracle. L'esprit scientifique gagnait du terrain aux dépens de l'esprit religieux. Par crainte de la Bastille, Fontenelle attend jusqu'en 1724 pour publier son ouvrage sur l'*Origine des fables*.

Vulgarisateur scientifique, Fontenelle a introduit la science dans le monde. C'était la première fois que l'on parlait de science au grand public, spécialement au public des salons et des dames. Il a aussi aidé à l'évolution des mœurs qui caractérise le XVIIIᵉ siècle. Il prépara la victoire des philosophes tout en refusant de s'engager lui-même. Moins apparente que l'influence de Bayle, la sienne a été tout aussi considérable.

Les Entretiens sur la pluralité des mondes sont restés un modèle de vulgarisation. Fontenelle imagine une conversation provoquée, dans le parc de la marquise de la Mésangère, par la vue d'un beau ciel étoilé. Il explique à la marquise, femme intelligente et avide de savoir, les secrets de la mécanique céleste, en termes galants et intelligibles.

Entretiens sur la pluralité des mondes, 1686

VUE GÉNÉRALE DE L'UNIVERS

Nous allâmes un soir, après souper, nous promener dans le parc; il faisait un frais délicieux, qui nous récompensait d'une journée fort chaude que nous avions essuyée. La lune était levée il y avait peut-être une heure, et ses rayons, qui ne venaient à nous qu'entre les branches des arbres, faisaient un agréable mélange d'un blanc fort vif avec tout ce vert qui paraissait noir. Il n'y avait pas un nuage qui dérobât ou qui obscurcît la moindre étoile; elles étaient toutes d'un or pur et éclatant, et qui était encore relevé par le fond bleu où elles sont attachées. Ce spectacle me fit rêver, et peut-être, sans la marquise, eussé-je rêvé assez longtemps; mais la présence d'une si aimable dame ne me permit pas de m'abandonner à la lune et aux étoiles.

— Ne trouvez-vous pas, lui dis-je, que le jour même n'est pas si beau qu'une belle nuit?

— Oui, me répondit-elle, la beauté du jour est comme une beauté blonde qui a plus de brillant; mais la beauté de la nuit est une beauté brune qui est plus touchante.

— Vous êtes bien généreuse, repris-je, de donner cet avantage aux brunes, vous qui ne l'êtes pas. Il est pourtant vrai que le jour est ce qu'il y a de plus beau dans la nature, et que les héroïnes de roman, qui sont ce qu'il y a de plus beau dans l'imagination, sont presque toujours blondes.

— Ce n'est rien que la beauté, répliqua-t-elle, si elle ne touche. Avouez que le jour ne vous eût jamais jeté dans une rêverie aussi douce que celle où je vous ai vu prêt de tomber tout à l'heure à la vue de cette belle nuit.

— J'en conviens, répondis-je; mais, en récompense, une blonde comme vous me ferait encore mieux rêver que la plus belle du monde avec toute sa beauté brune.

— Quand cela serait vrai, répliqua-t-elle, je ne m'en contenterais pas. Je voudrais que le jour, puisque les blondes doivent être dans ses intérêts, fît aussi le même effet. Pourquoi les amants, qui sont bons juges de ce qui touche, ne s'adressent-ils jamais qu'à la nuit, dans toutes les chansons et dans toutes les élégies que je connais?

— Il faut bien que la nuit ait leurs remerciements, lui dis-je.

— Mais, reprit-elle, elle a aussi toutes leurs plaintes. Le jour ne s'attire point leurs confidences. D'où cela vient-il?

— C'est apparemment, répondis-je, qu'il n'inspire point je ne sais quoi de triste et de passionné. Il semble, pendant la nuit, que tout soit en repos. On s'imagine que les étoiles marchent avec plus de silence que le soleil; les objets que le ciel présente sont plus doux; la vue s'y arrête plus aisément; enfin, on rêve mieux, parce qu'on se flatte d'être alors dans toute la nature la seule personne occupée à rêver. Peut-être aussi que le spectacle du jour est trop uniforme; ce n'est qu'un soleil et une voûte bleue; mais il se peut que la vue de toutes ces étoiles, semées confusément et disposées au hasard en mille figures différentes, favorise la rêverie et un certain désordre de pensées où l'on ne tombe point sans plaisir.

— J'ai toujours senti ce que vous me dites, reprit-elle; j'aime les étoiles et je me plaindrais volontiers du soleil, qui nous les efface.

— Ah! m'écriai-je, je ne puis lui pardonner de me faire perdre de vue tous ces mondes.

— Qu'appelez-vous tous ces mondes? me dit-elle en me regardant et en se tournant vers moi.

— Je vous demande pardon, répondis-je; vous m'avez mis sur ma folie,[1] et aussitôt mon imagination s'est échappée.

— Quelle est donc cette folie? reprit-elle.

— Hélas! répliquai-je, je suis bien fâché qu'il faille vous l'avouer. Je me suis mis dans la tête que chaque étoile pourrait bien être un monde. Je ne jurerais pourtant pas que cela fût vrai; mais je le tiens pour vrai, parce qu'il me fait plaisir à croire. C'est une idée qui me plaît, et qui s'est placée dans mon esprit d'une manière riante. Selon moi, il n'y

[1] conduit à l'idée que je suis fou d'entretenir

a pas jusqu'aux vérités à qui l'agrément ne soit nécessaire.

— Eh bien! reprit-elle, puisque votre folie est si agréable, donnez-la-moi; je croirai sur les étoiles tout ce que vous voudrez, pourvu que j'y trouve du plaisir.

— Ah! madame, répondis-je bien vite, ce n'est pas un plaisir comme celui que vous auriez à une comédie de Molière; c'en est un qui est je ne sais où dans la raison, et qui ne fait rire que l'esprit.

— Quoi donc? reprit-elle, croyez-vous qu'on soit incapable des plaisirs qui ne sont que dans la raison? Je veux tout à l'heure vous faire voir le contraire. Apprenez-moi vos étoiles.

— Non, répliquai-je, il ne me sera point reproché que dans un bois, à dix heures du soir, j'aie parlé de philosophie à la plus aimable personne que je connaisse. Cherchez ailleurs vos philosophes.

J'eus beau me défendre encore quelque temps sur ce ton-là, il fallut céder. Je lui fis du moins promettre, pour mon honneur, qu'elle me garderait le secret; et, quand je fus hors d'état de m'en pouvoir dédire et que je voulus parler, je vis que je ne savais par où commencer mon discours; car, avec une personne comme elle, qui ne savait rien en matière de physique, il fallait prendre les choses de bien loin pour lui prouver que la terre pouvait être une planète, les planètes autant de terres, et toutes les étoiles autant de soleils qui éclairaient des mondes. J'en revenais toujours à lui dire qu'il aurait mieux valu s'entretenir de bagatelles, comme toutes personnes raisonnables auraient fait à notre place. A la fin cependant, pour lui donner une idée générale de la philosophie, voici par où je commençai.

— Toute la philosophie, lui dis-je, n'est fondée que sur deux choses; sur ce qu'on a l'esprit curieux et les yeux mauvais; car, si vous aviez les yeux meilleurs que vous ne les avez, vous verriez bien si les étoiles sont des soleils qui éclairent autant de mondes, ou si elles n'en sont pas; et si, d'un autre côté, vous étiez moins curieuse, vous ne vous soucieriez pas de le savoir, ce qui reviendrait au même. Mais on veut savoir plus qu'on ne voit, c'est là la difficulté. Encore, si ce qu'on voit on le voyait bien, ce serait toujours autant de connu; mais on le voit tout autrement qu'il n'est. Ainsi, les vrais philosophes passent leur vie à ne point croire ce qu'ils voient, et à tâcher de deviner ce qu'ils ne voient point; et cette condition n'est pas, ce me semble, trop à envier.

Sur cela, je me figure toujours que la nature est un grand spectacle, qui ressemble à celui de l'Opéra. Du lieu où vous êtes à l'Opéra, vous ne voyez pas le théâtre tout à fait comme il est: on a disposé les décorations et les machines pour faire de loin un effet agréable, et on cache à votre vue ces roues et ces contrepoids qui font tous les mouvements. Aussi ne vous embarrassez-vous guère de deviner comment tout cela joue.[2] Il n'y a peut-être que quelque machiniste caché dans le parterre,[3] qui s'inquiète d'un vol qui lui aura paru extraordinaire, et qui veut absolument démêler comment ce vol a été exécuté. Vous voyez bien que ce machiniste-là est assez fait comme les philosophes. Mais ce qui, à l'égard des philosophes, augmente la difficulté, c'est que, dans les machines que la nature présente à nos yeux, les cordes sont parfaitement bien cachées, et elles le sont si bien, qu'on a été longtemps à deviner ce qui causait les mouvements de l'univers. Car, représentez-vous tous les sages à l'Opéra, ces Pythagores, ces Platons, ces Aristotes, et tous ces gens dont le nom fait aujourd'hui tant de bruit à nos oreilles. Supposons qu'ils voyaient le vol de Phaéton[4] que les vents enlèvent, qu'ils ne pouvaient découvrir les cordes, et qu'ils ne savaient point comment le derrière du théâtre était disposé. L'un d'eux disait: « C'est une vertu secrète qui enlève Phaéton. » L'autre: « Phaéton est composé de certains nombres qui le font monter. » L'autre: « Phaéton a une certaine amitié pour le haut du théâtre; il n'est pas à son aise quand il n'y est pas. » L'autre: « Phaéton n'est pas fait pour voler; mais il aime mieux voler que de laisser le haut du théâtre vide »; et cent autres rêveries que je m'étonne qui n'aient perdu de réputation toute l'antiquité. A la fin, Descartes et quelques autres modernes sont venus, qui ont dit: « Phaéton monte parce qu'il est

[2] fonctionne
[3] un jour qu'il est spectateur
[4] Phaéton, fils du Soleil et de Clymène. Ayant conduit durant une journée le char du Soleil, il faillit incendier l'univers (mythologie). Lully en a fait un opéra, sur un livret de Quinault (1663), qui eut un succès considérable tant par sa valeur que par la magnificence de la scène. C'est de cela qu'il s'agit ici.

tiré par des cordes, et qu'un poids plus pesant que lui descend. » Ainsi, on ne croit plus qu'un corps se remue, s'il n'est tiré ou plutôt poussé par un autre corps, on ne croit plus qu'il monte ou qu'il descende, si ce n'est par l'effet d'un contre-poids ou d'un ressort; et qui verrait la nature telle qu'elle est ne verrait que le derrière du théâtre de l'Opéra.

— A ce compte, dit la marquise, la philosophie est devenue bien mécanique?

— Si mécanique, répondis-je, que je crains qu'on n'en ait bientôt honte. On veut que l'univers ne soit en grand que ce qu'une montre est en petit, et que tout s'y conduise par des mouvements réglés qui dépendent de l'arrangement des parties. Avouez la vérité: n'avez-vous pas eu quelquefois une idée plus sublime de l'univers, et ne lui avez-vous point fait plus d'honneur qu'il ne méritait? J'ai vu des gens qui l'en estimaient moins depuis qu'ils l'avaient connu.

— Et moi, répliqua-t-elle, je l'en estime beaucoup plus, depuis que je sais qu'il ressemble à une montre. Il est surprenant que l'ordre de la nature, tout admirable qu'il est, ne roule que sur des choses si simples.

— Je ne sais pas, lui répondis-je, qui vous a donné des idées si saines; mais, en vérité, il n'est pas trop commun de les avoir. Assez de gens ont toujours dans la tête un faux merveilleux,[5] enveloppé d'une obscurité qu'ils respectent. Ils n'admirent la nature que parce qu'ils la croient une espèce de magie où l'on n'entend rien; et il est sûr qu'une chose est déshonorée auprès d'eux dès qu'elle peut être conçue. Mais, madame, continuai-je, vous êtes si bien disposée à entrer dans tout ce que je veux vous dire, que je crois que je n'ai qu'à tirer le rideau et à vous montrer le monde.

LA TERRE ET LES MOUVEMENTS CÉLESTES

De la terre où nous sommes, ce que nous voyons de plus éloigné, c'est le ciel bleu, cette grande voûte où il semble que les étoiles sont attachées comme des clous. On les appelle fixes, parce qu'elles ne paraissent avoir que le mouvement de leur ciel, qui les emporte avec lui d'orient en occident. Entre la

terre et cette dernière voûte des cieux, sont suspendus à différentes hauteurs, le soleil, la lune, et les cinq autres astres qu'on appelle des planètes, Mercure, Vénus, Mars, Jupiter et Saturne. Ces planètes n'étant point attachées à un même ciel, et ayant des mouvements inégaux, elles se regardent diversement, et figurent diversement ensemble,[6] au lieu que les étoiles fixes sont toujours dans la même situation les unes à l'égard des autres; le Chariot,[7] par exemple, que vous voyez qui est formé de ces sept étoiles, a toujours été fait comme il est, et le sera encore longtemps; mais la lune est tantôt proche du soleil, tantôt elle en est éloignée, et il en va de même des autres planètes. Voilà comme les choses parurent à ces anciens bergers de Chaldée dont le grand loisir produisit les premières observations, qui ont été le fondement de l'astronomie; car l'astronomie est née dans la Chaldée, comme la géométrie naquit, dit-on, en Égypte, où les inondations du Nil, qui confondaient les bornes des champs, furent cause que chacun voulut inventer des mesures exactes pour reconnaître son champ d'avec celui de son voisin. . .

Quand on eut reconnu cette disposition des cieux, il fut question de deviner comment toutes les parties de l'univers devaient être arrangées, et c'est là ce que les savants appellent faire un système. Mais avant que je vous explique le premier des systèmes, il faut que vous remarquiez, s'il vous plaît, que nous sommes tous faits naturellement comme un certain fou athénien dont vous avez entendu parler, qui s'était mis dans la fantaisie que tous les vaisseaux qui abordaient au port du Pirée,[8] lui appartenaient. Notre folie à nous autres, est de croire aussi que toute la nature, sans exception, est destinée à nos usages; et quand on demande à nos philosophes à quoi sert ce nombre prodigieux d'étoiles fixes, ils vous répondent froidement qu'elles servent à leur réjouir la vue. Sur ce principe on ne manqua pas d'abord de s'imaginer qu'il fallait que la terre fût en repos au centre de l'univers, tandis que tous les corps célestes qui étaient faits pour elle, prendraient la peine de tourner à l'entour pour l'éclairer.

[5] vision surnaturelle

[6] Elles sont vues diversement, et changent de position les unes par rapport aux autres.

[7] Chariot, aussi appelé Grande Ourse

[8] port d'Athènes

Ce fut donc au-dessus de la terre qu'on plaça la lune; et au-dessus de la lune on plaça Mercure, ensuite Vénus, le Soleil, Mars, Jupiter, Saturne. Au-dessus de tout cela était le ciel des étoiles fixes. La terre se trouvait justement au milieu des cercles que décrivent ces planètes, et ils étaient d'autant plus grands, qu'ils étaient plus éloignés de la terre, et par conséquent les planètes plus éloignées employaient plus de temps à faire leur cours, ce qui effectivement est vrai. — Mais je ne sais pas, interrompit la marquise, pourquoi vous semblez n'approuver pas cet ordre-là dans l'univers; il me paraît assez net, et assez intelligible, et pour moi je vous déclare que je m'en contente. — Je puis me vanter, répliquai-je, que je vous adoucis bien tout ce système. Si je vous le donnais tel qu'il a été conçu par Ptolémée[9] son auteur, ou par ceux qui y ont travaillé après lui, il vous jetterait dans une épouvante horrible. Comme les mouvements des planètes ne sont pas si réguliers, qu'elles n'aillent tantôt plus vite, tantôt plus lentement, tantôt en un sens, tantôt en un autre, et qu'elles ne soient quelquefois plus éloignées de la terre, quelquefois plus proches, les anciens avaient imaginé je ne sais combien de cercles différemment entrelacés les uns dans les autres, par lesquels ils sauvaient[10] toutes ces bizarreries. L'embarras de tous ces cercles était si grand, que dans un temps où l'on ne connaissait encore rien de meilleur,[11] un roi de Castille, grand mathématicien,[12] mais apparemment peu dévot, disait que si Dieu l'eût appelé à son conseil, quand il fit le monde, il lui eût donné de bons avis. La pensée est trop libertine;[13] mais cela même est assez plaisant, que ce système fut alors une occasion de péché, parce qu'il était trop confus. Les bons avis que ce roi voulait donner, regardaient sans doute la suppression de tous ces cercles dont on avait embarrassé les mouvements célestes. Apparemment ils regardaient aussi une autre suppression de deux ou trois cieux superflus qu'on avait mis[14] au delà des étoiles fixes. Ces philosophes, pour expliquer une sorte de mouvement dans les corps célestes, faisaient au delà du dernier ciel que nous voyons, un ciel de cristal, qui imprimait ce mouvement aux cieux inférieurs. Avaient-ils nouvelle d'un autre mouvement? c'était[15] aussitôt un autre ciel de cristal. Enfin les cieux de cristal ne leur coûtaient rien. — Et pourquoi ne les faisait-on que de cristal? dit la marquise. N'eussent-ils pas été bons de quelque autre matière? — Non, répondis-je, il fallait que la lumière passât au travers; et d'ailleurs il fallait qu'ils fussent solides. Il le fallait absolument; car Aristote avait trouvé que la solidité était une chose attachée à la noblesse de leur nature, et puisqu'il l'avait dit, on n'avait garde d'en douter. Mais on a vu des comètes, qui étant plus élevées qu'on ne croyait autrefois, briseraient tout le cristal des cieux par où elles passent, et casseraient tout l'univers; et il a fallu se résoudre à faire les cieux d'une matière fluide, telle que l'air. Enfin il est hors de doute, par les observations de ces derniers siècles, que Vénus et Mercure tournent autour du soleil et non autour de la terre, et l'ancien système est absolument insoutenable par cet endroit. Je vais donc vous en proposer un qui satisfait à tout, et qui dispenserait le roi de Castille de donner des avis, car il est d'une simplicité charmante, et qui seule le ferait préférer. — Il semblerait, interrompit la marquise, que votre philosophie est une espèce d'enchère,[16] où ceux qui offrent de faire les choses à moins de frais, l'emportent sur les autres. — Il est vrai, repris-je, et ce n'est que par là qu'on peut attraper le plan sur lequel la nature a fait son ouvrage. Elle est d'une épargne extraordinaire; tout ce qu'elle pourra faire d'une manière qui lui coûtera un peu moins, quand ce moins ne serait presque rien, soyez sûr qu'elle ne le fera que de cette manière-là. Cette épargne néanmoins s'accorde avec une magnificence surprenante qui brille dans tout ce qu'elle a fait. C'est que la magnificence est dans le dessein, et l'épargne dans l'exécution. . . Figurez-vous un Polonais, nommé Copernic,[17] qui

[9] Ptolémée, astronome et géographe grec du II^e siècle après J.–C. Pour lui, la terre était le centre immobile de l'univers.

[10] expliquaient

[11] comme explication

[12] Alphonse le Sage (1221–84)

[13] irrespectueuse à l'égard de Dieu

[14] par la pensée

[15] ils imaginaient

[16] vente à celui qui fait la meilleure offre

[17] Astronome polonais, né à Thorn en 1473, mort en 1543. Il démontra que la terre n'occupe pas le centre de l'univers, mais qu'elle tourne autour du soleil avec les autres planètes.

fait main basse sur [18] tous ces cercles différents, et sur tous ces cieux solides qui avaient été imaginés par l'antiquité. Il détruit les uns, il met les autres en pièces. Saisi d'une noble fureur d'astronome, il prend la terre et l'envoie bien loin du centre de l'univers, où elle s'était placée, et dans ce centre il y met le soleil, à qui cet honneur était bien mieux dû. Les planètes ne tournent plus autour de la terre, et ne l'enferment plus au milieu du cercle qu'elles décrivent. Si elles nous éclairent, c'est en quelque sorte par hasard, et parce qu'elles nous rencontrent en leur chemin. Tout tourne présentement autour du soleil, la terre y tourne elle-même, et pour la punir du long repos qu'elle s'était attribuée, Copernic la charge le plus qu'il peut de tous les mouvements qu'elle donnait aux planètes et aux cieux. Enfin de tout cet équipage céleste dont cette petite terre se faisait accompagner et environner, il ne lui est demeuré que la lune qui tourne encore autour d'elle. — Attendez un peu, dit la marquise, il vient de vous prendre un enthousiasme qui vous a fait expliquer les choses si pompeusement, que je ne crois pas les avoir entendues. Le soleil est au centre de l'univers; et là il est immobile; après lui, qu'est-ce qui suit? — C'est Mercure, répondis-je; il tourne autour du soleil, en sorte que le soleil est à peu près le centre du cercle que Mercure décrit. Au-dessus de Mercure est Vénus, qui tourne de même autour du soleil. Ensuite vient la terre, qui étant plus élevée que Mercure et Vénus, décrit autour du soleil un plus grand cercle que ces planètes. Enfin suivent Mars, Jupiter, Saturne, selon l'ordre où je vous les nomme; et vous voyez bien que Saturne doit décrire autour du soleil le plus grand cercle de tous; aussi emploie-t-il plus de temps qu'aucune autre planète à faire sa révolution. — Et la lune? vous l'oubliez, interrompit-elle. — Je la retrouverai bien, repris-je. La lune tourne autour de la terre, et ne l'abandonne point; mais comme la terre avance toujours dans le cercle qu'elle décrit autour du soleil, la lune la suit, en tournant toujours autour d'elle; et si elle tourne autour du soleil, ce n'est que pour ne point quitter la terre. . . — On a de la peine, dit la marquise, à s'imaginer qu'on tourne autour du soleil; car enfin on ne

change point de place, et on se retrouve toujours le matin où l'on s'était couché le soir. Je vois, ce me semble, à votre air, que vous m'allez dire que, comme la terre tout entière marche. . . — Assurément, interrompis-je, c'est la même chose que si vous vous endormiez dans un bateau qui allât sur la rivière, vous vous retrouveriez à votre réveil dans la même place et dans la même situation à l'égard de toutes les parties du bateau. — Oui, mais, répliqua-t-elle, voici une différence, je trouverais à mon réveil le rivage changé, et cela me ferait bien voir que mon bateau aurait changé de place. Mais il n'en va pas de même de la terre, j'y retrouve toutes choses comme je les avais laissées. — Non pas, madame, répondis-je, non pas; le rivage est changé aussi. Vous savez qu'au delà de tous les cercles des planètes sont les étoiles fixes, voilà notre rivage. Je suis sur la terre, et la terre décrit un grand cercle autour du soleil. Je regarde au centre de ce cercle, j'y vois le soleil. S'il n'effaçait point les étoiles, en poussant ma vue en ligne droite au delà du soleil, je le verrais nécessairement répondre à [19] quelques étoiles fixes, mais je vois aisément pendant la nuit à quelles étoiles il a répondu le jour, et c'est exactement la même chose. Si la terre ne changeait point de place sur le cercle où elle est, je verrais toujours le soleil répondre aux mêmes étoiles fixes; mais dès qu'elle change de place, il faut que je le voie répondre à d'autres. C'est là le rivage qui change tous les jours, et comme la terre fait son cercle en un an autour du soleil, je vois le soleil en l'espace d'une année répondre successivement à diverses étoiles fixes qui composent un cercle. Ce cercle s'appelle le zodiaque. . . — J'entends bien, dit la marquise, comment nous nous imaginons que le soleil décrit le cercle que nous décrivons nous-mêmes, mais ce tour ne s'achève qu'en un an, et celui que le soleil fait tous les jours sur notre tête, comment se fait-il? — Avez-vous remarqué, lui répondis-je, qu'une boule qui roulerait sur cette allée aurait deux mouvements? elle irait vers le bout de l'allée, et en même temps elle tournerait plusieurs fois sur elle-même, en sorte que la partie de cette boule qui est en haut, descendrait en bas, et que celle d'en bas monterait en

[18] s'empare de

[19] se trouver en compagnie de

haut. La terre fait la même chose. Dans le temps qu'elle avance sur le cercle qu'elle décrit en un an autour du soleil, elle tourne sur elle-même en vingt-quatre heures; ainsi en vingt-quatre heures chaque partie de la terre perd le soleil, et le recouvre, et à mesure qu'en tournant on va vers le côté où est le soleil, il semble qu'il s'élève; et quand on commence à s'en éloigner, en continuant le tour, il semble qu'il s'abaisse. . . — On n'a guère ménagé la terre, dit la marquise, et pour une grosse masse aussi pesante qu'elle est, on lui demande bien de l'agilité. — Mais, lui répondis-je, aimeriez-vous mieux que le soleil, et tous les autres astres qui sont de très grands corps, fissent en vingt-quatre heures autour de la terre un tour immense, que les étoiles fixes qui seraient dans le plus grand cercle, parcourussent en un jour plus de vingt-sept mille six cent soixante fois deux cents millions de lieues? Car il faut que tout cela arrive, si la terre ne tourne pas sur elle-même en vingt-quatre heures. En vérité, il est bien plus raisonnable qu'elle fasse ce tour, qui n'est tout au plus que de neuf mille lieues. Vous voyez bien que neuf mille lieues en comparaison de l'horrible nombre que je viens de vous dire, ne sont qu'une bagatelle. — Oh! répliqua la marquise, le soleil et les astres sont tout de feu, le mouvement ne leur coûte rien; mais la terre ne paraît guère portative. — Et croiriez-vous, repris-je, si vous n'en aviez l'expérience, que ce fût quelque chose de bien portatif, qu'un gros navire monté de cent cinquante pièces de canon, chargé de plus de trois mille hommes et d'une très grande quantité de marchandises? Cependant il ne faut qu'un petit souffle de vent pour le faire aller sur l'eau, parce que l'eau est liquide, et que se laissant diviser avec facilité, elle résiste peu au mouvement du navire; ou s'il est mis au milieu d'une rivière, il suivra sans peine le fil de l'eau, parce qu'il n'y a rien qui le retienne. Ainsi la terre toute massive qu'elle est, est aisément portée au milieu de la matière céleste, qui est infiniment plus fluide que l'eau, et qui remplit tout ce grand espace où nagent les planètes. Et où faudrait-il que la terre fût cramponnée pour résister au mouvement de cette matière céleste, et ne s'y pas laisser emporter? C'est comme si une petite boule de bois pouvait ne pas suivre le courant d'une rivière.

— Mais, répliqua-t-elle encore, comment la terre avec tout son poids se soutient-elle sur votre matière céleste, qui doit être bien légère, puisqu'elle est si fluide? — Ce n'est pas à dire, répondis-je, que ce qui est fluide, en soit plus léger. Que dites-vous de notre gros vaisseau, qui avec tout son poids est plus léger que l'eau, puisqu'il y surnage? — Je ne veux plus vous dire rien, dit-elle comme en colère, tant que vous aurez le gros vaisseau. Mais m'assurerez-vous bien qu'il n'y ait rien à craindre sur une pirouette aussi légère que vous me faites la terre? — Eh bien, lui répondis-je, faisons porter la terre par quatre éléphants, comme font les Indiens. — Voici bien un autre système, s'écria-t-elle. Du moins j'aime ces gens-là, d'avoir pourvu à leur sûreté, et fait de bons fondements, au lieu que nous autres Coperniciens, nous sommes assez inconsidérés pour vouloir bien nager à l'aventure dans cette matière céleste. Je gage que si les Indiens savaient que la terre fût le moins du monde en péril de se mouvoir, ils doubleraient les éléphants.

— Cela le mériterait bien, repris-je, en riant de sa pensée, il ne faut point s'épargner les éléphants pour dormir en assurance, et si vous en avez besoin pour cette nuit, nous en mettrons dans notre système autant qu'il vous plaira, ensuite nous les retrancherons peu à peu, à mesure que vous vous rassurerez. — Sérieusement, reprit-elle, je ne crois pas dès à présent qu'ils me soient fort nécessaires, et je me sens assez de courage pour oser tourner.[20] — Vous irez encore plus loin, répliquai-je, vous tournerez avec plaisir, et vous vous ferez sur ce système des idées réjouissantes. Quelquefois, par exemple, je me figure que je suis suspendu en l'air, et que j'y demeure sans mouvement pendant que la terre tourne sous moi en vingt-quatre heures. Je vois passer sous mes yeux tous ces visages différents, les uns blancs, les autres noirs, les autres basanés, les autres olivâtres. D'abord ce sont des chapeaux, et puis des turbans, et puis des têtes chevelues, et puis des têtes rases; tantôt des villes à clochers, tantôt des villes à longues aiguilles qui ont des croissants, tantôt des villes à tours de porcelaine, tantôt de grands pays qui n'ont que des cabanes; ici de vastes mers, là des déserts épouvantables; enfin toute cette variété infinie qui est sur la surface de la terre.

[20] avec la terre

—En vérité, dit-elle, tout cela mériterait bien que l'on donnât vingt-quatre heures de son temps à le voir. Ainsi donc dans le même lieu où nous sommes à présent, je ne dis pas dans ce parc, mais dans ce même lieu, à le prendre [21] dans l'air, il y passe continuellement d'autres peuples qui prennent notre place; et au bout de vingt-quatre heures nous y revenons.

—Copernic, lui répondis-je, ne le comprendrait pas mieux. D'abord, il passera par ici des Anglais qui raisonneront peut-être de quelque dessein politique avec moins de gaieté que nous ne raisonnons de notre philosophie; ensuite viendra une grande mer, et il se pourra trouver en ce lieu-là quelque vaisseau qui n'y sera pas si à son aise que nous. Après cela paraîtront les Iroquois, en mangeant tout vif quelque prisonnier de guerre, qui fera semblant de ne s'en pas soucier; les femmes de la terre de Jesso,[22] qui n'emploieront tout leur temps qu'à préparer le repas de leurs maris, et à se peindre de bleu les lèvres et les sourcils pour plaire aux plus vilains hommes du monde; des Tartares qui iront fort dévotement en pèlerinage vers ce grand prêtre qui ne sort jamais d'un lieu obscur, où il n'est éclairé que par des lampes, à la lumière desquelles on l'adore; de petits Tartares qui iront voler des femmes pour les Turcs et pour les Persans; enfin nous, qui débiterons peut-être encore des rêveries. . .

[21] considérer

[22] le Japon

Histoire des Oracles, 1687

LA DENT D'OR

Assurons-nous bien du fait, avant que de nous inquiéter de la cause. Il est vrai que cette méthode est bien lente pour la plupart des gens, qui courent naturellement à la cause, et passent par-dessus la vérité du fait: mais enfin nous éviterons le ridicule d'avoir trouvé la cause de ce qui n'est point.

Ce malheur arriva si plaisamment sur la fin du siècle passé à quelques savants d'Allemagne, que je ne puis m'empêcher d'en parler ici.

En 1593, le bruit courut que les dents étant tombées à un enfant de Silésie, âgé de sept ans, il lui en était venu une d'or, à la place d'une de ses grosses dents. Horstius, professeur en Médecine dans l'Université de Helmstad, écrivit, en 1595, l'Histoire de cette dent, et prétendit qu'elle était en partie naturelle, en partie miraculeuse, et qu'elle avait été envoyée de Dieu à cet enfant pour consoler les Chrétiens affligés par les Turcs. Figurez-vous quelle consolation, et quel rapport de cette dent aux Chrétiens, ni aux Turcs. En la même année, afin que cette dent d'or ne manquât pas d'historiens, Rullandus en écrit encore l'Histoire. Deux ans après, Ingolsteterus, autre savant, écrit contre le sentiment que Rullandus avait de la dent d'or, et Rullandus fait aussitôt une belle et docte Réplique. Un autre grand homme, nommé Libavius, ramasse tout ce qui avait été dit de la dent, et y ajoute son sentiment particulier. Il ne manquait autre chose à tant de beaux ouvrages sinon qu'il fût vrai que la dent était d'or. Quand un orfèvre l'eut examinée, il se trouva que c'était une feuille d'or appliquée à la dent avec beaucoup d'adresse, mais on commença par faire des livres, et puis on consulta l'orfèvre.

Rien n'est plus naturel que d'en faire autant sur toutes sortes de matières. Je ne suis pas si convaincu de notre ignorance par les choses qui sont, et dont la raison nous est inconnue, que par celles qui ne sont point, et dont nous trouvons la raison. Cela veut dire que non seulement nous n'avons pas les principes qui mènent au vrai, mais que nous en avons d'autres qui s'accommodent très bien avec le faux.

De grands physiciens ont fort bien trouvé pourquoi les lieux souterrains sont chauds en hiver, et froids en été; de plus grands physiciens ont trouvé depuis peu que cela n'était pas.

(1ère Dissertation, chap. IV)

Promenade du jardin du Palais Royal, par Debucourt. Bibliothèque Nationale. (Photographie Giraudon)

Une soirée chez Madame Geoffrin. Académie des Beaux-Arts, Rouen. (Photo Bulloz)

III. Marivaux (1688–1763)

NÉ A PARIS, homme du monde, Pierre Carlet de Chamblain de Marivaux fréquenta Fontenelle et les salons, s'y distingua par le charme de sa conversation. De bonne heure, il avait montré un goût vif pour la littérature, mais c'est à la suite de la banqueroute de Law qu'il dut gagner sa vie et devint homme de lettres.

Il a écrit des romans, mais c'est au théâtre qu'il connut le succès. Ses meilleures pièces sont: *Le Jeu de l'Amour et du Hasard* (1730); *Les Fausses Confidences* (1737); *L'Épreuve* (1740). En 1742, il fut élu à l'Académie. Ses dernières années se passèrent dans l'oubli et la retraite.

Marivaux a sa place tout à fait à part dans l'histoire du théâtre français. Son originalité est d'avoir créé la « comédie amoureuse ».

Ni moraliste ni satirique, il est le peintre le plus charmant et le plus délicat des commencements d'amour. Ses analyses sont d'une extrême finesse; il réussit surtout dans la peinture du cœur féminin. Pour l'expression de cette psychologie toute en nuances et détours, il a trouvé un style délicat, un peu trop raffiné peut-être, que Voltaire a appelé le *marivaudage* et qui est inimitable.

Le thème de *L'Épreuve,* une comédie que Marivaux a écrite et qu'il a fait représenter quand il avait cinquante-deux ans, rappelle celui du *Jeu de l'amour et du hasard.*

Angélique est la fille de Mme Argante, chargée de la conciergerie d'un château. Le châtelain, Lucidor, l'aime et pense être aimé d'elle. Mais il veut être sûr qu'elle l'aime pour lui-même et non pour son argent. Il décide donc de l'éprouver, en s'inventant des rivaux (son valet déguisé et un fermier du village). Il conquiert ainsi son bonheur.

Les scènes comiques nées de la situation alternent avec les étonnements émus et l'attente douloureuse d'Angélique, à qui l'auteur a donné un charme aussi prenant que celui de la Silvia du *Jeu de l'amour et du hasard.*

L'Épreuve est une des pièces de Marivaux que la Comédie Française joue le plus souvent.

L'Épreuve

PERSONNAGES

Mᵐᵉ ARGANTE
ANGÉLIQUE, sa fille
LISETTE, suivante
LUCIDOR, amant d'Angélique
FRONTIN, valet de Lucidor
MAÎTRE BLAISE, jeune fermier du village
*La scène se passe à la campagne, dans une terre
appartenant depuis peu à Lucidor.*

SCÈNE PREMIÈRE — LUCIDOR, FRONTIN,
en bottes et en habit de maître

LUCIDOR— Entrons dans cette salle.¹ Tu ne fais
donc que d'arriver?

FRONTIN— Je viens de mettre pied à terre à la pre-
mière hôtellerie du village: j'ai demandé le che-
min du château, suivant l'ordre de votre lettre, et
me voilà dans l'équipage ² que vous m'avez 20
prescrit. De ma figure, qu'en dites-vous? (*Il se
retourne.*) Y reconnaissez-vous votre valet de
chambre et n'ai-je pas l'air un peu trop seigneur?

LUCIDOR— Tu es comme il faut. A qui t'es-tu
adressé en entrant? 25

FRONTIN— Je n'ai rencontré qu'un petit garçon dans
la cour, et vous avez paru. A présent, que vou-
lez-vous faire de moi et de ma bonne mine?

LUCIDOR— Te proposer pour époux à une très ai-
mable fille. 30

FRONTIN— Tout de bon? Ma foi, monsieur, je
soutiens que vous êtes encore plus aimable qu'elle.

LUCIDOR— Eh! non, tu te trompes; c'est moi que la
chose regarde.³

FRONTIN— En ce cas-là, je ne soutiens plus rien. 35

LUCIDOR— Tu sais que je suis venu ici il y a près de
deux mois pour y voir la terre que mon homme
d'affaires m'a achetée; j'ai trouvé dans le château
une madame Argante qui en était comme la con-

¹ grande antichambre
² tenue, costume
³ c'est moi qui veux l'épouser

cierge,⁴ et qui est une petite bourgeoise de ce pays-
ci. Cette bonne dame a une fille qui m'a charmé,
et c'est pour elle que je veux te proposer.

FRONTIN, *riant*— Pour cette fille que vous aimez!
La confidence est gaillarde! ⁵ Nous serons donc 5
trois; vous traitez cette affaire-ci comme une par-
tie de piquet.⁶

LUCIDOR— Écoute-moi donc; j'ai dessein de l'épou-
ser moi-même.

FRONTIN— Je vous entends bien, quand je l'aurai 10
épousée.

LUCIDOR— Me laisseras-tu dire? Je te présenterai sur
le pied d'⁷un homme riche et mon ami, afin de
voir si elle m'aimera assez pour te refuser.

FRONTIN— Ah! c'est une autre histoire; et cela 15
étant, il y a une chose qui m'inquiète.

LUCIDOR— Quoi?

FRONTIN— C'est qu'en venant, j'ai rencontré près de
l'hôtellerie une fille, qui ne m'a pas aperçu, je
pense, qui causait sur le pas d'une porte, mais qui
m'a bien la mine d'être une certaine Lisette que
j'ai connue à Paris il y a quatre ou cinq ans, et
qui était à une dame chez qui mon maître allait
souvent. Je n'ai vu cette Lisette-là que deux ou
trois fois; mais, comme elle était jolie, je lui en 25
ai conté ⁸ tout autant de fois que je l'ai vue; et
cela vous grave dans l'esprit d'une fille.

LUCIDOR— Mais, vraiment, il y en a une chez ma-
dame Argante de ce nom-là, qui est du village,
qui y a toute sa famille, et qui a passé en effet 30
quelque temps à Paris avec une dame du pays.

FRONTIN— Ma foi, monsieur, la friponne me recon-
naîtra; il y a de certaines tournures d'hommes
qu'on n'oublie point.

LUCIDOR— Tout le remède que j'y sache, c'est de 35
payer d'effronterie ⁹ et de lui persuader qu'elle se
trompe.

⁴ femme ayant la garde d'un château
⁵ vive et joyeuse
⁶ jeu de cartes
⁷ *sur le pied de:* en te faisant passer pour
⁸ je lui ai fait la cour
⁹ faire preuve de

FRONTIN— Oh! pour de l'effronterie, je suis en fonds.

LUCIDOR— N'y a-t-il pas des hommes qui se ressemblent tant, qu'on s'y méprend?

FRONTIN— Allons, je ressemblerai, voilà tout; mais dites-moi, monsieur, souffririez-vous un petit mot de représentation? [10]

LUCIDOR— Parle.

FRONTIN— Quoique à la fleur de votre âge, vous êtes tout à fait sage et raisonnable; il me semble pourtant que votre projet est bien jeune.

LUCIDOR, *fâché*— Hein?

FRONTIN— Doucement. Vous êtes le fils d'un riche négociant qui vous a laissé plus de cent mille livres de rente,[11] et vous pouvez prétendre aux plus grands partis; le minois dont vous parlez est-il fait pour vous appartenir en légitime mariage? Riche comme vous êtes, on peut se tirer de là à meilleur marché, ce me semble.

LUCIDOR— Tais-toi; tu ne connais point celle dont tu parles. Il est vrai qu'Angélique n'est qu'une simple bourgeoise de campagne; mais originairement elle me vaut bien, et je n'ai pas l'entêtement des [12] grandes alliances; elle est d'ailleurs si aimable, et je démêle, à travers son innocence, tant d'honneur et tant de vertu en elle, elle a naturellement un caractère si distingué, que, si elle m'aime, comme je le crois, je ne serai jamais qu'à elle.

FRONTIN— Comment! si elle vous aime? Est-ce que cela n'est pas décidé?

LUCIDOR— Non; il n'a pas encore été question du mot d'amour entre elle et moi; je ne lui ai jamais dit que je l'aime, mais toutes mes façons n'ont signifié que cela; toutes les siennes n'ont été que des expressions du penchant le plus tendre et le plus ingénu. Je tombai malade trois jours après mon arrivée, j'ai été même en quelque danger; je l'ai vue inquiète, alarmée, plus changée que moi; j'ai vu des larmes couler de ses yeux, sans que sa mère s'en aperçût; et, depuis que la santé m'est revenue, nous continuons de même; je l'aime toujours, sans le lui dire; elle m'aime aussi, sans m'en parler, et sans vouloir cependant m'en faire

un secret; son cœur simple, honnête et vrai, n'en sait pas davantage.

FRONTIN— Mais vous, qui en savez plus qu'elle, que ne mettez-vous un petit mot d'amour en avant? Il ne gâterait rien.

LUCIDOR— Il n'est pas temps; tout sûr que je suis de son cœur, je veux savoir à quoi je le dois, et si c'est l'homme riche, ou seulement moi qu'on aime: c'est ce que j'éclaircirai par l'épreuve où je vais la mettre. Il m'est encore permis de n'appeler qu'amitié tout ce qui est entre nous deux; et c'est de quoi je vais profiter.

FRONTIN— Voilà qui est fort bien; mais ce n'était pas moi qu'il fallait employer.

LUCIDOR— Pourquoi?

FRONTIN— Oh! pourquoi? Mettez-vous à la place d'une fille, et ouvrez les yeux, vous verrez pourquoi. Il y a cent à parier contre un que je plairai.

LUCIDOR— Le sot! Eh bien! si tu plais, j'y remédierai sur-le-champ, en te faisant connaître.[13] As-tu apporté les bijoux?

FRONTIN, *fouillant dans sa poche*— Tenez, voilà tout.

LUCIDOR— Puisque personne ne t'a vu entrer, retire-toi avant que quelqu'un que je vois dans le jardin n'arrive. Va t'ajuster, et ne parais que dans une heure ou deux.

FRONTIN— Si vous jouez de malheur, souvenez-vous que je vous l'ai prédit.

SCÈNE II — LUCIDOR, MAÎTRE BLAISE, *qui vient doucement, habillé en riche fermier*

LUCIDOR— Il vient à moi; paraît avoir à me parler.

MAÎTRE BLAISE— Je vous salue, monsieur Lucidor. Eh bien! qu'est-ce? Comment vous va? Vous avez bonne maine [14] à cette heure.

LUCIDOR— Oui, je me porte assez bien, monsieur Blaise.

[10] objection faite avec égard
[11] approximativement quarante mille dollars
[12] grand attachement aux
[13] comme valet
[14] Maître Blaise déforme les mots comme faisaient autrefois les paysans. *Maine* pour mine. De même, dans la suite: *voute* pour votre, *proufit* pour profit, *pus* pour plus, *alle* pour elle, *voirement* pour vraiment, *vourais* pour voudrais, *vians* pour viens, *bian* pour bien, *criature* pour créature, *pards* pour perds, *envars* pour envers, *queuques* pour quelques, etc.

MAÎTRE BLAISE— Faut convenir que voute maladie vous a bian fait du proufit. Vous v'là, morgué![15] pus rougeaud, pus varmeil! . . . Ça réjouit, ça me plaît à voir.

LUCIDOR— Je vous en suis obligé.

MAÎTRE BLAISE— C'est que j'aime tant la santé des braves gens; alle est si recommandable, surtout la vôtre, qui est la plus recommandable de tout le monde.

LUCIDOR— Vous avez raison d'y prendre quelque intérêt; je voudrais pouvoir vous être utile à quelque chose.

MAÎTRE BLAISE— Voirement, cette utilité-là est belle et bonne; et je vians tout justement vous prier de m'en gratifier d'une.

LUCIDOR— Voyons.

MAÎTRE BLAISE— Vous savez bian, monsieur, que je fréquente chez madame Argante; et sa fille Angélique, alle est gentille, au moins.[16]

LUCIDOR— Assurément.

MAÎTRE BLAISE, *riant*— Eh! eh! eh! C'est, ne vous déplaise, que je vourais avoir sa gentillesse en mariage.

LUCIDOR— Vous aimez donc Angélique?

MAÎTRE BLAISE— Ah! cette criature-là m'affole; j'en pards si peu d'esprit que j'ai; quand il fait jour, je pense à elle; quand il fait nuit, j'en rêve: il faut du remède à ça, et je vians envars vous à cette fin, par voute moyen, pour l'honneur et le respect qu'on vous porte ici, sauf voute grâce,[17] et si ça ne vous torne pas à importunité,[18] de me favoriser de queuques bonnes paroles auprès de sa mère, dont j'ai itou besoin de la faveur.

LUCIDOR— Je vous entends: vous souhaitez que j'engage madame Argante à vous donner sa fille. Et Angélique, vous aime-t-elle?

MAÎTRE BLAISE— Oh! dame, quand parfois je li conte ma chance,[19] alle rit de tout son cœur, et me plante là. C'est bon signe, n'est-ce pas?

LUCIDOR— Ni bon ni mauvais. Au surplus, comme je crois que madame Argante a peu de bien,[20] que vous êtes fermier de plusieurs terres, fils de fermier vous-même. . .

MAÎTRE BLAISE— Et que je sis encore une jeunesse; je n'ons que trente ans, et d'humeur folichonne, un Roger-Bontemps.[21]

LUCIDOR— Le parti pourrait convenir, sans une difficulté.

MAÎTRE BLAISE— Laqueulle?

LUCIDOR— C'est qu'en revanche des soins que madame Argante et toute sa maison ont eus de moi pendant ma maladie, j'ai songé à marier Angélique à quelqu'un fort riche, qui va se présenter, qui ne veut précisément épouser qu'une fille de campagne, de famille honnête, et qui ne se soucie pas qu'elle ait du bien.

MAÎTRE BLAISE— Morgué! vous me faites là un vilain tour avec voute avisement,[22] monsieur Lucidor; v'là qui m'est bian rude, bian chagrinant et bian traître. Jarnigué! soyons bons, je l'approuve, mais ne foulons[23] parsonne; je sis voute prochain autant qu'un autre, et ne faut pas péser sur c'ti-ci, pour alléger c'ti-là. Moi qui avais tant de peur que vous ne mouriez; c'était bian la peine de venir vingt fois demander: « Comment va-t-il, comment ne va-t-il pas? » V'là-t-il pas une santé qui m'est bian chanceuse, après vous avoir mené moi-même c'ti-là qui vous a tiré deux fois du sang,[24] et qui est mon cousin, afin que vous le sachiez, mon propre cousin germain; ma mère était sa tante, et jarni! ce n'est pas bian fait à vous.

LUCIDOR— Votre parenté avec lui n'ajoute rien à l'obligation que je vous ai.

MAÎTRE BLAISE— Sans compter que c'est cinq bonnes mille livres que vous m'ôtez comme un sou, et que la petite aura en mariage.[25]

LUCIDOR— Calmez-vous; est-ce cela que vous en espérez? Eh bien! je vous en donne douze pour

[15] Juron de paysan (par la mort de Dieu). Dans la suite: *pargué*: par Dieu; *jarni, jarnigué*: je renie Dieu.

[16] vous savez, n'est-ce pas?

[17] si votre bienveillance le permet

[18] cause pas de gêne; *itou*: aussi

[19] lui dis mon aventure

[20] fortune

[21] gai et joyeux caractère, comme Roger, l'illustre personnage du Vivarais: *je sis*: je suis

[22] intelligence

[23] blessons

[24] Les médecins de l'époque pratiquaient beaucoup la saignée

[25] elle aura en dot

en épouser une autre et pour vous dédommager du chagrin que je vous fais.

MAÎTRE BLAISE, *étonné*— Quoi! douze mille livres d'argent sec? [26]

LUCIDOR— Oui, je vous les promets, sans vous ôter cependant la liberté de vous présenter pour Angélique; au contraire, j'exige même que vous la demandiez à madame Argante; je l'exige, entendez-vous? Car, si vous plaisez à Angélique, je serais très fâché de la priver d'un homme qu'elle aimerait.

MAÎTRE BLAISE, *se frottant les yeux de surprise*— Eh mais! c'est comme un prince qui parle! Douze mille livres! Mes bras m'en tombent. Je ne saurais me ravoir.[27] Allons, monsieur, boutez-vous[28] là, que je me prosterne devant vous, ni pus ni moins que devant un prodige.

LUCIDOR— Il[29] n'est pas nécessaire; point de compliments, je vous tiendrai parole.

MAÎTRE BLAISE— Après que j'ons été si malappris, si brutal! Eh! dites-moi, roi que vous êtes, si, par aventure,[30] Angélique me chérit, j'aurons donc la femme et les douze mille francs avec?

LUCIDOR— Ce n'est pas tout à fait cela; écoutez-moi; je prétends, vous dis-je, que vous vous proposiez pour Angélique, indépendamment du mari que je lui offrirai: si elle vous accepte, comme alors je n'aurai fait aucun tort à votre amour, je ne vous donnerai rien; si elle vous refuse, les douze mille francs sont à vous.

MAÎTRE BLAISE— Alle me refusera, monsieur, alle me refusera; le ciel m'en fera la grâce, à cause de vous qui le désirez.

LUCIDOR— Prenez garde; je vois bien qu'à cause des douze mille francs, vous ne demanderez déjà pas mieux que d'être refusé.

MAÎTRE BLAISE— Hélas! peut-être bian que la somme m'étourdit un p'tit brin; j'en sis friand, je le confesse; alle est si consolante!

LUCIDOR— Je mets cependant encore une condition à notre marché; c'est que vous feigniez de l'empressement pour obtenir Angélique, et que vous continuiez de paraître amoureux d'elle.

MAÎTRE BLAISE— Oui, monsieur, je serons fidèle à ça; mais j'ons bonne espérance de n'être pas daigne[31] d'elle; et mêmement j'avons opinion, si alle osait, qu'alle vous aimerait pus que parsonne.

LUCIDOR— Moi? maître Blaise. Vous me surprenez; je ne m'en suis pas aperçu, vous vous trompez; en tout cas, si elle ne veut pas de vous, souvenez-vous de lui faire ce petit reproche-là: je serais bien aise de savoir ce qui en est, par pure curiosité.

MAÎTRE BLAISE— An[32] n'y manquera pas; an li reprochera devant vous, drès[33] que monsieur le commande.

LUCIDOR— Et comme je ne vous crois pas mal à propos glorieux,[34] vous me ferez plaisir aussi de jeter vos vues sur Lisette, que, sans compter les douze mille francs, vous ne vous repentirez pas d'avoir choisie, je vous en avertis.

MAÎTRE BLAISE— Hélas! il n'y a qu'à dire: an se revirera[35] itou sur elle; je l'aimerai par mortification.

LUCIDOR— J'avoue qu'elle sert madame Argante; mais elle n'est pas de moindre condition que les autres filles du village.

MAÎTRE BLAISE— Eh! voirement, alle en est née native.

LUCIDOR— Jeune et bien faite, d'ailleurs.

MAÎTRE BLAISE— Charmante. Monsieur verra l'appétit que je prends déjà pour elle.

LUCIDOR— Mais je vous ordonne une chose: c'est de ne lui dire que vous l'aimez qu'après qu'Angélique se sera expliquée sur votre compte; il ne faut pas que Lisette sache vos desseins auparavant.

MAÎTRE BLAISE— Laissez faire à Blaise; en li parlant, je li dirai des propos où elle ne comprenra rin.[36]
La v'là. Vous plaît-il que je m'en aille?

LUCIDOR— Rien ne vous empêche de rester.

[26] argent comptant
[27] retrouver mes forces
[28] mettez-vous
[29] cela
[30] par chance; *malappris*: grossier

[31] digne
[32] on
[33] dès
[34] fâcheusement orgueilleux
[35] on se retournera
[36] comprendra rien

Scène III — LUCIDOR, MAÎTRE BLAISE, LISETTE

LISETTE— Je viens d'apprendre, monsieur, par le petit garçon de notre vigneron, qu'il vous était arrivé une visite de Paris.

LUCIDOR— Oui; c'est un de mes amis qui vient me voir.

LISETTE— Dans quel appartement du château souhaitez-vous qu'on le loge?

LUCIDOR— Nous verrons quand il sera revenu de l'hôtellerie où il est retourné. Où est Angélique, Lisette?

LISETTE— Il me semble l'avoir vue dans le jardin, qui s'amusait à cueillir des fleurs.

LUCIDOR, *en montrant maître Blaise*— Voici un homme qui est de bonne volonté pour elle, qui a grande envie de l'épouser; et je lui demandais si elle avait de l'inclination pour lui; qu'en pensez-vous?

MAÎTRE BLAISE— Oui; de queul avis êtes-vous touchant ça, belle brunette, m'amie?

LISETTE— Eh mais! autant que j'en puis juger, mon avis est que jusqu'ici elle n'a rien dans le cœur pour vous.

MAÎTRE BLAISE— Rian du tout? C'est ce que je disais. Que Mademoiselle Lisette a de jugement!

LISETTE— Ma réponse n'a rien de trop flatteur; mais je ne saurais en faire une autre.

MAÎTRE BLAISE, *cavalièrement*— C'telle-là est belle et bonne, et je m'y accorde. J'aime qu'on soit franc; et en effet, queul mérite avons-je pour li plaire à cette enfant?

LISETTE— Ce n'est pas que vous ne valiez votre prix, monsieur Blaise; mais je crains que madame Argante ne vous trouve pas assez de bien pour sa fille.

MAÎTRE BLAISE, *riant*— Ça est vrai, pas assez de bian. Pus vous allez, mieux vous dites.

LISETTE— Vous me faites rire avec votre air joyeux.

LUCIDOR— C'est qu'il n'espère pas grand'chose.

MAÎTRE BLAISE— Oui, v'là ce que c'est; et pis tout ce qui viant, je le prends. (*A Lisette.*) Le biau brin de fille [37] que vous êtes!

LISETTE— La tête lui tourne, ou il y a là quelque chose que je n'entends pas.

MAÎTRE BLAISE— Stapendant, je me baillerai [38] bian du tourment pour avoir Angélique, et il en pourra venir que je l'aurons, ou bian que je ne l'aurons pas. Faut mettre les deux pour deviner juste.

LISETTE, *riant*— Vous êtes un très grand devin!

LUCIDOR— Quoi qu'il en soit, j'ai aussi un parti à lui offrir, mais un très bon parti; il s'agit d'un homme du monde; et voilà pourquoi je m'informe si elle n'aime personne.

LISETTE— Dès que vous vous mêlez de l'établir, [39] je pense bien qu'elle s'en tiendra là.

LUCIDOR— Adieu, Lisette; je vais faire un tour dans la grande allée; quand Angélique sera venue, je vous prie de m'en avertir. Soyez persuadée, à votre égard, [40] que je ne m'en retournerai point à Paris sans récompenser le zèle que vous m'avez marqué.

LISETTE— Vous avez bien de la bonté, monsieur.

LUCIDOR, *à Blaise, en s'en allant, et à part.*— Ménagez vos termes avec Lisette, maître Blaise.

MAÎTRE BLAISE— Aussi fais-je, je n'y mets pas le sens commun.

Scène IV — MAÎTRE BLAISE, LISETTE

LISETTE— Ce monsieur Lucidor a le meilleur cœur du monde.

MAÎTRE BLAISE— Oh! un cœur magnifique, un cœur tout d'or; au surplus, comment vous portez-vous, mademoiselle Lisette?

LISETTE, *riant*— Eh! que voulez-vous dire avec votre compliment, maître Blaise? Vous tenez depuis un moment des discours bien étranges.

MAÎTRE BLAISE— Oui, j'ons des manières fantasques, et ça vous étonne, n'est-ce pas? Je m'en doute bian. (*Et par réflexion.*) Que vous êtes agriable!

LISETTE— Que vous êtes original avec votre agréable. Comme il me regarde! En vérité, vous extravaguez. [41]

MAÎTRE BLAISE— Tout au contraire; c'est ma prudence qui vous contemple.

[37] belle et bien faite, comme l'arbre de brin, qui n'a qu'une seule tige

[38] donnerai bien; *stapendant:* cependant
[39] puisque vous vous occupez de la marier
[40] pour ce qui vous concerne
[41] parlez déraisonnablement

LISETTE— Eh bien! contemplez, voyez; ai-je aujour-
d'hui le visage autrement fait que je l'avais
hier?

MAÎTRE BLAISE— Non; c'est moi qui le vois mieux
que de coutume; il est tout nouviau pour moi. 5

LISETTE, *voulant s'en aller*— Eh! que le ciel vous
bénisse.[42]

MAÎTRE BLAISE, *l'arrêtant*— Attendez donc.

LISETTE— Eh! que me voulez-vous? C'est se moquer
que de vous entendre. On dirait que vous m'en 10
contez;[43] je sais bien que vous êtes un fermier à
votre aise, et que je ne suis pas pour vous; de
quoi s'agit-il donc?

MAÎTRE BLAISE— De m'acouter sans y voir goutte,[44]
et de dire à part vous: « Ouais! faut qu'il y ait un 15
secret à ça. »

LISETTE— Et à propos de quoi, un secret? Vous ne
me dites rien d'intelligible.

MAÎTRE BLAISE— Non, c'est fait exprès, c'est résolu.

LISETTE— Voilà qui est bien particulier;[45] ne re- 20
cherchez-vous pas Angélique?

MAÎTRE BLAISE— Çà est itou conclu.

LISETTE— Plus je rêve,[46] et plus je m'y perds.

MAÎTRE BLAISE— Faut que vous vous y perdiais.

LISETTE— Mais pourquoi me trouver si agréable? 25
Par quel accident le remarquez-vous plus qu'à
l'ordinaire? Jusqu'ici vous n'avez pas pris garde
si je l'étais ou non. Croirai-je que vous êtes tombé
subitement amoureux de moi? Je ne vous en em-
pêche pas.

MAÎTRE BLAISE, *vite et vivement*— Je ne dis pas que
je vous aime.

LISETTE— Que dites-vous donc?

MAÎTRE BLAISE— Je ne vous dis pas que je ne vous
aime point; ni l'un ni l'autre; vous m'en êtes 35
témoin; j'ons donné ma parole, je marche droit
en besogne,[46a] voyez-vous! Il n'y a pas à rire à ça,
je ne dis rin; mais je pense, et je vais répétant
que vous êtes agriable!

LISETTE, *étonnée, le regardant*— Je vous regarde à 40
mon tour. Si je ne me figurais pas que vous êtes

timbré,[47] en vérité, je soupçonnerais que vous ne
me haïssez pas.

MAÎTRE BLAISE— Oh! soupçonnez, croyez, persua-
dez-vous; il n'y aura pas de mal, pourvu qu'il n'y
ait pas de ma faute, et que ça vianne de vous
toute seule sans que je vous aide.

LISETTE— Qu'est-ce que cela signifie?

MAÎTRE BLAISE— Et mêmement, à vous permis de
m'aimer, par exemple; j'y consens encore; si le
cœur vous y porte, ne vous retenez pas; je vous
lâche la bride[47a] là-dessus; il n'y aura rian de
perdu.

LISETTE— Le plaisant compliment! Eh! quel avan-
tage en tirerais-je?

MAÎTRE BLAISE— Oh! dame, je sis bridé; mais ce
n'est pas comme vous; je ne saurais parler pus
clair. Voici venir Angélique. Laissez-moi li tou-
cher un petit mot d'affection, sans que ça em-
pêche que vous soyez gentille.

LISETTE— Ma foi, votre tête est dérangée, monsieur
Blaise; je n'en rabats rien.[47b]

SCÈNE V — ANGÉLIQUE, LISETTE, MAÎTRE BLAISE

ANGÉLIQUE, *un bouquet à la main*— Bonjour, mon-
sieur Blaise. Est-il vrai, Lisette, qu'il est venu
quelqu'un de Paris pour monsieur Lucidor?

LISETTE— Oui, à ce que j'ai su.

ANGÉLIQUE— Dit-on que ce soit pour l'emmener à
Paris qu'on est venu?

LISETTE— C'est ce que je ne sais pas; monsieur Lu-
cidor ne m'en a rien appris.

MAÎTRE BLAISE— Il n'y a pas d'apparence;[48] il veut
auparavant vous marier dans l'opulence, à ce qu'il
dit.

ANGÉLIQUE— Me marier, monsieur Blaise! Et à qui
donc, s'il vous plaît?

MAÎTRE BLAISE— La parsonne n'a pas encore de
nom.

LISETTE— Il parle vraiment d'un très grand ma-
riage; il s'agit d'un homme du monde; et il ne dit
pas qui c'est ni d'où il viendra.

[42] formule de politesse pour prendre congé
[43] vous me faites la cour (conter fleurette, flirter)
[44] sans comprendre
[45] extraordinaire
[46] réfléchis
[46a] j'agis loyalement

[47] fou
[47a] laisse aller comme vous voulez
[47b] je le pense comme je l'ai dit
[48] il ne semble pas, je ne crois pas

ANGÉLIQUE, *d'un air content et discret*— D'un homme du monde qu'il ne nomme pas!

LISETTE— Je vous rapporte ses propres termes.

ANGÉLIQUE— Eh bien! je n'en suis pas inquiète; on le connaîtra tôt ou tard.

MAÎTRE BLAISE— Ce n'est pas moi, toujours.

ANGÉLIQUE— Oh! je le crois bien; ce serait là un beau mystère! vous n'êtes qu'un homme des champs, vous.

MAÎTRE BLAISE— Stapendant j'ons mes prétentions itou; mais je ne me cache pas, je dis mon nom, je me montre, en publiant que je suis amoureux de vous; vous le savez bian. (*Lisette lève les épaules.*)

ANGÉLIQUE— Je l'avais oublié.

MAÎTRE BLAISE— Me v'là pour vous en aviser dere-chef;[49] vous souciez-vous un peu de ça, made-moiselle Angélique? (*Lisette boude.*)

ANGÉLIQUE— Hélas! guère.

MAÎTRE BLAISE— Guère! C'est toujours queuque chose. Prenez-y garde, au moins; car je vais me douter, sans façon, que je vous plais.

ANGÉLIQUE— Je ne vous le conseille pas, monsieur Blaise; car il me semble que non.

MAÎTRE BLAISE— Ah! bon ça; v'là qui se comprend. C'est pourtant fâcheux, voyez-vous! ça me cha-graine; mais n'importe, ne vous gênez pas; je reviendrai tantôt pour savoir si vous désirez que j'en parle à madame Argante, ou s'il faudra que je m'en taise; ruminez ça à part vous[50] et faites à votre guise. Bonjour. (*A Lisette, à part.*) Que vous êtes avenante!

LISETTE, *en colère*— Quelle cervelle!

SCÈNE VI — LISETTE, ANGÉLIQUE

ANGÉLIQUE— Heureusement, je ne crains pas son amour; quand il me demanderait à ma mère, il n'en sera pas plus avancé.

LISETTE— Lui! c'est un conteur de sornettes[50a] qui ne convient pas à une fille comme vous.

ANGÉLIQUE— Je ne l'écoute pas. Mais dis-moi, Li-sette, monsieur Lucidor parle donc sérieusement d'un mari?

LISETTE— Mais d'un mari distingué, d'un établisse-ment[50b] considérable.

ANGÉLIQUE— Très considérable, si c'est ce que je soupçonne.

LISETTE— Et que soupçonnez-vous?

ANGÉLIQUE— Oh! je rougirais trop, si je me trom-pais!

LISETTE— Ne serait-ce pas lui, par hasard, que vous vous imaginez être l'homme en question, tout grand seigneur qu'il est[51] par ses richesses?

ANGÉLIQUE— Bon, lui! je ne sais pas seulement moi-même ce que je veux dire: on rêve, on promène sa pensée, et puis c'est tout. On le verra, ce mari; je ne l'épouserai pas sans le voir.

LISETTE— Quand ce ne serait qu'un de ses amis, ce serait toujours une grande affaire. A propos, il m'a recommandé d'aller l'avertir quand vous seriez venue; et il m'attend dans l'allée.

ANGÉLIQUE— Eh! va donc; à quoi t'amuses-tu là? Pardi! tu fais bien les commissions qu'on te donne! Il n'y sera peut-être plus.

LISETTE— Tenez, le voilà lui-même.

SCÈNE VII — ANGÉLIQUE, LUCIDOR, LISETTE

LUCIDOR— Y a-t-il longtemps que vous êtes ici, An-gélique?

ANGÉLIQUE— Non, monsieur; il n'y a qu'un mo-ment que je sais que vous avez envie de me par-ler, et je la querellais de ne me l'avoir pas dit plus tôt.

LUCIDOR— Oui; j'ai à vous entretenir d'une chose assez importante.

LISETTE— Est-ce en secret? M'en irai-je?

LUCIDOR— Il n'y a pas de nécessité que vous restiez.

ANGÉLIQUE— Aussi bien[52] je crois que ma mère aura besoin d'elle.

LISETTE— Je me retire donc.

SCÈNE VIII — LUCIDOR, ANGÉLIQUE
(*Lucidor la regardant attentivement*)

ANGÉLIQUE, *en riant*— A quoi songez-vous donc en me considérant si fort?

[49] de nouveau

[50] tournez et retournez cela dans vos pensées; *à votre guise:* comme vous voulez

[50a] compliments frivoles

[50b] mariage

[51] quoiqu'il soit grand seigneur

[52] d'ailleurs

LUCIDOR— Je songe que vous embellissez tous les jours.

ANGÉLIQUE— Ce n'était pas de même quand vous étiez malade. A propos, je sais que vous aimez les fleurs, et je pensais à vous aussi en cueillant ce [5] petit bouquet; tenez, monsieur, prenez-le.

LUCIDOR— Je ne le prendrai que pour vous le rendre; j'aurai plus de plaisir à vous le voir.

ANGÉLIQUE, *prenant le bouquet*— Et moi, à cette heure que [53] je l'ai reçu, je l'aime mieux qu'au- [10] paravant.

LUCIDOR— Vous ne répondez jamais rien que d'obligeant.

ANGÉLIQUE— Ah! cela est si aisé avec de certaines personnes. Mais que me voulez-vous donc? [15]

LUCIDOR— Vous donner des témoignages de l'extrême amitié que j'ai pour vous, à condition qu'avant tout, vous m'instruirez de l'état de votre cœur.

ANGÉLIQUE— Hélas! le compte en sera bientôt fait! [20] Je ne vous en dirai rien de nouveau: ôtez notre amitié que vous savez bien, il n'y a rien dans mon cœur, que je sache; [54] je n'y vois qu'elle.

LUCIDOR— Vos façons de parler me font tant de plaisir, que j'en oublie presque ce que j'ai à vous [25] dire.

ANGÉLIQUE— Comment faire? Vous oublierez donc toujours, à moins que je ne me taise; je ne connais point d'autre secret.

LUCIDOR— Je n'aime point ce secret-là; mais pour- [30] suivons. Il n'y a encore environ que sept semaines que je suis ici.

ANGÉLIQUE— Y a-t-il tant que cela? Que le temps passe vite! Après?

LUCIDOR— Et je vois quelquefois bien des jeunes [35] gens du pays qui vous font la cour. Lequel de tous distinguez-vous parmi eux? Confiez-moi ce qui en est, comme au meilleur ami que vous ayez.

ANGÉLIQUE— Je ne sais pas, monsieur, pourquoi [40] vous pensez que j'en distingue. Des jeunes gens qui me font la cour! Est-ce que je les remarque? Est-ce que je les vois? Ils perdent donc bien leur temps.

LUCIDOR— Je vous crois, Angélique. [45]

ANGÉLIQUE— Je ne me souciais d'aucun quand vous êtes venu ici, et je ne m'en soucie pas davantage depuis que vous y êtes, assurément.

LUCIDOR— Êtes-vous aussi indifférente pour maître Blaise, ce jeune fermier qui veut vous demander en mariage, à ce qu'il m'a dit?

ANGÉLIQUE— Il me demandera en ce qu'il lui plaira; mais, en un mot, tous ces gens-là me déplaisent depuis le premier jusqu'au dernier; principalement lui, qui me reprochait, l'autre jour, que nous nous parlions trop souvent tous deux, comme s'il n'était pas bien naturel de se plaire plus en votre compagnie qu'en la sienne. Que cela est sot!

LUCIDOR— Si vous ne haïssez pas de me parler, je vous le rends bien, ma chère Angélique; quand je ne vous vois pas, vous me manquez, et je vous cherche.

ANGÉLIQUE— Vous ne cherchez pas longtemps; car je reviens bien vite, et ne sors guère.

LUCIDOR— Quand vous êtes revenue, je suis content.

ANGÉLIQUE— Et moi, je ne suis pas mélancolique.

LUCIDOR— Il est vrai, je vois avec joie que votre amitié répond à la mienne.

ANGÉLIQUE— Oui; mais malheureusement vous n'êtes pas de notre village, et vous retournerez peut-être bientôt à votre Paris, que je n'aime guère. Si j'étais à votre place, il me viendrait plutôt chercher que je n'irais le voir.

LUCIDOR— Eh! qu'importe que j'y retourne ou non, puisqu'il ne tiendra qu'à vous que nous y soyons tous deux?

ANGÉLIQUE— Tous deux, monsieur Lucidor! Eh mais! contez-moi donc comme quoi. [55]

LUCIDOR— C'est que je vous destine un mari qui y demeure.

ANGÉLIQUE— Est-il possible? Ah ça, ne me trompez pas, au moins, tout le cœur me bat; loge-t-il avec vous?

LUCIDOR— Oui, Angélique; nous sommes dans la même maison.

ANGÉLIQUE— Ce n'est pas assez, je n'ose encore être bien aise en toute confiance. Quel homme est-ce?

LUCIDOR— Un homme très riche.

ANGÉLIQUE— Ce n'est pas là le principal. Après?

[53] maintenant que
[54] si je ne parle que de ce que je sais
[55] comment cela se fera

LUCIDOR— Il est de mon âge et de ma taille.

ANGÉLIQUE— Bon: c'est ce que je voulais savoir.

LUCIDOR— Nos caractères se ressemblent: il pense comme moi.

ANGÉLIQUE— Toujours de mieux en mieux. Que je l'aimerai!

LUCIDOR— C'est un homme tout aussi uni,[56] tout aussi sans façon que je le suis.

ANGÉLIQUE— Je n'en veux point d'autre.

LUCIDOR— Qui n'a ni ambition, ni gloire, et qui n'exigera de celle qu'il épousera que son cœur.

ANGÉLIQUE, riant— Il l'aura, monsieur Lucidor, il l'aura; il l'a déjà; je l'aime autant que vous, ni plus ni moins.

LUCIDOR— Vous aurez le sien, Angélique, je vous en assure; je le connais; c'est tout comme s'il vous le disait lui-même.

ANGÉLIQUE— Eh! sans doute, et moi je réponds aussi comme s'il était là.

LUCIDOR— Ah! que, de l'humeur dont il est,[57] vous allez le rendre heureux!

ANGÉLIQUE— Ah! je vous promets bien qu'il ne sera pas heureux tout seul.

LUCIDOR— Adieu, ma chère Angélique; il me tarde d'entretenir votre mère et d'avoir son consentement. Le plaisir que me fait ce mariage ne me permet pas de différer davantage; mais avant que je vous quitte, acceptez de moi ce petit présent de noce que j'ai droit de vous offrir, suivant l'usage et en qualité d'ami; ce sont de petits bijoux que j'ai fait venir de Paris.

ANGÉLIQUE— Et moi je les prends, parce qu'ils y retourneront avec vous, et que nous y serons ensemble; mais il ne fallait point de bijoux: c'est votre amitié qui est le véritable.

LUCIDOR— Adieu, belle Angélique; votre mari ne tardera pas à paraître.

ANGÉLIQUE— Courez donc, afin qu'il vienne plus vite.

SCÈNE IX — ANGÉLIQUE, LISETTE

LISETTE— Eh bien! mademoiselle, êtes-vous instruite? A qui vous marie-t-on?

ANGÉLIQUE— A lui, ma chère Lisette, à lui-même; et je l'attends.

LISETTE— A lui, dites-vous? Et quel est donc cet homme qui s'appelle lui, par excellence? Est-ce qu'il est ici?

ANGÉLIQUE— Et tu as dû le rencontrer; il va trouver ma mère.

LISETTE— Je n'ai vu que monsieur Lucidor, et ce n'est pas lui qui vous épouse.

ANGÉLIQUE— Eh! si fait,[58] voilà vingt fois que je te le répète. Si tu savais comme nous nous sommes parlé, comme nous nous entendions bien sans qu'il ait dit: « C'est moi! », mais cela était si clair, si clair, si agréable, si tendre! . . .

LISETTE— Je ne l'aurais jamais imaginé. Mais le voici encore.

SCÈNE X — LUCIDOR, FRONTIN, LISETTE, ANGÉLIQUE

LUCIDOR— Je reviens, belle Angélique; en allant chez votre mère, j'ai trouvé monsieur qui arrivait, et j'ai cru qu'il n'y avait rien de plus pressé que de vous l'amener: c'est lui, c'est ce mari pour qui vous êtes si favorablement prévenue, et qui, par le rapport de nos caractères, est en effet un autre moi-même; il m'a apporté aussi le portrait d'une jeune et jolie personne qu'on veut me faire épouser à Paris. (Il le lui présente.) Jetez les yeux dessus: comment le trouvez-vous?

ANGÉLIQUE, d'un air mourant, le repousse.— Je ne m'y connais pas.

LUCIDOR— Adieu, je vous laisse ensemble, et je cours chez madame Argante. (Il s'approche d'elle.) Êtes-vous contente?

(Angélique, sans lui répondre, tire la boîte aux bijoux et la lui rend sans la regarder: elle la met dans sa main; et il s'arrête comme surpris et sans la lui remettre; après quoi, il sort.)

SCÈNE XI — ANGÉLIQUE, FRONTIN, LISETTE

(Angélique reste immobile; Lisette tourne autour de Frontin avec surprise, et Frontin paraît embarrassé)

FRONTIN— Mademoiselle, l'étonnante immobilité où je vous vois intimide extrêmement mon inclination naissante; vous me découragez tout à fait, et je sens que je perds la parole.

LISETTE— Mademoiselle est immobile, vous muet,

[56] simple
[57] étant donné son caractère
[58] bien sûr que si

et moi stupéfaite; j'ouvre les yeux, je regarde, et je n'y comprends rien.

ANGÉLIQUE, *tristement*— Lisette, qui est-ce qui l'aurait cru?

LISETTE— Je ne le crois pas, moi qui le vois.

FRONTIN— Si la charmante Angélique daignait seulement jeter un regard sur moi, je crois que je ne lui ferais point de peur, et peut-être y [59] reviendrait-elle: on s'accoutume aisément à me voir; j'en ai l'expérience; essayez-en.

ANGÉLIQUE, *sans le regarder*— Je ne saurais; [60] ce sera pour une autre fois. Lisette, tenez compagnie à monsieur. Je lui demande pardon, je ne me sens pas bien; j'étouffe, et je vais me retirer dans ma chambre.

SCÈNE XII — LISETTE, FRONTIN

FRONTIN, *à part*— Mon mérite a manqué son coup.

LISETTE, *à part*— C'est Frontin, c'est lui-même.

FRONTIN, *les premiers mots à part*— Voici le plus fort de ma besogne ici. M'amie, que dois-je conjecturer d'un aussi langoureux accueil? (*Elle ne répond pas, et le regarde. Il continue.*) Eh bien! répondez donc. Allez-vous me dire aussi que ce sera pour une autre fois?

LISETTE— Monsieur, ne t'ai-je pas vu quelque part?

FRONTIN— Comment donc? «Ne t'ai-je pas vu quelque part?» Ce village-ci est bien familier.

LISETTE, *les premiers mots à part*— Est-ce que je me tromperais? . . . Monsieur, excusez-moi; mais n'avez-vous jamais été à Paris chez une madame Dorman, où j'étais?

FRONTIN— Qu'est-ce que c'est que madame Dorman? Dans quel quartier?

LISETTE— Du côté de la place Maubert,[61] chez un marchand de café, au second.

FRONTIN— Une place Maubert, une madame Dorman, un second! Non, mon enfant, je ne connais point cela, et je prends toujours mon café chez moi.

LISETTE— Je ne dis plus mot; mais j'avoue que je vous ai pris pour Frontin, et il faut que je me fasse toute la violence du monde pour m'imaginer que ce n'est point lui.

[59] à me regarder
[60] je ne pourrais pas
[61] quartier populaire de Paris

FRONTIN— Frontin! mais c'est un nom de valet.

LISETTE— Oui, monsieur; et il m'a semblé que c'était toi. . . que c'était vous, dis-je.

FRONTIN— Quoi! toujours des tu et des toi! Vous me lassez à fin.

LISETTE— J'ai tort; mais tu lui ressembles si fort! . . . Eh! monsieur, pardon. Je retombe toujours. Quoi! tout de bon, ce n'est pas toi? . . . Je veux dire, ce n'est pas vous?

FRONTIN, *riant*— Je crois que le plus court est d'en rire moi-même. Allez, ma fille, un homme moins raisonnable et de moindre étoffe [62] se fâcherait; mais je suis trop au-dessus de votre méprise, et vous me divertiriez beaucoup si ce n'était le désagrément qu'il y a d'avoir une physionomie commune avec ce coquin-là. La nature pouvait se passer de lui donner le double de la mienne, et c'est un affront qu'elle m'a fait; mais ce n'est pas votre faute: parlons de votre maîtresse.

LISETTE— Oh! monsieur, n'y ayez point de regret; celui pour qui je vous prenais est un garçon fort aimable, fort amusant, plein d'esprit et d'une très jolie figure.

FRONTIN— J'entends bien, la copie est parfaite.

LISETTE— Si parfaite que je n'en reviens point, et tu serais le plus grand maraud.[63]. . Monsieur, je me brouille encore, la ressemblance m'emporte.

FRONTIN— Ce n'est rien; je commence à m'y faire: ce n'est pas à moi à qui vous parlez.

LISETTE— Non, monsieur; c'est à votre copie, et je voulais dire qu'il aurait grand tort de me tromper; car je voudrais de tout mon cœur que ce fût lui; je crois qu'il m'aimait, et je le regrette.

FRONTIN— Vous avez raison, il en valait bien la peine. (*A part.*) Que cela est flatteur!

LISETTE— Voilà qui est bien particulier: à chaque fois que vous parlez, il me semble l'entendre.

FRONTIN— Vraiment, il n'y a rien là de surprenant; dès qu'on se ressemble, on a le même son de voix, et volontiers les mêmes inclinations; il vous aimait, dites-vous, et je ferais comme lui, sans l'extrême distance qui nous sépare.

LISETTE— Hélas! je me réjouissais en croyant l'avoir retrouvé.

FRONTIN, *à part le premier mot*— Oh! . . . Tant d'amour sera récompensé, ma belle enfant, je

[62] condition sociale
[63] coquin qui ne mérite aucune considération

vous le prédis; en attendant, vous ne perdrez pas tout; je m'intéresse à vous et je vous rendrai service; ne vous mariez point sans me consulter.

LISETTE— Je sais garder un secret. Monsieur, dites-moi si c'est toi. . .

FRONTIN, *en s'en allant*— Allons, vous abusez de ma bonté; il est temps que je me retire. (*Et après.*) Ouf, le rude assaut!

SCÈNE XIII — LISETTE, *un moment seule*, MAÎTRE BLAISE

LISETTE— Je m'y suis prise de toutes façons, et ce n'est pas lui sans doute; mais il n'y a jamais rien eu de pareil. Quand ce serait lui, au reste, maître Blaise est bien un autre parti, s'il m'aime.

MAÎTRE BLAISE— Eh bien! fillette, à quoi en suis-je avec Angélique?

LISETTE— Au même état où vous étiez tantôt.

MAÎTRE BLAISE, *en riant*— Eh mais! tant pire,[64] ma grande fille.

LISETTE— Ne me direz-vous point ce que peut signifier le « tant pis » que vous dites en riant?

MAÎTRE BLAISE— C'est que je ris de tout, mon poulet.

LISETTE— En tout cas, j'ai un avis à vous donner; c'est qu'Angélique ne paraît pas disposée à accepter le mari que monsieur Lucidor lui destine, et qui est ici; et que si, dans ces circonstances, vous continuez à la rechercher, apparemment vous l'obtiendrez.

MAÎTRE BLAISE, *tristement*— Croyez-vous? Eh mais! tant mieux.

LISETTE— Oh! vous m'impatientez avec vos « tant mieux » si tristes, vos « tant pis » si gaillards, et le tout en m'appelant « ma grande fille » et « mon poulet »; il faut, que j'en aie le cœur net, monsieur Blaise: pour la dernière fois, est-ce que vous m'aimez?

MAÎTRE BLAISE— Il n'y a pas encore de réponse à ça.

LISETTE— Vous vous moquez donc de moi?

MAÎTRE BLAISE— V'là une mauvaise pensée.

LISETTE— Avez-vous toujours dessein de demander Angélique en mariage?

MAÎTRE BLAISE— Le micmac [65] le requiert.

LISETTE— Le micmac! Et si on vous la refuse, en serez-vous fâché?

MAÎTRE BLAISE, *riant*— Oui-da.

LISETTE— En vérité, dans l'incertitude où vous me tenez de vos sentiments, que voulez-vous que je réponde aux douceurs que vous me dites? Mettez-vous à ma place.

MAÎTRE BLAISE— Boutez-vous [65a] à la mienne.

LISETTE— Eh! quelle est-elle? car si vous êtes de bonne foi, si effectivement vous m'aimez. . .

MAÎTRE BLAISE, *riant*— Oui, je suppose. . .

LISETTE— Vous jugez bien que je n'aurai pas le cœur ingrat.

MAÎTRE BLAISE, *riant*— Hé, hé, hé. . . Lorgnez-moi [65b] un peu, que je voie si ça est vrai.

LISETTE— Qu'en ferez-vous? [66]

MAÎTRE BLAISE— Hé, hé. . . Je le garderai. La gentille enfant! Queu dommage de laisser ça dans la peine!

LISETTE— Quelle obscurité! Voilà madame Argante et monsieur Lucidor; il est apparemment question du mariage d'Angélique avec l'amant qui lui est venu; la mère voudra qu'elle l'épouse, et si elle obéit, comme elle y sera peut-être obligée, il ne sera plus nécessaire que vous la demandiez; ainsi, retirez-vous, je vous prie.

MAÎTRE BLAISE— Oui; mais je sis d'obligation aussi de revenir voir ce qui en est, pour me comporter à l'avenant.[67]

LISETTE, *fâchée*— Encore! Oh! votre énigme est d'une impertinence qui m'indigne.

MAÎTRE BLAISE, *riant et s'en allant*— C'est pourtant douze mille francs qui vous fâchent.

LISETTE, *le voyant aller*— Douze mille francs! Où va-t-il prendre ce qu'il dit là? Je commence à croire qu'il y a quelque motif à cela.

SCÈNE XIV — MADAME ARGANTE, LUCIDOR, FRONTIN, LISETTE

MME ARGANTE, *en entrant, à Frontin*— Eh! monsieur, ne vous rebutez point; il n'est pas possible

[64] Expression populaire. Il faut dire: tant pis.
[65] intrigue de basse espèce; *le requiert:* l'exige
[65a] tenez-vous
[65b] regardez-moi (vulgaire)
[66] Que ferez-vous de ce vrai?
[67] selon la circonstance

qu'Angélique ne se rende, il n'est pas possible. (*A Lisette.*) Lisette, vous étiez présente quand monsieur a vu ma fille, est-il vrai qu'elle ne l'ait pas bien reçu? Qu'a-t-elle donc dit? Parlez: a-t-il lieu de se plaindre?

LISETTE— Non, madame; je ne me suis point aperçue de mauvaise réception; il n'y a eu qu'un étonnement naturel à une jeune et honnête fille, qui se trouve, pour ainsi dire, mariée dans la minute; mais pour le peu que [68] madame la rassure et s'en mêle, il n'y aura pas la moindre difficulté.

LUCIDOR— Lisette a raison, je pense comme elle.

MME ARGANTE— Eh! sans doute; elle [68a] est si jeune et si innocente!

FRONTIN— Madame, le mariage en impromptu [69] étonne l'innocence, mais ne l'afflige pas; et votre fille est allée se trouver mal dans sa chambre.

MME ARGANTE— Vous verrez, monsieur, vous verrez. . . Allez, Lisette, dites-lui que je lui ordonne de venir tout à l'heure.[70] Amenez-la ici; partez. (*A Frontin.*) Il faut avoir la bonté de lui pardonner ces premiers mouvements-là, monsieur, ce ne sera rien. (*Lisette sort.*)

FRONTIN— Vous avez beau dire,[70a] on a eu tort de m'exposer à cette aventure-ci; il est fâcheux à un galant homme, à qui tout Paris jette ses filles à la tête, et qui les refuse toutes, de venir lui-même essuyer les dédains d'une jeune citoyenne de village, à qui on ne demande précisément que sa figure [71] en mariage. Votre fille me convient fort, et je rends grâces à mon ami de l'avoir retenue; mais il fallait, en m'appelant, me tenir sa main si prête et si disposée que je n'eusse qu'à tendre la mienne pour la recevoir; point d'autre cérémonie.

LUCIDOR— Je n'ai pas dû deviner l'obstacle qui se présente.

MME ARGANTE— Eh! messieurs, un peu de patience; regardez-la, dans cette occasion-ci, comme une enfant.

[68] mais si
[68a] Angélique
[69] sans préparation
[70] tout de suite, sans tarder
[70a] quoi que vous disiez
[71] C'est-à-dire: sans exiger de dot

Scène XV — LUCIDOR, FRONTIN, ANGÉLIQUE, LISETTE, MADAME ARGANTE

MME ARGANTE— Approchez, mademoiselle, approchez; n'êtes-vous pas bien sensible à l'honneur que vous fait monsieur, de venir vous épouser, malgré votre peu de fortune et la médiocrité de votre état?

FRONTIN— Rayons ce mot d'honneur; mon amour et ma galanterie le désapprouvent.

MME ARGANTE— Non, monsieur; je dis la chose comme elle est. Répondez, ma fille.

ANGÉLIQUE— Ma mère. . .

MME ARGANTE— Vite donc!

FRONTIN— Point de ton d'autorité, sinon je reprends mes bottes et monte à cheval. (*A Angélique.*) Vous ne m'avez pas encore regardé, fille aimable; vous n'avez point encore vu ma personne; vous la rebutez [72] sans la connaître; voyez-la pour la juger.

ANGÉLIQUE— Monsieur. . .

MME ARGANTE— « Monsieur! . . . ma mère! » Levez la tête.

FRONTIN— Silence, maman; voilà une réponse entamée.

LISETTE— Vous êtes trop heureuse, mademoiselle: il faut que vous soyez née coiffée.[73]

ANGÉLIQUE, *vivement*— En tout cas, je ne suis pas née babillarde.

FRONTIN— Vous n'en êtes que plus rare. Allons, mademoiselle, reprenez haleine, et prononcez.

MME ARGANTE— Je dévore ma colère.

LUCIDOR— Que je suis mortifié!

FRONTIN, *à Angélique*— Courage! encore un effort pour achever.

ANGÉLIQUE— Monsieur, je ne vous connais point.

FRONTIN— La connaissance est si vite faite en mariage, c'est un pays où l'on va si vite. . .

MME ARGANTE— Comment? étourdie, ingrate que vous êtes!

FRONTIN— Ah! ah! madame Argante, vous avez le dialogue d'une rudesse insoutenable.

MME ARGANTE— Je sors; je ne pourrais pas me re-

[72] refusez
[73] avec de la chance (certains enfants naissent avec sur la tête une membrane où l'on voyait autrefois un présage heureux)

tenir; mais je la déshérite si elle continue de ré-
pondre aussi mal aux obligations que nous vous
avons, messieurs. Depuis que monsieur Lucidor
est ici, son séjour n'a été marqué pour nous que
par des bienfaits. Pour comble de bonheur, il ⁵
procure à ma fille un mari tel qu'elle ne pouvait
pas l'espérer, ni pour le bien, ni pour le rang, ni
pour le mérite. . .

LISETTE— Tout doux, appuyez légèrement sur le
dernier. 10

MME ARGANTE, *en s'en allant*— Et, merci de ma
vie! ⁷⁴ qu'elle l'accepte, ou je la renonce.⁷⁵

SCÈNE XVI — LUCIDOR, FRONTIN, ANGÉLIQUE, 15
LISETTE

LISETTE— En vérité, mademoiselle, on ne saurait
vous excuser. Attendez-vous qu'il vienne un
prince? 20

FRONTIN— Sans vanité, voici mon apprentissage en
fait de refus; je ne connaissais pas cet affront-là.

LUCIDOR— Vous savez, belle Angélique, que je vous
ai d'abord consultée sur ce mariage; je n'y ai
pensé que par zèle pour vous, et vous m'en avez ²⁵
paru satisfaite.

ANGÉLIQUE— Oui, monsieur, votre zèle est admi-
rable; c'est la plus belle chose du monde. J'ai tort,
je suis une étourdie; mais laissez-moi dire. A
cette heure que ma mère n'y est plus et que je ³⁰
suis un peu plus hardie, il est juste que je parle à
mon tour, et je commence par vous, Lisette; c'est
que je vous prie de vous taire, entendez-vous? Il
n'y a rien ici qui vous regarde; quand il vous
viendra un mari, vous en ferez ce qu'il vous ³⁵
plaira, sans que je vous en demande compte, et
je ne vous dirai point sottement, ni que vous êtes
née coiffée, ni que vous êtes trop heureuse, ni que
vous attendez un prince, ni d'autres propos aussi
ridicules que vous m'avez tenus, sans savoir ni ⁴⁰
quoi, ni qu'est-ce.⁷⁶

FRONTIN— Sur ⁷⁷ sa part, je devine la mienne.

⁷⁴ pitié pour ma vie (juron populaire)
⁷⁵ renie
⁷⁶ *ni quoi ni qu'est-ce:* aucune chose
⁷⁷ d'après

ANGÉLIQUE—La vôtre est tout prête, monsieur.
Vous êtes honnête homme, n'est-ce pas?

FRONTIN— C'est en quoi je brille.

ANGÉLIQUE—Vous ne voudrez pas causer du cha-
grin à une fille qui ne vous a jamais fait de mal;
cela serait cruel et barbare.

FRONTIN— Je suis l'homme du monde le plus hu-
main,⁷⁸ vos pareilles en ont mille preuves.

ANGÉLIQUE— C'est bien fait. Je vous dirai donc,
monsieur, que je serais mortifiée s'il fallait vous
aimer; le cœur me le dit; on sent cela. Non que
vous ne soyez fort aimable, pourvu que ce ne
soit pas moi qui vous aime; je ne finirai point de
vous louer quand ce sera pour une autre; je vous
prie de prendre en bonne part ⁷⁸ᵃ ce que je vous
dis là; j'y vais de tout mon cœur; ce n'est pas
moi qui ai été vous chercher, une fois; je ne
songeais pas à vous, et, si je l'avais pu, il
m'en aurait pas plus coûté de vous crier: « Ne
venez pas! » que de vous dire: « Allez-vous-
en. »

FRONTIN— Comme vous me le dites?

ANGÉLIQUE— Oh! sans doute, et le plus tôt sera le
mieux. Mais que vous importe? Vous ne man-
querez pas de filles: quand on est riche, on en a
tant qu'on veut, à ce qu'on dit, au lieu que natu-
rellement ⁷⁹ je n'aime pas l'argent; j'aimerais
mieux en donner que d'en prendre; c'est là mon
humeur.

FRONTIN— Elle est bien opposée à la mienne. A
quelle heure voulez-vous que je parte?

ANGÉLIQUE— Vous êtes bien honnête; ⁷⁹ᵃ quand il
vous plaira, je ne vous retiens point; il est tard, à
cette heure, mais il fera beau ⁷⁹ᵇ demain.

FRONTIN, *à Lucidor*— Mon grand ami, voilà ce
qu'on appelle un congé bien conditionné, et je le
reçois, sauf vos conseils, qui me régleront là-
dessus cependant; ⁸⁰ ainsi, belle ingrate, je diffère
encore mes derniers adieux.

ANGÉLIQUE—Quoi! monsieur! Ce n'est pas fait?
Pardi! vous avez bon courage! (*Et quand il est*

⁷⁸ le plus humain de tous les hommes
⁷⁸ᵃ ne pas croire méchant
⁷⁹ par nature
⁷⁹ᵃ poli
⁷⁹ᵇ le moment sera bon
⁸⁰ Il avertit ainsi son maître qu'il attend ses ordres.

parti.) Votre ami n'a guère de cœur; il me demande à quelle heure il partira, et il reste.

Scène XVII — LUCIDOR, ANGÉLIQUE, LISETTE

LUCIDOR— Il n'est pas si aisé de vous quitter, Angélique; mais je vous débarrasserai de lui.

LISETTE— Quelle perte! un homme qui lui faisait sa fortune!

LUCIDOR— Il y a des antipathies insurmontables; si Angélique est dans ce cas-là, je ne m'étonne point de son refus, et je ne renonce pas au projet de l'établir avantageusement.

ANGÉLIQUE— Eh, monsieur! ne vous en mêlez pas. Il y a des gens qui ne font que nous porter guignon.[81]

LUCIDOR— Vous porter guignon, avec les intentions que j'ai! Et qu'avez-vous à reprocher à mon amitié?

ANGÉLIQUE, *à part*— Son amitié! Le méchant homme!

LUCIDOR— Dites-moi de quoi vous vous plaignez.

ANGÉLIQUE— Moi, monsieur, me plaindre! Eh! qui est-ce qui y songe? Où sont les reproches que je vous fais? Me voyez-vous fâchée? Je suis très contente de vous; vous en agissez on ne peut pas mieux: comment donc! vous m'offrez des maris tant que j'en voudrai; vous m'en faites venir de Paris, sans que j'en demande; y a-t-il rien là de plus obligeant, de plus officieux?[82] Il est vrai que je laisse là tous vos mariages; mais aussi il ne faut pas croire, à cause de vos rares bontés, qu'on soit obligée, vite et vite, de se donner au premier venu que vous attirerez de je ne sais où, et qui arrivera tout botté pour m'épouser sur votre parole; il ne faut pas croire cela. Je suis fort reconnaissante, mais je ne suis pas idiote.

LUCIDOR— Quoi que vous en disiez, vos discours ont une aigreur que je ne sais à quoi attribuer, et que je ne mérite point.

LISETTE— Ah! j'en sais bien la cause, moi, si je voulais parler.

ANGÉLIQUE— Hem! Qu'est-ce que c'est que cette science que vous avez? Que veut-elle dire? Écou-

tez, Lisette, je suis naturellement douce et bonne; un enfant a plus de malice[83] que moi; mais si vous me fâchez, vous m'entendez bien? je vous promets de la rancune pour mille ans.

LUCIDOR— Si vous ne vous plaignez pas de moi, reprenez donc ce petit présent que je vous avais fait, et que vous m'avez rendu sans me dire pourquoi.

ANGÉLIQUE— Pourquoi? C'est qu'il n'est pas juste que je l'aie. Le mari et les bijoux étaient pour aller ensemble; et en rendant l'un, je rends l'autre. Vous voilà bien embarrassé! Gardez cela pour cette charmante beauté dont on vous a apporté le portrait.

LUCIDOR— Je lui en trouverai d'autres; reprenez ceux-ci.

ANGÉLIQUE— Oh! qu'elle garde tout, monsieur; je les jetterai.

LISETTE— Et moi je les ramasserai.

LUCIDOR— C'est-à-dire que vous ne voulez pas que je songe à vous marier, et que, malgré ce que vous m'avez dit tantôt, il y a quelque amour secret dont vous me faites mystère.

ANGÉLIQUE— Eh mais! cela se peut bien; oui, monsieur, voilà ce que c'est; j'en ai pour un homme d'ici; et quand je n'en aurais pas, j'en prendrais tout exprès demain pour avoir un mari à ma fantaisie.

Scène XVIII — ANGÉLIQUE, LUCIDOR, LISETTE, MAÎTRE BLAISE

MAÎTRE BLAISE— Je requiers la permission d'interrompre, pour avoir la déclaration de voute darnière volonté, mademoiselle; retenez-vous voute amoureux nouviau venu?

ANGÉLIQUE— Non; laissez-moi.

MAÎTRE BLAISE— Me retenez-vous, moi?

ANGÉLIQUE— Non.

MAÎTRE BLAISE— Une fois, deux fois, me voulez-vous?

ANGÉLIQUE— L'insupportable homme!

LISETTE— Êtes-vous sourd, maître Blaise? Elle vous dit que non.

MAÎTRE BLAISE, *à Lisette*— Oui, m'amie. Ah çà,

[81] mauvaise chance
[82] aimable
[83] méchanceté

monsieur, je vous prends à témoin comme quoi [84] je l'aime, comme quoi alle me repousse; que, si elle ne me prend pas, c'est sa faute, et que ce n'est pas sur moi qu'il en faut jeter l'endosse.[85] (*A Lisette, à part.*) Bonjour, poulet. (*Puis à tous.*) Au demeurant, ça ne me surprend point: mademoiselle Angélique en refuse deux; alle en refuserait trois; alle en refuserait un boissiau,[85a] il n'y en a qu'un qu'alle envie; tout le reste est du fretin [86] pour elle, hormis monsieur Lucidor, que j'ons deviné drès le commencement.

ANGÉLIQUE, *outrée*— Monsieur Lucidor!

MAÎTRE BLAISE— Li-même; n'ons-je pas [87] vu que vous pleuriez quand il fut malade, tant vous aviez peur qu'il ne devînt mort?

LUCIDOR— Je ne croirai jamais ce que vous dites là. Angélique pleurait par amitié pour moi?

ANGÉLIQUE— Comment? Ne le croyez pas; vous ne seriez pas un homme de bien de le croire. M'accuser d'aimer, à cause que je pleure, à cause que je donne des marques de bon cœur! Eh mais! je pleure tous les malades que je vois, je pleure pour tout ce qui est en danger de mourir. Si mon oiseau mourait devant moi, je pleurerais. Dira-t-on que j'ai de l'amour pour lui?

LISETTE— Passons, passons là-dessus; car, à vous parler franchement, je l'ai cru de même.

ANGÉLIQUE— Quoi! vous aussi, Lisette? Vous m'accablez, vous me déchirez. Eh! que vous ai-je fait? Quoi! un homme qui ne songe point à moi, qui veut me marier à tout le monde, je l'aimerais, moi, qui ne pourrais pas le souffrir s'il m'aimait, moi qui ai de l'inclination pour un autre? J'ai donc le cœur bien bas, bien misérable! Ah! que l'affront qu'on me fait m'est sensible!

LUCIDOR— Mais en vérité, Angélique, vous n'êtes pas raisonnable; ne voyez-vous pas que ce sont nos petites conversations qui ont donné lieu à cette folie qu'on a rêvée, et qu'elle ne mérite pas votre attention?

ANGÉLIQUE— Hélas! monsieur, c'est par discrétion que je ne vous ai pas dit ma pensée; mais je vous aime si peu, que, si je ne me retenais pas, je

vous haïrais, depuis ce mari que vous avez mandé de Paris. Oui, monsieur, je vous haïrais; je ne sais trop même si je ne vous hais pas; je ne voudrais pas jurer que non; car j'avais de l'amitié pour vous, et je n'en ai plus. Est-ce là des dispositions pour aimer?

LUCIDOR— Je suis honteux de la douleur où je vous vois. Avez-vous besoin de vous défendre? Dès que [88] vous en aimez un autre, tout n'est-il pas dit?

MAÎTRE BLAISE— Un autre galant? Alle serait, morgué! bian en peine de le montrer.

ANGÉLIQUE— En peine? Eh bien! puisqu'on m'obstine,[89] c'est justement lui qui parle, cet indigne.

LUCIDOR— Je l'ai soupçonné.

MAÎTRE BLAISE— Moi!

LISETTE— Bon! cela n'est pas vrai.

ANGÉLIQUE— Quoi! je ne sais pas l'inclinaison que j'ai? Oui, c'est lui; je vous dis que c'est lui!

MAÎTRE BLAISE— Ah çà! mademoiselle, ne badinons point; ça n'a ni rime ni raison. Par votre foi, est-ce ma personne qui vous a pris le cœur?

ANGÉLIQUE— Oh! je l'ai assez dit. Oui, c'est vous, malhonnête que vous êtes! Si vous ne m'en croyez pas, je ne m'en soucie guère.

MAÎTRE BLAISE— Eh mais! jamais voute mère n'y consentira.

ANGÉLIQUE— Vraiment, je le sais bien.

MAÎTRE BLAISE— Et pis, vous m'avez rebuté d'abord: j'ai compté là-dessus, moi; je sis arrangé autrement.

ANGÉLIQUE— Eh bien! ce sont vos affaires.

MAÎTRE BLAISE— On n'a pas un cœur qui va et qui vient comme une girouette; faut être fille pour ça. On se fie à des refus.

ANGÉLIQUE— Oh! accommodez-vous,[90] benêt.

MAÎTRE BLAISE— Sans compter que je ne sis pas riche.

LUCIDOR— Ce n'est pas là ce qui embarrassera, et j'aplanirai tout; puisque vous avez le bonheur d'être aimé, maître Blaise, je donne vingt mille francs en faveur de ce mariage; je vais en porter la parole à madame Argante, et je reviens dans le moment vous en rendre la réponse.

[84] du fait que
[85] la responsabilité
[85a] *boisseau:* ancienne mesure de capacité
[86] choses de rebut
[87] est-ce que nous n'avons pas

[88] du moment que
[89] m'enfonce dans ma résolution en me contredisant
[90] pliez-vous à la situation; *benêt:* sot

ANGÉLIQUE— Comme on me persécute!

LUCIDOR— Adieu, Angélique; j'aurai enfin la satis-
faction de vous avoir mariée selon votre cœur,
quelque chose qu'il m'en coûte.

ANGÉLIQUE— Je crois que cet homme-là me fera
mourir de chagrin.

SCÈNE XIX — MAÎTRE BLAISE, ANGÉLIQUE, LISETTE

LISETTE— Ce monsieur Lucidor est un grand ma-
rieur de filles! A quoi vous déterminez-vous,
maître Blaise?

MAÎTRE BLAISE, *après avoir rêvé*— Je dis qu'ous êtes
toujours bian jolie, mais que ces vingt mille
francs vous font grand tort.

LISETTE— Hum! le vilain procédé!

ANGÉLIQUE, *d'un air languissant*— Est-ce que vous
aviez quelque dessein pour elle?

MAÎTRE BLAISE— Oui, je n'en fais pas le fin.[91]

ANGÉLIQUE, *languissante*— Sur ce pied-là,[91a] vous ne
m'aimez pas.

MAÎTRE BLAISE— Si fait da:[91b] ça m'avait un peu
quitté; mais je vous r'aime chèrement à cette
heure.

ANGÉLIQUE, *toujours languissante*— A cause de vingt
mille francs?

MAÎTRE BLAISE— A cause de vous, et pour l'amour
d'eux.

ANGÉLIQUE— Vous avez donc intention de les rece-
voir?

MAÎTRE BLAISE— Pargué! A voute avis?

ANGÉLIQUE— Et moi je vous déclare que, si vous les
prenez, je ne veux point de vous.

MAÎTRE BLAISE— En veci bian d'un autre!

ANGÉLIQUE— Il y aurait trop de lâcheté à vous de
prendre de l'argent d'un homme qui a voulu me
marier à un autre; qui m'a offensée en particu-
lier[92] en croyant que je l'aimais, et qu'on dit que
j'aime moi-même.

LISETTE— Mademoiselle a raison; j'approuve tout à
fait ce qu'elle dit là.

MAÎTRE BLAISE— Mais acoutez donc le bon sens: si
je ne prends pas les vingt mille francs, vous me

[91] C'est-à-dire: je ne ruserai pas, je parle franchement.
[91a] en raison de cela
[91b] affirmation paysanne
[92] extraordinairement

pardrez, vous ne m'aurez point, voute mère ne
voura point de moi.

ANGÉLIQUE— Eh bien! si elle ne veut point de vous,
je vous laisserai.

MAÎTRE BLAISE, *inquiet*— Est-ce votre dernier mot?

ANGÉLIQUE — Je ne changerai jamais.

MAÎTRE BLAISE— Ah! me velà biau garçon.

SCÈNE XX — LUCIDOR, MAÎTRE BLAISE, ANGÉLIQUE, LISETTE

LUCIDOR— Votre mère consent à tout, belle Angé-
lique; j'en ai sa parole, et votre mariage avec
maître Blaise est conclu, moyennant les vingt
mille francs que je donne. Ainsi vous n'avez
qu'à venir tous deux l'en remercier.

MAÎTRE BLAISE— Point du tout; il y a un autre
vartigo[93] qui la tiant; elle a de l'aversion pour le
magot[93a] de vingt mille francs, à cause de vous
qui les délivrez: alle ne veut point de moi si je les
prends, et je veux du magot avec elle.

ANGÉLIQUE, *s'en allant*— Et moi, je ne veux plus de
qui que ce soit au monde.

LUCIDOR— Arrêtez, de grâce, chère Angélique. Lais-
sez-nous, vous autres.

MAÎTRE BLAISE, *prenant Lisette sous le bras, à mon-
sieur Lucidor*— Noute premier marché tiant-il
toujours?

LUCIDOR— Oui, je vous le garantis.

MAÎTRE BLAISE— Que le ciel vous conserve en joie!
Je vous fiance[94] donc, fillette.

SCÈNE XXI — LUCIDOR, ANGÉLIQUE

LUCIDOR— Vous pleurez, Angélique?

ANGÉLIQUE— C'est que ma mère sera fâchée; et puis
j'ai eu assez de confusion pour cela.

LUCIDOR— A l'égard de votre mère, ne vous en
inquiétez pas; je la calmerai; mais me laisserez-
vous la douleur de n'avoir pu vous rendre
heureuse?

ANGÉLIQUE— Oh! voilà qui est fini: je ne veux rien

[93] caprice
[93a] grosse somme d'argent
[94] je vous prends pour fiancée

d'un homme qui m'a donné le renom que je l'aimais toute seule.[95]

LUCIDOR— Je ne suis point l'auteur des idées qu'on a eues là-dessus.

ANGÉLIQUE— On ne m'a point entendue me vanter ₅ que vous m'aimiez, quoique je l'eusse pu croire aussi bien que vous, après toutes les amitiés et toutes les manières que vous avez eues pour moi depuis que vous êtes ici; je n'ai pourtant pas abusé de cela. Vous n'en avez pas agi de même, ₁₀ et je suis dupe de ma bonne foi.

LUCIDOR— Quand vous auriez pensé que je vous aimais, quand vous m'auriez cru pénétré de l'amour le plus tendre, vous ne vous seriez pas trompée. (*Angélique ici redouble ses pleurs et* ₁₅ *sanglote davantage.*) Et pour achever de vous ouvrir mon cœur, je vous avoue que je vous adore, Angélique.

ANGÉLIQUE— Je n'en sais rien; mais si jamais je viens à aimer quelqu'un, ce ne sera pas moi qui ₂₀ lui chercherai des filles en mariage; je le laisserai plutôt mourir garçon.

LUCIDOR— Hélas! Angélique, sans la haine que vous m'avez déclarée, et qui m'a paru si vraie, si naturelle, j'allais me proposer moi-même. Mais ₂₅ qu'avez-vous donc encore à soupirer?

ANGÉLIQUE— Vous dites que je vous hais; n'ai-je pas raison? Quand il n'y aurait que ce portrait de Paris qui est dans votre poche.

LUCIDOR— Ce portrait n'est qu'une feinte; c'est ce- ₃₀ lui d'une sœur que j'ai.

ANGÉLIQUE— Je ne pouvais pas deviner.

LUCIDOR— Le voici, Angélique; et je vous le donne.

ANGÉLIQUE— Qu'en ferai-je, si vous n'y [96] êtes plus? Un portrait ne guérit de rien. ₃₅

LUCIDOR— Et si je restais, si je vous demandais votre main, si nous ne nous quittions de la vie?

ANGÉLIQUE— Voilà du moins ce qu'on appelle parler,[96a] cela.

LUCIDOR— Vous m'aimez donc? ₄₀

ANGÉLIQUE— Ai-je jamais fait autre chose?

LUCIDOR, *se mettant tout à fait à genoux*— Vous me transportez, Angélique.

[95] qui a répandu la nouvelle que je l'aimais sans être aimée de lui
[96] ici
[96a] C'est-à-dire: c'est sérieux et ça fait plaisir. (gallicisme)

SCÈNE XXII — TOUS LES ACTEURS, *qui arrivent avec* MADAME ARGANTE

MME ARGANTE— Eh bien! monsieur; mais, que vois-je? Vous êtes aux genoux de ma fille, je pense?

LUCIDOR— Oui, madame; et je l'épouse dès aujourd'hui, si vous y consentez.

MME ARGANTE, *charmée*— Vraiment, que de reste,[97] monsieur: c'est bien de l'honneur à nous tous; et il ne manquera rien à la joie où je suis, si monsieur (*montrant Frontin*), qui est votre ami, demeure aussi le nôtre.

FRONTIN— Je suis de si bonne composition, que ce sera moi qui vous verserai à boire à table. (*A Lisette.*) Ma reine, puisque vous aimez tant Frontin, et que je lui ressemble, j'ai envie de l'être.

LISETTE— Ah! coquin, je t'entends bien; mais tu l'es trop tard.

MAÎTRE BLAISE— Je ne pouvons nous quitter; il y a douze mille francs qui nous suivent.

MME ARGANTE— Que signifie donc cela?

LUCIDOR— Je vous l'expliquerai tout à l'heure. Qu'on fasse venir les violons du village, et que la journée finisse par des danses.

DIVERTISSEMENT [98]

Vaudeville [99]

Maris jaloux, tendres amants,
Dormez sur la foi des serments,
Qu'aucun soupçon ne vous émeuve;
Croyez l'objet de vos amours,
Car on ne gagne pas toujours
 A le mettre à l'épreuve.

Avoir le cœur de son mari,
Qu'il tienne lieu d'un favori,
Quel bonheur d'en fournir la preuve!
Blaise me donne du souci;
Mais en revanche, Dieu merci,
 Je le mets à l'épreuve.

[97] j'y consens plus que vous ne pouvez croire
[98] Chaque couplet est chanté par un acteur différent dans cet ordre-ci: Mme Argante, Lisette, Frontin, Maître Blaise, Lucidor, Angélique.
[99] chanson sur un air connu

Vous qui courez après l'hymen,
Pour éloigner tout examen,
Prenez toujours fille pour veuve; [100]
Si l'amour trompe en ce moment,
C'est du moins agréablement: 5
 Quelle charmante épreuve!

Que Mathuraine [101] ait de l'humeur,
Et qu'al me refuse son cœur,
Qu'il vente, qu'il tonne ou qu'il pleuve,
Que le froid gèle notre vin, 10
Je ne prenons pas de chagrin,
 Je somme à toute épreuve.

Vous qui tenez dans vos filets
Chaque jour de nouveaux objets,
Soit fille, soit femme, soit veuve;
Vous croyez prendre, et l'on vous prend.
Gardez-vous [102] d'un cœur qui se rend
 A la première épreuve

Ah! que l'hymen paraît charmant
Quand l'époux est toujours amant! [103]
Mais jusqu'ici la chose est neuve:
Que l'on verrait peu de maris,
Si le sort nous avait permis
 De les prendre à l'épreuve!

[100] imaginez toujours que vous avez affaire à une abandonnée
[101] Ce nom est ici, dans la pensée de Maître Blaise, simple nom générique de villageoise.

[102] méfiez-vous
[103] amoureux

IV. Montesquieu (1689–1755)

CHARLES–LOUIS DE SECONDAT, baron de la Brède et de Montesquieu, *L'HOMME* appartenait à une famille de parlementaires. Il fut magistrat, et devint en 1716 président à mortier au Parlement de Guyenne. En 1721, il publia les *Lettres persanes* qui remportèrent un succès considérable. Il vint à Paris, fréquenta les salons, et entra à l'Académie.

Le projet d'un grand ouvrage sur les lois des sociétés humaines le décida à faire, de 1728 à 1731, un voyage d'études à travers l'Europe. Il visita l'Allemagne, l'Autriche, l'Italie, la Suisse, et la Hollande. Il passa deux ans en Angleterre. A son retour, il se fixa dans ses terres et se consacra à la rédaction du grand ouvrage, *De l'Esprit des lois,* qui devait paraître en 1748.

Auparavant, il en avait détaché un chapitre sur les destinées de Rome pour le développer et en faire un livre, publié en 1734, *Considérations sur les causes de la grandeur des Romains et de leur décadence.*

Montesquieu passa ses dernières années dans un repos que lui imposait sa vue très affaiblie. Il venait encore de temps en temps à Paris, et c'est là qu'il mourut, à l'âge de soixante-six ans.

Les *Lettres persanes* sont un roman sous forme de lettres. Ce livre fait une peinture et une critique de la société française vue par deux Orientaux en voyage occidental. Tout le Paris des derniers temps de Louis XIV et des premiers de la Régence défile dans ces pages étincelantes de verve, de malice et d'esprit — les femmes et les magistrats, les ecclésiastiques et les hommes de lettres, la vie politique, les salons et les cafés. Nous avons là, pour cette époque, un document comparable aux *Caractères* de La Bruyère pour l'époque précédente, présenté sous une forme qui annonce déjà les contes satiriques de Voltaire. Pour rendre son livre plus piquant, Montesquieu y a fait une place aux histoires de harems qui préoccupent les deux Persans éloignés de leur pays.

Les Considérations sur les causes de la grandeur des Romains et de leur décadence analysent les dites causes en s'appuyant solidement sur la connaisance des écrivains de l'antiquité.

Montesquieu disait de son livre *De l'Esprit des lois:* « Je puis dire que j'y ai travaillé toute ma vie. » L'ouvrage représente en effet d'immenses recherches à travers l'histoire et la science juridique. Ce livre est nouveau par sa méthode, qui applique l'étude expérimentale aux faits sociaux. C'est un traité de jurisprudence qui fait un examen comparé des lois civiles, politiques, économiques appartenant à diverses époques, à divers pays. Mais c'est aussi une œuvre philosophique écrite par un physicien, par un naturaliste qui a trouvé l'explication des lois dans les conditions de leur naissance (climat, population, mœurs, religion, commerce, constitution).

L'influence de Montesquieu a été immense. *De l'Esprit des lois* fut rapidement traduit dans toutes les langues. Catherine de Russie le lisait tous les soirs. Les auteurs de la Constitution des États-Unis s'en sont imprégnés. On conserve à Philadelphie un exemplaire de l'ouvrage couvert de notes de la main de Jefferson. Les premiers législateurs de la Révolution française y ont cherché un guide et une inspiration.

Lettres persanes

LETTRE 24. RICA A IBBEN

Nous sommes à Paris depuis un mois, et nous avons toujours été dans un mouvement continuel. Il faut bien des affaires avant qu'on soit logé, qu'on ait trouvé les gens à qui on est adressé, et qu'on se soit pourvu des choses nécessaires, qui manquent toutes à la fois.

Paris est aussi grand qu'Ispahan:[1] les maisons

¹ ancienne capitale de la Perse

y sont si hautes qu'on jurerait qu'elles ne sont habitées que par des astrologues. Tu juges bien qu'une ville bâtie en l'air, qui a six ou sept maisons les unes sur les autres, est extrême- 5 ment peuplée; et que, quand tout le monde est descendu dans la rue, il s'y fait un bel embarras.

Tu ne le croirais pas peut-être: depuis un mois que je suis ici, je n'y ai encore vu marcher personne. Il n'y a point de gens au monde qui tirent 10

mieux parti de leur machine [2] que les Français: ils courent, ils volent; les voitures lentes d'Asie, le pas réglé de nos chameaux, les feraient tomber en syncope. Pour moi, qui ne suis point fait à ce train,[3] et qui vais souvent à pied sans changer d'allure, j'enrage quelquefois comme un chrétien: car encore passe qu'on m'éclabousse depuis les pieds jusqu'à la tête; mais je ne puis pardonner les coups de coude que je reçois régulièrement et périodiquement. Un homme qui vient après moi et qui me passe me fait faire un demi-tour; et un autre qui me croise de l'autre côté me remet soudain où le premier m'avait pris; et je n'ai pas fait cent pas, que je suis plus brisé [4] que si j'avais fait dix lieues.

Ne crois pas que je puisse, quant à présent, te parler à fond [5] des mœurs et des coutumes européennes: je n'en ai moi-même qu'une légère idée, et je n'ai eu à peine que le temps de m'étonner.

Le roi de France est le plus puissant prince de l'Europe. Il n'a point de mines d'or comme le roi d'Espagne son voisin; mais il a plus de richesses que lui, parce qu'il les tire de la vanité de ses sujets, plus inépuisable que les mines. On lui a vu entreprendre ou soutenir de grandes guerres, n'ayant d'autres fonds que des titres d'honneur à vendre; et, par un prodige de l'orgueil humain, ses troupes se trouvaient payées, ses places munies,[6] et ses flottes équipées.

D'ailleurs, ce roi est un grand magicien: il exerce son empire sur l'esprit même de ses sujets; il les fait penser comme il veut. S'il n'a qu'un million d'écus dans son trésor, et qu'il en ait besoin de deux, il n'a qu'à leur persuader qu'un écu en vaut deux, et ils le croient. S'il a une guerre difficile à soutenir, et qu'il n'ait point d'argent, il n'a qu'à leur mettre dans la tête qu'un morceau de papier est de l'argent, et ils en sont aussitôt convaincus. Il va même jusqu'à leur faire croire qu'il les guérit de toutes sortes de maux [7] en les touchant, tant est grande la force et la puissance qu'il a sur les esprits!

Ce que je te dis de ce prince ne doit pas t'étonner: il y a un autre magicien plus fort que lui, qui n'est pas moins maître de son esprit qu'il l'est lui-même de celui des autres. Ce magicien s'appelle le pape: tantôt il lui fait croire que trois ne sont qu'un;[8] que le pain qu'on mange n'est pas du pain, ou que le vin qu'on boit n'est pas du vin;[9] et mille autres choses de cette espèce.

Et, pour le tenir toujours en haleine,[10] et ne point lui laisser perdre l'habitude de croire, il lui donne de temps en temps pour l'exercer de certains articles de croyance. Il y a deux ans qu'il lui envoya un grand écrit qu'il appela *constitution*,[11] et voulut obliger, sous [12] de grandes peines, ce prince et ses sujets de croire tout ce qui était contenu. Il réussit à l'égard du prince, qui se soumit aussitôt et donna l'exemple à ses sujets; mais quelques-uns d'entre eux se révoltèrent, et dirent qu'ils ne voulaient rien croire de tout ce qui était dans cet écrit. Ce sont les femmes [13] qui ont été les motrices de toute cette révolte, qui divise toute la cour, tout le royaume, et toutes les familles. Cette constitution leur défend de lire un livre [14] que tous les chrétiens disent avoir été apporté du ciel: c'est proprement leur Alcoran.[15] Les femmes, indignées de l'outrage fait à leur sexe, soulèvent tout contre la constitution: elles ont mis les hommes de leur parti, qui, dans cette occasion, ne veulent point avoir de privilège. On doit pourtant avouer que ce moufti [16] ne raisonne pas mal; et, par le grand Hali! [17] il faut qu'il ait été instruit des principes de notre sainte loi: car, puisque les femmes sont d'une création inférieure à la nôtre, et que nos prophètes nous disent qu'elles n'entreront point dans le paradis, pourquoi faut-il qu'elles se mêlent de lire un livre qui n'est fait que pour apprendre le chemin du paradis?

J'ai ouï raconter du roi des choses qui tiennent du

[2] corps humain
[3] habitué à cette façon de se déplacer
[4] fatigué, fourbu
[5] de façon complète
[6] armées
[7] Seulement les écrouelles (selon une très ancienne tradition de la monarchie française). Les écrouelles étaient une inflammation et un abcès d'origine tuberculeuse.
[8] allusion au dogme de la Sainte Trinité
[9] allusion au dogme de l'Eucharistie
[10] bien attaché
[11] La Bulle *Unigenitus*, publiée en 1713, condamnant les 101 propositions extraites des *Réflexions morales sur le Nouveau Testament* du Père janséniste Quesnel
[12] en le menaçant de
[13] les religieuses de Port-Royal
[14] la Bible
[15] le Livre sacré des Musulmans
[16] dignitaire ecclésiastique chez les Persans
[17] Mahomet

prodige, et je ne doute pas que tu ne balances [18] à les croire.

On dit que, pendant qu'il faisait la guerre à ses voisins, qui s'étaient tous ligués contre lui, il avait dans son royaume un nombre innombrable d'ennemis invisibles [19] qui l'entouraient; on ajoute qu'il les a cherchés pendant plus de trente ans; et que malgré les soins infatigables de certains dervis,[20] qui ont sa confiance, il n'en a pu trouver un seul. Ils vivent avec lui; ils sont à sa cour, dans sa capitale, dans ses troupes, dans ses tribunaux; et cependant on dit qu'il aura le chagrin de mourir sans les avoir trouvés. On dirait qu'ils existent en général, et qu'ils ne sont plus rien en particulier: c'est un corps, mais point de membres. Sans doute que le ciel veut punir ce prince de n'avoir pas été assez modéré envers les ennemis qu'il a vaincus, puisqu'il lui en donne d'invisibles, et dont le génie et le destin sont au-dessus du sien.

Je continuerai à t'écrire, et je t'apprendrai des choses bien éloignées du caractère et du génie persan. C'est bien la même terre qui nous porte tous deux; mais les hommes du pays où je vis, et ceux du pays où tu es, sont des hommes bien différents.

De Paris, le 4 de la lune de Rébiab,[21] *1711*

LETTRE 30. RICA A IBBEN. A SMYRNE

Les habitants de Paris sont d'une curiosité qui va jusqu'à l'extravagance. Lorsque j'arrivai, je fus regardé comme si j'avais été envoyé du ciel: vieillards, hommes, femmes, enfants, tous voulaient me voir. Si je sortais, tout le monde se mettait aux fenêtres; si j'étais aux Tuileries,[22] je voyais aussitôt un cercle se former autour de moi; les femmes mêmes faisaient un arc-en-ciel nuancé de mille couleurs, qui m'entourait. Si j'étais aux spectacles, je trouvais d'abord [23] cent lorgnettes dressées contre ma figure: enfin, jamais homme n'a tant été vu que moi. Je

souriais quelquefois d'entendre des gens qui n'étaient presque jamais sortis de leur chambre, qui disaient entre eux: il faut avouer qu'il a l'air bien persan. Chose admirable! Je trouvais de mes portraits partout; je me voyais multiplié dans toutes les boutiques, sur toutes les cheminées, tant on craignait de ne m'avoir pas assez vu.

Tant d'honneurs ne laissent pas d'être à charge: [24] je ne me croyais pas un homme si curieux et si rare; et, quoique j'aie très bonne opinion de moi, je ne me serais jamais imaginé que je dusse troubler le repos d'une grande ville où je n'étais point connu. Cela me fit résoudre à quitter l'habit persan, et à en endosser un à l'européenne, pour voir s'il resterait encore dans ma physionomie quelque chose d'admirable. Cet essai me fit connaître ce que je valais réellement. Libre de tous les ornements étrangers, je me vis apprécié au plus juste.[25] J'eus sujet de me plaindre de mon tailleur, qui m'avait fait perdre en un instant l'attention et l'estime publiques; car j'entrai tout à coup dans un néant affreux. Je demeurais quelquefois une heure dans une compagnie sans qu'on m'eût regardé et qu'on m'eût mis en occasion d'ouvrir la bouche: mais si quelqu'un par hasard apprenait à la compagnie que j'étais Persan, j'entendais aussitôt autour de moi un bourdonnement: Ah! ah! monsieur est Persan! C'est une chose bien extraordinaire! Comment peut-on être Persan!

De Paris, le 6 de la lune de Chalval,[26] *1712*

LETTRE 37. USBECK A IBBEN. A SMYRNE

Le roi de France est vieux.[27] Nous n'avons point d'exemple dans nos histoires d'un monarque qui ait si longtemps régné. On dit qu'il possède à un très haut degré le talent de se faire obéir: il gouverne avec le même génie sa famille, sa cour, son État. On lui a souvent entendu dire que, de tous les gouvernements du monde, celui des Turcs ou celui de notre auguste sultan lui plairaient le mieux; tant il fait cas de la politique orientale.

J'ai étudié son caractère, et j'y ai trouvé des con-

[18] hésites
[19] les jansénistes
[20] prêtres persans, ici pères jésuites
[21] avril du calendrier perse
[22] ancienne résidence des rois de France avec un jardin dessiné par Le Notre, lieu de promenades fréquenté
[23] tout de suite après mon **arrivée**

[24] ennuyeux
[25] de ma valeur
[26] octobre
[27] En 1713 il avait 75 ans.

tradictions qu'il m'est impossible de résoudre: par exemple, il a un ministre qui n'a que dix-huit ans,[28] et une maîtresse qui en a quatre-vingts;[29] il aime sa religion, et il ne peut souffrir ceux qui disent qu'il la faut observer à la rigueur:[29a] quoiqu'il fuie le tumulte des villes, et qu'il se communique peu, il n'est occupé depuis le matin jusqu'au soir qu'à faire parler de lui: il aime les trophées et les victoires; mais il craint autant de voir un bon général à la tête de ses troupes,[30] qu'il aurait sujet de le craindre à la tête d'une armée ennemie. Il n'est, je crois, jamais arrivé qu'à lui d'être en même temps comblé de plus de richesses qu'un prince n'en saurait espérer et accablé d'une pauvreté qu'un particulier ne pourrait soutenir.[31]

Il aime à gratifier ceux qui le servent; mais il paye aussi libéralement les assiduités, ou plutôt l'oisiveté de ses courtisans, que les campagnes laborieuses de ses capitaines: souvent il préfère un homme qui le déshabille, ou qui lui donne la serviette lorsqu'il se met à table, à un autre qui lui prend des villes, ou lui gagne des batailles: il ne croit pas que la grandeur souveraine doive être gênée dans la distribution des grâces; et, sans examiner si celui qu'il comble de biens est homme de mérite, il croit que son choix va le rendre tel: aussi lui a-t-on vu donner une petite pension à un homme qui avait fui deux lieues, et un beau gouvernement à un autre qui en avait fui quatre.

Il est magnifique,[32] surtout dans ses bâtiments: il y a plus de statues dans les jardins de son palais que de citoyens dans une grande ville. Sa garde est aussi forte que celle du prince devant qui tous les trônes se renversent;[33] ses armées sont aussi nombreuses, ses ressources aussi grandes, et ses finances aussi inépuisables.

De Paris, le 7 de la lune de Maharram,[34] *1713*

[28] sans doute le Marquis de Barbezieux, réellement âgé de 23 ans

[29] Madame de Maintenon, née en 1635, qui épousa secrètement Louis XIV en 1684

[29a] les jansénistes

[30] allusion à la disgrâce de Catinat

[31] Louis XIV fit porter sa vaisselle d'or à la Monnaie en 1709.

[32] se plaît à de grandes et éclatantes dépenses

[33] le chah de Perse

[34] janvier

De l'Esprit des lois

I, 1. DES LOIS DANS LE RAPPORT QU'ELLES ONT AVEC LES DIVERS ÊTRES

Les lois, dans la signification la plus étendue, sont les rapports nécessaires qui dérivent de la nature des choses: et, dans ce sens, tous les êtres ont leurs lois; la Divinité a ses lois; le monde matériel a ses lois; les intelligences supérieures à l'homme ont leurs lois; les bêtes ont leurs lois; l'homme a ses lois.

Ceux qui ont dit qu'*une fatalité aveugle a produit tous les effets que nous voyons dans le monde,* ont dit une grande absurdité;[1] car quelle plus grande absurdité qu'une fatalité aveugle qui aurait produit des êtres intelligents?

Il y a donc une raison primitive;[2] et les lois sont les rapports qui se trouvent entre elle et les différents êtres, et les rapports de ces divers êtres entre eux.

Dieu a du rapport avec l'univers, comme créateur et comme conservateur: les lois selon lesquelles il a créé sont celles selon lesquelles il conserve. Il agit selon ces règles, parce qu'il les connaît; il les connaît parce qu'il les a faites; il les a faites, parce qu'elles ont du rapport avec sa sagesse et sa puissance.

Comme nous voyons que le monde, formé par le mouvement de la matière, et privé d'intelligence, subsiste toujours, il faut que ses mouvements aient des lois invariables, et, si l'on pouvait imaginer un autre monde que celui-ci, il aurait des règles constantes, ou il serait détruit.

Ainsi la création, qui paraît être un acte arbi

[1] Montesquieu vise ici le philosophe anglais Hobbes.

[2] Dieu

traire, suppose des règles aussi invariables que la fatalité des athées. Il serait absurde de dire que le créateur, sans ces règles, pourrait gouverner le monde, puisque le monde ne subsisterait pas sans elles.

Ces règles sont un rapport constamment établi. Entre un corps mû et un autre corps mû, c'est suivant les rapports de la masse et de la vitesse que tous les mouvements sont reçus, augmentés, diminués, perdus; chaque diversité est *uniformité,* chaque changement est *constance.*[3]

Les êtres particuliers intelligents peuvent avoir des lois qu'ils ont faites; mais ils en ont aussi qu'ils n'ont pas faites. Avant qu'il y eût des êtres intelligents, ils étaient possibles: ils avaient donc des rapports possibles, et par conséquent des lois possibles. Avant qu'il y eût des lois faites, il y avait des rapports de justice possibles. Dire qu'il n'y a rien de juste ni d'injuste que ce qu'ordonnent ou défendent les lois positives, c'est dire qu'avant qu'on eût tracé de cercle, tous les rayons n'étaient pas égaux.

Il faut donc avouer des rapports d'équité[4] antérieurs à la loi positive qui les établit: comme, par exemple, que supposé qu'il y eût des sociétés d'hommes, il serait juste de se conformer à leurs lois; que, s'il y avait des êtres intelligents qui eussent reçu quelque bienfait d'un autre être, ils devraient en avoir de la reconnaissance; que, si un être intelligent avait créé un être intelligent, le créé devrait rester dans la dépendance qu'il a eue dès son origine; qu'un être intelligent, qui a fait du mal à un être intelligent, mérite de recevoir le même mal, et ainsi du reste. . .

I, 3. DES LOIS POSITIVES

La loi, en général, est la raison humaine, en tant qu'elle gouverne tous les peuples de la terre; et les lois politiques et civiles de chaque nation ne doivent être que les cas particuliers où s'applique cette raison humaine.

Elles doivent être tellement propres au peuple pour lequel elles sont faites, que c'est un très grand hasard si celles d'une nation peuvent convenir à une autre.

Il faut qu'elles se rapportent à la nature et au principe[5] du gouvernement qui est établi, ou qu'on veut établir; soit qu'elles le forment, comme font les lois politiques;[6] soit qu'elles le maintiennent, comme font les lois civiles.[7]

Elles doivent être relatives au *physique* du pays; au climat glacé, brûlant ou tempéré; à la qualité du terrain, à sa situation, à sa grandeur; au genre de vie des peuples, laboureurs, chasseurs ou pasteurs; elles doivent se rapporter au degré de liberté que la constitution peut souffrir; à la religion des habitants, à leurs inclinations, à leurs richesses, à leur nombre, à leur commerce, à leurs mœurs, à leurs manières. Enfin elles ont des rapports entre elles; elles en ont avec leur origine, avec l'objet du législateur, avec l'ordre des choses sur lesquelles elles sont établies. C'est dans toutes ces vues qu'il faut les considérer.

C'est ce que j'entreprends de faire dans cet ouvrage. J'examinerai tous ces rapports: ils forment tous ensemble ce que l'on appelle *l'Esprit des lois.* . .

II, 1. DE LA NATURE DES TROIS DIVERS GOUVERNEMENTS

Il y a trois espèces de gouvernements: le *républicain,* le *monarchique* et le *despotique.* Pour en découvrir la nature, il suffit de l'idée qu'en ont les hommes les moins instruits. Je suppose trois définitions, ou plutôt trois faits: l'un que « le gouvernement républicain est celui où le peuple en corps, ou seulement une partie du peuple a la souveraine puissance; le monarchique, celui où un seul gouverne, mais par des lois fixes et établies; au lieu que, dans le despotique, un seul, sans loi et sans règle, entraîne tout par sa volonté et par ses caprices. »

Voilà ce que j'appelle la nature de chaque gouvernement. Il faut voir quelles sont les lois qui suivent directement de cette nature, et qui par conséquent sont les premières lois fondamentales.

[3] C'est-à-dire: la quantité de mouvement d'un corps peut changer quand il rencontre un autre corps; mais la somme des quantités de mouvement des divers corps qui composent l'univers, demeure invariable. (Descartes)

[4] de justice naturelle par opposition à justice légale

[5] La *nature* du gouvernement, c'est ce qui fait sa structure; son *principe,* c'est ce qui le fait agir, c'est-à-dire les mœurs et les passions des hommes qui le pratiquent.

[6] les lois constitutionnelles qui règlent l'organisation de l'État

[7] celles qui règlent les rapports des citoyens entre eux

III, 3. DU PRINCIPE DE LA DÉMOCRATIE

Il ne faut pas beaucoup de probité pour qu'un gouvernement monarchique ou un gouvernement despotique se maintienne ou se soutienne. La force des lois dans l'un, le bras du prince toujours levé dans l'autre, règlent ou contiennent tout. Mais, dans un état populaire, il faut un ressort de plus, qui est la vertu.[8]

Ce que je dis est confirmé par le corps entier de l'histoire, et est très conforme à la nature des choses. Car il est clair que dans une monarchie, où celui qui fait exécuter les lois se juge au-dessus des lois, on a besoin de moins de vertu que dans un gouvernement populaire, où celui qui fait exécuter les lois sent qu'il y est soumis lui-même, et qu'il en portera le poids.

Il est clair encore que le monarque qui, par mauvais conseil ou par négligence, cesse de faire exécuter les lois, peut aisément réparer le mal: il n'a qu'à changer de Conseil, ou se corriger de cette négligence même. Mais lorsque, dans un gouvernement populaire, les lois ont cessé d'être exécutées, comme cela ne peut venir que de la corruption de la république, l'État est déjà perdu.

Ce fut un assez beau spectacle, dans le siècle passé, de voir les efforts impuissants des Anglais pour établir parmi eux la démocratie. Comme ceux qui avaient part aux affaires n'avaient point de vertu, que leur ambition était irritée par le succès de celui qui avait le plus osé,[9] que l'esprit d'une faction n'était réprimé que par l'esprit d'une autre, le gouvernement changeait sans cesse; le peuple étonné cherchait la démocratie et ne la trouvait nulle part. Enfin, après bien des mouvements, des chocs et des secousses, il fallut se reposer dans le gouvernement même qu'on avait proscrit.[10]

Quand Sylla voulut rendre à Rome la liberté,[11] elle ne put plus la recevoir; elle n'avait plus qu'un faible reste de vertu, et, comme elle en eut toujours moins, au lieu de se réveiller après César, Tibère, Caïus, Claude, Néron, Domitien, elle fut toujours plus esclave; tous les coups portèrent sur les tyrans, aucun sur la tyrannie.

Les politiques grecs, qui vivaient dans le gouvernement populaire, ne reconnaissaient d'autre force qui pût les soutenir que celle de la vertu. Ceux d'aujourd'hui[12] ne nous parlent que de manufactures, de commerce, de finances, de richesses et de luxe même.

Lorsque cette vertu cesse, l'ambition entre dans les cœurs qui peuvent la recevoir, et l'avarice entre dans tous. Les désirs changent d'objets: ce qu'on aimait, on ne l'aime plus; on était libre avec les lois, on veut être libre contre elles; chaque citoyen est comme un esclave échappé de la maison de son maître; ce qui était *maxime,* on l'appelle *rigueur;* ce qui était *règle,* on l'appelle *gêne;* ce qui était *attention,* on l'appelle *crainte.* C'est la frugalité qui y est l'avarice, et non pas le désir d'avoir. Autrefois le bien des particuliers faisait le trésor public; mais pour lors le trésor public devient le patrimoine des particuliers. La république est une dépouille; et sa force n'est plus que le pouvoir de quelques citoyens et la licence de tous. . . .

III, 7. DU PRINCIPE DE LA MONARCHIE

Le gouvernement monarchique suppose, comme nous avons dit, des prééminences, des rangs, et même une noblesse d'origine. La nature de l'*honneur* est de demander des préférences et des distinctions; il est donc, par la chose même, placé dans ce gouvernement.

L'ambition est pernicieuse dans une république. Elle a de bons effets dans la monarchie; elle donne la vie à ce gouvernement; et on y a cet avantage, qu'elle n'y est pas dangereuse, parce qu'elle y peut être sans cesse réprimée.

Vous diriez qu'il en est comme du système de l'univers,[13] où il y a une force qui éloigne sans cesse du centre tous les corps, et une force de pesanteur qui les y ramène. L'honneur fait mouvoir toutes les parties du corps politique; il les lie par son action même et il se trouve que chacun va au bien commun, croyant aller à ses intérêts particuliers.

[8] Montesquieu emploie ce mot dans le sens qu'il définit lui-même: « l'amour de la patrie, c'est-à-dire l'amour de l'égalité. Ce n'est point une vertu morale ni une vertu chrétienne. C'est la vertu politique. »

[9] Cromwell

[10] restauration des Stuarts

[11] en abdiquant

[12] surtout Law

[13] conçu par Newton

Il est vrai que, philosophiquement parlant, c'est un honneur faux qui conduit toutes les parties de l'État; mais cet honneur faux est aussi utile au public, que le vrai le serait aux particuliers qui pourraient l'avoir.

Et n'est-ce pas beaucoup [14] d'obliger les hommes à faire toutes les actions difficiles, et qui demandent de la force, sans autre récompense que le bruit [15] de ces actions?

III, 9. DU PRINCIPE DU GOUVERNEMENT DESPOTIQUE

Comme il faut de la vertu dans une république, et dans une monarchie, de l'honneur, il faut de la *crainte* dans un gouvernement despotique: pour la vertu, elle n'y est point nécessaire, et l'honneur y serait dangereux.

Le pouvoir immense du prince y passe tout entier à ceux à qui il le confie. Des gens capables de s'estimer beaucoup eux-mêmes seraient en état d'y

[14] un grand avantage
[15] la gloire

faire des révolutions. Il faut donc que la crainte y abatte tous les courages, et y éteigne jusqu'au moindre sentiment d'ambition.

Un gouvernement modéré peut, tant qu'il veut, et sans péril, relâcher ses ressorts. Il se maintient par ses lois et par sa force même. Mais lorsque, dans le gouvernement despotique, le prince cesse un moment de lever le bras; quand il ne peut pas anéantir à l'instant ceux qui ont les premières places, tout est perdu: car le ressort du gouvernement, qui est la crainte, n'y étant plus, le peuple n'a plus de protecteur. . .

III, 11. RÉFLEXION SUR TOUT CECI

Tels sont les principes des trois gouvernements: ce qui ne signifie pas que, dans une certaine république, on soit vertueux; mais qu'on devrait l'être. Cela ne prouve pas non plus que, dans une certaine monarchie, on ait de l'honneur: et que, dans un État despotique particulier, on ait de la crainte; mais qu'il faudrait en avoir: sans quoi le gouvernement sera imparfait.

V. Voltaire (1694–1778)

FILS DE NOTAIRE, Voltaire naquit à Paris. Après de très brillantes études chez les jésuites, il débuta dans les lettres à vingt-deux ans par l'éclatant succès de sa tragédie *Œdipe* (1718) au théâtre.

Ayant déjà passé un an à la Bastille pour quelques satires contre le Régent, une échauffourée avec le chevalier de Rohan-Chabot l'y ramène, et Voltaire ne quitte la prison que pour l'exil en Angleterre où il restera de 1726 à 1729.

En mars 1729, Voltaire obtient l'autorisation de rentrer en France. Il compose des œuvres nombreuses et variées parmi lesquelles *Les Lettres anglaises* ou *Lettres philosophiques* (1734), publiées en Hollande, répandues clandestinement en France et qui remportent un succès considérable. Ces *Lettres* ayant été condamnées par le Parlement, Voltaire se réfugia chez Mme du Châtelet, au château de Cirey, en Lorraine, où il a séjourné et travaillé de 1734 à 1744.

L'HOMME

En 1744, grâce à son ancien camarade d'Argenson, devenu ministre des affaires étrangères, Voltaire rentra à Paris. Il eut six années de vie parisienne très brillante. Il se vit même nommer historiographe de France et élire à l'Académie.

Mais, tombé en disgrâce, il quitte Paris et accompagne à Lunéville Mme du Châtelet. A la mort de celle-ci, il revient à Paris et essaie en vain de retrouver sa faveur à la cour. Découragé, il accepte l'invitation de Frédéric II, roi de Prusse, auprès duquel il restera trois ans (1750–53).

Voltaire, s'étant brouillé avec le roi, quitta la Prusse et alla séjourner en Suisse. Au bout de quatre ans, en froid avec la république de Genève, il s'installa en France mais tout près de la frontière, à Ferney. Il avait soixante-cinq ans.

C'est à Ferney qu'il mènera durant vingt ans une vie de propriétaire terrien et d'industriel, de grand seigneur et de patriarche, d'écrivain fécond et de propagandiste. Des visiteurs de marque venus de tous les coins de l'Europe s'arrêtaient au château de Ferney. C'est de là que Voltaire mena le plus activement sa propagande philosophique. C'est là aussi qu'il milita pour des réhabilitations sensationelles qui mirent le comble à sa popularité.

Il voulut aller respirer de près l'encens de cette popularité et se rendit à Paris. Il avait quatre-vingt-quatre ans. La capitale le reçut avec enthousiasme. A la représentation d'*Irène,* sa dernière tragédie, le 30 mars 1778, il vit les comédiens couronner son buste sur la scène, devant une salle délirante.

Voltaire mourut à Paris deux mois plus tard, le 30 mai. Sa longue vie avait été extraordinaire d'activité, de travail, d'intense production.

L'ŒUVRE

Par son caractère, par sa vie, bruyante, active, par sa propagande philosophique et humanitaire, par son art et son style, Voltaire présente la plus exacte et la plus complète image du dix-huitième siècle français.

La « philosophie » de Voltaire, exprimée sous maintes formes diverses en 52 volumes, est un total de négations, d'affirmations, de critiques, d'idées neuves, d'idées anciennes. L'œuvre s'étend sur soixante années, qui ont été une lutte perpétuelle contre les idées, les doctrines, les hommes que l'auteur n'aimait pas. La polémique l'a conduit à des exagérations, à des violences, à des contradictions.

En religion, il est *déiste:* c'est-à-dire qu'il n'est ni chrétien, ni athée; il s'est attaqué également au christianisme et à l'athéisme. Il considère Dieu comme une « hypothèse nécessaire » à l'explication du monde et à l'établissement de la morale.

Il s'est attaqué avec violence, souvent avec un cruel irrespect, à toutes les pratiques de la religion. Il s'est acharné à énumérer toutes les misères et tous les crimes dont il croyait pouvoir rendre la religion responsable: persécutions, guerres civiles, intolérance. Tous les cultes lui ont paru « superstition » et il les a accablés de son ironie impitoyable et de ses sarcasmes. Il s'en est pris avec une dureté particulière à la tradition biblique, à l'histoire des origines chrétiennes, et la violence même de sa critique a souvent empêché de voir ce qu'il y avait d'effort historique dans ces attaques mêmes. Ses œuvres principales en religion

et en morale sont: les *Lettres philosophiques* (1734); *Poème sur la loi naturelle* (1756); *Poème sur le désastre de Lisbonne* (1756); le *Traité sur la tolérance* (1763); le *Dictionnaire philosophique* (1764).

Le théâtre a été la passion dominante de Voltaire, qui a composé un grand nombre de pièces, quelques comédies, quelques opéras et pas moins de dix-huit tragédies. Voltaire dramaturge a subi l'influence de Shakespeare, dont tout le répertoire lui avait été révélé en Angleterre, et il a pris à son école l'idée de quelques innovations importantes. Il a élargi le champ des sujets, ne s'est plus contenté de Rome et de la Grèce, mais a pénétré dans l'histoire nationale (*Zaïre* est une aventure des croisades, *Tancrède* un épisode de la Chevalerie), dans l'histoire des Arabes (*Mahomet*), du Pérou (*Alzire*), de la Sicile (*Tancrède*), de la Chine (*L'Orphelin de la Chine*). Il a multiplié les ressorts dramatiques, ajoutant à la passion amoureuse, à l'ambition, et aux appels du devoir, le fanatisme religieux, les oppositions de croyance, le devoir civique. Il a introduit plus d'exactitude dans le costume, plus de vérité dans le décor, et—la scène ayant été enfin, grâce à lui, débarrassée des banquettes et des spectateurs qui l'encombraient—plus de mise en scène et de spectacle. Il a utilisé le théâtre pour exprimer des idées philosophiques; il en a fait, comme du roman et du conte, un instrument de propagande, pour prêcher le patriotisme (*Tancrède*), pour dénoncer la fourberie et la sottise à la base de toute religion et faire éclater les horreurs du fanatisme (*Mahomet*).

Les tragédies de Voltaire ont eu un immense succès jusqu'à l'apparition du drame romantique (vers 1830). Depuis elles n'ont retrouvé ni l'indulgence des critiques, ni la faveur du public. On préfère ses épîtres et ses satires.

Voltaire, de beaucoup le plus grand historien du XVIIIᵉ siècle, a conçu, traité, et écrit l'histoire avec une originalité novatrice. Ses œuvres historiques principales sont: *Histoire de Charles XII* (1731); *Le Siècle de Louis XIV* (1751); l'*Essai sur les mœurs et l'esprit des nations* (1756). Voltaire a voulu écrire son œuvre historique de façon à faire de l'histoire ce qu'elle n'avait jamais été encore: un genre littéraire. Le premier, il a eu la conception de l'histoire vivante et de « l'histoire intégrale ». Il a voulu rendre l'histoire aussi passionnante que le théâtre tragique; il a voulu aussi substituer l'histoire complète de la nation— avec ses lois, ses coutumes, son esprit et leurs changements—à l'histoire telle que la concevaient ses prédécesseurs et ses contemporains, qui ne se souciaient que des princes, des ministres, et des généraux. Puis il s'est élevé de la nation à la civilisation. Il y a toutefois des réserves à faire sur la valeur de cette œuvre historique.

Voltaire, malgré de sincères efforts, n'a pu triompher tout à fait de ses passions, de ses phobies, de ses emballements. Il n'avait ni dans son esprit ni dans son style les ressources capables de faire revivre les hommes et les choses d'autrefois: pas assez de cœur pour sympathiser avec les générations lointaines, pas assez d'imagination pour peindre le passé en couleurs vives. Bref, le sens de la *couleur locale* lui a complètement manqué.

Mais Voltaire a posé les bases de l'histoire telle que les modernes la conçoivent. Sa méthode est rationnelle; il ne cherche pas d'autres causes aux événements que des causes historiques. Sa méthode est documentaire, respectueuse, et avide des sources; elle vise à la connaissance intégrale qui embrasse tous les domaines de l'activité humaine. En outre, Voltaire a le sentiment de l'évolution et de la relativité des époques. C'est pourquoi il doit être considéré, malgré ses lacunes, comme le fondateur de l'histoire moderne et le précurseur des grands historiens français du XIXe siècle.

Les contes de Voltaire présentent des idées morales, philosophiques, ou politiques sous une forme romanesque, vive, et plaisante. Les principaux sont: *Zadig ou la Destinée* (1747), qui symbolise, par la série abracadabrante des aventures, le sort des hommes que ballotte le hasard tout puissant; *Micromégas* (1752), enseignant que tout est relatif, prend un air de bon tour joué aux métaphysiciens d'observance cartésienne ou leibnizienne, ainsi qu'aux croyants. *Candide ou l'Optimisme* (1759), en accumulant les malheurs sur la tête d'un bon jeune homme et de ses amis, condamne par l'absurde l'optimisme de Leibniz et de Rousseau; *L'Ingénu* (1767) raille une organisation sociale qui ne souffrait ni franchise ni liberté.

Enfin la correspondance de Voltaire occupe une toute première place dans son œuvre. Plus de onze mille de ses lettres ont été imprimées; elles sont adressées à plus de huit cents correspondants, parmi lesquels il y a des hommes et des femmes appartenant à toutes les classes sociales, le roi de Prusse et l'impératrice de Russie, des hommes d'affaires, des libraires, d'humbles ecclésiastiques, des actrices, des écrivains, des ennemis, et des amis.

Cette correspondance, où tout événement important est relaté, où toute idée nouvelle est discutée, constitue de véritables mémoires en même temps qu'une gazette de l'époque. Voltaire est d'une curiosité inlassable et s'intéresse à tout, traite toute question, se tient en communication avec tout. Voltaire, dans sa correspondance, est le miroir du XVIIIe siècle, et sa correspondance est elle-même le miroir de son œuvre, qu'elle reflète tout entière avec éclat.

Voltaire a occupé dans la littérature de son siècle cette première place que nous lui faisons partager aujourd'hui avec Rousseau. Il a su exciter l'intérêt et la passion de ses contemporains pour des idées politiques et religieuses, pour des connaissances historiques et économiques. Il a été un grand juge littéraire. De là l'éclat qu'il a répandu sur son pays et sur son époque. Aujourd'hui nous le considérons encore comme le premier conteur, le premier poète familier et léger, le premier polémiste, le premier historien, et le premier épistolier du XVIIIe siècle.

On pourrait dire qu'il a incarné le XVIIIe siècle, s'il n'avait manqué de ce dont ce siècle avait besoin et que devait apporter Rousseau: les émotions du cœur, la vie de l'âme. Du moins a-t-il été, par ses campagnes, le grand destructeur de l'ancien régime, et un annonciateur génial de temps nouveaux.

CORRESPONDANCE

Longtemps pressé par Frédéric II d'aller s'installer à la Cour de Prusse, Voltaire accepta l'invitation du roi en juillet 1750. « Il fallait bien finir par ce mariage, après des coquetteries de tant d'années », a-t-il dit. Le séjour commença dans l'enchantement réciproque. Hélas! il se termina en moins de trois ans par une brouille qu'avaient précédée bien des avanies.

Une série de lettres à Mme Denis, dont nous donnons les plus importantes, reflètent l'aventure.

Voyage en Prusse

A Madame Denis [1]

A Clèves, le 9 juillet 1750.

C'est à vous, s'il vous plaît, ma nièce,
Vous, femme d'esprit sans travers,
Philosophe de mon espèce,
Vous qui, comme moi, du Permesse [2]
5 Connaissez les sentiers divers;
C'est à vous qu'en courant j'adresse
Ce fatras de prose et de vers,
Ce récit de mon long voyage:
Non tel que j'en fis autrefois,
Quand, dans la fleur de mon bel âge,
D'Apollon je suivais les lois;
Quand j'osai, trop hardi peut-être,
Aller consulter à Paris,
En dépit de nos beaux esprits,
Le dieu du goût, mon premier maître,
Et non celui de leurs écrits.

Ce voyage-ci n'est que trop vrai, et ne m'éloigne que trop de vous. . .

A Madame Denis

A Potsdam, le 24 juillet 1750.

J'ai d'abord passé par Wesel, qui n'est plus ce qu'elle était quand Louis XIV la prit en deux jours,

en 1672, sur les Hollandais. Elle appartient aujourd'hui au roi de Prusse, et c'est une des plus belles fortes places de l'Europe. C'est là qu'on commence à voir de ces belles troupes. . .
5 D'un regard étonné, j'ai vu sur ces remparts
Ces géants court-vêtus, automates de Mars, [3]
Ces mouvements si prompts, ces démarches si fières,
 Ces moustaches, ces grands bonnets,
Ces habits retroussés, montrant de gros derrières
10 Que l'ennemi ne vit jamais.

Bientôt après, j'ai traversé les vastes, et tristes, et stériles, et détestables campagnes de la Westphalie.

15 De l'âge d'or, jadis vanté,
 C'est la plus fidèle peinture;
 Mais toujours la simplicité
 Ne fait pas la belle nature.

20 Dans de grandes huttes qu'on appelle maisons, on voit des animaux qu'on appelle hommes, qui vivent le plus cordialement du monde pêle-mêle avec d'autres animaux domestiques. Une certaine pierre dure, noire et gluante, composée, à ce qu'on 25 dit, d'une espèce de seigle, est la nourriture des maîtres de la maison. Qu'on plaigne après cela nos paysans, ou plutôt qu'on ne plaigne personne; car, sous ces cabanes enfumées, et avec cette nourriture détestable, ces hommes des premiers temps sont

[1] nièce de Voltaire, qu'il eut pour compagne, après la mort de sa maîtresse, la marquise du Chatelet
[2] Permesse était la rivière grecque des Muses; Voltaire paraît avoir cru à un autre nom du Parnasse.

[3] Dieu de la guerre. « Automates de Mars » définit admirablement les soldats de Frédéric II.

sains, vigoureux et gais. Ils ont tout juste la mesure d'idées que comporte leur état.

Ce n'est pas que je les envie:
J'aime fort nos lambris dorés;
Je bénis l'heureuse industrie
Par qui nous furent préparés
Cent plaisirs par moi célébrés,
Frondés par la cagoterie,[4]
Et par elle encor savourés.
Mais sur les huttes des sauvages
La nature épand ses bienfaits;
On voit l'empreinte de ses traits
Dans les moindres de ses ouvrages.
L'oiseau superbe de Junon,[5]
L'animal chez les Juifs immonde,[6]
Ont du plaisir à leur façon,
Et tout est égal en ce monde.

Si j'étais un vrai voyageur, je vous parlerais du Wéser et de l'Elbe, et des campagnes fertiles de Magdebourg, qui étaient autrefois le domaine de plusieurs saints archevêques, et qui se couvrent aujourd'hui des plus belles moissons (à regret sans doute) pour un prince hérétique; je vous dirais que Magdebourg est presque imprenable; je vous parlerais de ses belles fortifications, et de sa citadelle construite dans une île entre deux bras de l'Elbe, chacun plus large que la Seine ne l'est vers le Pont-Royal. Mais, comme ni vous ni moi n'assiégerons jamais cette ville, je vous jure que je ne vous en parlerai jamais.

Me voici enfin dans Potsdam. C'était sous le feu roi la demeure de Pharasmane:[7] une place d'armes et point de jardin; la marche du régiment des gardes pour toute musique, des revues pour tout spectacle, la liste des soldats pour bibliothèque. Aujourd'hui c'est le palais d'Auguste,[8] des légions et des beaux esprits, du plaisir et de la gloire, de la magnificence et du goût.

A Madame Denis

A Potsdam, le 28 octobre 1750.

Je ne sais pas pourquoi le roi me prive de la place d'historiographe de France, et qu'il daigne me conserver le brevet de son gentilhomme ordinaire:[9] c'est précisément parce que je suis en pays étranger que je suis plus propre à être historien; j'aurais moins l'air de la flatterie; la liberté dont je jouis donnerait plus de poids à la vérité. Ma chère enfant, pour écrire l'histoire de son pays, il faut être hors de son pays.

Me voilà donc à présent à deux maîtres. Celui qui a dit qu'on ne peut servir deux maîtres à la fois avait assurément bien raison; aussi, pour ne point le contredire, je n'en sers aucun. Je vous jure que je m'enfuirais s'il me fallait remplir les fonctions de chambellan comme dans les autres cours. Ma fonction est de ne rien faire. Je jouis de mon loisir. Je donne une heure par jour au roi de Prusse pour arrondir[10] un peu ses ouvrages de prose et de vers; je suis son grammairien, et point son chambellan.[11] Le reste du jour est à moi, et la soirée finit par un souper agréable. Il arrivera qu'en dépit des titres dont je ne fais nul cas, je n'exercerai point du tout la chambellanie, et que j'écrirai l'histoire.

J'ai apporté ici heureusement tous mes extraits sur Louis XIV. Je ferai venir de Leipsick les livres dont j'aurai besoin, et je finirai ici ce *Siècle de Louis XIV,* que peut-être je n'aurais jamais fini à Paris. Les pierres dont j'élevais ce monument à l'honneur de ma patrie, auraient servi à m'écraser. Un mot hardi eût paru une license effrénée; on m'aurait interprété les choses les plus innocentes avec cette charité qui empoisonne tout. Voyez ce qui est arrivé à Duclos[12] après son *Histoire de Louis XI.* S'il est mon successeur en *historiographerie,* comme on le dit, je lui conseille de n'écrire que quand il fera, comme moi, un petit voyage hors de France.

Je corrige à présent la seconde édition que le roi

[4] dévotion hypocrite
[5] le paon (superbe, c'est-à-dire orgueilleux)
[6] le porc
[7] personnage d'une tragédie de Crébillon, qui déclare que la nature, en certains pays: « Ne produit, au lieu d'or, que du fer, des soldats! »; *feu roi:* Frédéric–Guillaume I[er]
[8] le premier des empereurs romains, à qui Voltaire compare Frédéric II

[9] Voltaire avait obtenu en 1746 une charge de gentilhomme de la chambre et le titre d'historiographe de France.
[10] corriger et polir
[11] gentilhomme de service dans la chambre d'un roi
[12] moraliste et historien du XVIII[e] siècle dont le seul livre important est celui des *Considérations sur les mœurs de ce siècle* (1751)

de Prusse va faire de l'*Histoire* de son pays. Un auteur comme celui-là peut dire ce qu'il veut sans sortir de sa patrie. Il use de ce droit dans toute son étendue. Figurez-vous que, pour avoir l'air plus impartial, il tombe sur son grand-père,[13] de toutes ses forces. J'ai rabattu les coups tant que j'ai pu. J'aime un peu ce grand-père, parce qu'il était magnifique, et qu'il a laissé de beaux monuments. J'ai eu bien de la peine à faire adoucir les termes dans lesquels le petit-fils reproche à son aïeul la vanité de s'être fait roi; c'est une vanité dont ses descendants retirent des avantages solides, et le titre [14] n'en est point du tout désagréable. Enfin je lui ai dit: « C'est votre grand-père, ce n'est pas le mien, faites-en tout ce que vous voudrez; » et je me suis réduit à éplucher des phrases. Tout cela amuse, et rend la journée pleine; mais, ma chère enfant, ces journées se passent loin de vous. Je ne vous écris jamais sans regret, sans remords, et sans amertume.

A Madame Denis

A Berlin, au château, le 26 décembre 1750.

Je vous écris à côté d'un poêle, la tête pesante et le cœur triste, en jetant les yeux sur la rivière de la Sprée, parce que la Sprée tombe dans l'Elbe, l'Elbe dans la mer, et que la mer reçoit la Seine, et que notre maison de Paris est assez près de cette rivière de Seine; et je dis: « Ma chère enfant, pourquoi suis-je dans ce palais, dans ce cabinet qui donne sur cette Sprée, et non pas au coin de notre feu? » Rien n'est plus beau que la décoration du palais du soleil dans *Phaéton*.[15] Mlle Astrua [16] est la plus belle voix de l'Europe; mais fallait-il vous quitter pour un gosier à roulades et pour un roi? Que j'ai de remords, ma chère enfant! que mon bonheur est empoisonné! que la vie est courte! qu'il est triste de chercher le bonheur loin de vous! et que de remords si on le trouve!

Je suis à peine convalescent; comment partir? Le char d'Apollon [17] s'embourberait dans les neiges détrempées de pluie qui couvrent le Brandebourg. Attendez-moi, aimez-moi, recevez-moi, consolez-moi, et ne me grondez pas. Ma destinée est d'avoir affaire à Rome,[18] de façon ou d'autre. Ne pouvant y aller, je vous envoie *Rome* en tragédie,[19] par le courrier de Hambourg, telle que je l'ai retouchée; que cela serve du moins à amuser les douleurs communes de notre éloignement. J'ai bien peur que vous ne soyez pas trop contente du rôle d'Aurélie. Vous autres femmes vous êtes accoutumées à être le premier mobile des tragédies, comme vous l'êtes de ce monde. Il faut que vous soyez amoureuses comme des folles, que vous ayez des rivales, que vous fassiez des rivaux; il faut qu'on vous adore, qu'on vous tue, qu'on vous regrette, qu'on se tue avec vous. Mais, mesdames, Cicéron et Caton ne sont pas galants; César et Catilina n'étaient pas gens à se tuer pour vous. Ma chère enfant, je veux que vous vous fassiez homme pour lire ma pièce. Envoyez prier l'abbé d'Olivet [20] de vous prêter son bonnet de nuit, sa robe de chambre, et son *Cicéron,* et lisez *Rome sauvée* dans cet équipage.

Pendant que vous vous arrangerez pour gouverner la république romaine sur le théâtre de Paris, et pour travestir en Caton et en Cicéron nos comédiens, je continuerai paisiblement à travailler au *Siècle de Louis XIV,* et je donnerai à mon aise les batailles de Nervinde et d'Hochstedt.[21] Variété, c'est ma devise. J'ai besoin de plus d'une consolation. Ce ne sont point les rois, ce sont les belles-lettres qui la donnent.

A Madame Denis

A Berlin, le 2 septembre 1751.

J'ai encore le temps, ma chère enfant, de vous envoyer un nouveau paquet. Vous y trouverez une lettre de La Mettrie pour M. le maréchal de Riche-

[13] Frédéric I^{er}, protecteur des arts et des lettres, qui s'entoura d'une cour brillante; *il tombe:* il fait des critiques sur

[14] « roi de Prusse », titre concédé par l'empereur Léopold et remplaçant celui d'« électeur de Brandebourg »

[15] opéra de Quinault et Lulli

[16] cantatrice italienne

[17] char porteur d'un poète et de poèmes

[18] Voltaire comptait être reçu par le pape Benoit XIV, à qui il avait dédié sa tragédie *Mahomet.*

[19] *Rome sauvée,* tragédie qui devait être jouée en 1752

[20] ancien maître de Voltaire au collège Louis-le-Grand, auteur d'une traduction de *Cicéron*

[21] victoires françaises de Luxembourg (1693) et de Villars (1703)

lieu: [22] il implore sa protection. Tout lecteur qu'il est du roi de Prusse, il brûle de retourner en France. Cet homme si gai, et qui passe pour rire de tout, pleure quelquefois comme un enfant d'être ici. Il me conjure d'engager M. de Richelieu à lui obtenir sa grâce. En vérité, il ne faut jurer de rien sur l'apparence. La Mettrie, dans ses préfaces, vante son extrême félicité d'être auprès d'un grand roi qui lui lit quelquefois ses vers, et en secret il pleure avec moi. Il voudrait s'en retourner à pied; mais moi! . . pourquoi suis-je ici? Je vais bien vous étonner.

Ce La Mettrie est un homme sans conséquence qui cause familièrement avec le roi, après la lecture. Il parle avec confiance; il m'a juré que en parlant au roi, ces jours passés, de ma prétendue faveur et de la petite jalousie qu'elle excite, le roi lui avait répondu: « J'aurai besoin de lui encore un an, tout au plus; on presse l'orange, et on en jette l'écorce. »

Je me suis fait répéter ces douces paroles; j'ai redoublé mes interrogations; il a redoublé ses serments. Le croirez-vous? dois-je le croire? Cela est-il possible? Quoi! après seize ans de bontés, d'offres, de promesses; après la lettre [23] qu'il a voulu que vous gardassiez comme un gage inviolable de sa parole! et dans quel temps encore, s'il vous plaît? Dans le temps que je lui sacrifie tout pour le servir, que non seulement je corrige ses ouvrages, mais que je lui fais à la marge une rhétorique, une poétique suivie, composée de toutes les réflexions que je fais sur les propriétés de notre langue, à l'occasion des petites fautes que je peux remarquer; ne cherchant qu'à aider son génie, qu'à l'éclairer et qu'à le mettre en état de se passer en effet de mes soins.

Je me faisais assurément un plaisir et une gloire de cultiver son génie; tout servait à mon illusion. Un roi qui a gagné des batailles et des provinces, un roi du Nord qui a fait des vers en notre langue, un roi enfin que je n'avais pas cherché, et qui me disait qu'il m'aimait, pourquoi m'aurait-il fait tant d'avances? Je m'y perds! je n'y conçois rien. J'ai fait ce que j'ai pu pour ne point croire La Mettrie.

Je ne sais pourtant. En relisant ses vers, je suis tombé sur une épître à un peintre nommé Pesne, qui est à lui; [24] en voici les premiers vers:

« Quel spectacle étonnant vient de frapper mes yeux!

Cher Pesne, ton pinceau te place au rang des dieux. »

Ce Pesne est un homme qu'il ne regarde pas. Cependant c'est *le cher Pesne,* c'est un *dieu.* Il pourrait bien en être autant de moi, c'est-à-dire pas grand'chose. Peut-être que dans tout ce qu'il écrit, son esprit seul le conduit et le cœur est bien loin. Peut-être que toutes ces lettres, où il me prodiguait des bontés si vives et si touchantes, ne voulaient rien dire du tout.

Voilà de terribles armes que je vous donne contre moi.[25] Je serais bien condamné d'avoir succombé à tant de caresses.[26] Vous me prendriez pour M. Jourdain,[27] qui disait: « Puis-je rien refuser à un seigneur de la cour qui m'appelle son cher ami? » Mais je vous répondrai: « C'est un roi raisonnable. »

Vous imaginez bien quelles réflexions, quel retour,[28] quel embarras, et, pour tout dire, quel chagrin l'aveu de La Mettrie fait naître. Vous m'allez dire: « Partez »; mais moi je ne peux pas dire: « Partons. » Quand on a commencé quelque chose, il faut le finir; et j'ai deux éditions [29] sur les bras, et des engagements pris pour quelques mois. Je suis en presse [30] de tous côtés. Que faire? Ignorer que La Mettrie m'ait parlé, ne me confier qu'à vous, tout oublier, et attendre. Vous serez sûrement ma consolation. Je ne dirai point de vous: « Elle m'a trompé en me jurant qu'elle m'aimait. » Quand vous seriez reine, vous seriez sincère. . .

[22] La Mettrie, médecin et philosophe français, banni de France pour ses opinions matérialistes. Le maréchal de Richelieu, arrière-petit-neveu du cardinal-ministre, héros de Fontenoy, futur vainqueur de Mahon.
[23] Le roi Frédéric avait écrit à Voltaire, le 23 août 1750: « J'ai lu la lettre que votre nièce vous a écrite de Paris; l'amitié qu'elle a pour vous lui attire mon estime. Non, mon cher Voltaire, si je pouvais prévoir que votre transplantation pût tourner le moins du monde à votre désavantage, je serais le premier à vous en dissuader . . . Quoi! parce que vous vous retirez dans ma maison, il sera dit que cette maison devient une prison pour vous? Quoi, parce que je suis votre ami, je devrais être votre tyran? . . . »

[24] à son service
[25] Elle avait désapprouvé ce voyage.
[26] amabilités du roi
[27] Le *Bourgeois Gentilhomme* de Molière
[28] examen de la situation
[29] de ses œuvres
[30] sollicité et tourmenté

A Madame Denis

A Potsdam, le 24 décembre 1751.

Je ne vous écris plus, ma chère enfant, que par de courriers extraordinaires, et pour cause.[31] Celui-ci vous remettra six exemplaires complets du *Siècle de Louis XIV*, corrigés à la main. Point de privilège, s'il vous plait; on se moquerait de moi. Un privilège n'est qu'une permission de flatter, scellée en cire jaune. Il ne faudrait qu'un privilège[32] et une approbation pour décrier mon ouvrage. Je n'ai fait la cour qu'à la vérité, je ne dédie le livre qu'à elle. L'approbation qu'il me faut est celle des honnêtes gens et des lecteurs désintéressés. . .

Est-il possible qu'on crie toujours contre moi dans Paris, et qu'on me prenne pour un déserteur qui est allé servir en Prusse? je vous répète que cette clef dè chambellan,[33] que je ne porte jamais, n'est qu'un bénéfice[34] simple; que je n'ai point fait de serment; que ma croix[35] est un joujou auquel je préfère mon écritoire; en un mot, je ne suis point naturalisé Vandale,[36] et j'ose croire que ceux qui liront l'*Histoire de Louis XIV* verront bien que je suis Français. Cela est étrange qu'on ne puisse avoir un titre inutile chez un roi de Prusse qui aime les belles-lettres, sans soulever nos compatriotes! Je désire plus mon retour que ceux qui me condamnent de m'être en allé, et vous savez que ce ne sera pas pour eux que je reviendrai. *Le Meunier, son fils et l'âne*[37] n'ont pas essuyé plus de contradictions que moi.

On voit de loin les objets bien autrement qu'ils ne sont. Je reçois des lettres de moines qui veulent quitter leur couvent pour venir auprès du roi de Prusse, parce qu'ils ont fait quatre vers français.

[31] Frédéric ouvrait les lettres échangées entre Voltaire et sa nièce.
[32] autorisation d'imprimer accordée par le gouvernement, après que l'ouvrage était passé à la Censure
[33] Titre des gentilshommes qui étaient de service dans la chambre du monarque. La clef était l'insigne de cette fonction.
[34] Charge accompagnée d'un revenu. Voltaire avait la promesse de vingt mille livres par an.
[35] décoration affectée à la charge
[36] nom d'un ancien peuple de Germanie
[37] fable de La Fontaine, dans laquelle un meunier allant à la foire essaie avec son fils et avec l'âne maintes combinaisons de marche qui toutes excitent les quolibets des passants

Des gens que je n'ai jamais connus m'écrivent: « Comme vous êtes l'ami du roi de Prusse, je vous prie de faire ma fortune. » Un autre m'envoie un paquet de rêveries; il me mande qu'il a trouvé la pierre philosophale,[38] et qu'il ne veut dire son secret qu'au roi. Je lui renvoie son paquet, et je lui mande que c'est le roi qui a la pierre philosophale. D'autres, qui vivaient avec moi dans la plus parfaite indifférence, me reprochent tendrement d'avoir quitté mes amis. Ma chère enfant, il n'y a que vos lettres qui me plaisent et qui me consolent; elles font le charme de ma vie.

A Madame Denis

A Berlin, le 18 décembre 1752.

Je vous envoie, ma chère enfant, les deux contrats du duc de Wurtemberg; c'est une petite fortune assurée pour votre vie.[39] J'y joins mon testament. Ce n'est pas que je croie à votre ancienne prédiction que le roi de Prusse me *ferait mourir de chagrin*. Je ne me sens pas d'humeur à mourir d'une si sotte mort; mais la nature me fait beaucoup plus de mal que lui,[40] et il faut toujours avoir son paquet prêt et le pied à l'étrier[41] pour voyager dans cet autre monde où, quelque chose qui arrive, les rois n'auront pas grand crédit.

Comme je n'ai pas dans ce monde-ci cent cinquante mille moustaches à mon service, je ne prétends point du tout faire la guerre. Je ne songe qu'à déserter honnêtement, à prendre soin de ma santé, à vous revoir, à oublier ce rêve de trois années.

Je vois bien qu'*on a pressé l'orange;* il faut penser à sauver *l'écorce*. Je vais me faire, pour mon instruction, un petit dictionnaire à l'usage des rois.

Mon ami signifie *mon esclave*.

Mon cher ami veut dire *vous m'êtes plus qu'indifférent*.

[38] la pierre que les alchimistes du moyen âge prétendirent réaliser et avec laquelle on devait pouvoir transmuer tout métal en or
[39] Voltaire, ayant environ trois cent mille livres à placer, les plaça avantageusement en rentes viagères hypothéquées sur des terres que le duc de Wurtemberg possédait en France.
[40] Voltaire se plaignait toujours d'être malade.
[41] être prêt à partir

Entendez par *je vous rendrai heureux: je vous souffrirai tant que j'aurai besoin de vous.*

Soupez avec moi ce soir signifie *je me moquerai de vous ce soir.*

Le dictionnaire peut être long; c'est un article à mettre dans l'*Encyclopédie.*

Sérieusement, cela serre le cœur. Tout ce que j'ai vu est-il possible? Se plaire à mettre mal ensemble ceux qui vivent ensemble avec lui! Dire à un homme les choses les plus tendres, et écrire contre lui des brochures! et quelles brochures![42] Arracher un homme à sa patrie par les promesses les plus sacrées, et le maltraiter avec la malice[43] la plus noire! Que de contrastes! Et c'est là l'homme qui m'écrivait tant de choses philosophiques, et que j'ai cru philosophe! et je l'ai appelé le *Salomon*[44] *du Nord!*

Vous vous souvenez de cette belle lettre qui ne vous a jamais rassurée. *Vous êtes philosophe,* disait-il; *je le suis de même.* Ma foi, Sire, nous ne le sommes ni l'un ni l'autre.

Ma chère enfant, je ne me croirai tel[45] que quand je serai avec mes pénates et avec vous. L'embarras est de sortir d'ici. Vous savez ce que je vous ai mandé dans ma lettre du premier novembre. Je ne peux demander de congé qu'en considération de ma santé. Il n'y a pas moyen de dire: « Je vais à Plombières,[46] au mois de décembre.

Il y a ici une espèce de ministre du saint Évangile nommé Pérard,[47] né comme moi en France; il demandait permission d'aller à Paris pour ses affaires; le roi lui fit répondre qu'il connaissait mieux ses affaires que lui-même, et qu'il n'avait nul besoin d'aller à Paris.

Ma chère enfant, quand je considère un peu en détail tout ce qui se passe ici, je finis par conclure que cela n'est pas vrai, que cela est impossible, qu'on se trompe, que la chose est arrivée à Syracuse, il y a quelque trois mille ans. Ce qui est bien vrai, c'est que je vous aime de tout mon cœur, et que vous faites ma consolation.

A Madame Denis

A Mayence, le 9 juillet 1753.

Il y avait trois ou quatre ans que je n'avais pleuré, et je comptais bien que mes vieilles prunelles ne connaîtraient plus cette faiblesse, jusqu'à ce qu'elles se fermassent pour jamais. Hier, le secrétaire du comte de Stadion[48] me trouva fondant en larmes; je pleurais votre départ et votre séjour; l'atrocité de ce que vous avez souffert perdait de son horreur quand vous étiez avec moi; votre patience et votre courage m'en donnaient; mais, après votre départ, je n'ai plus été soutenu.[49]

Je crois que c'est un rêve; je crois que tout cela s'est passé du temps de Denys de Syracuse. Je me demande s'il est bien vrai qu'une dame de Paris, voyageant avec un passeport du roi son maître, ait été traînée dans les rues de Francfort par des soldats, conduite en prison sans aucune forme de procès, sans femme de chambre, sans domestique, ayant à sa porte quatre soldats la baïonnette au bout du fusil, et contrainte de souffrir qu'un commis de Freitag,[50] un scélérat de la plus vile espèce, passât seul la nuit dans sa chambre. Quand on arrêta la Brinvilliers,[51] le bourreau ne fut jamais seul avec elle; il n'y a point d'exemple d'une indécence si barbare. Et quel était votre crime? d'avoir couru deux cents lieues pour conduire aux eaux de Plombières un oncle mourant, que vous regardiez comme votre père.

Il est bien triste, sans doute, pour le roi de Prusse de n'avoir pas encore réparé cette indignité commise en son nom par un homme qui se dit son ministre. Passe encore pour moi; il m'avait fait arrêter pour ravoir son livre imprimé de poésies, dont il m'avait gratifié, et auquel j'avais quelque droit; il me l'avait

[42] Le roi de Prusse lui-même avait écrit la *Lettre d'un académicien de Berlin à un académicien de Paris,* dans laquelle Voltaire était traité de « menteur effronté ».

[43] méchanceté

[44] roi des Israélites, à la sagesse légendaire

[45] philosophe

[46] ville d'eau dans les Vosges

[47] Jacques de Pérard, membre de l'Académie de Berlin, historien

[48] conseiller intime de l'Empereur d'Allemagne, à qui Voltaire, arrêté à Francfort, avait adressé une requête

[49] Madame Denis, venue à la rencontre de Voltaire, le rejoint à Francfort et se voit enfermée comme lui dans une chambre d'auberge sur l'ordre de l'agent du roi. Quand enfin on les libère, elle précède son oncle sur le chemin du retour. C'est pourquoi il lui adresse cette lettre, évidemment destinée à être répandue en France.

[50] l'agent de Frédéric

[51] empoisonneuse célèbre exécutée en 1676

laissé comme le gage de ses bontés et comme la récompense de mes soins. Il a voulu reprendre ce bienfait; il n'avait qu'à dire un mot, ce n'était pas la peine de faire emprisonner un vieillard qui va prendre les eaux. Il aurait pu se souvenir que, depuis plus de quinze ans, il m'avait prévenu par ses bontés séduisantes; qu'il m'avait, dans ma vieillesse, tiré de ma patrie; que j'avais travaillé avec lui deux ans de suite à perfectionner ses talents; que je l'ai bien servi, et ne lui ai manqué [52] en rien; qu'enfin il est bien au-dessous de son rang et de sa gloire de prendre parti dans une querelle académique, et de finir, pour toute récompense, en me faisant demander ses poésies par des soldats.

J'espère qu'il connaîtra, tôt ou tard, qu'il a été trop loin; que mon ennemi [53] l'a trompé, et que ni l'auteur ni le roi ne devaient pas jeter tant d'amertume sur la fin de ma vie. Il a pris conseil de sa colère, il le prendra de sa raison et de sa bonté. Mais que fera-t-il pour réparer l'outrage abominable qu'on vous a fait en son nom? Milord *Maréchal* [54] sera sans doute chargé de vous faire oublier, s'il est possible, les horreurs où un Freitag vous a plongée.

On vient de m'envoyer ici des lettres pour vous; il y en a une de Mme de Fontaine [55] qui n'est pas consolante. On prétend toujours que j'ai été *Prussien*. Si on entend par là que j'ai répondu par de l'attachement et de l'enthousiasme aux avances singulières que le roi de Prusse m'a faites pendant quinze années de suite, on a grande raison; mais, si on entend que j'ai été son sujet, et que j'ai cessé un moment d'être Français, on se trompe. Le roi de Prusse ne l'a jamais prétendu, et ne me l'a jamais proposé. Il m'a donné la clef de chambellan que comme une marque de bonté, que lui-même appelle frivole dans les vers qu'il fit pour moi, en me donnant cette clef et cette croix que j'ai remises à ses pieds. Cela n'exigeait ni serments, ni fonctions, ni naturalisation. On n'est point sujet d'un roi pour porter son ordre.[56]

Il y aurait bien de l'injustice à ne pas me regarder comme Français, pendant que j'ai toujours conservé ma maison à Paris, et que j'y ai payé la capitation.[57] Peut-on prétendre sérieusement que l'auteur du *Siècle de Louis XIV* n'est pas Français? Oserait-on dire cela devant les statues de Louis XIV et de Henri IV? j'ajouterai même de Louis XV, parce que je suis le seul académicien qui fit son *Panégyrique* quand il nous donna la paix, et lui-même a ce *Panégyrique* traduit en six langues.

Il se peut faire que Sa Majesté prussienne, trompée par mon ennemi et par un mouvement de colère, ait irrité le roi mon maître contre moi; mais tout cédera à sa justice et à sa grandeur d'âme. Il sera le premier à demander au roi mon maître qu'on me laisse finir mes jours dans ma patrie; il se souviendra qu'il a été mon disciple, et que je n'emporte rien d'auprès de lui que l'honneur de l'avoir mis en état d'écrire mieux que moi. Il se contentera de cette supériorité, et ne voudra pas se servir de celle que lui donne sa place, pour accabler un étranger qui l'a enseigné quelquefois, qui l'a chéri et respecté toujours. Je ne saurais lui imputer les lettres qui courent [58] contre moi sous son nom; il est trop grand et trop élevé pour outrager un particulier dans ses lettres; il sait trop comme un roi doit écrire, et il connait le prix des bienséances; [59] il est né surtout pour faire connaître celui de la bonté et de la clémence. C'était le caractère de notre bon roi Henri IV; il était prompt et colère, mais il revenait. L'humeur n'avait chez lui que des moments, et l'humanité l'inspira toute sa vie.

Voilà, ma chère enfant, ce qu'un oncle, ou plutôt ce qu'un père malade dicte pour sa fille. Je serai un peu consolé si vous arrivez en bonne santé. Mes compliments à votre frère et à votre sœur. Adieu; puissé-je mourir dans vos bras, ignoré des hommes et des rois!

[52] ne me suis mal conduit envers lui
[53] Maupertuis, savant français vivant à la cour prussienne et avec qui Voltaire était en querelle
[54] exilé politique d'Écosse, réfugié auprès du roi de Prusse
[55] sœur cadette de Mme Denis

[56] ruban ou médaille qui désigne les membres d'une compagnie de chevalerie instituée par un souverain
[57] taxe fiscale par tête
[58] le croire l'auteur des lettres qui se répandent
[59] règles de politesse

Lettre à Rousseau

Aux Délices, près de Genève, 30 août 1755.

J'ai reçu, monsieur, votre nouveau livre [1] contre le genre humain, je vous en remercie. Vous plairez aux hommes, à qui vous dites leurs vérités, mais vous ne les corrigerez pas. On ne peut peindre avec des couleurs plus fortes les horreurs de la société humaine, dont notre ignorance et notre faiblesse se promettent tant de consolations. On n'a jamais employé tant d'esprit à vouloir nous rendre bêtes; il prend envie de marcher à quatre pattes, quand on lit votre ouvrage. Cependant, comme il y a plus de soixante ans que j'en ai perdu l'habitude, je sens malheureusement qu'il m'est impossible de la reprendre, et je laisse cette allure naturelle à ceux qui en sont plus dignes que vous et moi. Je ne peux non plus m'embarquer pour aller trouver les sauvages du Canada; premièrement, parce que les maladies dont je suis accablé me retiennent auprès du plus grand médecin de l'Europe,[2] et que je ne trouverais pas les mêmes secours chez les Missouris;[3] secondement, parce que la guerre est portée dans ces pays-là,[4] et que les exemples de nos nations ont rendu les sauvages presque aussi méchants que nous. Je me borne à être un sauvage paisible dans la solitude que j'ai choisie auprès de votre patrie, où vous devriez être.[5]

Je conviens avec vous que les belles-lettres et les sciences ont causé quelquefois beaucoup de mal. Les ennemis du Tasse firent de sa vie un tissu de malheurs; ceux de Galilée le firent gémir dans les prisons, à soixante et dix ans, pour avoir connu le mouvement de la terre; et ce qu'il y a de plus honteux, c'est qu'ils l'obligèrent à se rétracter. Dès que vos amis eurent commencé le *Dictionnaire encyclopédique*, ceux qui osèrent être leurs rivaux les traitèrent de *déistes*, d'*athées*, et même de *jansénistes*.

Si j'osais me compter parmi ceux dont les travaux n'ont eu que la persécution pour récompense, je vous ferais voir une troupe de misérables acharnés à me perdre du jour que je donnai la tragédie d'*Œdipe;*[6] une bibliothèque de calomnies ridicules imprimées contre moi; un prêtre ex-jésuite,[7] que j'avais sauvé du dernier supplice, me payant par des libelles diffamatoires du service que je lui avais rendu; un homme,[8] plus coupable encore, faisant imprimer mon propre ouvrage du *Siècle de Louis XIV* avec des *notes* dans lesquelles la plus crasse ignorance vomit les plus infâmes impostures; un autre, qui vend à un libraire quelques chapitres d'une prétendue *Histoire universelle,* sous mon nom; le libraire assez avide pour imprimer ce tissu informe de bévues, de fausses dates, de faits et de noms estropiés; et enfin des hommes assez lâches et assez méchants pour m'imputer la publication de cette rapsodie. Je vous ferais voir la société infectée de ce genre d'hommes inconnu à toute l'antiquité, qui, ne pouvant embrasser une profession honnête, soit de manœuvre, soit de laquais, et sachant malheureusement lire et écrire, se font courtiers de littérature, vivent de nos ouvrages, volent des manuscrits, les défigurent et les vendent. Je pourrais me plaindre que des fragments d'une plaisanterie faite, il y a près de trente ans,[9] courent aujourd'hui le monde par l'infidélité et l'avarice de ces malheureux qui ont mêlé leurs grossièretés à ce badinage, qui en ont rempli les vides avec autant de sottise que de malice, et qui enfin, au bout de trente ans, vendent partout en manuscrit ce qui n'appartient qu'à eux et qui n'est digne que d'eux. J'ajouterais qu'en dernier lieu on a volé une partie des matériaux que j'avais rassemblés dans les archives publiques pour servir à l'*Histoire de la Guerre de 1741,* lorsque j'étais historiographe de

[1] *Discours sur l'origine de l'inégalité* (1755)
[2] le docteur Tronchin
[3] population de l'Amérique du Nord
[4] entre les colonies anglaises et le Canada français
[5] la Suisse

[6] Elle contenait des vers contre la religion et les prêtres. *Une bibliothèque:* un grand nombre.
[7] l'abbé Desfontaines, condamné à mort par décision de Justice
[8] La Beaumelle, historien et mémorialiste
[9] *La Pucelle* (Jeanne d'Arc)

France; qu'on a vendu à un libraire de Paris ce fruit de mon travail; qu'on se saisit à l'envi[10] de mon bien, comme si j'étais déjà mort, et qu'on le dénature pour le mettre à l'encan.[11] Je vous peindrais l'ingratitude, l'imposture et la rapine, me poursuivant depuis quarante ans jusqu'au pied des Alpes, jusqu'au bord de mon tombeau. Mais que conclurai-je de toutes ces tribulations? Que je ne dois pas me plaindre; que Pope, Descartes, Bayle, le Camoëns et cent autres ont essuyé les mêmes injustices, et de plus grandes; que cette destinée est celle de presque tous ceux que l'amour des lettres a trop séduits.

Avouez, en effet, monsieur, que ce sont là de ces petits malheurs particuliers dont à peine la société s'aperçoit. Qu'importe au genre humain que quelques frelons pillent le miel de quelques abeilles? Les gens de lettres font grand bruit de toutes ces petites querelles, le reste du monde ou les ignore ou en rit.

De toutes les amertumes répandues sur la vie humaine, ce sont là les moins funestes. Les épines attachées à la littérature et à un peu de réputation ne sont que des fleurs en comparaison des autres maux qui de tout temps, ont inondé la terre. Avouez que ni Cicéron, ni Varron, ni Lucrèce, ni Virgile, ni Horace, n'eurent la moindre part aux proscriptions.[12] Marius[13] était un ignorant; le barbare Sylla,[14] le crapuleux Antoine,[15] l'imbécile Lépide,[16] lisaient peu Platon et Sophocle; et, pour ce tyran sans courage, Octave Cépias,[17] surnommé si lâchement *Auguste,* il ne fut un détestable assassin que

dans le temps[18] où il fut privé de la société des gens de lettres.

Avouez que Pétrarque et Boccace[19] ne firent pas naître les troubles de l'Italie; avouez que le *badinage* de Marot n'a pas produit la Saint-Barthélemy, et que la tragédie du *Cid* ne causa pas les troubles de la Fronde.[20] Les grands crimes n'ont guère été commis que par de célèbres ignorants. Ce qui fait et fera toujours de ce monde une vallée de larmes, c'est l'insatiable cupidité et l'indomptable orgueil des hommes, depuis Thamas Kouli-Kan,[21] qui ne savait pas lire, jusqu'à un commis de douane qui ne sait que chiffrer. Les lettres nourrissent l'âme, la rectifient, la consolent; elles vous servent, monsieur, dans le temps que vous écrivez contre elles: vous êtes comme Achille[22] qui s'emporte contre la gloire, et comme le P. Malebranche, dont l'imagination brillante écrivait contre l'imagination.[23]

Si quelqu'un doit se plaindre des lettres, c'est moi, puisque dans tous les temps et dans tous les lieux elles ont servi à me persécuter; mais il faut les aimer malgré l'abus qu'on en fait, comme il faut aimer la société dont tant d'hommes méchants corrompent les douceurs; comme il faut aimer sa patrie, quelques injustices qu'on y essuie; comme il faut aimer et servir l'Être suprême, malgré les superstitions et le fanatisme qui déshonorent si souvent son culte.

M. Chapuis m'apprend que votre santé est bien mauvaise; il faudrait la venir rétablir dans l'air natal, jouir de la liberté, boire avec moi du lait de nos vaches, et brouter nos herbes.

Je suis très philosophiquement et avec la plus tendre estime, etc.

[10] en se le disputant

[11] le vendre publiquement à l'enchère

[12] bannissements illégaux qui suivaient les guerres civiles

[13] Marius, général romain (2e et 1er siècles avant J.–C.), rival tantôt heureux, tantôt malheureux de Sylla

[14] Sylla, dictateur romain, célèbre surtout par son abdication au sommet de la puissance

[15] Antoine, neveu de César, vainqueur des meurtriers de son oncle, Brutus et Cassius, subjugué par Cléopâtre, vaincu à Actium par Octave

[16] Lépide, éphémère triumvir avec Octave et Antoine, qui le sacrifièrent

[17] Le premier empereur romain. Il reçut du Sénat le titre d'Auguste, qui est devenu son nom dans l'histoire.

[18] Au cours de la guerre civile qui l'oppose à Antoine: le grand écrivain Cicéron a été une de ses victimes, en 43 avant J.–C.

[19] Les deux plus grands écrivains de la Renaissance italienne. Voltaire appelle troubles les querelles sanglantes entre les Guelfes et les Gibelins.

[20] la guerre civile qui déchira la France pendant la minorité de Louis XIV

[21] aventurier persan du dix-huitième siècle

[22] dans *L'Iliade*

[23] dans *La Recherche de la vérité* (1714)

Portrait de Voltaire à vingt-quatre ans, par Nicolas de Largillierre. Musée Carnavalet.
(Photographie Giraudon)

Illustration de *Candide*. Gravure de Moreau le jeune. Musée Carnavalet. (Roger Viollet)

Candide ou l'Optimisme

CHAPITRE PREMIER

COMMENT CANDIDE FUT ÉLEVÉ DANS UN BEAU
CHÂTEAU, ET COMMENT IL FUT
CHASSÉ D'ICELUI

Il y avait en Westphalie, dans le château de M. le
baron de Thunder-ten-tronckh, un jeune garçon à
qui la nature avait donné les mœurs les plus douces.
Sa physionomie annonçait son âme. Il avait le juge-
ment assez droit avec l'esprit le plus simple: c'est, je
crois, pour cette raison qu'on le nommait Candide.
Les anciens domestiques de la maison soupçon-
naient qu'il était fils de la sœur de monsieur le
baron et d'un bon et honnête gentilhomme du voi-
sinage, que cette demoiselle ne voulut jamais épou-
ser parce qu'il n'avait pu prouver que soixante et
onze quartiers,¹ et que le reste de son arbre généa-
logique avait été perdu par l'injure du temps.

Monsieur le baron était un des plus puissants sei-
gneurs de la Westphalie, car son château avait une
porte et des fenêtres. Sa grande salle même était
ornée d'une tapisserie. Tous les chiens de ses basses-
cours composaient une meute dans le besoin;² ses
palefreniers étaient ses piqueurs; le vicaire du vil-
lage était son grand aumônier. Ils l'appelaient tous
Monseigneur, et ils riaient quand il faisait des con-
tes.

Madame la baronne, qui pesait environ trois cent
cinquante livres, s'attirait par là une très grande
considération, et faisait les honneurs de la maison
avec une dignité qui la rendait encore plus respec-
table. Sa fille Cunégonde, âgée de dix-sept ans, était
haute en couleur, fraîche, grasse, appétissante. Le
fils du baron paraissait en tout digne de son père.
Le précepteur Pangloss était l'oracle de la maison,
et le petit Candide écoutait ses leçons avec toute la
bonne foi de son âge et de son caractère.

Pangloss enseignait la métaphysico-théologo-cos-
molo-nigologie. Il prouvait admirablement qu'il n'y
a point d'effet sans cause, et que, dans ce meilleur
des mondes possibles, le château de monseigneur le
baron était le plus beau des châteaux et madame la
meilleure des baronnes possibles.³

« Il est démontré, disait-il, que les choses ne peu-
vent être autrement: car, tout étant fait pour une
fin, tout est nécessairement pour la meilleure fin.⁴
Remarquez bien que les nez ont été faits pour
porter des lunettes; aussi avons-nous des lunettes.
Les jambes sont visiblement instituées pour être
chaussées, et nous avons des chausses. Les pierres
ont été formées pour être taillées et pour en faire
des châteaux; aussi monseigneur a un très beau
château; le plus grand baron de la province doit être
le mieux logé; et, les cochons étant faits pour être
mangés, nous mangeons du porc toute l'année: par
conséquent, ceux qui ont avancé que tout est bien
ont dit une sottise; il fallait dire que tout est au
mieux. »

Candide écoutait attentivement, et croyait inno-
cemment: car il trouvait Mlle Cunégonde extrême-
ment belle, quoiqu'il ne prît jamais la hardiesse de
le lui dire. Il concluait qu'après le bonheur d'être
né baron de Thunder-ten-tronckh, le second degré
de bonheur était d'être Mlle Cunégonde; le troi-
sième, de la voir tous les jours; et le quatrième, d'en-
tendre maître Pangloss, le plus grand philosophe de
la province, et par conséquent de toute la terre.

Un jour, Cunégonde, en se promenant auprès du
château, dans le petit bois qu'on appelait parc, vit
entre des broussailles le docteur Pangloss qui don-
nait une leçon de physique expérimentale à la
femme de chambre de sa mère, petite brune très
jolie et très docile. Comme Mlle Cunégonde avait
beaucoup de disposition pour les sciences, elle ob-

¹ *Quartier*: chaque degré de filiation dans une famille
noble. L'arbre généalogique est la liste d'ancêtres qui établit
la filiation.
² quand le besoin s'en faisait sentir

³ Résumé caricatural (remarquer le mot *nigologie*, formé
par Voltaire en partant du mot *nigaud*) de la doctrine du
philosophe allemand Leibniz (1646–1716) systématisée et
déformée par son disciple Christian Wolf, telle que Voltaire
l'avait vue se répandre lors de son séjour en Prusse.
⁴ terme philosophique: but auquel une existence tend
par nature

serva sans souffler [5] les expériences réitérées dont
elle fut témoin; elle vit clairement la raison suffi-
sante du docteur, les effets et les causes, et s'en re-
tourna toute agitée, toute pensive, toute remplie du
désir d'être savante, songeant qu'elle pourrait bien
être la raison suffisante du jeune Candide, qui pou-
vait aussi être la sienne.[6]

Elle rencontra Candide en revenant au château, et
rougit; Candide rougit aussi; elle lui dit bonjour
d'une voix entrecoupée, et Candide lui parla sans
savoir ce qu'il disait. Le lendemain, après le dîner,
comme on sortait de table, Cunégonde et Candide
se trouvèrent derrière un paravent; Cunégonde
laissa tomber son mouchoir, Candide le ramassa;
elle lui prit innocemment la main, le jeune homme
baisa innocemment la main de la jeune demoiselle
avec une vivacité, une sensibilité, une grâce toute
particulière; leurs bouches se rencontrèrent, leurs
yeux s'enflammèrent, leurs genoux tremblèrent,
leurs mains s'égarèrent. M. le baron de Thunder-
ten-tronckh passa auprès du paravent, et, voyant
cette cause et cet effet, chassa Candide du château
à grands coups de pied dans le derrière; Cunégonde
s'évanouit; elle fut souffletée [7] par madame la ba-
ronne dès qu'elle fut revenue à elle-même; et tout
fut consterné dans le plus beau et le plus agréable
des châteaux possibles.

CHAPITRE II

CE QUE DEVINT CANDIDE PARMI LES BULGARES

Candide, chassé du paradis terrestre, marcha
longtemps sans savoir où, pleurant, levant les yeux
au ciel, les tournant souvent vers le plus beau des
châteaux, qui renfermait la plus belle des baron-
nettes; il se coucha sans souper au milieu des
champs entre deux sillons; la neige tombait à gros
flocons. Candide, tout transi, se traîna le lendemain
vers la ville voisine, qui s'appelle *Vald-berghoff-
trarbk-dikdorff*, n'ayant point d'argent, mourant de
faim et de lassitude. Il s'arrêta tristement à la porte
d'un cabaret. Deux hommes habillés de bleu le re-

marquèrent.[1] « Camarade, dit l'un, voilà un jeune
homme très bien fait, et qui a la taille requise. » Ils
s'avancèrent vers Candide et le prièrent à dîner très
civilement. « Messieurs, leur dit Candide avec une
modestie charmante, vous me faites beaucoup
d'honneur, mais je n'ai pas de quoi payer mon écot.[2]
— Ah! Monsieur, lui dit un des bleus, les personnes
de votre figure et de votre mérite ne payent jamais
rien: n'avez-vous pas cinq pieds cinq pouces de
haut? — Oui, Messieurs, c'est ma taille, dit-il en fai-
sant la révérence. — Ah! Monsieur, mettez-vous à
table; non seulement nous vous défrayerons, mais
nous ne souffrirons jamais qu'un homme comme
vous manque d'argent; les hommes ne sont faits
que pour se secourir les uns les autres. — Vous avez
raison, dit Candide: c'est ce que M. Pangloss m'a
toujours dit, et je vois bien que tout est au mieux. »
On le prie d'accepter quelques écus, il les prend et
veut faire son billet;[3] on n'en veut point, on se
met à table: « N'aimez-vous pas tendrement? . . .
— Oh! oui, répond-il, j'aime tendrement Mlle Cuné-
gonde. — Non, dit l'un de ces messieurs, nous vous
demandons si vous n'aimez pas tendrement le roi
des Bulgares. — Point du tout, dit-il, car je ne l'ai
jamais vu. — Comment! c'est le plus charmant des
rois, et il faut boire à sa santé. — Oh! très volontiers,
Messieurs »; et il boit. «C'en est assez, lui dit-on,
vous voilà l'appui, le soutien, le défenseur, le héros
des Bulgares; votre fortune est faite, et votre gloire
est assurée. » On lui met sur-le-champ [4] les fers aux
pieds, et on le mène au régiment. On le fait tourner
à droite, à gauche, hausser la baguette,[5] remettre la
baguette, coucher en joue,[6] tirer, doubler le pas, et
on lui donne trente coups de bâton; le lendemain, il
fait l'exercice un peu moins mal, et il ne reçoit que
vingt coups; le surlendemain, on ne lui en donne
que dix, et il est regardé par ses camarades comme
un prodige.

Candide, tout stupéfait, ne démêlait pas encore
trop bien comment il était un héros. Il s'avisa, un

[5] respirer

[6] *raison suffisante:* façon dont tout se produit nécessaire-
ment (Leibniz-Wolf)

[7] reçut des gifles

[1] sergents recruteurs d'hommes pour l'armée bulgare
(mais Voltaire pense à l'armée prussienne)

[2] part dans un repas

[3] quittance, reçu par lequel on reconnait la somme due

[4] aussitôt

[5] baguette de fusil, elle servait à presser la charge dans
le canon

[6] viser un but

beau jour de printemps, de s'aller promener, marchant tout droit devant lui, croyant que c'était un privilège de l'espèce humaine, comme de l'espèce animale, de se servir de ses jambes à son plaisir. Il n'eut pas fait deux lieues que voilà quatre autres héros de six pieds qui l'atteignent, qui le lient, qui le mènent dans un cachot. On lui demanda juridiquement[7] ce qu'il aimait le mieux d'être fustigé trente-six fois par tout le régiment, ou de recevoir à la fois douze balles de plomb dans la cervelle. Il eut beau dire que les volontés sont libres et qu'il ne voulait ni l'un ni l'autre, il fallut faire un choix; il se détermina, en vertu du don de Dieu qu'on nomme liberté, à passer trente-six fois par les baguettes; il essuya[8] deux promenades. Le régiment était composé de deux mille hommes; cela lui composa quatre mille coups de baguette, qui, depuis la nuque du cou jusqu'au cul, lui découvrirent les muscles et les nerfs. Comme on allait procéder à la troisième course, Candide, n'en pouvant plus, demanda en grâce qu'on voulût bien avoir la bonté de lui casser la tête: il obtient cette faveur; on lui bande les yeux, on le fait mettre à genoux. Le roi des Bulgares passe dans ce moment, s'informe du crime du patient; et, comme ce roi avait un grand génie, il comprit, par tout ce qu'il apprit de Candide, que c'était un jeune métaphysicien fort ignorant des choses de ce monde, et il lui accorda sa grâce avec une clémence qui sera louée dans tous les journaux et dans tous les siècles. Un brave chirurgien guérit Candide en trois semaines avec les émollients enseignés par Dioscoride.[9] Il avait déjà un peu de peau et pouvait marcher, quand le roi des Bulgares livra bataille au roi des Abares.[10]

CHAPITRE III

COMMENT CANDIDE SE SAUVA D'ENTRE LES BULGARES, ET CE QU'IL DEVINT

Rien n'était si beau, si leste, si brillant, si bien ordonné que les deux armées. Les trompettes, les fifres, les hautbois, les tambours, les canons, formaient une harmonie telle qu'il n'y en eut jamais en enfer. Les canons renversèrent d'abord à peu près six mille hommes de chaque côté; ensuite la mousqueterie[1] ôta du meilleur des mondes environ neuf à dix mille coquins qui en infectaient la surface. La baïonnette fut aussi la raison suffisante de la mort de quelques milliers d'hommes. Le tout pouvait bien se monter à une trentaine de mille âmes. Candide, qui tremblait comme un philosophe, se cacha du mieux qu'il put pendant cette boucherie héroïque.

Enfin, tandis que les deux rois faisaient chanter des *Te Deum*[2] chacun dans son camp, il prit le parti[3] d'aller raisonner ailleurs des effets et des causes. Il passa pardessus des tas de morts et de mourants, et gagna d'abord un village voisin; il était en cendres: c'était un village abare que les Bulgares avaient brûlé, selon les lois du droit public.[4] Ici des vieillards criblés de coups regardaient mourir leurs femmes égorgées, qui tenaient leurs enfants à leurs mamelles sanglantes; là des filles éventrées après avoir assouvi les besoins naturels de quelques héros rendaient les derniers soupirs; d'autres, à demi brûlées, criaient qu'on achevât de leur donner la mort. Des cervelles étaient répandues sur la terre à côté de bras et de jambes coupés.

Candide s'enfuit au plus vite dans un autre village: il appartenait à des Bulgares, et les héros abares l'avaient traité de même. Candide, toujours marchant sur des membres palpitants ou à travers des ruines, arriva enfin hors du théâtre de la guerre, portant quelques petites provisions dans son bissac, et n'oubliant jamais Mlle Cunégonde. Ses provisions lui manquèrent quand il fut en Hollande; mais, ayant entendu dire que tout le monde était riche dans ce pays-là et qu'on y était chrétien, il ne douta pas qu'on ne le traitât aussi bien qu'il l'avait été dans le château de monsieur le baron, avant qu'il en eût été chassé pour les beaux yeux de Mlle Cunégonde.

Il demanda l'aumône à plusieurs graves personnages, qui lui répondirent tous que, s'il continuait à

[7] selon les règles
[8] il subit
[9] médecin de la Grèce ancienne (Ier siècle après J.–C.)
[10] Sous le nom d'Abares, Voltaire pense aux Français et fait allusion à la guerre de Sept Ans.

[1] les fusils
[2] cantique latin de l'Église qui se chante pour célébrer une victoire
[3] la décision
[4] droit des gens (ironique)

faire ce métier, on l'enfermerait dans une maison de correction pour lui apprendre à vivre.

Il s'adressa ensuite à un homme qui venait de parler tout seul une heure de suite sur la charité dans une grande assemblée. Cet orateur,[5] le re-gardant de travers, lui dit: « Que venez-vous faire ici? y êtes-vous pour la bonne cause? — Il n'y a point d'effet sans cause, répondit modestement Candide; tout est enchaîné nécessairement et arrangé pour le mieux. Il a fallu que je fusse chassé d'au-près de Mlle Cunégonde, que j'aie passé par les baguettes, et il faut que je demande mon pain jusqu'à ce que je puisse en gagner; tout cela ne pouvait être autrement. — Mon ami, lui dit l'ora-teur, croyez-vous que le pape soit l'Antéchrist? — Je ne l'avais pas encore entendu dire, répondit Can-dide; mais, qu'il le soit ou qu'il ne le soit pas, je manque de pain. — Tu ne mérites pas d'en manger, dit l'autre; va, coquin; va, misérable, ne m'approche de ta vie. » La femme de l'orateur, ayant mis la tête à la fenêtre et avisant un homme qui doutait que le pape fût l'Antéchrist, lui répandit sur le chef [6] un plein. . . O Ciel! à quel excès se porte le zèle de la religion dans les dames!

Un homme qui n'avait point été baptisé, un bon anabaptiste,[7] nommé Jacques, vit la manière cruelle et ignominieuse dont on traitait ainsi un de ses frères, un être à deux pieds sans plumes,[8] qui avait une âme; il l'amena chez lui, le nettoya, lui donna du pain et de la bière, lui fit présent de deux florins, et voulut même lui apprendre à travailler dans ses manufactures aux étoffes de Perse qu'on fabrique en Hollande. Candide, se prosternant presque de-vant lui, s'écriait: « Maître Pangloss me l'avait bien dit que tout est au mieux dans ce monde, car je suis infiniment plus touché de votre extrême gé-nérosité que de la dureté de ce monsieur à manteau noir et de madame son épouse. »

Le lendemain, en se promenant, il rencontra un gueux tout couvert de pustules, les yeux morts, le bout du nez rongé, la bouche de travers, les dents noires, et parlant de la gorge, tourmenté d'une toux violente et crachant une dent à chaque effort.

[5] pasteur protestant
[6] la tête
[7] appartenant à la secte qui rejetait le baptême des enfants
[8] définition de l'homme par certains philosophes

CHAPITRE IV

COMMENT CANDIDE RENCONTRA SON ANCIEN MAÎTRE DE PHILOSOPHIE, LE DOCTEUR, PANGLOSS, ET CE QUI EN ADVINT

Candide, plus ému encore de compassion que d'horreur, donna à cet épouvantable gueux les deux florins qu'il avait reçus de son honnête anabaptiste Jacques. Le fantôme le regarda fixement, versa des larmes et sauta à son cou. Candide, effrayé, recule. « Hélas! dit le misérable à l'autre misérable, ne re-connaissez-vous plus votre cher Pangloss? — Qu'en-tends-je? Vous, mon cher maître! Vous, dans cet état horrible! Quel malheur vous est-il donc arrivé? Pourquoi n'êtes-vous plus dans le plus beau des châteaux? Qu'est devenue Mlle Cunégonde, la perle des filles, le chef-d'œuvre de la nature? — Je n'en peux plus », dit Pangloss. Aussitôt Candide le mena dans l'étable de l'anabaptiste, où il lui fit manger un peu de pain; et quand Pangloss fut refait: « Eh bien! lui dit-il, Cunégonde? — Elle est morte », re-prit l'autre. Candide s'évanouit à ce mot; son ami rappela ses sens avec un peu de mauvais vinaigre qui se trouva par hasard dans l'étable. Candide rouvre les yeux. « Cunégonde est morte! Ah! meil-leur des mondes, où êtes-vous? Mais de quelle mala-die est-elle morte? Ne serait-ce point de m'avoir vu chasser du beau château de monsieur son père à grands coups de pied? — Non, dit Pangloss; elle a été éventrée par des soldats bulgares, après avoir été violée autant qu'on peut l'être; ils ont cassé la tête à monsieur le baron, qui voulait la défendre; madame la baronne a été coupée en morceaux; mon pauvre pupille,[1] traité précisément comme sa sœur; et quant au château, il n'est pas resté pierre sur pierre, pas une grange, pas un mouton, pas un canard, pas un arbre; mais nous avons été bien vengés, car les Abares en ont fait autant dans une baronnie voisine qui appartenait à un seigneur bul-gare. »

A ce discours, Candide s'évanouit encore; mais, revenu à soi et ayant dit tout ce qu'il devait dire, il s'enquit de la cause et de l'effet, et de la raison suf-fisante qui avait mis Pangloss dans un si piteux état. « Hélas! dit l'autre, c'est l'amour; l'amour, le

consolateur du genre humain; le conservateur de l'univers, l'âme de tous les êtres sensibles, le tendre amour. — Hélas! dit Candide, je l'ai connu, cet amour, ce souverain des cœurs, cette âme de notre âme; il ne m'a jamais valu qu'un baiser et vingt coups de pieds au cul. Comment cette belle cause a-t-elle pu produire en vous un effet si abominable? » Pangloss répondit en ces termes: « O mon cher Candide! vous avez connu Paquette, cette jolie suivante de notre auguste baronne; j'ai goûté dans ses bras les délices du paradis, qui ont produit ces tourments d'enfer dont vous me voyez dévoré; elle en était infectée, elle en est peut-être morte. Paquette tenait ce présent [2] d'un cordelier très savant, qui avait remonté à la source: car il l'avait eue d'une vieille comtesse, qui l'avait reçue d'un capitaine de cavalerie, qui la devait à une marquise, qui la tenait d'un page, qui l'avait reçue d'un jésuite qui, étant novice, l'avait eue en droite ligne d'un des compagnons de Christophe Colomb. Pour moi, je ne la donnerai à personne, car je me meurs. — O Pangloss! s'écria Candide, voilà une étrange généalogie! n'est-ce pas le diable qui en fut la souche? [3] — Point du tout, répliqua ce grand homme: c'était une chose indispensable dans le meilleur des mondes, un ingrédient nécessaire: car, si Colomb n'avait pas attrapé dans une île de l'Amérique cette maladie qui empoisonne la source de la génération, qui souvent même empêche la génération, et qui est évidemment l'opposé du grand but de la nature, nous n'aurions ni le chocolat ni la cochenille; il faut encore observer que jusqu'aujourd'hui, dans notre continent, cette maladie nous est particulière, comme la controverse.[4] Les Turcs, les Indiens, les Persans, les Chinois, les Siamois, les Japonais, ne la connaissent pas encore; mais il y a une raison suffisante pour qu'ils la connaissent à leur tour dans quelques siècles. En attendant, elle a fait un merveilleux progrès parmi nous, et surtout dans ces grandes armées composées d'honnêtes stipendiaires [5] bien élevés, qui décident du destin des États; on peut assurer que, quand trente mille hommes com-

battent en bataille rangée contre des troupes égales en nombre, il y a environ vingt mille vérolés de chaque côté. — Voilà qui est admirable, dit Candide; mais il faut vous faire guérir. — Et comment le puis-je? dit Pangloss; je n'ai pas le sou, mon ami, et, dans toute l'étendue de ce globe, on ne peut ni se faire saigner ni prendre un lavement sans payer, ou sans qu'il y ait quelqu'un qui paye pour nous. »

Ce dernier discours détermina Candide; il alla se jeter aux pieds de son charitable anabaptiste Jacques, et lui fit une peinture si touchante de l'état où son ami était réduit que le bonhomme n'hésita pas à recueillir le docteur Pangloss; il le fit guérir à ses dépens. Pangloss, dans la cure, ne perdit qu'un œil et une oreille. Il écrivait bien et savait parfaitement l'arithmétique. L'anabaptiste Jacques en fit son teneur de livres. Au bout de deux mois, étant obligé d'aller à Lisbonne pour les affaires de son commerce, il mena dans son vaisseau ses deux philosophes. Pangloss lui expliqua comment tout était on ne peut mieux. Jacques n'était pas de cet avis. « Il faut bien, disait-il, que les hommes aient un peu corrompu la nature, car ils ne sont point nés loups, et ils sont devenus loups. Dieu ne leur a donné ni canon de vingt-quatre [6] ni baïonnettes, et ils se sont fait des baïonnettes et des canons pour se détruire. Je pourrais mettre en ligne de compte [7] les banqueroutes et la justice qui s'empare des biens des banqueroutiers pour en frustrer les créanciers. — Tout cela était indispensable, répliquait le docteur borgne, et les malheurs particuliers font le bien général, de sorte que plus il y a de malheurs particuliers, et plus tout est bien. » Tandis qu'il raisonnait, l'air s'obscurcit, les vents soufflèrent des quatre coins du monde, et le vaisseau fut assailli de la plus horrible tempête à la vue du port de Lisbonne.

CHAPITRE V

TEMPÊTE, NAUFRAGE, TREMBLEMENT DE TERRE,
ET CE QUI ADVINT DU DOCTEUR PANGLOSS,
DE CANDIDE ET DE L'ANABAPTISTE JACQUES

La moitié des passagers affaiblis, expirants de ces angoisses inconcevables que le roulis [1] d'un vaisseau

[2] Cette infection est la syphilis que Voltaire appelle vérole. Le cordelier est un religieux de l'ordre des Franciscains.
[3] la racine, l'origine
[4] dispute en règle sur une question de philosophie
[5] soldats à la solde d'un État

[6] lançant un boulet de 24 livres
[7] compter dans nos malheurs

[1] mouvement d'un bord à l'autre

porte dans les nerfs et dans toutes les humeurs du corps agitées en sens contraires, n'avait pas même la force de s'inquiéter du danger. L'autre moitié jetait des cris et faisait des prières; les voiles étaient déchirées, les mâts brisés, le vaisseau entr'ouvert. Travaillait qui pouvait, personne ne s'entendait, personne ne commandait. L'anabaptiste aidait un peu à la manœuvre; il était sur le tillac; un matelot furieux le frappe rudement et l'étend sur les planches; mais du coup qu'il lui donna il eut [2] lui-même une si violente secousse qu'il tomba hors du vaisseau la tête la première. Il restait suspendu et accroché à une partie de mât rompue. Le bon Jacques court à son secours, l'aide à remonter, et de l'effort qu'il fit il est précipité dans la mer à la vue du matelot, qui le laissa périr sans daigner seulement le regarder. Candide approche, voit son bienfaiteur qui reparaît un moment et qui est englouti pour jamais. Il veut se jeter après lui dans la mer; le philosophe Pangloss l'en empêche, en lui prouvant que la rade de Lisbonne avait été formée exprès pour que cet anabaptiste s'y noyât. Tandis qu'il le prouvait a priori,[3] le vaisseau s'entr'ouvre, tout périt à la réserve de [4] Pangloss, de Candide, et de ce brutal de matelot qui avait noyé le vertueux anabaptiste; le coquin nagea heureusement jusqu'au rivage, où Pangloss et Candide furent portés sur une planche.

Quand ils furent revenus un peu à eux, ils marchèrent vers Lisbonne; il leur restait quelque argent, avec lequel ils espéraient se sauver de la faim après avoir échappé à la tempête.

A peine ont-ils mis le pied dans la ville en pleurant la mort de leur bienfaiteur, qu'ils sentent la terre trembler sous leurs pas; [5] la mer s'élève en bouillonnant dans le port, et brise les vaisseaux qui sont à l'ancre. Des tourbillons de flamme et de cendres couvrent les rues et les places publiques; les maisons s'écroulent, les toits sont renversés sur les fondements, et les fondements se dispersent; trente mille habitants de tout âge et de tout sexe sont écrasés sous les ruines. Le matelot disait en sifflant et en jurant: « Il y aura quelque chose à gagner ici. — Quelle peut être la raison suffisante de ce phénomène? disait Pangloss. — Voici le dernier jour du monde! » s'écriait Candide. Le matelot court incontinent au milieu des débris, affronte la mort pour trouver de l'argent, en trouve, s'en empare, s'enivre, et, ayant cuvé [6] son vin, achète les faveurs de la première fille de bonne volonté qu'il rencontre sur les ruines des maisons détruites, et au milieu des mourants et des morts. Pangloss le tirait cependant par la manche. « Mon ami, lui disait-il, cela n'est pas bien, vous manquez à la raison universelle, vous prenez mal votre temps. — Tête et sang! répondit l'autre, je suis matelot et né à Batavia; j'ai marché quatre fois sur le crucifix dans quatre voyages au Japon; [7] tu as bien trouvé ton homme avec ta raison universelle! »

Quelques éclats de pierre avaient blessé Candide; il était étendu dans la rue et couvert de débris. Il disait à Pangloss: « Hélas! procure-moi un peu de vin et d'huile; je me meurs. — Ce tremblement de terre n'est pas une chose nouvelle, répondit Pangloss; la ville de Lima éprouva les mêmes secousses en Amérique l'année passée; mêmes causes, mêmes effets: il y a certainement une traînée de soufre sous terre depuis Lima jusqu'à Lisbonne.[8] — Rien n'est plus probable, dit Candide; mais, pour Dieu, un peu d'huile et de vin. — Comment, probable? répliqua le philosophe; je soutiens que la chose est démontrée. » Candide perdit connaissance, et Pangloss lui apporta un peu d'eau d'une fontaine voisine.

Le lendemain, ayant trouvé quelques provisions de bouche en se glissant à travers des décombres, ils réparèrent un peu leurs forces. Ensuite ils travaillèrent comme les autres à soulager les habitants échappés à la mort. Quelques citoyens, secourus par eux, leur donnèrent un aussi bon dîner qu'on le pouvait dans un tel désastre: il est vrai que le repas était triste; les convives arrosaient leur pain de leurs larmes; mais Pangloss les consola en les assurant que les choses ne pouvaient être autrement: « Car,

[2] reçut
[3] terme de logique: d'après un principe antérieur à l'expérience admis comme évident sans souci des faits
[4] excepté
[5] évocation du tremblement de terre qui se produisit le 1er novembre 1755

[6] dormi sous l'influence de
[7] C'est à quoi les Japonais, à la suite d'un complot portugais, obligeaient les Hollandais, pour avoir la preuve que ceux-ci n'étaient pas de religion chrétienne. A tous les autres étrangers le Japon était fermé.
[8] théorie de Buffon

dit-il, tout ceci est ce qu'il y a de mieux: car, s'il y a un volcan à Lisbonne, il ne pouvait être ailleurs; car il est impossible que les choses ne soient pas où elles sont; car tout est bien. »

Un petit homme noir, familier [9] de l'Inquisition, lequel était à côté de lui, prit poliment la parole et dit: « Apparemment que monsieur ne croit pas au péché originel: car, si tout est au mieux, il n'y a donc eu ni chute ni punition. — Je demande très humblement pardon à Votre Excellence, répondit Pangloss encore plus poliment, car la chute de l'homme et la malédiction entraient nécessairement dans le meilleur des mondes possibles. — Monsieur ne croit donc pas à la liberté? dit le familier. — Votre Excellence m'excusera, dit Pangloss; la liberté peut subsister avec la nécessité absolue: [10] car il était nécessaire que nous fussions libres; car enfin la volonté déterminée. . .» Pangloss était au milieu de sa phrase, quand le familier fit un signe de tête à son estafier [11] qui lui servait à boire du vin de Porto ou d'Oporto.

CHAPITRE VI

COMMENT ON FIT UN BEL AUTO-DA-FÉ POUR EMPÊCHER LES TREMBLEMENTS DE TERRE, ET COMMENT CANDIDE FUT FESSÉ

Après le tremblement de terre qui avait détruit les trois quarts de Lisbonne, les sages du pays n'avaient pas trouvé un moyen plus efficace pour prévenir une ruine totale que de donner au peuple un bel auto-da-fé; [1] il était décidé par l'université de Coïmbre [2] que le spectacle de quelques personnes brûlées à petit feu, en grande cérémonie, est un secret infaillible pour empêcher la terre de trembler. [3]

On avait en conséquence saisi un Biscayen [4] convaincu d'avoir épousé sa commère, [5] et deux Portugais qui en mangeant un poulet en avaient arraché

le lard: [6] on vint lier après le dîner le docteur Pangloss et son disciple Candide, l'un pour avoir parlé, et l'autre pour avoir écouté avec un air d'approbation: tous deux furent menés séparément dans des appartements d'une extrême fraîcheur, dans lesquels on n'était jamais incommodé du soleil; huit jours après ils furent tous deux revêtus d'un sanbenito, [7] et on orna leurs têtes de mitres de papier: la mitre et le san-benito de Candide étaient peints de flammes renversées et de diables qui n'avaient ni queues ni griffes; mais les diables de Pangloss portaient griffes et queues, et les flammes étaient droites. [8] Ils marchèrent en procession ainsi vêtus, et entendirent un sermon très pathétique, suivi d'une belle musique en faux-bourdon. [9] Candide fut fessé en cadence, pendant qu'on chantait; le Biscayen et les deux hommes qui n'avaient point voulu manger de lard furent brûlés, et Pangloss fut pendu, quoique ce ne soit pas la coutume. Le même jour, la terre trembla de nouveau avec un fracas épouvantable.

Candide, épouvanté, interdit, éperdu, tout sanglant, tout palpitant, se disait à lui-même: « Si c'est ici le meilleur des mondes possibles, que sont donc les autres? Passe encore si je n'étais que fessé, je l'ai été chez les Bulgares; mais, ô mon cher Pangloss! le plus grand des philosophes, faut-il vous avoir vu pendre sans que je sache pourquoi! O mon cher anabaptiste! le meilleur des hommes, faut-il que vous ayez été noyé dans le port! O mademoiselle Cunégonde! la perle des filles, faut-il qu'on vous ait fendu le ventre! »

Il s'en retournait, se soutenant à peine, prêché, fessé, absous et béni, lorsqu'une vieille l'aborda et lui dit: « Mon fils, prenez courage, suivez-moi.»

CHAPITRE VII

COMMENT UNE VIEILLE PRIT SOIN DE CANDIDE, ET COMMENT IL RETROUVA CE QU'IL AIMAIT

Candide ne prit point courage, mais il suivit la vieille dans une masure: elle lui donna un pot de

[9] bas officier de police

[10] Liberté (libre arbitre) et nécessité (ce qui fait qu'une chose ne peut pas ne pas être) sont philosophiquement aux antipodes l'une de l'autre. Mais Pangloss arrange tout.

[11] domestique armé

[1] exécution, sur le bûcher, d'un jugement rendu par l'Inquisition contre un hérétique

[2] ville du Portugal

[3] Cet autodafé eut réellement lieu le 26 juin 1756.

[4] habitant de la province basque d'Espagne

[5] marraine (mariage considéré comme incestueux)

[6] Ils étaient donc soupçonnés d'être juifs.

[7] casaque jaune que revêtaient les condamnés

[8] Cette différence signalait que Pangloss avait persévéré dans l'erreur, tandis que Candide s'était rétracté.

[9] plain-chant

pommade pour se frotter, lui laissa à manger et à boire; elle lui montra un petit lit assez propre: il y avait auprès du lit un habit complet. «Mangez, buvez, dormez, lui dit-elle, et que Notre-Dame d'Atocha, monseigneur saint Antoine de Padoue et monseigneur saint Jacques de Compostelle prennent soin de vous: je reviendrai demain.» Candide, toujours étonné de tout ce qu'il avait vu, de tout ce qu'il avait souffert, et encore plus de la charité de la vieille, voulut lui baiser la main. «Ce n'est pas ma main qu'il faut baiser, dit la vieille; je reviendrai demain. Frottez-vous de pommade, mangez et dormez.»

Candide, malgré tant de malheurs, mangea et dormit. Le lendemain la vieille lui apporte à déjeuner, visite son dos, le frotte elle-même d'une autre pommade; elle lui apporte ensuite à dîner; elle revient sur le soir, et apporte à souper. Le surlendemain, elle fit encore les mêmes cérémonies. «Qui êtes-vous? lui disait toujours Candide; qui vous a inspiré tant de bonté? quelles grâces puis-je vous rendre?» La bonne femme ne répondait jamais rien: elle revint sur le soir et n'apporta point à souper. «Venez avec moi, dit-elle, et ne dites mot.» Elle le prend sous le bras, et marche avec lui dans la campagne environ un quart de mille: ils arrivent à une maison isolée, entourée de jardins et de canaux. La vieille frappe à une petite porte. On ouvre; elle mène Candide, par un escalier dérobé,[1] dans un cabinet doré, le laisse sur un canapé de brocart, referme la porte et s'en va. Candide croyait rêver, et regardait toute sa vie comme un songe funeste, et le moment présent comme un songe agréable.

La vieille reparut bientôt; elle soutenait avec peine une femme tremblante, d'une taille majestueuse, brillante de pierreries, et couverte d'un voile. «Otez ce voile», dit la vieille à Candide. Le jeune homme approche; il lève le voile d'une main timide. Quel moment! quelle surprise! il croit voir Mlle Cunégonde; il la voyait en effet, c'était elle-même. La force lui manque, il ne peut proférer une parole, il tombe à ses pieds. Cunégonde tombe sur le canapé. La vieille les accable d'eaux spiritueuses;[2] ils reprennent leurs sens, ils se parlent: ce sont d'abord des mots entrecoupés, des demandes et des

réponses qui se croisent, des soupirs, des larmes, des cris. La vieille leur recommande de faire moins de bruit et les laisse en liberté. «Quoi! c'est vous, lui dit Candide, vous vivez, je vous retrouve en Portugal! On ne vous a donc pas violée? On ne vous a point fendu le ventre, comme le philosophe Pangloss me l'avait assuré? — Si fait, dit la belle Cunégonde; mais on ne meurt pas toujours de ces deux accidents. — Mais votre père et votre mère ont-ils été tués? — Il n'est que trop vrai, dit Cunégonde en pleurant. — Et votre frère? — Mon frère a été tué aussi. — Et pourquoi êtes-vous en Portugal? et comment avez-vous su que j'y étais? et par quelle étrange aventure m'avez-vous fait conduire dans cette maison? — Je vous dirai tout cela, répliqua la dame; mais il faut auparavant que vous m'appreniez tout ce qui vous est arrivé depuis le baiser innocent que vous me donnâtes et les coups de pied que vous reçûtes.»

Candide lui obéit avec un profond respect; et, quoiqu'il fût interdit,[3] quoique sa voix fût faible et tremblante, quoique l'échine lui fît encore un peu mal, il lui raconta de la manière la plus naïve tout ce qu'il avait éprouvé depuis le moment de leur séparation. Cunégonde levait les yeux au ciel: elle donna des larmes à la mort du bon anabaptiste et de Pangloss; après quoi elle parla en ces termes à Candide, qui ne perdait pas une parole, et qui la dévorait des yeux.

CHAPITRE VIII

HISTOIRE DE CUNÉGONDE

«J'étais dans mon lit et je dormais profondément, quand il plut au Ciel d'envoyer les Bulgares dans notre beau château de Thunder-ten-tronckh; ils égorgèrent mon père et mon frère, et coupèrent ma mère par morceaux. Un grand Bulgare, haut de six pieds, voyant qu'à ce spectacle j'avais perdu connaissance, se mit à me violer; cela me fit revenir, je repris mes sens, je criai, je me débattis, je mordis, j'égratignai, je voulais arracher les yeux à ce grand Bulgare, ne sachant pas que tout ce qui arrivait dans le château de mon père était chose d'usage:[1] le

[1] caché
[2] leur fait prendre grande quantité d'alcools

[3] paralysé par l'étonnement
[1] conforme à la coutume

brutal me donna un coup de couteau dans le flanc gauche dont je porte encore la marque. — Hélas! j'espère bien la voir, dit le naïf Candide. — Vous la verrez, dit Cunégonde; mais continuons. — Continuez », dit Candide.

Elle reprit ainsi le fil de son histoire: « Un capitaine bulgare entra, il me vit toute sanglante, et le soldat ne se dérangeait pas. Le capitaine se mit en colère du peu de respect que lui témoignait ce brutal, et le tua sur mon corps. Ensuite il me fit panser, et m'emmena prisonnière de guerre dans son quartier. Je blanchissais le peu de chemises qu'il avait, je faisais sa cuisine; il me trouvait fort jolie, il faut l'avouer; et je ne nierai pas qu'il ne fût très bien fait, et qu'il n'eût la peau blanche et douce; d'ailleurs peu d'esprit, peu de philosophie: on voyait bien qu'il n'avait pas été élevé par le docteur Pangloss. Au bout de trois mois, ayant perdu tout son argent et s'étant dégoûté de moi, il me vendit à un juif nommé don Issachar, qui trafiquait en Hollande et en Portugal, et qui aimait passionnément les femmes. Ce juif s'attacha beaucoup à ma personne, mais il ne pouvait en triompher; je lui ai mieux résisté qu'au soldat bulgare: une personne d'honneur peut être violée une fois, mais sa vertu s'en affermit. Le juif, pour m'apprivoiser,[2] me mena dans cette maison de campagne que vous voyez. J'avais cru jusque-là qu'il n'y avait rien sur la terre de si beau que le château de Thunder-ten-tronckh; j'ai été détrompée.

« Le grand inquisiteur m'aperçut un jour à la messe; il me lorgna beaucoup, et me fit dire qu'il avait à me parler pour des affaires secrètes. Je fus conduite à son palais; je lui appris ma naissance; il me représenta[3] combien il était au-dessous de mon rang d'appartenir à un israélite. On proposa de sa part à don Issachar de me céder à monseigneur. Don Issachar, qui est le banquier de la cour et homme de crédit,[4] n'en voulut rien faire. L'inquisiteur le menaça d'un auto-da-fé. Enfin mon juif, intimidé, conclut un marché par lequel la maison et moi leur appartiendraient à tous deux en commun; que le juif aurait pour lui les lundis, mercredis et le jour du sabbat, et que l'inquisiteur aurait les autres jours de la semaine. Il y a six mois que cette convention subsiste. Ce n'a pas été sans querelles: car souvent il a été indécis[5] si la nuit du samedi au dimanche appartenait à l'ancienne loi[6] ou à la nouvelle.[7] Pour moi, j'ai résisté jusqu'à présent à toutes les deux; et je crois que c'est pour cette raison que j'ai toujours été aimée.

« Enfin, pour détourner le fléau des tremblements de terre et pour intimider don Issachar, il plut à monseigneur l'inquisiteur de célébrer un auto-da-fé. Il me fit l'honneur de m'y inviter. Je fus très bien placée; on servit aux dames des rafraîchissements entre la messe et l'exécution. Je fus, à la vérité, saisie d'horreur en voyant brûler ces deux juifs et cet honnête Biscayen qui avait épousé sa commère; mais quelle fut ma surprise, mon effroi, mon trouble, quand je vis, dans un san-benito[8] et sous une mitre, une figure qui ressemblait à celle de Pangloss! Je me frottai les yeux, je regardai attentivement, je le vis pendre; je tombai en faiblesse. A peine reprenais-je mes sens que je vous vis dépouillé tout nu: ce fut là le comble de l'horreur, de la consternation, de la douleur, du désespoir. Je vous dirai, avec vérité, que votre peau est encore plus blanche et d'un incarnat plus parfait que celle de mon capitaine des Bulgares. Cette vue redoubla tous les sentiments qui m'accablaient, qui me dévoraient. Je m'écriai, je voulus dire: « Arrêtez, barbares! » mais la voix me manqua, et mes cris auraient été inutiles. Quand vous eûtes été bien fessé: « Comment se peut-il faire, disais-je, que l'aimable Candide et « le sage Pangloss se trouvent à Lisbonne, l'un pour « recevoir cent coups de fouet, et l'autre pour être « pendu par l'ordre de monseigneur l'inquisiteur, « dont je suis la bien-aimée? Pangloss m'a donc bien « cruellement trompée quand il me disait que tout « va le mieux du monde. »

« Agitée, éperdue, tantôt hors de moi-même, et tantôt prête de mourir de faiblesse, j'avais la tête remplie du massacre de mon père, de ma mère, de mon frère, de l'insolence de mon vilain soldat bulgare, du coup de couteau qu'il me donna, de ma servitude, de mon métier de cuisinière, de mon capi-

2 m'attacher à lui par la douceur
3 me fit comprendre
4 homme qui a de l'autorité

5 on ne savait pas
6 judaïque (donc au juif)
7 chrétienne (donc à l'inquisiteur)
8 casaque de couleur jaune, dont les inquisiteurs revêtaient ceux qu'on allait brûler

taine bulgare, de mon vilain don Issachar, de mon abominable inquisiteur, de la pendaison du docteur Pangloss, de ce grand *miserere* [9] en faux-bourdon pendant lequel on vous fessait, et surtout du baiser que je vous avais donné derrière un paravent, le jour que je vous avais vu pour la dernière fois. Je louai Dieu qui vous ramenait à moi par tant d'épreuves. Je recommandai à ma vieille d'avoir soin de vous, et de vous amener ici dès qu'elle le pourrait. Elle a très bien exécuté ma commission; j'ai goûté le plaisir inexprimable de vous revoir, de vous entendre, de vous parler. Vous devez avoir une faim dévorante; j'ai grand appétit; commençons par souper.»

Les voilà qui se mettent tous deux à table; et, après le souper, ils se replacent sur ce beau canapé dont on a déjà parlé; ils y étaient quand le signor don Issachar, l'un des maîtres de la maison, arriva. C'était le jour du sabbat. Il venait jouir de ses droits, et expliquer son tendre amour.

CHAPITRE IX

CE QUI ADVINT DE CUNÉGONDE, DE CANDIDE, DU GRAND INQUISITEUR ET D'UN JUIF

Cet Issachar était le plus colérique Hébreu qu'on eût vu dans Israël depuis la captivité en Babylone. «Quoi! dit-il, chienne de galiléenne,[1] ce n'est pas assez de monsieur l'inquisiteur? Il faut que ce coquin partage aussi avec moi ? » En disant cela, il tire un long poignard dont il était toujours pourvu, et, ne croyant pas que son adverse partie eût des armes, il se jette sur Candide; mais notre bon Westphalien avait reçu une belle épée de la vieille avec l'habit complet. Il tire son épée, quoiqu'il eût les mœurs fort douces, et vous étend l'Israélite roide mort sur le carreau, aux pieds de la belle Cunégonde.

« Sainte Vierge! s'écria-t-elle, qu'allons-nous devenir? Un homme tué chez moi! si la justice vient, nous sommes perdus. — Si Pangloss n'avait pas été pendu, dit Candide, il nous donnerait un bon conseil dans cette extrémité,[2] car c'était un grand philosophe. A son défaut, consultons la vieille. » Elle

était fort prudente, et commençait à dire son avis, quand une autre petite porte s'ouvrit. Il était une heure après minuit, c'était le commencement du dimanche. Ce jour appartenait à monseigneur l'inquisiteur. Il entre et voit le fessé Candide l'épée à la main, un mort étendu par terre, Cunégonde effarée, et la vieille donnant des conseils.

Voici dans ce moment ce qui se passa dans l'âme de Candide, et comment il raisonna: « Si ce saint homme appelle du secours, il me fera infailliblement brûler; il pourra en faire autant de Cunégonde; il m'a fait fouetter impitoyablement; il est mon rival; je suis en train de tuer, il n'y a pas à balancer. » [3] Ce raisonnement fut net et rapide; et, sans donner le temps à l'inquisiteur de revenir de sa surprise, il le perce d'outre en outre, et le jette à côté du juif. « En voici bien d'une autre,[4] dit Cunégonde; il n'y a plus de rémission, de pardon possible, nous sommes excommuniés, notre dernière heure est venue. Comment avez-vous fait, vous qui êtes né si doux, pour tuer en deux minutes un juif et un prélat? — Ma belle demoiselle, répondit Candide, quand on est amoureux, jaloux et fouetté par l'Inquisition, on ne se connaît plus. » [5]

La vieille prit alors la parole et dit: « Il y a trois chevaux andalous dans l'écurie, avec leurs selles et leurs brides: que le brave Candide les prépare; madame a des moyadors [6] et des diamants: montons vite à cheval, quoique je ne puisse me tenir que sur une fesse, et allons à Cadix; il fait le plus beau temps du monde, et c'est un grand plaisir de voyager pendant la fraîcheur de la nuit. »

Aussitôt Candide selle les trois chevaux. Cunégonde, la vieille et lui font trente milles d'une traite.[7] Pendant qu'ils s'éloignaient, la sainte Hermandad [8] arrive dans la maison; on enterre monseigneur dans une belle église, et on jette Issachar à la voirie.[9]

Candide, Cunégonde et la vieille étaient déjà dans la petite ville d'Avacéna, au milieu des montagnes de la Sierra-Morena; et ils parlaient ainsi dans un cabaret.

[9] chant d'église qui accompagne un psaume commençant par ce mot latin d'appel à la pitié
[1] Chrétienne. Le Christ était galiléen.
[2] grand danger

[3] hésiter
[4] une affaire ajoutée à une affaire
[5] On est hors de soi, par fureur.
[6] monnaie d'or
[7] sans halte
[8] police au service de l'Inquisition
[9] fosse aux ordures de la ville

CHAPITRE X

DANS QUELLE DÉTRESSE CANDIDE, CUNÉGONDE
ET LA VIEILLE ARRIVENT A CADIX, ET DE LEUR
EMBARQUEMENT

« Qui a donc pu me voler mes pistoles et mes diamants? disait en pleurant Cunégonde; de quoi vivrons-nous? comment ferons-nous? où trouver des inquisiteurs et des juifs qui m'en donnent d'autres? — Hélas! dit la vieille, je soupçonne fort un révérend père cordelier [1] qui coucha hier dans la même auberge que nous à Badajoz; Dieu me garde de faire un jugement téméraire! mais il entra deux fois dans notre chambre, et il partit longtemps avant nous.—Hélas! dit Candide, le bon Pangloss m'avait souvent prouvé que les biens de la terre sont communs à tous les hommes, que chacun y a un droit égal. Ce cordelier devait bien, suivant ces principes, nous laisser de quoi achever notre voyage. Il ne vous reste donc rien du tout, ma belle Cunégonde? — Pas un maravédis,[2] dit-elle. — Quel parti prendre? dit Candide.—Vendons un des chevaux, dit la vieille; je monterai en croupe derrière mademoiselle, quoique je ne puisse me tenir que sur une fesse, et nous arriverons à Cadix. »

Il y avait dans la même hôtellerie un prieur de bénédictins; il acheta le cheval bon marché. Candide, Cunégonde et la vieille passèrent par Lucena, par Chillas, par Lebrixa, et arrivèrent enfin à Cadix. On y équipait une flotte, et on y assemblait des troupes pour mettre à la raison [3] les révérends pères jésuites du Paraguay, qu'on accusait d'avoir fait révolter une de leurs hordes contre les rois d'Espagne et de Portugal, auprès de la ville du Saint-Sacrement.[4] Candide, ayant servi chez les Bulgares, fit l'exercice bulgarien devant le général de la petite armée avec tant de grâce, de célérité, d'adresse, de fierté, d'agilité, qu'on lui donna une compagnie d'infanterie à commander. Le voilà capitaine; il s'embarque avec Mlle Cunégonde, la vieille, deux valets, et les deux chevaux andalous qui avaient appartenu à monsieur le grand inquisiteur de Portugal.

[1] moine mendiant
[2] petite monnaie espagnole
[3] réduire par la force
[4] Lorsque l'Espagne céda au Portugal la ville de Saint-Sacrement en 1757, les jésuites, établis au Paraguay depuis un siècle et demi, se prétendirent lésés et soulevèrent leur province de Saint-Nicholas.

Pendant toute la traversée, ils raisonnèrent beaucoup sur la philosophie du pauvre Pangloss. « Nous allons dans un autre univers, disait Candide; c'est dans celui-là sans doute que tout est bien: car il faut avouer qu'on pourrait gémir un peu de ce qui se passe dans le nôtre en physique et en morale. — Je vous aime de tout mon cœur, disait Cunégonde; mais j'ai encore l'âme tout effarouchée de ce que j'ai vu, de ce que j'ai éprouvé. — Tout ira bien, répliquait Candide; la mer de ce nouveau monde vaut déjà mieux que les mers de notre Europe; elle est plus calme, les vents plus constants. C'est certainement le nouveau monde qui est le meilleur des univers possibles. — Dieu le veuille! disait Cunégonde; mais j'ai été si horriblement malheureuse dans le mien que mon cœur est presque fermé à l'espérance. — Vous vous plaignez, leur dit la vieille; hélas! vous n'avez pas éprouvé des infortunes telles que les miennes. » Cunégonde se mit presque à rire, et trouva cette bonne femme fort plaisante [5] de prétendre être plus malheureuse qu'elle. « Hélas! lui dit-elle, ma bonne, à moins que vous n'ayez été violée par deux Bulgares, que vous n'ayez reçu deux coups de couteau dans le ventre, qu'on n'ait démoli deux de vos châteaux, qu'on n'ait égorgé à vos yeux deux mères et deux pères, et que vous n'ayez vu deux de vos amants fouettés dans un auto-da-fé, je ne vois pas que vous puissiez l'emporter sur moi; ajoutez que je suis née baronne avec soixante et douze quartiers, et que j'ai été cuisinière. — Mademoiselle, répondit la vieille, vous ne savez pas quelle est ma naissance; et, si je vous montrais mon derrière, vous ne parleriez pas comme vous faites, et vous suspendriez votre jugement. » Ce discours fit naître une extrême curiosité dans l'esprit de Cunégonde et de Candide. La vieille leur parla en ces termes.

CHAPITRE XI.

HISTOIRE DE LA VIELLE

«Je n'ai pas eu toujours les yeux éraillés et bordés d'écarlate, mon nez n'a pas toujours touché à mon menton, et je n'ai pas toujours été servante. Je suis la fille du pape Urbain X[1] et de la princesse

[5] curieusement ridicule

[1] Il n'y a pas de pape Urbain X. Le dernier du nom d'Urbain est Urbain VIII, mort en 1644.

de Palestrine. On m'éleva jusqu'à quatorze ans dans un palais auquel tous les châteaux de vos barons allemands n'auraient pas servi d'écurie; et une de mes robes valait mieux que toutes les magnificences de la Westphalie. Je croissais en beauté, en grâces, en talents, au milieu des plaisirs, des respects, et des espérances: j'inspirais déjà de l'amour. Ma gorge se formait, et quelle gorge! blanche, ferme, taillée comme celle de la Vénus de Médicis; et quels yeux! quelles paupières! quels sourcils noirs! quelles flammes brillaient dans mes deux prunelles, et effaçaient la scintillation des étoiles, comme me disaient les poètes du quartier. Les femmes qui m'habillaient et qui me déshabillaient tombaient en extase en me regardant par devant et par derrière, et tous les hommes auraient voulu être à leur place.

«Je fus fiancée à un prince souverain de Massa-Carrara:[2] quel prince! aussi beau que moi, pétri de douceur et d'agréments, brillant d'esprit et brûlant d'amour; je l'aimais comme on aime pour la première fois, avec idolâtrie, avec emportement. Les noces furent préparées: c'était une pompe, une magnificence inouïe; c'était des fêtes, des carrousels, des opéra-buffa continuels; et toute l'Italie fit pour moi des sonnets dont il n'y eut pas un seul de passable. Je touchais au moment de mon bonheur, quand une vieille marquise, qui avait été maîtresse de mon prince, l'invita à prendre du chocolat chez elle; elle mourut en moins de deux heures avec des convulsions épouvantables: mais ce n'est qu'une bagatelle. Ma mère au désespoir, et bien moins affligée que moi, voulut s'arracher pour quelque temps à un séjour si funeste. Elle avait une très belle terre auprès de Gaïète: nous nous embarquâmes sur une galère du pays, dorée comme l'autel de Saint-Pierre de Rome. Voilà qu'un corsaire de Salé fond sur nous et nous aborde: nos soldats se défendirent comme des soldats du pape; ils se mirent tous à genous en jetant leurs armes, et en demandant au corsaire une absolution *in articulo mortis*.[3]

«Aussitôt on les dépouilla nus comme des singes, et ma mère aussi, nos filles d'honneur aussi et moi aussi. C'est une chose admirable que la diligence avec laquelle ces messieurs déshabillent le monde. Mais ce qui me surprit davantage, c'est qu'ils nous mirent à tous le doigt dans un endroit où nous autres femmes nous ne nous laissons mettre d'ordinaire que des canules. Cette cérémonie me paraissait bien étrange; voilà comme on juge de tout quand on n'est pas sorti de son pays. J'appris bientôt que c'était pour voir si nous n'avions pas caché là quelques diamants. C'est un usage établi de temps immémorial parmi les nations policées qui courent sur mer. J'ai sû que messieurs les religieux chevaliers de Malte n'y manquent jamais quand ils prennent des Turcs et des Turques. C'est une loi du droit des gens à laquelle on n'a jamais dérogé.

«Je ne vous dirai point combien il est dur pour une jeune princesse d'être menée esclave au Maroc avec sa mère. Vous concevez assez tout ce que nous eûmes à souffrir dans le vaisseau corsaire. Ma mère était encore très belle; nos filles d'honneur, nos simples femmes de chambre avaient plus de charmes qu'on n'en peut trouver dans toute l'Afrique. Pour moi, j'étais ravissante, j'étais la beauté, la grâce même et j'étais pucelle. Je ne le fus pas longtemps, cette fleur qui avait été réservée pour le beau Prince de Massa-Carrara, me fut ravie par le capitaine corsaire. C'était un nègre abominable, qui croyait encore me faire beaucoup d'honneur. Certes, il fallait que madame la princesse de Palestrine et moi fussions bien fortes pour résister à tout ce que nous éprouvâmes jusqu'à notre arrivée au Maroc. Mais passons, ce sont des choses si communes qu'elles ne valent pas la peine qu'on en parle.

«Le Maroc nageait dans le sang quand nous arrivâmes. Cinquante fils de l'empereur Mulay-Ismaël[4] avaient chacun leur parti, ce qui produisait en effet cinquante guerres civiles, de noirs contre noirs, de noirs contre bazanés, de bazanés contre bazanés, de mulâtres contre mulâtres. C'était un carnage continuel dans toute l'étendue de l'empire.

«A peine fûmes-nous débarquées, que des noirs d'une faction ennemie de celle de mon corsaire, se présentèrent pour lui enlever son butin. Nous

[2] Duché d'Italie, au sud de la Toscane.
[3] à l'instant même de la mort

[4] Mulay-Ismaël (1646–1727) lutta énergiquement contre les chrétiens établis au Maroc.

étions, après les diamants et l'or, ce qu'il y avait de plus précieux. Je fus témoin d'un combat tel que vous n'en voyez jamais dans vos climats d'Europe. Les peuples septentrionaux n'ont pas le sang assez ardent. Ils n'ont pas la rage des femmes au point où elle est commune en Afrique. Il semble que nos Européens aient du lait dans les veines; c'est du vitriol, c'est du feu qui coule dans celles des habitants du Mont Atlas et des pays voisins. On combattit avec la fureur des lions, des tigres at des serpents de la contrée, pour savoir qui nous aurait. Un Maure saisit ma mère par le bras droit, le lieutenant de mon capitaine la retint par le bras gauche, un soldat maure la prit par une jambe, un de nos pirates la tenait par l'autre. Nos filles se trouvèrent presque toutes en un moment tirées ainsi à quatre soldats. Mon capitaine me tenait cachée derrière lui. Il avait le cimeterre au poing, et tuait tout ce qui s'opposait à sa rage. Enfin, je vis toutes nos Italiennes et ma mère déchirées, coupées, massacrées par les monstres qui se les disputaient. Les captifs, mes compagnons, ceux qui avaient pris, soldats, matelots, noirs, blancs, mulâtres, et enfin mon capitaine, tout fut tué, et je demeurai mourante sur un tas de morts. Des scènes pareilles se passaient, comme on sait, dans l'étendue de plus de trois cent lieues, sans qu'on manquat aux cinq prières par jour ordonnées par Mahomet.

«Je me débarrassai avec beaucoup de peine de la foule de tant de cadavres sanglants entassés, et je me trainai sous un grand oranger au bord d'un ruisseau voisin; j'y tombai d'effroi, de lassitude, d'horreur, de désespoir et de faim. Bientôt après mes sens accablés se livrèrent à un sommeil qui tenait plus de l'évanouissement que du repos. J'étais dans cet état de faiblesse et d'insensibilité, entre la mort et la vie, quand je me sentis pressée de quelque chose qui s'agitait sur mon corps. J'ouvris les yeux, je vis un homme blanc et de bonne mine qui soupirait et qui disait entre ses dents: *«O che sciagura d'essere senza coglioni!*[5]»

[5] Oh quel malheur d'être san testicules! (C'est un eunuque.)

CHAPITRE XII

SUITE DES MALHEURS DE LA VIEILLE

«Etonnée et ravie d'entendre la langue de ma patrie, et non moins surprise des paroles que proférait cet homme, je lui répondis qu'il y avait de plus grands malheurs que celui dont il se plaignait; je l'instruisis en peu de mots des horreurs que j'avais essuyées, et je retombai en faiblesse. Il m'emporta dans une maison voisine, me fit mettre au lit, me fit donner à manger, me servit, me consola, me flatta, et me dit qu'il n'avait rien vu de si beau que moi, et que jamais il n'avait tant regretté ce que personne ne pouvait lui rendre. «Je suis né à Naples, me dit-il, on y chaponne deux ou trois mille enfants tous les ans, les uns en meurent, les autres acquièrent une voix plus belle que celle des femmes, les autres vont gouverner des Etats. On me fit cette opération avec un très grand succès, et j'ai été musicien de la chapelle de madame la princesse de Palestrine.—De ma mère! m'écriai-je.—De vôtre mère! s'écria-t-il en pleurant. Quoi! vous seriez cette jeune princesse que j'ai élevée jusqu'à l'âge de six ans, et qui promettait déja d'être aussi belle que vous êtes?—C'est moi-même; ma mère est à quatre cents pas d'ici coupée en quartiers sous un tas de morts.»

«Je lui contai ce qui m'était arrivé; il me conta aussi ses aventures, et m'apprit comment il avait été envoyé chez le roi du Maroc par une puissance chrétienne, pour conclure avec ce monarque un traité par lequel on lui fournirait de la poudre, des canons et des vaisseaux, pour l'aider à exterminer le commerce des autres chrétiens. «Ma mission est faite, dit-il; je vais m'embarquer à Ceuta, et je vous ramènerai en Italie. *Ma che sciagura d'essere senza coglioni!*»

«Je le remerciai avec des larmes d'attendrissement; et, au lieu de me mener en Italie, il me conduisit à Alger, et me vendit au dey de cette province. A peine fus-je vendue, que cette peste qui a fait le tour de l'Afrique, de l'Asie et de l'Europe, se déclara dans Alger avec fureur. Vous avez vu des tremblements de terre; mais, mademoiselle, avez-vous jamais eu la peste?—Jamais, répondit la baronne.

«Si vous l'aviez eue, reprit la vieille, vous avoueriez qu'elle est bien au-dessus d'un tremblement de terre. Elle est fort commune en Afrique; j'en fus attaquée. Figurez-vous quelle situation pour la fille d'un pape, âgée de quinze ans, qui en trois mois de temps avait éprouvé la pauvreté, l'esclavage, avait été violée presque tous les jours, avait vu couper sa mère en quatre, avait essuyé la faim et la guerre, et mourait pestiférée à Alger. Je n'en mourus pourtant pas. Mais mon eunuque et le dey, et presque tout le serrail d'Alger périrent.

«Quand les premiers ravages de cette épouvantable peste furent passés, on vendit les esclaves du dey. Un marchand m'acheta et me mena à Tunis; il me vendit à un autre marchand qui me revendit à Tripoli; de Tripoli je fus revendue à Alexandrie; d'Alexandrie revendue à Smyrne; De Smyrne à Contantinople. J'appartins enfin à un aga[1] des janissaires,[2] qui fut bientôt commandé pour aller défendre Azof contre les Russes, qui l'assiégeaient.

«L'aga, qui était un très galant homme, mena avec lui tout son sérail, et nous logea dans un petit fort sur les Palus Méotides, gardé par deux eunuques noirs et vingt soldats. On tua prodigieusement de Russes, mais ils nous le rendirent bien: Azof fut mise à feu et à sang, et on ne pardonna ni au sexe ni à l'âge; il ne resta que notre petit fort; les ennemis voulurent nous prendre par famine. Les vingt janissaires avaient juré de ne se jamais rendre. Les extrémités de la faim où ils furent réduits les contraignirent à manger nos deux eunuques, de peur de violer leur serment. Au bout de quelques jours ils résolurent de manger les femmes.

«Nous avions un Iman très pieux et très compatissant, qui leur fit un beau sermon, par lequel il leur persuada de ne nous pas tuer tout à fait: «Coupez, dit-il, seulement une fesse à chacune de ces dames, vous ferez très bonne chère; s'il faut y revenir, vous en aurez encore autant dans quelques jours; le Ciel vous saura gré d'une action si charitable, et vous serez secourus.»

«Il avait beaucoup d'éloquence; il les persuada. On nous fit cette horrible opération. L'Iman nous appliqua le même baume qu'on met aux enfants qu'on vient de circoncire. Nous étions toutes à la mort.

«A peine les janissaires eurent-ils fait le repas que nous leur avions fourni, que les Russes arrivent sur des bateaux plats; il ne réchappa pas un janissaire. Les Russes ne firent aucune attention à l'état où nous étions. Il y a partout des chirurgiens français; un d'eux qui était fort adroit prit soin de nous, il nous guérit; et je me souviendrai toute ma vie, que quand mes plaies furent bien fermées, il me fit des propositions. Au reste, il nous dit à toutes de nous consoler; il nous assura que dans plusieurs sièges pareille chose était arrivée, et que c'était la loi de la guerre.

«Dès que mes compagnes purent marcher, on les fit aller à Moscou. J'échus en partage à un Boïard, qui me fit sa jardinière, et qui me donnait vingt coups de fouet par jour. Mais ce seigneur ayant été roué[3] au bout de deux ans avec une trentaine de Boïards, pour quelque tracasserie de Cour, je profitai de cette aventure; je m'enfuis; je traversai toute la Russie; je fus longtemps servante de cabaret à Riga, puis à Rostock, à Vismar, à Leipsick, à Cassel, à Utrecht, à Leyde, à la Haye, à Rotterdam. J'ai vieilli dans la misère et dans l'opprobre, n'ayant que la moitié d'un derrière, me souvenant toujours que j'étais fille d'un pape: je voulus cent fois me tuer, mais j'aimais encore la vie. Cette faiblesse ridicule est peut-être un de nos penchants les plus funestes. Car y a-t-il rien de plus sot que de vouloir porter continuellement un fardeau qu'on veut toujours jeter par terre? d'avoir son être en horreur, et de tenir à son être? enfin de caresser le serpent qui nous dévore, jusqu'à ce qu'il nous ait mangé le cœur?

«J'ai vu dans les pays que le sort m'a fait parcourir, et dans les cabarets où j'ai servi, un nombre prodigieux de personnes qui avaient leur existence en exécration; mais je n'en ai vu que douze qui aient mis volontairement fin à leur misère, trois Nègres, quatre Anglais, quatre Genevois et un professeur Allemand nommé Robek. J'ai fini par être servante chez le juif Don Issachar. Il me mit près de vous, ma belle demoiselle, je me suis attachée à votre destinée, et j'ai été plus occupée

[1] officier de la cour du sultan
[2] soldat d'élite de l'infanterie turque qui appartenait à la garde du sultan

[3] supplicié sur la roue

de vos aventures que des miennes. Je ne vous aurais même jamais parlé de mes malheurs, si vous ne m'aviez pas un peu piquée, et s'il n'était d'usage dans un vaisseau de conter des histoires pour se désennuyer. Enfin, mademoiselle, j'ai de l'expérience, je connais le monde; donnez-vous un plaisir, engagez chaque passager à vous conter son histoire, et s'il s'en trouve un seul qui n'ait souvent maudit sa vie, qui ne se soit souvent dit à lui-même qu'il était le plus malheureux des hommes, jetez-moi dans la mer la tête la première.»

CHAPITRE XIII

COMMENT CANDIDE FUT OBLIGÉ DE SE SÉPARER DE LA BELLE CUNÉGONDE ET DE LA VIEILLE

La belle Cunégonde, ayant entendu l'histoire de la vieille, lui fit toutes les politesses qu'on devait à une personne de son rang et de son mérite. Elle accepta la proposition; elle engagea tous les passagers l'un après l'autre à lui conter leurs aventures. Candide et elle avouèrent que la vieille avait raison. « C'est bien dommage, disait Candide, que le sage Pangloss ait été pendu contre la coutume dans un auto-da-fé; il nous dirait des choses admirables sur le mal physique et sur le mal moral qui couvrent la terre et la mer, et je me sentirais assez de force pour oser lui faire respectueusement quelques objections. »

A mesure que chacun racontait son histoire, le vaisseau avançait. On aborda dans Buénos-Ayres. Cunégonde, le capitaine Candide et la vieille allèrent chez le gouverneur Don Fernando d'Ibaraa, y Figueora, y Mascarenes, y Lampourdos, y Souza. Ce seigneur avait une fierté convenable à un homme qui portait tant de noms. Il parlait aux hommes avec le dédain le plus noble, portant le nez si haut, élevant si impitoyablement la voix, prenant un ton si imposant, affectant une démarche si altière, que tous ceux qui le saluaient étaient tentés de le battre. Il aimait les femmes à la fureur. Cunégonde lui parut ce qu'il avait jamais vu de plus beau. La première chose qu'il fit fut de demander si elle n'était point la femme du capitaine. L'air dont il fit cette question alarma Candide; il n'osa pas dire qu'elle était sa femme, parce qu'en effet elle ne l'était point; il n'osait pas dire que c'était sa sœur, parce

qu'elle ne l'était pas non plus; et quoique ce mensonge officieux [1] eût été autrefois très à la mode chez les anciens,[2] et qu'il pût être utile aux modernes, son âme était trop pure pour trahir la vérité. « Mlle Cunégonde, dit-il, doit me faire l'honneur de m'épouser, et nous supplions Votre Excellence de daigner faire notre noce. »

Don Fernando d'Ibaraa, y Figueora, y Mascarenes, y Lampourdos, y Souza, relevant sa moustache, sourit amèrement, et ordonna au capitaine Candide d'aller faire la revue de sa compagnie. Candide obéit; le gouverneur demeura avec Mlle Cunégonde. Il lui déclara sa passion, lui protesta que le lendemain il l'épouserait à la face de l'Église, ou autrement, ainsi qu'il plairait à ses charmes. Cunégonde lui demanda un quart d'heure pour se recueillir, pour consulter la vieille et pour se déterminer.

La vieille dit à Cunégonde: « Mademoiselle, vous avez soixante et douze quartiers, et pas une obole; il ne tient qu'à vous d'être la femme du plus grand seigneur de l'Amérique méridionale, qui a une très belle moustache; est-ce à vous de vous piquer d'une fidélité à toute épreuve? [3] Vous avez été violée par les Bulgares; un juif et un inquisiteur ont eu vos bonnes grâces: les malheurs donnent des droits. J'avoue que, si j'étais à votre place, je ne ferais aucun scrupule d'épouser monsieur le gouverneur et de faire la fortune de M. le capitaine Candide. » Tandis que la vieille parlait avec toute la prudence que l'âge et l'expérience donnent, on vit entrer dans le port un petit vaisseau; il portait un alcade et des alguazils, et voici ce qui était arrivé.[4]

La vieille avait très bien deviné que ce fut un cordelier à la grande manche qui vola l'argent et les bijoux de Cunégonde dans la ville de Badajoz, lorsqu'elle fuyait en hâte avec Candide. Ce moine voulut vendre quelques-unes des pierreries à un joaillier. Le marchand les reconnut pour celles du grand inquisiteur. Le cordelier, avant d'être pendu, avoua qu'il les avait volées: il indiqua les personnes et la route qu'elles prenaient. La fuite de Cunégonde et de Candide était déjà connue. On les sui-

[1] fait pour arranger les choses
[2] allusion à un passage de la Genèse où Abraham, parlant de sa femme Sara, dit: « C'est ma sœur. »
[3] de prétendre à une fidélité qui résiste à tout
[4] *alcade:* magistrat espagnol; *alguazils:* officiers de police

vit à Cadix; on envoya, sans perdre temps, un vaisseau à leur poursuite. Le vaisseau était déjà dans le port de Buénos-Ayres. Le bruit se répandit qu'un alcade allait débarquer, et qu'on poursuivait les meurtriers de monseigneur le grand inquisiteur. La prudente vieille vit dans l'instant tout ce qui était à faire. « Vous ne pouvez fuir, dit-elle à Cunégonde, et vous n'avez rien à craindre; ce n'est pas vous qui avez tué monseigneur; et d'ailleurs le gouverneur, qui vous aime, ne souffrira pas qu'on vous maltraite; demeurez. » Elle court sur-le-champ à Candide: « Fuyez, dit-elle, ou dans une heure vous allez être brûlé. » Il n'y avait pas un moment à perdre; mais comment se séparer de Cunégonde, et où se réfugier?

CHAPITRE XIV

COMMENT CANDIDE ET CACAMBO FURENT REÇUS CHEZ
LES JÉSUITES DU PARAGUAY

Candide avait amené de Cadix un valet tel qu'on en trouve beaucoup sur les côtes d'Espagne et dans les colonies. C'était un quart d'Espagnol, né d'un métis [1] dans le Tucuman; [2] il avait été enfant de chœur, sacristin, matelot, moine, facteur, [3] soldat, laquais. Il s'appelait Cacambo, et aimait fort son maître, parce que son maître était un fort bon homme. Il sella au plus vite les deux chevaux andalous. « Allons, mon maître, suivons le conseil de la vieille; partons, et courons sans regarder derrière nous. » Candide versa des larmes. « O ma chère Cunégonde! faut-il vous abandonner dans le temps que monsieur le gouverneur va faire nos noces! Cunégonde amenée de si loin, que deviendrez-vous? — Elle deviendra ce qu'elle pourra, dit Cacambo; les femmes ne sont jamais embarrassées d'elles; Dieu y pourvoit; courons.—Où me mènes-tu? où allons-nous? que ferons-nous sans Cunégonde? disait Candide.—Par saint Jacques de Compostelle, dit Cacambo, vous alliez faire la guerre aux jésuites; allons la faire pour eux: je sais assez les chemins, je vous mènerai dans leur royaume, ils seront charmés d'avoir un capitaine qui fasse l'exercice à

la bulgare; vous ferez une fortune prodigieuse; quand on n'a pas son compte dans un monde, on le trouve dans un autre. C'est un très grand plaisir de voir et de faire des choses nouvelles.—Tu as donc été déjà dans le Paraguay? dit Candide. — Eh vraiment oui! dit Cacambo; j'ai été cuistre [4] dans le collège de l'Assomption, [5] et je connais le gouvernement de *los padres* comme je connais les rues de Cadix. C'est une chose admirable que ce gouvernement. Le royaume a déjà plus de trois cents lieues de diamètre; il est divisé en trente provinces. *Los padres* y ont tout, et les peuples rien; c'est le chef-d'œuvre de la raison et de la justice. Pour moi, je ne vois rien de si divin que *los padres,* qui font ici la guerre au roi d'Espagne et au roi de Portugal, et qui en Europe confessent ces rois; qui tuent ici des Espagnols, et qui à Madrid les envoient au ciel: cela me ravit; avançons: vous allez être le plus heureux de tous les hommes. Quel plaisir auront *los padres* quand ils sauront qu'il leur vient un capitaine qui sait l'exercice bulgare! »

Dès qu'ils furent arrivés à la première barrière, Cacambo dit à la garde avancée qu'un capitaine demandait à parler à monseigneur le commandant. On alla avertir la grande garde. Un officier paraguain courut aux pieds du commandant lui donner part de la nouvelle. Candide et Cacambo furent d'abord désarmés; on se saisit de leurs deux chevaux andalous. Les deux étrangers sont introduits au milieu de deux files de soldats; le commandant était au bout, le bonnet à trois cornes en tête, la robe retroussée, l'épée au côté, l'esponton [6] à la main. Il fit un signe; aussitôt vingt-quatre soldats entourent les deux nouveaux venus. Un sergent leur dit qu'il faut attendre, que le commandant ne peut leur parler, que le révérend père provincial [7] ne permet pas qu'aucun Espagnol ouvre la bouche qu'en sa présence, et demeure plus de trois heures dans le pays. « Et où est le révérend père provincial? dit Cacambo. — Il est à la parade après avoir dit sa messe, répondit le sergent, et vous ne pourrez baiser ses éperons que dans trois heures. — Mais,

[1] qui appartient à deux races mêlées
[2] province d'Argentine
[3] portefaix

[4] sacristain
[5] Centre de l'administration des pères jésuites (los padres) qui gouvernaient tyranniquement 150,000 Indiens
[6] demi-pique, ancienne arme des officiers d'infanterie
[7] supérieur d'un ordre religieux et qui en gouverne toutes les maisons dans une province

dit Cocambo, monsieur le capitaine, qui meurt de faim comme moi, n'est point Espagnol, il est Allemand; ne pourrions-nous point déjeuner en attendant Sa Révérence? »

Le sergent alla sur-le-champ rendre compte de ce discours au commandant. « Dieu soit béni! dit ce seigneur; puisqu'il est Allemand, je peux lui parler; qu'on le mène dans ma feuillée. » Aussitôt on conduit Candide dans un cabinet de verdure orné d'une très jolie colonnade de marbre vert et or, et de treillages [8] qui renfermaient des perroquets, des colibris, des oiseaux-mouches, des pintades, et tous les oiseaux les plus rares. Un excellent déjeuner était préparé dans des vases d'or; et tandis que les Paraguains mangèrent du maïs dans des écuelles de bois, en plein champ, à l'ardeur du soleil, le révérend père commandant entra dans la feuillée.

C'était un très beau jeune homme, le visage plein, assez blanc, haut en couleur, le sourcil relevé, l'œil vif, l'oreille rouge, les lèvres vermeilles, l'air fier, mais d'une fierté qui n'était ni celle d'un Espagnol ni celle d'un jésuite. On rendit à Candide et à Cacambo leurs armes, qu'on leur avait saisies, ainsi que les deux chevaux andalous; Cacambo leur fit manger l'avoine auprès de la feuillée, ayant toujours l'œil sur eux, crainte de surprise.

Candide baisa d'abord le bas de la robe du commandant, ensuite ils se mirent à table. « Vous êtes donc Allemand? lui dit le jésuite en cette langue. — Oui, mon révérend père », dit Candide. L'un et l'autre, en prononçant ces paroles, se regardaient avec une extrême surprise et une émotion dont ils n'étaient pas les maîtres. « Et de quel pays d'Allemagne êtes-vous? dit le jésuite. — De la sale province de Westphalie, dit Candide: je suis né dans le château de Thunder-ten-tronckh. — O Ciel! est-il possible! s'écria le commandant. — Quel miracle! s'écria Candide. — Serait-ce vous! dit le commandant. — Cela n'est pas possible », dit Candide. Ils se laissent tomber tous deux à la renverse,[9] ils s'embrassent, ils versent des ruisseaux de larmes. « Quoi! serait-ce vous, mon révérend père? vous, le frère de la belle Cunégonde! vous, qui fûtes tué par les Bulgares! vous, le fils de monsieur le baron! vous, jésuite au Paraguay! Il faut avouer que ce monde

[8] cages
[9] en arrière

est une étrange chose. O Pangloss! Pangloss! que vous seriez aise si vous n'aviez pas été pendu! »

Le commandant fit retirer les esclaves nègres et les Paraguains qui servaient à boire dans des gobelets de cristal de roche. Il remercia Dieu et saint Ignace [10] mille fois; il serrait Candide entre ses bras; leurs visages étaient baignés de pleurs. « Vous seriez bien plus étonné, plus attendri, plus hors de vous-même, dit Candide, si je vous disais que Mlle Cunégonde, votre sœur, que vous avez cru éventrée, est pleine de santé. — Où? — Dans votre voisinage, chez monsieur le gouverneur de Buénos-Ayres; et je venais pour vous faire la guerre. » Chaque mot qu'ils prononcèrent dans cette longue conversation accumulait prodige sur prodige. Leur âme tout entière volait sur leur langue, était attentive dans leurs oreilles et étincelante dans leurs yeux. Comme ils étaient Allemands, ils tinrent table longtemps, en attendant le révérend père provincial; et le commandant parla ainsi à son cher Candide.

CHAPITRE XV

COMMENT CANDIDE TUA LE FRÈRE DE SA CHÈRE CUNÉGONDE

« J'aurai toute ma vie présent à la mémoire le jour horrible où je vis tuer mon père et ma mère, et violer ma sœur. Quand les Bulgares furent retirés, on ne trouva point cette sœur adorable, et on mit dans une charrette ma mère, mon père et moi, deux servantes et trois petits garçons égorgés, pour nous aller enterrer dans une chapelle de jésuites, à deux lieues du château de mes pères. Un jésuite nous jeta de l'eau bénite; elle était horriblement salée; il en entra quelques gouttes dans mes yeux: le père s'aperçut que ma paupière faisait un petit mouvement: il mit la main sur mon cœur et le sentit palpiter; je fus secouru, et au bout de trois semaines il n'y paraissait pas.[1] Vous savez, mon cher Candide, que j'étais fort joli, je le devins encore davantage; aussi le révérend père Croust,[2] supérieur de la maison, prit pour moi la plus tendre

[10] fondateur de l'Ordre des jésuites

[1] On ne voyait plus que j'avais été mourant.
[2] Ce jésuite a existé, mais à Colmar et du temps de Voltaire, qui le détestait.

amitié: il me donna l'habit de novice; quelque temps après je fus envoyé à Rome. Le père général[3] avait besoin d'une recrue de jeunes jésuites allemands. Les souverains du Paraguay reçoivent le moins qu'ils peuvent de jésuites espagnols; ils aiment mieux les étrangers, dont ils se croient plus maîtres. Je fus jugé propre par le révérend père général pour aller travailler dans cette vigne.[4] Nous partîmes, un Polonais, un Tyrolien et moi. Je fus honoré, en arrivant, du sous-diaconat,[5] et d'une lieutenance;[6] je suis aujourd'hui colonel et prêtre. Nous recevrons vigoureusement les troupes du roi d'Espagne; je vous réponds qu'elles seront excommuniées et battues. La Providence vous envoie ici pour nous seconder. Mais est-il bien vrai que ma chère sœur Cunégonde soit dans le voisinage, chez le gouverneur de Buénos-Ayres? » Candide l'assura par serment que rien n'était plus vrai. Leurs larmes recommencèrent à couler.

Le baron ne pouvait se lasser d'embrasser Candide; il l'appelait son frère, son sauveur. « Ah! peut-être, lui dit-il, nous pourrons ensemble, mon cher Candide, entrer en vainqueurs dans la ville et reprendre ma sœur Cunégonde. — C'est tout ce que je souhaite, dit Candide: car je comptais l'épouser, et je l'espère encore. — Vous, insolent! répondit le baron, vous auriez l'impudence d'épouser ma sœur, qui a soixante et douze quartiers! Je vous trouve bien effronté d'oser me parler d'un dessein si téméraire! » Candide, pétrifié d'un tel discours, lui répondit: « Mon révérend père, tous les quartiers du monde n'y font rien; j'ai tiré votre sœur des bras d'un juif et d'un inquisiteur, elle m'a assez d'obligations,[7] elle veut m'épouser. Maître Pangloss m'a toujours dit que les hommes sont égaux, et assurément je l'épouserai. — C'est ce que nous verrons, coquin! » dit le jésuite baron de Thunder-ten-tronckh; et en même temps il lui donna un grand coup du plat de son épée sur le visage. Candide dans l'instant tire la sienne et l'enfonce jusqu'à la garde dans le

ventre du baron jésuite; mais, en la retirant toute fumante, il se mit à pleurer: « Hélas! mon Dieu, dit-il, j'ai tué mon ancien maître, mon ami, mon beau-frère; je suis le meilleur homme du monde, et voilà déjà trois hommes que je tue, et dans ces trois il y a deux prêtres. »

Cacambo, qui faisait sentinelle à la porte de la feuillée, accourut. « Il ne nous reste qu'à vendre cher notre vie, lui dit son maître; on va sans doute entrer dans la feuillée, il faut mourir les armes à la main. » Cacambo, qui en avait bien vu d'autres,[8] ne perdit point la tête; il prit la robe de jésuite que portait le baron, la mit sur le corps de Candide, lui donna le bonnet carré du mort, et le fit monter à cheval. Tout cela se fit en un clin d'œil.[9] « Galopons, mon maître; tout le monde vous prendra pour un jésuite qui va donner des ordres; et nous aurons passé les frontières avant qu'on puisse courir après nous. » Il volait déjà en prononçant ces paroles, et en criant en espagnol: « Place, place pour le révérend père colonel. »

CHAPITRE XVI

CE QUI ADVINT AUX DEUX VOYAGEURS AVEC DEUX FILLES, DEUX SINGES, ET LES SAUVAGES NOMMÉS OREILLONS

Candide et son valet furent au delà des barrières, et personne ne savait encore dans le camp la mort du jésuite allemand. Le vigilant Cacambo avait eu soin de remplir sa valise de pain, de chocolat, de jambon, de fruits, et de quelques mesures de vin. Ils s'enfoncèrent avec leurs chevaux andalous dans un pays inconnu où ils ne découvrirent aucune route. Enfin une belle prairie entrecoupée de ruisseaux se présenta devant eux. Nos deux voyageurs font repaître leurs montures. Cacambo propose à son maître de manger, et lui en donne l'exemple. «Comment veux-tu, disait Candide, que je mange du jambon, quand j'ai tué le fils de monsieur le baron, et que je me vois condamné à ne revoir la belle Cunégonde de ma vie? à quoi me servira de prolonger mes misérables jours, puisque je dois les

[3] le chef de l'Ordre

[4] ce genre d'activités (métaphore biblique)

[5] Diaconat, le second des ordres sacrés, immédiatement inférieur à la prêtrise. Il est conféré aux diacres. Ordre sacré: sacrement reçu de l'évêque et qui donne le pouvoir d'exercer les fonctions ecclésiastiques.

[6] grade de lieutenant

[7] motifs de reconnaissance

[8] s'était trouvé dans bien des situations aussi dangereuses

[9] très rapidement

traîner loin d'elle dans les remords et dans le désespoir? et que dira le Journal de Trévoux?»[1]

En parlant ainsi, il ne laissa pas de manger. Le soleil se couchait. Les deux égarés entendirent quelques petits cris qui paraissaient poussés par des femmes. Ils ne savaient si ces cris étaient de douleur ou de joie; mais ils se levèrent précipitamment avec cette inquiétude et cette alarme que tout inspire dans un pays inconnu. Ces clameurs partaient de deux filles toutes nues qui couraient légèrement au bord de la prairie, tandis que deux singes les suivaient. Candide fut touché de pitié, il avait appris à tirer chez les Bulgares, et il aurait abattu une noisette dans un buisson sans toucher aux feuilles. Il prend son fusil espagnol à deux coups, tire, et tue les deux singes. «Dieu soit loué, mon cher Cacambo! j'ai délivré d'un grand péril ces deux pauvres créatures: si j'ai commis un péché en tuant un inquisiteur et un jésuite, je l'ai bien réparé en sauvant la vie à deux filles. Ce sont peut-être deux demoiselles de condition, et cette aventure nous peut procurer de très grands avantages dans le pays.»

Il allait continuer, mais sa langue devint percluse quand il vit ces deux filles embrasser tendrement les deux singes, et fondre en larmes sur leurs corps, et remplir l'air des cris les plus douloureux. «Je ne m'attendais pas à tant de bonté d'âme,» dit-il enfin à Cacambo, lequel lui répliqua: «Vous avez fait là un beau chef-d'œuvre, mon maître, vous avez tué les deux amants de ces demoiselles. Leurs amants! serait-il possible? vous vous moquez de moi, Cacambo, le moyen de vous croire?—Mon cher maître, repartit Cacambo, vous êtes toujours étonné de tout. Pourquoi trouvez-vous si étrange que dans quelques pays il y ait des singes qui obtiennent les bonnes grâces des dames? Ils sont des quarts d'hommes comme je suis un quart d'Espagnol.—Hélas! reprit Candide, je me souviens d'avoir entendu dire à maître Pangloss qu'autrefois pareils accidents étaient arrivés et que ces mélanges avaient produit des Egipans, des Faunes, des Satires, que plusieurs grands personnages de l'antiquité en avaient vus, mais je prenais cela pour des fables. —Vous devez être convaincu à présent, dit Ca-cambo, que c'est une vérité, et vous voyez comment en usent les personnes qui n'ont pas reçu une certaine éducation. Tout ce que je crains, c'est que ces dames ne nous fassent quelque méchante affaire.»

Ces réflexions solides engagèrent Candide à quitter la prairie, et à s'enfoncer dans un bois. Il y soupa avec Cacambo; et tous deux, après avoir maudit l'inquisiteur de Portugal, le gouverneur de Buenos-Aires, et le baron, s'endormirent sur de la mousse. A leur réveil, ils sentirent qu'ils ne pouvaient remuer; la raison en était que pendant la nuit, les Oreillons,[2] habitants du pays, à qui les deux dames les avaient dénoncés, les avaient garrottés avec des cordes d'écorce d'arbre. Ils étaient entourés d'une cinquantaine d'Oreillons tout nus, armés de flèches, de massues et de haches de caillou: les uns faisaient bouillir une grande chaudière: les autres préparaient des broches, et tous criaient: «C'est un jésuite, c'est un jésuite; nous serons vengés, et nous ferons bonne chère: mangeons du jésuite, mangeons du jésuite.

—Je vous l'avais bien dit, mon cher maître, s'écria tristement Cacambo, que ces deux filles nous joueraient un mauvais tour.» Candide, apercevant la chaudière et les broches, s'écria: «Nous allons certainement être rôtis ou bouillis. . . Ah! que dirait maître Pangloss, s'il voyait comme la pure nature est faite? Tout est bien: soit, mais j'avoue qu'il est bien cruel d'avoir perdu mademoiselle Cunégonde, et d'être mis à la broche par des Oreillons.» Cacambo ne perdait jamais la tête. «Ne désespérez de rien, dit-il désolé Candide; j'entends un peu le jargon de ces peuples, je vais leur parler. —Ne manquez pas, dit Candide, de leur représenter quelle est l'inhumanité affreuse de faire cuire des hommes, et combien cela est peu chrétien.»

«Messieurs, dit Cacambo, vous comptez donc manger aujourd'hui un jésuite? c'est très bien fait; rien n'est plus juste que de traiter ainsi ses ennemis. En effet le droit naturel nous enseigne à tuer notre prochain, et c'est ainsi qu'on en agit dans toute la terre. Si nous n'usons pas du droit de le manger, c'est que nous avons d'ailleurs de quoi faire bonne chère; mais vous n'avez pas les mêmes ressources

[1] journal des jésuites, publié de 1701 à 1775

[2] nom donné par les Espagnols aux Indiens qui s'attachaient des pendants aux oreilles

que nous: certainement il vaut mieux manger ses ennemis que d'abandonner aux corbeaux et aux corneilles le fruit de sa victoire. Mais, messieurs, vous ne voudriez pas manger vos amis. Vous croyez aller mettre un jésuite en broche, et c'est votre défenseur, c'est l'ennemi de vos ennemis que vous allez rôtir. Pour moi, je suis né dans votre pays; monsieur, que vous voyez, est mon maître, et, bien loin d'être jésuite, il vient de tuer un jésuite, il en porte les dépouilles; voilà le sujet de votre méprise. Pour vérifier ce que je vous dis, prenez sa robe, portez-la à la première barrière du royaume de los padres; informez-vous si mon maître n'a pas tué un officier jésuite. Il vous faudra peu de temps; vous pourrez toujours nous manger, si vous trouvez que je vous ai menti. Mais, si je vous ai dit la vérité, vous connaissez trop les principes du droit public, les mœurs, et les lois, pour ne nous pas faire grâce.»

Les Oreillons trouvèrent ce discours très raisonnable; ils députèrent deux notables pour aller en diligence s'informer de la vérité; les deux députés s'acquittèrent de leur commission en gens d'esprit, et revinrent bientôt apporter de bonnes nouvelles. Les Oreillons délièrent leurs deux prisonniers, leur firent toutes sortes de civilités, leur donnèrent des rafraîchissements, et les reconduisirent jusqu'aux confins de leurs États, en criant avec allégresse: «Il n'est point jésuite, il n'est point jésuite.»

Candide ne se lassait point d'admirer le sujet de sa délivrance. «Quel peuple! disait-il, quels hommes! quelles mœurs! si je n'avais pas eu le bonheur de donner un grand coup d'épée au travers du corps du frère de mademoiselle Cunégonde, j'étais mangé sans rémission. Mais, après tout, la pure nature est bonne, puisque ces gens-ci, au lieu de me manger, m'ont fait mille honnêtetés, dès qu'ils ont su que je n'étais pas jésuite.»

CHAPITRE XVII

ARRIVÉE DE CANDIDE ET DE SON VALET AU PAYS D'ELDORADO, ET CE QU'ILS Y VIRENT

Quand ils furent aux frontières des Oreillons: «Vous voyez, dit Cacambo à Candide, que cet hémisphère-ci ne vaut pas mieux que l'autre; croyez-moi, retournons en Europe par le plus court.

— Comment y retourner, dit Candide, et où aller? Si je vais dans mon pays, les Bulgares et les Abares y égorgent tout; si je retourne en Portugal, j'y suis brûlé; si nous restons dans ce pays-ci, nous risquons à tout moment d'être mis en broche.[1] Mais comment se résoudre à quitter la partie du monde que Mlle Cunégonde habite? — Tournons vers la Cayenne,[2] dit Cacambo: nous y trouverons des Français, qui vont par tout le monde; ils pourront nous aider. Dieu aura peut-être pitié de nous. »

Il n'était pas facile d'aller à la Cayenne: ils savaient bien à peu près de quel côté il fallait marcher; mais des montagnes, des fleuves, des précipices, des brigands, des sauvages, étaient partout de terribles obstacles. Leurs chevaux moururent de fatigue; leurs provisions furent consumées; ils se nourrirent un mois entier de fruits sauvages, et se trouvèrent enfin auprès d'une petite rivière bordée de cocotiers, qui soutinrent leur vie et leurs espérances.

Cacambo, qui donnait toujours d'aussi bons conseils que la vieille, dit à Candide: « Nous n'en pouvons plus, nous avons assez marché; j'aperçois un canot vide sur le rivage, emplissons-le de cocos, jetons-nous dans cette petite barque, laissons-nous aller au courant; une rivière mène toujours à quelque endroit habité. Si nous ne trouvons pas des choses agréables, nous trouverons du moins des choses nouvelles. — Allons, dit Candide, recommandons-nous à la Providence. »

Ils voguèrent quelques lieues entre des bords tantôt fleuris, tantôt arides, tantôt unis, tantôt escarpés. La rivière s'élargissait toujours; enfin elle se perdait sous une voûte de rochers épouvantables qui s'élevaient jusqu'au ciel. Les deux voyageurs eurent la hardiesse de s'abandonner aux flots sous cette voûte. Le fleuve, resserré en cet endroit, les porta avec une rapidité et un bruit horrible. Au bout de vingt-quatre heures ils revirent le jour; mais leur canot se fracassa contre les écueils; il fallut se traîner de rocher en rocher pendant une lieue entière; enfin ils découvrirent un horizon immense, bordé de montagnes inaccessibles. Le pays était cultivé pour le plaisir comme pour le besoin; partout l'utile était agréable. Les chemins étaient couverts

[1] à la broche (tige de fer qui porte la viande rotie)
[2] île de la Guyanne française située à l'embouchure de la rivière du même nom

ou plutôt ornés de voitures d'une forme et d'une matière brillante, portant des hommes et des femmes d'une beauté singulière, traînés rapidement par de gros moutons rouges qui surpassaient en vitesse les plus beaux chevaux d'Andalousie, de Tétuan et de Méquinez.[3]

« Voilà pourtant, dit Candide, un pays qui vaut mieux que la Westphalie. » Il mit pied à terre avec Cacambo auprès du premier village qu'il rencontra. Quelques enfants du village, couverts de brocarts d'or tout déchirés, jouaient au palet[4] à l'entrée du bourg; nos deux hommes de l'autre monde s'amusèrent à les regarder: leurs palets étaient d'assez larges pièces rondes, jaunes, rouges, vertes, qui jetaient un éclat singulier. Il prit envie aux voyageurs d'en ramasser quelques-uns; c'était de l'or, c'était des émeraudes, des rubis, dont le moindre aurait été le plus grand ornement du trône du Mogol. « Sans doute, dit Cacambo, ces enfants sont les fils du roi du pays qui jouent au petit palet. » Le magister du village parut dans ce moment pour les faire rentrer à l'école. « Voilà, dit Candide, le précepteur de la famille royale. »

Les petits gueux quittèrent aussitôt le jeu, en laissant à terre leurs palets et tout ce qui avait servi à leurs divertissements. Candide les ramasse, court au précepteur, et les lui présente humblement, lui faisant entendre par signes que Leurs Altesses royales avaient oublié leur or et leurs pierreries. Le magister du village, en souriant, les jeta par terre, regarda un moment la figure de Candide avec beaucoup de surprise, et continua son chemin.

Les voyageurs ne manquèrent pas[5] de ramasser l'or, les rubis et les émeraudes. « Où sommes-nous? s'écria Candide; il faut que les enfants des rois de ce pays soient bien élevés, puisqu'on leur apprend à mépriser l'or et les pierreries. » Cacambo était aussi surpris que Candide. Ils approchèrent enfin de la première maison du village; elle était bâtie comme un palais d'Europe. Une foule de monde s'empressait à la porte, et encore plus dans le logis; une musique très agréable se faisait entendre, et une odeur délicieuse de cuisine se faisait sentir. Cacambo s'approcha de la porte, et entendit qu'on parlait péru-

vien: c'était sa langue maternelle: car tout le monde sait que Cacambo était né au Tucuman, dans un village où l'on ne connaissait que cette langue. « Je vous servirai d'interprète, dit-il à Candide; entrons, c'est ici un cabaret. »

Aussitôt deux garçons et deux filles de l'hôtellerie, vêtus de drap d'or, et les cheveux renoués[6] avec des rubans, les invitent à se mettre à la table de l'hôte. On servit quatre potages garnis chacun de deux perroquets, un contour[7] bouilli qui pesait deux cents livres, deux singes rôtis d'un goût excellent, trois cents colibris dans un plat, et six cents oiseaux-mouches dans un autre; des ragoûts exquis, des pâtisseries délicieuses; le tout dans des plats d'une espèce de cristal de roche. Les garçons et les filles de l'hôtellerie versaient plusieurs liqueurs faites de canne de sucre.

Les convives étaient pour la plupart des marchands et des voituriers, tous d'une politesse extrême, qui firent quelques questions à Cacambo avec la discrétion la plus circonspecte, et qui répondirent aux siennes d'une manière à le satisfaire.

Quand le repas fut fini, Cacambo crut, ainsi que Candide, bien payer son écot[8] en jetant sur la table de l'hôte deux de ces larges pièces d'or qu'il avait ramassées; l'hôte et l'hôtesse éclatèrent de rire, et se tinrent longtemps les côtes. Enfin ils se remirent. « Messieurs, dit l'hôte, nous voyons bien que vous êtes des étrangers; nous ne sommes pas accoutumés à en voir. Pardonnez-nous si nous nous sommes mis à rire quand vous nous avez offert en payement les cailloux de nos grands chemins. Vous n'avez pas sans doute de la monnaie du pays, mais il n'est pas nécessaire d'en avoir pour dîner ici. Toutes les hôtelleries établies pour la commodité du commerce sont payées par le gouvernement. Vous avez fait mauvaise chère[9] ici, parce que c'est un pauvre village; mais partout ailleurs vous serez reçus comme vous méritez de l'être. » Cacambo expliquait à Candide tous les discours de l'hôte, et Candide les écoutait avec la même admiration et le même égarement que son ami Cacambo les rendait.[10] « Quel est donc ce pays, disaient-ils l'un et l'autre, inconnu

[3] deux villes marocaines
[4] morceau de métal plat et rond que les joueurs cherchent à envoyer le plus près possible d'un but désigné
[5] eurent grand soin

[6] mis en tresses
[7] condor, oiseau de proie
[8] ce qu'il devait pour sa part
[9] mauvais repas
[10] traduisait

à tout le reste de la terre, et où toute la nature est d'une espèce si différente de la nôtre? C'est probablement le pays où tout va bien: car il faut absolument qu'il y en ait un de cette espèce. Et, quoi qu'en dît maître Pangloss, je me suis souvent aperçu que tout allait assez mal en Westphalie. »

CHAPITRE XVIII

CE QU'ILS VIRENT DANS LE PAYS D'ELDORADO

Cacambo témoigna à son hôte toute sa curiosité; l'hôte lui dit: « Je suis fort ignorant, et je m'en trouve bien;[1] mais nous avons ici un vieillard retiré de la cour, qui est le plus savant homme du royaume, et le plus communicatif. » Aussitôt il mène Cacambo chez le vieillard. Candide ne jouait plus que le second personnage, et accompagnait son valet. Ils entrèrent dans une maison fort simple, car la porte n'était que d'argent, et les lambris des appartements n'étaient que d'or, mais travaillés avec tant de goût que les plus riches lambris[2] ne l'effaçaient pas. L'antichambre n'était à la vérité incrustée que de rubis et d'émeraudes; mais l'ordre dans lequel tout était arrangé réparait bien cette extrême simplicité.

Le vieillard reçut les deux étrangers sur un sofa matelassé de plumes de colibri, et leur fit présenter des liqueurs dans des vases de diamants; après quoi il satisfit à leur curiosité en ces termes:

« Je suis âgé de cent soixante et douze ans, et j'ai appris de feu[3] mon père, écuyer du roi, les étonnantes révolutions du Pérou dont il avait été témoin. Le royaume où nous sommes est l'ancienne patrie des Incas,[4] qui en sortirent très imprudemment pour aller subjuguer une partie du monde, et qui furent enfin détruits par les Espagnols.

« Les princes de leur famille qui restèrent dans leur pays natal furent plus sages; ils ordonnèrent, du consentement de la nation, qu'aucun habitant ne sortirait jamais de notre petit royaume; et c'est ce qui nous a conservé notre innocence et notre félicité. Les Espagnols ont une connaissance confuse de ce pays, ils l'ont appelé Eldorado,[5] et un Anglais,

nommé le chevalier Raleigh,[6] en a même approché il y a environ cent années; mais, comme nous sommes entourés de rochers inabordables et de précipices, nous avons toujours été jusqu'à présent à l'abri de la rapacité des nations de l'Europe, qui ont une fureur[7] inconcevable pour les cailloux et pour la fange[8] de notre terre, et qui, pour en avoir, nous tueraient tous jusqu'au dernier. »

La conversation fut longue; elle roula sur la forme du gouvernement, sur les mœurs, sur les femmes, sur les spectacles publics, sur les arts. Enfin Candide, qui avait toujours du goût pour la métaphysique, fit demander par Cacambo si dans le pays il y avait une religion.

Le vieillard rougit un peu. « Comment donc! dit-il, en pouvez-vous douter? Est-ce que vous nous prenez pour des ingrats? » Cacambo demanda humblement quelle était la religion d'Eldorado. Le vieillard rougit encore. « Est-ce qu'il peut y avoir deux religions? dit-il; nous avons, je crois, la religion de tout le monde; nous adorons Dieu du soir jusqu'au matin. — N'adorez-vous qu'un seul Dieu? dit Cacambo, qui servait toujours d'interprète aux doutes de Candide. — Apparemment, dit le vieillard, qu'il n'y en a ni deux, ni trois, ni quatre. Je vous avoue que les gens de votre monde font des questions bien singulières. » Candide ne se lassait pas de faire interroger ce bon vieillard; il voulut savoir comment on priait Dieu dans l'Eldorado. « Nous ne le prions point, dit le bon et respectable sage; nous n'avons rien à lui demander; il nous a donné tout ce qu'il nous faut; nous le remercions sans cesse. » Candide eut la curiosité de voir des prêtres; il fit demander où ils étaient. Le bon vieillard sourit. « Mes amis, dit-il, nous sommes tous prêtres; le roi et tous les chefs de famille chantent des cantiques d'actions de grâces[9] solennellement tous les matins; et cinq ou six mille musiciens les accompagnent. — Quoi! vous n'avez point de moines qui enseignent, qui disputent,[10] qui gouvernent, qui cabalent,[11] et qui font brûler les gens qui ne sont pas de leur avis? — Il faudrait que nous

[6] envoyé de la reine Elizabeth (1596). Il a laissé une *Relation de la Guyane*.
[7] goût violent
[8] boue
[9] remerciements à Dieu
[10] discutent des doctrines
[11] font des complots

[1] je suis satisfait à cause de cela
[2] revêtements des murs
[3] qui est mort (gallicisme)
[4] race de l'ancien Pérou
[5] El Dorado, le « pays en or »

fussions fous, dit le vieillard; nous sommes tous ici du même avis, et nous n'entendons pas ce que vous voulez dire avec vos moines. » Candide à tous ces discours demeurait en extase, et disait en lui-même: « Ceci est bien différent de la Westphalie et du château de monsieur le baron: si notre ami Pangloss avait vu Eldorado, il n'aurait plus dit que le château de Thunder-ten-tronckh était ce qu'il y avait de mieux sur la terre; il est certain qu'il faut voyager. »

Après cette longue conversation, le bon vieillard fit atteler un carrosse à six moutons, et donna douze de ses domestiques aux deux voyageurs pour les conduire à la cour. « Excusez-moi, leur dit-il, si mon âge me prive de l'honneur de vous accompagner. Le roi vous recevra d'une manière dont vous ne serez pas mécontents, et vous pardonnerez sans doute aux usages du pays, s'il y en a quelques-uns qui vous déplaisent. »

Candide et Cacambo montent en carrosse; les six moutons volaient, et en moins de quatre heures on arriva au palais du roi, situé à un bout de la capitale. Le portail était de deux cent vingt pieds de haut et de cent de large; il est impossible d'exprimer quelle en était la matière. On voit assez[12] quelle supériorité prodigieuse elle devait avoir sur ces cailloux et sur ce sable que nous nommons *or* et *pierreries*.

Vingt belles filles de la garde reçurent Candide et Cacambo à la descente du carrosse, les conduisirent aux bains, les vêtirent de robes d'un tissu de duvet de colibri; après quoi les grands officiers et les grandes officières de la Couronne[13] les menèrent à l'appartement de Sa Majesté, au milieu de deux files, chacune de mille musiciens, selon l'usage ordinaire. Quand ils approchèrent de la salle du trône, Cacambo demanda à un grand officier comment il fallait s'y prendre pour saluer Sa Majesté: si on se jetait à genoux ou ventre à terre; si on mettait les mains sur la tête ou sur le derrière; si on léchait la poussière de la salle; en un mot, quelle était la cérémonie. « L'usage, dit le grand officier, est d'embrasser le roi et de le baiser des deux côtés. » Candide et Cacambo sautèrent au cou de Sa Majesté, qui les reçut avec toute la grâce imaginable et qui les pria poliment à souper.

En attendant, on leur fit voir la ville, les édifices publics élevés jusqu'aux nues, les marchés ornés de mille colonnes, les fontaines d'eau pure, les fontaines d'eau rose, celles de liqueurs de canne de sucre qui coulaient continuellement dans de grandes places, pavées d'une espèce de pierreries qui répandaient une odeur semblable à celle du girofle et de la cannelle. Candide demanda à voir la cour de justice, le parlement; on lui dit qu'il n'y en avait point, et qu'on ne plaidait jamais. Il s'informa s'il y avait des prisons, et on lui dit que non. Ce qui le surprit davantage, et qui lui fit le plus de plaisir, ce fut le palais des sciences, dans lequel il vit une galerie de deux mille pas, toute pleine d'instruments de mathématique et de physique.

Après avoir parcouru, toute l'après-dînée, à peu près la millième partie de la ville, on les ramena chez le roi. Candide se mit à table entre Sa Majesté, son valet Cacambo et plusieurs dames. Jamais on ne fit meilleure chère, et jamais on n'eut plus d'esprit à souper qu'en eut Sa Majesté. Cacambo expliquait les bons mots[14] du roi à Candide, et, quoique traduits, ils paraissaient toujours des bons mots. De tout ce qui étonnait Candide, ce n'était pas ce qui l'étonna le moins.

Ils passèrent un mois dans cet hospice.[15] Candide ne cessait de dire à Cacombo: « Il est vrai, mon ami, encore une fois, que le château où je suis né ne vaut pas le pays où nous sommes; mais enfin Mlle Cunégonde n'y est pas, et vous avez sans doute quelque maîtresse en Europe. Si nous restons ici, nous n'y serons que comme les autres; au lieu que si nous retournons dans notre monde seulement avec douze moutons chargés de cailloux d'Eldorado, nous serons plus riches que tous les rois ensemble, nous n'aurons plus d'inquisiteurs à craindre, et nous pourrons aisément reprendre Mlle Cunégonde. »

Ce discours plut à Cacambo: on aime tant à courir, à se faire valoir chez les siens, à faire parade[16] de ce qu'on a vu dans ses voyages, que les deux heureux résolurent de ne plus l'être et de demander leur congé à Sa Majesté.

« Vous faites une sottise, leur dit le roi; je sais bien que mon pays est peu de chose; mais, quand

[12] devine
[13] attachés au roi
[14] traits d'esprit
[15] maison de l'hospitalité
[16] se vanter

on est passablement quelque part, il faut y rester; je n'ai pas assurément le droit de retenir des étrangers; c'est une tyrannie qui n'est ni dans nos mœurs, ni dans nos lois: tous les hommes sont libres; partez quand vous voudrez, mais la sortie est bien difficile. Il est impossible de remonter la rivière rapide sur laquelle vous êtes arrivés par miracle, et qui court sous des voûtes de rochers. Les montagnes qui entourent tout mon royaume ont dix mille pieds de hauteur, et sont droites comme des murailles: elles occupent chacune en largeur un espace de plus de dix lieues; on ne peut en descendre que par des précipices. Cependant, puisque vous voulez absolument partir, je vais donner ordre aux intendants des machines d'en faire une qui puisse vous transporter commodément. Quand on vous aura conduits au revers des montagnes, personne ne pourra vous accompagner: car mes sujets ont fait vœu de ne jamais sortir de leur enceinte, et ils sont trop sages pour rompre leur vœu. Demandez-moi d'ailleurs tout ce qu'il vous plaira. — Nous ne demandons à Votre Majesté, dit Cacambo, que quelques moutons chargés de vivres, de cailloux, et de la boue du pays. » Le roi rit. « Je ne conçois pas, dit-il, quel goût vos gens d'Europe ont pour notre boue jaune; mais emportez-en tant que vous voudrez, et grand bien vous fasse. » [17]

Il donna l'ordre sur-le-champ à ses ingénieurs de faire une machine pour guinder [18] ces deux hommes extraordinaires hors du royaume. Trois mille bons physiciens y travaillèrent; elle fut prête au bout de quinze jours, et ne coûta pas plus de vingt millions de livres sterling, monnaie du pays. On mit sur la machine Candide et Cacambo; il y avait deux grands moutons rouges sellés et bridés pour leur servir de monture quand ils auraient franchi les montagnes, vingt moutons de bât [19] chargés de vivres, trente qui portaient des présents de ce que le pays a de plus curieux, et cinquante chargés d'or, de pierreries et de diamants. Le roi embrassa tendrement les deux vagabonds.

Ce fut un beau spectacle que leur départ, et la manière ingénieuse dont ils furent hissés, eux et leurs moutons, au haut des montagnes. Les physi-ciens prirent congé d'eux après les avoir mis en sûreté, et Candide n'eut plus d'autre désir et d'autre objet que d'aller présenter ses moutons à Mlle Cunégonde. « Nous avons, dit-il, de quoi payer le gouverneur de Buénos-Ayres, si Mlle Cunégonde peut être mise à prix.[20] Marchons vers la Cayenne, embarquons-nous, et nous verrons ensuite quel royaume nous pourrons acheter. »

CHAPITRE XIX

CE QUI LEUR ARRIVA A SURINAM, ET COMMENT CANDIDE FIT CONNAISSANCE AVEC MARTIN

La première journée de nos deux voyageurs fut assez agréable. Ils étaient encouragés par l'idée de se voir possesseurs de plus de trésors que l'Asie, l'Europe et l'Afrique n'en pouvaient rassembler. Candide, transporté,[1] écrivit le nom de Cunégonde sur les arbres. A la seconde journée, deux de leurs moutons s'enfoncèrent dans des marais, et y furent abîmés [2] avec leurs charges; deux autres moutons moururent de fatigue quelques jours après; sept ou huit périrent ensuite de faim dans un désert; d'autres tombèrent au bout de quelques jours dans des précipices. Enfin, après cent jours de marche, il ne leur resta que deux moutons. Candide dit à Cacambo: « Mon ami, vous voyez comme les richesses de ce monde sont périssables; il n'y a rien de solide que la vertu, et le bonheur de revoir Mlle Cunégonde. — Je l'avoue, dit Cacambo; mais il nous reste encore deux moutons avec plus de trésors que n'en aura jamais le roi d'Espagne, et je vois de loin une ville que je soupçonne être Surinam,[3] appartenant aux Hollandais. Nous sommes au bout de nos peines et au commencement de notre félicité. »

En approchant de la ville, ils rencontrèrent un nègre étendu par terre, n'ayant plus que la moitié de son habit, c'est-à-dire d'un caleçon de toile bleue; il manquait à ce pauvre homme la jambe gauche et la main droite. « Eh! mon Dieu! lui dit Candide en hollandais, que fais-tu là, mon ami, dans l'état horrible où je te vois?—J'attends mon maître, M. Van-

17 que beaucoup de bien vous arrive
18 hisser, par le moyen de la machine
19 sellés pour porter une charge

20 promise contre somme d'argent

1 de joie
2 sombrèrent
3 nom d'une rivière, en réalité (Guyanne hollandaise)

derdendur,[4] le fameux négociant, répondit le nègre.
— Est-ce M. Vanderdendur, dit Candide, qui t'a
traité ainsi? — Oui, Monsieur, dit le nègre, c'est
l'usage. On nous donne un caleçon de toile pour
tout vêtement deux fois l'année. Quand nous tra- 5
vaillons aux sucreries, et que la meule nous attrape
le doigt, on nous coupe la main; quand nous vou-
lons nous enfuir, on nous coupe la jambe; je me suis
trouvé dans les deux cas. C'est à ce prix que vous
mangez du sucre en Europe. Cependant, lorsque ma 10
mère me vendit dix écus patagons[5] sur la côte de
Guinée, elle me disait: « Mon cher enfant, bénis nos
« fétiches,[6] adore-les toujours, ils te feront vivre
« heureux; tu as l'honneur d'être esclave de nos
« seigneurs les blancs, et tu fais par là la fortune de 15
« ton père et de ta mère. » Hélas! je ne sais pas si
j'ai fait leur fortune, mais ils n'ont pas fait la
mienne. Les chiens, les singes et les perroquets sont
mille fois moins malheureux que nous: les fétiches
hollandais qui m'ont converti me disent tous les 20
dimanches que nous sommes tous enfants d'Adam,
blancs et noirs. Je ne suis pas généalogiste; mais, si
ces prêcheurs disent vrai, nous sommes tous cousins
issus de germain.[7] Or vous m'avouerez qu'on ne
peut pas en user avec ses parents d'une manière plus 25
horrible.

— O Pangloss! s'écria Candide, tu n'avais pas de-
viné[8] cette abomination; c'en est fait, il faudra qu'à
la fin je renonce à ton optimisme. — Qu'est-ce que
l'optimisme? disait Cacambo. — Hélas! dit Can- 30
dide, c'est la rage de soutenir que tout est bien
quand on est mal »; et il versait des larmes en re-
gardant son nègre; et, en pleurant, il entra dans
Surinam.

La première chose dont ils s'informent, c'est s'il 35
n'y a point au port quelque vaisseau qu'on pût en-
voyer à Buénos-Ayres. Celui à qui ils s'adressèrent
était justement un patron espagnol, qui s'offrit à
faire avec eux un marché honnête. Il leur donna
rendez-vous dans un cabaret. Candide et le fidèle 40

Cacambo allèrent l'y attendre avec leurs deux mou-
tons.

Candide, qui avait le cœur sur les lèvres,[9] conta à
l'Espagnol toutes ses aventures, et lui avoua qu'il
voulait enlever Mlle Cunégonde. « Je me garderai
bien[10] de vous passer à Buénos-Ayres, dit le patron:
je serais pendu, et vous aussi. La belle Cunégonde
est la maîtresse favorite de monseigneur. » Ce fut
un coup de foudre pour Candide; il pleura long-
temps; enfin il tira à part Cacambo: « Voici, mon
cher ami, lui dit-il, ce qu'il faut que tu fasses. Nous
avons chacun dans nos poches pour cinq ou six
millions de diamants; tu es plus habile que moi; va
prendre Mlle Cunégonde à Buénos-Ayres. Si le gou-
verneur fait quelques difficultés, donne-lui un mil-
lion; s'il ne se rend pas, donne-lui-en deux; tu n'as
point tué d'inquisiteur, on ne se défiera point de
toi. J'équiperai un autre vaisseau; j'irai t'attendre à
Venise; c'est un pays libre où l'on n'a rien à
craindre ni des Bulgares, ni des Abares, ni des juifs,
ni des inquisiteurs. » Cacambo applaudit à cette
sage résolution. Il était au désespoir de se séparer
d'un bon maître devenu son ami intime; mais le
plaisir de lui être utile l'emporta sur la douleur de
le quitter. Ils s'embrassèrent en versant des larmes:
Candide lui recommanda de ne point oublier la
bonne vieille. Cacambo partit dès le jour même;
c'était un très bon homme que ce Cacambo.

Candide resta encore quelque temps à Surinam,
et attendit qu'un autre patron voulût le mener en
Italie, lui et les deux moutons qui lui restaient. Il
prit des domestiques, et acheta tout ce qui lui était
nécessaire pour un long voyage; enfin M. Vander-
dendur, maître d'un gros vaisseau, vint se pré-
senter à lui. « Combien voulez-vous, demanda-t-il à
cet homme, pour me mener en droiture[11] à Venise,
moi, mes gens, mon bagage, et les deux moutons
que voilà? » Le patron s'accorda à[12] dix mille pias-
tres; Candide n'hésita pas.

« Oh! oh! dit à part soi le prudent Vandenderdur,
cet étranger donne dix mille piastres tout d'un
coup! il faut qu'il soit bien riche. » Puis, revenant
un moment après, il signifia qu'il ne pouvait partir

[4] nom inventé par Voltaire en se souvenant de celui d'un
libraire hollandais, Van Duren, dont il avait eu à se plaindre
[5] monnaie espagnole
[6] Idoles grossières. Voltaire se sert aussi du mot pour
désigner des prêtres d'une religion de sauvages, comme ici
plus bas.
[7] cousins à la seconde génération
[8] prévu

[9] qui disaient toutes ses pensées et tous ses sentiments
[10] j'éviterai avec soin
[11] directement
[12] conclut le marché pour

à moins de vingt mille. « Eh bien! vous les aurez, dit Candide. — Ouais! se dit tout bas le marchand, cet homme donne vingt mille piastres aussi aisément que dix mille. » Il revint encore, et dit qu'il ne pouvait le conduire à Venise à moins de trente mille piastres. « Vous en aurez donc trente mille, répondit Candide. — Oh! oh! se dit encore le marchand hollandais, trente mille piastres ne coûtent rien à cet homme-ci; sans doute les deux moutons portent des trésors immenses; n'insistons pas davantage: faisons-nous d'abord payer les trente mille piastres, et puis nous verrons. » Candide vendit deux petits diamants, dont le moindre valait plus que tout l'argent que demandait le patron. Il le paya d'avance. Les deux moutons furent embarqués. Candide suivait dans un petit bateau pour joindre le vaisseau à la rade; le patron prend son temps, met à la voile, démarre; le vent le favorise. Candide, éperdu et stupéfait, le perd bientôt de vue. « Hélas! cria-t-il, voilà un tour digne de l'ancien monde. » Il retourne au rivage, abîmé dans la douleur: car enfin il avait perdu de quoi faire la fortune de vingt monarques.

Il se transporte chez le juge hollandais; et, comme il était un peu troublé, il frappe rudement à la porte; il entre, expose son aventure, et crie un peu plus haut qu'il ne convenait. Le juge commença par lui faire payer dix mille piastres pour le bruit qu'il avait fait; ensuite il l'écouta patiemment, lui promit d'examiner son affaire sitôt que le marchand serait revenu, et se fit payer dix mille autres piastres pour les frais de l'audience.[13]

Ce procédé acheva de désespérer Candide; il avait à la vérité essuyé des malheurs mille fois plus douloureux; mais le sang-froid[14] du juge, et celui du patron dont il était volé, alluma sa bile,[15] et le plongea dans une noire mélancolie. La méchanceté des hommes se présentait à son esprit dans toute sa laideur; il ne se nourrissait que d'idées tristes. Enfin, un vaisseau français étant sur le point de partir pour Bordeaux, comme il n'avait plus de moutons chargés de diamants à embarquer, il loua une chambre du vaisseau à juste prix, et fit signifier[16]

dans la ville qu'il payerait le passage, la nourriture, et donnerait deux mille piastres à un honnête homme qui voudrait faire le voyage avec lui, à condition que cet homme serait le plus dégoûté de son état et le plus malheureux de la province.

Il se présenta une foule de prétendants qu'une flotte n'aurait pu contenir. Candide voulant choisir entre les plus apparents, il distingua une vingtaine de personnes qui lui paraissaient assez sociables, et qui toutes prétendaient mériter la préférence. Il les assembla dans son cabaret, et leur donna à souper, à condition que chacun ferait serment de raconter fidèlement son histoire, promettant de choisir celui qui lui paraîtrait le plus à plaindre et le plus mécontent de son état à plus juste titre,[17] et de donner aux autres quelques gratifications.[18]

La séance dura jusqu'à quatre heures du matin. Candide, en écoutant toutes leurs aventures, se ressouvenait de ce que lui avait dit la vieille en allant à Buénos-Ayres, et de la gageure[19] qu'elle avait faite, qu'il n'y avait personne sur le vaisseau à qui il ne fût arrivé de très grands malheurs. Il songeait à Pangloss à chaque aventure qu'on lui contait. « Ce Pangloss, disait-il, serait bien embarrassé à démontrer son système. Je voudrais qu'il fût ici. Certainement, si tout va bien, c'est dans Eldorado, et non pas dans le reste de la terre. » Enfin il se détermina en faveur d'un pauvre savant qui avait travaillé dix ans pour les libraires à Amsterdam. Il jugea qu'il n'y avait point de métier au monde dont on dût être plus dégoûté.

Ce savant, qui était d'ailleurs un bon homme, avait été volé par sa femme, battu par son fils, et abandonné de sa fille, qui s'était fait enlever par un Portugais. Il venait d'être privé d'un petit emploi duquel il subsistait; et les prédicants de Surinam le persécutaient parce qu'ils le prenaient pour un socinien.[20] Il faut avouer que les autres étaient pour le moins aussi malheureux que lui; mais Candide espérait que le savant le désennuierait dans le voyage. Tous ses autres rivaux trouvèrent que Can-

[13] du procès
[14] l'audace
[15] colère
[16] publier

[17] avec le plus de motifs
[18] légères sommes d'argent à titre de dons
[19] pari
[20] disciple de Socin, théologien italien du XVIe siècle qui rejetait la divinité du Christ et le Dieu en trois personnes

dide leur faisait une grande injustice; mais il les apaisa en leur donnant à chacun cent piastres.

CHAPITRE XX

CE QUI ARRIVA SUR MER A CANDIDE ET A MARTIN

Le vieux savant, qui s'appelait Martin, s'embarqua donc pour Bordeaux avec Candide. L'un et l'autre avaient beaucoup vu et beaucoup souffert; et quand le vaisseau aurait dû faire voile de Surinam au Japon par le cap de Bonne-Espérance, ils auraient eu de quoi s'entretenir du mal moral et du mal physique pendant tout le voyage.

Cependant Candide avait un grand avantage sur Martin, c'est qu'il espérait toujours revoir Mlle Cunégonde, et que Martin n'avait rien à espérer; de plus, il avait de l'or et des diamants; et, quoi-qu'il eût perdu cent gros moutons rouges chargés des plus grands trésors de la terre, quoiqu'il eût tou-jours sur le cœur[1] la friponnerie du patron hollan-dais, cependant, quand il songeait à ce qui lui res-tait dans ses poches, et quand il parlait de Cuné-gonde, surtout à la fin du repas, il penchait alors pour le système de Pangloss.

« Mais vous, Monsieur Martin, dit-il au savant, que pensez-vous de tout cela? Quelle est votre idée sur le mal moral et le mal physique? — Monsieur, répondit Martin, mes prêtres m'ont accusé d'être socinien; mais la vérité du fait est que je suis mani-chéen.[2] — Vous vous moquez de moi, dit Candide, il n'y a plus de manichéen dans le monde. — Il y a moi, dit Martin; je ne sais qu'y faire, mais je ne peux penser autrement. — Il faut que vous ayez le diable au corps,[3] dit Candide. — Il se mêle si fort des affaires de ce monde, dit Martin, qu'il pourrait bien être dans mon corps, comme partout ailleurs; mais je vous avoue qu'en jetant la vue sur ce globe, ou plutôt sur ce globule, je pense que Dieu l'a aban-donné à quelque être malfaisant; j'en excepte tou-jours Eldorado. Je n'ai guère vu de ville qui ne dé-sirât la ruine de la ville voisine, point de famille qui ne voulût exterminer quelque autre famille. Partout les faibles ont en exécration les puissants devant lesquels ils rampent, et les puissants les traitent comme des troupeaux dont on vend la laine et la chair. Un million d'assassins enrégimentés,[4] courant d'un bout de l'Europe à l'autre, exerce le meurtre et le brigandage avec discipline pour gagner son pain, parce qu'il n'a pas de métier plus honnête; et dans les villes qui paraissent jouir de la paix, et où les arts fleurissent, les hommes sont dé-vorés de plus d'envie, de soins[5] et d'inquiétudes qu'une ville assiégée n'éprouve de fléaux. Les cha-grins secrets sont encore plus cruels que les mi-sères publiques. En un mot, j'en ai tant vu et tant éprouvé que je suis manichéen. — Il y a pourtant du bon, répliquait Candide. — Cela peut être, disait Martin, mais je ne le connais pas. »

Au milieu de cette dispute, on entendit un bruit de canon. Le bruit redouble de moment en mo-ment. Chacun prend sa lunette. On aperçoit deux vaisseaux qui combattaient à la distance d'environ trois milles; le vent les amena l'un et l'autre si près du vaisseau français qu'on eut le plaisir de voir le combat tout à son aise. Enfin l'un des deux vais-seaux lâcha à l'autre une bordée[6] si bas et si juste qu'il le coula à fond. Candide et Martin aperçurent distinctement une centaine d'hommes sur le tillac du vaisseau qui s'enfonçait; ils levaient tous les mains au ciel et jetaient des clameurs effroyables: en un moment tout fut englouti.

« Eh bien! dit Martin, voilà comme les hommes se traitent les uns les autres. — Il est vrai, dit Can-dide, qu'il y a quelque chose de diabolique dans cette affaire. » En parlant ainsi, il aperçut je ne sais quoi d'un rouge éclatant qui nageait auprès de son vaisseau. On détacha la chaloupe pour voir ce que ce pouvait être: c'était un de ses moutons. Candide eut plus de joie de retrouver ce mouton qu'il n'avait été affligé d'en perdre cent tous chargés de gros diamants d'Eldorado.

Le capitaine français aperçut bientôt que le capi-taine du vaisseau submergeant était espagnol, et que celui du vaisseau submergé était un pirate hollan-

[1] restât irrité de
[2] Sectateur de la doctrine de Manès, hérésiarque persan du IIIe siècle, d'après qui le monde est disputé par les deux principes opposés du bien et du mal.
[3] Il faut que vous soyez habité par le diable.

[4] soldats mercenaires, qui vendaient leur service
[5] soucis
[6] décharge de tous les canons d'un même bord

dais; c'etait celui-là même qui avait volé Candide. Les richesses immenses dont ce scélérat s'était emparé furent ensevelies avec lui dans la mer, et il n'y eut qu'un mouton de sauvé. « Vous voyez, dit Candide à Martin, que le crime est puni quelquefois; ce coquin de patron hollandais a eu le sort qu'il méritait. — Oui, dit Martin; mais fallait-il que les passagers qui étaient sur son vaisseau périssent aussi? Dieu a puni ce fripon, le diable a noyé les autres. »

Cependant le vaisseau français et l'espagnol continuèrent leur route, et Candide continua ses conversations avec Martin. Ils disputèrent quinze jours de suite, et au bout de quinze jours ils étaient aussi avancés que le premier. Mais enfin ils parlaient, ils se communiquaient des idées, ils se consolaient. Candide caressait son mouton. « Puisque je t'ai retrouvé, dit-il, je pourrai bien retrouver Cunégonde. »

CHAPITRE XXI

CANDIDE ET MARTIN APPROCHENT DES CÔTES DE FRANCE ET RAISONNENT

On aperçut enfin les côtes de France. «Avez-vous jamais été en France, monsieur Martin? dit Candide.

—Oui, dit Martin, j'ai parcouru plusieurs provinces. Il y en a où la moitié des habitants est folle, quelques-unes où l'on trop rusé, d'autres où l'on est communément assez doux et assez bête; d'autres où l'on fait le bel esprit; et, dans toutes, la principale occupation est l'amour; la seconde, de médire; et la troisième, de dire des sottises.

—Mais, monsieur Martin, avez-vous vu Paris?— Oui, j'ai vu Paris; il tient de toutes ces espèces-là; c'est un chaos, c'est une presse dans laquelle tout le monde cherche le plaisir; et où presque personne ne le trouve, du moins à ce qu'il m'a paru. J'y ai séjourné peu; j'y fus volé en arrivant, de tout ce que j'avais, par des filous, à la foire Saint-Germain; on me prit moi-même pour un voleur et je fus huit jours en prison; après quoi je me fis correcteur d'imprimerie pour gagner de quoi retourner à pied en Hollande. Je connus la canaille écrivante, la canaille cabalante[1] et la canaille convulsionnaire.[2] On dit qu'il y a des gens fort polis dans cette ville-là: je le veux croire.

—Pour moi, je n'ai nulle curiosité de voir la France, dit Candide; vous devinez aisément que quand on a passé un mois dans Eldorado, on ne se soucie plus de rien voir sur la terre que Mlle Cunégonde; je vais l'attendre à Venise, nous traverserons la France pour aller en Italie; ne m'accompagnerez-vous pas?—Très volontiers, dit Martin; on dit que Venise n'est bonne que pour les nobles vénitiens; mais que cependant on y reçoit très bien les étrangers quand ils ont beaucoup d'argent; je n'en ai point; vous en avez, je vous suivrai partout. —A propos, dit Candide, pensez-vous que la terre ait été originairement une mer, comme on l'assure dans ce gros livre[3] qui appartient au capitaine du vaisseau?—Je n'en crois rien du tout, dit Martin, non plus que de toutes les rêveries qu'on nous débite depuis quelque temps. —Mais à quelle fin ce monde a-t-il donc été formé? dit Candide. —Pour nous faire enrager, répondit Martin. —N'êtes-vous pas bien étonné, continua Candide, de l'amour que ces deux filles du pays des Oreillons avaient pour ces deux singes, et dont je vous ai conté l'aventure? —Point du tout, dit Martin, je ne vois pas ce que cette passion a d'étrange; j'ai tant vu de choses extraordinaires, qu'il n'y a plus rien d'extraordinaire. —Croyez-vous, dit Candide, que les hommes se soient toujours mutuellement massacrés, comme ils font aujourd'hui? Qu'ils aient toujours été menteurs, fourbes, perfides, ingrats, brigands, faibles, volages, lâches, envieux, gourmands, ivrognes, avares, ambitieux, sanguinaires, calomniateurs, débauchés, fanatiques, hypocrites et sots? —Croyez-vous, dit Martin, que les éperviers aient toujours mangé des pigeons quand ils en ont trouvé? —Oui, sans doute, dit Candide. —Eh bien! dit Martin, si les éperviers ont toujours eu le même caractère, pourquoi voulez-vous que les hommes aient changé

[1] ceux qui conspirent ou complotent secrètement contre quelqu'un ou quelque chose
[2] allusions aux convulsions auxquelles étaient sujets les membres de certaines sectes religieuses, d'où le nom de convulsionnaires.
[3] la Bible

le leur? —Oh! dit Candide, il y a bien de la différence, car le libre arbitre. . ." En raisonnant ainsi, ils arrivèrent à Bordeaux.

CHAPITRE XXII

CE QUI ARRIVA EN FRANCE A CANDIDE ET
A MARTIN

Candide ne s'arrêta dans Bordeaux qu'autant de temps qu'il en fallait pour vendre quelques cailloux du Dorado, et pour s'accommoder d'une bonne chaise à deux places, car il ne pouvait plus se passer de son philosophe Martin; il fut seulement très fâché de se séparer de son mouton, qu'il laissa à l'Académie des sciences de Bordeaux, laquelle proposa pour le sujet du prix de cette année de trouver pourquoi la laine de ce mouton était rouge; et le prix fut adjugé à un savant du nord, qui démontra par A, plus B, moins C divisé par Z, que le mouton devait être rouge, et mourir de la clavelée.[1]

Cependant tous les voyageurs que Candide rencontra dans les cabarets de la route lui disaient: «Nous allons à Paris.» Cet empressement général lui donna enfin l'envie de voir cette capitale; ce n'était pas beaucoup se détourner du chemin de Venise.

Il entra par le faubourg Saint-Marceau, et crut être dans le plus vilain village de la Westphalie.

A peine Candide fut-il dans son auberge, qu'il fut attaqué d'une maladie légère causée par ses fatigues. Comme il avait au doigt un diamant énorme, et qu'on avait aperçu dans son équipage une cassette prodigieusement pesante, il eut aussitôt auprès de lui deux médecins qu'il n'avait pas mandés, quelques amis intimes qui ne le quittèrent pas, et deux dévotes qui faisaient chauffer ses bouillons. Martin disait: «Je me souviens d'avoir été malade aussi à Paris dans mon premier voyage; j'étais fort pauvre: aussi n'eus-je ni amis, ni dévotes, ni médecins et je guéris.»

Cependant, à force de médecines et de saignées, la maladie de Candide devint sérieuse. Un habitué du quartier vint avec douceur lui demander un billet payable au porteur pour l'autre monde:[2] Candide n'en voulut rien faire; les dévotes l'assurèrent que c'était une nouvelle mode: Candide répondit qu'il n'était point homme à la mode. Martin voulut jeter l'habitué par les fenêtres. Le clerc jura qu'on n'enterrerait point Candide. Martin jura qu'il enterrerait le clerc, s'il continuait à les importuner. La querelle s'échauffa: Martin le prit par les épaules, et le chassa rudement; ce qui causa un grand scandale, dont on fit un procès-verbal.

Candide guérit; et pendant sa convalescence il eut très bonne compagnie à souper chez lui. On jouait gros jeu. Candide était tout étonné que jamais les as ne lui vinssent; et Martin ne s'en étonnait pas.

Parmi ceux qui lui faisaient les honneurs de la ville, il y avait un petit abbé périgourdin, l'un de ces gens empressés, toujours alertes, toujours serviables, effrontés, caressants, accommodants, qui guettent les étrangers à leur passage, leur content l'histoire scandaleuse de la ville, et leur offrent des plaisirs à tout prix. Celui-ci mena d'abord Candide et Martin à la comédie. On y jouait une tragédie nouvelle. Candide se trouva placé auprès de quelques beaux esprits. Cela ne l'empêcha pas de pleurer à des scènes jouées parfaitement. Un des raisonneurs qui étaient à ses côtés lui dit dans un entr'acte: «Vous avez grand tort de pleurer, cette actrice est fort mauvaise; l'acteur qui joue avec elle est plus mauvais acteur encore; la pièce[3] est encore plus mauvaise que les acteurs; l'auteur ne sait pas un mot d'arabe et cependant la scène est en Arabie; et, de plus, c'est un homme qui ne croit pas aux idées innées; je vous apporterai demain vingt brochures contre lui. —Monsieur, combien avez-vous de pièces de théâtre en France?» dit Candide à l'abbé, lequel répondit: «Cinq ou six mille. —C'est beaucoup, dit Candide: combien y en a-t-il de bonnes? —Quinze ou seize, répliqua l'autre. —C'est beaucoup,» dit Martin.

Candide fut très content d'une actrice qui faisait la reine Élizabeth, dans une assez plate tragédie,[4]

[1] Maladie contagieuse qui atteint spécialement les moutons.

[2] billets de confession, en usage à l'époque
[3] *Mahomet* de Voltaire
[4] *Le Comte d'Essex* de Thomas Corneille

que l'on joue quelquefois. «Cette actrice, dit-il à Martin, me plaît beaucoup, elle a un faux air de Mlle Cunégonde, je serais bien aise de la saluer.» L'abbé périgourdin s'offrit à l'introduire chez elle. Candide, élevé en Allemagne, demanda quelle était l'étiquette, et comment on traitait en France les reines d'Angleterre. «Il faut distinguer, dit l'abbé: en province, on les mène au cabaret; à Paris, on les respecte quand elles sont belles, et on les jette à la voirie quand elles sont mortes.—Des reines à la voirie! dit Candide. —Oui vraiment, dit Martin; M. l'abbé a raison; j'étais à Paris quand Mlle Monime[5] passa, comme on dit, de cette vie à l'autre; on lui refusa ce que ces gens-ci appellent *les honneurs de la sépulture,* c'est-à-dire de pourrir avec tous les gueux du quartier dans un vilain cimetière; elle fut enterrée toute seule de sa bande au coin de la rue de Bourgogne; ce qui dut lui faire une peine extrême, car elle pensait très noblement. —Cela est bien impoli, dit Candide. —Que voulez-vous? dit Martin; ces gens-ci sont ainsi faits. Imaginez toutes les contradictions, toutes les incompatibilités possibles, vous les verrez dans le gouvernement, dans les tribunaux, dans les églises, dans les spectacles de cette drôle de nation. —Est-il vrai qu'on rit toujours à Paris? dit Candide. —Oui, dit l'abbé, mais c'est en enrageant; car on s'y plaint de tout avec de grands éclats de rire; même on y fait en riant les actions les plus détestables.

—Quel est, dit Candide, ce gros cochon qui me disait tant de mal de la pièce où j'ai tant pleuré, et des acteurs qui m'ont fait tant de plaisir? —C'est un mal-vivant, répondit l'abbé, qui gagne sa vie à dire du mal de toutes les pièces et de tous les livres; il hait quiconque réussit; comme les eunuques haïssent les jouissants; c'est un de ces serpents de la littérature qui se nourrissent de fange et de venin; c'est un folliculaire. —Qu'appelez-vous folliculaire? dit Candide. —C'est, dit l'abbé, un faiseur de feuilles, un Fréron.»[6]

C'est ainsi que Candide, Martin, et le Périgourdin

raisonnaient sur l'escalier, en voyant défiler le monde au sortir de la pièce. «Quoique je sois très empressé de revoir Mlle Cunégonde, dit Candide, je voudrais pourtant souper avec Mlle Clairon,[7] car elle m'a paru admirable.»

L'abbé n'était pas homme à approcher de Mlle Clairon, qui ne voyait que bonne compagnie. «Elle est engagée pour ce soir, dit-il; mais j'aurai l'honneur de vous mener chez une dame de qualité, et là vous connaîtrez Paris comme si vous y aviez été quatre ans.»

Candide, qui était naturellement curieux, se laissa mener chez la dame, au fond du faubourg Saint-Honoré; on y était occupé d'un pharaon; douze tristes pontes[8] tenaient chacun en main un petit livre de cartes, registre cornu de leurs infortunes. Un profond silence régnait, la pâleur était sur le front des pontes, l'inquiétude sur celui du banquier, et la dame du logis, assise auprès de ce banquier impitoyable, remarquait avec des yeux de lynx tous les parolis,[9] tous les sept-et-le-va de campagne, dont chaque joueur cornait ses cartes: elle les faisait décorner avec une attention sévère, mais polie; et ne se fâchait point, de peur de perdre ses pratiques. La dame se faisait appeler la marquise de Parolignac. Sa fille, âgée de quinze ans, était au nombre des pontes, et avertissait d'un clin d'œil des friponneries de ces pauvres gens qui tâchaient de réparer les cruautés du sort. L'abbé périgourdin, Candide, et Martin, entrèrent; personne ne se leva, ni les salua, ni les regarda; tous étaient profondé-

[5] Adrienne Lecouvreur (1690–1730) qui fit ses débuts au Théâtre-Français dans le rôle de Monime, personnage de la pièce de Racine, *Mithridate.* On lui refusa la sépulture ecclésiastique.

[6] Un des ennemis de Voltaire. La pièce dont il est question ici, c'est *Tancrède,* de Voltaire.

[7] fameuse artiste de l'époque admirée par Voltaire

[8] joueurs qui jouent contre le banquier

[9] *Faire paroli,* c'est jouer le double de ce qu'on a joué la première fois; on appelle *paroli de campagne,* celui que fait un joueur avant que sa carte soit venue, comme s'il avait déjà gagné. Les banquiers doivent être bien exacts et bien vigilants à prendre garde qu'on ne leur fasse des parolis de campagne; autrement ils seraient bientôt débarqués, s'ils se reposaient sur la bonne foi de certains joueurs qui ne sont pas scrupuleux. Aussi la marquise surveille-t-elle tous les parolis "avec des yeux de lynx", et fait-elle "décorner les cartes avec une attention sévère, mais polie". Ces coups de *paroli,* de *sept-et-le-va,* etc., étaient ce qui faisaient du pharaon un jeu entraînant et décevant, auquel on se ruinait avec une rapidité prodigieuse. Le paroli élevait la mise en la doublant, le sept-et-le-va la septuplait, etc. On venait ainsi à jouer des sommes folles sur un mot, parce qu'on ne voyait pas l'argent que l'on engageait. (Note d'André Morize, *Candide* p. 158.)

ment occupés de leurs cartes. «Mme la baronne de Thunder-ten-tronckh était plus civile,» dit Candide.

Cependant l'abbé s'approcha de l'oreille de la marquise, qui se leva à moitié, honora Candide d'un sourire gracieux, et Martin d'un air de tête [5] tout à fait noble; elle fit donner un siège et un jeu de cartes à Candide, qui perdit cinquante mille francs en deux tailles, après quoi on soupa très gaiement; et tout le monde était étonné que Candide ne fût pas ému de sa perte; les laquais disaient [10] entre eux, dans leur langage de laquais: «Il faut que ce soit quelque milord anglais.»

Le souper fut comme la plupart des soupers de Paris, d'abord du silence, ensuite un bruit de paroles qu'on ne distingue point, puis des plaisan- [15] teries dont la plupart sont insipides, de fausses nouvelles, de mauvais raisonnements, un peu de politique, et beaucoup de médisance; on parla même de livres nouveaux. «Avez-vous vu, dit l'abbé périgourdin, le roman du sieur Gauchat,[10] [20] docteur en théologie? —Oui, répondit un des convives, mais je n'ai pu l'achever. Nous avons une foule d'écrits impertinents; mais tous ensemble n'approchent pas de l'impertinence de Gauchat, docteur en théologie; je suis si rassasié de cette [25] immensité de détestables livres qui nous inondent, que je me suis mis à ponter au pharaon. —Et les *Mélanges* de l'archidiacre Trublet,[11] qu'en dites-vous? dit l'abbé. —Ah! dit Mme de Parolignac, l'ennuyeux mortel! Comme il vous dit curieusement [30] tout ce que le monde sait! Comme il discute pesamment ce qui ne vaut pas la peine d'être remarqué légèrement! Comme il s'approprie, sans esprit, l'esprit des autres! Comme il gâte ce qu'il pille! Comme il me dégoûte! Mais il ne me [35] dégoûtera plus; c'est assez d'avoir lu quelque pages de l'archidiacre.»

Il y avait à table un homme savant et de goût qui appuya ce que disait la marquise. On parla ensuite de tragédies; la dame demanda pourquoi [40] il y avait des tragédies qu'on jouait quelquefois, et qu'on ne pouvait lire. L'homme de goût expliqua très bien comment une pièce pouvait avoir quelque intérêt, et n'avoir presque aucun mérite: il prouva [45]

en peu de mots que ce n'était pas assez d'amener une ou deux de ces situations qu'on trouve dans tous les romans, et qui séduisent toujours les spectateurs; mais qu'il faut être neuf sans être bizarre, souvent sublime et toujours naturel, connaître le cœur humain et le faire parler; être grand poète, sans que jamais aucun personnage de la pièce paraisse poète; savoir parfaitement sa langue, la parler avec pureté, avec une harmonie continue, sans que jamais la rime coûte rien au sens. «Quiconque, ajouta-t-il, n'observe pas toutes ces règles, peut faire une ou deux tragédies applaudies au théâtre, mais il ne sera jamais compté au rang des bons écrivains; il y a très peu de bonnes tragédies: les unes sont des idylles en dialogues bien écrits et bien rimés; les autres, des raisonnements politiques qui endorment, ou des amplifications qui rebutent; les autres, des rêves d'énergumène, en style barbare, des propos interrompus, de longues apostrophes aux dieux, parce qu'on ne sait point parler aux hommes, des maximes fausses, des lieux communs ampoulés.»

Candide écouta ce propos avec attention, et conçut une grande idée du discoureur; et, comme la marquise avait eu soin de le placer à côté d'elle, il s'approcha de son oreille, et prit la liberté de lui demander qui était cet homme qui parlait si bien. «C'est un savant, dit la dame, qui ne ponte point, et que l'abbé m'amène quelquefois à souper; il se connaît parfaitement en tragédies et en livres, et il a fait une tragédie sifflée, et un livre dont on n'a jamais vu hors de la boutique de son libraire qu'un exemplaire qu'il m'a dédié.

—Le grand homme! dit Candide, c'est un autre Pangloss.»

Alors, se tournant vers lui, il lui dit: «Monsieur, vous pensez, sans doute, que tout est au mieux dans le monde physique et dans le moral, et que rien ne pouvait être autrement? —Moi, monsieur, lui répondit le savant, je ne pense rien de tout cela; je trouve que tout va de travers chez nous; que personne ne sait ni quel est son rang, ni quelle est sa charge, ni ce qu'il fait, ni ce qu'il doit faire, et qu'excepté le souper, qui est assez gai, et où il paraît assez d'union, tout le reste du temps se passe en querelles impertinentes; jansénistes contre molinistes, gens du parlement contre gens d'église,

[10] autre ennemi de Voltaire
[11] auteur de quatre tomes d'*Essais de littérature* que Voltaire avait jugés inutiles et ennuyeux

gens de lettres contre gens de lettres, courtisans contre courtisans, financiers contre le peuple, femmes contre maris, parents contre parents; c'est une guerre éternelle.»

Candide lui répliqua: «J'ai vu pis; mais un sage, qui depuis a eu le malheur d'être pendu, m'apprit que tout cela est à merveille; ce sont des ombres à un beau tableau.

—Votre pendu se moquait du monde, dit Martin; vos ombres sont des taches horribles. —Ce sont les hommes qui font les taches, dit Candide, et ils ne peuvent pas s'en dispenser. —Ce n'est donc pas leur faute,» dit Martin. La plupart des pontes, qui n'entendaient rien à ce langage, buvaient; et Martin raisonna avec le savant, et Candide raconta une partie de ses aventures à la dame du logis.

Après le souper, la marquise mena Candide dans son cabinet et le fit asseoir sur un canapé. «Eh bien! lui dit-elle, vous aimez donc toujours éperdument Mlle Cunégonde de Thunder-ten-tronckh? —Oui, madame,» répondit Candide. La marquise lui réplique avec un sourire tendre: «Vous me répondez comme un jeune homme de Westphalie; un Français m'aurait dit: «Il est vrai que j'ai aimé Mlle Cunégonde, mais en vous voyant, madame, je crains de ne la plus aimer.» —Hélas! madame, dit Candide, je répondrai comme vous voudrez. —Votre passion pour elle, dit la marquise, a commencé en ramassant son mouchoir, je veux que vous ramassiez ma jarretière. —De tout mon cœur», dit Candide, et il la ramassa. «Mais je veux que vous me la remettiez», dit la dame, et Candide la lui remit. «Voyez-vous, dit la dame, vous êtes étranger, je fais quelquefois languir mes amants de Paris quinze jours, mais je me rends à vous dès la première nuit, parce qu'il faut faire les honneurs de son pays à un jeune homme de Westphalie.» La belle, ayant aperçu deux énormes diamants aux deux mains de son jeune étranger, les loua de si bonne foi que des doigts de Candide ils passèrent aux doigts de la marquise.

Candide, en s'en retournant avec son abbé périgourdin, sentit quelque remords d'avoir fait une infidélité à Mlle Cunégonde. M. l'abbé entra dans sa peine; il n'avait qu'une légère part aux cinquante mille livres perdues au jeu par Candide, et à la valeur des deux brillants moitié donnés, moitié

extroqués. Son dessein était de profiter, autant qu'il le pourrait, des avantages que la connaissance de Candide pouvait lui procurer. Il lui parla beaucoup de Cunégonde; et Candide lui dit qu'il demanderait bien pardon à cette belle de son infidélité, quand il la verrait à Venise.

Le Périgourdin redoublait de politesses et d'attentions, et prenait un intérêt tendre à tout ce que Candide disait, à tout ce qu'il faisait, à tout ce qu'il voulait faire.

«Vous avez donc, monsieur, lui dit-il, un rendez-vous à Venise? —Oui, monsieur l'abbé, dit Candide; il faut absolument que j'aille trouver Mlle Cunégonde.» Alors, engagé par le plaisir de parler de ce qu'il aimait, il conta, selon son usage, une partie de ses aventures avec cette illustre Westphalienne.

«Je crois, dit l'abbé, que Mlle Cunégonde a bien de l'esprit et qu'elle écrit des lettres charmantes. —Je n'en ai jamais reçu, dit Candide; car, figurez-vous qu'ayant été chassé du château pour l'amour d'elle, je ne pus lui écrire; que bientôt après j'appris qu'elle était morte, qu'ensuite je la retrouvai, et que je la perdis, et que je lui ai envoyé à deux mille cinq cents lieues d'ici un exprès dont j'attends la réponse.»

L'abbé écoutait attentivement, et paraissait un peu rêveur. Il prit bientôt congé des deux étrangers, après les avoir tendrement embrassés. Le lendemain Candide reçut à son réveil une lettre conçue en ces termes:

«Monsieur mon très cher amant, il y a huit jours que je suis malade en cette ville. J'apprends que vous y êtes. Je volerais dans vos bras si je pouvais remuer. J'ai su votre passage à Bordeaux; j'y ai laissé le fidèle Cacambo et la vieille qui doivent bientôt me suivre. Le gouverneur de Buenos-Aires a tout pris, mais il me reste votre cœur. Venez, votre présence me rendra la vie ou me fera mourir de plaisir.»

Cette lettre charmante, cette lettre inespérée, transporta Candide d'une joie inexprimable; et la maladie de sa chère Cunégonde l'accabla de douleur. Partagé entre ces deux sentiments, il prend son or et ses diamants, et se fait conduire avec Martin à l'hôtel où Mlle Cunégonde demeurait. Il entre en tremblant d'émotion, son cœur palpite, sa

voix sanglote; il veut ouvrir les rideaux du lit, il veut faire apporter de la lumière. «Gardez-vous-en bien, lui dit la suivante, la lumière la tue»; et soudain elle referme le rideau. «Ma chère Cunégonde, dit Candide en pleurant, comment vous portez-vous? si vous ne pouvez me voir, parlez-moi du moins. —Elle ne peut parler,» dit la suivante. La dame alors tire du lit une main potelée que Candide arrose longtemps de ses larmes, et qu'il remplit ensuite de diamants, en laissant un sac plein d'or sur le fauteuil.

Au milieu de ses transports arrive un exempt suivi de l'abbé périgourdin et d'une escouade. «Voilà donc, dit-il, ces deux étrangers suspects?» Il les fait incontinent saisir, et ordonne à ses braves de les traîner en prison. «Ce n'est pas ainsi qu'on traite les voyageurs dans Eldorado, dit Candide. —Je suis plus manichéen que jamais, dit Martin. —Mais, monsieur, où nous menez-vous? dit Candide. —Dans un cul de basse-fosse,» dit l'exempt.

Martin, ayant repris son sang-froid, jugea que la dame qui se prétendait Cunégonde était une friponne, M. l'abbé périgourdin un fripon, qui avait abusé au plus vite de l'innocence de Candide, et l'exempt un autre fripon, dont on pouvait aisément se débarrasser.

Plutôt que de s'exposer aux procédures de la justice, Candide, éclairé par son conseil, et d'ailleurs toujours impatient de revoir la véritable Cunégonde, propose à l'exempt trois petits diamants d'environ trois mille pistoles chacun. "Ah! monsieur, lui dit l'homme au bâton d'ivoire, eussiez-vous commis tous les crimes imaginables, vous êtes le plus honnête homme du monde; trois diamants! chacun de trois mille pistoles! Monsieur, je me ferais tuer pour vous, au lieu de vous mener dans un cachot. On arrête tous les étrangers, mais laissez-moi faire; j'ai un frère à Dieppe en Normandie; je vais vous y mener; et si vous avez quelque diamant à lui donner, il aura soin de vous comme moi-même.

«Et pourquoi arrête-t-on tous les étrangers?» dit Candide. L'abbé périgourdin prit alors la parole, et dit: «C'est parce qu'un gueux du pays d'Atrébatie[12] a entendu dire des sottises; cela seul lui a

fait commettre un parricide, non pas tel que celui de 1610[13] au mois de mai, mais tel que celui de 1594 au mois de décembre, et tel que plusieurs autres commis dans d'autres années et dans d'autres mois par d'autres gueux qui avaient entendu dire des sottises."

L'exempt alors expliqua de quoi il s'agissait. «Ah! les monstres! s'écria Candide; quoi! de telles horreurs chez un peuple qui danse et qui chante! Ne pourrai-je sortir au plus vite de ce pays où des singes agacent des tigres? J'ai vu des ours dans mon pays; je n'ai vu des hommes que dans Eldorado. Au nom de Dieu, monsieur l'exempt, menez-moi à Venise, où je dois attendre Mlle Cunégonde. —Je ne peux vous mener qu'en Basse-Normandie, dit le barigel. Aussitôt il lui fait ôter ses fers, dit qu'il s'est mépris, renvoie ses gens, emmène à Dieppe Candide et Martin, et les laisse entre les mains de son frère. Il y avait un petit vaisseau hollandais à la rade. Le Normand, à l'aide de trois autres diamants, devenu le plus serviable des hommes, embarque Candide et ses gens dans le vaisseau qui allait faire voile pour Portsmouth en Angleterre. Ce n'était pas le chemin de Venise; mais Candide croyait être délivré de l'enfer; et il comptait bien reprendre la route de Venise à la première occasion.

CHAPITRE XXIII

CANDIDE ET MARTIN VONT SUR LES CÔTES D'ANGLETERRE; CE QU'ILS Y VOIENT

"Ah! Pangloss! Pangloss! Ah! Martin! Martin! Ah! ma chère Cunégonde! qu'est-ce que ce monde-ci? disait Candide sur le vaisseau hollandais. —Quelque chose de bien fou et de bien abominable, répondait Martin. —Vous connaissez l'Angleterre, y est-on aussi fou qu'en France? —C'est une autre espèce de folie, dit Martin. Vous savez que ces deux nations sont en guerre pour quelques arpents de neige vers le Canada, et qu'elles dépensent pour cette belle guerre beaucoup plus que tout le Canada

[12] L'Artois, lieu de naissance de Damiens qui fit un attentat contre Louis XV le 5 janvier 1757.

[13] Assassinat d'Henri IV par Ravaillac. Jean Châtel avait fait un attentat contre le roi en 1594.

ne vaut. De vous dire précisément s'il y a plus de gens à lier dans un pays que dans un autre, c'est ce que mes faibles lumières ne me permettent pas; je sais seulement qu'en général les gens que nous allons voir sont fort atrabilaires.»[1]

En causant ainsi ils abordèrent à Portsmouth; une multitude de peuple couvrait le rivage, et regardait attentivement un assez gros homme[2] qui était à genoux, les yeux bandés, sur le tillac d'un des vaisseaux de la flotte; quatre soldats, postés vis-à-vis de cet homme, lui tirèrent chacun trois balles dans le crâne, le plus paisiblement du monde; et toute l'assemblée s'en retourna extrêmement satisfaite. «Qu'est-ce donc que tout ceci? dit Candide; et quel démon exerce partout son empire?» Il demanda qui était ce gros homme qu'on venait de tuer en cérémonie. «C'est un amiral, lui répondit-on. —Et pourquoi tuer cet amiral? —C'est, lui dit-on, parce qu'il n'a pas fait tuer assez de monde; il a livré un combat à un amiral français, et on a trouvé qu'il n'était pas assez près de lui. —Mais, dit Candide, l'amiral français était aussi loin de l'amiral anglais que celui-ci l'était de l'autre! —Cela est incontestable, lui réplique-t-on; mais dans ce pays-ci il est bon de tuer de temps en temps un amiral pour encourager les autres.»

Candide fut si étourdi et si choqué de ce qu'il voyait et de ce qu'il entendait, qu'il ne voulut pas seulement mettre pied à terre, et qu'il fit son marché avec le patron hollandais (dût-il le voler comme celui de Surinam), pour le conduire sans délai à Venise.

Le patron fut prêt au bout de deux jours; on côtoya la France; on passa à la vue de Lisbonne, et Candide frémit. On entra dans le détroit et dans la Méditerranée. Enfin on aborda à Venise. «Dieu soit loué! dit Candide en embrassant Martin; c'est ici que je reverrai la belle Cunégonde. Je compte sur Cacambo comme sur moi-même. Tout est bien, tout va bien, tout va le mieux qu'il soit possible.»

[1] de mauvaise humeur
[2] l'amiral anglais Byng qui fut condamné et fusillé le 14 mars 1757 après avoir essuyé une défaite des mains de l'amiral français, le marquis de La Galissonière, dans les eaux de Minorque

CHAPITRE XXIV

DE PAQUETTE ET DE FRÈRE GIROFLÉE

Dès qu'il fut à Venise, il fit chercher Cacambo dans tous les cabarets, dans tous les cafés, chez toutes les filles de joie, et ne le trouva point. Il envoyait tous les jours à la découverte de tous les vaisseaux et de toutes les barques: nulles nouvelles de Cacambo. «Quoi! disait-il à Martin, j'ai eu le temps de passer de Surinam à Bordeaux, d'aller de Bordeaux à Paris, de Paris à Dieppe, de Dieppe à Portsmouth, de côtoyer le Portugal et l'Espagne, de traverser toute la Méditerranée, de passer quelques mois à Venise; et la belle Cunégonde n'est point venue! Je n'ai rencontré, au lieu d'elle, qu'une drôlesse et un abbé périgourdin! Cunégonde est morte, sans doute; je n'ai plus qu'à mourir. Ah! il valait mieux rester dans le paradis du Dorado que de revenir dans cette maudite Europe. Que vous avez raison, mon cher Martin! tout n'est qu'illusion et calamité.»

Il tomba dans une mélancolie noire, et ne prit aucune part à l'opéra *alla moda,* ni aux autres du carnaval. Pas une dame ne lui donna la moindre tentation. Martin lui dit: «Vous êtes bien simple, en vérité, de vous figurer qu'un valet métis, qui a cinq ou six millions dans ses poches, ira chercher votre maîtresse au bout du monde, et vous l'amènera à Venise. Il la prendra pour lui, s'il la trouve; s'il ne la trouve pas, il en prendra une autre: je vous conseille d'oublier votre valet Cacambo et votre maîtresse Cunégonde.» Martin n'était pas consolant. La mélancolie de Candide augmenta, et Martin ne cessait de lui prouver qu'il y avait peu de vertu et peu de bonheur sur la terre, excepté peut-être dans Eldorado, où personne ne pouvait aller.

En disputant sur cette matière importante, et en attendant Cunégonde, Candide aperçut un jeune théatin[1] dans la place Saint-Marc, qui tenait sous le bras une fille. Le théatin paraissait frais, potelé, vigoureux; ses yeux étaient brillants, son air assuré, sa mine haute, sa démarche fière. La fille était très jolie et chantait; elle regardait amoureusement son

[1] membre d'un ordre de religieux établi en Italie en 1524

théatin, et de temps en temps lui pinçait ses grosses joues. «Vous m'avouerez du moins, dit Candide à Martin, que ces gens-ci sont heureux. Je n'ai trouvé jusqu'à présent dans toute la terre habitable, excepté dans Eldorado, que des infortunés; mais pour cette fille et ce théatin, je gage que ce sont des créatures très heureuses. —Je gage que non, dit Martin. —Il n'y a qu'à les prier à dîner, dit Candide, et vous verrez si je me trompe.»

Aussitôt il les aborde, il leur fait son compliment, et les invite à venir à son hôtellerie manger des macaroni, des perdrix de Lombardie, des œufs d'esturgeon, et à boire du vin de Montepulciano, du lacryma-christi, du Chypre, et du Samos. La demoiselle rougit, le théatin accepta la partie, et la fille le suivit en regardant Candide avec des yeux de surprise et de confusion, qui furent obscurcis de quelques larmes. A peine fut-elle entrée dans la chambre de Candide, qu'elle lui dit: «Eh quoi! monsieur Candide ne reconnaît plus Paquette!» A ces mots Candide, qui ne l'avait pas considérée jusque-là avec attention, parce qu'il n'était occupé que de Cunégonde, lui dit: «Hélas! ma pauvre enfant, c'est donc vous qui avez mis le docteur Pangloss dans le bel état où je l'ai vu!

—Hélas! monsieur, c'est moi-même, dit Paquette, je vois que vous êtes instruit de tout. J'ai su les malheurs épouvantables arrivés à toute la maison de Madame la baronne et à la belle Cunégonde. Je vous jure que ma destinée n'a guère été moins triste. J'étais fort innocente quand vous m'avez vue. Un Cordelier qui était mon confesseur me séduisit aisément. Les suites en furent affreuses; je fus obligée de sortir du château quelque temps après que Monsieur le baron vous eut renvoyé à grands coups de pied dans le derrière. Si un fameux médecin n'avait pas pris pitié de moi, j'étais morte. Je fus quelque temps par reconnaissance la maîtresse de ce médecin. Sa femme qui était jalouse à la rage me battait tous les jours impitoyablement, c'était une furie.[2] Ce médecin était le plus laid de tous les hommes, et moi la plus malheureuse de toutes les créatures, d'être battue continuellement pour un homme que je n'aimais pas. Vous savez,

[2] femme méchante et emportée

monsieur combien il est dangereux pour une femme acariâtre d'être l'épouse d'un médecin. Celui-ci, outre des procédés de sa femme, lui donna un jour, pour la guérir d'un petit rhume, une médecine si efficace, qu'elle en mourut en deux heures de temps dans des convulsions horribles. Les parents de madame intentèrent à monsieur un procès criminel; il prit la fuite, et moi je fus mise en prison. Mon innocence ne m'aurait pas sauvée, si je n'avais été un peu jolie. Le juge m'élargit à condition qu'il succéderait au médecin. Je fus bientôt supplantée par une rivale, chassée sans récompense, et obligée de continuer ce métier abominable qui vous paraît si plaisant à vous autres hommes, et qui n'est pour nous qu'un abîme de misères. J'allai exercer la profession à Venise. Ah! monsieur, si vous pouviez vous imaginer ce que c'est que d'être obligée de caresser indifféremment un vieux marchand, un avocat, un moine, un gondolier, un abbé; d'être exposée à toutes les insultes, à toutes les avanies; d'être souvent réduite à emprunter une jupe pour aller se la faire lever par un homme dégoutant; d'être volée par l'un de ce qu'on a gagné avec l'autre; d'être rançonnée par les officiers de justice, et de n'avoir en perspective qu'une vieillesse affreuse, un hôpital et un fumier; vous concluriez que je suis une des plus malheureuses créatures du monde.»

Paquette ouvrait ainsi son cœur au bon Candide, dans un cabinet, en présence de Martin, qui disait à Candide: «Vous voyez que j'ai déjà gagné la moitié de la gageure.»

Frère Giroflée était resté dans la salle à manger, et buvait un coup en attendant le dîner. «Mais, dit Candide à Paquette, vous aviez l'air si gai, si content, quand je vous ai rencontrée; vous chantiez; vous m'avez paru aussi heureuse que vous prétendez être infortunée. Ah! monsieur, répondit Paquette, j'ai été hier volée et battue par un officier, et il faut aujourd'hui que je paraisse de bonne humeur pour plaire à un moine.»

Candide n'en voulut pas davantage; il avoua que Martin avait raison. On se mit à table avec Paquette et le théatin; le repas fut assez amusant, et sur la fin on se parla avec quelque confiance. «Mon père, dit Candide au moine, vous me paraissez

jouir d'une destinée que tout le monde doit envier; la fleur de la santé brille sur votre visage, votre physionomie annonce le bonheur; et vous paraissez très content de votre état de théatin.

—Ma foi, monsieur, dit Frère Giroflée, je voudrais que tous les théatins fussent au fond de la mer. J'ai été tenté cent fois de mettre le feu au couvent, et d'aller me faire turc. Mes parents me forcèrent, à l'âge de quinze ans, d'endosser cette détestable robe, pour laisser plus de fortune à un maudit frère aîné, que Dieu confonde! La jalousie, la discorde, la rage, habitent dans le couvent. Il est vrai que j'ai prêché quelques mauvais sermons qui m'ont valu un peu d'argent dont le prieur me vole la moitié; le reste me sert à entretenir des filles; mais quand je rentre le soir dans le monastère je suis prêt de me casser la tête contre les murs du dortoir; et tous mes confrères sont dans le même cas.»

Martin se tournant vers Candide avec son sang-froid ordinaire: «Eh bien! lui dit-il, n'ai-je pas gagné la gageure tout entière?» Candide donna deux mille piastres à Paquette, et mille piastres à Frère Giroflée. «Je vous réponds, dit-il, qu'avec cela ils seront heureux. —Je n'en crois rien du tout, dit Martin; vous les rendrez peut-être avec ces piastres beaucoup plus malheureux encore. —Il en sera ce qui pourra, dit Candide: mais une chose me console, je vois qu'on retrouve souvent les gens qu'on ne croyait jamais retrouver; il se pourra bien faire qu'ayant rencontré mon mouton rouge et Paquette, je rencontre aussi Cunégonde. —Je souhaite, dit Martin, qu'elle fasse un jour votre bonheur; mais c'est de quoi je doute fort. —Vous êtes bien dur, dit Candide. —C'est que j'ai vécu, dit Martin.

—Mais regardez ces gondoliers, dit Candide, ne chantent-ils pas sans cesse? —Vous ne les voyez pas dans leur ménage, avec leurs femmes et leurs marmots d'enfants, dit Martin. Le doge a ses chagrins, les gondoliers ont les leurs. Il est vrai qu'à tout prendre le sort d'un gondolier est préférable à celui d'un doge; mais je crois la différence si médiocre, que cela ne vaut pas la peine d'être examiné.

—On parle, dit Candide, du sénateur Pococurante, qui demeure dans ce beau palais sur la Brenta, et qui reçoit assez bien les étrangers. On prétend que c'est un homme qui n'a jamais eu de chagrin. —Je voudrais voir une espèce si rare,» dit Martin. Candide aussitôt fit demander au seigneur Pococurante la permission de venir le voir le lendemain.

CHAPITRE XXV

VISITE CHEZ LE SEIGNEUR POCOCURANTE, NOBLE VÉNITIEN

Candide et Martin allèrent en gondole sur la Brenta[1] et arrivèrent au palais du noble Pococurante. Les jardins étaient bien entendus[2] et ornés de belles statues de marbre; le palais, d'une belle architecture. Le maître du logis, homme de soixante ans, fort riche, reçut très poliment les deux curieux, mais avec très peu d'empressement, ce qui déconcerta Candide et ne déplut point à Martin.

D'abord deux filles jolies et proprement mises servirent du chocolat qu'elles firent très bien mousser. Candide ne put s'empêcher de les louer sur leur beauté, sur leur bonne grâce et sur leur adresse. « Ce sont d'assez bonnes créatures, dit le sénateur Pococurante; je les fais quelquefois coucher dans mon lit, car je suis bien las des dames de la ville, de leurs coquetteries, de leurs jalousies, de leurs querelles, de leurs humeurs, de leurs petitesses, de leur orgueil, de leurs sottises, et des sonnets qu'il faut faire ou commander pour elles; mais, après tout, ces deux filles commencent fort à m'ennuyer. »

Candide, après le déjeuner, se promenant dans une longue galerie, fut surpris de la beauté des tableaux. Il demanda de quel maître étaient les deux premiers. «Ils sont de Raphaël, dit le sénateur; je les achetai fort cher par vanité il y a quelques années; on dit que c'est ce qu'il y a de plus beau en Italie, mais ils ne me plaisent point du tout: la couleur en est très rembrunie,[3] les figures ne sont pas assez arrondies, et ne sortent[4] point assez; les draperies ne ressemblent en rien à une étoffe: en un mot, quoi qu'on en dise, je ne trouve point là

[1] rivière qui, née dans le Tyrol, se jette dans le golfe de Venise
[2] bien conçus, bien dessinés
[3] noircie
[4] ne se détachent

une imitation vraie de la nature. Je n'aimerai un tableau que quand je croirai voir la nature elle-même: il n'y a en point de cette espèce. J'ai beaucoup de tableaux, mais je ne les regarde plus. »

Pococurante, en attendant le dîner, se fit donner [5] un concerto. Candide trouva la musique délicieuse. « Ce bruit, dit Pococurante, peut amuser une demi-heure; mais, s'il dure plus longtemps, il fatigue tout le monde, quoique personne n'ose l'avouer. La musique aujourd'hui n'est plus que l'art d'exécuter des choses difficiles, et ce qui n'est que difficile ne plaît point à la longue.

« J'aimerais peut-être mieux l'opéra, si on n'avait pas trouvé le secret d'en faire un monstre qui me révolte. Ira voir qui voudra de mauvaises tragédies [15] en musique, où les scènes ne sont faites que pour amener très mal à propos deux ou trois chansons ridicules qui font valoir [6] le gosier d'une actrice; se pâmera de plaisir qui voudra ou qui pourra, en voyant un châtré [7] fredonner le rôle de César et de [20] Caton et se promener d'un air gauche [8] sur des planches; pour moi, il y a longtemps que j'ai renoncé à ces pauvretés, qui font aujourd'hui la gloire de l'Italie, et que des souverains payent si chèrement. » Candide disputa un peu, mais avec discré- [25] tion. Martin fut entièrement de l'avis du sénateur.

On se mit à table, et, après un excellent dîner, on entra dans la bibliothèque. Candide, en voyant un Homère [9] magnifiquement relié, loua l'illustrissime sur son bon goût. « Voilà, dit-il, un livre qui [30] faisait les délices du grand Pangloss, le meilleur philosophe de l'Allemagne. — Il ne fait pas les miennes, dit froidement Pococurante; on me fit accroire autrefois que j'avais du plaisir en le lisant; mais cette répétition continuelle de combats qui se [35] ressemblent tous, ces dieux qui agissent toujours pour ne rien faire de décisif, cette Hélène qui est le sujet de la guerre, et qui à peine est une actrice de la pièce; cette Troie qu'on assiège et qu'on ne prend point, tout cela me causait le plus mortel en- [40] nui. J'ai demandé quelquefois à des savants s'ils s'ennuyaient autant que moi à cette lecture: tous les gens sincères m'ont avoué que le livre leur tombait des mains, mais qu'il fallait toujours l'avoir dans sa bibliothèque, comme un monument de l'antiquité, et comme ces médailles rouillées qui ne peuvent être de commerce.[10] — Votre Excellence ne pense pas ainsi de Virgile? dit Candide. — Je conviens, dit Pococurante, que le second, le quatrième et le sixième livre de son *Énéide* sont excellents; mais pour son pieux Énée, et le fort Cloanthe, et l'ami Achates, et le petit Ascanius, et l'imbécile roi Latinus, et la bourgeoise Amata, et l'insipide Lavinia, je ne crois pas qu'il y ait rien de si froid et de plus désagréable. J'aime mieux le Tasse et les contes à dormir debout [11] de l'Arioste.

— Oserais-je vous demander, Monsieur, dit Candide, si vous n'avez pas un grand plaisir à lire Horace? — Il y a des maximes, dit Pococurante, dont un homme du monde peut faire son profit, et qui, étant resserrées dans des vers énergiques, se gravent plus aisément dans la mémoire; mais je me soucie fort peu de son voyage à Brindes, et de sa description d'un mauvais dîner, et de la querelle de crocheteurs entre je ne sais quel Pupilus, dont les paroles, dit-il, *étaient pleines de pus,* et un autre dont les paroles *étaient du vinaigre.*[12] Je n'ai lu qu'avec un extrême dégoût ses vers grossiers contre des vieilles et contre des sorcières; et je ne vois pas quel mérite il peut y avoir à dire à son ami Mæcenas que, s'il est mis par lui au rang des poètes lyriques, il frappera les astres de son front sublime. Les sots admirent tout dans un auteur estimé. Je ne lis que pour moi; je n'aime que ce qui est à mon usage. » Candide, qui avait été élevé à ne jamais juger de rien par lui-même, était fort étonné de ce qu'il entendait; et Martin trouvait la façon de penser de Pococurante assez raisonnable.

« Oh! voici un Cicéron, dit Candide; pour ce grand homme-là, je pense que vous ne vous lassez point de le lire? — Je ne le lis jamais, répondit le Vénitien. Que m'importe qu'il ait plaidé pour Ra-

[5] jouer pour lui

[6] font remarquer

[7] On dit aujourd'hui: un castrat.

[8] maladroitement

[9] l'*Iliade* et l'*Odyssée*

[10] qu'on ne peut vendre

[11] C'est-à-dire: invraisemblables. Le Tasse, auteur de la *Jérusalem délivrée,* et Arioste, auteur du *Roland furieux,* sont des poètes de la Renaissance italienne.

[12] Tout ce passage consiste en allusions à plusieurs satires et odes d'Horace. Le poète latin ne nomme pas *Pupilus,* mais *Rupilius.*

birius ou pour Cluentius? J'ai bien assez des procès que je juge; je me serais mieux accommodé de ses œuvres philosophiques; mais, quand j'ai vu qu'il doutait de tout, j'ai conclu que j'en savais autant que lui et que je n'avais besoin de personne pour être ignorant.

— Ah! voilà quatre-vingts volumes de recueils d'une académie des sciences, s'écria Martin; il se peut qu'il y ait là du bon. — Il y en aurait, dit Pococurante, si un seul des auteurs de ces fatras[13] avait inventé seulement l'art de faire des épingles; mais il n'y a dans tous ces livres que de vains systèmes et pas une seule chose utile.

— Que de pièces de théâtre je vois là, dit Candide, en italien, en espagnol, en français! — Oui, dit le sénateur, il y en a trois mille, et pas trois douzaines de bonnes. Pour ces recueils de sermons, qui tous ensemble ne valent pas une page de Sénèque, et tous ces gros volumes de théologie, vous pensez que je ne les ouvre jamais, ni moi ni personne. »

Martin aperçut des rayons[14] chargés de livres anglais. « Je crois, dit-il, qu'un républicain doit se plaire à la plupart de ces ouvrages écrits si librement. — Oui, répondit Pococurante, il est beau d'écrire ce qu'on pense; c'est le privilège de l'homme. Dans toute notre Italie, on n'écrit que ce qu'on ne pense pas; ceux qui habitent la patrie des Césars et des Antonins n'osent avoir une idée sans la permission d'un jacobin.[15] Je serais content de la liberté qui inspire les génies anglais si la passion et l'esprit de parti ne corrompaient pas tout ce que cette précieuse liberté a d'estimable. »

Candide, apercevant un Milton, lui demanda s'il ne regardait pas cet auteur comme un grand homme. « Qui? dit Pococurante, ce barbare qui fait un long commentaire du premier chapitre de la Genèse en dix livres de vers durs? ce grossier imitateur des Grecs, qui défigure la création, et qui, tandis que Moïse représente l'Etre éternel produisant le monde par la parole, fait prendre un grand compas par le Messiah[16] dans une armoire du ciel pour tracer son ouvrage? Moi, j'estimerais celui qui a gâté[17] l'enfer et le diable du Tasse; qui déguise Lucifer tantôt en crapaud, tantôt en pygmée; qui lui fait rebattre[18] cent fois les mêmes discours; qui le fait disputer sur la théologie; qui, en imitant sérieusement l'invention comique des armes à feu de l'Arioste, fait tirer le canon dans le ciel par les diables? Ni moi ni personne en Italie n'a pu se plaire à toutes ces tristes extravagances. Le *mariage du Péché et de la Mort* et les couleuvres dont le Péché accouche font vomir tout homme qui a le goût un peu délicat, et sa longue description d'un hôpital n'est bonne que pour un fossoyeur.[19] Ce poème obscur, bizarre et dégoûtant fut méprisé à sa naissance; je le traite aujourd'hui comme il fut traité dans sa patrie par les contemporains. Au reste, je dis ce que je pense, et je me soucie fort peu que les autres pensent comme moi. » Candide était affligé de ces discours; il respectait Homère, il aimait un peu Milton. « Hélas! dit-il tout bas à Martin, j'ai bien peur que cet homme-ci n'ait un souverain mépris pour nos poètes allemands. — Il n'y aurait pas grand mal à cela, dit Martin. — Oh! quel homme supérieur! disait encore Candide entre ses dents, quel grand génie que ce Pococurante! rien ne peut lui plaire. »

Après avoir fait ainsi la revue de tous les livres, ils descendirent dans le jardin. Candide en loua toutes les beautés. « Je ne sais rien de si mauvais goût, dit le maître; nous n'avons ici que des colifichets:[20] mais je vais dès demain en faire planter un d'un dessin plus noble. »

Quand les deux curieux eurent pris congé de Son Excellence: « Or çà, dit Candide à Martin, vous conviendrez que voilà le plus heureux de tous les hommes, car il est au-dessus de tout ce qu'il possède. — Ne voyez-vous pas, dit Martin, qu'il est dégoûté de tout ce qu'il possède? Platon a dit, il y a longtemps, que les meilleurs estomacs ne sont pas ceux qui rebutent[21] tous les aliments. — Mais, dit Candide, n'y a-t-il pas du plaisir à tout critiquer, à sentir des défauts où les autres hommes croient voir des beautés? — C'est-à-dire, reprit Martin, qu'il

[13] amas confus de textes
[14] planches superposées les unes aux autres
[15] moine dominicain chargé de la censure des écrits
[16] le Messie

[17] déformé et abîmé
[18] répéter
[19] celui qui creuse les tombes
[20] choses sans importance
[21] rejettent

y a du plaisir à n'avoir pas de plaisir? [22] — Oh bien! dit Candide, il n'y a donc d'heureux que moi, quand je reverrai Mlle Cunégonde. — C'est toujours bien fait d'espérer », dit Martin. . .

CHAPITRE XXVI

D'UN SOUPER QUE CANDIDE ET MARTIN FIRENT AVEC
SIX ÉTRANGERS, ET QUI ILS ÉTAIENT

Un soir que Candide, suivi de Martin, allait se mettre à table avec les étrangers qui logeaient dans la même hôtellerie, un homme à visage couleur de suie l'aborda par derrière, et, le prenant par le bras, lui dit: « Soyez prêt à partir avec nous, n'y manquez pas. » Il se retourne et voit Cacambo. Il n'y avait que la vue de Cunégonde qui pût l'étonner et lui plaire davantage. Il fut sur le point de devenir fou de joie. Il embrasse son cher ami. « Cunégonde est ici, sans doute? Où est-elle? Mène-moi vers elle, que je meure de joie avec elle. — Cunégonde n'est point ici, dit Cacambo, elle est à Constantinople. — Ah Ciel! à Constantinople! mais, fût-elle à la Chine, j'y vole, partons. — Nous partirons après souper, reprit Cacambo; je ne peux vous en dire davantage; je suis esclave, mon maître m'attend; il faut que j'aille le servir à table: ne dites mot; soupez, et tenez-vous prêt. »

Candide, partagé entre la joie et la douleur, charmé d'avoir revu son agent fidèle, étonné de le voir esclave, plein de l'idée de retrouver sa maîtresse, le cœur agité, l'esprit bouleversé, se mit à table avec Martin, qui voyait de sang-froid [1] toutes ces aventures, et avec six étrangers qui étaient venus passer le carnaval à Venise.

Cacambo, qui versait à boire à l'un de ces étrangers, s'approcha de l'oreille de son maître, sur la fin du repas, et lui dit: « Sire, Votre Majesté partira quand elle voudra, le vaisseau est prêt. » Ayant dit ces mots, il sortit. Les convives, étonnés, se regardaient sans proférer une seule parole, lorsqu'un autre domestique, s'approchant de son maître, lui dit: « Sire, la chaise de Votre Majesté est à Padoue,[2] et la barque est prête. » Le maître fit un signe, et le domestique partit. Tous les convives se regardèrent encore, et la surprise commune redoubla. Un troisième valet, s'approchant aussi d'un troisième étranger, lui dit: « Sire, croyez-moi, Votre Majesté ne doit pas rester ici plus longtemps: je vais tout préparer »; et aussitôt il disparut.

Candide et Martin ne doutèrent pas alors que ce ne fût une mascarade du carnaval. Un quatrième domestique dit au quatrième maître: « Votre Majesté partira quand elle voudra », et sortit comme les autres. Le cinquième valet en dit autant au cinquième maître. Mais le sixième valet parla différemment au sixième étranger, qui était auprès de Candide; il lui dit: « Ma foi, Sire, on ne veut plus faire crédit à Votre Majesté, ni à moi non plus, et nous pourrions bien être coffrés [3] cette nuit, vous et moi; je vais pourvoir à mes affaires; adieu. »

Tous les domestiques ayant disparu, les six étrangers, Candide et Martin demeurèrent dans un profond silence. Enfin Candide le rompit. « Messieurs, dit-il, voilà une singulière plaisanterie. Pourquoi êtes-vous tous rois? Pour moi, je vous avoue que ni moi ni Martin nous ne le sommes. »

Le maître de Cacambo prit alors gravement la parole, et dit en italien: « Je ne suis point plaisant, je m'appelle Achmet III.[4] J'ai été grand sultan plusieurs années; je détrônai mon frère; mon neveu m'a détrôné; on a coupé le cou à mes vizirs; [5] j'achève ma vie dans le vieux sérail; [6] mon neveu le grand sultan Mahmoud me permet de voyager quelquefois pour ma santé, et je suis venu passer le carnaval à Venise. »

Un jeune homme qui était auprès d'Achmet parla après lui, et dit: « Je m'appelle Ivan; [7] j'ai été empereur de toutes les Russies; j'ai été détrôné au berceau; mon père et ma mère ont été enfermés; on

[22] Ces réflexions judicieuses de Martin avertissent le lecteur que Voltaire ne prend pas absolument à son compte le jeu de massacre auquel se livre son sénateur, bien qu'il en ait pratiqué lui-même qui approchent de celui-là dans certains de ses ouvrages.

[1] avec calme

[2] ville voisine de Venise

[3] mis en prison (vulgaire)

[4] Sultan qui, mort en 1736, n'aurait pu se trouver à ce souper

[5] ministres

[6] palais

[7] tzar de Russie en 1740, écarté du Trône à l'avènement d'Elisabeth, massacré (1764) sous le règne de Catherine II

m'a élevé en prison; j'ai quelquefois la permission
de voyager, accompagné de ceux qui me gardent,
et je suis venu passer le carnaval à Venise. »

Le troisième dit: « Je suis Charles-Édouard,[8] roi
d'Angleterre; mon père m'a cédé ses droits au 5
royaume; j'ai combattu pour les soutenir; on a ar-
raché le cœur à huit cents de mes partisans, et on
leur en a battu les joues. J'ai été mis en prison; je
vais à Rome faire une visite au roi mon père, dé-
trôné ainsi que moi et mon grand-père, et je suis 10
venu passer le carnaval à Venise. »

Le quatrième [9] prit alors la parole et dit: « Je
suis roi des Polaques; le sort de la guerre m'a privé
de mes États héréditaires; mon père a éprouvé les
mêmes revers; je me résigne à la Providence comme 15
le sultan Achmet, l'empereur Ivan et le roi Charles-
Édouard, à qui Dieu donne une longue vie; et je
suis venu passer le carnaval à Venise. »

Le cinquième [10] dit: « Je suis aussi roi des Po-
laques; j'ai perdu mon royaume deux fois; mais la 20
Providence m'a donné un autre État, dans lequel
j'ai fait plus de bien que tous les rois des Sar-
mates [11] ensemble n'en ont jamais pu faire sur les
bords de la Vistule; je me résigne aussi à la Pro-
vidence, et je suis venu passer le carnaval à Ve- 25
nise. »

Il restait au sixième monarque à parler. « Mes-
sieurs, dit-il, je ne suis pas si grand seigneur que
vous; mais enfin j'ai été roi tout comme un autre.
Je suis Théodore; [12] on m'a élu roi en Corse; on 30
m'a appelé *Votre Majesté,* et à présent à peine m'ap-
pelle-t-on *Monsieur.* J'ai fait frapper de la mon-
naie,[13] et je ne possède pas un denier; [14] j'ai eu deux
secrétaires d'État, et j'ai à peine un valet; je me suis
vu sur un trône, et j'ai longtemps été à Londres en 35
prison sur la paille. J'ai bien peur d'être traité de

[8] petit-fils de Jacques II, a fini ses jours en Italie, sous le
nom de Comte d'Albany (1720–88)

[9] électeur de Saxe, élu roi de Pologne en 1733, dépouillé 40
de la Saxe par Frédéric en 1746 et 1756

[10] devant son trône à Charles XII, il le perdit à la mort
de ce prince, se réfugia en France et reçut de Louis XV,
devenu son gendre, la Lorraine

[11] ancien peuple de Russie

[12] Aventurier lorrain, ayant cherché fortune dans tous
les pays d'Europe. Les Corses l'avaient élu roi après qu'il eut
soulevé une révolte contre Gênes.

[13] créé une monnaie marquée de mon empreinte royale

[14] très menue monnaie

même ici, quoique je sois venu, comme Vos Ma-
jestés, passer le carnaval à Venise. »

Les cinq autres rois écoutèrent ce discours avec
une noble compassion. Chacun d'eux donna vingt
sequins [15] au roi Théodore pour avoir des habits et
des chemises; Candide lui fit présent d'un diamant
de deux mille sequins. « Quel est donc, disaient les
cinq rois, ce simple particulier qui est en état de
donner cent fois autant que chacun de nous, et qui
le donne? »

Dans l'instant qu'on sortait de table, il arriva
dans la même hôtellerie quatre Altesses sérénissimes
qui avaient aussi perdu leurs États par le sort de
la guerre, et qui venaient passer le reste du carnaval
à Venise; mais Candide ne prit pas seulement
garde [16] à ces nouveaux venus. Il n'était occupé que
d'aller trouver sa chère Cunégonde à Constanti-
nople.

CHAPITRE XXVII

VOYAGE DE CANDIDE A CONSTANTINOPLE

Le fidèle Cacambo avait déjà obtenu du patron
turc qui allait reconduire le sultan Achmet à Con-
stantinople qu'il recevrait Candide et Martin sur
son bord.[1] L'un et l'autre s'y rendirent après s'être
prosternés devant Sa misérable Hautesse.[2] Candide,
chemin faisant, disait à Martin: « Voilà pourtant
six rois détrônés, avec qui nous avons soupé! et en-
core dans ces six rois il y en a un à qui j'ai fait
l'aumône. Peut-être y a-t-il beaucoup d'autres
princes plus infortunés. Pour moi, je n'ai perdu que
cent moutons, et je vole dans les bras de Cuné-
gonde. Mon cher Martin, encore une fois, Pangloss
avait raison, tout est bien. — Je le souhaite, dit Mar-
tin. — Mais, dit Candide, voilà une aventure bien
peu vraisemblable que nous avons eue à Venise. On
n'avait jamais vu ni ouï conter que six rois dé-
trônés soupassent ensemble au cabaret. — Cela n'est
pas plus extraordinaire, dit Martin, que la plupart
des choses qui nous sont arrivées. Il est très com-
mun que des rois soient détrônés; et à l'égard de

[15] monnaie d'or qui avait alors cours en Italie

[16] ne fit pas la moindre attention

[1] à bord de son vaisseau

[2] titre propre au Sultan

l'honneur que nous avons eu de souper avec eux, c'est une bagatelle qui ne mérite pas notre attention. »

A peine Candide fut-il dans le vaisseau qu'il sauta au cou de son ancien valet, de son ami Cacambo. « Eh bien! lui dit-il, que fait Cunégonde? Est-elle toujours un prodige de beauté? M'aime-t-elle toujours? Comment se porte-t-elle? Tu lui as sans doute acheté un palais à Constantinople? — Mon cher maître, répondit Cacambo, Cunégonde lave les écuelles[3] sur le bord de la Propontide,[4] chez un prince qui a très peu d'écuelles; elle est esclave dans la maison d'un ancien souverain, nommé Ragotski,[5] à qui le Grand Turc donne trois écus par jour dans son asile; mais ce qui est bien plus triste, c'est qu'elle a perdu sa beauté et qu'elle est devenue horriblement laide. — Ah! belle ou laide, dit Candide, je suis honnête homme, et mon devoir est de l'aimer toujours. Mais comment peut-elle être reduite à un état si abject avec les cinq ou six millions que tu avais apportés? — Bon, dit Cacambo, ne m'en a-t-il pas fallu donner deux millions au señor don Fernando d'Ibaraa, y Figueora, y Mascarenès, y Lampourdos, y Souza, gouverneur de Buénos-Ayres, pour avoir la permission de reprendre Mlle Cunégonde? Et un pirate ne nous a-t-il pas bravement dépouillés de tout le reste? Ce pirate ne nous a-t-il pas menés au cap de Matapan, à Milo, à Nicarie, à Samos, a Petra, aux Dardanelles, à Marmora, à Scutari? Cunégonde et la vieille servent chez ce prince dont je vous ai parlé, et moi, je suis esclave du sultan détrôné. — Que d'épouvantables calamités enchaînées les unes aux autres! dit Candide. Mais, après tout, j'ai encore quelques diamants; je délivrerai aisément Cunégonde. C'est bien dommage qu'elle soit devenue si laide. »

Ensuite, se tournant vers Martin: « Que pensez-vous, dit-il, qui soit le plus à plaindre, de l'empereur Achmet, de l'empereur Ivan, du roi Charles-Édouard, ou de moi? — Je n'en sais rien, dit Martin; il faudrait que je fusse dans vos cœurs pour le savoir. — Ah! dit Candide, si Pangloss était ici, il le saurait et nous l'apprendrait. — Je ne sais, dit Martin, avec quelles balances votre Pangloss aurait pu

peser les infortunes des hommes et apprécier leurs douleurs. Tout ce que je présume, c'est qu'il y a des millions d'hommes sur la terre cent fois plus à plaindre que le roi Charles-Édouard, l'empereur Ivan et le sultan Achmet. — Cela pourrait bien être », dit Candide.

On arriva en peu de jours sur le canal de la mer Noire. Candide commença par racheter Cacambo fort cher, et, sans perdre de temps, il se jeta dans une galère, avec ses compagnons, pour aller sur le rivage de la Propontide chercher Cunégonde, quelque laide qu'elle pût être.

Il y avait dans la chiourme[6] deux forçats qui ramaient fort mal, et à qui le levanti patron[7] appliquait de temps en temps quelques coups de nerf de bœuf sur leurs épaules nues; Candide, par un mouvement naturel, les regarda plus attentivement que les autres galériens et s'approcha d'eux avec pitié. Quelques traits de leurs visages défigurés lui parurent avoir un peu de ressemblance avec Pangloss et avec ce malheureux jésuite, ce baron, ce frère de Mlle Cunégonde. Cette idée l'émut et l'attrista. Il les considéra encore plus attentivement. « En vérité, dit-il à Cacambo, si je n'avais pas vu pendre maître Pangloss, et si je n'avais pas eu le malheur de tuer le baron, je croirais que ce sont eux qui rament dans cette galère. »

Au nom du baron et de Pangloss les deux forçats[8] poussèrent un grand cri, s'arrêtèrent sur leur banc et laissèrent tomber leurs rames. Le levanti patron accourait sur eux, et les coups de nerf de bœuf redoublaient. « Arrêtez! arrêtez! Seigneur, s'écria Candide, je vous donnerai tant d'argent que vous voudrez. — Quoi! c'est Candide! disait l'un des forçats. — Quoi! c'est Candide! disait l'autre. — Est-ce un songe? dit Candide; veillé-je?[9] suis-je dans cette galère? Est-ce là monsieur le baron que j'ai tué? Est-ce là maître Pangloss que j'ai vu pendre? — C'est nous-mêmes, c'est nous-mêmes, répondaient-ils. — Quoi! c'est là ce grand philosophe? disait Martin. — Eh! Monsieur le levanti patron, dit Candide, combien voulez-vous d'argent pour la rançon de M. de Thunder-ten-tronckh, un des premiers

[3] assiettes et plats
[4] mer de Marmara
[5] roi de Transylvanie, puis déposé; mort en 1735

[6] l'ensemble des forçats ramant sur une galère
[7] capitaine de galère turque
[8] condamnés aux galères
[9] est-ce que je suis éveillé?

barons de l'Empire, et de M. Pangloss, le plus pro-
fond métaphysicien d'Allemagne? — Chien de chré-
tien, répondit le levanti patron, puisque ces deux
chiens de forçats chrétiens sont des barons et des
métaphysiciens, ce qui est sans doute une grande
dignité dans leur pays, tu m'en donneras cinquante
mille sequins. — Vous les aurez, Monsieur; reme-
nez-moi comme un éclair à Constantinople, et vous
serez payé sur-le-champ. Mais non, menez-moi chez
Mlle Cunégonde. » Le levanti patron, sur la pre- 10
mière offre de Candide, avait déjà tourné la proue [10]
vers la ville, et il faisait ramer plus vite qu'un oiseau
ne fend les airs.

Candide embrassa cent fois le baron et Pangloss.
« Et comment ne vous ai-je pas tué, mon cher 15
baron? et, mon cher Pangloss, comment êtes-vous
en vie après avoir été pendu? et pourquoi êtes-vous
tous deux aux galères en Turquie? — Est-il bien
vrai que ma chère sœur soit dans ce pays? disait le
baron. — Oui, répondait Cacambo. — Je revois donc 20
mon cher Candide », s'écriait Pangloss. Candide
leur présentait Martin et Cacambo. Ils s'embras-
saient tous, ils parlaient tous à la fois. La galère
volait, ils étaient déjà dans le port. On fit venir un
juif, à qui Candide vendit pour cinquante mille se- 25
quins un diamant de la valeur de cent mille, et qui
lui jura par Abraham qu'il n'en pouvait donner
davantage. Il paya incontinent la rançon du baron
et de Pangloss. Celui-ci se jeta aux pieds de son
libérateur et les baigna de larmes; l'autre le re- 30
mercia par un signe de tête et lui promit de lui
rendre cet argent à la première occasion. « Mais est-
il bien possible que ma sœur soit en Turquie?
disait-il. — Rien n'est si possible, reprit Cacambo,
puisqu'elle écure la vaisselle chez un prince de 35
Transylvanie. » On fit aussitôt venir deux juifs;
Candide vendit encore des diamants; et ils reparti-
rent tous dans une autre galère pour aller délivrer
Cunégonde.

CHAPITRE XXVIII

CE QUI ARRIVA A CANDIDE, A CUNÉGONDE,
A PANGLOSS, A MARTIN, ETC.

«Pardon, encore une fois, dit Candide au baron,
pardon, mon révérend père, de vous avoir donné

[10] l'avant du vaisseau

un grand coup d'épée au travers du corps. —N'en
parlons plus, dit le baron; je fus un peu trop vif,
je l'avoue; mais puisque vous voulez savoir par
quel hasard vous m'avez vu aux galères, je vous
dirai qu'après avoir été guéri de ma blessure par le 5
frère apothicaire du collège, je fus attaqué et enlevé
par un parti espagnol; on me mit en prison à
Büenos-Aires dans le temps que ma sœur venait
d'en partir. Je demandai à retourner à Rome
auprès du père général. Je fus nommé pour aller 10
servir d'aumônier à Constantinople auprès de M.
l'ambassadeur de France. Il n'y avait pas huit jours
que j'étais entré en fonction, quand je trouvai sur
le soir un jeune Icoglan très bien fait. Il faisait fort
chaud: le jeune homme voulut se baigner; je pris 15
cette occasion de me baigner aussi. Je ne savais pas
que ce fût un crime capital pour un chrétien d'être
trouvé tout nu avec un jeune musulman. Un cadi
me fit donner cent coups de bâton sous la plante
des pieds, et me condamna aux galères. Je ne crois 20
pas qu'on ait fait une plus horrible injustice. Mais
je voudrais bien savoir pourquoi ma sœur est dans
la cuisine d'un souverain de Transylvanie réfugié
chez les Turcs.

—Mais vous, mon cher Pangloss, dit Candide, 25
comment se peut-il que je vous revoie? —Il est
vrai, dit Pangloss, que vous m'avez vu pendre; je
devais naturellement être brûlé, mais vous vous
souvenez qu'il plut à verse lorsqu'on allait me
cuire: l'orage fut si violent qu'on désespéra d'allu- 30
mer le feu; je fus pendu, parce qu'on ne put mieux
faire: un chirurgien acheta mon corps, m'emporta
chez lui, et me disséqua. Il me fit d'abord une
incision cruciale depuis le nombril jusqu'à la
clavicule. On ne pouvait pas avoir été plus mal 35
pendu que je l'avais été. L'exécuteur des hautes
œuvres de la Sainte Inquisition, lequel était sous-
diacre, brûlait à la vérité les gens à merveille, mais
il n'était pas accoutumé à pendre: la corde était
mouillée et glissa mal, elle fut nouée; enfin je 40
respirais encore. L'incision cruciale me fit jeter un
si grand cri, que mon chirurgien tomba à la ren-
verse; et croyant qu'il disséquait le diable, il s'enfuit
en mourant de peur, et tomba encore sur l'escalier
en fuyant. Sa femme accourut au bruit d'un cabinet 45
voisin: elle me vit sur la table étendu avec mon
incision cruciale; elle eut encore plus de peur que
son mari, s'enfuit et tomba sur lui. Quand ils furent

un peu revenus à eux, j'entendis la chirurgienne qui disait au chirurgien: «Mon bon, de quoi vous avisez-vous aussi de disséquer un hérétique? Ne savez-vous pas que le diable est toujours dans le corps de ces gens-là? Je vais vite chercher un prêtre 5 pour l'exorciser.» Je frémis à ce propos, et je ramassai le peu de forces qui me restaient pour crier: «Ayez pitié de moi!» Enfin le barbier portugais s'enhardit: il recousit ma peau, sa femme même eut soin de moi; je fus sur pied au bout de 10 quinze jours. Le barbier me trouva une condition, et me fit laquais d'un chevalier de Malte qui allait à Venise: mais mon maître n'ayant pas de quoi me payer, je me mis au service d'un marchand vénitien, et je le suivis à Constantinople. 15

«Un jour il me prit fantaisie d'entrer dans une mosquée; il n'y avait qu'un vieux iman et une jeune dévote très jolie qui disait patenôtres; sa gorge était toute découverte; elle avait entre les deux tétons un beau bouquet de tulipes, de roses, 20 d'anémones, de renoncules, d'hyacinthes, et d'oreilles d'ours: elle laissa tomber son bouquet; je le ramassai, et je le lui remis avec un empressement très respectueux. Je fus si longtemps à le lui remettre que l'iman se mit en colère, et voyant que 25 j'étais chrétien, il cria à l'aide. On me mena chez le cadi, qui me fit donner cent coups de latte sous la plante des pieds, et m'envoya aux galères. Je fus enchaîné précisément dans la même galère et au même banc que monsieur le baron. Il y avait dans 30 cette galère quatre jeunes gens de Marseille, cinq prêtres napolitains, et deux moines de Corfou, qui nous dirent que de pareilles aventures arrivaient tous les jours. Monsieur le baron prétendait qu'il avait essuyé une plus grande injustice que moi. 35 Je prétendais moi, qu'il est beaucoup plus permis de remettre un bouquet sur la gorge d'une femme, que d'être tout nu avec un Icoglan. Nous disputions sans cesse, et nous recevions vingt coups de nerf de bœuf par jour, lorsque l'enchaînement des 40 événements de cet univers vous a conduit dans notre galère, et que vous nous avez rachetés.

—Eh bien! mon cher Pangloss, lui dit Candide, quand vous avez été pendu, disséqué, roué de coups, et que vous avez ramé aux galères, avez-vous 45 toujours pensé que tout allait le mieux du monde?
—Je suis toujours de mon premier sentiment, répondit Pangloss; car enfin je suis philosophe; il

ne me convient pas de me dédire, Leibnitz ne pouvant pas avoir tort, et l'harmonie préétablie étant d'ailleurs la plus belle chose du monde, aussi bien que le plein et la matière subtile.»

CHAPITRE XXIX

COMMENT CANDIDE RETROUVA CUNÉGONDE ET LA VIEILLE

Pendant que Candide, le baron, Pangloss, Martin et Cacambo contaient leurs aventures, qu'ils raisonnaient sur les événements contingents [1] ou non contingents de cet univers, qu'ils disputaient sur les effets et les causes, sur le mal moral et sur le mal physique, sur la liberté et la nécessité,[2] sur les consolations que l'on peut éprouver lorsqu'on est aux galères en Turquie, ils abordèrent sur le rivage de la Propontide à la maison du prince de Transylvanie. Les premiers objets qui se présentèrent furent Cunégonde et la vieille, qui étendaient des serviettes sur des ficelles pour les faire sécher.

Le baron pâlit à cette vue. Le tendre amant Candide, en voyant sa belle Cunégonde rembrunie, les yeux éraillés, la gorge sèche, les joues ridées, les bras rouges et écaillés, recula trois pas, saisi d'horreur, et avança ensuite par bon procédé.[3] Elle embrassa Candide et son frère; on embrassa la vieille: Candide les racheta toutes deux.

Il y avait une petite métairie dans le voisinage; la vieille proposa à Candide de s'en accommoder, en attendant que toute la troupe eût une meilleure destinée. Cunégonde ne savait pas qu'elle était enlaidie, personne ne l'en avait avertie: elle fit souvenir Candide de ses promesses avec un ton si absolu que le bon Candide n'osa pas la refuser. Il signifia donc au baron qu'il allait se marier avec sa sœur. «Je ne souffrirai [4] jamais, dit le baron, une telle bassesse de sa part et une telle insolence de la vôtre; cette infamie ne me sera jamais reprochée: les enfants de ma sœur ne pourraient entrer dans les chapitres [5] d'Allemagne. Non, jamais ma sœur

[1] Non nécessaires, c'est-à-dire qui peuvent arriver ou ne pas arriver (terme philosophique).
[2] Ces deux termes philosophiques s'opposent l'un à l'autre.
[3] politesse
[4] tolérerai
[5] assemblées électives

n'épousera qu'un baron de l'Empire. » Cunégonde se jeta à ses pieds et les baigna de larmes; il fut inflexible. « Maître fou, lui dit Candide, je t'ai réchappé [6] des galères, j'ai payé ta rançon, j'ai payé celle de ta sœur; elle lavait ici des écuelles, elle est [5] laide, j'ai la bonté d'en faire ma femme, et tu prétends encore t'y opposer! Je te retuerais [7] si j'en croyais [8] ma colère. — Tu peux me tuer encore, dit le baron, mais tu n'épouseras pas ma sœur de mon vivant. »

CHAPITRE XXX

CONCLUSION

Candide, dans le fond de son cœur, n'avait aucune envie d'épouser Cunégonde. Mais l'impertinence extrême du baron le déterminait à conclure le mariage, et Cunégonde le pressait si vivement qu'il ne pouvait s'en dédire. Il consulta Pangloss, [20] Martin et le fidèle Cacambo. Pangloss fit un beau mémoire par lequel il prouvait que le baron n'avait nul droit sur sa sœur, et qu'elle pouvait, selon toutes les lois de l'Empire, épouser Candide de la main gauche.[1] Martin conclut à jeter le baron [25] dans la mer; Cacambo décida qu'il fallait le rendre au levanti patron et le remettre aux galères; après quoi on l'enverrait à Rome au père général [2] par le premier vaisseau. L'avis fut trouvé fort bon; la vieille l'approuva; on n'en dit rien à sa sœur; la [30] chose fut exécutée pour quelque argent,[3] et on eut le plaisir d'attraper un jésuite et de punir l'orgueil d'un baron allemand.

Il était tout naturel d'imaginer qu'après tant de désastres Candide, marié avec sa maîtresse et vivant [35] avec le philosophe Pangloss, le philosophe Martin, le prudent Cacambo et la vieille, ayant d'ailleurs rapporté tant de diamants de la patrie des anciens Incas, mènerait la vie du monde la plus agréable; mais il fut tant friponné [4] par les juifs qu'il ne lui resta plus rien que sa petite métairie; sa femme, devenant tous les jours plus laide, devint acariâtre [5] et insupportable; la vieille était infirme et fut encore de plus mauvaise humeur que Cunégonde. Cacambo, qui travaillait au jardin et qui allait vendre des légumes à Constantinople, était excédé [6] de travail et maudissait sa destinée. Pangloss était au désespoir de ne pas briller dans quelque université [10] d'Allemagne. Pour Martin, il était fermement persuadé qu'on est également mal partout; il prenait les choses en patience. Candide, Martin et Pangloss disputaient quelquefois de métaphysique et de morale. On voyait souvent passer sous les fenêtres de [15] la métairie des bateaux chargés d'effendis,[7] de bachas,[8] de cadis,[9] qu'on envoyait en exil à Lemnos, à Mytilène, à Erzeroum. On voyait venir d'autres cadis, d'autres bachas, d'autres effendis, qui prenaient la place des expulsés et qui étaient expulsés à leur tour. On voyait des têtes proprement empaillées [10] qu'on allait présenter à la Sublime Porte.[11] Ces spectacles faisaient redoubler les dissertations; et quand on ne disputait pas, l'ennui était si excessif que la vieille osa un jour leur dire: « Je voudrais savoir lequel est le pire, ou d'être violée cent fois par des pirates nègres, d'avoir une fesse coupée, de passer par les baguettes chez les Bulgares, d'être fouetté et pendu dans un auto-da-fé, d'être disséqué, de ramer en galère, d'éprouver enfin toutes les misères par lesquelles nous avons tous passé, ou bien de rester ici à ne rien faire? — C'est une grande question », dit Candide.

Ce discours fit naître de nouvelles réflexions, et Martin surtout conclut que l'homme était né pour vivre dans les convulsions de l'inquiétude, ou dans la léthargie de l'ennui. Candide n'en convenait pas,[12] mais il n'assurait rien. Pangloss avouait qu'il

[6] tiré
[7] tuerais une seconde fois
[8] j'écoutais

[1] Mariage dans lequel le marié, s'il est noble, épouse la mariée en lui donnant la main gauche, et ne lui communique, non plus qu'aux enfants, son rang ni sa condition. Ici l'expression s'applique à la femme.
[2] général des jésuites
[3] donné à des hommes de main

[4] volé par tromperie
[5] de mauvaise humeur
[6] excessivement fatigué
[7] titre équivalent à *monsieur*
[8] chefs militaires
[9] fonctionnaires civils
[10] Quand le Sultan demandait la tête d'un de ses sujets, il pouvait exiger qu'on la lui apportât vidée de la cervelle et remplie de foin.
[11] la cour du Sultan
[12] n'admettait pas cela

avait toujours horriblement souffert; mais, ayant soutenu une fois que tout allait à merveille, il le soutenait toujours, et n'en croyait rien. . .

Il y avait dans le voisinage un derviche[13] très fameux, qui passait pour[14] le meilleur philosophe de la Turquie; ils allèrent le consulter; Pangloss porta la parole, et lui dit: « Maître, nous venons vous prier de nous dire pourquoi un aussi étrange animal que l'homme a été formé. — De quoi te mêles-tu? dit le derviche, est-ce là ton affaire? — Mais, mon révérend père, dit Candide, il y a horriblement de mal sur la terre. — Qu'importe, dit le derviche, qu'il ait du mal ou du bien? Quand Sa Hautesse envoie un vaisseau en Égypte, s'embarrasse-t-elle si les souris qui sont dans le vaisseau sont à leur aise ou non? — Que faut-il donc faire? dit Pangloss. — Te taire, dit le derviche. — Je me flattais, dit Pangloss, de raisonner un peu avec vous des effets et des causes, du meilleur des mondes possibles, de l'origine du mal, de la nature de l'âme et de l'harmonie préétablie.[15] » Le derviche, à ces mots, leur ferma la porte au nez.

Pendant cette conversation, la nouvelle s'était répandue qu'on venait d'étrangler à Constantinople deux vizirs du banc[16] et le muphti,[17] et qu'on avait empalé plusieurs de leurs amis. Cette catastrophe faisait partout un grand bruit pendant quelques heures. Pangloss, Candide et Martin, en retournant à la petite métairie, rencontrèrent un bon vieillard qui prenait le frais à sa porte sous un berceau d'orangers. Pangloss, qui était aussi curieux que raisonneur, lui demanda comment se nommait le muphti qu'on venait d'étrangler. « Je n'en sais rien, répondit le bonhomme, et je n'ai jamais su le nom d'aucun muphti ni d'aucun vizir. J'ignore absolument l'aventure dont vous me parlez; je présume qu'en général ceux qui se mêlent des affaires publiques périssent quelquefois misérablement et qu'ils le méritent; mais je ne m'informe jamais de ce qu'on fait à Constantinople; je me contente d'y envoyer vendre les fruits du jardin que je cultive. »

Ayant dit ces mots, il fit entrer les étrangers dans sa maison: ses deux filles et ses deux fils leur présentèrent plusieurs sortes de sorbets[18] qu'ils faisaient eux-mêmes, du kaïmac[19] piqué d'écorce de cédrat confit, des oranges, des citrons, des limons, des ananas, des pistaches, du café de Moka qui n'était point mêlé avec le mauvais café de Batavia et des îles.[20] Après quoi les deux filles de ce bon musulman parfumèrent les barbes de Candide, de Pangloss et de Martin.

« Vous devez avoir, dit Candide au Turc, une vaste et magnifique terre? — Je n'ai que vingt arpents,[21] répondit le Turc; je les cultive avec mes enfants; le travail éloigne de nous trois grands maux: l'ennui, le vice et le besoin. »

Candide, en retournant dans sa métairie, fit de profondes réflexions sur le discours du Turc. Il dit à Pangloss et à Martin: « Ce bon vieillard me paraît s'être fait un sort bien préférable à celui des six rois avec qui nous avons eu l'honneur de souper. — Les grandeurs, dit Pangloss, sont fort dangereuses, selon le rapport de tous les philosophes: car enfin Églon, roi des Moabites, fut assassiné par Aod; Absalon fut pendu par les cheveux et percé de trois dards; le roi Nadab, fils de Jéroboam, fut tué par Baasa; le roi Éla, par Zambri; Ochosias, par Jéhu; Athalia, par Joïada; les rois Joachim, Jéchonias, Sédécias, furent esclaves. Vous savez comment périrent Crésus, Astyage, Darius, Denys de Syracuse, Pyrrhus, Persée, Annibal, Jugurtha, Arioviste, César, Pompée, Néron, Othon, Vitellius, Domitien, Richard II d'Angleterre, Édouard II, Henri VI, Richard III, Marie Stuart, Charles Ier, les trois Henri de France, l'empereur Henri IV? Vous savez. . . — Je sais aussi, dit Candide, qu'il faut cultiver notre jardin. — Vous avez raison, dit Pangloss: car, quand l'homme fut mis dans le jardin d'Éden,[22] il y fut mis ut operaretur eum, pour qu'il travaillât; ce qui prouve que l'homme n'est pas né pour le repos. — Travaillons sans raisonner, dit Martin; c'est le seul moyen de rendre la vie supportable. »

[13] moine musulman
[14] avait la réputation d'être
[15] ensemble harmonieux du monde auquel tout concourt, même le mal (théorie de Leibniz dont Pangloss fait la caricature)
[16] ministres du conseil du Sultan
[17] grand prêtre musulman

[18] composition glacée de citron, d'ambre et de sucre
[19] gâteau turc
[20] Il est exact que le café d'Arabie l'emporte sur ceux des Indes néerlandaises et des Antilles.
[21] mesure agraire variable selon les pays
[22] nom que l'Écriture donne au paradis terrestre

Toute la petite société entra dans ce louable dessein; chacun se mit à exercer ses talents. La petite terre rapporta beaucoup. Cunégonde était à la vérité bien laide, mais elle devint une excellente pâtissière. . . Et Pangloss disait quelquefois à Candide: « Tous les événements sont enchaînés dans le meilleur des mondes possibles: car enfin, si vous n'aviez pas été chassé d'un beau château à grands coups de pied dans le derrière pour l'amour de Mlle Cunégonde, si vous n'aviez pas été mis à l'Inquisition, si vous n'aviez pas couru l'Amérique à pied, si vous n'aviez pas donné un bon coup d'épée au baron, si vous n'aviez pas perdu tous vos moutons du bon pays d'Eldorado, vous ne mangeriez pas ici des cédrats confits [23] et des pistaches.[24] — Cela est bien dit, répondit Candide, mais il faut cultiver notre jardin. [25]»

[23] sorte de citrons conservés dans du sucre
[24] amandes du pignon ou pomme de pin
[25] C'est-à-dire: faisons notre besogne d'hommes de bonne volonté, sans nous soucier de la raison universelle ni de la Providence.

VI. *Diderot (1713–1784)*

NÉ A LANGRES, Denis Diderot était d'une famille d'artisans couteliers, et destiné à l'état ecclésiastique. Élève des jésuites, il alla au collège à Paris et se lança bientôt dans le monde des lettres. Il connut la misère, vécut de traductions et de leçons.

L'HOMME

En 1746, il est présenté au libraire Le Breton qui lui confie la direction de l'*Encyclopédie,* entreprise énorme à laquelle Diderot allait consacrer une grande partie de sa vie. En 1749, il est emprisonné pendant trois mois au donjon de Vincennes à la suite de la publication de sa *Lettre sur les aveugles à l'usage de ceux qui voient,* livre dans lequel l'auteur part de la psychologie des aveugles pour conduire ses lecteurs au sensualisme, au matérialisme, à l'athéisme. Libéré, Diderot passe les années de 1749 à 1773 à écrire et à diriger le travail de l'*Encyclopédie.*

Depuis longtemps en correspondance avec Catherine II de Russie, il accepte en 1773 son invitation à se rendre à Saint-Petersbourg. Il en revient épuisé, au bout d'un an et finit sa vie à Paris, dans l'aisance, grâce aux libéralités de l'impératrice. Il meurt frappé d'une attaque d'apoplexie.

Enthousiaste et improvisateur, travailleur infatigable, d'une immense curiosité d'esprit, Diderot a été le type de « l'homme de lettres » du dix-huitième siècle, d'origines humbles, mais s'ouvrant une voie dans la société, dans les salons, et se dévouant avec passion à la propagande de ses idées.

Ses idées sont souvent confuses et même contradictoires: il fut déiste d'abord, mais finit par être franchement incrédule et athée. Il croit, comme Rousseau, que l'homme est bon par nature, mais contrairement à Rousseau, que la société est une institution bienfaisante. La morale, pour lui, consiste à être bienveillant et à « mettre son bonheur à faire le bonheur de tous. » Il a précisé ses idées dans plusieurs petits ouvrages: *Pensées philosophiques* (1746), *Lettre sur les aveugles* (1749), *Le Rêve de d'Alembert* (écrit en 1769, publié en 1830).

Dans la littérature du siècle, Diderot a tenu un rôle important, surtout comme inventeur de deux genres nouveaux.

Au théâtre, il a voulu créer une forme nouvelle, le *drame bourgeois,* à mi-chemin entre la tragédie et la comédie. Ce drame peindra des *conditions* (le père de famille, le juge, le commerçant, etc.) et non plus des *caractères* (comme la tragédie classique). Diderot formule ses idées sur le drame dans ses *Entretiens sur le Fils naturel* (1757), et dans son *Discours sur la poésie dramatique* (1758). Il illustre sa théorie par deux pièces en cinq actes et en prose, *Le Fils naturel ou les Épreuves de la vertu* (1757), et *Le Père de famille* (1758). La première, jouée en 1771, et la seconde, jouée en 1761, n'eurent guère de succès. Mais les idées de Diderot furent reprises par Sedaine (1719-97), et plus tard par Émile Augier (1820-89) qui devait exploiter cette nouveauté. Enfin, en 1773, Diderot écrivit un essai riche en aperçus originaux sur l'art de l'acteur: le *Paradoxe sur le comédien.*

Diderot a été le principal créateur de la critique d'art, avec les comptes rendus des Salons de peinture qu'il rédigeait pour la *Correspondance littéraire* de Grimm. Il a fait une critique de littérateur, s'intéressant surtout aux sujets, à leur valeur morale et psychologique, aux sentiments des personnages représentés. Les *Salons* de Diderot furent réunis en un volume après sa mort.

Diderot fut également romancier, mais il a conçu le roman comme un cadre commode pour ses idées et ses effusions. Il n'y a chez lui aucune composition, mais un mouvement endiablé et un style génial. En 1760, il écrivit *La Religieuse,* roman licencieux et anticlérical. En 1762, il publia un vrai chef-d'œuvre: *Le Neveu de Rameau,* où il a campé avec une extraordinaire puissance, sous les traits d'un neveu du grand musicien, le type extrême du bohême. Enfin, en 1773, *Jacques le fataliste et son maître,* roman enchevêtré de récits hétéroclites, ne peint, au fond, que l'auteur.

De l'amitié profonde que Diderot voua à Sophie Volland, il nous reste une *Correspondance* qui est vraiment le journal de son âme et dans laquelle il a épanché ses sentiments les plus intimes.

Enfin Diderot fut l'âme de l'*Encyclopédie* qui parut de 1751 à 1772. Il eut de nombreux collaborateurs pour cette œuvre qui, tout en fourmillant d'erreurs et de contradictions, fait néanmoins figure d'entreprise de grande portée, parce qu'elle vulgarisait les idées nouvelles. Aussi a-t-elle exercé une énorme influence. L'*Encyclopédie* a contribué puissamment à modifier l'esprit public en le per-

suadant que l'avenir de l'humanité était dans la libre curiosité intellectuelle et que le bonheur des hommes était dans le progrès matériel et intellectuel.

Diderot, dans ses ouvrages personnels et dans sa direction de l'Encyclopédie, a été un philosophe au sens ordinaire du mot ainsi qu'au sens spécial du XVIII^e siècle.

«Philosophe», il a uni ses efforts à ceux de Voltaire et des Encyclopédistes pour la lutte contre l'absolutisme. Il a été, comme la plupart d'entre eux, modéré et partisan de réformes dans le cadre monarchique. Comme eux, il voulait la fin des abus et la liberté de penser; comme eux, il aurait aimé un roi détaché des préjugés religieux et sociaux, favorable au progrès des lumières, et, comme Voltaire, il trouvait son idéal en la personne royale de Frédéric II de Prusse et en la personne impériale de Catherine II de Russie. Ces deux souverains qui firent, non sans habileté intéressée et hypocrite, figure de réformateurs, protégèrent et traitèrent en amis les philosophes français et leur offrirent asile. Les vœux de Diderot ne dépassaient pas ce «despotisme éclairé».

Philosophe proprement dit, Diderot a été déiste, puis panthéiste, enfin a amalgamé ses idées assez peu cohérentes en une sorte de matérialisme panthéistique qui détruisait le libre arbitre, par conséquent l'obligation morale, et ne laissant de possibilité qu'à une morale sociale. Il tendait à croire, comme Rousseau, l'homme naturellement bon; mais, contrairement à Rousseau, il tenait la société pour bienfaisante, conseillère d'altruisme et d'entr'aide. Ses ouvrages de philosophie sont d'un grand écrivain.

Discours sur la poésie dramatique

[Diderot a eu la prétention de rénover le théâtre. Il formule une théorie du drame bourgeois, genre intermédiare entre la tragédie et la comédie. Il veut porter à la scène des événements drama- 5 tiques qui interviennent dans la vie quotidienne d'une famille bourgeoise.

Nous donnons ici deux extraits de textes qui illustrent les idées de Diderot sur le théâtre.]

LES CONDITIONS AU THÉÂTRE
MOI

Quels seront les sujets de ce comique sérieux, que vous regardez comme une branche nouvelle du genre dramatique? Il n'y a, dans la nature humaine, qu'une douzaine, tout au plus, de carac-15 tères vraiment comiques et marqués de grands traits.

DORVAL

Je le pense.

MOI

Les petites différences qui se remarquent dans les caractères des hommes, ne peuvent être maniées aussi heureusement que les caractères tranchés.

DORVAL

Je le pense. Mais savez-vous ce qui s'ensuit de là?. . . Que ce ne sont plus, à proprement parler, les caractères qu'il faut mettre sur la scène, mais les conditions. Jusqu'à présent, dans la comédie, le caractère a été l'objet principal, et la condition n'a été que l'accessoire; il faut que la condition devienne aujourd'hui l'objet principal, et que le caractère ne soit que l'accessoire. C'est du caractère qu'on tirait toute l'intrigue. On cherchait en général les circonstances qui le faisaient sortir, et l'on enchaînait ces circonstances. C'est la condition, ses devoirs, ses avantages, ses embarras, qui doivent servir de base à l'ouvrage. Il me semble que cette source est plus féconde, plus étendue et plus utile que celle des caractères. Pour peu que le caractère fût changé, un spectateur pouvait se dire à lui-même: ce n'est pas moi. Mais il ne peut se cacher que l'état qu'on joue devant lui, ne soit le sien;

il ne peut méconnaître ses devoirs. Il faut absolument qu'il s'applique ce qu'il entend.

MOI

Il me semble que l'on a déjà traité plusieurs de ces sujets. 5

DORVAL

Cela n'est point. Ne vous y trompez point.

MOI

N'avons-nous pas des financiers dans nos pièces?[1]

DORVAL

Sans doute, il y en a. Mais le financier n'est 10 pas fait.

MOI

On aurait de la peine à en citer une sans père de famille. 15

DORVAL

J'en conviens; mais le père de famille n'est pas fait. En un mot, je vous demanderai si les devoirs des conditions, leurs avantages, leurs inconvénients, leurs dangers ont été mis sur la scène; si c'est la 20 base de l'intrigue et de la morale de nos pièces; enfin, si ces devoirs, ces avantages, ces inconvénients, ces dangers, ne nous montrent pas, tous les jours, les hommes dans des situations très embarrassantes. 25

MOI

Ainsi, vous voudriez qu'on jouât l'homme de lettres, le philosophe, le commerçant, le juge, l'avocat, le politique, le citoyen, le magistrat, le financier, le grand seigneur, l'intendant. 30

DORVAL

Ajoutez à cela, toutes les relations: le père de famille, l'époux, la sœur, les frères. Le père de famille! Quel sujet, dans un siècle tel que le nôtre, où il ne paraît pas qu'on ait la moindre idée de 35 ce que c'est qu'un père de famille!

Songez qu'il se forme tous les jours des conditions nouvelles. Songez que rien, peut-être, ne nous est moins connu que les conditions, et ne doit nous intéresser davantage. Nous avons chacun 40 notre état dans la société, mais nous avons affaire à des hommes de tous les états.

Les conditions! Combien de détails importants, d'actions publiques et domestiques, de vérités inconnues, de situations nouvelles à tirer de ce fonds! 45

Et les conditions n'ont-elles pas entre elles les mêmes contrastes que les caractères? Et le poète ne pourra-t-il pas les opposer?

(*Entretiens sur le fils naturel*)

LA MORALE DANS LE DRAME

Je le répète donc: l'honnête, l'honnête. Il nous touche d'une manière plus intime et plus douce que ce qui excite notre mépris et nos ris. Poète, êtes-vous sensible et délicat? pincez cette corde; et vous l'entendrez résonner, ou frémir dans toutes les âmes.

«La nature humaine est donc bonne?»

Oui, mon ami, et très bonne. L'eau, l'air, la terre, le feu, tout est bon dans la nature; et l'ouragan, qui s'élève sur la fin de l'automne, secoue les forêts, et, frappant les arbres les uns contre les autres, en brise et sépare les branches mortes; et la tempête, qui bat les eaux de la mer et les purifie; et le volcan, qui verse de son flanc entr'ouvert des flots de matières embrasées, et porte dans l'air la vapeur qui le nettoie.

Ce sont les misérables conventions qui pervertissent l'homme, et non la nature humaine qu'il faut accuser. En effet, qu'est-ce qui nous affecte comme le récit d'une action généreuse? Où est le malheureux qui puisse écouter froidement la plainte d'un homme de bien?

Le parterre de la comédie est le seul endroit où les larmes de l'homme vertueux et du méchant soient confondues. Là, le méchant s'irrite contre des injustices qu'il aurait commises, compatit à des maux qu'il aurait occasionnés, et s'indigne contre un homme de son propre caractère. Mais l'impression est reçue; elle demeure en nous, malgré nous; et le méchant sort de sa loge, moins disposé à faire le mal, que s'il eût été gourmandé par un orateur sévère et dur.

Le poète, le romancier, le comédien vont au cœur d'une manière détournée, et en frappent d'autant plus sûrement et plus fortement l'âme, qu'elle s'étend et s'offre d'elle-même au coup. Les peines sur lesquelles ils m'attendrissent sont imaginaires, d'accord, mais ils m'attendrissent. Chaque ligne de *L'Homme de qualité retiré du monde*, du *Doyen de Killerine* et de *Cléveland*,[1]

[1] allusion à la pièce de Lesage, *Turcaret* (1709)

[1] Romans de l'Abbé Prévost, connu aussi sous le nom de Prévost d'Exiles (1697–1763).

excite en moi un mouvement d'intérêt sur les mal-heurs de la vertu, et me coûte des larmes. Quel art serait plus funeste que celui qui me rendrait com-plice du vicieux? Mais aussi quel art plus précieux, que celui qui m'attache imperceptiblement au sort ⁵ de l'homme de bien, qui me tire de la situation tranquille et douce dont je jouis, pour me promener avec lui, m'enfoncer dans les cavernes où il se réfugie, et m'associer à toutes les traverses par lesquelles il plaît au poète d'éprouver sa constance? ¹⁰

O quel bien il en reviendrait aux hommes, si

tous les arts d'imitation se proposaient un objet commun, et concouraient un jour avec les lois pour nous faire aimer la vertu et haïr le vice! C'est au philosophe à les y inviter; c'est à lui à s'adresser au poète, au peintre, au musicien, et à leur crier avec force: Hommes de génie, pourquoi le ciel vous a-t-il doués? S'il en est entendu, bientôt les images de la débauche ne couvriront plus les murs de nos palais; nos voix ne seront plus des organes de crime; et le goût et les mœurs y gagneront.

(*Discours sur la poésie dramatique*)

Les Salons

[*Le baron de Grimm (1723–1807), écrivain et critique allemand, fréquenta les encyclopédistes et fut un des grands amis de Diderot. De 1754 à 1773, il fut le rédacteur d'une correspondance lit-téraire destinée à renseigner plusieurs princes étran-gers sur la vie parisienne de l'époque. A sa de-mande, Diderot rédigea des appréciations sur les œuvres parues aux Salons de 1759 à 1771, puis aux Salons de 1775 à 1781.*

Greuze (1725–1805) était un des peintres les plus admirés par Diderot. Il connut le succès avec L'Accordée de village *(1761) et nous donnons ici l'article de Diderot sur cette œuvre.*]

L'ACCORDÉE DE VILLAGE

Enfin je l'ai vu, ce tableau de notre ami Greuze; mais ce n'a pas été sans peine; il continue d'attirer la foule. C'est *Un Père qui vient de payer la dot de sa fille.*¹ Le sujet est pathétique, et l'on se sent gagner d'une émotion douce en le regardant. La composition m'en a paru très-belle: c'est la chose comme elle a dû se passer. Il y a douze figures; chacune est à sa place, et fait ce qu'elle doit.

―――――

¹ Il s'agit de *L'Accordée de village.* Ce tableau se trouve actuellement au musée du Louvre.

Comme elles s'enchaînement toutes! comme elles vont en ondoyant et en pyramidant! Je me moque de ces conditions; cependant quand elles se ren-contrent dans un morceau de peinture par hasard, sans que le peintre ait eu la pensée de les y intro-duire, sans qu'il leur ait rien sacrifié, elles me plaisent.

A droite de celui qui regarde le morceau est un tabellion assis devant une petite table, le dos tourné au spectateur. Sur la table, le contrat de mariage et d'autres papiers. Entre les jambes du tabellion, le plus jeune des enfants de la maison. Puis en con-tinuant de suivre la composition de droite à gauche, une fille aînée debout, appuyée sur le dos du fauteuil de son père. Le père assis dans le fauteuil de la maison. Devant lui, son gendre debout, et tenant de la main gauche le sac qui contient la dot. L'accordée, debout aussi, un bras passé mollement sous celui de son fiancé; l'autre bras saisi par la mère, qui est assise au-dessous. Entre la mère et la fiancée, une sœur cadette debout, penchée sur la fiancée, et un bras jeté autour de ses épaules. Derrière ce groupe, un jeune enfant qui s'élève sur la pointe des pieds pour voir ce qui se passe. Au-dessous de la mère, sur le devant, une jeune fille assise qui a de petits morceaux de pain coupé dans son tablier. Tout à fait à gauche dans le fond et loin de la scène,

Portrait de Diderot, par L. N. Van Loo. Musée du Louvre. (Photographie Giraudon)

L'Accordée de village, par Jean-Baptiste Greuze. Musée du Louvre. (Photographie Giraudon)

deux servantes debout qui regardent. Sur la droite, un garde-manger bien propre, avec ce qu'on a coutume d'y renfermer, faisant partie du fond. Au milieu, une vieille arquebuse pendue à son croc; ensuite un escalier de bois qui conduit à l'étage au-dessus. Sur le devant, à terre, dans l'espace vide que laissent les figures, proche des pieds de la mère, une poule qui conduit ses poussins auxquels la petite fille jette du pain; une terrine pleine d'eau, et sur le bord de la terrine un poussin, le bec en l'air, pour laisser descendre dans son jabot l'eau qu'il a bue. Voilà l'ordonnance générale. Venons aux détails.

Le tabellion est vêtu de noir, culotte et bas de couleur, en manteau et en rabat, le chapeau sur la tête. Il a bien l'air un peu matois et chicanier, comme il convient à un paysan de sa profession; c'est une belle figure. Il écoute ce que le père dit à son gendre. Le père est le seul qui parle. Le reste écoute et se tait.

L'enfant qui est entre les jambes du tabellion est excellent pour la vérité de son action et de sa couleur. Sans s'intéresser à ce qui se passe, il regarde les papiers griffonnés, et promène ses petites mains par dessus.

On voit dans la sœur aînée, qui est appuyée debout sur le dos du fauteuil de son père, qu'elle crève de douleur et de jalousie de ce qu'on a accordé le pas sur elle à sa cadette. Elle a la tête portée sur une de ses mains, et lance sur les fiancés des regards curieux, chagrins et courroucés.

Le père est un vieillard de soixante ans, en cheveux gris, un mouchoir tortillé autour de son cou; il a un air de bonhomie qui plaît. Les bras étendus vers son gendre, il lui parle avec une effusion de cœur qui enchante; il semble lui dire: «Jeannette est douce et sage; elle fera ton bonheur; songe à faire le sien. . .» ou quelque autre chose sur l'importance des devoirs du mariage. . . Ce qu'il dit est sûrement touchant et honnête. Une de ses mains, qu'on voit en dehors, est hâlée et brune; l'autre, qu'on voit en dedans, est blanche; cela est dans la nature.

Le fiancé est d'une figure tout à fait agréable. Il est hâlé de visage; mais on voit qu'il est blanc de peau; il est un peu penché vers son beau-père; il prête attention à son discours, il en a l'air pénétré;

il est fait au tour, et vêtu à merveille, sans sortir de son état. J'en dis autant de tous les autres personnages.

Le peintre a donné à la fiancée une figure charmante, décente et réservée; elle est vêtue à merveille. Ce tablier de toile blanc fait on ne peut pas mieux; il y a un peu de luxe dans sa garniture; mais c'est un jour de fiançailles. Il faut voir comme les plis de tous les vêtements de cette figure et des autres sont vrais. Cette fille charmante n'est point droite; mais il y a une légère et molle inflexion dans toute sa figure et dans tous ses membres qui la remplit de grâce et de vérité. Elle est jolie vraiment, et très-jolie. Une gorge faite au tour[2] qu'on ne voit point du tout; mais je gage qu'il n'y a rien là qui la relève, et que cela se soutient tout seul. Plus à son fiancé, et elle n'eût pas été assez décente; plus à sa mère ou à son père, et elle eût été fausse. Elle a le bras à demi passé sous celui de son futur époux, et le bout de ses doigts tombe et appuie doucement sur sa main; c'est la seule marque de tendresse qu'elle lui donne, et peut-être sans le savoir elle-même; c'est une idée délicate du peintre.

La mère est une bonne paysanne qui touche à la soixantaine, mais qui a de la santé; elle est aussi vêtue large et à merveille. D'une main elle tient le haut du bras de sa fille; de l'autre, elle serre le bras au-dessus du poignet: elle est assise; elle regarde sa fille de bas en haut; elle a bien quelque peine à la quitter; mais le parti est bon. Jean est un brave garçon, honnête et laborieux; elle ne doute point que sa fille ne soit heureuse avec lui. La gaieté et la tendresse sont mêlées dans la physionomie de cette bonne mère.

Pour cette sœur cadette qui est debout à côté de la fiancée, qui l'embrasse et qui s'afflige sur son sein, c'est un personnage tout à fait intéressant. Elle est vraiment fâchée de se séparer de sa sœur, elle en pleure; mais cet incident n'attriste pas la composition; au contraire, il ajoute à ce qu'elle a de touchant. Il y a du goût, et du bon goût, à avoir imaginé cet épisode.

Les deux enfants, dont l'un, assis à côté de la mère, s'amuse à jeter du pain à la poule et à sa petite famille, et dont l'autre s'élève sur la pointe

[2] bien faite

des pieds et tend le cou pour voir, sont charmants; mais surtout le dernier.

Les deux servantes, debout, au fond de la chambre, nonchalamment penchés l'une contre l'autre, semblent dire, d'attitude et de visage: Quand est-ce que notre tour viendra?

Et cette poule qui a mené ses poussins au milieu de la scène, et qui a cinq ou six petits, comme la mère aux pieds de laquelle elle cherche sa vie a six à sept enfants, et cette petite fille qui leur jette du pain et qui les nourrit; il faut avouer que tout cela est d'une convenance charmante avec la scène qui se passe, et avec le lieu et les personnages. Voilà un petit trait de poésie tout à fait ingénieux.

C'est le père qui attache principalement les re-gards; ensuite l'époux ou le fiancé; ensuite l'accordée, la mère, la sœur cadette ou l'aînée, selon le caractère de celui qui regarde le tableau, ensuite le tabellion, les autres enfants, les servantes et le fond. Preuve certaine d'une bonne ordonnance.

Teniers[3] peint des mœurs plus vraies peut-être. Il serait plus aisé de retrouver les scènes et les personnages de ce peintre; mais il y a plus d'élégance, plus de grâce, une nature plus agréable dans Greuze. Ses paysans ne sont ni grossiers comme ceux de notre bon Flamand,[4] ni chimériques comme ceux de Boucher.[5] Je crois Teniers fort supérieur à Greuze pour la couleur. Je lui crois aussi beaucoup plus de fécondité: c'est d'ailleurs un grand paysagiste, un grand peintre d'arbres, de forêts, d'eaux, de montagnes, de chaumières et d'animaux.

On peut reprocher à Greuze d'avoir répété une même tête dans trois tableaux différents. La tête du *Père qui paye la dot* et celle du *Père qui lit l'Écriture sainte à ses enfants,* et je crois aussi celle du *Paralytique.* Ou du moins ce sont trois frères avec un grand air de famille.[6]

Autre défaut. Cette sœur aînée, est-ce une sœur ou une servante? Si c'est une servante, elle a tort d'être appuyée sur le dos de la chaise de son maître, et je ne sais pourquoi elle envie si violement le sort de sa maîtresse; si c'est un enfant de la maison, pourquoi cet air ignoble, pourquoi ce négligé? Contente ou mécontente, il fallait la vêtir comme elle doit l'être aux fiançailles de sa sœur. Je vois qu'on s'y trompe, que la plupart de ceux qui regardent le tableau la prennent pour une servante, et que les autres sont perplexes. Je ne sais si la tête de cette sœur aînée n'est pas aussi celle de la *Blanchisseuse.*

Une femme de beaucoup d'esprit a rappelé que ce tableau était composé de deux natures. Elle prétend que le père, le fiancé et le tabellion sont bien des paysans, des gens de campagne; mais que la mère, la fiancée et toutes les autres figures sont de la halle de Paris. La mère est une grosse marchande de fruits ou de poissons; la fille est une jolie bouquetière. Cette observation est au moins fine; voyez, mon ami, si elle est juste.

Mais il vaudrait bien mieux négliger ces bagatelles, et s'extasier sur un morceau qui présente des beautés de tous côtés; c'est certainement ce que Greuze a fait de mieux. Ce morceau lui fera honneur, et comme peintre savant dans son art, et comme homme d'esprit et de goût. Sa composition est pleine d'esprit et de délicatesse. Le choix de ses sujets marque de la sensibilité et de bonnes mœurs.

Un homme riche qui voudrait avoir un beau morceau en émail devrait faire exécuter ce tableau de Greuze par Durand,[7] qui est habile, avec les couleurs que M. de Montamy[8] a découvertes. Une bonne copie en émail est presque regardée comme un original, et cette sorte de peinture est particulièrement destinée à copier.

(*Salon de 1761*)

[3] David Teniers, peintre flamand (1582–1649). Il a peint, entre autres, des scènes de cabarets, de kermesses et de paysages. Il est abondamment représenté au Louvre.

[4] Teniers

[5] François Boucher (1703–70). Peintre et graveur français, il est l'auteur de bergeries, de scènes religieuses, allégoriques, mythologiques, de portraits de nus surtout. Diderot a été très dur pour lui. Il lui a reproché d'être immoral et d'avoir une mauvaise influence sur les jeunes peintres.

[6] Diderot sentait bien le défaut principal de Greuze, qui est le manque de variété dans l'invention de ses figures.

[7] On manque de renseignements sur cet artiste.

[8] auteur d'un *Traité des Couleurs pour la peinture en émail et sur la porcelaine*

L' Encyclopédie

[L'Encyclopédie *a été une «machine de guerre» s'attaquant aux préjugés et se servant d'un système de renvois d'un article à un autre. Nous en donnons ici un exemple.*]

CAPUCHON, s.m. (*Hist. ecclés.*), espèce de vêtement à l'usage des Bernardins,[1] des Bénédictins,[2] etc. Il y a deux sortes de *capuchons*: l'un blanc, fort ample, que l'on porte dans les occasions de cérémonie; l'autre noir, qui est une partie de l'habit ordinaire.

Le P. Mabillon[3] prétend que le *capuchon* était dans son origine la même chose que le scapulaire. Mais l'auteur de l'Apologie pour l'empereur Henri IV[4] distingue deux espèces de *capuchon*: l'une était une robe qui descendait de la tête jusqu'aux pieds, avait des manches, et dont on se couvrait dans les jours et les occasions remarquables; l'autre, une sorte de camail pour les autres jours: c'est ce qu'on appelait proprement *scapulaire,* parce qu'il n'enveloppait que la tête et les épaules.

Capuchon se dit plus communément d'une pièce d'étoffe grossière, taillée et cousue en cône ou arrondie par le bout, dont les Capucins, les Récolets, les Cordeliers[5] et d'autres religieux mendiants se couvrent la tête.

Le *capuchon* fut autrefois l'occasion d'une grande guerre entre les Cordeliers. L'ordre fut divisé en deux factions, les frères spirituels et les frères de la communauté. Les uns voulaient le *capuchon* étroit, les autres le voulaient large. La dispute dura plus d'un siècle avec beaucoup de chaleur et d'animosité, et fut à peine terminée par les bulles des quatre papes Nicolas IV, Clément V, Jean XXII et Benoît XII.[6] Les religieux de cet ordre ne se rappellent à présent cette contestation qu'avec le dernier mépris.

Cependant si quelqu'un s'avisait aujourd'hui de traiter le scotisme comme il le mérite, quoique les futilités du docteur subtil[7] soient un objet moins important encore que la forme de coqueluchon de ses disciples, je ne doute point que l'agresseur n'eût une querelle fort vive à soutenir, et qu'il ne s'attirât bien des injures.

Mais un Cordelier qui aurait du bon sens ne pourrait-il pas dire aux autres avec raison: «Il me semble, mes pères, que nous faisons trop de bruit pour rien: les injures qui nous échapperont ne rendront pas meilleur l'ergotisme de Scott. Si nous attendions que la saine philosophie, dont les lumières se répandent partout, eût pénétré un peu plus en avant dans nos cloîtres, peut-être trouverions-nous alors les rêveries de notre docteur aussi ridicules que l'entêtement de nos prédécesseurs sur la mesure de notre *capuchon*.» V. CORDELIERS.

CORDELIERS, s.m. (*Hist. ecclés.*) Religieux de l'ordre de saint François d'Assise, institués vers

[1] L'abbaye de Cîteaux, berceau et chef de l'ordre des cisterciens, fut fondée en 1098 par Robert, abbé de Molesmes. En 1115, saint Bernard, religieux à Cîteaux, fut envoyé pour fonder Clairvaux, berceau des cisterciens et bénédictins réformés qui furent alors connus sous le nom de *bernardins*.
[2] ordre religieux de saint Benoît (v. 480–v. 547) qui fonda le célèbre monastère de Mont-Cassin
[3] Bénédictin français (1632–1707) dont l'érudition se marqua dans d'innombrables ouvrages
[4] Empereur germanique (1056–1105), il se heurta à la politique du pape Grégoire VII (moine bénédictin, devenu pape en 1073) proclamant la suzeraineté du pape sur l'Empereur et fut entraîné dans la Querelle des Investitures.
[5] *Capucins*, religieux d'une fraction de l'ordre des Frères mineurs; *Récolets*, nom porté par des religieux réformés chez les Frères mineurs; *Cordeliers*, nom donné, à l'origine, aux Frères mineurs. François d'Assise fonda l'ordre des Franciscains en 1209 et fit de ses compagnons des mendiants et des prédicateurs non cloîtrés. A la suite de réformes dans l'ordre, des dissidents refusèrent de se plier et formèrent de nombreuses congrégations séparées. En 1517, le pape Léon X réunit tous les réformés sous le nom de *Frères mineurs*.
[6] *Nicolas IV* fut le Général des Frères mineurs en 1274 et devint pape en 1288. *Clément V*, pape de 1305 à 1314, présida au concile de Vienne (1311–12) au cours duquel fut aboli l'ordre des Templiers. *Jean XXII*, pape de 1316 à 1334, s'établit à Avignon et combattit les "spirituels" franciscains. Benoît XII, (1334–42), Cistercien, réformateur des ordres religieux, fit construire le palais des Papes à Avignon.
[7] Duns Scott, philosophe et théologien écossais (v. 1266–1308) surnommé le *Docteur subtil*. Il enseigna à Oxford, à Cambridge et à Paris. Son enseignement mettait l'accent sur la limitation du savoir rationel au profit de la croyance.

le commencement du XIII^e siècle. Les *cordeliers* sont habillés d'un gros drap gris; ils ont un petit capuce ou chaperon, un manteau de la même étoffe, et une ceinture de corde nouée de trois noeuds, d'où leur vient le nom de *Cordeliers*. Ils s'appelaient [5] auparavant *pauvres mineurs,* nom qu'ils changèrent pour celui de *frères mineurs*; ce *pauvre* leur déplut. Ils sont cependant les premiers qui aient renoncé à la propriété de toutes possessions temporelles. Ils peuvent être membres de la Faculté de théologie [10] de Paris. Plusieurs ont été évêques, cardinaux et même papes. Ils ont eu de grands hommes en plusieurs genres, à la tête desquels on peut nommer le frère Bacon,[8] célèbre par les persécutions qu'il essaya dans son ordre, et par les découvertes qu'il fit dans un siècle de ténèbres. Quoique cet ordre n'ait pas eu en tout temps un nombre égal de noms illustres, il n'a cessé dans aucun de servir utilement l'Église et la société, et il se distingue singulièrement aujourd'hui par le savoir, les mœurs et la réputation. V. CAPUCHON.

[8] Roger Bacon, Franciscain, philosophe et savant anglais (1214–94), surnommé le *Docteur admirable*, étudia à Oxford, et séjourna à Paris de 1236 à 1251.

Le Neveu de Rameau

[*Le neveu du grand musicien a existé. Jean-François Rameau était fils d'un organiste et il enseigna la musique. Ayant perdu à 40 ans femme et enfant, il tomba dans la bohème. Mais il était honnête, sympathique, et il admirait son oncle, au* [5] *lieu de détester sa mémoire et de critiquer sa musique, comme le ferait croire Diderot.*

Il est ici métamorphosé en une double personnalité: un être effronté, cynique, et bas qui représente le clan ennemie de Diderot et de l'Encyclo- [10] *pédie (notamment Palissot, Fréron, Mlle Hus); un être puissant et original, au-dessus du bien et du mal, amoureux de grand art et que l'enthousiasme musical transfigure.*

Le personnage de Diderot n'ayant jamais pu se [15] *libérer de la misère, s'est fait parasite, il vit aux crochets d'une famille riche, dans laquelle et autour de laquelle Diderot a peint un ordre social corrompu où l'argent est le véritable roi.*]

Vertumnis, quotquot sunt, natus iniquis [1]
(*Horace,* Lib. II. Satir. VII)

Qu'il fasse beau, qu'il fasse laid, c'est mon habi- [25]

tude d'aller sur les cinq heures du soir me promener au Palais Royal.[2] C'est moi qu'on voit toujours seul, rêvant sur le banc d'Argenson.[3] Je m'entretiens avec moi-même de politique, d'amour, de goût ou de philosophie. J'abandonne mon esprit à tout son libertinage. Je le laisse maître de suivre la première idée sage ou folle qui se présente, comme on voit, dans l'allée de Foy,[4] nos jeunes dissolus marcher sur [10] les pas d'une courtisane à l'air éventé, au visage riant, à l'œil vif, au nez retroussé, quitter celle-ci pour une autre, les attaquant toutes et ne s'attachant à aucune. Mes pensées ce sont mes catins.[5] Si le temps est trop froid, ou trop pluvieux, je me réfugie au café de la Régence; là, je m'amuse à voir jouer [15] aux échecs. Paris est l'endroit du monde, et le café de la Régence est l'endroit de Paris où l'on joue le mieux à ce jeu. C'est chez Rey[6] que font assaut Légal le profond, Philidor le subtil, le solide Mayot; qu'on voit les coups les plus surprenants et qu'on [20] entend les plus mauvais propos; car si l'on peut être

[1] « Tel est celui qui naquit exposé à l'hostilité de Vertumne, laquelle prend maintes formes. » Vertumne est la déesse des changements de saisons.

[2] Ancienne résidence des princes d'Orléans. Ses galeries extérieures et ses jardins étaient sous l'ancien régime français le rendez-vous des libertins.

[3] banc dans l'allée d'Argenson, côté de la rue où se trouvait l'hôtel d'Argenson

[4] côté de la rue où se tenait le café de Foy

[5] autre nom des courtisanes

[6] patron du café

Cordonnier et bottier. Gravure de l'*Encyclopédie.* (Collection Viollet)

Atelier de métallurgie. Gravure de l'*Encyclopédie*. Bibliothèque Nationale. (Lauros-Giraudon)

homme d'esprit et grand joueur d'échecs comme Légal, on peut être aussi un grand joueur d'échecs et un sot comme Foubert et Mayot.[7]

Un après-dîner, j'étais là, regardant beaucoup, parlant peu, et écoutant le moins que je pouvais, lorsque je fus abordé par un des plus bizarres personnages de ce pays où Dieu n'en a pas laissé manquer. C'est un composé de hauteur et de bassesse, de bon sens et de déraison. Il faut que les notions de l'honnête et du déshonnête soient bien étrangement brouillées dans sa tête, car il montre ce que la nature lui a donné de bonnes qualités sans ostentation, et ce qu'il en a reçu de mauvaises, sans pudeur. Au reste, il est doué d'une organisation [8] forte, d'une chaleur d'imagination singulière, et d'une vigueur de poumons peu commune. Si vous le rencontrez jamais et que son originalité ne vous arrête pas, ou vous mettrez vos doigts dans vos oreilles, ou vous vous enfuirez. Dieux, quels terribles poumons! Rien ne dissemble [9] plus de lui que lui-même. Quelquefois, il est maigre et hâve comme un malade au dernier degré de la consomption; on compterait ses dents à travers ses joues, on dirait qu'il a passé plusieurs jours sans manger, ou qu'il sort de la Trappe.[10] Le mois suivant, il est gras et replet, comme s'il n'avait pas quitté la table d'un financier, ou qu'il eût été renfermé dans un couvent de Bernardins.[11] Aujourd'hui, en linge sale, en culotte déchirée, couvert de lambeaux, presque sans souliers, il va la tête basse, il se dérobe, on serait tenté de l'appeler pour lui donner l'aumône. Demain, poudré, chaussé, frisé, bien vêtu, il marche la tête haute, il se montre, et vous le prendriez à peu près pour un honnête homme. Il vit au jour la journée.[12] Triste ou gai, selon les circonstances. Son premier soin, le matin, quand il est levé, est de savoir où il dînera; après dîner, il pense où il ira souper. La nuit amène aussi son inquiétude. Ou il regagne, à pied, un petit grenier qu'il habite, à moins que l'hôtesse ennuyée d'attendre son loyer, ne lui en ait redemandé la clef; ou il se rabat dans une taverne du faubourg où il attend le jour entre un morceau de pain et un pot de bière. Quand il n'a pas six sols dans sa poche, ce qui lui arrive quelquefois, il a recours soit à un fiacre de ses amis, soit au cocher d'un grand seigneur qui lui donne un lit sur de la paille, à côté de ses chevaux. Le matin, il a encore une partie de son matelas dans les cheveux. Si la saison est douce, il arpente toute la nuit le Cours ou les Champs-Élysées.[13] Il reparaît avec le jour à la ville, habillé de la veille pour le lendemain, et du lendemain quelquefois pour le reste de la semaine. Je n'estime pas ces originaux-là. D'autres en font leurs connaissances familières, même leurs amis. Ils m'arrêtent une fois l'an, quand je les rencontre, parce que leur caractère tranche [14] avec celui des autres, et qu'ils rompent cette fastidieuse uniformité que notre éducation, nos conventions de société, nos bienséances d'usage, ont introduite. S'il en paraît un dans une compagnie, c'est un grain de levain qui fermente et qui restitue à chacun une portion de son individualité naturelle. Il secoue, il agite, il fait approuver ou blâmer; il fait sortir la vérité; il fait connaître les gens de bien; il démasque les coquins; c'est alors que l'homme de bon sens écoute, et démêle son monde.[15]

Je connaissais celui-ci de longue main.[16] Il fréquentait dans une maison dont son talent lui avait ouvert la porte. Il y avait une fille unique. Il jurait au père et à la mère qu'il épouserait leur fille. Ceux-ci haussaient les épaules, lui riaient au nez, lui disaient qu'il était fou, et je vis le moment que la chose [17] était faite. Il m'empruntait quelques écus que je lui donnais. Il s'était introduit, je ne sais comment, dans quelques maisons honnêtes où il avait son couvert,[18] mais à la condition qu'il ne parlerait pas sans en avoir obtenu la permission. Il se taisait et mangeait de rage. Il était excellent à voir dans cette contrainte. S'il lui prenait envie de

[7] De ces joueurs d'échecs, seuls Philidor et Légal sont connus.

[8] nature physique

[9] N'est dissemblable de. Ce verbe n'est pas usité.

[10] ordre religieux qui a eu son chef-lieu à la Trappe, près de Mortagne (département de l'Orne)

[11] religieux de l'ordre de Saint Benoît, réformé par Saint Bernard, qui passaient à cette époque pour mener une vie joyeuse

[12] sans souci du lendemain

[13] le Cours-la-Reine et les Champs-Elysées, grandes avenues de Paris

[14] fait contraste

[15] voit clair dans les gens qu'il fréquente

[16] depuis longtemps

[17] le mariage

[18] Couvert toujours mis, c'est-à-dire qu'il pouvait toujours compter être retenu à dîner.

manquer au traité, et qu'il ouvrît la bouche, au pre-
mier mot tous les convives s'écriaient: ô Rameau!
Alors la fureur étincelait dans ses yeux et il se
remettait à manger avec plus de rage. . . .

[*Chez d'autres gens encore, qui le recevaient,
parce qu'il s'abassait à les faire rire, il s'est vu traité
en domestique, et il s'en plaint à Diderot dans le
dialogue suivant.*]

LUI

Il est dur d'être gueux, tandis qu'il y a tant de
sots opulents aux dépens desquels on peut vivre. Et
puis le mépris de soi, il est insupportable.

MOI

Est-ce que vous connaissez ce sentiment-là?

LUI

Si je le connais! Combien de fois je me suis dit:
Comment, Rameau, il y a dix mille bonnes tables à
Paris à quinze ou vingt couverts chacune, et de ces
couverts-là il n'y en a pas un pour toi! Il y a des
bourses pleines d'or qui se versent de droite et de
gauche, et il n'en tombe pas une pièce sur toi! Mille
petits beaux esprits [19] sans talent, sans mérite; mille
petites créatures sans charmes; mille plats intri-
gants sont bien vêtus, et tu irais tout nu! Et tu serais
imbécile à ce point? Est-ce que tu ne saurais pas
flatter comme un autre? Est-ce que tu ne saurais
pas mentir, jurer, parjurer, promettre, tenir ou
manquer [20] comme un autre? Est-ce que tu ne sau-
rais pas te mettre à quatre pattes comme un autre?
Est-ce que tu ne saurais pas favoriser l'intrigue [21] de
madame et porter le billet doux de monsieur comme
un autre? Est-ce que tu ne saurais pas encourager
ce jeune homme à parler à mademoiselle et per-
suader à mademoiselle de l'écouter, comme un au-
tre? Est-ce que tu ne saurais pas faire entendre à la
fille d'un de nos bourgeois qu'elle est mal mise, que
de belles boucles d'oreilles, un peu de rouge, des
dentelles, une robe à la polonaise lui siéraient à
ravir? Que ces petits pieds-là ne sont pas faits pour
marcher dans la rue? Qu'il y a un beau monsieur,
jeune et riche, qui a un habit galonné d'or, un su-
perbe équipage,[22] six grands laquais, qui l'a vue en
passant, qui la trouve charmante, et qui depuis ce
jour-là en a perdu le boire et le manger; qu'il n'en
dort plus, et qu'il en mourra? — Mais mon papa?
— Bon, bon, votre papa! il s'en fâchera d'abord un
peu. — Et maman qui me recommande tant d'être
honnête fille? qui me dit qu'il n'y a rien dans ce
monde que l'honneur? — Vieux propos qui ne si-
gnifient rien. — Et mon confesseur? — Vous ne le
verrez plus; ou si vous persistez dans la fantaisie
d'aller lui faire l'histoire de vos amusements, il vous
en coûtera quelques livres de sucre et de café.[23]
— C'est un homme sévère qui m'a déjà refusé l'ab-
solution pour la chanson, *Viens dans ma cellule.*[24]
— C'est que vous n'aviez rien à lui donner. . . Mais
quand vous lui apparaîtrez en dentelles, — J'aurai
donc des dentelles? — Sans doute et de toutes les
sortes. . . en belles boucles de diamants, — J'aurai
donc de belles boucles de diamants? — Oui.
—Comme celles de cette marquise qui vient quel-
quefois prendre des gants dans notre boutique?
— Précisément; dans un bel équipage avec des che-
vaux gris pommelés, deux grands laquais, un petit
nègre, et le coureur en avant; du rouge, des mou-
ches, la queue portée.[25] — Au bal? — Au bal. . .
à l'Opera, à la Comédie. . . déjà le cœur lui tres-
saillit de joie. . . Tu joues avec un papier entre tes
doigt. . . —Qu'est cela? — Ce n'est rien. — Il me
semble que si. — C'est un billet. — Et pour qui?
— Pour vous, si vous étiez un peu curieuse. — Cu-
rieuse? je le suis beaucoup, voyons. . . Elle lit. . .
Une entrevue, cela ne se peut. — En allant à la
messe. — Maman m'accompagne toujours; mais s'il
venait ici un peu matin, je me lève la première et je
suis au comptoir avant qu'on soit levé. Il vient, il
plaît; un beau jour à la brune,[26] la petite disparaît,
et l'on me compte mes deux mille écus.[27] . . Et
quoi! tu possèdes ce talent-là et tu manques de pain.
N'as-tu pas de honte, malheureux? Je me rappelais
un tas de coquins qui ne m'allaient pas à la che-

[19] amateurs de littérature et d'art
[20] tenir sa promesse ou y manquer
[21] intrigue galante
[22] train de maison (voiture, chevaux, valets)

[23] qu'elle ira lui donner en cadeau
[24] refrain d'une chanson à la mode
[25] le *rouge:* fard; les *mouches:* petits morceaux de taf-
fetas noir que les coquettes se mettaient sur le visage pour
faire ressortir leur teint; *queue portée:* extrémité de robe
très longue qu'un laquais devait soutenir de ses mains
[26] à l'heure où la nuit tombe
[27] ancienne pièce d'argent (Le petit écu valait trois
livres)

ville [28] et qui regorgeaient de richesses. J'étais en surtout de baracan,[29] et ils étaient couverts de velours; ils s'appuyaient sur la canne à pomme d'or et en bec de corbin,[30] et ils avaient l'*Aristote* ou le *Platon*[31] au doigt. Qu'étaient-ce pourtant? la plupart de misérables croquenotes;[32] aujourd'hui, ce sont des espèces de seigneurs. Alors je me sentais du courage, l'âme élevée, l'esprit subtil, et capable de tout. Mais ces heureuses dispositions apparemment ne duraient pas; car, jusqu'à présent, je n'ai pu faire un certain chemin. Quoi qu'il en soit, voilà le texte de mes fréquents soliloques que vous pouvez paraphraser à votre fantaisie, pourvu que vous en concluiez que je connais le mépris de soi-même, ou ce tourment de la conscience qui naît de l'inutilité des dons que le ciel nous a départis; c'est le plus cruel de tous. Il vaudrait presque autant que l'homme ne fût pas né.

Je l'écoutais, et à mesure qu'il faisait la scène du proxénète[33] et de la jeune fille qu'il séduisait, l'âme agitée de deux mouvements opposés, je ne savais si je m'abandonnerais à l'envie de rire, ou au transport de l'indignation. Je souffrais. Vingt fois un éclat de rire empêcha ma colère d'éclater; vingt fois la colère qui s'élevait au fond de mon cœur se termina par un éclat de rire. J'étais confondu de tant de sagacité et de tant de bassesse, d'idées si justes et alternativement si fausses, d'une perversité si générale de sentiments, d'une turpitude si complète, et d'une franchise si peu commune. Il s'aperçut du conflit qui se passait en moi: Qu'avez-vous? me dit-il.

MOI

Rien.

LUI

Vous me paraissez troublé.

MOI

Je le suis aussi.

LUI

Mais enfin que me conseillez-vous?

MOI

De changer de propos. Ah malheureux! dans quel état d'abjection vous êtes né ou tombé.

LUI

J'en conviens. Mais cependant que mon état ne vous touche pas trop. Mon projet, en m'ouvrant[34] à vous, n'était point de vous affliger. Je me suis fait chez ces gens quelque épargne.[35] Songez que je n'avais besoin de rien, mais de rien absolument,[36] et que l'on m'accordait tant[37] pour mes menus plaisirs.[38]

Alors il recommença à se frapper le front avec un de ses poings; à se mordre la lèvre, et rouler au plafond ses yeux égarés, ajoutant: Mais c'est une affaire faite.[39] J'ai mis quelque chose de côté. Le temps s'est écoulé, et c'est toujours autant d'amassé.

MOI

Vous voulez dire de perdu?

LUI

Non, non, d'amassé. On s'enrichit à chaque instant. Un jour de moins à vivre ou un écu de plus, c'est tout un. Le point important est d'aller aisément, librement, agréablement, copieusement tous les soirs à la garde-robe.[40] Voilà le grand résultat de la vie dans tous les états. Au dernier moment,[41] tous sont également riches, et Samuel Bernard[42] qui, à force de vols, de pillages, de banqueroutes, laisse vingt-sept millions en or, et Rameau qui ne laissera rien, Rameau à qui la charité fournira la serpillière dont on l'enveloppera. Le mort n'entend pas sonner les cloches. C'est en vain que cent prêtres s'égosillent pour lui, qu'il est précédé et suivi d'une longue file de torches ardentes, son âme ne marche pas à côté du maître des cérémonies. Pourrir sous du marbre, pourrir sous de la terre, c'est toujours pour-

[28] qui n'avaient pas mes talents
[29] manteau de grosse laine
[30] en pointe recourbée
[31] pierres gravées représentant ces deux philosophes
[32] terme de mépris pour désigner des musiciens pauvres
[33] qui organise ou sert une intrigue galante en se faisant payer

[34] me confiant
[35] réserve d'argent
[36] C'est ce qu'on appelle aujourd'hui « avoir la matérielle assurée. »
[37] une certaine somme (qu'il ne fixe pas)
[38] dépenses d'agrément et de fantaisie
[39] son renoncement à la maison qui l'humiliait en le nourrissant
[40] lieu où l'on tenait la chaise-percée
[41] moment de la mort
[42] riche spéculateur, banquier de Louis XIV et de Louis XV

rir. Avoir autour de son cercueil les Enfants rouges et les Enfants bleus,[43] ou n'avoir personne, qu'est-ce que cela fait? Et puis vous voyez bien ce poignet, il était raide comme un diable. Ces dix doigts, c'étaient autant de bâtons fichés dans un métacarpe[44] de bois, et ces tendons, c'etaient de vieilles cordes à boyau plus sèches, plus raides, plus inflexibles que celles qui ont servi à la roue d'un tourneur.[45] Mais je vous les ai tant tourmentées, tant brisées, tant rompues. Tu[46] ne veux pas aller; et moi, mordieu, je dis que tu iras; et cela sera.

Et tout en disant cela, de la main droite, il s'était saisi les doigts et le poignet de la main gauche et il les renversait en dessus, en dessous; l'extrémité des doigts touchait au bras; les jointures en craquaient; je craignais que les os n'en demeurassent disloqués.

MOI

Prenez garde, lui dis-je, vous allez vous estropier.

LUI

Ne craignez rien, ils y sont faits;[47] depuis dix ans je leur en ai bien donné d'une autre façon.[48] Malgré qu'ils en eussent,[49] il a bien fallu que les bougres[49a] s'y accoutumassent et qu'ils apprissent à se placer sur les touches[50] et à voltiger sur les cordes.[51] Aussi à présent cela va. Oui, cela va.

En même temps il se met dans l'attitude d'un joueur de violon; il fredonne de la voix un *allegro* de Locatelli;[52] son bras droit imite le mouvement de l'archet, sa main gauche et ses doigts semblent se promener sur la longueur du manche; s'il fait un ton faux, il s'arrête, il remonte ou baisse la corde; il

la pince de l'ongle pour s'assurer qu'elle est juste; il reprend le morceau où il l'a laissé; il bat la mesure du pied, il se démène de la tête, des pieds, des mains, des bras, du corps. Comme vous avez vu quelquefois, au concert spirituel,[53] Ferrari ou Chiabran,[54] ou quelque autre virtuose dans les mêmes convulsions, m'offrant l'image du même supplice et me causant à peu près la même peine; car n'est-ce pas une chose pénible à voir que le tourment dans celui qui s'occupe à me peindre le plaisir? Tirez entre cet homme et moi un rideau qui me le cache, s'il faut qu'il me montre un patient appliqué à la question.[55] Au milieu de ses agitations et de ses cris, s'il se présentait une tenue,[56] un de ces endroits harmonieux où l'archet se meut lentement sur plusieurs cordes à la fois, son visage prenait l'air de l'extase, sa voix s'adoucissait, il s'écoutait avec ravissement. Il est sûr que les accords résonnaient dans ses oreilles et dans les miennes. Puis remettant son instrument sous son bras gauche de la même main dont il le tenait, et laissant tomber sa main droite avec son archet: Eh bien, me disait-il, qu'en pensez-vous?

MOI

A merveille!

LUI

Cela va, ce me semble, cela résonne à peu près comme les autres.

Et aussitôt il s'accroupit comme un musicien qui se met au clavecin.

— Je vous demande grâce[57] pour vous et pour moi, lui dis-je.

LUI

Non, non, puisque je vous tiens, vous m'entendrez. Je ne veux point d'un suffrage[58] qu'on m'accorde sans savoir pourquoi. Vous me louerez d'un ton plus assuré, et cela me vaudra quelque écolier.[59]

[43] orphelins élevés à l'hôpital et qu'on habillait les uns de rouge, les autres de bleu

[44] partie de la main au-dessus des doigts

[45] Artisan qui travaillait au tour, c'est-à-dire à l'aide d'une machine à roue, avec laquelle il façonnait en rond le bois, les métaux, l'ivoire. Rameau avait lutté contre l'ankylose.

[46] Il parle à sa main.

[47] habitués

[48] Je leur ai infligés bien d'autres durs traitements.

[49] de la résistance

[49a] nom populairement déformé des Bulgares, qui avaient mauvaise réputation depuis le moyen âge

[50] du clavecin

[51] du violon

[52] célèbre violoniste italien du XVIIIe siècle.

[53] Il se donnait au château des Tuileries.

[54] Violonistes. Cependant Dominique Ferrari avait un frère violoncelliste.

[55] un accusé ou un condamné soumis à la torture par le bourreau

[56] terme, de musique: accord soutenu dans un mouvement lent, pendant plusieurs mesures

[57] Je vous supplie de vous arrêter.

[58] éloges

[59] à qui donner des leçons

MOI

Je suis si peu répandu, et vous allez vous fatiguer en pure perte.

LUI

Je ne me fatigue jamais. 5

Comme je vis que je voudrais inutilement avoir pitié de mon homme, car la sonate sur le violon l'avait mis tout en eau,[60] je pris le parti de le laisser faire. Le voilà donc assis au clavecin, les jambes 10 fléchies, la tête élevée vers le plafond où l'on eût dit qu'il voyait une partition notée, chantant, préludant,[61] exécutant une pièce d'Alberti ou de Galuppi,[62] je ne sais lequel des deux. Sa voix allait comme le vent et ses doigts voltigeaient sur les 15 touches, tantôt laissant le dessus pour prendre la basse; tantôt quittant la partie d'accompagnement pour revenir au dessus. Les passions se succédaient sur son visage; on y distinguait la tendresse, la colère, le plaisir, la douleur; on sentait les piano, les 20 forte, et je suis sûr qu'un plus habile que moi aurait reconnu le morceau au mouvement, au caractère, à ses mines et à quelques traits de chant qui lui échappaient par intervalle. Mais, ce qu'il avait de bizarre, c'est que de temps en temps il tâtonnait, se 25 reprenait comme s'il eût manqué, et se dépitait[63] de n'avoir plus la pièce dans les doigts.

Enfin vous voyez, dit-il en se redressant, et en essuyant les gouttes de sueur qui descendaient le 30 long de ses joues, que nous savons aussi placer un triton,[64] une quinte superflue,[65] et que l'enchaînement des dominantes[66] nous est familier. Ces passages enharmoniques,[67] dont le cher oncle[68] a fait tant de bruit, ce n'est pas la mer à boire,[69] nous nous 35 en tirons.

[60] en sueur
[61] essayant l'instrument
[62] compositeurs italiens, le premier de sonates, le second d'opéras-bouffes
[63] était agacé 40
[64] intervalle de trois tons
[65] intervalle de huit demi-tons
[66] la cinquième note au-dessus de la tonique ou son fondamental
[67] composés d'une suite de demi-tons et dans lesquels le même son est désigné par deux notes consécutives de sons différents (par exemple, sol dièse et la bémol)
[68] le grand Rameau
[69] métaphore: ce n'est pas une impossibilité

MOI

Vous vous êtes donné bien de la peine pour me montrer que vous étiez fort habile; j'étais homme à vous croire sur votre parole.

LUI

Fort habile, oh! non; pour mon métier, je le sais à peu près, et c'est plus qu'il ne faut. Car, dans ce pays-ci, est-ce qu'on est obligé de savoir ce qu'on montre?

MOI

Pas plus que de savoir ce qu'on apprend.

LUI

Cela est juste, morbleu; et très juste! Là, monsieur le philosophe, la main sur la conscience, parlez net. Il y eut un temps où vous n'étiez pas cossu[70] comme aujourd'hui.

MOI

Je ne le suis pas encore trop.

LUI

Mais vous n'iriez plus au Luxembourg[71] en été, vous vous en souvenez. . .

MOI

Laissons cela, oui, je m'en souviens.

LUI

En redingote de peluche grise. . .

MOI

Oui, oui.

LUI

Éreintée[72] par un des côtés, avec la manchette déchirée et les bas de laine noirs et recousus par derrière avec du fil blanc.

MOI

Et oui, oui, tout comme il vous plaira.

LUI

Que faisiez-vous alors dans l'allée des Soupirs?[73]

MOI

Une assez triste figure.

LUI

Au sortir de là, vous trottiez sur le pavé.

MOI

D'accord.

LUI

Vous donniez des leçons de mathématiques.

[70] assez riche
[71] le jardin qui embrasse le palais du même nom à Paris,
[72] déformée
[73] allée du côté ouest

MOI

Sans en savoir un mot; n'est-ce pas là que vous en vouliez venir?

LUI

Justement.

MOI

J'apprenais en montrant aux autres, et j'ai fait quelques bons écoliers.

LUI

Cela se peut; mais il n'en est pas de la musique comme de l'algèbre ou de la géométrie. Aujourd'hui que vous êtes un gros monsieur. . .

MOI

Pas si gros.

LUI

Que vous avez du foin dans vos bottes. . .[74]

MOI

Très peu.

LUI

Vous donnez des maîtres à votre fille.

MOI

Pas encore. C'est sa mère qui se mêle de son éducation; car il faut avoir la paix chez soi.

LUI

La paix chez soi? Morbleu! on ne l'a que quand on est le serviteur ou le maître, et c'est le maître qu'il faut être. J'ai eu une femme. Dieu veuille avoir son âme; mais quand il lui arrivait quelquefois de se rebéquer,[75] je m'élevais sur mes ergots,[76] je déployais mon tonnerre, je disais comme Dieu: « Que la lumière se fasse »; et la lumière était faite. Aussi en quatre années de temps nous n'avons pas eu dix fois un mot plus haut que l'autre. Quel âge a votre enfant?

MOI

Cela ne fait rien à l'affaire.

LUI

Quel âge a votre enfant?

MOI

Et que diable! laissons là mon enfant et son âge, et revenons aux maîtres qu'elle aura.

LUI

Pardieu! je ne sache rien de si têtu qu'un philoso-phe. En vous suppliant très humblement, ne pourrait-on savoir de monseigneur le philosophe quel âge à peu près peut avoir mademoiselle sa fille?

MOI

Supposez-lui huit ans.[77]

LUI

Huit ans! Il y a quatre ans que cela devrait avoir les doigts sur les touches.

MOI

Mais peut-être ne me souciai-je pas trop de faire entrer dans le plan de son éducation une étude[78] qui occupe si longtemps et qui sert si peu.

LUI

Et que lui apprendrez-vous donc, s'il vous plaît?

MOI

A raisonner juste, si je puis; chose si peu commune parmi les hommes, et plus rare encore parmi les femmes.

LUI

Eh! laissez-la déraisonner tant qu'elle voudra, pourvu qu'elle soit jolie, amusante et coquette.

MOI

Puisque la nature a été assez ingrate envers elle pour lui donner une organisation délicate avec une âme sensible, et l'exposer aux mêmes peines de la vie que si elle avait une organisation forte et un cœur de bronze, je lui apprendrai, si je puis, à les supporter avec courage.

LUI

Eh, laissez-la pleurer, souffrir, minauder,[79] avoir des nerfs agacés comme les autres, pourvu qu'elle soit jolie, amusante et coquette. Quoi! point de danse?

MOI

Pas plus qu'il n'en faut pour faire une révérence, avoir un maintien décent, se bien présenter et savoir marcher.

LUI

Point de chant?

MOI

Pas plus qu'il n'en faut pour bien prononcer.

LUI

Point de musique?

[74] avez de quoi bien vivre (expression populaire)
[75] tenir tête à un supérieur (ici le mari) dans une discussion
[76] je faisais le fier

[77] la fille de Diderot était née en septembre 1753
[78] l'étude de la musique
[79] à faire des grâces

MOI

S'il y avait un bon maître d'harmonie, je la lui confierais volontiers, deux heures par jour, pendant un ou deux ans, pas davantage.

LUI

Et à la place des choses essentielles que vous supprimez? . .

MOI

Je mets de la grammaire, de la fable,[80] de l'histoire, de la géographie, un peu de dessin et beaucoup de morale.

LUI

Combien il me serait facile de vous prouver l'inutilité de toutes ces connaissances-là dans un monde tel que le nôtre; que dis-je, l'inutilité! peut-être le danger! Mais je m'en tiendrai pour ce moment à une question: ne lui faudra-t-il pas un ou deux maîtres?

MOI

Sans doute.

LUI

Ah! nous y revoilà. Et ces maîtres, vous espérez qu'ils sauront la grammaire, la fable, l'histoire, la géographie, la morale, dont ils lui donneront des leçons? Chansons,[81] mon cher maître, chansons; s'ils possédaient ces choses assez pour les montrer,[82] ils ne les montreraient pas.

MOI

Et pourquoi?

LUI

C'est qu'ils auraient passé leur vie à les étudier. Il faut être profond dans l'art ou dans la science pour en bien posséder les éléments. Les ouvrages classiques ne peuvent être bien faits que par ceux qui ont blanchi sous le harnois.[83] C'est le milieu et la fin qui éclaircissent les ténèbres du commencement. Demandez à votre ami, monsieur d'Alembert, le coryphée [84] de la science mathématique, s'il serait trop bon pour en faire des éléments. Ce n'est qu'après trente à quarante ans d'exercice que mon oncle a entrevu les premières lueurs de la théorie musicale.

[80] la mythologie
[81] espoirs peu sérieux
[82] enseigner
[83] vieilli dans le métier (métaphore)
[84] Chef de chœur. Il est nécessairement au premier rang.

MOI

O fou, archifou! m'écriai-je, comment se fait-il que dans ta mauvaise tête il se trouve des idées si justes pêle-mêle avec tant d'extravagances?

LUI

Qui diable sait cela? C'est le hasard qui vous les jette, et elles demeurent. Tant y a que [85] quand on ne sait pas tout, on ne sait rien de bien. On ignore où une chose va, d'où une autre vient, où celle-ci et celle-là veulent être placées; laquelle doit passer la première, ou sera mieux la seconde. Montre-t-on bien sans la méthode? Et la méthode, d'où naît-elle? Tenez, mon philosophe, j'ai dans la tête que la physique sera toujours une pauvre science, une goutte d'eau prise avec la pointe d'une aiguille dans le vaste océan, un grain détaché de la chaîne des Alpes! Et les raisons des phénomènes? En vérité, il vaudrait autant ignorer que de savoir si peu et si mal; et c'était précisément où j'en étais, lorsque je me fis maître d'accompagnement et de composition. A quoi rêvez-vous?

MOI

Je rêve que tout ce que vous venez de dire est plus spécieux [86] que solide. Mais laissons cela. Vous avez montré, dites-vous, l'accompagnement et la composition?

LUI

Oui.

MOI

Et vous n'en saviez rien du tout?

LUI

Non, ma foi; et c'est pour cela qu'il y en avait de pires que moi, ceux qui croyaient savoir quelque chose. Au moins je ne gâtais ni le jugement ni les mains des enfants. En passant de moi à un bon maître, comme ils n'avaient rien appris, du moins ils n'avaient rien à désapprendre, et c'était toujours autant d'argent et de temps épargné.

MOI

Comment faisiez-vous?

LUI

Comme ils font tous. J'arrivais, je me jetais dans une chaise. « Que le temps est mauvais! que le pavé est fatigant! » Je bavardais quelques nouvelles:

[85] quoiqu'il en soit
[86] qui n'a qu'une apparence de vérité

« Mademoiselle Lemière [87] devait faire un rôle de vestale dans l'opéra nouveau; mais elle est grosse pour la seconde fois; on ne sait qui la doublera. Mademoiselle Arnould [88] vient de quitter son petit comte; on dit qu'elle est en négociation avec Bertin.[89] Le petit comte a pourtant trouvé la porcelaine de monsieur de Montamy.[90] Il y avait, au dernier concert des amateurs,[91] une Italienne qui a chanté comme un ange. C'est un rare corps que ce Préville.[92] Il faut le voir dans le *Mercure galant;* l'endroit de l'énigme est impayable. Cette pauvre Dumesnil [93] ne sait plus ni ce qu'elle dit ni ce qu'elle fait. Allons, mademoiselle, prenez votre livre. » Tandis que mademoiselle,[94] qui ne se presse pas, cherche son livre qu'elle a égaré, qu'on appelle une femme de chambre, qu'on gronde, je continue: « La Clairon [95] est vraiment incompréhensible. On parle d'un mariage fort saugrenu: c'est celui de mademoiselle. . . comment l'appelez-vous? une petite créature qu'il entretenait, à qui il a fait deux ou trois enfants, qui avait été entretenue par tant d'autres. — Allons, Rameau, cela ne se peut; vous radotez. — Je ne radote point. On dit même que la chose est faite. Le bruit court que de Voltaire est mort; tant mieux. — Et pourquoi tant mieux? — C'est qu'il va nous donner quelque bonne folie. C'est son usage que de mourir une quinzaine auparavant. » [96] Que vous dirai-je encore? Je disais quelques polissonneries [97] que je rapportais des maisons où j'avais été, car nous sommes tous grands colporteurs. Je faisais le fou, on m'écoutait, on riait, on s'écriait: « Il est toujours charmant. » Cependant le livre de mademoiselle s'était enfin retrouvé sous un fauteuil où il avait été traîné, mâchonné, déchiré par un jeune doguin,[98] ou par un petit chat. Elle se mettait à son clavecin. D'abord elle y faisait du bruit toute seule, ensuite je m'approchais, après avoir fait à la mère un signe d'approbation. *La mère:* « Cela ne va pas mal; on n'aurait qu'à vouloir, mais on ne veut pas; on aime mieux perdre son temps à jaser, à chiffonner,[99] à courir, à je ne sais quoi. Vous n'êtes pas sitôt parti, que le livre est fermé pour ne le rouvrir qu'à votre retour. Aussi vous ne la grondez jamais. » Cependant, comme il fallait faire quelque chose, je lui prenais les mains que je lui plaçais [100] autrement; je me dépitais, je criais, *sol, sol, sol,* mademoiselle, c'est un *sol. La mère:* « Mademoiselle, est-ce que vous n'avez point d'oreilles? Moi qui ne suis pas au clavecin, et qui ne vois pas sur votre livre, je sens qu'il faut un *sol.* Vous donnez une peine infinie à monsieur; je ne conçois pas sa patience; vous ne retenez rien de ce qu'il vous dit, vous n'avancez point. . . » Alors je rabattais un peu les coups,[101] et hochant de la tête, je disais: « Pardonnez-moi, madame, pardonnez-moi; cela pourrait aller mieux si mademoiselle voulait, si elle étudiait un peu, mais cela ne va pas mal. » *La mère:* « A votre place, je la tiendrais un an sur la même pièce. — Oh! pour cela,[102] elle n'en sortira pas qu'elle ne soit au-dessus de toutes difficultés; et cela ne sera pas si long que madame le croit. — Monsieur Rameau, vous la flattez. Vous êtes trop bon. Voilà de la leçon la seule chose qu'elle retiendra et qu'elle saura bien me répéter dans l'occasion. » L'heure se passait; mon écolière me présentait le petit cachet [103] avec la grâce du bras et la révérence qu'elle avait apprise du maître à danser; je le mettais dans ma poche, pendant que la mère disait: « Fort bien, mademoiselle; si Javillier [104] était là, il vous applaudirait. » Je bavardais

[87] artiste de l'Opéra; les vestales, prêtresses romaines, étaient tenues de garder la chasteté, or Mlle Lemière est enceinte (*grosse*)

[88] Sophie Arnould, cantatrice célèbre

[89] Elle avait quitté le comte de Lauraguais, littérateur et savant, et songeait à le remplacer par un haut fonctionnaire, Bertin d'Antilly.

[90] Lauraguais avait inventé une porcelaine qui intéressa Arclais de Montamy, occupé à des recherches pour la peinture en émail.

[91] Les concerts des amateurs se donnaient à l'Hôtel de Soubise (aujourd'hui palais des Archives Nationales).

[92] Acteur de la Comédie Française. Dans le *Mercure galant* (comédie de Boursault) il jouait plusieurs rôles, notamment celui de l'abbé Cotin (le Trissotin de Molière) dans la scène de l'énigme.

[93] tragédienne du Théâtre-Français

[94] à qui Rameau donne la leçon de musique

[95] tragédienne, rivale de Mlle Dumesnil

[96] Voltaire s'est prétendu constamment à la veille de mourir.

[97] histoires licencieuses

[98] petit dogue

[99] s'occuper de toilette

[100] sur le clavecin

[101] j'adoucissais les remontrances

[102] sous entendu: vous avez raison

[103] le prix de la leçon

[104] danseur de l'Opéra

encore un moment par bienséance; je disparaissais ensuite, et voilà ce qu'on appelait alors une leçon d'accompagnement.

MOI

Et aujourd'hui c'est donc autre chose?

LUI

Vertudieu! [105] je le crois. J'arrive; je suis grave; je me hâte d'ôter mon manchon, [106] j'ouvre le clavecin, j'essaye les touches. Je suis toujours pressé; si l'on me fait attendre un moment, je crie comme si l'on me volait un écu. Dans une heure d'ici il faut que je sois là, dans deux heures chez madame la duchesse une telle; je suis attendu à dîner chez une belle marquise, et au sortir de là, c'est un concert chez monsieur le baron de Bagge, rue Neuve des Petits Champs. [107]

MOI

Et cependant vous n'êtes attendu nulle part?

LUI

Il est vrai.

MOI

Et pourquoi employer toutes ces petites viles ruses-là?

LUI

Viles! et pourquoi, s'il vous plaît? Elles sont d'usage dans mon état; je ne m'avilis point en faisant comme tout le monde. Ce n'est pas moi qui les ai inventées, et je serais bizarre et maladroit de ne pas m'y conformer. Vraiment, je sais bien que si vous allez appliquer à cela certains principes généraux de je ne sais quelle morale qu'ils ont tous à la bouche et qu'aucun d'eux ne pratique, il se trouvera que ce qui est blanc sera noir, et que ce qui est noir sera blanc. Mais, monsieur le philosophe, il y a une conscience générale, comme il y a une grammaire générale, et puis des exceptions dans chaque langue, que vous appelez, je crois, vous autres savants, des... aidez-moi donc, des...

MOI

Idiotismes. [108]

[105] exclamation plutôt que juron, comme *tudieu, morbleu, pardieu,* etc.
[106] Le manchon pour hommes n'a disparu qu'à la Révolution française.
[107] grand amateur de musique chez qui l'on donnait des concerts
[108] terme de grammaire que Littré définit « locution particulière à une langue », mais avec lequel l'esprit de Diderot va jouer

LUI

Tout juste. Eh bien, chaque état a ses exceptions à la conscience générale, auxquelles je donnerais volontiers le nom d'idiotismes de métier.

MOI

J'entends. Fontenelle parle bien, écrit bien, quoique son style fourmille d'idiotismes français.

LUI

Et le souverain, le ministre, le financier, le magistrat, le militaire, l'homme de lettres, l'avocat, le procureur, le commerçant, le banquier, l'artisan, le maître à chanter, le maître à danser, sont de fort honnêtes gens, quoique leur conduite s'écarte en plusieurs points de la conscience générale, et soit remplie d'idiotismes moraux. Plus l'institution des choses est ancienne, plus il y a d'idiotismes; plus les temps sont malheureux, plus les idiotismes se multiplient. Tant vaut l'homme, tant vaut le métier; et réciproquement, à la fin, tant vaut le métier, tant vaut l'homme. On fait donc valoir le métier tant qu'on peut.

MOI

Ce que je conçois clairement à tout cet entortillage, [109] c'est qu'il y a peu de métiers honnêtement exercés, ou peu d'honnêtes gens dans leurs métiers.

LUI

Bon! il n'y en a point; mais en revanche, il y a peu de fripons hors de leur boutique; et tout irait assez bien sans un certain nombre de gens qu'on appelle assidus, exacts, remplissant rigoureusement leurs devoirs, stricts, ou, ce qui revient au même, toujours dans leurs boutiques, et faisant leur métier depuis le matin jusqu'au soir, et ne faisant que cela. Aussi sont-ils les seuls qui deviennent opulents et qui soient estimés.

MOI

A force d'idiotismes.

LUI

C'est cela; je vois que vous m'avez compris. Or donc un idiotisme de presque tous les états, car il y en a de communs à tous les pays, à tous les temps, comme il y a des sottises communes; un idiotisme commun est de se procurer le plus de pratiques [110] que l'on peut, une sottise commune est de croire que le plus habile est celui qui en a le plus. Voilà

[109] tissu de propos équivoques
[110] clients

deux exceptions à la conscience générale auxquelles il faut se plier. C'est une espèce de crédit. Ce n'est rien en soi; mais cela vaut par l'opinion. On a dit que *bonne renommée valait mieux que ceinture dorée*.[111] Cependant qui a bonne renommée n'a pas ceinture dorée, et je vois qu'aujourd'hui qui a ceinture dorée ne manque guère de renommée. Il faut, autant qu'il est possible, avoir le renom et la ceinture. Et c'est mon objet, lorsque je me fais valoir par ce que vous qualifiez d'adresses viles, d'indignes petites ruses. Je donne ma leçon et je la donne bien: voilà la règle générale. Je fais croire que j'en ai plus à donner que la journée n'a d'heures, voilà l'idiotisme.

MOI

Et la leçon, vous la donnez bien?

LUI

Oui, pas mal, passablement. La basse fondamentale[112] du cher oncle a bien simplifié tout cela. Autrefois je volais l'argent de mon écolier, oui, je le volais, cela est sûr. Aujourd'hui je le gagne, du moins comme les autres.

MOI

Et le voliez-vous sans remords?

LUI

Oh! sans remords! On dit que *si un voleur vole l'autre, le diable s'en rit*. Les parents regorgeaient d'une fortune acquise Dieu sait comment; c'étaient des gens de cour, des financiers, des gros commerçants, des banquiers, des gens d'affaires. Je les aidais à restituer, moi et une foule d'autres qu'ils employaient comme moi. Dans la nature, toutes les espèces se dévorent; toutes les conditions se dévorent dans la société. Nous faisons justice les uns des autres sans que la loi s'en mêle. La Deschamps autrefois, aujourd'hui la Guimard[113] venge le prince du financier, et c'est la marchande de mode, le bijoutier, le tapissier, la lingère, l'escroc, la femme de chambre, le cuisinier, le bourrelier qui vengent le financier de la Deschamps. Au milieu de tout cela, il n'y a que l'imbécile ou l'oisif qui soit lésé sans avoir vexé personne,[114] et c'est fort bien fait. D'où vous voyez que ces exceptions à la conscience

générale, ou ces idiotismes moraux dont on fait **tant** de bruit sous la dénomination de *tours du bâton*,[115] ne sont rien, et qu'à tout, il n'y a que le coup d'œil qu'il faut avoir juste.

MOI

J'admire le vôtre.

LUI

Et puis la misère. La voix de la conscience et de l'honneur est bien faible, lorsque les boyaux crient.[116] Suffit que si je deviens jamais riche, il faudra bien que je restitue, et que je suis bien résolu à restituer de toutes les manières possibles, par la table, par le jeu, par le vin, par les femmes.

MOI

Mais j'ai peur que vous ne deveniez jamais riche.

LUI

Moi, j'en ai le soupçon.

MOI

Mais s'il en arrivait autrement, que feriez-vous?

LUI

Je ferais comme tous les gueux revêtus;[117] je serais le plus insolent maroufle[118] qu'on eût encore vu. C'est alors que je me rappellerais tout ce qu'ils m'ont fait souffrir, et je leur rendrais bien les avanies[119] qu'ils m'ont faites. J'aime à commander, et je commanderai. J'aime qu'on me loue, et l'on me louera. J'aurai à mes gages toute la troupe villemorienne,[120] et je leur dirai, comme on me l'a dit: « Allons, faquins,[121] qu'on m'amuse », et l'on m'amusera; « Qu'on me déchire les honnêtes gens », et on les déchirera, si l'on en trouve encore; et puis nous aurons des filles, nous nous tutoierons quand nous serons ivres; nous nous enivrerons, nous ferons des contes, nous aurons toutes sortes de travers et de vices. Cela sera délicieux. Nous prouverons que Voltaire est sans génie; que Buffon, toujours guindé sur des échasses, n'est qu'un déclamateur ampoulé;[122] que Montesquieu n'est qu'un bel esprit; nous reléguerons d'Alembert dans ses mathéma-

[115] petits gains malhonnêtes et secrets
[116] lorsqu'on a faim
[117] devenus riches
[118] homme grossier et méprisable
[119] affronts faits publiquement
[120] Qui fréquentait chez Villemorien,· un des riches fermiers généraux (financiers auxquels les droits du roi en matière d'impots étaient affermés)
[121] gens méprisables
[122] emphatique

[111] *ceinture dorée*: richesse
[112] système harmonique du grand Rameau
[113] danseuses qui se faisaient richement entretenir par leurs amants, mais dépensaient follement
[114] subisse un dommage sans en avoir fait subir

tiques, nous en donnerons [123] sur dos et ventre à tous ces petits Catons [124] comme vous, qui nous méprisent par envie, dont la modestie est le manteau de l'orgueil, et dont la sobriété est la loi du besoin. Et de la musique? c'est alors que nous en ferons.

MOI

Au digne emploi que vous feriez de la richesse, je vois combien c'est grand dommage que vous soyez gueux. Vous vivriez là d'une manière bien honorable pour l'espèce humaine, bien utile à vos concitoyens, bien glorieuse pour vous.

LUI

Mais je crois que vous vous moquez de moi! Monsieur le philosophe, vous ne savez pas à qui vous vous jouez; [125] vous ne vous doutez pas que dans ce moment je représente la partie la plus importante de la ville et de la cour. Nos opulents dans tous les états ou se sont dit à eux-mêmes ou ne se sont pas dit les mêmes choses que je vous ai confiées; mais le fait est que la vie que je mènerais à leur place est exactement la leur. Voilà où vous en êtes, vous autres. Vous croyez que le même bonheur est fait pour tous. Quelle étrange vision! Le vôtre suppose un certain tour d'esprit romanesque que nous n'avons pas, une âme singulière, un goût particulier. Vous décorez cette bizarrerie du nom de vertu, vous l'appelez philosophie. Mais la vertu, la philosophie sont-elles faites pour tout le monde? En a qui peut, en conserve qui peut. Imaginez l'univers sage et philosophe; convenez qu'il serait diablement triste. Tenez, vive la philosophie, vive la sagesse de Salomon: boire de bon vin, se gorger de mets délicats, se rouler sur de jolies femmes, se reposer dans des lits bien mollets. Excepté cela, le reste n'est que vanité.

MOI

Quoi! défendre sa patrie?

LUI

Vanité! Il n'y a plus de patrie; je ne vois d'un pôle à l'autre que des tyrans et des esclaves.

MOI

Servir ses amis?

LUI

Vanité! Est-ce qu'on a des amis? Quand on en aurait, faudrait-il en faire des ingrats? Regardez-y bien, et vous verrez que c'est presque toujours là ce qu'on recueille des services rendus. La reconnaissance est un fardeau, et tout fardeau est fait pour être secoué.

MOI

Avoir un état dans la société et en remplir les devoirs?

LUI

Vanité! Qu'importe qu'on ait un état ou non, pourvu qu'on soit riche, puisqu'on ne prend un état que pour le devenir. Remplir ses devoirs, à quoi cela mène-t-il? à la jalousie, au trouble, à la persécution. Est-ce ainsi qu'on s'avance? Faire sa cour, morbleu! faire sa cour, voir les grands, étudier leurs goûts, se prêter à leurs fantaisies, servir leurs vices, approuver leurs injustices: voilà le secret. [126]

MOI

Veiller à l'éducation de ses enfants?

LUI

Vanité! C'est l'affaire d'un précepteur.

MOI

Mais si ce précepteur, pénétré de vos principes, néglige ses devoirs, qui est-ce qui en sera châtié?

LUI

Ma foi, ce ne sera pas moi, mais peut-être un jour le mari de ma fille ou la femme de mon fils.

MOI

Mais si l'un et l'autre se précipitent dans la débauche et les vices?

LUI

Cela est de leur état. [127]

MOI

S'ils se déshonorent?

LUI

Quoi qu'on fasse, on ne peut se déshonorer quand on est riche.

MOI

S'ils se ruinent?

LUI

Tant pis pour eux.

MOI

Je vois que si vous vous dispensez de veiller à la

[123] nous donnerons des coups
[124] Caton, romain de l'antiquité, fut le type de la vertu rigide.
[125] de qui vous vous amusez

[126] de la réussite
[127] dans leur nature

conduite de votre femme, de vos enfants, de vos domestiques, vous pourriez aisément négliger vos affaires.

LUI

Pardonnez-moi, il est quelquefois difficile de trouver de l'argent, et il est prudent de s'y prendre de loin.[128]

MOI

Vous donnerez peu de soin[129] à votre femme?

LUI

Aucun, s'il vous plaît. Le meilleur procédé, je crois, qu'on puisse avoir avec sa chère moitié, c'est de faire ce qui lui convient. A votre avis, la société ne serait-elle pas fort amusante, si chacun y était à sa chose?[130]

MOI

Pourquoi pas? la soirée n'est jamais plus belle pour moi que quand je suis content de ma matinée.

LUI

Et pour moi aussi.

MOI

Ce qui rend les gens du monde si délicats[131] sur leurs amusements, c'est leur profonde oisiveté.

LUI

Ne croyez pas cela; ils s'agitent beaucoup.

MOI

Comme ils ne se lassent jamais, ils ne se délassent jamais.

LUI

Ne croyez pas cela; ils sont sans cesse excédés.

MOI

Le plaisir est toujours une affaire pour eux, et jamais un besoin.

LUI

Tant mieux; le besoin est toujours une peine.

MOI

Ils usent tout. Leur âme s'hébète; l'ennui s'en empare. Celui qui leur ôterait la vie au milieu de leur abondance accablante, les servirait. C'est qu'ils ne connaissent du bonheur que la partie qui s'émousse[132] le plus vite. Je ne méprise pas les plaisirs des sens: j'ai un palais aussi, et il est flatté d'un mets délicat ou d'un vin délicieux; j'ai un cœur et des yeux, et j'aime à voir une jolie femme, j'aime à sentir sous ma main la fermeté et la rondeur de sa gorge, à presser ses lèvres des miennes, à puiser la volupté dans ses regards, et à en expirer entre ses bras; quelquefois, avec mes amis, une partie de débauche, même un peu tumultueuse, ne me déplaît pas. Mais, je ne vous le dissimulerai pas, il m'est infiniment plus doux encore d'avoir secouru le malheureux, d'avoir terminé une affaire épineuse,[133] donné un conseil salutaire, fait une lecture agréable, une promenade avec un homme ou une femme chère à mon cœur, passé quelques heures instructives avec mes enfants, écrit une bonne page, rempli les devoirs de mon état, dit à celle que j'aime quelques choses tendres et douces qui amènent ses bras autour de mon col. Je connais telle action que je voudrais avoir faite pour tout ce que je possède. C'est un sublime ouvrage que *Mahomet*,[134] j'aimerais mieux avoir réhabilité la mémoire des Calas.[135] Un homme de ma connaissance s'était réfugié à Carthagène; c'était un cadet de famille[136] dans un pays où la coutume transfère tout le bien aux aînés. Là il apprend que son aîné, enfant gâté, après avoir dépouillé son père et sa mère trop faciles de tout ce qu'ils possédaient, les avait expulsés de leur château et que les bons vieillards languissaient indigents dans une petite ville de la province. Que fait alors ce cadet qui, traité durement par ses parents, était allé tenter la fortune au loin? Il leur envoie des secours; il se hâte d'arranger ses affaires, il revient opulent, il ramène son père et sa mère dans leur domicile, il marie ses sœurs. Ah! mon cher Rameau, cet homme regardait cet intervalle comme le plus heureux de sa vie; c'est les larmes aux yeux qu'il m'en parlait; et moi, je sens, en vous faisant ce récit, mon cœur se troubler de joie et le plaisir me couper la parole.

LUI

Vous[137] êtes des êtres bien singuliers!

[128] d'avance
[129] souci
[130] suivait ses goûts
[131] difficiles
[132] perd sa vivacité
[133] difficile
[134] tragédie de Voltaire
[135] Réhabilitation due à Voltaire. Les Calas avaient été victimes du fanatisme religieux.
[136] noble
[137] vous, les philosophes

MOI

Vous êtes des êtres bien à plaindre, si vous n'imaginez pas qu'on s'est élevé au-dessus du sort, et qu'il est impossible d'être malheureux, à l'abri de deux belles actions telles que celle-ci.

LUI

Voilà une espèce de félicité avec laquelle j'aurai de la peine à me familiariser, car on la rencontre rarement. Mais, à votre compte, il faudrait donc être d'honnêtes gens?

MOI

Pour être heureux? assurément.

LUI

Cependant je vois une infinité d'honnêtes gens qui ne sont pas heureux et une infinité de gens qui sont heureux sans être honnêtes.

MOI

Il vous semble.

LUI

Et n'est-ce pas pour avoir eu du sens commun et de la franchise un moment que je ne sais où aller souper ce soir?

MOI

Hé non! c'est pour n'en avoir pas toujours eu; c'est pour n'avoir pas senti de bonne heure qu'il fallait d'abord se faire une ressource [138] indépendante de la servitude.

LUI

Indépendante ou non, celle que je me suis faite est au moins la plus aisée.

MOI

Et la moins sûre et la moins honnête.

LUI

Mais la plus conforme à mon caractère de fainéant, de sot, de vaurien.

MOI

D'accord.

LUI

Et puisque je puis faire mon bonheur par des vices qui me sont naturels, que j'ai acquis sans travail, que je conserve sans effort, qui cadrent [139] avec les mœurs de ma nation, qui sont du goût de ceux qui me protègent, et plus analogues à leurs petits besoins particuliers que des vertus qui les gêneraient

[138] moyen d'existence
[139] sont en accord

en les accusant [140] depuis le matin jusqu'au soir, il serait bien singulier que j'allasse me tourmenter comme une âme damnée pour me bistourner [141] et me faire autre que je ne suis, pour me donner un caractère étranger au mien, des qualités très estimables, j'y consens pour ne pas disputer, mais qui me coûteraient beaucoup à acquérir, à pratiquer, ne me mèneraient à rien, peut-être à pis que rien, par la satire continuelle [142] des riches auprès desquels les gueux comme moi ont à chercher leur vie. On loue la vertu, mais on la hait, mais on la fuit, mais elle gèle de froid, et dans ce monde, il faut avoir les pieds chauds. Et puis cela me donnerait de l'humeur infailliblement; car pourquoi voyons-nous si fréquemment les dévots si durs, si fâcheux, si insociables? C'est qu'ils se sont imposé une tâche qui ne leur est pas naturelle; ils souffrent, et quand on souffre, on fait souffrir les autres. Ce n'est pas là mon compte ni celui de mes protecteurs; il faut que je sois gai, souple, plaisant, bouffon, drôle. La vertu se fait respecter, et le respect est incommode; la vertu se fait admirer, et l'admiration n'est pas amusante. J'ai à faire à des gens qui s'ennuient, et il faut que je les fasse rire. Or c'est le ridicule et la folie qui font rire, il faut donc que je sois ridicule et fou; et quand la nature ne m'aurait pas fait tel, le plus court serait de le paraître. Heureusement je n'ai pas besoin d'être hypocrite; il y en a déjà tant de toutes les couleurs,[143] sans compter ceux qui le sont avec eux-mêmes. Ce chevalier de La Morlière,[144] qui retape [145] son chapeau sur son oreille, qui porte la tête au vent, qui vous regarde le passant pardessus l'épaule, qui fait battre une longue épée sur sa cuisse, qui a l'insulte toute prête pour celui qui n'en porte point, et qui semble adresser un défi à tout venant, que fait-il? tout ce qu'il peut pour se persuader qu'il est un homme de cœur,[146] mais il est lâche. Offrez-lui une croquignole [147] sur le bout du nez, et il la recevra en douceur. Voulez-

[140] en leur faisant honte
[141] me déformer
[142] la satire que les riches feraient de moi
[143] de toutes les sortes
[144] petit auteur, bohème, escroc
[145] enfonce
[146] courage
[47] chiquenaude

vous lui faire baisser le ton? élevez-le. Montrez-lui votre canne ou appliquez votre pied entre ses fesses. . .

[*En caricaturant le maître, la femme, et la fille de la maison dont il est le parasite, en évoquant le monde qui y fréquente (autres parasites et anti-encyclopédistes), Rameau étale sa vilenie. Mais tout aussitôt après, c'est l'autre face de sa personne qui apparaît: le musicien, le virtuose, le connaisseur. Pour vanter la nouvelle musique italienne et rabaisser l'école française à laquelle appartenait son oncle, il ne se contente pas de parler, il joue. . .*]

Et puis le voilà qui se met à se promener, en murmurant dans son gosier quelques-uns des airs de *l'Ile des Fous,* du *Peintre amoureux de son Modèle,* du *Maréchal ferrant,* de la *Plaideuse,*[148] et de temps en temps il s'écriait, en levant les mains et les yeux au ciel: « Si cela est beau, mordieu! si cela est beau! comment peut-on porter à sa tête une paire d'oreilles et faire une pareille question? » Il commençait à entrer en passion[149] et à chanter tout bas. Il élevait le ton à mesure qu'il se passionnait davantage; vinrent ensuite les gestes, les grimaces du visage et les contorsions du corps; et je dis: « Bon, voilà la tête qui se perd et quelque scène nouvelle qui se prépare. » En effet, il part d'un éclat de voix: *Je suis un pauvre misérable. . . Monseigneur, monseigneur, laissez-moi partir. . . O terre, reçois mon or, conserve bien mon trésor. . . Mon âme, mon âme, ma vie! O terre! . . . Le voilà le petit ami, le voilà le petit ami! Aspettare e non venire. . . A Zerbina penserete. . . Sempre in contrasti con te si sta.*[150]. . Il entassait et brouillait ensemble trente airs italiens, français, tragiques, comiques, de toutes sortes de caractères; tantôt avec une voix de basse-taille[151] il descendait jusqu'aux enfers, tantôt s'égosillant et contrefaisant le fausset,[152] il déchirait le haut des airs, imitant de la démarche, du maintien, du geste, les différents personnages chantants; successivement

furieux, radouci, impérieux, ricaneur. Ici c'est une jeune fille qui pleure, et il en rend toute la minauderie; là, il est prêtre, il est roi, il est tyran, il menace, il commande, il s'emporte; il est esclave, il obéit. Il s'apaise, il se désole, il se plaint, il rit; jamais hors de ton, de mesure, du sens des paroles et du caractère de l'air. Tous les pousse-bois[153] avaient quitté leurs échiquiers et s'étaient rassemblés autour de lui. Les fenêtres du café étaient occupées en dehors par les passants qui s'étaient arrêtés au bruit. On faisait des éclats de rire à entr'ouvrir le plafond. Lui n'apercevait rien; il continuait, saisi d'une aliénation d'esprit, d'un enthousiasme si voisin de la folie qu'il est incertain qu'il en revienne, s'il ne faudra pas le jeter dans un fiacre et le mener droit aux Petites-Maisons.[154] En chantant un lambeau des *Lamentations* de Jommelli,[155] il répétait avec une précision, une vérité et une chaleur incroyable les plus beaux endroits de chaque morceau; ce beau récitatif obligé[156] où le prophète peint la désolation de Jérusalem, il l'arrosa d'un torrent de larmes qui en arrachèrent de tous les yeux. Tout y était, et la délicatesse du chant, et la force de l'expression, et la douleur. Il insistait sur les endroits où le musicien s'était particulièrement montré un grand maître; s'il quittait la partie du chant, c'était pour prendre celle des instruments qu'il laissait subitement pour revenir à la voix, entrelaçant l'une à l'autre de manière à conserver les liaisons et l'unité du tout; s'emparant de nos âmes, et les tenant suspendues dans la situation la plus singulière que j'aie jamais éprouvée. . . Admirais-je? Oui, j'admirais! Étais-je touché de pitié? j'étais touché de pitié; mais une teinte de ridicule était fondue dans ces sentiments et les dénaturait.

Mais vous vous seriez échappé en éclats de rire à la manière dont il contrefaisait les différents instruments. Avec des joues renflées et bouffies, et un son rauque et sombre, il rendait les cors et les bassons; il prenait un son éclatant et nasillard pour les hautbois; précipitant sa voix avec une rapidité incroyable pour les instruments à corde dont il cherchait les sons les plus approchés; il sifflait les petites

[148] opéras et airs italiens du XVIIIe siècle
[149] en transe
[150] Airs de Duni et de Pergolèse: Attendre et ne pas venir. . . vous pensez à Zerbina. . . Toujours on est en querelle avec toi. . .
[151] entre le baryton et la basse
[152] voix aiguë imitant la voix de femme

[153] joueurs d'échecs
[154] hôpital de Paris où l'on enfermait les fous
[155] compositeur italien de l'époque
[156] accompagné et encadré par l'orchestre

flûtes, il roucoulait les traversières; [157] criant, chantant, se démenant comme un forcené, faisant lui seul les danseurs, les danseuses, les chanteurs, les chanteuses, tout un orchestre, tout un théâtre lyrique, et se divisant en vingt rôles divers; courant, s'arrêtant avec l'air d'un énergumène, [158] étincelant des yeux, écumant de la bouche. Il faisait une chaleur à périr, et la sueur qui suivait les plis de son front et la longueur de ses joues, se mêlait à la poudre de ses cheveux, ruisselait et sillonnait le haut de son habit. Que ne lui vis-je pas faire? Il pleurait, il riait, il soupirait, il regardait ou attendri, ou tranquille, ou furieux; c'était une femme qui se pâme de douleur, c'était un malheureux livré à tout son désespoir; un temple qui s'élève; des oiseaux qui se taisent au soleil couchant; des eaux ou qui murmurent dans un lieu solitaire et frais, ou qui descendent en torrent du haut des montagnes; un orage, une tempête, la plainte de ceux qui vont périr, mêlée au sifflement des vents, au fracas du tonnerre; c'était la nuit avec ses ténèbres, c'était l'ombre et le silence, car le silence même se peint par des sons. Sa tête était tout à fait perdue. Épuisé de fatigue, tel qu'un homme qui sort d'un profond sommeil ou d'une longue distraction, il resta immobile, stupide, étonné. Il tournait ses regards autour de lui comme un homme égaré qui cherche à reconnaître le lieu où il se trouve; il attendait le retour de ses forces et de ses esprits; il essuyait machinalement son visage. Semblable à celui qui verrait à son réveil son lit environné d'un grand nombre de personnes, dans un entier oubli ou dans une profonde ignorance de ce qu'il a fait, il s'écria dans le premier moment: « Eh bien, messieurs, qu'est-ce qu'il y a? D'où viennent vos rires et votre surprise? Qu'est-ce qu'il y a? » Ensuite il ajouta: « Voilà ce qu'on doit appeler de la musique et un musicien! . . . »

[*Épuisé, Rameau cède au découragement, exhale des plaintes satiriques, se déchaîne en sarcasmes contre l'hypocrisie sociale et l'inutilité d'être honnête ou d'avoir du talent.*

—*Comment, avec tous vos dons, lui demande Diderot, avec votre facilité à sentir les plus beaux endroits des grands maîtres et l'enthousiasme que vous savez transmettre, n'avez-vous jamais rien fait qui vaille?*]

Au lieu de me répondre, il se mit à hocher de la tête, et, levant le doigt au ciel, il ajouta: Et l'astre! l'astre! Quand la nature fit Leo Vinci, Pergolèse, Duni, [159] elle sourit. Elle prit un air imposant et grave en formant le cher oncle Rameau qu'on aura appelé pendant une dizaine d'années le grand Rameau, et dont bientôt on ne parlera plus. Quand elle fagota [160] son neveu elle fit la grimace, et puis la grimace, et puis la grimace encore; et, en disant ces mots, il faisait toutes sortes de grimaces du visage: c'était le mépris, le dédain, l'ironie; et il semblait pétrir entre ses doigts un morceau de pâte, et sourire aux formes ridicules qu'il lui donnait. Cela fait, il jeta la pagode hétéroclite [161] loin de lui et il dit: C'est ainsi qu'elle me fit et qu'elle me jeta à côté d'autres pagodes, les unes à gros ventres ratatinés, à cols courts, à gros yeux hors de la tête, apoplectiques; d'autres à cols obliques; il y en avait de sèches, à l'œil vif, au nez crochu; toutes se mirent à crever de rire en me voyant; et moi, de mettre mes deux poings sur mes côtes et à crever de rire en les voyant, car les sots et les fous s'amusent les uns des autres; ils se cherchent, ils s'attirent.

Si en arrivant là je n'avais pas trouvé tout fait le proverbe qui dit que *l'argent des sots est le patrimoine des gens d'esprit,* on me le devrait. Je sentis que nature avait mis ma légitime [162] dans la bourse des pagodes, et j'inventai mille moyens de m'en ressaisir.

MOI

Je sais ces moyens, vous m'en avez parlé, et je les ai fort admirés. Mais, entre tant de ressources, pourquoi n'avoir pas tenté celle d'un bel ouvrage?

LUI

Ce propos est celui d'un homme du monde à l'abbé Le Blanc. . . [163] L'abbé disait: « La marquise de Pompadour me prend sur la main, me porte jusque sur le seuil de l'Académie, là elle retire sa main, je tombe et je me casse les deux jambes. . . »

[157] flûtes à tenir horizontalement sur les lèvres
[158] homme exalté
[159] compositeurs italiens de l'époque
[160] créa sans goût
[161] idole de pagode, drôle de petite figurine
[162] part inaliénable d'un héritage
[163] abbé littérateur connu pour ses nombreux échecs de candidat à l'Académie française

L'homme du monde lui répondait: « Eh bien, l'abbé, il faut se relever et enfoncer la porte d'un coup de tête. » L'abbé lui répliquait: « C'est ce que j'ai tenté; et savez-vous ce qui m'en est revenu? une bosse au front. . . »

Après cette historiette, mon homme se mit à marcher la tête baissée, l'air pensif et abattu; il soupirait, pleurait, se désolait, levait les mains et les yeux, se frappait la tête du poing à se briser le front ou les doigts, et il ajoutait: « Il me semble qu'il y a pourtant là quelque chose; mais j'ai beau frapper, secouer, il ne sort rien. » Puis il recommençait à secouer sa tête et à se frapper le front de plus belle, et il disait: « Ou il n'y a personne, ou l'on ne veut pas répondre. »

Un instant après, il prenait un air fier, il relevait sa tête, il s'appliquait la main droite sur le cœur, il marchait et disait: « Je sens, oui, je sens. » Il contrefaisait l'homme qui s'irrite, qui s'indigne, qui s'attendrit, qui commande, qui supplie, et prononçait, sans préparation, des discours de colère, de commisération, de haine, d'amour; il esquissait les caractères des passions avec une finesse et une vérité surprenantes. Puis il ajoutait: « C'est cela, je crois. Voilà que cela vient; voilà ce que c'est que de trouver un accoucheur qui sait irriter, précipiter les douleurs et faire sortir l'enfant. Seul, je prends la plume, je veux écrire; je me ronge les ongles, je m'use le front. Serviteur,[164] bonsoir, le dieu[165] est absent; je m'étais persuadé que j'avais du génie; au bout de ma ligne je lis que je suis un sot, un sot, un sot. Mais le moyen[166] de sentir, de s'élever, de penser, de peindre fortement, en fréquentant avec des gens tels que ceux qu'il faut voir pour vivre; au milieu des propos qu'on tient et de ceux qu'on entend, et de ce commérage:[167] « Aujourd'hui le boulevard était charmant. Avez-vous entendu la petite marmotte?[168] elle joue à ravir. Monsieur un tel avait le plus bel attelage gris pommelé qu'il soit possible d'imaginer. La belle madame celle-ci commence à passer; est-ce qu'à l'âge de quarante-cinq ans on porte une coiffure comme celle-là? La jeune une telle[169] est couverte de diamants qui ne lui coûtent guère. — Vous voulez dire qui lui coûtent. . . cher? — Mais non. — Où l'avez-vous vue? — A l'*Enfant d'Arlequin perdu et retrouvé*.[170] — La scène du désespoir a été jouée comme elle ne l'avait pas encore été. Le Polichinelle[171] de la Foire a du gosier, mais point de finesse, point d'âme. Madame une telle est accouchée de deux enfants à la fois; chaque père aura le sien. . . » Et vous croyez que cela dit, redit et entendu tous les jours, échauffe et conduit aux grandes choses?

MOI

Non. Il vaudrait mieux se renfermer dans son grenier, boire de l'eau, manger du pain sec et se chercher soi-même.

LUI

Peut-être; mais je n'en ai pas le courage; et puis sacrifier son bonheur à un succès incertain! Et le nom que je porte, donc? Rameau! s'appeler Rameau, cela est gênant. Il n'en est pas des talents comme de la noblesse qui se transmet et dont l'illustration s'accroît en passant du grand-père au père et du père au fils, du fils à son petit-fils, sans que l'aïeul impose quelque mérite à son descendant. La vieille souche se ramifie en une énorme tige de sots, mais qu'importe? Il n'en est pas ainsi du talent. Pour n'obtenir que la renommée de son père, il faut être plus habile que lui. Il faut avoir hérité de sa fibre.[172] La fibre m'a manqué, mais le poignet s'est dégourdi, l'archet marche, et le pot bout:[173] si ce n'est pas de la gloire, c'est du bouillon.

MOI

A votre place, je ne me le tiendrais pas pour dit, j'essayerais.

LUI

Et vous croyez que je n'ai pas essayé? Je n'avais pas quinze ans lorsque je me dis pour la première fois: Qu'as-tu, Rameau? tu rêves. Et à quoi rêves-tu? que tu voudrais bien avoir fait ou faire quelque chose qui excitât l'admiration de l'univers. Eh oui, il n'y a qu'à souffler et remuer les doigts. Il n'y a

[164] formule de politesse acocmpagnant un salut d'adieu ou d'au-revoir
[165] l'inspiration
[166] il n'y a pas moyen de
[167] propos malveillants
[168] Mme Favart dans un rôle de petit ramoneur

[169] personne indéterminée
[170] pièce adaptée de Goldoni
[171] marionnette à bosses
[172] génie de naissance
[173] on a les moyens de vivre

qu'à ourler le bec, et ce sera une cane.[174] Dans un âge plus avancé, j'ai répété le propos de mon enfance. Aujourd'hui je le répète encore, et je reste autour de la statue de Memnon.[175]

MOI

Que voulez-vous dire avec votre statue de Memnon?

LUI

Cela s'entend, ce me semble. Autour de la statue de Memnon il y en avait une infinité d'autres, également frappées des rayons du soleil; mais la sienne était la seule qui résonnât. Un poète, c'est

Voltaire, et puis qui encore? Voltaire; et le troisième? Voltaire; et le quatrième? Voltaire. Un musicien, c'est Rinaldo da Capoua; c'est Hasse; c'est Pergolèse; c'est Alberti; c'est Tartini; c'est Locatelli; c'est Terradeglias;[176] c'est mon oncle; c'est ce petit Duni,[177] qui n'a ni mine ni figure, mais qui sent, mordieu, qui a du chant et de l'expression. Le reste, autour de ce petit nombre de Memnons, autant de paires d'oreilles fichées au bout d'un bâton. Aussi sommes-nous gueux, si gueux, que c'est une bénédiction.[178] Ah! monsieur le philosophe, la misère est une terrible chose. . .

[174] proverbe dont on se sert pour se moquer de ceux qui croient que tout est facile à faire
[175] statue égyptienne qui, au dire des anciens, émettait à l'aube des sons musicaux

[176] série de compositeurs italiens
[177] auteur d'opéras italiens, ami de Diderot
[178] comme une faveur céleste

VII. Jean-Jacques Rousseau (1712–1778)

NÉ A GENÈVE, Jean-Jacques Rousseau appartenait à une famille protestante d'origine française. Il perdit sa mère en venant au monde et fut élevé par son père, homme fantasque et incapable de diriger l'éducation de son fils. Enfant sensible et romanesque, d'esprit vagabond, bientôt séparé de son père, il vécut plusieurs années d'aventures multiples. A seize ans, Jean-Jacques part pour la France. Accueilli à Annecy par Mme de Warens, elle l'oriente vers le catholicisme. Puis il séjourne heureux auprès d'elle, aux Charmettes, près de Chambéry, cultive son esprit, et affine sa sensibilité. Il se dirige ensuite vers Paris où il demeure de 1741 à 1749. Il y rencontre une servante d'auberge, Thérèse Levasseur, dont il aura cinq enfants qu'il déposera à l'hospice des Enfants trouvés.

L'HOMME

Rendu célèbre par ses premières œuvres, il est l'hôte tour à tour de Mme d'Épinay à l'Ermitage, dans la forêt de Montmorency, de M. Mathas à Montmorency, du maréchal de Luxembourg dans une dépendance de son château.

Poursuivi en 1762 après la publication de l'*Émile,* il va vivre désormais la vie d'un proscrit, d'abord en Suisse puis en Angleterre. Il revient en France en 1767, mène une existence errante, s'établit en 1770 à Paris, et y vit pendant huit années en solitaire, jusqu'à ce que le marquis de Girardin lui donne asile en son do-

maine d'Ermenonville. Il est mort là au bout de quelques mois, le 2 juillet 1778. Il était revenu à la religion protestante dès après ses deux *Discours*.

L'idée centrale, sur laquelle repose tout le système assez cohérent de Rousseau, a sa racine dans son caractère, dans ses premières habitudes de vie, dans sa destinée: cette idée, c'est que l'homme bon, libre et heureux dans l'état de nature, est devenu méchant, esclave et malheureux par la faute de la société. Cette idée se retrouve dans toutes les parties de l'œuvre et elle en fait l'unité.

<div style="text-align:right">*L'ŒUVRE*</div>

En réponse à une question mise au concours, pour l'année 1750, par l'Académie de Dijon: « Si le rétablissement des sciences et des arts a contribué à épurer les mœurs », Rousseau écrivit son *Discours sur les sciences et les arts* (1750). Il y soutint la thèse que la décadence des mœurs est la conséquence logique de la civilisation et de ses produits. Ce discours se divise en deux parties: la première, surtout historique, dans laquelle Rousseau montre que partout où les sciences et les arts se développèrent aux dépens de l'innocence primitive, la décadence s'est rapidement produite (Grèce, Rome); la seconde, surtout théorique, analyse de cette influence sur la « civilisation » (luxe, épuisement de toutes les vertus, etc.).

En 1754, l'Académie de Dijon proposa la question suivante: « Quelle est l'origine de l'inégalité parmi les hommes, et si elle est autorisée par la loi naturelle? » Ce fut pour Rousseau l'occasion d'écrire son *Discours sur l'origine de l'inégalité* (1755), où il fait apparaître, à l'origine de la corruption moderne, le fait même de l'institution sociale.

La *Lettre à d'Alembert sur les spectacles* (1758) développe et complète le premier *Discours* en présentant le théâtre comme le produit le plus dangereusement artificiel de la civilisation. D'Alembert, inspiré par Voltaire, avait écrit l'article *Genève* de l'*Encyclopédie,* et il y encourageait les Genevois à établir chez eux un théâtre, banni jusqu'alors. Rousseau lui répond. Il veut démontrer l'immoralité de la tragédie qui, à ses yeux, excite de dangereuses passions chez le spectateur, et de la comédie qui, même chez un Molière, tourne en ridicule non seulement le vice, mais souvent la vertu.

Les deux *Discours* et la *Lettre à d'Alembert* s'accordent pour dénoncer les crimes de la civilisation, qui fait le malheur des hommes, et s'appliquent à fustiger une société qui vit précisément dans le goût de la vie civilisée et qui entretient le culte du progrès. La cure consisterait à refaire l'homme naturel par l'éducation, à régénérer la famille selon un idéal de vie naturelle comme elle-même, à reconstituer l'État sur les bases du droit naturel lui aussi. Tels sont les remèdes positifs proposés dans une bonne partie de *La Nouvelle Héloïse,* dans l'*Émile,* dans le *Contrat social.*

La *Nouvelle Héloïse* (1761) est un roman par lettres, qui contient à la fois une histoire d'amour, et une foule de digressions où Rousseau exprime ses idées sur toutes sortes de sujets. La principale de ces idées est la restauration des rapports naturels et francs dans le mariage—lequel doit se contracter par consentement mutuel et se maintenir loyal—et dans la famille conçue à la manière patriarcale.

L'intérêt du roman réside aussi dans le tableau de la vie de Paris, dans les admirables descriptions de la nature, dans le *romantisme* qui pénètre toute l'œuvre, et qui annonce le grand mouvement qui dominera la littérature à la fin du XVIIIᵉ et au début du XIXᵉ siècle.

Du contrat social ou Principes du droit politique (1762), essai purement théorique, propose le mythe d'une société fondée sur l'égalité naturelle, ce qui amène à réclamer la médiocrité générale des fortunes avec l'égalité économique, l'interdiction du luxe et—suprême garantie—l'adhésion de tous les citoyens à un Credo religieux. La nouveauté profonde du livre était de proclamer le principe de la souveraineté du peuple.

Émile ou De l'éducation (1762) est, après *La Nouvelle Héloïse,* une seconde application des théories fondamentales de Rousseau à la restauration de la société, cette fois par l'éducation. La pédagogie qu'il y a exposée rejoint en partie, mais en partie seulement, Rabelais et Montaigne. Il se trouve d'accord avec Rabelais et Montaigne pour l'entretien d'un corps sain et le grand usage de l'expérience; il se trouve particulièrement d'accord avec Montaigne sur la nécessité de rendre l'étude agréable et de former le jugement plutôt que la mémoire; mais ni Montaigne ni surtout Rabelais n'auraient admis le sauvage isolement d'Émile, le compartimentage rigoureux de son éducation par différents âges, la suppression absolue des livres.

Enfin les *Confessions* (1781–88) et *Les Rêveries du promeneur solitaire* (1782–92) complètent l'unité de cette œuvre, puisque Jean-Jacques s'y expose en personne. La possibilité d'être l'homme naturel, il la montre vivante en lui.

C'est jusque dans son style que Rousseau a fait passer sa personne et sa vie. Si la hardiesse de ses thèses a poussé souvent son éloquence naturelle à l'enflure oratoire, la chaleur de son cœur et de son imagination l'a enflammée de lyrisme.

L'influence de Rousseau a été immédiate sur les mœurs, sur les sentiments, et sur les idées. Presque tous ses ouvrages soulevèrent des enthousiasmes. Rousseau encouragea ses contemporains dans leur goût naissant de la campagne; il a aussi éveillé chez eux le sentiment de Dieu et du divin, que Chateaubriand utilisera au profit de la religion traditionnelle, mais qu'ensuite les romantiques lyriques ramèneront à l'état de religiosité un peu vague. D'une façon générale, Rousseau a fait revivre le cœur d'une société que l'esprit desséchait et à laquelle il a découvert la source régénératrice des sentiments. Le siècle pensait que l'intelligence, la raison, qui font le progrès, font par conséquent le bonheur; Rousseau a fait savoir que le bonheur individuel et le bonheur social, pour être réels et solides, doivent être fondés sur les vertus du cœur et sur le sentiment, qui devient alors l'essentiel de la vie. Enfin, il a fondé une doctrine politique: l'égalité dans la simplicité de vie et dans la soumission à l'intérêt commun. La *Déclaration des droits de l'homme* lui doit quelques-uns de ses articles, Robespierre son culte·de l'Être suprême et son communisme. Et toutes les revendications de plus d'un siècle semblent s'être inspirées de lui.

En littérature, Rousseau a agi immédiatement sur Bernardin de Saint-Pierre

et ensuite, par delà la Révolution, sur Chateaubriand, sur Lamartine, sur George Sand; bref, il est à la source du Romantisme, qui lui doit sa flamme, une partie de ses sentiments et de ses goûts.

Discours sur l'origine de l'inégalité parmi les hommes

[*Dans la première partie du* Discours, *Rousseau essaie de se représenter ce qu'a dû être l'homme à l'état de nature. Il le voit ni bon ni méchant, sans vices ni vertus, mais ayant le pouvoir de développer ses facultés, ce qui le différencie des animaux. C'est* 5 *une série de hasards qui a peu à peu perfectionné sa raison et l'a rendu méchant en le rendant sociable.*

Cet enchainement de hasards se développe dans la seconde partie que nous donnons ici.] 10

Le premier qui ayant enclos un terrain s'avisa de dire *Ceci est à moi,* et trouva des gens assez simples pour le croire, fut le vrai fondateur de la société civile. Que de crimes, de guerres, de meurtres, que 15 de misères et d'horreurs n'eût point épargnés au genre humain celui qui, arrachant les pieux ou comblant le fossé, eût crié à ses semblables: « Gardez-vous d'écouter cet imposteur; vous êtes perdus si vous oubliez que les fruits sont à tous, et que la 20 terre n'est à personne! » Mais il y a grande apparence qu'alors les choses en étaient déjà venues au point de ne pouvoir durer comme elles étaient: car cette idée de propriété, dépendant de beaucoup d'idées antérieures qui n'ont pu naître que suc- 25 cessivement, ne se forma pas tout d'un coup dans l'esprit humain: il fallut faire bien des progrès, acquérir bien de l'industrie et des lumières,[1] les transmettre et les augmenter d'âge en âge, avant que d'arriver à ce dernier terme de l'état de nature. 30 Reprenons donc les choses de plus haut, et tâchons de rassembler sous un seul point de vue cette lente succession d'événements et de connaissances dans leur ordre le plus naturel.

Le premier sentiment de l'homme fut celui de 35 son existence; son premier soin, celui de sa conserva-

tion. Les productions de la terre lui fournissaient tous les secours nécessaires; l'instinct le porta à en faire usage. . .

A mesure que le genre humain s'étendit, les peines se multiplièrent avec les hommes. La différence des terrains, des climats, des saisons, put les forcer à en mettre dans leurs manières de vivre. Des années stériles, des hivers longs et rudes, des étés brûlants, qui consument tout, exigèrent d'eux une nouvelle industrie. Le long de la mer et des rivières ils inventèrent la ligne et l'hameçon, et devinrent pêcheurs et ichthyophages.[2] Dans les forêts ils se firent des arcs et des flèches, et devinrent chasseurs et guerriers. Dans les pays froids ils se couvrirent des peaux des bêtes qu'ils avaient tuées. Le tonnerre, un volcan, ou quelque heureux hasard, leur fit connaître le feu, nouvelle ressource contre la rigueur de l'hiver: ils apprirent à conserver cet élément, puis à le reproduire, et enfin à en préparer les viandes qu'auparavant ils dévoraient crues.

Cette application réitérée des êtres divers à lui-même, et des uns aux autres, dut naturellement engendrer dans l'esprit de l'homme les perceptions de certains rapports. Ces relations que nous exprimons par les mots de grand, de petit, de fort, de faible, de vite, de lent, de peureux, de hardi, et d'autres idées pareilles, comparées au besoin,[3] et presque sans y songer, produisirent enfin chez lui quelque sorte de réflexion, ou plutôt une prudence machinale qui lui indiquait les précautions les plus nécessaires à sa sûreté.

Les nouvelles lumières[4] qui résultèrent de ce développement augmentèrent sa supériorité sur les

[1] habileté et connaissances
[2] mangeurs de poissons
[3] lorsque ce fut nécessaire
[4] capacité intellectuelle

autres animaux en la lui faisant connaître. Il s'exerça à leur dresser des pièges, il leur donna le change [5] en mille manières; et quoique plusieurs le surpassassent en force au combat, ou en vitesse à la course, de ceux qui pouvaient lui servir ou lui nuire, il devint avec le temps le maître des uns et le fléau des autres. C'est ainsi que le premier regard qu'il porta sur lui-même y produisit le premier mouvement d'orgueil; c'est ainsi que sachant encore à peine distinguer les rangs, et se contemplant au premier par son espèce, il se préparait de loin à y prétendre par son individu. . .

Instruit par l'expérience que l'amour du bien-être est le seul mobile des actions humaines, il se trouva en état de distinguer les occasions rares où l'intérêt commun devait le faire compter sur l'assistance de ses semblables, et celles plus rares encore où la concurrence devait le faire défier d'eux. Dans le premier cas, il s'unissait avec eux en troupeau, ou tout au plus par quelque sorte d'association libre qui n'obligeait personne, et qui ne durait qu'autant que le besoin passager qui l'avait formée. Dans le second, chacun cherchait à prendre ses avantages, soit à force ouverte, s'il croyait le pouvoir, soit par adresse et subtilité, s'il se sentait le plus faible. . .

Je parcours comme un trait [6] des multitudes de siècles, forcé par le temps qui s'écoule, par l'abondance des choses que j'ai à dire, et par le progrès presque insensible des commencements; car plus les événements étaient lents à se succéder, plus ils sont prompts à décrire.

Ces premiers progrès mirent enfin l'homme à portée [7] d'en faire de plus rapides. Plus l'esprit s'éclairait, et plus l'industrie se perfectionna. Bientôt, cessant de s'endormir sous le premier arbre, ou de se retirer dans des cavernes, on trouva quelques sortes de haches de pierres dures et tranchantes qui servirent à couper du bois, creuser la terre, et faire des huttes de branchages qu'on s'avisa ensuite d'enduire d'argile et de boue. Ce fut là l'époque d'une première révolution qui forma l'établissement et la distinction des familles, et qui introduisit une sorte de propriété, d'où peut-être naquirent déjà bien des querelles et des combats. Cependant, comme les plus forts furent vraisemblablement les premiers à se faire des logements qu'ils se sentaient capables de défendre, il est à croire que les faibles trouvèrent plus court et plus sûr de les imiter que de tenter de les déloger; et quant à ceux qui avaient déjà des cabanes, aucun d'eux ne dut chercher à s'approprier celle de son voisin, moins parce qu'elle ne lui appartenait pas, que parce qu'elle lui était inutile, et qu'il ne pouvait s'en emparer sans s'exposer à un combat très vif avec la famille qui l'occupait.

Les premiers développements du cœur furent l'effet d'une situation nouvelle qui réunissait dans une habitation commune les maris et les femmes, les pères et les enfants. L'habitude de vivre ensemble fit naître les plus doux sentiments qui soient connus des hommes, l'amour conjugal et l'amour paternel. Chaque famille devint une petite société d'autant mieux unie, que l'attachement réciproque et la liberté en étaient les seuls liens; et ce fut alors que s'établit la première différence dans la manière de vivre des deux sexes, qui jusqu'ici n'en avaient eu qu'une. Les femmes devinrent plus sédentaires, et s'accoutumèrent à garder la cabane et les enfants, tandis que l'homme allait chercher la subsistance commune. Les deux sexes commencèrent aussi, par une vie un peu plus molle, à perdre quelque chose de leur férocité et de leur vigueur. Mais si chacun séparément devint moins propre à combattre les bêtes sauvages, en revanche il fut plus aisé de s'assembler pour leur résister en commun.

Dans ce nouvel état, avec une vie simple et solitaire, des besoins très bornés, et les instruments qu'ils avaient inventés pour y pourvoir, les hommes, jouissant d'un fort grand loisir, l'employèrent à se procurer plusieurs sortes de commodités inconnues à leurs pères; et ce fut là le premier joug qu'ils s'imposèrent sans y songer, et la première source de maux qu'ils préparèrent à leurs descendants; car, outre qu'ils continuèrent ainsi à s'amollir le corps et l'esprit, ces commodités ayant par l'habitude perdu presque tout leur agrément, et étant en même temps dégénérées en de vrais besoins, la privation en devint beaucoup plus cruelle que la possession n'en était douce; et l'on était malheureux de les perdre, sans être heureux de les posséder. . .

A mesure que les idées et les sentiments se succèdent, que l'esprit et le cœur s'exercent, le genre

[5] il les trompa
[6] avec une rapide simplicité
[7] en état

humain continue à s'apprivoiser,[8] les liaisons s'étendent et les liens se resserrent. On s'accoutuma à s'assembler devant les cabanes ou autour d'un grand arbre: le chant et la danse, vrais enfants de l'amour et du loisir, devinrent l'amusement ou plutôt l'occupation des hommes et des femmes oisifs et attroupés. Chacun commença à regarder les autres et à vouloir être regardé soi-même, et l'estime publique eut un prix. Celui qui chantait ou dansait le mieux, le plus beau, le plus fort, le plus adroit, ou le plus éloquent, devint le plus considéré; et ce fut le premier pas vers l'inégalité, et vers le vice en même temps: de ces premières préférences naquirent d'un côté la vanité et le mépris; de l'autre, la honte et l'envie; et la fermentation causée par ces nouveaux levains produisit enfin des composés funestes au bonheur et à l'innocence. . .

Mais il faut remarquer que la société commencée et les relations déjà établies exigeaient en eux[9] des qualités différentes de celles qu'ils tenaient de leur constitution primitive; que la moralité commençant à s'introduire dans les actions humaines, et chacun, avant les lois,[10] étant seul juge et vengeur des offenses qu'il avait reçues, la bonté convenable au pur état de nature n'était plus celle qui convenait à la société naissante: qu'il fallait que les punitions devinssent plus sévères à mesure que les occasions d'offenser devenaient plus fréquentes, et que c'était à la terreur des vengeances de tenir lieu du frein des lois. Ainsi, quoique les hommes fussent devenus moins endurants, et que la pitié naturelle eût déjà souffert quelque altération, cette période du développement des facultés humaines, tenant un juste milieu entre l'indolence de l'état primitif et la pétulante activité de notre amour-propre, dut être l'époque la plus heureuse et la plus durable. . .

Tant que les hommes se contentèrent de leurs cabanes rustiques, tant qu'ils se bornèrent à coudre leurs habits de peaux avec des épines ou des arêtes, à se parer de plumes et de coquillages, à se peindre le corps de diverses couleurs, à perfectionner ou embellir leurs arcs et leurs flèches, à tailler avec des pierres tranchantes quelques canots de pêcheurs ou quelques grossiers instruments de musique; en un mot, tant qu'ils ne s'appliquèrent qu'à des ouvrages qu'un seul pouvait faire, et qu'à des arts[11] qui n'avaient pas besoin du concours de plusieurs mains, ils vécurent libres, sains, bons et heureux, autant qu'ils pouvaient l'être par leur nature, et continuèrent à jouir entre eux des douceurs d'un commerce[12] indépendant: mais dès l'instant qu'un homme eut besoin du secours d'un autre, dès qu'on s'aperçut qu'il était utile à un seul d'avoir des provisions pour deux, l'égalité disparut, la propriété s'introduisit, le travail devint nécessaire, et les vastes forêts se changèrent en des campagnes riantes qu'il fallut arroser de la sueur des hommes, et dans lesquelles on vit bientôt l'esclavage et la misère germer et croître avec les moissons.

La métallurgie et l'agriculture furent les deux arts dont l'invention produisit cette grande révolution. Pour le poète, c'est l'or et l'argent, mais pour le philosophe, ce sont le fer et le blé qui ont civilisé les hommes et perdu le genre humain. Aussi l'un et l'autre étaient-ils inconnus aux sauvages de l'Amérique, qui pour cela sont toujours demeurés tels; les autres peuples semblent même être restés barbares tant qu'ils ont pratiqué l'un de ces arts sans l'autre. Et l'une des meilleures raisons peut-être pourquoi l'Europe a été, sinon plus tôt, du moins plus constamment et mieux policée que les autres parties du monde, c'est qu'elle est à la fois la plus abondante en fer et la plus fertile en blé. . .

Dès qu'il fallut des hommes pour fondre et forger le fer, il fallut d'autres hommes pour nourrir ceux-là. Plus le nombre des ouvriers vint à se multiplier, moins il y eut de mains employées à la subsistance commune, sans qu'il y eût moins de bouches pour la consommer; et comme il fallut aux uns des denrées en échange de leur fer, les autres trouvèrent enfin le secret d'employer le fer à la multiplication des denrées.[13] De là naquirent d'un côté le labourage et l'agriculture, et de l'autre l'art de travailler les métaux et d'en multiplier les usages. . .

Voilà donc toutes nos facultés développées. la

[8] perdre sa sauvagerie
[9] les êtres humains
[10] avant qu'il y eût des **lois**

[11] métiers
[12] relations de la société humaine
[13] marchandises destinées à la nourriture

mémoire et l'imagination en jeu,[14] l'amour-propre intéressé, la raison rendue active, et l'esprit arrivé presque au terme de la perfection dont il est susceptible. Voilà toutes les qualités naturelles mises en action, le rang et le sort de chaque homme établis, non seulement sur la quantité des biens et le pouvoir de servir ou de nuire, mais sur l'esprit, la beauté, la force ou l'adresse, sur le mérite ou les talents; et ces qualités étant les seules qui pouvaient attirer de la considération, il fallut bientôt les avoir ou les affecter. Il fallut, pour son avantage, se montrer autre que ce qu'on était en effet. Être et paraître devinrent deux choses tout à fait différentes; et de cette distinction sortirent le faste imposant, la ruse trompeuse, et tous les vices qui en sont le cortège. D'un autre côté, de libre et d'indépendant qu'était auparavant l'homme, le voilà, par une multitude de nouveaux besoins, assujetti pour ainsi dire à toute la nature, et surtout à ses semblables, dont il devient l'esclave en un sens, même en devenant leur maître: riche, il a besoin de leurs services; pauvre, il a besoin de leurs secours, et la médiocrité[15] ne le met point en état de se passer d'eux. Il faut donc qu'il cherche sans cesse à les intéresser à son sort, et à leur faire trouver, en effet ou en apparence, leur profit à travailler pour le sien: ce qui le rend fourbe et artificieux[16] avec les uns, impérieux et dur avec les autres, et le met dans la nécessité d'abuser[17] tous ceux dont il a besoin quand il ne peut s'en faire craindre, et qu'il ne trouve pas son intérêt à les servir utilement. Enfin l'ambition dévorante, l'ardeur d'élever sa fortune relative,[18] moins par un véritable besoin que pour se mettre au-dessus des autres, inspire à tous les hommes un noir penchant à se nuire mutuellement, une jalousie secrète, d'autant plus dangereuse que, pour faire son coup[19] plus en sûreté, elle prend souvent le masque de la bienveillance; en un mot, concurrence et rivalité d'une part; de l'autre, opposition d'intérêts, et toujours le désir caché de faire son profit aux dépens d'autrui: tous ces maux sont le premier effet de la propriété, et le cortège inséparable de l'inégalité naissante.

Avant qu'on eût inventé les signes représentatifs des richesses,[20] elles ne pouvaient guère consister qu'en terres et en bestiaux, les seuls biens réels que les hommes puissent posséder. Or, quand les héritages se furent accrus en nombre et en étendue au point de couvrir le sol entier et de se toucher tous, les uns ne purent plus s'agrandir qu'aux dépens des autres, et les surnuméraires[21] que la faiblesse ou l'indolence avaient empêchés d'en acquérir à leur tour, devenus pauvres sans avoir rien perdu, parce que, tout changeant autour d'eux, eux seuls n'avaient point changé, furent obligés de recevoir ou de ravir leur subsistance de la main des riches; et de là commencèrent à naître, selon les divers caractères des uns et des autres, la domination et la servitude, ou la violence et les rapines. Les riches, de leur côté, connurent à peine le plaisir de dominer, qu'ils dédaignèrent bientôt tous les autres; et, se servant de leurs anciens esclaves pour en soumettre de nouveaux, ils ne songèrent qu'à subjuguer et asservir leurs voisins: semblables à ces loups affamés qui, ayant une fois goûté de la chair humaine, rebutent[22] toute autre nourriture, et ne veulent plus que dévorer des hommes.

C'est ainsi que, les plus puissants ou les plus misérables, se faisant de leurs forces ou de leurs besoins une sorte de droit au bien d'autrui, équivalant, selon eux, à celui de propriété, l'égalité rompue fut suivie du plus affreux désordre; c'est ainsi que les usurpations des riches, les brigandages des pauvres, les passions effrénées de tous, étouffant la pitié naturelle et la voix encore faible de la justice, rendirent les hommes avares, ambitieux et méchants. Il s'élevait entre le droit du plus fort et le droit du premier occupant un conflit perpétuel qui ne se terminait que par des combats et des meurtres. La société naissante fit place au plus horrible état de guerre: le genre humain, avili et désolé, ne pouvant plus retourner sur ses pas, ni renoncer aux acquisitions malheureuses qu'il avait faites, et ne travaillant qu'à sa[23] honte, par l'abus des facultés

[14] mêlées à la vie
[15] petite quantité de biens
[16] rusé
[17] de tromper
[18] situation plus ou moins bonne dans la société
[19] agir méchamment
[20] C'est-à-dire la monnaie et les billets.
[21] en surnombre, sans terres
[22] rejettent
[23] qu'en se couvrant de

qui l'honorent,[24] se mit lui-même à la veille de sa ruine.

Attonitus novitate mali, divesque, miserque,
Effugere optat opes, et quae modo voverat odit.[25]

Il n'est pas possible que les hommes n'aient fait enfin des réflexions sur une situation aussi misérable et sur les calamités dont ils étaient accablés. Les riches surtout durent bientôt sentir combien leur était désavantageuse une guerre perpétuelle, dont ils faisaient seuls tous les frais, et dans laquelle le risque de la vie était commun, et celui des biens particulier. D'ailleurs, quelque couleur qu'ils pussent donner à leurs usurpations, ils sentaient assez qu'elles n'étaient établies que sur un droit précaire et abusif, et que, n'ayant été acquises que par la force, la force pouvait les leur ôter sans qu'ils eussent raison de s'en plaindre. Ceux mêmes que la seule industrie avait enrichis ne pouvaient guère fonder leur propriété sur de meilleurs titres. Ils avaient beau dire: C'est moi qui ai bâti ce mur; j'ai gagné ce terrain par mon travail. Qui vous a donné les alignements,[26] leur pouvait-on répondre; et en vertu de quoi prétendez-vous être payés à nos dépens du travail que nous ne vous avons point imposé? Ignorez-vous qu'une multitude de vos frères périt ou souffre du besoin de ce que vous avez de trop, et qu'il vous fallait un consentement exprès[27] et unanime du genre humain pour vous approprier sur la subsistance commune tout ce qui allait au delà de la vôtre? Destitué de raisons valables pour se justifier et de forces suffisantes pour se défendre; écrasant facilement un particulier, mais écrasé lui-même par des troupes de bandits; seul contre tous, et ne pouvant, à cause des jalousies mutuelles, s'unir avec ses égaux contre des ennemis unis par l'espoir commun du pillage, le riche, pressé par la nécessité, conçut enfin le projet le plus réfléchi qui soit jamais entré dans l'esprit humain: ce fut d'employer en sa faveur les forces mêmes de ceux qui l'attaquaient, de faire ses défenseurs de ses adversaires,

de leur inspirer d'autres maximes,[28] et de leur donner d'autres institutions qui lui fussent aussi favorables que le droit naturel lui était contraire.

Dans cette vue, après avoir exposé à ses voisins l'horreur d'une situation qui les armait tous les uns contre les autres, qui leur rendait leurs possessions aussi onéreuses que leurs besoins, et où nul ne trouvait sa sûreté ni dans la pauvreté ni dans la richesse, il inventa aisément des raisons spécieuses[29] pour les amener à son but. « Unissons-nous, leur dit-il, pour garantir de l'oppression les faibles, contenir les ambitieux, et assurer à chacun la possession de ce qui lui appartient: instituons des règlements de justice et de paix auxquels tous soient obligés de se conformer, qui ne fassent acception[30] de personne, et qui réparent en quelque sorte les caprices de la fortune,[31] en soumettant également le puissant et le faible à des devoirs mutuels. En un mot, au lieu de tourner nos forces contre nous-mêmes, rassemblons-les en un pouvoir suprême qui nous gouverne selon de sages lois, qui protège et défende tous les membres de l'association, repousse les ennemis communs, et nous maintienne dans une concorde éternelle. »

Il en fallut beaucoup moins que l'équivalent de ce discours pour entraîner des hommes grossiers, faciles à séduire, qui d'ailleurs avaient trop d'affaires à démêler entre eux pour pouvoir se passer d'arbitres, et trop d'avarice et d'ambition pour pouvoir longtemps se passer de maîtres. Tous coururent au-devant de leurs fers,[32] croyant assurer leur liberté; car avec assez de raison pour sentir les avantages d'un établissement politique, ils n'avaient pas assez d'expérience pour en prévoir les dangers: les plus capables de pressentir les abus étaient précisément ceux qui comptaient en profiter; et les sages mêmes virent qu'il fallait se résoudre à sacrifier une partie de leur liberté à la conservation de l'autre, comme un blessé se fait couper le bras pour sauver le reste du corps.

Telle fut ou dut être l'origine de la société et des lois, qui donnèrent de nouvelles forces au riche, dé-

[24] Elles l'honorent quand il les emploie bien.
[25] « Étonné par la nouveauté du mal, riche ou pauvre, il choisit de fuir ses richesses et il hait l'objet même de ses désirs. » (Ovide)
[26] exigés par la voirie
[27] précis

[28] règles
[29] bonnes en apparence
[30] avantage par faveur
[31] sort
[32] leur servitude

truisirent sans retour [33] la liberté naturelle, fixèrent pour jamais [34] la loi de la propriété et de l'inégalité,

[33] pour toujours
[34] toujours (gallicisme)

d'une adroite usurpation firent une loi irrévocable, et pour le profit de quelques ambitieux, assujettirent désormais tout le genre humain au travail, à la servitude et à la misère. . .

Lettre à d'Alembert sur les spectacles

[*Rousseau, conduit par sa thèse générale à prétendre démontrer le danger des comédies de Molière pour les mœurs, a choisi* Le Misanthrope, *considéré comme chef-d'œuvre, et parce que la pièce se prêtait fort bien à son dessein, mais aussi parce* 5 *qu'il y trouvait un intérêt tout personnel, reconnaissant sa propre humeur dans le personnage d'Alceste.*]

« LE MISANTHROPE » DE MOLIÈRE

Je trouve que cette comédie nous découvre mieux qu'aucune autre la véritable vue [1] dans laquelle Molière a composé son théâtre, et nous peut mieux faire juger de ses vrais effets. Ayant à plaire au 15 public, il a consulté le goût le plus général de ceux qui le composent: sur ce goût il s'est formé un modèle, et sur ce modèle un tableau des défauts contraires, dans lequel il a pris ses caractères comiques, et dont il a distribué les divers traits dans ses pièces. 20 Il n'a donc point prétendu former un honnête homme, mais un homme du monde, par conséquent il n'a point voulu corriger les vices, mais les ridicules: et, comme j'ai déjà dit, il a trouvé dans le vice même un instrument très propre à y réussir.[2] 25 Ainsi, voulant exposer à la risée publique tous les défauts opposés aux qualités de l'homme aimable, de l'homme de société, après avoir joué tant d'autres ridicules, il lui restait à jouer celui que le monde pardonne le moins, le ridicule de la vertu: c'est ce 30 qu'il a fait dans Le Misanthrope.

Vous ne sauriez me nier deux choses: l'une,

[1] le but
[2] Rousseau avait dit plus haut: « Examinez le comique de cet auteur: partout vous trouverez que les vices de caractère en sont l'instrument, et les défauts naturels le sujet; que la malice de l'un punit la simplicité de l'autre, et que les sots sont les victimes des méchants. »

qu'Alceste, dans cette pièce, est un homme droit, sincère, estimable, un véritable homme de bien; l'autre, que l'auteur lui donne un personnage [3] ridicule. C'en est assez, ce me semble, pour rendre Molière inexcusable. On pourrait dire qu'il a joué dans Alceste, non la vertu, mais un véritable défaut, qui est la haine des hommes. A cela je réponds qu'il n'est pas vrai qu'il ait donné cette haine à son personnage: il ne faut pas que ce nom de misanthrope en impose, comme si celui qui le porte était ennemi du genre humain. Une pareille haine ne serait pas un défaut, mais une dépravation de la nature et le plus grand de tous les vices. Le vrai misanthrope est un monstre. S'il pouvait exister, il ne ferait pas rire, il ferait horreur. Vous pouvez avoir vu à la Comédie Italienne une pièce intitulée *La Vie est un songe.*[4] Si vous vous rappelez le héros de cette pièce, voilà le vrai misanthrope.

Qu'est-ce donc que le misanthrope de Molière? Un homme de bien qui déteste les mœurs de son siècle et la méchanceté de ses contemporains; qui, précisément parce qu'il aime ses semblables, hait en eux les maux qu'ils se font réciproquement et les vices dont ces maux sont l'ouvrage. S'il était moins touché des erreurs de l'humanité, moins indigné des iniquités qu'il voit, serait-il plus humain lui-même? Autant vaudrait soutenir qu'un tendre père aime mieux les enfants d'autrui que les siens, parce qu'il s'irrite des fautes de ceux-ci, et ne dit jamais rien aux autres.

Ces sentiments du misanthrope sont parfaitement développés dans son rôle. Il dit, je l'avoue, qu'il a conçu une haine effroyable contre le genre humain.

[3] rôle
[4] Pièce italienne d'auteur inconnu représentée en 1717. Le héros de cette pièce est un jeune prince, élevé en prison pendant vingt ans, et qui a contracté dans cette captivité une haine violente, monstrueuse du genre humain.

Mais en quelle occasion le dit-il? Quand, outré d'avoir vu son ami trahir lâchement son sentiment et tromper l'homme qui le lui demande, il s'en voit encore plaisanter [5] lui-même au plus fort de sa colère. Il est naturel que cette colère dégénère en emportement et lui fasse dire alors plus qu'il ne pense de sang-froid. D'ailleurs la raison qu'il rend de cette haine universelle en justifie pleinement la cause:

Les uns parce qu'ils sont méchants. . .
Et les autres, pour être aux méchants complaisants.

Ce n'est donc pas des hommes qu'il est ennemi, mais de la méchanceté des uns et du support que cette méchanceté trouve dans les autres. S'il n'y avait ni fripons ni flatteurs, il aimerait tout le genre humain. Il n'y a pas un homme de bien qui ne soit misanthrope en ce sens; ou plutôt les vrais misanthropes sont ceux qui ne pensent pas ainsi; car, au fond, je ne connais point de plus grand ennemi des hommes que l'ami de tout le monde, qui, toujours charmé de tout, encourage incessamment les méchants, et flatte, par sa coupable complaisance, les vices d'où naissent tous les désordres de la société.

Une preuve bien sûre qu'Alceste n'est point misanthrope à la lettre,[6] c'est qu'avec ses brusqueries et ses incartades il ne laisse pas [7] d'intéresser et de plaire. Les spectateurs ne voudraient pas à la vérité lui ressembler, parce que tant de droiture est fort incommode; mais aucun d'eux ne serait fâché d'avoir affaire à quelqu'un qui lui ressemblât; ce qui n'arriverait pas s'il était l'ennemi déclaré des hommes. Dans toutes les autres pièces de Molière, le personnage ridicule est toujours haïssable ou méprisable. Dans celle-là, quoique Alceste ait des défauts réels dont on n'a pas tort de rire, on sent pourtant au fond du cœur un respect pour lui dont on ne peut se défendre. En cette occasion, la force de la vertu l'emporte sur l'art de l'auteur et fait honneur à son caractère. Quoique Molière fît des pièces répréhensibles, il était personnellement honnête homme; et jamais le pinceau d'un honnête homme ne sut

couvrir de couleurs odieuses les traits de la droiture et de la probité. Il y a plus: Molière a mis dans la bouche d'Alceste un si grand nombre de ses propres maximes, que plusieurs ont cru qu'il s'était voulu peindre lui-même. Cela parut dans le dépit qu'eut le parterre [8] à la première représentation de n'avoir pas été, sur le sonnet, de l'avis du misanthrope: car on vit bien que c'était celui de l'auteur.

Cependant ce caractère si vertueux est présenté comme ridicule. Il l'est en effet, à certains égards; et ce qui démontre que l'intention du poète est bien de le rendre tel, c'est celui de l'ami Philinte qu'il met en opposition avec le sien. Ce Philinte est le sage de la pièce; un de ces honnêtes gens du grand monde dont les maximes ressemblent beaucoup à celles des fripons; de ces gens si doux, si modérés, qui trouvent toujours que tout va bien, parce qu'ils ont intérêt que rien n'aille mieux; qui sont toujours contents de tout le monde, parce qu'ils ne se soucient de [9] personne; qui, autour d'une bonne table, soutiennent qu'il n'est pas vrai que le peuple ait faim; qui le gousset [10] bien garni, trouvent fort mauvais qu'on déclame en faveur des pauvres; qui, de leur maison bien fermée, verraient voler, piller, égorger, massacrer tout le genre humain sans se plaindre, attendu que Dieu les a doués d'une douceur très méritoire à supporter les malheurs d'autrui.

On voit bien que le flegme [11] raisonneur de celui-ci est très propre à redoubler et faire sortir [12] d'une manière comique les emportements de l'autre; et le tort de Molière n'est pas d'avoir fait du misanthrope un homme colère et bilieux, mais de lui avoir donné des fureurs puériles sur des sujets qui ne devaient pas l'émouvoir. Le caractère du misanthrope n'est pas à la disposition du poète; il est déterminé par la nature de sa passion dominante. Cette passion est une violente haine du vice, née d'un amour ardent pour la vertu, et aigrie par le spectacle continuel de la méchanceté des hommes. Il n'y a donc qu'une âme grande et noble qui en soit susceptible. L'horreur et le mépris qu'y nourrit cette même passion pour tous les vices qui l'ont ir-

5 railler par son ami
6 au sens littéral du mot
7 il trouve néanmoins le moyen

8 les spectateurs du rez-de-chaussée
9 ne s'intéressent à
10 petite poche cachée pour l'argent porté sur soi
11 le sang-froid
12 ressortir

ritée sert[13] encore à les écarter du cœur qu'elle agite. De plus, cette contemplation continuelle des désordres de la société le détache de lui-même pour fixer toute son attention sur le genre humain. Cette habitude élève, agrandit ses idées, détruit en lui les inclinations basses qui nourrissent et concentrent l'amour-propre; et de ce concours naît une certaine force de courage, une fierté de caractère qui ne laisse prise au fond de son âme qu'à des sentiments dignes de l'occuper.

Ce n'est pas que l'homme ne soit toujours homme; que la passion ne le rende souvent faible, injuste, déraisonnable; qu'il n'épie peut-être les motifs cachés des actions des autres avec un secret plaisir d'y voir la corruption de leurs cœurs; qu'un petit mal ne lui donne souvent une grande colère, et qu'en l'irritant à dessein,[14] un méchant adroit ne pût parvenir à le faire passer pour méchant lui-même: mais il n'en est pas moins vrai que tous moyens ne sont pas bons à produire ces effets, et qu'ils doivent être assortis à son caractère pour le mettre en jeu,[15] sans quoi, c'est substituer un autre homme au misanthrope, et nous le peindre avec des traits qui ne sont pas les siens.

Voilà donc de quel côté le caractère du misanthrope doit porter ses défauts; et voilà aussi de quoi Molière fait un usage admirable dans toutes les scènes d'Alceste avec son ami, où les froides maximes et les railleries de celui-ci, démontant l'autre à chaque instant, lui font dire mille impertinences très bien placées: mais ce caractère âpre et dur, qui lui donne tant de fiel et d'aigreur dans l'occasion, l'éloigne en même temps de tout chagrin[16] puéril qui n'a nul fondement raisonnable, et de tout intérêt personnel trop vif, dont il ne doit nullement être susceptible. Qu'il s'emporte sur tous les désordres dont il n'est que le témoin, ce sont toujours de nouveaux traits au tableau; mais qu'il soit froid sur celui qui s'adresse directement à lui:[17] car, ayant déclaré la guerre aux méchants, il s'attend bien qu'ils la lui feront à leur tour. S'il n'avait pas prévu le mal que lui fera sa franchise, elle serait une étourderie et non pas une vertu.

Qu'une femme fausse le trahisse, que d'indignes amis le déshonorent, que de faibles amis l'abandonnent, il doit le souffrir sans en murmurer: il connaît les hommes.

Si ces distinctions sont justes, Molière a mal saisi le misanthrope. Pense-t-on que ce soit par erreur? Non, sans doute. Mais voilà par où le désir de faire rire aux dépens du personnage l'a forcé de le dégrader contre la vérité du caractère.

Après l'aventure du sonnet, comment Alceste ne s'attend-il point aux mauvais procédés d'Oronte? Peut-il en être étonné quand on l'en instruit, comme si c'était la première fois de sa vie qu'il eût été sincère, ou la première fois que sa sincérité lui eût fait un ennemi? Ne doit-il pas se préparer tranquillement à la perte de son procès, loin d'en marquer d'avance un dépit d'enfant?

Ce sont vingt mille francs qu'il m'en pourra coûter;
Mais pour vingt mille francs j'aurai droit de pester.[18]

Un misanthrope n'a que faire d'acheter si cher le droit de pester, il n'a qu'à ouvrir les yeux, et il n'estime pas assez l'argent pour croire avoir acquis sur ce point un nouveau droit par la perte d'un procès. Mais il fallait faire rire le parterre.

Dans la scène avec Du Bois,[19] plus Alceste a de sujet de s'impatienter, plus il doit rester flegmatique et froid, parce que l'étourderie du valet n'est pas un vice. Le misanthrope et l'homme emporté sont deux caractères très différents: c'était là l'occasion de les distinguer. Molière ne l'ignorait pas. Mais il fallait faire rire le parterre.

Au risque de faire rire aussi le lecteur à mes dépens, j'ose accuser cet auteur d'avoir manqué[20] de très grandes convenances,[21] une très grande vérité, et peut-être de nouvelles beautés de situation;[22] c'était de faire un tel changement à son plan, que Philinte entrât comme acteur nécessaire dans le nœud[23] de sa pièce, en sorte qu'on pût mettre les actions de Philinte et d'Alceste dans une apparente

[13] Il faudrait: servent.
[14] exprès
[15] exciter sa vertu
[16] colère
[17] Il s'agit d'Oronte.

[18] acte V, sc. I
[19] acte IV, sc. 4
[20] laissé échapper
[21] rapports entre les caractères
[22] situation de théâtre
[23] l'intrigue

opposition avec leurs principes, et dans une conformité parfaite avec leurs caractères. Je veux dire qu'il fallait que le misanthrope fût toujours furieux contre les vices publics, et toujours tranquille sur les méchancetés personnelles dont il était la victime. [5] Au contraire, le philosophe Philinte devait voir tous les désordres de la société avec un flegme stoïque, et se mettre en fureur au moindre mal qui s'adressait directement à lui. En effet, j'observe que ces gens si paisibles sur les injustices publiques sont toujours [10] ceux qui font le plus de bruit au moindre tort qu'on leur fait, et qu'ils ne gardent leur philosophie qu'aussi longtemps qu'ils n'en ont pas besoin pour eux-mêmes. Ils ressemblent à cet Irlandais qui ne voulait pas sortir de son lit, quoique le feu fût à la maison. [15] « La maison brûle, lui criait-on. — Que m'importe? répondait-il, je n'en suis que le locataire. » A la fin, le feu pénétra jusqu'à lui. Aussitôt il s'élance, il court, il crie, il s'agite; il commence à comprendre qu'il faut quelquefois prendre intérêt à la maison [20] qu'on habite, quoiqu'elle ne nous appartienne pas.

Il me semble qu'en traitant les caractères en question sur cette idée, chacun des deux eût été plus vrai, plus théâtral, et que celui d'Alceste eût fait incomparablement plus d'effet; mais le parterre alors [25] n'aurait pu rire qu'aux dépens de l'homme du monde et l'intention de l'auteur était qu'on rît aux dépens du misanthrope.

Dans la même vue,[24] il lui fait tenir quelquefois des propos d'humeur [25] d'un goût tout contraire à [30] celui qu'il lui donne. Telle est cette pointe de la scène du sonnet:

La peste de ta chute! Empoisonneur au diable!
En eusses-tu fait une à te casser le nez! [26] [35]

pointe d'autant plus déplacée dans la bouche du misanthrope qu'il vient d'en critiquer de plus supportables dans le sonnet d'Oronte, et il est bien étrange que celui qui la fait propose un instant [40] après la chanson du *Roi Henri* pour un modèle de goût. Il ne sert de rien de dire que ce mot échappe dans un moment de dépit; car le dépit ne dicte rien moins que des pointes; et Alceste, qui

passe sa vie à gronder, doit avoir pris, même en grondant, un ton conforme à son tour d'esprit:

Morbleu! vil complaisant, vous louez des sottises? [27]

C'est ainsi que doit parler le misanthrope en colère. Jamais une pointe n'ira bien après cela. Mais il fallait faire rire le parterre; et voilà comment on avilit la vertu.

Une chose assez remarquable, dans cette comédie, est que les charges étrangères que l'auteur a données au rôle du misanthrope l'ont forcé d'adoucir ce qui était essentiel au caractère. Ainsi, tandis que dans toutes ses autres pièces les caractères sont [15] chargés pour faire plus d'effet, dans celle-ci seule les traits sont émoussés pour la rendre plus théâtrale. La même scène dont je viens de parler m'en fournit la preuve. On y voit Alceste tergiverser et user de détours pour dire son avis à Oronte. Ce n'est point [20] là le misanthrope: c'est un honnête homme du monde qui se fait peine de tromper celui qui le consulte. La force du caractère voulait qu'il lui dît brusquement: *Votre sonnet ne vaut rien, jetez-le au feu;* mais cela aurait ôté le comique qui naît de l'embarras du misanthrope et de ses *Je ne dis pas cela* répétés, qui pourtant ne sont au fond que des mensonges. Si Philinte, à son exemple, lui eût dit en cet endroit: *Et que dis-tu donc, traître?* qu'avait-il à répliquer? En vérité, ce n'est pas la peine de rester misanthrope pour ne l'être qu'à demi; car, si l'on se [30] permet le premier ménagement et la première altération de la vérité, où sera la raison suffisante pour s'arrêter jusqu'à ce qu'on devienne aussi faux qu'un homme de cour?

L'ami d'Alceste doit le connaître. Comment ose-t-il lui proposer de visiter des juges, c'est-à-dire, en termes honnêtes,[28] de chercher à les corrompre? comment peut-il supposer qu'un homme, capable de renoncer même aux bienséances par amour pour la [40] vertu, soit capable de manquer à ses devoirs par intérêt? Solliciter un juge! Il ne faut pas être misanthrope, il suffit d'être honnête homme pour n'en rien faire. Car enfin, quelque tour qu'on donne à la chose,[29] ou celui qui sollicite un juge l'exhorte à

[24] dessein
[25] mauvaise humeur
[26] acte I, sc. 2

[27] acte I, sc. 2
[28] francs
[29] quelle que soit la façon dont on examine le cas

remplir son devoir, et alors il lui fait une insulte; ou il lui propose une acception de personnes,[30] et alors il le veut séduire, puisque toute acception de personnes est un crime dans un juge, qui doit connaître l'affaire et non les parties, et ne voir que l'ordre et la loi. Or je dis qu'engager un juge à faire une mauvaise action, c'est la faire soi-même; et qu'il vaut mieux perdre une cause juste que de faire une mauvaise action. Cela est clair, net; il n'y a rien à répondre. La morale du monde a d'autres maximes,[31] je ne l'ignore pas. Il me suffit de montrer que dans tout ce qui rendait le misanthrope si ridicule, il ne faisait que le devoir d'un homme de bien; et que son caractère était mal rempli[32] d'avance, si son ami supposait qu'il pût y manquer.

Si quelquefois l'habile auteur laisse agir ce caractère dans toute sa force, c'est seulement quand cette force rend la scène plus théâtrale, et produit un comique de contraste ou de situation plus sensible. Telle est, par exemple, l'humeur taciturne et silencieuse d'Alceste, et ensuite la censure intrépide et vivement apostrophée de la conversation chez la coquette:

Allons, ferme, poussez, mes bons amis de cour.[33]

Ici l'auteur a marqué fortement la distinction du médisant et du misanthrope. Celui-ci, dans son fiel âcre et mordant, abhorre la calomnie et déteste la satire. Ce sont les vices publics, ce sont les méchants en général qu'il attaque. La basse et secrète médisance est indigne de lui. Il la méprise et la hait dans les autres; et quand il dit du mal de quelqu'un, il commence par le lui dire en face. Aussi, durant toute la pièce, ne fait-il nulle part plus d'effet que dans cette scène, parce qu'il est là ce qu'il doit être, et que s'il fait rire le parterre, les honnêtes gens[34] ne rougissent pas d'avoir ri.

Mais, en général, on ne peut nier que, si le misanthrope était plus misanthrope, il ne fût beaucoup moins plaisant,[35] parce que sa franchise et sa fermeté, n'admettant jamais de détour, ne le laisseraient jamais dans l'embarras. Ce n'est donc pas par ménagement pour lui que l'auteur adoucit quelquefois son caractère, c'est au contraire pour le rendre plus ridicule. Une autre raison l'y oblige encore, c'est que le misanthrope de théâtre, ayant à parler de ce qu'il voit, doit vivre dans le monde, et par conséquent tempérer sa droiture et ses manières par quelques-uns de ces égards de mensonge et de fausseté qui composent la politesse, et que le monde exige de quiconque y veut être supporté. S'il s'y montrait autrement, ses discours ne feraient plus d'effet. L'intérêt de l'auteur est bien de le rendre ridicule, mais non pas fou; et c'est ce qu'il paraîtrait aux yeux du public, s'il était tout à fait sage.

On a peine à quitter cette admirable pièce quand on a commencé à s'en occuper; et, plus on y songe, plus on y découvre de nouvelles beautés. Mais enfin, puisqu'elle est, sans contredit, de toutes les comédies de Molière, celle qui contient la meilleure et la plus saine morale, sur celle-là jugeons des autres; et convenons que, l'intention de l'auteur étant de plaire à des esprits corrompus, ou sa morale porte au mal, ou le faux bien qu'elle prêche est plus dangereux que le mal même; en ce qu'il séduit par une apparence de raison; en ce qu'il fait préférer l'usage et les maximes du monde à l'exacte probité; en ce qu'il fait consister la sagesse dans un certain milieu entre le vice et la vertu; en ce qu'au[36] grand soulagement des spectateurs, il leur persuade que, pour être honnête homme, il suffit de n'être pas un franc scélérat.

(1758)

[30] partialité en faveur de certaines personnes
[31] règles
[32] imparfait
[33] acte II, sc. 5

[34] les gens du monde
[35] risible
[36] en obtenant de cette façon le

Émile ou De l'éducation

[La pédagogie de Rousseau a pour point de départ la fameuse formule: « Tout est bien sortant des mains de l'auteur des choses, tout dégénère entre les mains de l'homme. »

En conséquence, l'éducation doit être naturelle, c'est-à-dire soustraite aux influences sociales. Il faut commencer par ne pas gêner la nature, donc supprimer le maillot des nouveaux-nés et que les mères les allaitent elles-mêmes au lieu de les confier à des nourrices. Ensuite, il importe d'isoler l'enfant de sa famille et même des autres enfants en le confiant à un précepteur vigilant.

L'éducation consiste à mettre l'enfant en présence des faits, des nécessités. Par exemple, on l'enfermera dans une chambre sans fenêtres et on lui montrera l'inconvénient qu'il y a à casser des vitres par colère. En outre, pas de devoirs, pas de livres, surtout pas de livres de fables: La Fontaine même est proscrit. En revanche, des expériences et des jeux fortifiants.

De douze à quinze ans, l'éducation se fera essentiellement pratique. Les notions élémentaires d'astronomie, de géographie, de physique, et de chimie, l'enfant les acquerra en les découvrant par lui-même. Par exemple, on l'égarera dans la forêt de Montmorency et il trouvera, pour peu qu'on le lui suggère, le moyen de s'orienter. Par surcroît, il apprendra un métier manuel, de préférence celui de menuisier.

A partir de quinze ans, le jeune garçon recevra l'éducation de sa sensibilité (pitié, reconnaissance, charité), à laquelle se rattache l'éducation religieuse: on arrive ainsi à la célèbre « Profession de foi du Vicaire savoyard. » Ce vicaire, Rousseau l'a imaginé d'après des prêtres qu'il a connus. Il le montre conduisant un adolescent par une belle matinée d'été sur une haute colline qui domine le Pô et lui faisant sentir dans le magnifique paysage la présence divine: exposé de la religion naturelle.

Dans les derniers des cinq livres qui composent l'Émile Rousseau fait le portrait de la jeune fille (Sophie) qu'il destine pour épouse à son élève.

D'où un programme sommaire de l'éducation féminine: Rousseau refuse à la femme une formation intellectuelle et ne conçoit pour elle que l'acquisition des charmes et des vertus favorables au bonheur dans la vie conjugale.]

LEÇONS DE CHOSES

Dans les premières opérations de l'esprit, que les sens soient toujours ses guides. Point d'autre livre que le monde, point d'autre instruction que les faits. L'enfant qui lit ne pense pas, il ne fait que lire; il ne s'instruit pas, il apprend des mots.

Rendez votre élève attentif aux phénomènes de la nature, bientôt vous le rendrez curieux; mais, pour nourrir cette curiosité, ne vous pressez jamais de la satisfaire. Mettez les questions à sa portée,[1] et laissez-les-lui résoudre. Qu'il ne sache rien parce que vous le lui avez dit, mais parce qu'il l'a compris lui-même; qu'il n'apprenne pas la science, qu'il l'invente. Si jamais vous substituez dans son esprit l'autorité à la raison, il ne raisonnera plus; il ne sera plus que le jouet de l'opinion des autres.

Vous voulez apprendre la géographie à cet enfant, et vous lui allez chercher des globes, des sphères,[2] des cartes: que de machines! Pourquoi toutes ces représentations? Que ne commencez-vous par lui montrer l'objet même, afin qu'il sache au moins de quoi vous lui parlez?

Une belle soirée, on va se promener dans un lieu favorable, où l'horizon bien découvert laisse voir à plein le soleil couchant, et l'on observe les objets qui rendent reconnaissable le lieu de son coucher. Le lendemain, pour respirer le frais, on retourne au même lieu avant que le soleil se lève. On le voit s'annoncer de loin par les traits de feu qu'il lance au-devant de lui. L'incendie augmente, l'Orient paraît tout en flammes: à leur éclat on attend l'astre longtemps avant qu'il se montre: à chaque instant

[1] dans les limites de son esprit
[2] planisphères

on croit le voir paraître; on le voit enfin. Un point brillant part comme un éclair, et remplit aussitôt tout l'espace; le voile des ténèbres s'efface et tombe. L'homme reconnaît son séjour, et le trouve embelli. La verdure a pris durant la nuit une vigueur nou- 5 velle; le jour naissant qui l'éclaire, les premiers rayons qui la dorent, la montrent couverte d'un brillant réseau de rosée, qui réfléchit à l'œil la lumière et les couleurs. Les oiseaux en chœur se réunissent et saluent de concert le père de la vie; en ce mo- 10 ment, pas un seul ne se tait; leur gazouillement, faible encore, est plus lent et plus doux que dans le reste de la journée, il se sent de ³ la langueur d'un paisible réveil. Le concours de tous ces objets porte aux sens une immense impression de fraîcheur qui 15 semble pénétrer jusqu'à l'âme. Il y a là une demi-heure d'enchantement, auquel nul homme ne résiste: un spectacle si grand, si beau, si délicieux, n'en laisse aucun de sang-froid.

Plein de l'enthousiasme qu'il éprouve, le maître 20 veut le communiquer à l'enfant: il croit l'émouvoir en le rendant attentif aux sensations dont il est ému lui-même. Pure bêtise! C'est dans le cœur de l'homme qu'est la vie du spectacle de la nature; pour le voir, il faut le sentir. L'enfant aperçoit les 25 objets; mais il ne peut apercevoir les rapports qui les lient, il ne peut entendre la douce harmonie de leur concert.⁴ Il faut une expérience qu'il n'a point acquise, il faut des sentiments qu'il n'a point éprouvés, pour sentir l'impression composée qui résulte 30 à la fois de toutes ces sensations. S'il n'a long-temps parcouru des plaines arides, si des sables ardents n'ont brûlé ses pieds, si la réverbération suffocante des rochers frappés du soleil ne l'oppressa jamais, comment goûtera-t-il l'air frais d'une belle 35 matinée? comment le parfum des fleurs, le charme de la verdure, l'humide vapeur de la rosée, le marcher mol et doux sur la pelouse enchanteront-ils ses sens? Avec quels transports verra-t-il naître une si belle journée, si son imagination ne sait pas lui 40 peindre ceux dont on peut la remplir? Enfin comment s'attendrira-t-il sur la beauté du spectacle de la nature, s'il ignore quelle main ⁵ prit soin de l'orner?

Ne tenez point à l'enfant des discours qu'il ne peut entendre.⁶ Point de description, point d'éloquence, point de figures,⁷ point de poésie. Il n'est pas maintenant question de sentiment ni de goût. Continuez d'être clair, simple et froid; le temps ne viendra que trop tôt de prendre un autre langage.

Élevé dans l'esprit de nos maximes,⁸ accoutumé à tirer tous ses instruments ⁹ de lui-même, et à ne recourir jamais à autrui qu'après avoir reconnu son insuffisance, à chaque nouvel objet qu'il voit il l'examine longtemps sans rien dire. Il est pensif et non questionneur. Contentez-vous donc de lui présenter à propos ¹⁰ les objets; puis, quand vous verrez sa curiosité suffisamment occupée, faites-lui quelque question laconique qui le mette sur la voie de la résoudre.

Dans cette occasion, après avoir bien contemplé avec lui le soleil levant, après lui avoir fait remarquer du même côté les montagnes et les autres objets voisins, après l'avoir laissé causer là-dessus tout à son aise, gardez quelques moments le silence comme un homme qui rêve, et puis vous lui direz: « Je songe qu'hier au soir le soleil s'est couché là, et qu'il s'est levé là ce matin. Comment cela peut-il se faire? » N'ajoutez rien de plus: s'il vous fait des questions, n'y répondez point; parlez d'autre chose. Laissez-le à lui-même, et soyez sûr qu'il y pensera.

Pour qu'un enfant s'accoutume à être attentif, et qu'il soit bien frappé de quelque vérité sensible,¹¹ il faut qu'elle lui donne quelques jours d'inquiétude avant de la découvrir. S'il ne conçoit pas assez celle-ci de cette manière, il y a moyen de la lui rendre plus sensible encore, et ce moyen c'est de retourner la question. S'il ne sait pas comment le soleil parvient de son coucher à son lever, il sait au moins comment il parvient de son lever à son coucher: ses yeux seuls le lui apprennent. Éclaircissez donc la première question par l'autre: ou votre élève est absolument stupide, ou l'analogie est trop claire pour lui pouvoir échapper. Voilà sa première leçon de cosmographie.

⁶ comprendre
⁷ figures de style
⁸ les règles de l'*Émile*
⁹ moyens de connaissance
¹⁰ au moment favorable
¹¹ qui frappe les sens

³ il garde un reste de
⁴ accord général
⁵ Dieu

Comme nous procédons toujours lentement d'idée sensible en idée sensible, que nous nous familiarisons longtemps avec la même avant de passer à une autre, et qu'enfin nous ne forçons jamais notre élève d'être attentif, il y a loin de cette première 5 leçon à la connaissance du cours du soleil et de la figure de la terre: mais, comme tous les mouvements apparents des corps célestes tiennent au même principe, et que la première observation mène à toutes les autres, il faut moins d'effort, 10 quoiqu'il faille plus de temps, pour arriver d'une révolution diurne au calcul des éclipses, que pour bien comprendre le jour et la nuit.

Puisque le soleil tourne autour du monde, il décrit un cercle, et tout cercle doit avoir un centre; 15 nous savons déjà cela. Ce centre ne saurait se voir, car il est au cœur de la terre; mais on peut sur la surface marquer deux points opposés qui lui correspondent. Une broche[12] passant par les trois points et prolongée jusqu'au ciel de part et d'autre 20 sera l'axe du monde et du mouvement journalier du soleil. Un toton[13] tournant sur sa pointe représente le ciel tournant sur son axe, les deux pointes du toton sont les deux pôles: l'enfant sera fort aise d'en connaître un; je le lui montre à la queue de la pe- 25 tite ourse.[14] Voilà de l'amusement pour la nuit; peu à peu l'on se familiarise avec les étoiles, et de là naît le premier goût de connaître les planètes et d'observer les constellations.

Nous avons vu lever le soleil à la Saint-Jean,[15] 30 nous l'allons voir aussi lever[16] à Noël ou quelque autre beau jour d'hiver; car on sait que nous ne sommes pas paresseux, et que nous nous faisons un jeu de braver le froid. J'ai soin de faire cette seconde observation dans le même lieu où nous avons 35 fait la première; et moyennant quelque adresse pour préparer la remarque, l'un ou l'autre ne manquera pas de s'écrier: « Oh! oh! voilà qui est plaisant! le soleil ne se lève plus à la même place! ici sont nos anciens renseignements,[17] et à présent il s'est levé là, 40 etc. Il y a donc un orient d'été, et un orient d'hiver, etc. » Jeune maître, vous voilà sur la voie. Ces

[12] tige de fer qui sert à rôtir une viande
[13] sorte de toupie
[14] l'étoile polaire
[15] le 24 juin, à l'époque du solstice d'été
[16] se lever
[17] signes de repère

exemples vous doivent suffire pour enseigner très clairement la sphère,[18] en prenant le monde pour le monde, et le soleil pour le soleil.[19]

En général, ne substituez jamais le signe à la chose que quand il vous est impossible de la montrer; car le signe absorbe l'attention de l'enfant, et lui fait oublier la chose représentée.

IL FAUT APPRENDRE UN MÉTIER MANUEL

De toutes les occupations qui peuvent fournir la subsistance à l'homme, celle qui le rapproche le plus de l'état de nature est le travail des mains: de toutes les conditions, la plus indépendante de la fortune[20] et des hommes est celle de l'artisan. L'artisan ne dépend que de son travail; il est libre, aussi libre que le laboureur est esclave: car celui-ci tient à son champ, dont la récolte est à la discrétion d'autrui.[21] L'ennemi, le prince, un voisin puissant, un procès, lui peut enlever ce champ; par ce champ on peut le vexer[22] en mille manières: mais partout où l'on veut vexer l'artisan, son bagage est bientôt fait; il emporte ses bras et s'en va. Toutefois l'agriculture est le premier métier de l'homme: c'est le plus honnête, le plus utile, et par conséquent le plus noble qu'il puisse exercer. Je ne dis pas à Émile: « Apprends l'agriculture »; il la sait. Tous les travaux rustiques lui sont familiers; c'est par eux qu'il a commencé; c'est à eux qu'il revient sans cesse. Je lui dis donc: « Cultive l'héritage de tes pères. Mais si tu perds cet héritage, ou si tu n'en as point, que faire? Apprends un métier.

— Un métier à mon fils! mon fils artisan! Monsieur, y pensez-vous?

— J'y pense mieux que vous, Madame, qui voulez le réduire à ne pouvoir jamais être qu'un lord, un marquis, un prince, et peut-être un jour moins que rien: moi, je veux lui donner un rang qu'il ne puisse perdre, un rang qui l'honore dans tous les temps, je veux l'élever à l'état d'homme; et, quoi

[18] sphère céleste
[19] C'est-à-dire: en passant des signes à la réalité.
[20] du sort
[21] exposée à être prise
[22] tourmenter

que vous puissiez dire, il aura moins d'égaux à ce titre qu'à tous ceux qu'il tiendra de vous. »

La lettre tue, et l'esprit vivifie.[23] Il s'agit moins d'apprendre un métier pour savoir un métier, que pour vaincre les préjugés qui le méprisent. Vous ne serez jamais réduit à travailler pour vivre. Eh! tant pis, tant pis pour vous! Mais n'importe; ne travaillez point par nécessité, travaillez par gloire. Abaissez-vous à l'état d'artisan pour être au-dessus du vôtre. Pour vous soumettre la fortune et les choses, commencez par vous en rendre indépendant. Pour régner par l'opinion, commencez par régner sur elle.

Souvenez-vous que ce n'est point un talent que je vous demande, c'est un métier, un vrai métier, un art purement mécanique, où les mains travaillent plus que la tête, et qui ne mène point à la fortune.[24]

mais avec lequel on peut s'en passer. Dans des maisons fort au-dessus du danger de manquer de pain, j'ai vu des pères pousser la prévoyance jusqu'à joindre au soin d'instruire leurs enfants celui de les pourvoir de connaissances dont, à tout événement, ils pussent tirer parti pour vivre. Ces pères prévoyants croient beaucoup faire; ils ne font rien, parce que les ressources qu'ils pensent ménager à[25] leurs enfants dépendent de cette même fortune[26] au-dessus de laquelle ils les veulent mettre. En sorte qu'avec tous ces beaux talents,[27] si celui qui les a ne se trouve dans des circonstances favorables pour en faire usage, il périra de misère comme s'il n'en avait aucun. . .[28] (*Livre III, 1762*)

[25] préparer pour
[26] sort
[27] Rousseau veut parler de langues étrangères, d'éloquence, de savoir diplomatique etc.
[28] Rousseau mit les métiers manuels à la mode. Louis XVI, étant Dauphin, avait appris la serrurerie et l'horlogerie. Et pendant l'émigration, nombre de gentilshommes vécurent du travail de leurs mains.

[23] C'est-à-dire: ne prenez pas ce que je vous dis au sens strict des mots, mais dans son intention profonde.
[24] richesse

Les Rêveries du promeneur solitaire

[*Les dix promenades évoquées par Rousseau pourraient former un chapitre de ses* Confessions; *il y récapitule les affections de son cœur. Dans la cinquième rêverie, il se rappelle une petite île du lac de Bienne où il s'était réfugié en 1765.*]

LA CINQUIÈME PROMENADE

De toutes les habitations où j'ai demeuré (et j'en ai eu de charmantes), aucune ne m'a rendu si véritablement heureux et ne m'a laissé de si tendres regrets que l'île de Saint-Pierre au milieu du lac de Bienne.[1] Cette petite île, qu'on appelle à Neufchâtel l'île de La Motte, est bien peu connue, même en Suisse. Aucun voyageur, que je sache, n'en fait mention. Cependant elle est très agréable, et singulièrement située pour le bonheur d'un homme qui aime à se circonscrire;[2] car, quoique je sois peut-

être le seul au monde à qui sa destinée en ait fait une loi, je ne puis croire être le seul qui ait un goût si naturel, quoique je ne l'aie trouvé jusqu'ici chez nul autre.

Les rives du lac de Bienne sont plus sauvages et romantiques[3] que celles du lac de Genève, parce que les rochers et les bois y bordent l'eau de plus près; mais elles ne sont pas moins riantes. S'il y a moins de culture de champs et de vignes, moins de villes et de maisons, il y a aussi plus de verdure naturelle, plus de prairies, d'asiles ombragés de bocages, des contrastes plus fréquents et des accidents[4] plus rapprochés. Comme il n'y a pas sur ces heureux bords de grandes routes commodes pour les voitures, le pays est peu fréquenté par les voyageurs, mais il est intéressant pour des contemplatifs solitaires qui aiment à s'enivrer à loisir des charmes de la nature, et à se recueillir dans un silence que ne trouble aucun autre bruit que le cri des aigles,

[1] situé au nord du lac de Neuchâtel, en Suisse
[2] s'entourer de solitude

[3] Cet adjectif signifie à la fois pittoresque et romanesque.
[4] accidents de terrain

le ramage entrecoupé de quelques oiseaux, et le roulement des torrents qui tombent de la montagne. Ce beau bassin, d'une forme presque ronde, enferme dans son milieu deux petites îles, l'une habitée et cultivée, d'environ une demi-lieue de tour; l'autre plus petite, déserte et en friche,[5] et qui sera détruite à la fin par les transports de terre qu'on en ôte sans cesse pour réparer les dégâts que les vagues et les orages font à la grande. C'est ainsi que la substance du faible est toujours employée au profit du puissant.

Il n'y a dans l'île qu'une seule maison, mais grande, agréable et commode, qui appartient à l'hôpital de Berne, ainsi que l'île, et où loge un receveur[6] avec sa famille et ses domestiques. Il y entretient une nombreuse basse-cour,[7] une volière,[8] et des réservoirs pour le poisson. L'île, dans sa petitesse, est tellement variée dans ses terrains et ses aspects, qu'elle offre toutes sortes de sites et souffre[9] toutes sortes de cultures. On y trouve des champs, des vignes, des bois, des vergers, de gras pâturages ombragés de bosquets et bordés d'arbrisseaux de toute espèce, dont le bord des eaux entretient la fraîcheur; une haute terrasse plantée de deux rangs d'arbres borde l'île dans sa longueur, et dans le milieu de cette terrasse on a bâti un joli salon[10] où les habitants des rives voisines se rassemblent et viennent danser les dimanches durant les vendanges.

C'est dans cette île que je me réfugiai après la lapidation de Motiers.[11] J'en trouvai le séjour si charmant, j'y menais une vie si convenable à mon humeur, que, résolu d'y finir mes jours, je n'avais d'autre inquiétude sinon qu'on ne me laissât pas exécuter ce projet qui ne s'accordait pas avec celui de m'entraîner en Angleterre, dont je sentais déjà les premiers effets.[12] Dans les pressentiments qui m'inquiétaient, j'aurais voulu qu'on m'eût fait de cet asile une prison perpétuelle, qu'on m'y eût confiné pour toute ma vie, et qu'en m'ôtant toute puissance et tout espoir d'en sortir on m'eût interdit toute communication avec la terre ferme, de sorte qu'ignorant tout ce qui se faisait dans le monde, j'en eusse oublié l'existence, et qu'on y eût oublié la mienne aussi.

On[13] ne m'a laissé passer guère que deux mois dans cette île, mais j'y aurais passé deux ans, deux siècles, et toute l'éternité, sans m'y ennuyer un moment, quoique je n'y eusse, avec ma compagne,[14] d'autre société que celle du receveur, de sa femme et de ses domestiques, qui tous étaient à la vérité de très bonnes gens, et rien de plus; mais c'était précisément ce qu'il me fallait. Je compte ces deux mois pour le temps le plus heureux de ma vie, et tellement heureux, qu'il m'eût suffi durant toute mon existence, sans laisser naître un seul instant dans mon âme le désir d'un autre état.

Quel était donc ce bonheur, et en quoi consistait sa jouissance? Je le donnerais à deviner à tous les hommes de ce siècle sur la description de la vie que j'y menais. Le précieux *far niente*[15] fut la première et la principale de ces jouissances que je voulus savourer dans toute sa douceur, et tout ce que je fis durant mon séjour ne fut en effet que l'occupation délicieuse et nécessaire d'un homme qui s'est dévoué à l'oisiveté.

L'espoir qu'on ne demanderait pas mieux que de me laisser dans ce séjour isolé où je m'étais enlacé de moi-même, dont il m'était impossible de sortir sans assistance et sans être bien aperçu, et où je ne pouvais avoir ni communication ni correspondance que par le concours des gens qui m'entouraient; cet espoir, dis-je, me donnait celui d'y finir mes jours plus tranquillement que je ne les avais passés; et l'idée que j'avais le temps de m'y arranger tout à loisir fit que je commençai par n'y faire aucun arrangement. Transporté là brusquement, seul et nu, j'y fis venir successivement ma gouvernante,[16] mes livres et mon petit équipage,[17] dont j'eus le plaisir de ne rien déballer, laissant mes caisses et mes malles comme elles étaient arrivées et vivant dans l'ha-

[5] non cultivée
[6] le receveur des contributions pour les villages voisins
[7] ensemble de volailles
[8] grande cage à oiseaux
[9] admet
[10] c'était un pavillon
[11] Dans le Val-Travers. Le fanatisme religieux avait ameuté la population contre Rousseau qui en effet reçut des pierres.
[12] En effet, le sénat de Berne allait inviter Rousseau à quitter la Suisse.

[13] le gouvernement bernois
[14] Thérèse Levasseur
[15] ne rien faire
[16] Thérèse
[17] ce qu'il possédait

bitation où je comptais achever mes jours, comme dans une auberge dont j'aurais dû partir le lendemain. Toutes choses, telles qu'elles étaient, allaient si bien, que vouloir les mieux ranger était y gâter quelque chose. Un de mes plus grands délices était surtout de laisser toujours mes livres bien encaissés, et de n'avoir point d'écritoire. Quand de malheureuses lettres me forçaient de prendre la plume pour y répondre, j'empruntais en murmurant l'écritoire du receveur, et je me hâtais de la rendre, dans la vaine espérance de n'avoir plus besoin de la remprunter. Au lieu de ces tristes paperasses et de toute cette bouquinerie, j'emplissais ma chambre de fleurs et de foin: car j'étais alors dans ma première ferveur de botanique, pour laquelle le docteur d'Ivernois [18] m'avait inspiré un goût qui bientôt devint une passion. Ne voulant plus d'œuvre de travail, il m'en fallait une d'amusement qui me plût, et qui ne me donnât de peine que celle qu'aime à prendre un paresseux. J'entrepris de faire la *Flora Petrinsularis;* [19] et de décrire toutes les plantes de l'île, sans en omettre une seule, avec un détail suffisant pour m'occuper le reste de mes jours. On dit qu'un Allemand a fait un livre sur le zeste [20] de citron; j'en aurais fait un sur chaque gramen des prés, sur chaque mousse des bois, sur chaque lichen qui tapisse les rochers; enfin je ne voulais pas laisser un poil d'herbe, pas un atome végétal qui ne fût amplement décrit. En conséquence de ce beau projet, tous les matins, après le déjeuner, que nous faisions tous ensemble, j'allais, une loupe à la main, et mon *Systema naturae* [21] sous le bras, visiter un canton de l'île, que j'avais pour cet effet divisée en petits carrés, dans l'intention de les parcourir l'un après l'autre en chaque saison. Rien n'est plus singulier que les ravissements, les extases que j'éprouvais à chaque observation que je faisais sur la structure et l'organisation végétale, et sur le jeu des parties sexuelles dans la fructification, dont le système était alors tout à fait nouveau pour moi. La distinction des caractères génériques, dont je n'avais pas auparavant la moindre idée, m'enchantait en les vérifiant sur les espèces communes, en attendant qu'il s'en offrît à

moi de plus rares. La fourchure des deux longues étamines [22] de la brunelle, le ressort de celles de l'ortie et de la pariétaire, l'explosion du fruit de la balsamine et de la capsule du buis,[23] mille petits jeux de la fructification que j'observais pour la première fois me comblaient de joie, et j'allais demandant si l'on avait vu les cornes de la brunelle, comme La Fontaine demandait si l'on avait lu Habacuc.[24] Au bout de deux ou trois heures, je m'en revenais chargé d'une ample moisson, provision d'amusement pour l'après-dînée au logis, en cas de pluie. J'employais le reste de la matinée à aller avec le receveur, sa femme, et Thérèse, visiter leurs ouvriers et leur récolte, mettant le plus souvent la main à l'œuvre avec eux; et souvent des Bernois qui me venaient voir m'ont trouvé juché sur de grands arbres, ceint d'un sac que je remplissais de fruits, et que je dévalais [25] ensuite à terre avec une corde. L'exercice que j'avais fait dans la matinée, et la bonne humeur qui en est inséparable, me rendaient le repos du dîner très agréable; mais quand il se prolongeait trop, et que le beau temps m'invitait, je ne pouvais si longtemps attendre, et pendant qu'on était encore à table, je m'esquivais [26] et j'allais me jeter seul dans un bateau que je conduisais au milieu du lac quand l'eau était calme; et là, m'étendant tout de mon long dans le bateau, les yeux tournés vers le ciel, je me laissais aller et dériver [27] lentement au gré de l'eau, quelquefois pendant plusieurs heures, plongé dans mille rêveries confuses, mais délicieuses, et qui, sans avoir aucun objet bien déterminé ni constant, ne laissaient pas d'être à mon gré cent fois préférables à tout ce que j'avais trouvé de plus doux dans ce qu'on appelle les plaisirs de la vie. Souvent averti par le baisser du soleil de l'heure de la retraite, je me trouvais si loin de l'île, que j'étais forcé de travailler [28] de toute ma force pour arriver avant la nuit close. D'autres fois, au lieu de

[18] un de ses amis de Motiers
[19] La Flore de l'île de Saint-Pierre
[20] écorce extérieure
[21] *Le Système de la nature,* de Linné

[22] appareil sexuel des végétaux
[23] Rousseau nomme là cinq genres de plantes qu'on trouve au bord des chemins.
[24] Rousseau confond avec Baruch, un des douze petits prophètes hébreux. On connaît l'anecdote de La Fontaine, transporté d'enthousiasme à la lecture de ce prophète et demandant à tout venant: « Avez-vous lu Baruch? »
[25] faisais descendre
[26] me retirais discrètement
[27] m'éloigner du rivage
[28] en ramant

m'écarter en pleine eau, je me plaisais à côtoyer les verdoyantes rives de l'île, dont les limpides eaux et les ombrages frais m'ont souvent engagé à m'y baigner. Mais une de mes navigations les plus fréquentes était d'aller de la grande à la petite île, d'y débarquer et d'y passer l'après-dîner, tantôt à des promenades très circonscrites au milieu des marceaux, des bourdaines, des persicaires,[29] des arbrisseaux de toutes espèces, et tantôt m'établissant au sommet d'un tertre sablonneux, couvert de gazon, de serpolet,[30] de fleurs, même d'esparcette et de trèfles[31] qu'on y avait vraisemblablement semés autrefois, et très propres à loger des lapins, qui pouvaient là multiplier en paix sans rien craindre, et sans nuire à rien. Je donnai cette idée au receveur, qui fit venir de Neuchâtel des lapins mâles et femelles, et nous allâmes en grande pompe, sa femme, une de ses sœurs, Thérèse et moi, les établir dans la petite île, où ils commençaient à peupler avant mon départ, et où ils auront prospéré sans doute, s'ils ont pu soutenir la rigueur des hivers. La fondation de cette petite colonie fut une fête. Le pilote des Argonautes[32] n'était pas plus fier que moi menant en triomphe la compagnie et les lapins de la grande île à la petite, et je notais avec orgueil que la receveuse, qui redoutait l'eau à l'excès, et s'y trouvait toujours mal, s'embarqua sous ma conduite avec confiance, et ne montra nulle peur durant la traversée.

Quand le lac agité ne me permettait pas la navigation, je passais mon après-midi à parcourir l'île, en herborisant[33] à droite et à gauche, m'asseyant tantôt dans des réduits les plus riants et les plus solitaires pour y rêver à mon aise, tantôt sur les terrasses et les tertres, pour parcourir des yeux le superbe et ravissant coup d'œil du lac et de ses rivages, couronnés d'un côté par des montagnes prochaines, et de l'autre élargis en riches et fertiles plaines, dans lesquelles la vue s'étendait jusqu'aux montagnes bleuâtres plus éloignées qui la bornaient.

Quand le soir approchait, je descendais des cimes de l'île, et j'allais volontiers m'asseoir au bord du lac, sur la grève, dans quelque asile caché; là, le bruit des vagues et l'agitation de l'eau, fixant mes sens et chassant de mon âme toute autre agitation, la plongeaient dans une rêverie délicieuse, où la nuit me surprenait souvent sans que je m'en fusse aperçu. Le flux et le reflux de cette eau, son bruit continu, mais renflé[34] par intervalles, frappant sans relâche mon oreille et mes yeux, suppléaient aux mouvements internes[35] que la rêverie éteignait en moi, et suffisaient pour me faire sentir avec plaisir mon existence, sans prendre la peine de penser. De temps à autre naissait quelque faible et courte réflexion sur l'instabilité des choses de ce monde, dont la surface des eaux m'offrait l'image; mais bientôt ces impressions légères s'effaçaient dans l'uniformité du mouvement continu qui me berçait, et qui, sans aucun concours actif de mon âme, ne laissait pas de m'attacher au point qu'appelé par l'heure et par le signal convenu je ne pouvais m'arracher de là sans effort.

Après le souper, quand la soirée était belle, nous allions encore tous ensemble faire quelque tour de promenade sur la terrasse, pour y respirer l'air du lac et la fraîcheur. On se reposait dans le pavillon, on riait, on causait, on chantait quelque vieille chanson qui valait bien le tortillage[36] moderne, et enfin l'on s'allait coucher content de sa journée, et n'en désirant qu'une semblable pour le lendemain.

Telle est, laissant à part les visites imprévues et importunes, la manière dont j'ai passé mon temps dans cette île, durant le séjour que j'y ai fait. Qu'on me dise à présent ce qu'il y a là d'assez attrayant pour exciter dans mon cœur des regrets si vifs, si tendres et si durables, qu'au bout de quinze ans il m'est impossible de songer à cette habitation chérie sans m'y sentir à chaque fois transporter encore par les élans du désir. . .

[29] trois sortes de plantes d'eau
[30] plante odoriférante
[31] deux sortes de plantes herbacées
[32] héros grecs, conduits par Jason et montés sur le navire *Argo,* pour aller en Colchide conquérir la Toison d'or (mythologie classique)
[33] recueillant dans la campagne des plantes pour les étudier

[34] plus fort
[35] pensées et sentiments
[36] chant compliqué et plein de coquetteries (Rousseau vise Rameau, Gluck, etc.)

Démolition de la Bastille, par Tétar. Musée du Louvre. (Photographie Giraudon)

VIII. Beaumarchais (1732–1799)

AVENTURIER, fils d'horloger devenu gentilhomme, courtisan et diplomate, homme d'affaires, Beaumarchais eut l'adresse de s'introduire à la cour de bonne heure. Il fut successivement contrôleur de la Maison du Roi à Versailles, négociant, puis financier. Marié à deux reprises et veuf deux fois, il voyagea, fréquenta les salons. Le théâtre l'attire. Il y subit deux échecs: *Eugénie* (1767) et *Les Deux Amis* (1770).

A la suite de procès scandaleux, il est condamné, emprisonné. Mais il devient célèbre par ses *Mémoires* contre le conseiller Goëzman. Il a fait ensuite figure plus durable au théâtre avec *Le Barbier de Séville* (1775), et *Le Mariage de Figaro,* pièce écrite en 1778 mais représentée seulement en 1784. Exilé en Allemagne, il revient en France et meurt bientôt d'apoplexie.

L'HOMME

Le Barbier et *Le Mariage* marquent le triomphe de la comédie d'intrigue. Si le fond de ces deux comédies n'est nullement original, elles n'en apportaient pas moins des nouveautés: une verve ardente, provocatrice, mordante; le caractère de Figaro, protagoniste du *Barbier* et du *Mariage,* un homme qui est au-dessus de sa condition, que la société oblige à vivre d'expédients, qui n'en garde pas moins un cœur sensible avec un esprit de révolté; enfin, une satire violente de l'Ancien Régime, la parole donnée au Tiers-État, et même à la classe populaire prise d'ambition et menaçante. Déjà dans *Le Barbier* Figaro lançait à son maître des phrases insolentes: « Aux vertus qu'on exige d'un domestique, votre Excellence connaît-elle beaucoup de maîtres qui soient dignes d'être valets? » Et la satire se fait encore plus virulente dans *Le Mariage.*

L'ŒUVRE

Cette pièce est un document littéraire significatif qui marque aujourd'hui une date importante. A la vigueur de la satire sociale s'ajoutent une souplesse de l'intrigue et une observation des mœurs qui en font l'originalité.

Enfin, le théâtre de Beaumarchais prépare le drame romantique.

Nous avons choisi de donner ici le troisième acte du *Mariage,* où l'on voit non seulement l'insolent Figaro tenir tête à son maître, mais où l'on assiste aussi à une attaque contre la magistrature. Enfin, à la suite de cet acte, on lira le monologue célèbre de Figaro qui figure au début de l'acte V.

Le Mariage de Figaro

ACTE I

[*Figaro est sur le point d'épouser Suzanne, la camériste de la comtesse Almaviva. Son projet risque d'être contrecarré par Marceline, à qui il a emprunté dix mille francs et signé un billet (les lui rendre dans un terme fixé ou l'épouser), et par le comte Almaviva, qui courtise Suzanne, et délaisse la comtesse. Suzanne, toutefois, a averti sa maîtresse et son fiancé des intentions galantes du comte. Ils s'entendent pour faire avorter ses desseins. Le comte est d'ailleurs jaloux du petit page Chérubin, qui est amoureux de la comtesse et qui complique les desseins du comte par son étourderie perpétuelle.*]*

ACTE II

[*Le maître et le valet engagent une lutte sourde et âpre. Figaro fait croire au comte qu'un galant cherche à voir la comtesse. Le comte manque de surprendre le petit page Chérubin qui était venu chanter une romance à la comtesse mais qui s'échappe à temps en sautant par une fenêtre. Le comte bafoué prépare sa revanche. Grâce à la complicité du juge, il compte faire condamner Figaro à épouser la vieille Marceline. Il faut savoir encore, pour comprendre ce qui suit, que le comte, pour éloigner Chérubin, lui avait donné un brevet d'officier, qu'il croit donc le jeune homme déjà à Séville, et qu'il lui envoie le brevet (lequel a été perdu et retrouvé).*]

ACTE III
PERSONNAGES

Le Comte Almaviva, grand corrégidor d'Andalousie

Figaro, valet de chambre du comte et concierge du château

Suzanne, première camériste de la comtesse, et fiancée de Figaro

Marceline, femme de charge
Antonio, jardinier du château, oncle de Suzanne
Bartholo, médecin de Séville
Don Guzman Brid'oison, lieutenant du siège
Double-Main, greffier, secrétaire de don Guzman
Un huissier-audiencier
Pedrille, piqueur du comte

Le théâtre représente une salle du château appelée salle du trône, et servant de salle d'audience, ayant sur le côté une impériale en dais et, dessous, le portrait du roi.

Scène première — LE COMTE, PÉDRILLE *en veste et botté, tenant un paquet cacheté*

LE COMTE, *vite*— M'as-tu bien entendu?
PÉDRILLE— Excellence, oui. (*Il sort.*)

Scène II — LE COMTE, *seul, criant*

LE COMTE— Pédrille!

Scène III — LE COMTE, PÉDRILLE *revient*

PÉDRILLE— Excellence?
LE COMTE— On ne t'a pas vu?
PÉDRILLE— Âme qui vive.
LE COMTE— Prenez le cheval barbe.[1]
PÉDRILLE— Il est à la grille du potager, tout sellé.
LE COMTE— Ferme,[2] d'un trait, jusqu'à Séville.
PÉDRILLE— Il n'y a que trois lieues, elles sont bonnes.[3]
LE COMTE— En descendant, sachez si le page est arrivé.
PÉDRILLE— Dans l'hôtel?
LE COMTE— Oui, surtout depuis quel temps.
PÉDRILLE— J'entends.
LE COMTE— Remets-lui son brevet, et reviens vite.

[1] de race orientale
[2] sans s'arrêter
[3] faciles à parcourir

PÉDRILLE—Et s'il n'y était pas?

LE COMTE—Revenez plus vite, et m'en rendez compte. Allez.

SCÈNE IV — LE COMTE, *seul, marche en rêvant*

J'ai fait une gaucherie en éloignant Bazile![4] . . . la colère n'est bonne à rien. — Ce billet, remis par lui, qui m'avertit d'une entreprise[5] sur la Comtesse. . . La camériste enfermée quand j'arrive. . . La maîtresse affectée d'une terreur fausse ou vraie. . . Un homme qui saute par la fenêtre et l'autre après qui avoue. . . ou qui prétend que c'est lui. . . Le fil m'échappe. Il y a là-dedans une obscurité! . . . Des libertés[6] chez mes vassaux, qu'importe à gens de cette étoffe? Mais la Comtesse! Si quelque insolent attentait. . .[7] Où m'égaré-je? En vérité, quand la tête se monte, l'imagination la mieux réglée devient folle comme un rêve! — Elle s'amusait; ces ris étouffés, cette joie mal éteinte! — Elle se respecte, et mon honneur. . . où diable on l'a placé! De l'autre part, où suis-je? Cette friponne de Suzanne a-t-elle trahi mon secret? Comme il n'est pas encore le sien! . . . Qui donc m'enchaîne à cette fantaisie? J'ai voulu vingt fois y renoncer. . . Étrange effet de l'irrésolution! Si je la voulais sans débat, je la désirerais mille fois moins. — Ce Figaro se fait bien attendre! il faut le sonder adroitement (*Figaro paraît dans le fond; il s'arrête*), et tâcher, dans la conversation que je vais avoir avec lui, de démêler d'une manière détournée s'il est instruit ou non de mon amour pour Suzanne.

SCÈNE V — LE COMTE, FIGARO

FIGARO, *à part*—Nous y voilà.

LE COMTE—. . . S'il en sait par elle un seul mot. . .

FIGARO, *à part*—Je m'en suis douté.

LE COMTE—. . . Je lui fais épouser la vieille.

FIGARO, *à part*—Les amours de monsieur Bazile?

LE COMTE—. . . Et voyons ce que nous ferons de la jeune.

FIGARO, *à part*—Ah! ma femme, s'il vous plaît.

LE COMTE *se retourne*—Hein? quoi? qu'est-ce que c'est?

FIGARO *s'avance*—Moi, qui me rends à vos ordres.

LE COMTE—Et pourquoi ces mots?

FIGARO—Je n'ai rien dit.

LE COMTE *répète*—*Ma femme, s'il vous plaît?*

FIGARO—C'est. . . la fin d'une réponse que je faisais: *Allez le dire à ma femme, s'il vous plaît.*

LE COMTE *se promène*—Sa femme! . . . Je voudrais bien savoir quelle affaire peut arrêter Monsieur, quand je le fais appeler?

FIGARO, *feignant d'assurer son habillement*—Je m'étais sali sur ces couches en tombant;[8] je me changeais.

LE COMTE—Faut-il une heure?

FIGARO—Il faut le temps.

LE COMTE—Les domestiques, ici. . ., sont plus longs à s'habiller que les maîtres!

FIGARO—C'est qu'ils n'ont point de valets pour les y aider.

LE COMTE—. . . Je n'ai pas trop compris ce qui vous avait forcé tantôt de courir un danger inutile, en vous jetant. . .

FIGARO—Un danger! on dirait que je me suis engouffré tout vivant. . .

LE COMTE—Essayez de me donner le change en feignant de le prendre,[9] insidieux valet! Vous entendez fort bien que ce n'est pas le danger qui m'inquiète, mais le motif.

FIGARO—Sur un faux avis, vous arrivez furieux, renversant tout, comme le torrent de la Morena;[10] vous cherchez un homme, il vous le faut, ou vous allez briser les portes, enfoncer les cloisons! Je me trouve là par hasard: qui sait dans votre emportement si. . .

LE COMTE, *interrompant*—Vous pouviez fuir par l'escalier.

FIGARO—Et vous, me prendre au corridor.

LE COMTE, *en colère*—Au corridor? (*A part.*) Je m'emporte, et nuis à ce que je veux savoir.

FIGARO *à part*—Voyons-le venir, et jouons serré.[11]

LE COMTE, *radouci.*—Ce n'est pas ce que je vou-

[4] le maître à danser
[5] amoureuse
[6] dans les mœurs
[7] à son honneur
[8] Pour sauver Chérubin, il a prétendu que c'est lui qui avait sauté par la fenêtre.
[9] me tromper en feignant de vous tromper
[10] la Sierra Morena, montagne d'Espagne
[11] avec grande attention (gallicisme)

lais dire, laissons cela. J'avais. . . oui, j'avais quelque envie de t'emmener à Londres, courrier de dépêches; . . . mais, toutes réflexions faites. . .

FIGARO— Monseigneur a changé d'avis?

LE COMTE— Premièrement, tu ne sais pas l'anglais.

FIGARO— Je sais *God-dam.*

LE COMTE— Je n'entends pas.

FIGARO— Je dis que je sais *God-dam.*

LE COMTE— Hé bien?

FIGARO— Diable! c'est une belle langue que l'anglais; il en faut peu pour aller loin. Avec *God-dam,* en Angleterre, on ne manque de rien nulle part. — Voulez-vous tâter d'un bon poulet gras: entrez dans une taverne, et faites seulement ce geste au garçon (*il tourne la broche*), *God-dam!* on vous apporte un pied de bœuf salé sans pain. C'est admirable! Aimez-vous à boire un coup d'excellent bourgogne ou de clairet, rien que celui-ci (*il débouche une bouteille*): *God-dam!* on vous sert un pot de bière, en bel étain, la mousse aux bords. Quelle satisfaction! Rencontrez-vous une de ces jolies personnes qui vont trottant menu,[12] les yeux baissés, coudes en arrière, et tortillant un peu des hanches: mettez mignardement [13] tous les doigts unis sur la bouche. Ah! *God-dam!* elle vous sangle[14] un soufflet de crocheteur: [15] preuve qu'elle entend. Les Anglais, à la vérité, ajoutent, par-ci par-là quelques autres mots en conversant; mais il est bien aisé de voir que *God-dam* est le fond de la langue; et si Monseigneur n'a pas d'autre motif de me laisser en Espagne. . .

LE COMTE, *à part*— Il veut venir à Londres, elle n'a pas parlé.

FIGARO, *à part*— Il croit que je ne sais rien, travaillons-le un peu dans son genre.

LE COMTE— Quel motif avait la Comtesse, pour me jouer un pareil tour? [16]

FIGARO— Ma foi, Monseigneur, vous le savez mieux que moi.

LE COMTE— Je la préviens sur tout et la comble de présents.

FIGARO— Vous lui donnez, mais vous êtes infidèle. Sait-on gré du superflu à qui nous prive du nécessaire?

LE COMTE— . . . Autrefois tu me disais tout.

FIGARO— Et maintenant je ne vous cache rien.

LE COMTE— Combien la Comtesse t'a-t-elle donné pour cette belle association?

FIGARO— Combien me donnâtes-vous pour la tirer des mains du Docteur? [17] Tenez, Monseigneur, n'humilions pas l'homme qui nous sert bien, crainte d'en faire un mauvais valet.

LE COMTE— Pourquoi faut-il qu'il y ait toujours du louche [18] en ce que tu fais?

FIGARO— C'est qu'on en voit partout, quand on cherche des torts.

LE COMTE— Une réputation détestable!

FIGARO— Et si je vaux mieux qu'elle? Y a-t-il beaucoup de seigneurs qui puissent en dire autant?

LE COMTE— Cent fois je t'ai vu marcher à la fortune,[19] et jamais aller droit.

FIGARO— Comment voulez-vous? la foule est là; chacun veut courir, on se presse, on pousse, on coudoie, on renverse, arrive qui peut; le reste est écrasé. Aussi c'est fait; pour moi, j'y renonce.

LE COMTE— A la fortune? (*A part.*) Voici du neuf.

FIGARO— (*A part.*) A mon tour, maintenant. (*Haut.*) Votre Excellence m'a gratifié de la conciergerie du château; c'est un fort joli sort: à la vérité, je ne serai pas le courrier étrenné [20] des nouvelles intéressantes; mais, en revanche, heureux avec ma femme au fond de l'Andalousie. . .

LE COMTE— Qui t'empêcherait de l'emmener à Londres?

FIGARO— Il faudrait la quitter si souvent, que j'aurais bientôt du mariage par-dessus la tête.[21]

LE COMTE— Avec du caractère et de l'esprit, tu pourrais un jour t'avancer dans les bureaux.

FIGARO— De l'esprit pour s'avancer? Monseigneur se rit du mien. Médiocre et rampant, et l'on arrive à tout.

LE COMTE— . . . Il ne faudrait qu'étudier un peu sous moi la politique.

[12] à petits pas
[13] avec un air de gentillesse
[14] frappe de
[15] portefaix
[16] il la croit infidèle

[17] le docteur Bartholo, tuteur de Rosine jeune fille (allusion au *Barbier de Séville*)
[18] quelque chose de confus et de suspect
[19] réussite
[20] qui est le premier à apprendre
[21] fatigue et ennui du mariage

FIGARO— Je la sais.

LE COMTE— Comme l'anglais: le fond de la langue!

FIGARO— Oui, s'il y avait ici de quoi se vanter; mais, feindre d'ignorer ce qu'on sait, de savoir ce qu'on ignore, d'entendre ce qu'on ne comprend pas, de ne point ouïr ce qu'on entend, surtout de pouvoir au delà de ses forces; avoir souvent pour grand secret de cacher qu'il n'y en a point, s'enfermer pour tailler des plumes [22] et paraître profond quand on n'est, comme on dit, que vide et creux, jouer bien ou mal un personnage, répandre des espions et pensionner des traîtres, amollir des cachets, [23] intercepter des lettres, et tâcher d'ennoblir la pauvreté des moyens par l'importance des objets: voilà toute la politique, ou je meure!

LE COMTE— Eh! c'est l'intrigue que tu définis!

FIGARO— La politique, l'intrigue, volontiers; mais comme je les crois un peu germaines, [24] en fasse qui voudra. *J'aime mieux ma mie au gué,* comme dit la chanson du bon Roi. [25]

LE COMTE, *à part*— Il veut rester. J'entends. . . Suzanne m'a trahi.

FIGARO, *à part*— Je l'enfile [26] et le paye en sa monnaie.

LE COMTE— Ainsi, tu espères gagner ton procès contre Marceline?

FIGARO— Me feriez-vous un crime de refuser une vieille fille, quand Votre Excellence se permet de nous souffler [27] toutes les jeunes?

LE COMTE, *raillant*— Au tribunal, le magistrat s'oublie et ne voit plus que l'ordonnance.

FIGARO— Indulgente aux grands, dure aux petits. . .

LE COMTE— Crois-tu donc que je plaisante?

FIGARO— Eh! qui le sait, Monseigneur? *Tempo è galant' uomo,* [28] dit l'italien; il dit toujours la vérité: c'est lui qui m'apprendra qui me veut du mal ou du bien.

LE COMTE, *à part*— Je vois qu'on lui a tout dit; il épousera la duègne.

FIGARO, *à part*— Il a joué au fin [29] avec moi, qu'a-t-il appris?

SCÈNE VI — LE COMTE, UN LAQUAIS, FIGARO

LE LAQUAIS, *annonçant*— Don Guzman Brid'oison.

LE COMTE— Brid'oison?

FIGARO— Eh! sans doute. C'est le juge ordinaire, le lieutenant du siège, [30] votre prud'homme. [31]

LE COMTE— Qu'il attende. (*Le laquais sort.*)

SCÈNE VII — LE COMTE, FIGARO

FIGARO *reste un moment à regarder le Comte qui rêve*— . . . Est-ce là ce que Monseigneur voulait?

LE COMTE, *revenant à lui*— Moi? . . . je disais d'arranger ce salon pour l'audience publique.

FIGARO— Hé, qu'est-ce qu'il manque? Le grand fauteuil pour vous, de bonnes chaises aux prud'hommes, le tabouret du greffier, deux banquettes aux avocats, le plancher pour le beau monde, et la canaille derrière. Je vais renvoyer les frotteurs. [32] (*Il sort.*)

SCÈNE VIII — LE COMTE, *seul*

Le maraud [33] m'embarrassait! En disputant, il prend son avantage, il vous serre, vous enveloppe. . . Ah! friponne et fripon! [34] vous vous entendez pour me jouer? Soyez amis, soyez amants, soyez ce qu'il vous plaira, j'y consens; mais, parbleu, pour époux. . .

SCÈNE IX — SUZANNE, LE COMTE

SUZANNE, *essoufflée*— Monseigneur. . . pardon, Monseigneur.

LE COMTE *avec humeur*— Qu'est-ce qu'il y a, Mademoiselle?

SUZANNE— Vous êtes en colère?

[22] On écrivait alors avec des plumes d'oie.
[23] pour ouvrir secrètement les lettres
[24] sœurs
[25] le roi Henri IV
[26] Je le trompe.
[27] prendre (familier)
[28] Le temps est galant homme.

[29] Il a voulu être habile.
[30] ordonnateur du tribunal
[31] juge des affaires professionelles
[32] des meubles et des planchers
[33] méchant diable
[34] Figaro et Suzanne

LE COMTE— Vous voulez quelque chose, apparemment?

SUZANNE, *timidement*— C'est que ma maîtresse a ses vapeurs. J'accourais vous prier de nous prêter votre flacon d'éther. Je l'aurais rapporté dans l'instant.

LE COMTE *le lui donne*— Non, non, gardez-le pour vous-même. Il ne tardera pas à vous être utile.

SUZANNE— Est-ce que les femmes de mon état ont des vapeurs, donc? C'est un mal de condition,[35] qu'on ne prend que dans les boudoirs.

LE COMTE— Une fiancée bien éprise, et qui perd son futur. . .

SUZANNE— En payant Marceline avec la dot que vous m'avez promise. . .

LE COMTE— Que je vous ai promise, moi?

SUZANNE, *baissant les yeux*— Monseigneur, j'avais cru l'entendre.

LE COMTE— Oui, si vous consentiez à m'entendre [36] vous-même.

SUZANNE, *les yeux baissés*— Et n'est-ce pas mon devoir d'écouter Son Excellence?

LE COMTE— Pourquoi donc, cruelle fille, ne me l'avoir pas dit plus tôt?

SUZANNE— Est-il jamais trop tard pour dire la vérité?

LE COMTE— Tu te rendrais sur la brune [36a] au jardin?

SUZANNE— Est-ce que je ne m'y promène pas tous les soirs?

LE COMTE— Tu m'as traité ce matin si sévèrement!

SUZANNE— Ce matin? . . .—Et le page derrière le fauteuil?

LE COMTE— Elle a raison, je l'oubliais. Mais pourquoi ce refus obstiné, quand Bazile, de ma part. . . ? [37]

SUZANNE— Quelle nécessité qu'un Bazile. . . ?

LE COMTE— Elle a toujours raison. Cependant il y a un certain Figaro à qui je crains bien que vous n'ayez tout dit!

SUZANNE— Dame! oui, je lui dis tout, hors ce qu'il faut lui taire.

LE COMTE, *en riant*— Ah charmante! Et, tu me le

promets? Si tu manquais à ta parole, entendons-nous, mon cœur; point de rendez-vous, point de dot, point de mariage.

SUZANNE, *faisant la révérence*— Mais aussi, point de mariage, point de droit du Seigneur,[38] Monseigneur.

LE COMTE— Où prend-elle ce qu'elle dit? D'honneur, j'en raffolerai! Mais ta maîtresse attend le flacon. . .

SUZANNE, *riant et rendant le flacon*— Aurais-je pu vous parler sans un prétexte?

LE COMTE *veut l'embrasser*— Délicieuse créature!

SUZANNE *s'échappe*— Voilà du monde.

LE COMTE, *à part*— Elle est à moi. (*Il s'enfuit.*)

SUZANNE— Allons vite rendre compte à Madame.

SCÈNE X — SUZANNE, FIGARO

FIGARO— Suzanne! Suzanne! où cours-tu donc si vite en quittant Monseigneur?

SUZANNE— Plaide à présent, si tu le veux; tu viens de gagner ton procès. (*Elle s'enfuit.*)

FIGARO *la suit*— Ah! mais, dis donc. . .

SCÈNE XI — LE COMTE *rentre seul*

Tu viens de gagner ton procès! —Je donnais là dans un bon piège! O mes chers insolents! je vous punirai de façon. . . Un bon arrêt, bien juste. . . Mais, s'il allait payer la duègne. . . Avec quoi? S'il payait. . . Eeeeh! n'ai-je pas le fier Antonio, dont le noble orgueil dédaigne en Figaro un inconnu pour sa nièce? [39] En caressant cette manie. . . Pourquoi non? Dans le vaste champ de l'intrigue, il faut savoir tout cultiver, jusqu'à la vanité d'un sot. (*Il appelle.*) Anto. . . (*Il voit entrer Marceline.*) (*Il sort.*)

SCÈNE XII — BARTHOLO, MARCELINE, BRID'OISON

MARCELINE, *à Brid'oison*— Monsieur, écoutez mon affaire.

BRID'OISON, *en robe, et bégayant un peu*— Eh bien, pa-ar-lons-en verbalement.

[35] condition noble
[36] accepter mon amour
[36a] au crépuscule
[37] Bazile fait les commissions amoureuses du comte; il cherché à corrompre Suzanne.

[38] Ancien droit d'amour que le Seigneur exerçait sur les mariées de sa maison.
[39] Suzanne

BARTHOLO— C'est une promesse de mariage.

MARCELINE— Accompagnée d'un prêt d'argent.

BRID'OISON— J'en-entends *et cætera,* le reste.

MARCELINE— Non, Monsieur, point *d'et cætera.*

BRID'OISON— J'en-entends: vous avez la somme? 5

MARCELINE— Non, Monsieur; c'est moi qui l'ai prêtée.

BRID'OISON— J'en-entends bien; vou-ous redemandez l'argent?

MARCELINE— Non, Monsieur; je demande qu'il m'é- 10 pouse.

BRID'OISON— Eh mais, j'en-entends fort bien; et lui, veu-eut-il vous épouser?

MARCELINE— Non, Monsieur; voilà tout le procès! 15

BRID'OISON— Croyez-vous que je ne l'en-entende pas, le procès?

MARCELINE— Non, Monsieur. (*A Bartholo.*) Où sommes-nous! (*A Brid'oison.*) Quoi! c'est vous qui nous jugerez? 20

BRID'OISON— Est-ce que j'ai a-acheté ma charge pour autre chose?

MARCELINE, *en soupirant*— C'est un grand abus que de les vendre!

BRID'OISON— Oui, l'on-on ferait mieux de nous les 25 donner pour rien. Contre qui plai-aidez-vous?

SCÈNE XIII — BARTHOLO, MARCELINE, BRID'OISON; FIGARO *rentre en se frottant les mains*

MARCELINE, *montrant Figaro*— Monsieur, contre ce malhonnête homme.

FIGARO, *très gaiement, à Marceline*— Je vous gêne peut-être. — Monseigneur revient dans l'instant, Monsieur le Conseiller.

BRID'OISON— J'ai vu ce ga-arçon-là quelque part.

FIGARO— Chez Madame votre femme, à Séville, pour la servir, Monsieur le Conseiller.

BRID'OISON— Dan-ans quel temps?

FIGARO— Un peu moins d'un an avant la naissance 40 de Monsieur votre fils, le cadet, qui est un bien joli enfant, je m'en vante.

BRID'OISON— Oui, c'est le plus jo-oli de tous. On dit que tu-u fais ici des tiennes?[40]

FIGARO— Monsieur est bien bon. Ce n'est là qu'une 45 misère.

[40] Tu fais le libertin. (gallicisme)

BRID'OISON— Une promesse de mariage. A-ah le pauvre benêt!

FIGARO— Monsieur.

BRID'OISON— A-t-il vu mon-on secrétaire, ce bon garçon?

FIGARO— N'est-ce pas Double-Main, le greffier?

BRID'OISON— Oui, c'è-est qu'il mange à deux râteliers.[41]

FIGARO— Manger! je suis garant qu'il dévore. Oh que oui, je l'ai vu, pour l'extrait, et pour le supplément d'extrait; comme cela se pratique, au reste.

BRID'OISON— On-on doit remplir les formes.

FIGARO— Assurément, Monsieur: si le fond des procès appartient aux plaideurs, on sait bien que la forme est le patrimoine des tribunaux.

BRID'OISON— Ce garçon-là n'è-est pas si niais que je l'avais cru d'abord. Hé bien, l'ami, puisque tu en sais tant, nou-ous aurons soin de ton affaire.

FIGARO— Monsieur, je m'en rapporte à votre équité, quoique vous soyez de notre justice.

BRID'OISON— Hein? . . . Oui, je suis de la-a justice. Mais si tu dois et que tu-u ne payes pas? . . .

FIGARO— Alors Monsieur voit bien que c'est comme si je ne devais pas.

BRID'OISON— San-ans doute. — Hé mais, qu'est-ce donc qu'il dit?

SCÈNE XIV — BARTHOLO, MARCELINE, LE COMTE, BRID'OISON, FIGARO, UN HUISSIER

L'HUISSIER, *précédant le Comte, crie*— Monseigneur, Messieurs!

LE COMTE— En robe ici, Seigneur Brid'oison! Ce n'est qu'une affaire domestique. L'habit de ville était trop bon.

BRID'OISON— C'è-est vous qui l'êtes, Monsieur le Comte. Mais je ne vais jamais san-ans elle; parce que la forme, voyez-vous, la forme! Tel rit d'un juge en habit court, qui-i tremble au seul aspect d'un procureur en robe. La forme, la-a forme!

LE COMTE, *à l'huissier*— Faites entrer l'audience.[42]

L'HUISSIER *va ouvrir en glapissant*— L'audience!

[41] Il se fait payer par les deux parties. (gallicisme)
[42] les gens nécessaires au procès

SCÈNE XV — LES ACTEURS PRÉCÉDENTS, ANTONIO, LES VALETS DU CHÂTEAU, LES PAYSANS ET PAYSANNES *en habits de fête;* LE COMTE *s'assied sur le grand fauteuil;* BRID'OISON, *sur une chaise à côté;* LE GREFFIER, *sur le tabouret derrière sa table;* LES JUGES, LES AVOCATS, *sur les banquettes;* MARCELINE, *à côté de Bartholo;* FIGARO, *sur l'autre banquette;* LES PAYSANS ET VALETS *debout derrière.*

BRID'OISON, *à Double-Main*— Double-Main, a-appelez les causes.

DOUBLE-MAIN *lit un papier*— « Noble, très noble, infiniment noble don Pedro George, hidalgo, baron de los Altos, y Montes Fieros, y otros montes; contre Alonzo Calderon, jeune auteur dramatique. » Il est question d'une comédie mort-née,[43] que chacun désavoue, et rejette sur l'autre.

LE COMTE— Ils ont raison tous deux. Hors de cour. S'ils font ensemble un autre ouvrage, pour qu'il marque un peu dans le grand monde, ordonné que le noble y mettra son nom, le poète son talent.

DOUBLE-MAIN *lit un autre papier*— « André Petrutchio, laboureur; contre le receveur de la province. » Il s'agit d'un forcement[44] arbitraire.

LE COMTE— L'affaire n'est pas de mon ressort. Je servirai mieux mes vassaux en les protégeant près du Roi. Passez.

DOUBLE-MAIN *en prend un troisième. Bartholo et Figaro se lèvent*— « Barbe-Agar-Raab-Madeleine-Nicole-Marceline de Verte-Allure, fille majeure (*Marceline se lève et salue*); contre Figaro. . . » Nom de baptême en blanc.

FIGARO— Anonyme.

BRID'OISON— A-anonyme? Què-el patron[45] est-ce là?

FIGARO— C'est le mien.

DOUBLE-MAIN *écrit*— « Contre Anonyme Figaro ». Qualités?

FIGARO— Gentilhomme.

LE COMTE— Vous êtes gentilhomme? (*Le greffier écrit.*)

FIGARO— Si le ciel l'eût voulu, je serais le fils d'un Prince.

LE COMTE, *au greffier*— Allez.

[43] qui n'a pas réussi
[44] obligation de paiement
[45] saint dont on porte le nom

L'HUISSIER, *glapissant*— Silence, Messieurs!

DOUBLE-MAIN *lit*— « . . . Pour cause d'opposition faite au mariage dudit Figaro par ladite de Verte-Allure. Le Docteur Bartholo plaidant pour la demanderesse, et ledit Figaro pour lui-même, si la Cour le permet, contre le vœu de l'usage et la jurisprudence[46] du siège. »

FIGARO— L'usage, maître Double-Main, est souvent un abus; le client un peu instruit sait toujours mieux sa cause que certains avocats qui, suant à froid,[47] criant à tue-tête, et connaissant tout, hors le fait, s'embarrassent aussi peu de ruiner le plaideur que d'ennuyer l'auditoire et d'endormir Messieurs; plus boursouflés après que s'ils eussent composé l'*oratio pro Murena*.[48] Moi, je dirai le fait en peu de mots. Messieurs. . .

DOUBLE-MAIN— En voilà beaucoup d'inutiles, car vous n'êtes pas demandeur, et n'avez que la défense. Avancez, Docteur, et lisez la promesse.

FIGARO— Oui, promesse!

BARTHOLO, *mettant ses lunettes*— Elle est précise.

BRID'OISON— I-il faut la voir.

DOUBLE-MAIN— Silence donc, Messieurs!

L'HUISSIER, *glapissant*— Silence!

BARTHOLO *lit*— « Je soussigné reconnais avoir reçu de Damoiselle, etc. . . Marceline de Verte-Allure, dans le château d'Aguas-Frescas, la somme de deux mille piastres fortes cordonnées;[49] laquelle somme je lui rendrai à sa réquisition, dans ce château, et je l'épouserai, par forme de reconnaissance, etc. Signé: Figaro, tout court. » Mes conclusions sont au paiement du billet et à l'exécution de la promesse, avec dépens.[50] (*Il plaide.*) Messieurs. . . jamais cause plus intéressante ne fut soumise au jugement de la Cour! et depuis Alexandre le Grand, qui promit mariage à la belle Thalestris. . .

LE COMTE, *interrompant*— Avant d'aller plus loin, avocat, convient-on de la validité du titre?[51]

BRID'OISON, *à Figaro*— Qu'oppo. . . qu'oppo-osez-vous à cette lecture?

[46] les précédents du tribunal, qui voulaient un avocat pour tout plaideur
[47] faisant semblant d'être émus
[48] célèbre plaidoyer de Cicéron
[49] dont l'effigie était entourée d'un cordon
[50] paiements des frais
[51] l'acte d'accusation

FIGARO— Qu'il y a, Messieurs, malice, erreur ou distraction dans la manière dont on a lu la pièce; car il n'est pas dit dans l'écrit: « laquelle somme je lui rendrai, ET je l'épouserai »; mais: « laquelle somme je lui rendrai, OU je l'épouserai »; ce qui est bien différent.

LE COMTE— Y a-t-il ET dans l'acte, ou bien OU?

BARTHOLO— Il y a ET.

BRID'OISON— Dou-ouble-Main, lisez vous-même.

DOUBLE-MAIN, *prenant le papier*— Et c'est le plus sûr; car souvent les parties déguisent en lisant. (*Il lit.*) « E. e. e. e. Damoiselle e. e. e. de Verte-Allure e. e. e. Ha! laquelle somme je lui rendrai à sa réquisition, dans ce château. . . ET. . . OU. . . ET. . . OU. . . » Le mot est si mal écrit. . . il y a un pâté.[52]

BRID'OISON— Un pâ-âté? je sais ce que c'est.

BARTHOLO, *plaidant*— Je soutiens, moi, que c'est la conjonction copulative ET qui lie les membres corrélatifs de la phrase; je payerai la demoiselle, ET je l'épouserai.

FIGARO, *plaidant*— Je soutiens, moi, que c'est la conjonction alternative OU, qui sépare lesdits membres; je paierai la donzelle,[53] OU je l'épouserai: à pédant, pédant et demi; qu'il s'avise de parler latin, j'y suis grec; je l'extermine.

LE COMTE— Comment juger pareille question?

BARTHOLO— Pour trancher, Messieurs, et ne plus chicaner sur un mot, nous passons qu'il y ait OU.

FIGARO— J'en demande acte.[54]

BARTHOLO— Et nous y adhérons. Un si mauvais refuge ne sauvera pas le coupable; examinons le titre en ce sens. (*Il lit.*) « Laquelle somme je lui rendrai dans ce château où je l'épouserai. » C'est ainsi qu'on dirait, Messieurs: « vous vous ferez saigner dans ce lit, *où* vous resterez chaudement »; c'est: dans lequel. « Il prendra deux grains de rhubarbe *où* vous mêlerez un peu de tamarin »: dans lesquels on mêlera. Ainsi « château *où* je l'épouserai », Messieurs, c'est « château dans lequel. . . »

FIGARO— Point du tout; la phrase est dans le sens de celle-ci: « *ou* la maladie vous tuera, *ou* ce sera le médecin »; ou bien le médecin, c'est incontestable.

Autre exemple: « *ou* vous n'écrirez rien qui plaise, ou les sots vous dénigreront »; ou bien les sots, le sens est clair; car, audit cas, *sots* ou *méchants* sont le substantif qui gouverne. Maître Bartholo croit-il donc que j'aie oublié ma syntaxe? Ainsi, je la paierai dans ce château, *virgule*, ou je l'épouserai. . .

BARTHOLO, *vite*— Sans virgule.

FIGARO, *vite*— Elle y est. C'est *virgule*, Messieurs, ou bien je l'épouserai.

BARTHOLO, *regardant le papier, vite*— Sans virgule, Messieurs.

FIGARO, *vite*— Elle y était, Messieurs. D'ailleurs, l'homme qui épouse est-il tenu de rembourser?

BARTHOLO, *vite*— Oui; nous nous marions séparés de biens.

FIGARO, *vite*— Et nous de corps, dès que le mariage n'est pas quittance.[55] (*Les juges se lèvent, et opinent tout bas.*)

BARTHOLO— Plaisant acquittement!

DOUBLE-MAIN— Silence, messieurs.

L'HUISSIER, *glapissant*— Silence!

BARTHOLO— Un pareil fripon appelle cela payer ses dettes!

FIGARO— Est-ce votre cause, avocat, que vous plaidez?

BARTHOLO— Je défends cette Demoiselle.

FIGARO— Continuez à déraisonner, mais cessez d'injurier. Lorsque, craignant l'emportement des plaideurs, les tribunaux ont toléré qu'on appelât des tiers, ils n'ont pas entendu que ces défenseurs modérés deviendraient impunément des insolents privilégiés. C'est dégrader le plus noble institut.[56] (*Les juges continuent d'opiner tout bas.*)

ANTONIO, *à Marceline, montrant les juges*— Qu'ont-ils à balbucifier?[57]

MARCELINE— On a corrompu le grand juge, il corrompt l'autre, et je perds mon procès.

BARTHOLO, *bas, d'un ton sombre*— J'en ai peur.

FIGARO, *gaiement*— Courage, Marceline!

DOUBLE-MAIN *se lève; à Marceline*— Ah! c'est trop fort! Je vous dénonce et, pour l'honneur du tribunal, je demande qu'avant de faire droit sur l'autre affaire, il soit prononcé sur celle-ci.

[52] une tache d'encre
[53] demoiselle (vulgaire)
[54] que ce soit écrit

[55] ne se substitue pas au paiement de la dette
[56] institution
[57] balbutier

LE COMTE *s'assied*— Non, greffier, je ne prononcerai point sur mon injure personnelle. Un juge espagnol n'aura point à rougir d'un excès digne au plus des tribunaux asiatiques; c'est assez des autres abus! J'en vais corriger un second en vous motivant mon arrêt: tout juge qui s'y refuse est un grand ennemi des lois! Que peut requérir la demanderesse? Mariage à défaut de paiement; les deux ensemble impliqueraient.[58]

DOUBLE-MAIN— Silence, messieurs!

L'HUISSIER, *glapissant*— Silence!

LE COMTE— Que nous répond le défenseur? qu'il veut garder sa personne; à lui permis.[59]

FIGARO, *avec joie*— J'ai gagné.

LE COMTE— Mais comme le texte dit: « laquelle somme je paierai à la première réquisition, ou bien j'épouserai, etc. », la Cour condamne le défenseur à payer deux mille piastres fortes à la demanderesse, ou bien à l'épouser dans ce jour. (*Il se lève.*)

FIGARO, *stupéfait*— J'ai perdu.

ANTONIO, *avec joie*— Superbe arrêt!

FIGARO— En quoi superbe?

ANTONIO— En ce que tu n'es plus mon neveu.[60] Grand merci, Monseigneur.

L'HUISSIER, *glapissant*— Passez, messieurs. (*Le peuple sort.*)

ANTONIO— Je m'en vas tout conter à ma nièce.

SCÈNE XVI — LE COMTE, *allant de côté et d'autre;* MARCELINE, BARTHOLO, FIGARO, BRID'OISON

MARCELINE *s'assied*— Ah! je respire.

FIGARO— Et moi, j'étouffe.

LE COMTE, *à part*— Au moins, je suis vengé; cela soulage.

FIGARO, *à part*— Et ce Bazile qui devait s'opposer au mariage de Marceline, voyez comme il revient![61] —(*Au Comte, qui sort.*) Monseigneur, vous nous quittez?

LE COMTE— Tout est jugé.

FIGARO, *à Brid'oison*— C'est ce gros enflé de Conseiller. . .

[58] feraient une contradiction
[59] Cela est accordé qu'il ne se marie pas.
[60] Il ne sera pas mari de Suzanne
[61] change d'idée

BRID'OISON— Moi, gro-os enflé!

FIGARO— Sans doute. Et je ne l'épouserai pas: je suis gentilhomme une fois. (*Le Comte s'arrête.*)

BARTHOLO— Vous l'épouserez.

FIGARO— Sans l'aveu de mes nobles parents?

BARTHOLO— Nommez-les, montrez-les.

FIGARO— Qu'on me donne un peu de temps; je suis bien près de les revoir: il y a quinze ans que je les cherche.

BARTHOLO— Le fat! c'est quelque enfant trouvé!

FIGARO— Enfant perdu, Docteur, ou plutôt enfant volé.

LE COMTE *revient*— *Volé, perdu,* la preuve? Il crierait qu'on lui fait injure!

FIGARO— Monseigneur, quand les langes à dentelles, tapis brodés et joyaux d'or trouvés sur moi par les brigands n'indiqueraient pas ma haute naissance, la précaution qu'on avait prise de me faire des marques distinctives témoignerait assez combien j'étais un fils précieux: et cet hiéroglyphe à mon bras. . . (*Il veut se dépouiller le bras droit.*)

MARCELINE, *se levant vivement*— Une spatule[62] à ton bras droit?

FIGARO— D'où savez-vous que je dois l'avoir?

MARCELINE— Dieux! c'est lui!

FIGARO— Oui, c'est moi.

BARTHOLO, *à Marceline*— Eh qui? lui!

MARCELINE, *vivement*— C'est Emmanuel.

BARTHOLO, *à Figaro*— Tu fus enlevé par des bohémiens?

FIGARO, *exalté*— Tout près d'un château. Bon Docteur, si vous me rendez à ma noble famille, mettez un prix à ce service; des monceaux d'or n'arrêteront pas mes illustres parents.

BARTHOLO, *montrant Marceline*— Voilà ta mère.

FIGARO— . . . Nourrice?

BARTHOLO— Ta propre mère.

LE COMTE— Sa mère!

FIGARO— Expliquez-vous.

MARCELINE, *montrant Bartholo*— Voilà ton père.

FIGARO, *désolé*— O o oh! aïe de moi.

MARCELINE— Est-ce que la nature ne te l'a pas dit mille fois?

FIGARO— Jamais.

LE COMTE, *à part*— Sa mère!

BRID'OISON— C'est clair, i-il ne l'épousera pas.

[62] dessin en forme de spatule

BARTHOLO— Ni moi non plus.

MARCELINE— Ni vous! Et votre fils? Vous m'aviez juré. . .

BARTHOLO— J'étais fou. Si pareils souvenirs engageaient, on serait tenu d'épouser tout le monde.

BRID'OISON— E-et si l'on y regardait de si près, personne n'épouserait personne.

BARTHOLO— Des fautes si connues! une jeunesse déplorable!

MARCELINE, *s'échauffant par degrés*— Oui, déplorable, et plus qu'on ne croit! Je n'entends pas nier mes fautes, ce jour les a trop bien prouvées! Mais, qu'il est dur de les expier après trente ans d'une vie modeste! J'étais née, moi, pour être sage, et je le suis devenue sitôt qu'on m'a permis d'user de ma raison. Mais dans l'âge des illusions, de l'inexpérience et des besoins, où les séducteurs nous assiègent, pendant que la misère nous poignarde, que peut opposer une enfant à tant d'ennemis rassemblés? Tel nous juge ici sévèrement, qui, peut-être, en sa vie a perdu dix infortunées!

FIGARO— Les plus coupables sont les moins généreux; c'est la règle.

MARCELINE, *vivement*— Hommes plus qu'ingrats, qui flétrissez par le mépris les jouets de vos passions, vos victimes! c'est vous qu'il faut punir des erreurs de notre jeunesse; vous et vos magistrats, si vains du droit de nous juger, et qui nous laissent enlever, par leur coupable négligence, tout honnête moyen de subsister. Est-il un seul état pour les malheureuses filles? Elles avaient un droit naturel à toute la parure des femmes; on y laisse former [63] mille ouvriers de l'autre sexe.

FIGARO, *en colère*— Ils font broder jusqu'aux soldats!

MARCELINE, *exaltée*— Dans les rangs même plus élevés, les femmes n'obtiennent de vous qu'une considération dérisoire: leurrées de respects apparents, dans une servitude réelle, traitées en mineures pour nos biens, punies en majeures pour nos fautes! Ah, sous tous les aspects, votre conduite avec nous fait horreur ou pitié.

FIGARO— Elle a raison!

LE COMTE, *à part*— Que trop raison!

BRID'OISON— Elle a, mon-on Dieu raison.

MARCELINE— Mais que nous font, mon fils, les refus d'un homme injuste? Ne regarde pas d'où tu viens, vois où tu vas; cela seul importe à chacun. Dans quelques mois ta fiancée ne dépendra plus que d'elle même; elle t'acceptera, j'en réponds: vis entre une épouse, une mère tendres qui te chériront à qui mieux mieux. Sois indulgent pour elles, heureux pour toi, mon fils; gai, libre et bon pour tout le monde; il ne manquera rien à ta mère.

FIGARO— Tu parles d'or, maman, et je me tiens à ton avis. Qu'on est sot, en effet! Il y a des mille et mille ans que le monde roule, et dans cet océan de durée où j'ai, par hasard, attrapé quelques chétifs trente ans qui ne reviendront plus, j'irais me tourmenter pour savoir à qui je les dois! Tant pis pour qui s'en inquiète. Passer ainsi la vie à chamailler,[64] c'est peser sur le collier sans relâche, comme les malheureux chevaux de la remonte des fleuves, qui ne reposent pas, même quand ils s'arrêtent, et qui tirent toujours, quoiqu'ils cessent de marcher. Nous attendrons.

LE COMTE— Sot événement qui me dérange!

BRID'OISON, *à Figaro*— Et la noblesse, et le château? Vous impo-osez à la justice.

FIGARO— Elle allait me faire faire une belle sottise, la justice! après que j'ai manqué, pour ces maudits cent écus, d'assommer vingt fois Monsieur, qui se trouve aujourd'hui mon père! Mais, puisque le ciel a sauvé ma vertu de ces dangers, mon père, agréez mes excuses. . . Et vous, ma mère, embrassez-moi. . . le plus maternellement que vous pourrez. (*Marceline lui saute au cou.*)

SCÈNE XVII — BARTHOLO, FIGARO, MARCELINE, BRID'OISON, SUZANNE, ANTONIO, LE COMTE

SUZANNE, *accourant, une bourse à la main*— Monseigneur, arrêtez; qu'on ne les marie pas: je viens payer Madame avec la dot que ma maîtresse [65] me donne.

LE COMTE, *à part*— Au diable la maîtresse! Il semble que tout conspire. (*Il sort.*)

[63] travailler

[64] se disputer
[65] la comtesse

Scène XVIII — Bartholo, Antonio, Suzanne, Figaro, Marceline, Brid'oison

Antonio, *voyant Figaro embrasser sa mère, dit à Suzanne*— Ah oui, payer! Tiens, tiens.

Suzanne *se retourne*— J'en vois assez: sortons, mon oncle.

Figaro, *l'arrêtant*— Non, s'il vous plaît. Que vois-tu donc?

Suzanne— Ma bêtise et ta lâcheté.

Figaro— Pas plus de l'une que de l'autre.

Suzanne, *en colère*— Et que tu l'épouses à gré,[66] puisque tu la caresses.

Figaro, *gaiement*— Je la caresse, mais je ne l'épouse pas. (*Suzanne veut sortir, Figaro la retient.*)

Suzanne *lui donne un soufflet*— Vous êtes bien insolent d'oser me retenir!

Figaro, *à la compagnie*— C'est-il ça de l'amour? Avant de nous quitter, je t'en supplie, envisage bien cette chère femme-là.

Suzanne— Je la regarde.

Figaro— Et tu la trouves. . . ?

Suzanne— Affreuse.

Figaro— Et vive la jalousie! elle ne vous marchande pas.[67]

Marceline, *les bras ouverts*— Embrasse ta mère, ma jolie Suzannette. Le méchant qui te tourmente est mon fils.

Suzanne *court à elle*— Vous, sa mère? (*Elles restent dans les bras l'une de l'autre.*)

Antonio— C'est donc de tout à l'heure?

Figaro— . . . Que je le sais.

Marceline, *exaltée*— Non, mon cœur entraîné vers lui ne se trompait que de motif; c'était le sang qui me parlait.

Figaro— Et moi le bon sens, ma mère, qui me servait d'instinct quand je vous refusais, car j'étais loin de vous haïr; témoin l'argent. . .

Marceline *lui remet un papier*— Il est à toi; reprends ton billet, c'est ta dot.

Suzanne *lui jette la bourse*— Prends encore celle-ci.

Figaro— Grand merci.

Marceline, *exaltée*— Fille assez malheureuse, j'allais devenir la plus misérable des femmes,

et je suis la plus fortunée des mères! Embrassez-moi, mes deux enfants; j'unis dans vous toutes mes tendresses. Heureuse autant que je puis l'être, ah! mes enfants, combien je vais aimer!

Figaro, *attendri, avec vivacité*— Arrête donc, chère mère! arrête donc! Voudrais-tu voir se fondre en eau mes yeux noyés des premières larmes que je connaisse? Elles sont de joie, au moins. Mais quelle stupidité! j'ai manqué d'en être honteux; je les sentais couler entre mes doigts, regarde (*il montre ses doigts écartés*); et je les retenais bêtement! Va te promener, la honte! Je veux rire et pleurer en même temps; on ne sent pas deux fois ce que j'éprouve. (*Il embrasse sa mère d'un côté, Suzanne de l'autre.*)

Marceline— O mon ami!

Suzanne— Mon cher ami!

Brid'oison, *s'essuyant les yeux d'un mouchoir*— Eh bien! moi, je suis donc bê-ête aussi?

Figaro, *exalté*— Chagrin, c'est maintenant que je puis te défier! Atteins-moi, si tu l'oses, entre ces deux femmes chéries.

Antonio, *à Figaro*— Pas tant de-cajoleries, s'il vous plaît. En fait de mariage dans les familles, celui des parents va devant, savez! Les vôtres se baillent-ils[68] la main?

Bartholo— Ma main? puisse-t-elle se dessécher et tomber, si jamais je la donne à la mère d'un tel drôle![69]

Antonio, *à Bartholo*— Vous n'êtes donc qu'un père marâtre?[70] (*A Figaro.*) En ce cas, not' galant, plus de parole.[71]

Suzanne— Ah! mon oncle. . .

Antonio— Irai-je donner l'enfant de not' sœur à sti[72] qui n'est l'enfant de personne?

Brid'oison— Est-ce que cela-a se peut, imbécile? on-on est toujours l'enfant de quelqu'un.

Antonio— Tarare![73]. . . il ne l'aura jamais. (*Il sort.*)

[66] très volontiers
[67] Elle ne vous laisse pas hésiter.
[68] se donnent-ils
[69] mauvais sujet
[70] mauvais, dénaturé
[71] promesse de mariage
[72] pour: celui-là
[73] interjection de dédain, tirée d'une ancienne chanson et devenue familière

SCÈNE XIX — BARTHOLO, SUZANNE, FIGARO, MARCELINE, BRID'OISON

BARTHOLO, *à Figaro*— Et cherche à présent qui t'adopte. (*Il veut sortir.*)

MARCELINE, *courant prendre Bartholo à bras-le-corps, le ramène*— Arrêtez, Docteur, ne sortez pas!

FIGARO, *à part*— Non, tous les sots de l'Andalousie sont, je crois, déchaînés contre mon pauvre mariage!

SUZANNE, *à Bartholo*— Bon petit papa, c'est votre fils.

MARCELINE, *à Bartholo*— De l'esprit, des talents, de la figure.

FIGARO, *à Bartholo*— Et qui ne vous a pas coûté une obole.

BARTHOLO— Et les cent écus qu'il m'a pris?

MARCELINE, *le caressant*— Nous aurons tant soin de vous, papa!

SUZANNE, *le caressant*— Nous vous aimerons tant, petit papa!

BARTHOLO, *attendri.*— Papa! bon papa! petit papa! Voilà que je suis plus bête encore que Monsieur, moi. (*Montrant Brid'oison.*) Je me laisse aller comme un enfant. (*Marceline et Suzanne l'embrassent.*) Oh! non, je n'ai pas dit oui. (*Il se retourne.*) Qu'est-donc devenu Monseigneur?

FIGARO— Courons le joindre; arrachons-lui son dernier mot. S'il machinait quelque autre intrigue, il faudrait tout recommencer.

TOUS ENSEMBLE— Courons, courons. (*Ils entraînent Bartholo dehors.*)

SCÈNE XX — BRID'OISON, *seul*

Plus bê-ête encore que Monsieur! On peut se dire à soi-même ces-es sortes de choses-là, mais . . . I-ils ne sont pas polis du tout dan-ans cet endroit-ci. (*Il sort.*)

ACTE IV

[*La comtesse, qui n'a pas renoncé à l'espoir de ramener son infidèle époux, est convenue avec Suzanne que celle-ci accorde un rendez-vous au comte dans le jardin et qu'elle s'y rendra habillée comme Suzanne et à sa place. Un incident imprévu instruit Figaro du rendez-vous donné par Suzanne. Il croit à une infidélité de la part de sa fiancée. Il débite son amertume dans la scène III de l'acte V que nous donnons ici.*]

ACTE V

SCÈNE III — FIGARO, *seul, se promenant dans l'obscurité, dit du ton le plus sombre*

O femme! femme! femme! créature faible et décevante! . . . nul animal créé ne peut manquer à son instinct; le tien est-il donc de tromper? . . . Après m'avoir obstinément refusé [1] quand je l'en pressais devant sa maîtresse; à l'instant qu'elle me donne sa parole, au milieu même de la cérémonie. . . Il riait en lisant, le perfide! et moi, comme un benêt. . . ! Non, Monsieur le Comte, vous ne l'aurez pas. . . vous ne l'aurez pas. . . Parce que vous êtes un grand Seigneur, vous vous croyez un grand génie! [2] . . . Noblesse, fortune, un rang, des places: tout cela rend si fier! Qu'avez-vous fait pour tant de biens! Vous vous êtes donné la peine de naître, et rien de plus; du reste, homme assez ordinaire! tandis que moi, morbleu! perdu dans la foule obscure, il m'a fallu déployer plus de science et de calculs pour subsister seulement, qu'on n'en a mis depuis cent ans à gouverner toutes les Espagnes: et vous voulez jouter.[3] . . On vient. . . c'est elle. . . ce n'est personne. — La nuit est noire en diable,[4] et me voilà faisant le sot métier de mari, quoique je ne le sois qu'à moitié! (*Il s'assied sur un banc.*) Est-il rien de plus bizarre que ma destinée! Fils de je ne sais pas qui, volé par des bandits, élevé dans leurs mœurs, je m'en dégoûte et veux courir une carrière honnête; et partout je suis repoussé! J'apprends la chimie, la pharmacie, la chirurgie, et tout le crédit [5] d'un grand Seigneur peut à peine me mettre à la main une lancette vétéri-

[1] pour mari
[2] *Génie:* dons naturels. La critique de Figaro est que le sang, la naissance ne tiennent pas lieu de mérite.
[3] rivaliser
[4] extrêmement
[5] l'influence

naire![6] — Las d'attrister des bêtes malades et pour faire un métier contraire, je me jette à corps perdu dans le théâtre: me fussé-je mis une pierre au cou! Je broche une comédie[7] dans les mœurs du sérail; auteur espagnol, je crois pouvoir y fronder[8] Mahomet sans scrupule: à l'instant, un envoyé. . . de je ne sais où, se plaint de ce que j'offense dans mes vers la Sublime-Porte,[9] la Perse, une partie de la presqu'île de l'Inde, toute l'Égypte, les royaumes de Barca, de Tripoli, de Tunis, d'Alger et de Maroc: et voilà ma comédie flambée,[10] pour plaire aux princes mahométans, dont pas un, je crois, ne sait lire, et qui nous meurtrissent l'omoplate, en nous disant: *Chiens de chrétiens!* — Ne pouvant avilir l'esprit, on se venge en le maltraitant. — Mes joues creusaient; mon terme était échu; je voyais de loin arriver l'affreux recors,[11] la plume fichée dans sa perruque: en frémissant, je m'évertue.[12] Il s'élève une question sur la nature des richesses, et, comme il n'est pas nécessaire de tenir les choses pour en raisonner, n'ayant pas un sol, j'écris sur la valeur de l'argent et sur son produit net; sitôt je vois, du fond d'un fiacre, baisser pour moi le pont d'un château fort, à l'entrée duquel je laissai l'espérance et la liberté. (*Il se lève.*) Que je voudrais bien tenir un de ces puissants de quatre jours, si légers sur le mal qu'ils ordonnent, quand une bonne disgrâce a cuvé[13] son orgueil! je lui dirais. . . que les sottises imprimées n'ont d'importance qu'aux lieux où l'on en gêne le cours; que, sans la liberté de blâmer, il n'est point d'éloge flatteur, et qu'il n'y a que les petits hommes qui redoutent les petits écrits. (*Il se rassied.*) Las de nourrir un obscur pensionnaire, on me met un jour dans la rue; et comme il faut dîner quoiqu'on ne soit plus en prison, je taille encore ma plume, et demande à chacun de quoi il est question: on me dit que pendant ma retraite économique il s'est établi dans Madrid un système de liberté sur la vente des productions, qui s'étend même à celles de la presse; et que, pourvu que je ne parle en mes écrits ni de l'autorité, ni du culte, ni de la politique, ni de la morale, ni des gens en place, ni des corps[14] en crédit, ni de l'Opéra, ni des autres spectacles, ni de personne qui tienne[15] à quelque chose, je puis tout imprimer librement, sous l'inspection de deux ou trois censeurs. Pour profiter de cette douce liberté, j'annonce un écrit périodique, et, croyant n'aller sur les brisées d'aucun[16] autre, je le nomme *Journal inutile.* Pou-ou! je vois s'élever contre moi mille pauvres diables à la feuille;[17] on me supprime, et me voilà derechef sans emploi! — Le désespoir m'allait saisir; on pense à moi pour une place, mais par malheur j'y étais propre:[18] il fallait un calculateur, ce fut un danseur qui l'obtint. Il ne me restait plus qu'à voler; je me fais banquier de pharaon:[19] alors, bonnes gens! je soupe en ville, et les personnes dites *comme il faut* m'ouvrent poliment leur maison en retenant pour elles les trois quarts du profit. J'aurais bien pu me remonter; je commençais même à comprendre que, pour gagner du bien, le savoir-faire vaut mieux que le savoir. Mais comme chacun pillait autour de moi en exigeant que je fusse honnête, il fallut bien périr encore. Pour le coup je quittais le monde, et vingt brasses d'eau m'en allaient séparer, lorsqu'un Dieu bienfaisant m'appelle à mon premier état. Je reprends ma trousse et mon cuir anglais; puis, laissant la fumée[20] aux sots qui s'en nourrissent, et la honte au milieu du chemin, comme trop lourde à un piéton, je vais rasant[21] de ville en ville, et je vis enfin sans souci. Un grand seigneur passe à Séville; il me reconnaît, je le marie, et pour prix d'avoir eu par mes soins son épouse, il veut intercepter la mienne![22] Intrigue, orage à ce sujet.

[6] Les barbiers à cette époque étaient aussi souvent chirurgiens et vétérinaires.

[7] Je la fais à la hâte avec des morceaux empruntés.

[8] railler

[9] L'Orient était à la mode au XVIII[e] siècle (Voltaire: *Zadig, Zaïre,* etc.).

[10] perdue (familier)

[11] l'huissier chargé d'ordonner la saisie

[12] cherche du travail

[13] fait tomber

[14] corps de l'État

[15] participe

[16] ne faire concurrence à personne

[17] attachés à quelque journal

[18] capable de l'occuper

[19] jeu de cartes fort en vogue au XVIII[e] siècle et par suite, organisation de jeu

[20] vaine réputation

[21] il est barbier

[22] C'est, en une seule phrase, le sujet du *Barbier de Séville* et celui du *Mariage.*

Prêt à tomber dans un abîme, au moment d'épouser ma mère, mes parents m'arrivent à la file.[23] (*Il se lève en s'échauffant.*) On se débat; c'est vous, c'est lui, c'est moi, c'est toi; non, ce n'est pas nous: eh mais, qui donc? (*Il retombe assis.*) O bizarre suite d'événements! Comment cela m'est-il arrivé? Pourquoi ces choses et non pas d'autres? Qui les a fixées sur ma tête? Forcé de parcourir la route où je suis entré sans le savoir, comme j'en sortirai sans le vouloir, je l'ai jonchée d'autant de fleurs que ma gaieté me l'a permis: encore je dis [24] ma gaieté, sans savoir si elle est à moi plus que le reste, ni même quel est ce *moi* dont je m'occupe: un assemblage informe de parties inconnues, puis un chétif être imbécile, un petit animal folâtre, un jeune homme ardent au plaisir, ayant tous les goûts pour jouir, faisant tous les métiers pour vivre; maître ici, valet là, selon qu'il plaît à la fortune! ambitieux par vanité, laborieux par nécessité, mais paresseux. . . avec délices! orateur selon le danger, poète par délassement, musicien par occasion, amoureux par folles bouffées, j'ai tout vu, tout fait, tout usé. Puis l'illusion s'est détruite, et, trop désabusé. . . Désabusé! — Suzon, Suzon, Suzon! que tu me donnes de tourments! — J'entends marcher. . . on vient. Voici l'instant de la crise. (*Il se retire près de la première coulisse à sa droite.*)

[*Inutile de dire qu'après bien des incidents comiques et amusants où le comte prend sa femme pour Suzanne et Suzanne pour la comtesse, et où Figaro lui-même est parfois berné, tout finit bien. La comtesse pardonne au comte son infidélité et Figaro épouse Suzanne.*]

[23] l'un aussitôt après l'autre
[24] je dis encore trop quand je dis (gallicisme)

IX. *André Chénier* (*1762–1794*)

ANDRÉ CHÉNIER naquit d'une mère grecque à Galata, près de Constantinople où son père, consul, représentait la France. De 1773 à 1781, il fit de solides humanités classiques en France et se lança ensuite dans l'étude de la littérature grecque, de l'histoire, de la religion et de la philosophie, enfin s'intéressa à la peinture et à la musique.

Nommé secrétaire d'ambassade à Londres en 1787, puis revenu à Paris, il se rangea tout d'abord aux idées de la Révolution. Mais, d'esprit modéré, il ne tarda pas à s'opposer aux Jacobins. Avec Malesherbes, il avait préparé la défense de Louis XVI, ce qui le rendit suspect, et en 1794 il fut arrêté et incarcéré à Saint-Lazare. Quelques mois plus tard, il mourait sur l'échafaud.

L'œuvre poétique de Chénier fut publiée après sa mort par Henri de Latouche en 1819. Elle comprend des *Idylles* ou *Bucoliques,* imitées de l'antiquité grecque, des Élégies, remplies d'émotion joyeuse et de souffrance, enfin des *Iambes,* dans lesquels il soulagea sa haine contre ses oppresseurs et ses bourreaux.

André Chénier est donc un exquis poète bucolique, qui évoque pour nous Théocrite et Virgile, un élégiaque dont certains accents restent inoubliables, enfin un grand lyrique de l'invective politique.

Il apportait des nouveautés inconnues aux poètes de son temps. Il leur montra un style savoureux et pur, des formes belles et harmonieuses, une métrique rénovant notre système poétique traditionnel; car instruit par le rythme des vers grecs, Chénier assouplit l'alexandrin, varia les coupes, pratiqua avec hardiesse et habileté la suspension, le rejet, l'enjambement à la césure et à la rime.

Par là, il fut le précurseur de l'école romantique et son influence se retrouve tout spécialement chez Victor Hugo.

ÉLÉGIE

O Muses, accourez; solitaires divines,
Amantes des ruisseaux, des grottes, des collines!
Soit qu'en ses beaux vallons Nîme [1] égare vos pas,
Soit que de doux pensers, en de riants climats,
Vous retiennent aux bords de Loire ou de Garonne,
Soit que parmi les chœurs de ces Nymphes du
 Rhône
La lune sur les prés, où son flambeau vous luit,
Dansantes, vous admire au retour de la nuit:
Venez. J'ai fui la ville aux Muses si contraire,
Et l'écho fatigué des clameurs du vulgaire. [2]
Sur les pavés poudreux d'un bruyant carrefour
Les poétiques fleurs [3] n'ont jamais vu le jour.
Le tumulte et les cris font fuir avec la lyre
L'oisive rêverie au suave délire;
Et les rapides chars et leurs cercles d'airain [4]
Effarouchent les vers qui se taisent soudain.
Venez. Que vos bontés ne me soient point avares.
 Mais, oh! faisant de vous mes pénates, mes lares, [5]
Quand pourrai-je habiter un champ qui soit à moi?
Et, villageois tranquille, ayant pour tout emploi
Dormir et ne rien faire, inutile poète,
Goûter le doux oubli d'une vie inquiète?
Vous savez si [6] toujours, dès mes plus jeunes ans,
Mes rustiques souhaits m'ont porté vers les champs;

Si mon cœur dévorait vos champêtres histoires:
Cet âge d'or [7] si cher à vos doctes mémoires;
Ces fleuves, ces vergers, Eden [8] aimé des cieux,
Et du premier humain berceau délicieux;
L'épouse de Booz, chaste et belle indigente, [9]
Qui suit d'un pas tremblant la moisson opulente;
Joseph qui dans Sichem cherche et retrouve, hélas!
Ses dix frères pasteurs qui ne l'attendaient pas; [10]
Rachel, objet sans prix qu'un amoureux courage
N'a pas trop acheté de quinze ans d'esclavage. [11]
Oh! oui, je veux un jour, en des bords retirés,
Sur un riche coteau ceint de bois et de prés,
Avoir un humble toit, une source d'eau vive
Qui parle, et dans sa fuite et féconde et plaintive,
Nourrisse mon verger, abreuve mes troupeaux.
Là, je veux, ignorant le monde et ses travaux,
Loin du superbe ennui que l'éclat environne,
Vivre comme jadis, aux champs de Babylone,
Ont vécu, nous dit-on, ces pères des humains [12]
Dont le nom aux autels remplit nos fastes saints;
Avoir amis, enfants, épouse belle et sage;
Errer, un livre en main, de bocage en bocage;
Savourer sans remords, sans crainte, sans désirs,
Une paix dont nul bien n'égale les plaisirs.

[7] Première époque du monde qui passait chez les anciens poètes pour avoir connu le bonheur absolu.
[8] paradis terrestre
[9] Ruth, pauvre glaneuse que le riche Booz épouse (récit de la Bible qui a inspiré à Victor Hugo un poème célèbre de *La Légende des siècles*)
[10] Joseph retrouve dans Sichem, ville de Palestine, ses frères qui l'avaient vendu (récit de la Bible).
[11] esclavage de Jacob, quinze ans au service du père de Rachel qu'il voulait épouser (récit de la Bible)
[12] les patriarches; *fastes:* jours de fêtes

[1] Ville du midi de la France. *Nîme* écrit sans *s* pour qu'il y ait élision de la seconde syllabe devant l'*e* de égare.
[2] la foule
[3] les poèmes comparables à des fleurs
[4] *chars:* voitures; *cercles d'airain:* roues cerclées de fer
[5] *pénates* et *lares:* divinités protectrices du foyer (mythologie classique)
[6] que

Douce mélancolie! aimable mensongère,[13]
Des antres, des forêts Déesse tutélaire,
Qui vient d'une insensible et charmante langueur
Saisir l'ami des champs et pénétrer son cœur;
Quand, sorti vers le soir des grottes reculées,
Il s'égare à pas lents au penchant des vallées,
Et voit des derniers feux le ciel se colorer,
Et sur les monts lointains un beau jour expirer.
Dans sa volupté sage, et pensive, et muette,
Il s'assied, sur son sein laisse tomber sa tête.
Il regarde à ses pieds, dans le liquide azur
Du fleuve qui s'étend comme lui calme et pur,
Se peindre les coteaux, les toits et les feuillages,
Et la pourpre en festons couronnant les nuages.
Il revoit près de lui, tout à coup animés,
Ces fantômes si beaux à nos pleurs tant aimés,[14]
Dont la troupe immortelle habite sa mémoire:
Julie, amante faible et tombée avec gloire;
Clarisse, beauté sainte où respire le ciel,
Dont la douleur ignore et la haine et le fiel,[15]
Qui souffre sans gémir, qui périt sans murmure;
Clémentine adorée, âme céleste et pure
Qui, parmi les rigueurs d'une injuste maison,
Ne perd point l'innocence en perdant la raison.
Mânes[16] aux yeux charmants, vos images chéries
Accourent occuper ses belles rêveries;
Ses yeux laissent tomber une larme. Avec vous
Il est dans vos foyers, il voit vos traits si doux.
A vos persécuteurs il reproche leur crime.
Il aime qui vous aime, il hait qui vous opprime.
Mais tout à coup il pense, ô mortels déplaisirs![17]
Que ces touchants objets de pleurs et de soupirs
Ne sont peut-être, hélas! que d'aimables chimères,
De l'âme et du génie enfants imaginaires.
Il se lève; il s'agite à pas tumultueux;
En projets enchanteurs il égare ses vœux.
Il ira, le cœur plein d'une image divine,
Chercher si quelques lieux ont une Clémentine,
Et dans quelque désert, loin des regards jaloux,
La servir, l'adorer et vivre à ses genoux.

[13] créatrice de mythes (substantif); *tutélaire:* protectrice
[14] Belles héroïnes littéraires qui ont fait couler des pleurs; Julie de *La Nouvelle Héloïse* (Rousseau), Clarisse de *Clarisse Harlowe* (Richardson), Clémentine de *Grandisson* (Richardson).
[15] la méchanceté
[16] nom que les Anciens donnaient à l'âme des morts
[17] tourments

ODE: LA JEUNE CAPTIVE[18]

(*Saint-Lazare, 1794*)

« L'épi naissant mûrit de la faux respecté;
Sans crainte du pressoir, le pampre tout l'été
　　Boit les doux présents de l'aurore;
Et moi, comme lui belle, et jeune comme lui,
Quoi que l'heure présente ait de trouble et d'ennui,
　　Je ne veux pas mourir encore.

Qu'un stoïque[19] aux yeux secs vole embrasser la mort:
Moi je pleure et j'espère. Au noir souffle du nord
　　Je plie et relève ma tête.
S'il est des jours amers, il en est de si doux!
Hélas! quel miel jamais n'a laissé de dégoûts?
　　Quelle mer n'a point de tempête?

L'illusion féconde habite dans mon sein.
D'une prison sur moi les murs pèsent en vain,
　　J'ai les ailes de l'espérance.
Échappée aux réseaux de l'oiseleur cruel,
Plus vive, plus heureuse, aux campagnes du ciel
　　Philomèle[20] chante et s'élance.

Est-ce à moi de mourir? Tranquille je m'endors
Et tranquille je veille; et ma veille aux remords
　　Ni mon sommeil ne sont en proie.
Ma bienvenue au jour me rit dans tous les yeux;
Sur des fronts abattus, mon aspect dans ces lieux[21]
　　Ranime presque de la joie.

Mon beau voyage encore est si loin de sa fin!
Je pars, et des ormeaux qui bordent le chemin
　　J'ai passé les premiers à peine.
Au banquet de la vie à peine commencé,
Un instant seulement mes lèvres ont pressé
　　La coupe en mes mains encor pleine.

Je ne suis qu'au printemps. Je veux voir la moisson,
Et comme le soleil, de saison en saison,
　　Je veux achever mon année.

[18] Aimée de Coigny, duchesse de Fleury, emprisonnée comme le poète à Saint-Lazare sous la Révolution
[19] ferme et insensible comme un philosophe stoicien
[20] le rossignol: métamorphose d'une femme échappée par la fuite à des vengeances de famille (mythologie classique)
[21] la prison

Brillante sur ma tige et l'honneur du jardin,
Je n'ai vu luire encor que les feux du matin;
 Je veux achever ma journée.

O Mort! tu peux attendre; éloigne, éloigne-toi;
Va consoler les cœurs que la honte, l'effroi,
 Le pâle désespoir dévore.
Pour moi Palès [22] encore a des asiles verts,
Les amours des baisers, les Muses des concerts;
 Je ne veux pas mourir encore. »

Ainsi, triste et captif, ma lyre toutefois [23]
S'éveillait, écoutait ces plaintes, cette voix,
 Ces vœux d'une jeune captive;
Et secouant le faix de mes jours languissants,
Aux douces lois des vers je pliai les accents
 De sa bouche aimable et naïve.

Ces chants, de ma prison témoins harmonieux,
Feront à quelque amant des loisirs studieux
 Chercher quelle fut cette belle.
La grâce décorait son front et ses discours,
Et comme elle craindront de voir finir leurs jours
 Ceux qui les passeront près d'elle. [24]

IAMBES [25]

(Saint-Lazare, 1794)

Comme un dernier rayon, comme un dernier
zéphyre
 Animent la fin d'un beau jour,
Au pied de l'échafaud j'essaye encor ma lyre.
 Peut-être est-ce bientôt mon tour.
Peut-être avant que l'heure en cercle promenée
 Ait posé sur l'émail brillant,
Dans les soixante pas où sa route est bornée,
 Son pied sonore et vigilant, [26]
Le sommeil du tombeau pressera ma paupière.
 Avant que de ses deux moitiés

Ce vers que je commence ait atteint la dernière,
 Peut-être en ces murs effrayés
Le messager de mort, noir recruteur des ombres, [27]
 Escorté d'infâmes soldats,
Ébranlant de mon nom ces longs corridors som-
bres, [28]
 Où seul dans la foule à grands pas
J'erre, aiguisant ces dards persécuteurs du crime, [29]
 Du juste trop faibles soutiens,
Sur mes lèvres soudain va suspendre la rime;
 Et chargeant mes bras de liens,
Me traîner, amassant en foule à mon passage
 Mes tristes compagnons reclus,
Qui me connaissaient tous avant l'affreux message, [30]
 Mais qui ne me connaissent plus.
Eh bien! j'ai trop vécu. Quelle franchise auguste,
 De mâle constance et d'honneur,
Quels exemples sacrés, doux à l'âme du juste,
 Pour lui quelle ombre de bonheur,
Quelle Thémis [31] terrible aux têtes criminelles,
 Quels pleurs d'une noble pitié,
Des antiques bienfaits quels souvenirs fidèles,
 Quels beaux échanges d'amitié,
Font digne de regrets l'habitacle des hommes?
 La peur fugitive [32] est leur Dieu;
La bassesse; la feinte. Ah! lâches que nous sommes
 Tous, oui, tous. Adieu, terre, adieu.
Vienne, vienne la mort! Que la mort me délivre!
 Ainsi donc mon cœur abattu
Cède au poids de ses maux? Non, non. Puissé-je
vivre!
 Ma vie importe à la vertu.
Car l'honnête homme enfin, victime de l'outrage,
 Dans les cachots, près du cercueil,
Relève plus altiers son front et son langage,
 Brillants d'un généreux orgueil.
S'il est écrit aux cieux que jamais une épée
 N'étincellera dans mes mains;

[22] déesse protectrice des champs (mythologie)
[23] bien que je fusse triste et captif
[24] Aimée de Coigny devait échapper à l'échafaud et connaître de nombreuses aventures d'amour.
[25] On appelle ainsi en poésie française une pièce de vers satirique dans laquelle l'alexandrin et l'octosyllabe alternent avec des rimes croisées.
[26] Modèle de la périphrase si fréquente dans la poésie de l'époque. Celle-ci désigne le bruit de l'horloge ou de la montre et la marche régulière des aiguilles sur le cadran.

[27] le commissaire, recruteur des morts comme un messager des enfers antiques
[28] venant faire l'appel des condamnés qui monteront à l'échafaud dans la journée
[29] ces vers semblables à des flèches qui perceront les criminels
[30] l'appel pour la mort; reclus: emprisonnés (la peur les détourne de Chénier appelé par l'échafaud)
[31] déesse de la justice
[32] qui fait fuir

Dans l'encre et l'amertume une autre arme trempée
 Peut encor servir les humains.
Justice, Vérité, si ma main, si ma bouche,
 Si mes pensers les plus secrets
Ne froncèrent jamais votre sourcil farouche,[33]
 Et si les infâmes progrès,
Si la risée atroce, ou, plus atroce injure,
 L'encens de hideux scélérats [34]
Ont pénétré vos cœurs d'une longue blessure,
 Sauvez-moi. Conservez un bras
Qui lance votre foudre, un amant qui vous venge.
 Mourir sans vider mon carquois!
Sans percer, sans fouler, sans pétrir dans leur fange
 Ces bourreaux barbouilleurs de lois!
Ces vers cadavéreux de la France asservie,
 Égorgée! O mon cher trésor,
O ma plume! fiel, bile, horreur, Dieux de ma vie!
 Par vous seuls je respire encor:
Comme la poix brûlante agitée en ses veines
 Ressuscite un flambeau mourant,
Je souffre; mais je vis. Par vous, loin de mes peines,
 D'espérance un vaste torrent
Me transporte. Sans vous, comme un poison
livide,[35]

[33] Le poète s'adresse à la justice et à la vérité comme à des déesses.
[34] *encens:* les invocations que les Jacobins adressaient à la justice et à la vérité
[35] qui rend livide, c'est-à-dire de la couleur du plomb

 L'invisible dent du chagrin,
Mes amis opprimés, du menteur homicide [36]
 Les succès, le sceptre d'airain; [37]
Des bons [38] proscrits par lui la mort ou la ruine,
 L'opprobre de subir sa loi,
Tout eût tari ma vie; ou, contre ma poitrine
 Dirigé mon poignard. Mais quoi!
Nul ne resterait donc pour attendrir l'histoire
 Sur tant de justes massacrés?
Pour consoler leurs fils, leurs veuves, leur mé-
moire,
 Pour que des brigands abhorrés
Frémissent aux portraits noirs de leur ressem-
blance,[39]
 Pour descendre jusqu'aux enfers
Nouer le triple fouet,[40] le fouet de la vengeance,
 Déjà levé sur ces pervers?
Pour cracher sur leurs noms, pour chanter leur sup-
plice?
 Allons, étouffe tes clameurs;
Souffre, ô cœur gros de haine, affamé de justice.
 Toi, Vertu, pleure, si je meurs.

[36] le faux témoin ou le juge déloyal
[37] la tyrannie impitoyable
[38] bons citoyens
[39] qui leur ressemblent
[40] le fouet des trois divinités infernales (mythologie grecque)

Index alphabétique des auteurs et des textes

438 INDEX